中国田野考古报告集

考 古 学 专 刊

丁种第一○一号

陕西省考古研究院田野考古报告　第 93 号

龙王辿遗址第一地点

旧石器时代晚期遗址发掘报告

中国社会科学院考古研究所

陕西省考古研究院　编著

文物出版社

北京·2021

图书在版编目（CIP）数据

龙王辿遗址第一地点：旧石器时代晚期遗址发掘报
告／中国社会科学院考古研究所，陕西省考古研究院编
著．—北京：文物出版社，2021.6
ISBN 978 - 7 - 5010 - 5848 - 8

Ⅰ.①龙…　Ⅱ.①中…　②陕…　Ⅲ.①旧石器时代文
化－文化遗址－发掘报告－宜川县　Ⅳ.①K878.05

中国版本图书馆 CIP 数据核字（2018）第 271846 号

审图号：GS（2020）5766 号

龙王辿遗址第一地点——旧石器时代晚期遗址发掘报告

编　　著：中国社会科学院考古研究所　陕西省考古研究院

责任编辑：蔡　敏　张庆玲
责任印制：苏　林
封面设计：周小玮

出版发行：文物出版社
地　　址：北京市东城区东直门内北小街 2 号楼
邮　　编：100007
网　　址：http：//www.wenwu.com
经　　销：新华书店
印　　刷：河北鹏润印刷有限公司
开　　本：889mm×1194mm　1/16
印　　张：35.75
版　　次：2021 年 6 月第 1 版
印　　次：2021 年 6 月第 1 次印刷
书　　号：ISBN 978 - 7 - 5010 - 5848 - 8
定　　价：590.00 元

The First Locality of Longwangchan Site

Excavation Report of the Late Paleolithic Site

(with an English Abstract)

by

The Institute of Archaeology, Chinese Academy of Social Sciences
Shaanxi Provincial Institute of Archaeology

Cultural Relics Press

Beijing · 2021

目　录

表 格 目 录

插 图 目 录

图 版 目 录

绪　言

　　新石器时代的开始是人类历史上一次真正伟大的文化革命，著名史学家柴尔德称它为新石器时代革命。人类文化自进入新石器时代开始，从利用适应自然的采集狩猎经济文化类型，进入了以栽培植物为主、创造财富以维持生存的自为阶段，步入了人类文明殿堂的第一个台阶，人类历史文化进入到崭新的时期，人类从自然经济进入到自给经济。远古人类在旧石器时代的晚期阶段，在采集经济和狩猎经济的长期实践中，发明了农业并驯化了家畜，第一次摆脱了自然力的束缚，自主地创造生活资料以维持人类群体的生存和生活，迈出了由必然王国进入自由王国的关键性的一步。这是人类历史上一个具有划时代意义的重大事件。因此，旧石器时代向新石器时代的过渡，即新石器时代开始出现的诸多革命性的文化因素是如何孕育发展而来的，也一直是学术界关心和瞩目的问题，它是与人类起源、文明起源同等重要的考古学三大学术课题之一。

　　中国作为世界东方文明的发源地，也是水稻、粟等粮食作物的起源地之一，自然是探索旧石器时代向新石器时代过渡的一个重要区域。长期以来，由于受考古发现资料和相关理论研究不足的局限，对中国旧石器时代向新石器时代过渡的认识一直处于相对模糊状态。可喜的是，近年来，在南方地区，主要是在江西、湖南、广西等地，随着江西省万年县仙人洞遗址和吊桶环遗址①、湖南省道县玉蟾岩遗址②、广西壮族自治区桂林市甑皮岩遗址③及临桂大岩遗址④等一系列重要遗址的发掘和研究工作的进展，南方地区旧石器时代向新石器时代过渡、演变的轨迹及稻作农业起源的演进模式已日渐清晰，极大地推动了这一研究领域的发展，使我们对华南地区旧石器时代向新石器时代过渡的认识有了突破性的进展。

　　相比之下，因材料等诸多条件所限，在北方的中华民族文化发祥地黄河流域，这一研究则显

①　江西省博物馆、江西省考古研究所：《江西省考古五十年》，《新中国考古五十年》，文物出版社，1999 年。
②　袁家荣：《湖南省道县玉蟾岩 1 万年以前的稻谷和陶器》，《稻作、陶器和都市的起源》，文物出版社，2000 年。
③　中国社会科学院考古研究所等：《桂林甑皮岩》，文物出版社，2003 年。
④　傅宪国：《广西地区史前文化发展序列初论》，《桃李成蹊集——庆祝安志敏先生八十寿辰》，香港中文大学中国考古艺术中心，2004 年。

得较为滞后。为改变这一现状，通过研究黄河中游地区细石器文化的谱系，以探索中国细石器工业的起源与发展、中国北方旱地农业的起源、黄河中游地区旧石器时代向新石器时代的过渡等重大课题为研究目标，我们在2003、2004年度调查的基础上于2005年至2008年，对龙王辿遗址第一地点进行了发掘。龙王辿遗址第一地点位于陕西省宜川县壶口镇龙王辿村北约580米处，地理坐标为北纬36°09′74″、东经110°26′312″，西南距宜川县城直线距离约30千米。遗址地处黄河西岸的二级阶地，2005年至2008年的6次试掘，发掘面积共40余平方米，出土石制品3万余件及一些动物骨骼，并发现烧土遗迹20余处。龙王辿遗址第一地点的文化内涵具有典型的中国华北细石器工业传统的特征，其石制品的原料以石英和燧石为主，在制作技术上直接法和间接法并用，具有十分成熟的间接打制和压制修整技术。尤为可喜的是在细石器文化层中，我们发现了一件在刃部有磨制加工痕迹的石铲和一件石磨盘，此外还发现了一些与当时人类的生产、生活活动相关的遗迹现象，如烧土遗迹、石制品的集中分布地等等。

目前，在黄河中游地区发现并发掘的属于这一阶段的遗址为数还不是很多，像龙王辿遗址第一地点这样文化遗物丰富、地层堆积完整且为原地埋藏的还十分少见，更为可贵的是，我们在发现一件于刃部有磨制加工痕迹的石铲和石磨盘及蚌饰品等重要文化遗物的同时，还清理出了丰富的人类活动的遗迹现象。目前在我国的旧石器时代考古工作中，人类生活面的发现还是十分罕见的，因此它的发现为我们分析、复原当时人类的生活场景，进一步探讨他们的生业形态、生存方式提供了十分宝贵的资料。龙王辿遗址的资料，对我们解决中国细石器工业的起源、中国北方旱地农业的起源及黄河中游地区旧石器时代向新石器时代的过渡等重大学术课题，具有十分重要的意义。为此，我们希望通过本项考古发掘，以龙王辿遗址的资料为切入点，建立起黄河中游地区旧石器时代晚期的文化谱系和年代框架，以究明黄土高原东南部边缘地带旧石器时代晚期的文化面貌，探寻黄河中游地区旧石器时代向新石器时代过渡时期的文化演进与环境变化证据，为进一步研究中国细石器工业的起源、中国北方旱地农业的起源及黄河中游地区旧石器时代向新石器时代的过渡等重大学术课题提供科学依据。

第一章　遗址概述

第一节　地理位置与历史沿革

宜川县地处陕西省中东部、延安地区东南部，在黄河中游壶口瀑布之滨，北纬 $35°42'39''$ ~ $36°23'39''$、东经 $109°41'36''$ ~ $110°32'44''$ 之间，属渭北高原与陕北丘陵沟壑区之间的过渡地区。

现宜川县境东以黄河为界与山西省吉县、乡宁县为邻，北以雷多河为界与延长县雷池乡毗连，西北以膳马桥为界与延安市官庄乡相连，西以晋师庙梁为界与富县牛武乡接壤，西南以椿树沟为界与黄龙县圪台乡相连，南以八郎山为界与韩城市王峰桥乡相邻。

县境最东端位于集义镇流万头行政村之东 5 千米处的黄河西岸，距县城直线距离为 41 千米。最北端位于云岩镇皮头行政村之北 3 千米处。距县城直线距离 42.5 千米。最西端位于晋师庙梁遂道之南 2.5 千米处，距县城直线距离为 43 千米，最南端位于集义镇石台寺行政村之南 3 千米处，距县城直线距离为 39 千米。宜川县疆域平面形状略呈规则不一的五边形，其东西最宽为 76.36 千米，南北最宽为 75.32 千米，总面积为 2938.5 平方千米。

宜川县位于黄河流域，历史悠久，沿革复杂，据《宜川县志》记载[1]，置县至今已有 1457 年。

战国（前 475 ~ 前 221 年）时代，前期属晋；魏武候二十一年（前 376 年）韩、赵、魏分晋后，属魏国上郡定阳邑；秦惠文王十年（前 328 年），秦代魏，魏就黄河以西上郡 15 县于秦后，遂归秦国。

秦汉（前 221 ~ 公元 220 年），秦置上郡辖定阳县。今云岩河古称定水，以城建定水之阳而得名（古址在今延安市临镇固县村）。西汉武帝元朔四年（前 125 年），增设西河郡。辖县境阴山县（古址在今党湾乡景阳村河南附近）。因城建丹水之阴而得名。东汉时（25 ~ 220 年），将交阴道（今富县）撤销划归定阳县辖。到灵帝中平六年（189 年），为匈奴占据，郡、县俱废。

---

[1]　宜川县地方志编纂委员会：《宜川县志》，陕西人民出版社，1998 年。

三国、晋（220～420 年），为羌胡地，唯东晋属前秦为定阳邑，十六国后为后秦。

南北朝（420～589 年），建置各有不同。

北魏（420～534 年），属东夏州，置乐川郡，辖定阳县。太和八年（484 年），继在今境内薛河川置安平县，属乐川郡。太和十八年（494 年），又在县境白水川（今寿峰川）置永宁县，属乐川郡。古城在今寿峰上涧头村附近。临戎县即乔居县，原在内蒙古杭锦旗境内，因辖地被匈奴占据，太安二年（456 年）迁设在宜川县境西北部平陆堡，属定阳郡所辖。

西魏（535～551 年），在古孟门河西地置汾州义川郡（州、郡故城在今牛家佃乡固州村）。大统三年（537 年），置义川县，因赤石川曾名义水而得名（古城在今高柏乡郭下村）。并置永乐县（城在今云岩镇），割鄜、延二州地置汾州、理三堡镇，属义川郡。大统十三年（547 年）改永乐县为云岩县，改永宁县为太平县。大统十七年（551 年）改安平县为汾川县，属义川郡，汾川故城在高树山南若多村（今秋林镇大子村）。废帝三年（554 年）因汾州与河东汾州同名，改汾州为丹州（丹州故城同汾州故址），以丹山而得名。

北周，保定二年（562 年），汾川县城移至库利川甚塞原（云岩镇泥湾峁附近）。大象元年（579 年）分汾川、云岩二县地置门山县，属义川郡（故城在今延长县门山村）。是年又改义川县为丹阳县，以丹阳川而命名。

隋代（581～618 年），继南北朝而立。开皇三年（583 年），废义川、乐川二郡入丹州，复改丹阳县为义川县，属延安郡。开皇十八年（598 年），改太平县为咸宁县。大业初（605 年），废丹州、门山、云岩县入汾州县，属延州。仁寿三年（603 年），汾川县曾迁城于甘泉坊（今富县茶坊一带）。大业十年（614 年），又移城土壁堡。大业三年至十三年（607～617 年），于义川县城内设延平县，义宁元年（617 年），增设丹阳郡，县属丹阳郡。

唐代（618～907 年），武德元年（618 年）改丹阳郡仍为丹州，属关内道。武德三年（620 年）又析汾川县地。开元二十二年（734 年）迁城于今阁楼乡汾川村。置门山县，析义川县地置云岩县。永徽二年（651 年），始由今固州村迁丹州城，由郭下村移义川县城治于赤石川口（今县城地址），城内兼设丹州。天宝元年（742 年）改丹州为咸宁郡。乾元元年（758 年），复为丹州。

五代（907～960 年），废咸宁县入义川县。

宋代（960～1279 年），初，恢复唐代旧制。淳化五年（994 年），改道为路，以丹州咸宁郡属永兴军路，复置咸宁县。太平兴国元年（976 年），为避宋太宗赵光义名讳，改义川县为宜川县。康定二年（1041 年），置永定郡于敷城县（今洛川与黄龙交界一带），领宜川县。熙宁七年（1074 年），改云岩县为镇入宜川县，门山县改隶延安府。高宗二年（1128 年），金军攻克延安府，仍沿用宋朝旧制，富延路辖丹州，领宜川县。

元代（1271～1368 年），改鄜延路为延安路，至元二年（1265 年），省门山县入宜川县，六年（1269 年），撤丹州入宜川县，属延安路。

明代（1368～1644 年），洪武三年（1370 年），明师克延安，仍为宜川县，隶属延安府。

清代（1644～1911 年），袭明代建制，仍为宜川县，隶属延安府。

1912 年，中华民国建立，民国二年（1913 年）废府、州，设榆林道辖宜川县，废道后，直属陕西省。

1935 年，门山县归延安县。10 月 19 日，中央红军经过二万五千里长征到达陕北和陕北红军胜利会师，在县境北赤镇（今新市河乡北赤村）置"宜川县人民政府"，第二年移住临镇，更名为固临县。同年，国民党政府将县改隶陕西第三行政督察区，民国三十年（1941 年）又将县西南地区之一部划归黄龙设治局。

1948 年春，"宜川—瓦子街战役"胜利后，在宜川县城重新建立了民主政权，仍置宜川县属黄龙分区领导。

1950 年废黄龙分区，宜川县改属延安专区。1958 年，黄龙县入宜川县。1961 年市县行政区划整编，复置黄龙县，将圪台街、砖庙梁、黄龙、崾、小寺庄共 5 个农村人民公社划归黄龙县辖。至此，宜川县再未变更。

第二节　自然环境

宜川境内的地质构造属华北陆台鄂尔多斯地台的一部分，位于鄂尔多斯台地向南倾斜的部分，主要由中生代沉积岩系组成。

从下寒武纪开始，宜川处在浅海泛滥区，沉积了寒武、奥陶系灰岩。上奥陶纪上升为侵蚀准平原，中石炭纪又下沉成为黄河浅海盆地的一部分，从而形成了海陆交替相沉积。二叠纪及其以后为陆相沉积的砂、页岩。三叠纪后期，气候较前湿润，地势也逐渐降低，过剩的雨水使本区成为大陆内湖，沉积了延长组砂、页岩。侏罗纪时，气候仍湿润，陕北再次形成煤盆地。以后，气候再次变干，直到第三纪或更晚些，这里一直保持着内陆盆地及干燥的气候环境，到上更新世以前剥食成为准平原面，系古黄河的山间盆地，这就是藏匿在现今黄土层之下的基岩。这里无岩冻侵入，也未受造山运动的影响，是华北断块地台相对稳定的部分。宜川境内的岩层自东向西老而新，一致向西倾斜，倾角极缓，约 1°～3°，局部地区有轻微波折现象。三叠纪岩层为其基岩，其上覆盖着红色土，黄土堆积及现代冲积层控制着现代地貌格局。地质构造特点和物理风化作用，使地层支离破碎。显露地层多为二叠纪以后的，由砂、页岩组成的陆相沉积。

在基岩之上，覆盖着深厚的第四纪黄土，厚度 50～100 米不等。远在上新世之前的剥蚀准平原面上，依次堆积着上新世堡德红土及砾石沉积和下更新世的红色黄土，但这些黄土多被剥蚀，残留不多。红色黄土之上是中更新世堆积的老黄土（即离石黄土）。其特性和典型黄土无差别，但呈现出的一系列褐色埋藏土经风化后稍显红色。老黄土层形成时期，处在气候由暖湿向干寒的过渡阶段。物质来源渐以风的沉积占优势，中更新世的黄土堆积奠定了黄土塬的基础。上更新世清水期侵蚀的末期，气候趋向干燥，侵蚀作用逐渐减弱，堆积作用逐渐转盛，产生了新黄土（即马兰黄土）的堆积，构成了黄土层最上部和最年青的黄土层，其呈浅灰色砂性或粉沙性，具有典型黄土的特征，显示出风成性质和明显受过流水移动。在现代沉积中，有古河道因风砂侵入与现代河流隔绝而成的湖沼沉积，由砾石、砂、砂质土、冲积次生黄土等组成的河流冲积层，现代坡积层，现代坡积坠积层及现代风积层。

宜川境内置露于沟谷之底或古黄河沟谷边缘之底层，纯系沉积岩，主要是中生代岩系，岩层自东向西，由老而新，一致向西倾斜，其出露地层多见为三叠纪的石千峰组和上三叠纪的延长层，下三叠纪岩层出露于古黄河西岸之县境东南边缘地带，北自雷多河入黄河处，沿黄河西岸南行至集义镇、八郎山，折向西南延伸入韩城境，所占面积狭小，为红色砂岩组成。上三叠纪岩层出露于县境北部、中部和西部，即下三叠补露层以西的广大地区，面积甚广，为绿灰色砂、页岩组成。

在上述基岩之上，覆盖着深厚的红土和红色黄土。在古黄河山间盆地上，依次堆积着上新世保德红土及砾石沉积和下更新世的红色黄土。前者呈鲜红色，富于黏性，厚约 30～50 米，无褶曲而成水平层次。后者由不成层次黏壤土组成，含灰结核，不具有典型黄土的特征，这些地层多被剥蚀，显露甚少。

红色黄土之上是中更新世堆积的老黄土，下部呈暗红褐色的黏土，上部相对地呈褐色轻黏土。上更新世清水期侵蚀末期，堆积的新黄土层是最年青和最上部的黄土层，分布甚广，但厚度 50～100 米不等，散置塬顶山坡间，沟谷内殊少。

各河干支流两旁沟壑中，多见现代冲积物，厚度几米至十几米不等。

宜川县属陕北黄土高原的一部分。其地貌演变过程主要是受水蚀、风蚀、重力剥食等作用形成构造侵蚀型地貌类型。主要表现为黄土塬梁、峁、沟、川和少量山地。境内塬面破碎，沟壑纵横，川塬相间，梁峁遍布。县境地势由西北向东南倾斜，形成南、西、北高而东部低的簸箕状地形。海拔 800～1600 米，相对高度一般为 100～300 米。东南石质山地相对高度最大，达 400～600 米，最大高差 1321.7 米。寿峰马平沟梁顶海拔 1710.5 米，为宜川县最高地。集义川口与韩城交界处海拔 388.8 米，为全县最低处。

宜川县属大陆性气候，冬长夏短，温差较大，多旱、水、冻、风、雹等自然灾害，年平均气温 10℃，最高 40℃，最低 -22℃，早霜始于 10 月中旬，晚霜止于 4 月上旬，无霜期 186 天，年平均降水量 600 毫米左右。

宜川地处黄土高原，气候干燥，地表、地下水源条件较差。塬面地势高，水位很低，一般为 50～100 米，有的达 150 米，属于水源不足地区。宜川河流均属黄河水系，除作为东部边界的黄河为自北而南流向外，其余主要河流都是放射状自西而东注入黄河，全县所有河流均属雨水补给型。

宜川沟壑纵横，山峦重叠，川塬相间，梁峁并俱，自然植被良好，乔灌交错，针阔并有。冬、春季干旱漫长，夏季湿润短促，土壤复杂多变，表现为明显的区域性分布规律。东北部残塬分布着黑垆土、黄绵（缮）土；东南部土石山地为灰褐土；河谷川（台）分布着黄绵（缮）土、淤土、垆土、锈黑垆土、黑垆土性土；低洼处受地下水的影响，零星分布着潮土、沼泽土、水稻土等；沟谷坡面两侧为红土、二色土、红胶土；谷地为坎淤土；黄河沿岸为岩性紫色土。可耕种的多为黄绵土、黑垆土、淤土。

宜川处于东部季风湿润区和内陆干旱区中纬地带的过渡区，在全国自然区划中，划为暖温带半干旱落叶阔叶林与森林草原—褐色土地带。植物以华北区系占主导地位，具有暖温带落叶阔叶混交林的性质。植被分布不均。森林较少，灌木草丛较多，农作物高低杆明显分区为其基本特征。全县森林面积 2183900 亩，覆盖率为 44.4%。草场、草地面积 1186600 亩，占总面积的 26.92%。农作植被为 685148 亩，占总面积的 15.4%，林草总覆盖率达 71.06%。

第三节　遗址概况与发掘经过

龙王辿遗址第一地点位于陕西省宜川县壶口镇龙王辿村北约 580 米处，地理坐标为北纬 36°

09′74″，东经110°26′312″。西南距宜川县城直线距离约30千米。该地点地处黄河西岸的二级阶地，坐落于源自宜川县壶口镇高柏乡的惠落沟河与黄河交汇处三角地带的黄土台地上（图版一、二），遗址地表高出现代黄河河床34米，海拔高度为483米。

遗址所在地区位于渭北高原、黄河沿岸，是黄土高原东南部的边缘地带，属黄土高原丘陵沟壑区，沟壑纵横，川原相间，在黄河沿岸一带为薄层黄土覆盖的石质丘陵区。属暖温带半干旱区，具有明显的大陆性季风气候特征。四季分明，年平均气温9.9℃，极端气温39.9℃、－22.4℃，无霜期167天，年均降水量571毫米，年日照2436小时。这一地区的河流属黄河水系，自北而南并列有许多大小不等的支流，河道中下游落差较大。

龙王辿遗址位于黄河中游的晋陕峡谷的南部地段，是鄂尔多斯地块东南边缘部位，这里的黄河河道河床坡降大，河流下切作用强，宏观的河谷断面在这一带呈"U"形状态，谷宽为500余米。在这开阔宽展的谷地中，河水以瀑布形式再次在河床中央下切形成了谷中谷现象，从而形成著名的黄河壶口瀑布景区。这一地区在地质构造上属于中生代鄂尔多斯盆地的东部。黄河自青铜峡流出后，沿贺兰山东麓经银川盆地北行，后经狼山南坡渐而向东，再顺阴山山脉经河套盆地东行，至大青山西端拐了一个90°的大弯，然后顺晋陕峡谷南下进入渭河盆地。黄河两次90°的大转变，将中间地块围成一个近似长方形的地貌格局。这一巨大的地块就是鄂尔多斯地台。中生代晚期，受燕山运动的影响，鄂尔多斯盆地逐渐结束了它漫长的历史。自白垩纪晚期至第三纪，此区整体处于缓慢隆升时期。第三纪晚期，鄂尔多斯地块隆升速度加快，地表风化剥蚀强烈，呈现出壮丽的高原景观地貌。这一时期，新构造运动表现明显，造成此区大量基岩山区剥蚀的泥砂质等碎屑物质堆积在山前低洼地带或一些盆地之中形成的红色黏土、砂黏土类的松散物质沉积。第四纪以来，受这一构造作用影响，黄土高原处于不断的区域性上升过程中，黄土状地层在风化侵蚀的环境中沉积着有限的厚度。在这一特殊的新构造运动制约下，地表水下蚀能力增大，山间河流水系发育明显。

在龙王辿遗址及周边地区出露的基岩层为南北向断褶带，以发育的三叠纪地层组成的南北向褶皱为特征，主要岩性为紫褐、紫红色粉砂质泥岩与淡红色长石砂岩互叠层，普遍含灰质结核。砂岩中长石含量较高，超过40%，以泥质胶结为主，向上泥质成分增多，厚度增大，在上部还夹有灰绿、黄绿色粉砂质泥岩及细砂岩的互叠层，含有植物化石及脊椎动物化石。岩石产状近于水平，风化程度不一。边界多由断裂束围限，并与黄河河道在此段的走向相一致。这一地域内黄土多分布于黄河两岸的低山丘陵地带，厚度一般不大，以不整合形式覆盖于所有新、老地层之上。黄土中成层现象明显，埋藏的古土壤多呈条带状分布，其中的钙质结核层次分明。龙王辿遗址就分布于黄河西岸惠落沟河两岸这些低山丘陵前的黄土台地上。

龙王辿遗址第一地点是2002年由陕西省考古研究所 尹申平 调查发现的。2004年9月，中国社会科学院考古研究所王小庆与 尹申平 对该地点进行了复查，认为堆积丰富，保存相对较好，在报请国家文物局批准后，由中国社会科学院考古研究所陕西六队与陕西省考古研究所联合组队，于2005年至2008年先后进行了4次发掘，期间，为了解地质、地貌状况，对位于第一地点之上的第二地点的剖面进行了清理。发掘领队为 尹申平 、王小庆。

2005年9月至11月，第一次发掘，参加人员有中国社会科学院考古研究所王小庆，陕西省考古研究所 尹申平 ，西北大学文博学院硕士研究生张中华、习通源，河北省文物研究所技师胡军、白世军。

2006年5月至6月，第二次发掘，参加人员有中国社会科学院考古研究所王小庆，陕西省考古研究所尹申平、夏楠，秦始皇兵马俑博物馆邵文斌，延安大学历史系杜林渊，中国社会科学院考古研究所技师傅群喜、毕道全、丁昌锋。

2006年9月至11月，第三次发掘，参加人员有中国社会科学院考古研究所王小庆，陕西省考古研究所尹申平、夏楠，秦始皇兵马俑博物馆邵文斌，中国社会科学院考古研究所技师傅群喜、毕道全、丁昌锋。

2008年9月至11月，第四次发掘，参加人员有中国社会科学院考古研究所王小庆，陕西省考古研究所尹申平、夏楠，中国社会科学院研究生院考古系硕士研究生付永旭，西北大学文博学院硕士研究生习昭、王永强，中国社会科学院考古研究所技师傅群喜、毕道全，陕西省考古研究所技师方开祥、赵缠过。

第二章　地质地貌特征

　　龙王辿旧石器时代遗址发现于黄河晋陕峡谷之中。该遗址位于壶口瀑布上游约 1.6 千米处的惠洛沟口右岸，周边地形可以分为三个大的单元（图 2 - 1）：①晋陕峡谷谷底，主要为黄河河床所占据，海拔高度在 465 米以下。惠洛沟口附近，黄河水面宽约 300 米，但在壶口瀑布下游的基岩槽谷（十里龙槽）中，水面仅有 40 ~ 50 米宽，是当地河流下切侵蚀最强烈的地段。②晋陕峡谷谷坡，由两部分组成：海拔 650 米以下为基岩陡坡或陡崖，相对高差达 195 米，构成峡谷地形的主体；海拔 650 米以上为黄土缓坡，地表覆盖的黄土层较薄，厚度十余米至数十米不等，受流水侵蚀，多呈斜梁或丘陵状。龙王辿遗址即位于基岩谷坡下部的局部平缓地段（图 2 - 1），是形成于支流与主流汇合口的河流阶地，海拔在 480 ~ 500 米之间。遗址东临黄河河床与河漫滩，南、西两面均为基岩陡坡，北邻惠洛沟，沟谷两侧也是基岩陡坡与陡崖。③黄土残塬，位于海拔 780 ~ 800 米的峡谷上缘以上，地表平缓，黄土层厚达 100 ~ 150 米。当地的主要村落，如：中市、桑柏村、赵村等，即坐落在黄土残塬上。

　　龙王辿一带谷深坡陡，基岩裸露。古人在此地生活时期的地形与现今有何差别？周边的地质、地貌条件对于生活在那里的古人有何利弊？遗址中的大量石器原料是否产自当地？这是认识龙王辿遗址，了解其主人的生存条件与生活方式必须解答的问题。

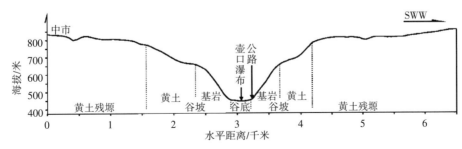

图 2 - 1　龙王辿遗址第一地点附近地形特点

中市—桑柏村地形剖面

第一节　区域地质基础

晋陕峡谷地处山西、陕西两省交界处，是第四纪期间鄂尔多斯地块构造抬升、黄河强烈下切的结果。龙王辿遗址所处为晋陕峡谷南段。遗址附近的壶口瀑布距离晋陕峡谷南端的龙门（禹门口）约65千米，被认为是鄂尔多斯地块抬升过程中，龙门山—韩城断裂在全新世时期构造活动形成的裂点沿黄河溯源侵蚀的结果[①]。

鄂尔多斯地块与吕梁山褶皱断块山地以离石大断裂为界。地块东部边缘地带，亦即黄河以东、吕梁山以西部分，存在一系列总体上呈南北向或近南北向延伸的小型向斜和背斜，构成兴县—石楼南北向褶带[②]。山西、陕西两省之间晋陕峡谷段黄河的流向即与该构造带以及吕梁山的延伸方向有关。黄河以西的鄂尔多斯地块主体部分，构造稳定，褶皱和断裂稀少，也未见岩浆侵入活动[③]。

鄂尔多斯地块在中生代为一大型的内陆盆地，早白垩世晚期开始整体抬升，成为晋陕高地。古近纪以来，鄂尔多斯地块西北部和北部不断抬升，遭受长期剥蚀，基岩裸露，形成今天的鄂尔多斯高原。地块的南部在新近纪期间曾相对下降，接受了大量红色土状堆积，即保德红土和静乐红土。进入第四纪，该地区又接受了100多米厚的黄土堆积，并在新构造运动中随鄂尔多斯地块抬升，成为今天的黄土高原[④]。

鄂尔多斯地块内部各时期地层的产状接近水平。地块东部地层微向西倾斜，倾角大多为3°~5°，在吕梁山西麓倾角增大，可达10°，在褶皱构造发育的局部地段，倾角更大，倾向也会有所变化。鄂尔多斯地块出露地表或在第四纪松散沉积物覆盖之下的地层，自西向东逐渐变老，高原中、西部为白垩系，向东依次为侏罗系、三叠系，到地块东部边缘地带和吕梁山西麓，出露二叠系、石炭系、奥陶系和寒武系[⑤]。

龙王辿遗址所在的壶口地区，黄河下切，揭示出峡谷两岸的基岩主要为中三叠统地层，按照沉积物的岩性特征和所含化石组合，划分为上、下两部分。下部为二马营组（T_{2e}，陕西省境内曾称纸坊组，T_{2z}），时代属于中三叠世早期；上部的铜川组（T_{2t}）时代属于中三叠世晚期，两者呈整合接触[⑥]。

二马营组以灰绿色、黄绿色、灰白色长石砂岩、粉砂岩与紫红色、暗紫色、绿色砂质泥岩、页岩互层为特点，夹不稳定砾岩。泥岩中含钙质或石膏质结核（层）。岩性总体下粗上细，构成完整的沉积旋回。按岩性可进一步分为两段。下段为灰绿色、黄绿色、浅灰绿色厚层至中薄层中细

① 屈茂稳、庞桂珍、郭威等：《黄河壶口瀑布成因及与晋陕峡谷的关系》，《西安工程学院学报》第24卷第3期，2002年。张宗祜：《九曲黄河万里沙——黄河与黄土高原》，清华大学出版社、暨南大学出版社，2000年。

② 山西省地质矿产局：《山西省区域地质志》，《中华人民共和国地质矿产部地质专报区域地质》第18号，地质出版社，1989年。

③ 陕西省地质矿产局：《陕西省区域地质志》，《中华人民共和国地质矿产部地质专报区域地质》第13号，地质出版社，1989年。

④ 王鸿祯：《中国古地理图集》，地图出版社，1985年。

⑤ 山西省地质矿产局：《山西省区域地质志》，《中华人民共和国地质矿产部地质专报区域地质》第18号，地质出版社，1989年。陕西省地质矿产局：《陕西省区域地质志》，《中华人民共和国地质矿产部地质专报区域地质》第13号，地质出版社，1989年。

⑥ 《中国地层典》编委会：《中国地层典·三叠系》，地质出版社，2000年。

粒长石砂岩，夹灰绿色页岩、紫红色泥岩、砂质泥岩薄层及灰紫色砾岩透镜体。上段为浅灰绿色、灰色、灰白色、浅肉红色厚层、中厚层中细粒长石砂岩与紫红色砂质泥岩互层或泥岩夹砂岩，含有丰富的"中国肯氏兽动物群"化石，包括 *Ordosia*，*Sinokannemeyeria*，*Parakannemeyeria*，*Shansiodon*，*Shansisuchus* 等种类的脊椎动物化石。植物化石有 *Todites*，*Neocalamites Voltzia*，*Aipteris wuziwanensis*，*Pleuromeia wuziwanensis*，*Nilssonia*，*Ginkgoites*，*Protoblechnum* 等；孢粉为 *Aratrisporites – Punctatisporites – Chordasporites* 组合，此外还含有叶肢介及轮藻等化石。二马营组地层为半干热—半温湿气候下的内陆河湖相沉积，广泛分布于鄂尔多斯盆地及周边地区，岩性基本稳定，但砂岩及泥岩单层变化较大，砂岩和泥岩互变及分叉尖灭[①]。在壶口瀑布区，二马营组下部偶夹页岩的紫红色、灰黄色厚层砂岩构成河床底板，形成了壶口瀑布及十里龙槽两岸的基岩侵蚀阶地。峡谷两侧以紫红色泥岩为主，夹紫灰色、灰绿色粉砂岩的地段多形成陡坡，为坡积裙所覆盖；以灰绿色、黄灰色粉砂岩和细砂岩为主的地段，形成陡崖或方山地貌。

铜川组与下二马营组的分界线位于紫红色碎屑岩结束和巨厚层具多向斜层理的砂岩出现处。铜川组的岩性也呈现下粗上细的沉积旋回。下段以灰绿色、黄绿色、肉红色块状砂岩为主，其上部夹有灰绿色、灰黑色页岩及粉砂质泥岩。上段主要为一套灰绿色、灰黑色、肉红色中—薄层细砂岩、泥质粉砂岩与灰绿色、灰黑色页岩互层，上部至顶部夹有多层油页岩，是该组的重要标志。铜川组地层化石丰富，植物化石分属 *Pleuromeia*、*Danaeopsis*、*Bernoullia*、*Cladophlebis*、*Todites*、*Glossopteris*、*Tongchuanophyllum* 等 30 多个属；孢粉有 *Punctatisporites*、*Calamospora*、*Podocarpidites*、*Protopicea*、*Piceaepollenites* 等；还含有较丰富的介形虫、叶肢介、双壳类化石；铜川组是温暖潮湿气候下内陆河湖相沉积[②]。在壶口地区，铜川组地层主要分布在峡谷上缘以上的缓坡地带和支流河谷中，大多为黄土所覆盖。

壶口及周边地区的新生代地层以土状堆积为主。按形成时代的先后，分别为上新世的保德红土和静乐红土，更新世的午城黄土、离石黄土和马兰黄土[③]。

保德红土（N_{2b}）直接覆盖在基岩之上，以含有大型钙结核为特征，大量钙的淀积聚集形成数十厘米甚至超过 1 米的钙积层，其间的红土层则相对较薄。保德红土仅见于黄河两岸支流分水岭地区的唐县期侵蚀面上，在黄河西岸宜川县境内仕望河流域分水岭的旗杆庙、崾崄一带保存较好，厚度可达 10 米以上。静乐红土（N_{2j}）以红色黏土为主，碳酸钙含量较少，形成零星分布或局部层状的钙结核，与保德红土区别明显。静乐红土的分布与保德红土大致相当，常以很小的角度不整合在保德红土之上，也可直接覆盖在基岩之上，厚度变化较大，一般为 5~15 米。除在分水岭地区可以见到外，龙王辿以东、中市一带基岩面海拔 700 米以上的冲沟沟头也有局部出露。

午城黄土（Q_{1w}）形成于早更新世，为棕黄色、橘黄色亚黏土，夹数层棕红色古土壤和钙结核或钙板层，厚度在 20 米左右，主要分布在黄河以东的吉县盆地中，晋陕峡谷两岸较为少见。离石

① 《中国地层典》编委会：《中国地层典·三叠系》，地质出版社，2000 年。山西省地质矿产局：《山西省区域地质志》，《中华人民共和国地质矿产部地质专报区域地质》第 18 号，地质出版社，1989 年。
② 《中国地层典》编委会：《中国地层典·三叠系》，地质出版社，2000 年。陕西省地质矿产局：《陕西省区域地质志》，《中华人民共和国地质矿产部地质专报区域地质》第 13 号，地质出版社，1989 年。
③ 山西省地质矿产局：《山西省区域地质志》，《中华人民共和国地质矿产部地质专报区域地质》第 18 号，地质出版社，1989 年。陕西省地质矿产局：《陕西省区域地质志》，《中华人民共和国地质矿产部地质专报区域地质》第 13 号，地质出版社，1989 年。

黄土（Q_{21}）形成于中更新世，在黄土高原广泛分布，主要为厚层的棕黄色亚黏土质粉沙夹多层浅棕红色、棕红色古土壤条带和小型钙结核层。离石黄土下部古土壤层密集，层薄，数量多；上部古土壤层数量少，厚度大，分布稀疏。离石黄土构成黄土高原的主体，质地比较均匀，垂直节理发育，厚度可达100米以上。在壶口地区，厚层离石黄土主要分布在晋陕峡谷两岸黄河及其支流的高阶地上，三级阶地（T_3）和四级阶地（T_4）上仅有晚期的薄层离石黄土。马兰黄土（Q_{3m}）形成于晚更新世，披覆在之前形成的不同地貌面上，以疏松、多孔的浅黄色粉沙为主，局部发育有1至2层古土壤和少量钙结核。厚度一般为15~25米。在壶口地区，原生的风成马兰黄土主要见于地形平缓的黄土塬和二级以上的河流阶地面上，在坡麓地带则分布着再堆积的次生马兰黄土。黄河及其支流的二级阶地（T_2）上局部存在风成马兰黄土，但大多为经过流水改造的次生黄土。

在黄河及其支流的各级阶地上，还分布有厚薄不一的河流相沙砾石沉积，其时代属于更新世的不同时期，全新世的河流相沉积则仅见于河漫滩和T_1阶地。

第二节　区域地貌与遗址剖面沉积特征

龙王辿遗址所在地属于黄土高原丘陵沟壑区，地貌类型以黄土地貌与河流地貌为主。河流地貌集中分布在黄河及其支流的河谷中，黄土地貌则广泛分布在河谷上缘以上的黄土覆盖区域。

一　黄土地貌

在中国地貌图集（1∶100万）中，龙王辿附近黄河沿岸为黄土覆盖的缓低山，晋陕峡谷区两侧则为侵蚀堆积黄土残塬或梁塬[①]。

龙王辿所在地区的黄土残塬与黄土高原的典型黄土塬（如，洛川塬、董志塬等）不同，塬面不是平坦的，而是向黄河及其支流的主河道微倾斜，并且呈现出阶梯状的特点。邻近黄河两岸的黄土残塬规模较小，主要位于海拔800~850米范围内（图2-1）。远离黄河或在较大支流的中、下游地区，黄土残塬的海拔为900~1000米，规模较大。在距离黄河晋陕峡谷更远的支流上游地区，黄土残塬海拔在1100~1200米，规模居中，比邻近晋陕峡谷的黄土残塬略大一些。这些黄土残塬主要是早更新世和中更新世期间，黄土在河流两岸较平缓的侵蚀面或高阶地面上堆积而成，规模比以盆地为基础形成的典型黄土塬小很多[②]。受后期流水侵蚀，原始的黄土塬被分割成规模不等的小型台地与微倾斜的平梁。位于这些黄土残塬上的村落，也大多以"塬"为名。

黄土残塬与黄河或其支流的基岩峡谷之间，是薄层黄土覆盖的石质丘陵区，地表起伏明显，顶面较为和缓，大多被沟谷分割成较窄的起伏状斜梁。位于黄土残塬周边的这类丘陵或斜梁，主要是因黄土塬被流水切割、台地边缘不断后退、厚层黄土遭受侵蚀、遗留的薄层黄土和后期的风成黄土覆盖在沟谷之间的分水岭上而形成的。位置较低的一些丘陵，则是由覆盖有薄层黄土的河

---

① 《中华人民共和国地貌图集》编辑委员会：《中华人民共和国地貌图集（1∶100万）》·太原幅（J-49），科学出版社，2009年。

② 李容全、邱维理、张亚立等：《对黄土高原的新认识》，《北京师范大学学报（自然科学版）》第41卷第4期，2005年。

流低阶地，经流水切割、侵蚀而形成的。

龙王辿附近地区沟壑纵横，地形较为破碎。以最小的指状沟为一级支流进行流域沟谷分级并结合野外调查，结果显示，该地区发育历史久远的黄河及其支流的主河道与四级及其以上级别支流的沟谷，均已经切入基岩，一级至三级支流的沟谷大多尚未切穿黄土层，发育成大量的黄土切沟和冲沟。对邻近地区的研究表明，黄土高原的沟谷侵蚀可以追溯到560ka[①]前，沟谷纵横的地貌格局始于大约200ka之前[②]。在距今130ka进入末次间冰期的初期，由于气候波动加剧，降水显著增加，黄土高原经历了较为强烈的侵蚀，大多数黄土冲沟就是在这一时期出现的[③]。此后，在距今10ka的冰后期初期和距今6ka以来的全新世中晚期，随着气候的变化，降水增强的时期，也出现了黄土沟谷发育的侵蚀期[④]。进入历史时期，特别是明、清以来，人类活动破坏了黄土高原的植被和土层结构，导致黄土高原侵蚀加剧，从而出现了人类因素引起的现代侵蚀加速期[⑤]。

龙王辿周边基岩沟谷的形成时代较早，是对黄河在中更新世中晚期（距今约300~250ka）以来强烈下切的响应[⑥]。大型黄土冲沟（三级支流）的发育至少经历了三个阶段：①末次间冰期（距今130~75ka）时期，离石黄土遭受侵蚀，形成大量的冲沟；②末次冰期（距今75~12ka）时期，气候干旱，冲沟被大量的马兰黄土填充，成为浅沟；③冰后期（距今12ka）以来，气候转暖，降水增多，填充着马兰黄土的浅沟再次被流水切割，成为该地区普遍存在的大冲沟。低级别的黄土切沟和较小的冲沟（一级和二级支流），形成的时间不长，绝大多数是在全新世中后期，甚至是在过去500年间出现的。

二 黄河阶地

黄河在鄂尔多斯地块的抬升过程中阶段性下切，不仅塑造了晋陕峡谷，并且形成了一系列河流阶地（图2－2）。龙王辿遗址第一地点位于黄河的一级阶地（T_{YR1}）。在龙王辿所在的壶口地区，可以确定六级黄河阶地，自下而上依次为 T_{YR1} 至 T_{YR6}，在壶口瀑布下游，还有一级正在形成中的 T_{YR0}。

T_{YR0} 阶地仅见于壶口瀑布下游，是壶口瀑布裂点后退、河床最新下切的结果。该阶地在壶口瀑布下游约10千米的范围内均有分布，其上很少有沉积物。在壶口瀑布以下的"十里龙槽"两岸，T_{YR0} 阶地完全为基岩侵蚀面。在距离壶口瀑布约6.5千米的小船窝附近，该阶地基岩面高出黄河河面11米左右，上覆沉积物有河流沉积和重力崩积两种类型，前者以近水平层状的细沙为特点，后者则以再堆积的黄土状粉沙夹杂棱角状岩块为特征。该剖面河流沉积样品的光释光年龄为7.7±0.5ka（图2－2）。

壶口地区黄河 T_{YR1} 阶地和 T_{YR2} 阶地在龙王辿遗址所在地最为典型，均为基座阶地。其中，T_{YR1}

① ka 是 kiloannum 的缩写，意为"千年"，是年代学的常用单位。
② 袁宝印、巴特尔、崔久旭等：《黄土区沟谷发育与气候变化的关系》，《地理学报》第42卷第3期，1987年。
③ 周杰、张信宝、陈惠忠等：《130 ka B. P. 前后黄土高原东部地区的气候侵蚀事件》，《中国沙漠》第18卷第2期，1998年。袁宝印、巴特尔、崔久旭等：《黄土区沟谷发育与气候变化的关系》，《地理学报》第42卷第3期，1987年。
④ 袁宝印、巴特尔、崔久旭等：《黄土区沟谷发育与气候变化的关系》，《地理学报》第42卷第3期，1987年。
⑤ 朱士光：《水土流失与历史时期之环境变迁》，《地理学与国土研究》第3卷第1期，1987年。赵景波、杜娟、黄春长：《黄土高原侵蚀期研究》，《中国沙漠》第22卷第3期，2002年。
⑥ 李容全：《黄土高原水系变迁》，《黄土高原地区自然环境及其演变》，科学出版社，1991年。Qiu, W. L., Zhang, J. F., Wang, X. Y., et al.. The evolution of the Shiwanghe River valley in response to the Yellow River incision in the Hukou area, Shaanxi, China. Geomorphology, 2014, 215: 34 - 44.

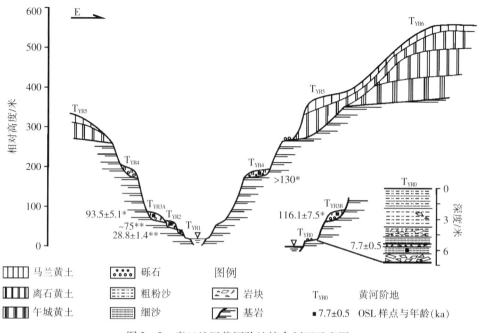

图 2-2　壶口地区黄河阶地综合剖面示意图

阶地前缘的基岩面高出黄河河面 8.9 米，上覆沉积物分为两层：下部为河流相的沙砾石层，砾石呈次圆状，厚约 5 米；上部为夹有砾石透镜体的黄土质粉沙，属河漫滩沉积，厚约 10 米。T_{YR2} 阶地前缘的基岩面高出黄河河面 24.9 米，上覆沉积物以黄土质粉沙为主，总厚度约 20 米，中间夹有含砾沙层，基岩面上散布着少量砾石和棱角状基岩块。河流相沙层和黄土样品的光释光测年结果表明，T_{YR1} 阶地和 T_{YR2} 阶地的年龄分别为 $28.8 \pm 1.4 ka$ 和 $\sim 75 ka$[①]。这两级阶地在黄河两岸分布范围有限，在小船窝一带多为崩积、坡积物所覆盖，地形上虽有所表现，但阶地沉积物极少出露，难以确认。不过，在仕望河等较大支流的河谷内，发育有与 T_{YR1} 和 T_{YR2} 对应的河流阶地[②]。

壶口地区黄河 T_{YR3} 阶地为典型的基座阶地，保存完好，河流两岸均有分布。在龙王辿遗址北面的惠洛沟口左岸，该阶地前缘（图 2-2，T_{YR3A}）基岩面高出河面 41.4 米，上覆沉积物总厚度约为 25 米，自下而上分为 4 层：①河床相沙砾石层，砾石磨圆度高，以次圆状—圆状为主，岩性成分以石英岩、石英砂岩、石灰岩、花岗岩、红色或绿色长石砂岩等为主，厚 2.9 米；②河漫滩相粉细沙层，底部细沙透镜体厚约 1 米，上部多水平条带状岩屑透镜体，属支沟沉积，顶面为侵蚀充填构造，厚 11.1 米；③离石黄土层，红棕色粉沙，整体均匀，因颜色偏红棕色或黄棕色而呈厚层状，底面为侵蚀面，底部砾石透镜体指示古冲沟的存在，顶部发育有 3 层古土壤，呈中间高、两侧低的圆浑穹状，代表离石黄土堆积晚期的古地形，厚约 9 米；④马兰黄土

① Zhang, J. F., Qiu, W. L., Wang, X. Q., et al.. Optical dating of a hyperconcentrated flow deposit on a Yellow River terrace in Hukou, Shaanxi, China. *Quaternary Geochronology*, 2010, 5: 194-199; Zhang, J. F., Wang, X. Q., Qiu, W. L., et al.. The paleolithic site of Longwangchan in the middle Yellow River, China: chronology, paleoenvironment and implications. *Journal of Archaeological Science*, 2011, 38: 1537-1550; Guo, Y. J., Zhang, J. F., Qiu, W. L., et al.. Luminescence dating of the Yellow River terraces in the Hukou area, China. *Quaternary Geochronology*, 2012, 10: 129-135.

② Qiu, W. L., Zhang, J. F., Wang, X. Y., et al.. The evolution of the Shiwanghe River valley in response to the Yellow River incision in the Hukou area, Shaanxi, China. *Geomorphology*, 2014, 215: 34-44.

层，浅黄色粉沙，均匀，疏松，呈披覆状覆盖在离石黄土及其下的河流沉积之上，厚约4米。在壶口瀑布下游约5千米的黄河东岸木材检查站附近，该阶地前缘（图2-2，T_{YR3B}）基岩面高出河面60.4米，与惠洛沟口 T_{YR3A} 阶地基岩面的高度相差19米，此为壶口瀑布裂点以下河床下切的结果。T_{YR3B} 阶地沉积物总厚度将近16米，包括：①河流相沙砾石层，厚约5米；②河漫滩相细沙、粉沙层，下部爬升纹层和交错纹层发育，是典型的洪水期河漫滩沉积，上部以中粗沙为主，且具下粗上细的粒序层理，黏土胶结，顶部发育棕红色古土壤层，顶面被冲沟侵蚀后填充马兰黄土，厚约5米；③离石黄土层，直接覆盖在河漫滩相沉积之上，中部和顶部发育二层棕红色古土壤，厚约4.5米；④马兰黄土层，与下伏离石黄土及河漫滩相沉积呈侵蚀充填接触关系，厚度变化很大，最厚处可达6米，切穿离石黄土，与河漫滩沉积直接接触，马兰黄土底部的砾石透镜体指示古冲沟的位置，在离石黄土之上，马兰黄土较薄，厚度为1~2米。对 T_{YR3} 阶地两处剖面系统采集河流沉积和黄土样品进行光释光测年，结果表明阶地的形成年代分别为93.5±5.1ka（T_{RY3A}）和116.1±7.5ka（T_{YR3B}）[1]。在壶口瀑布下游约9千米的仕望河口，该阶地的年龄为118.5±5.6ka[2]。同一级阶地的年龄呈现下游较老、上游较新的现象，反映该阶地的形成与河流裂点迁移有关。

T_{YR4} 阶地见于黄河两岸，在龙王辿一带，其前缘基岩面海拔为621米，高出河面约160米。在黄河东岸龙王庙碣北面山梁上，该阶地沉积物分为3层：底部为河流相砾石层，夹有粗沙透镜体，厚5.7米；中部为河漫滩相细沙、粉沙层，厚5米；顶部为残存的离石黄土，为棕红色古土壤层，富含钙质淀积和钙结核，厚0.5米。河漫滩相沉积样品的测年结果为>130ka[3]。同级阶地在惠洛沟以北约900米的公路切坡剖面中出露有1.5米厚的砾石层，其砾石成分复杂，有石英岩、石英砂岩、石灰岩、长石砂岩、花岗岩、玄武岩等，其中石英质砾石磨圆好，多为圆状—极圆状，长石砂岩质砾石磨圆程度差别很大，圆状至棱角状均有。该砾石层底部砾石较粗大，直径多在20厘米以上，向上粒径变小，以1~5厘米的砾石为主，夹有水平层理发育的粗沙透镜体。砾石层之上覆盖厚层离石黄土，黄土底部有坡积角砾透镜体或条带。对阶地面上离石黄土的堆积特点、晋陕峡谷黄河发育历史[4]、洛川地区流水侵蚀期[5]等研究结果的综合分析表明，T_{YR4} 阶地形成于中更新世晚期，年龄大约为250~300ka。

壶口地区黄河 T_{YR5} 和 T_{YR6} 阶地均为厚层黄土所覆盖，其中 T_{YR5} 阶地前缘基岩面高出河面约260米，局部可见薄层砾石，其上覆黄土为离石黄土和马兰黄土，阶地的形成时代应该在中更新世中期。T_{YR6} 阶地为峡谷两岸的最高阶地，阶地前缘基岩面高出河面约340米，上覆黄土总厚度可达150~160米，除厚层的离石黄土和15~25米的马兰黄土之外，局部可见午城黄土甚至静乐红土，推断其形成时代应在早更新世中后期。潘保田等在吴堡地区确定的黄河最高阶地上覆盖有110米

①　Guo, Y. J., Zhang, J. F., Qiu, W. L., *et al*. Luminescence dating of the Yellow River terraces in the Hukou area, China. *Quaternary Geochronology*, 2012, 10：129-135.

②　Qiu, W. L., Zhang, J. F., Wang, X. Y., *et al*. The evolution of the Shiwanghe River valley in response to the Yellow River incision in the Hukou area, Shaanxi, China. *Geomorphology*, 2014, 215：34-44.

③　Guo, Y. J., Zhang, J. F., Qiu, W. L., *et al*. Luminescence dating of the Yellow River terraces in the Hukou area, China. *Quaternary Geochronology*, 2012, 10：129-135.

④　李容全：《黄土高原水系变迁》，《黄土高原地区自然环境及其演变》，科学出版社，1991年。

⑤　袁宝印、巴特尔、崔久旭等：《黄土区沟谷发育与气候变化的关系》，《地理学报》第42卷第3期，1987年。

厚的黄土，其时代为 1.20Ma[1]，两者可以进行对比。

三　剖面沉积特征

龙王辿遗址第一地点和第二地点分别位于黄河一级阶地（T_{YR1}）和二级阶地（T_{YR2}）上，出产石制品和动物骨骼的文化层均在阶地上部的细颗粒沉积地层中（图2-3），但两者的沉积特征有所不同。

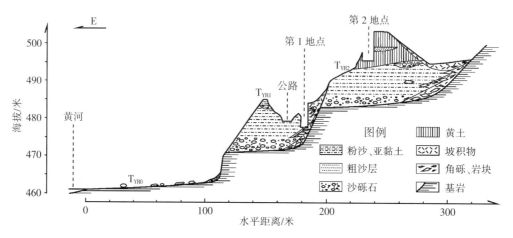

图2-3　龙王辿遗址第一地点地貌剖面图

第一地点的探方西壁揭示了 T_{YR1} 阶地上部的沉积物（图2-3）。野外观察表明，第一地点已发掘的第①至③层为含角砾粉沙层，向下坡方向呈楔状尖灭，是覆盖在河流沉积物之上的坡积物，与下伏地层界线清晰，并且有人为扰动现象；第④至⑥层为近水平层状的粉沙层，局部含有小型沙砾石透镜体，是河流阶地上的河漫滩沉积物（图2-4a），其中第④、⑤层含有大量的石制品、烧骨等文化遗存，第⑥层中文化遗存相对较少，主要分布在中、上部[2]。

在第一地点探方南壁剖面（图2-4a），按2厘米间距采集第④至⑥层沉积物样品，在北京大学"地表过程分析与模拟"实验室采用 Malvern Mastersizer 2000 激光粒度仪进行粒度分析。结果表明（图2-4b、2-4c），该剖面沉积物均较细，粒径差别不大，整体略呈上粗下细的变化趋势，第④、⑤、⑥层样品的中值粒径平均值分别为 $30.0 \pm 0.3\mu m$、$28.0 \pm 0.4\mu m$ 和 $27.8 \pm 0.1\mu m$，属于中粉沙（$15.7 \sim 31.5\mu m$）粒级。其中第⑥层样品的中值粒径曲线波动很小，自下而上较均匀地递减；第④、⑤层样品的中值粒径曲线波动均较大，说明沉积环境的扰动有所增强。从样品的粒度分布曲线（图2-4c）可以看到，各样品均以粉沙（$4 \sim 63\mu m$）和极细沙（$63 \sim 125\mu m$）为主，粒度分布均呈双峰型，主峰位于 $40\mu m$ 附近，属粗粉沙（$31.5 \sim 63\mu m$）粒级，次峰位于 $400\mu m$ 附近，属中沙（$250 \sim 500\mu m$）粒级。与当地典型的河流相冲积沙、河漫滩沉积和黄土样品的粒度分布曲线相比较，第一地点第④至⑥层沉积物的粒度组成中，较细粒级的主峰位置及其形态特征与

---

① Pan, B. T., Hu, Z. B., Wang, J. P., *et al.*. The approximate age of the planation surface and the incision of the Yellow River. *Palaeogeography, Palaeoclimatology, Palaeoecology*, 2010, 356-357：54-61. Ma 意为百万年。
② 中国社会科学院考古研究所、陕西省考古研究所：《陕西宜川县龙王辿旧石器时代遗址》，《考古》2007年第7期。

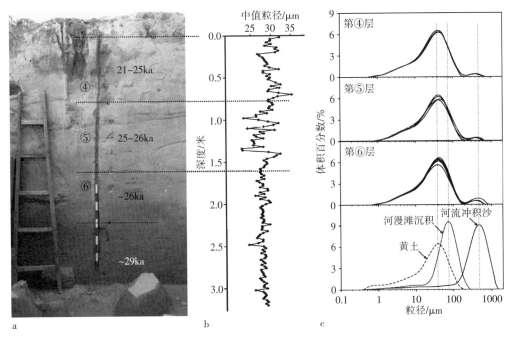

图 2 - 4　龙王辿遗址第一地点地层与粒度分析结果

黄土样品相似，与现代河漫滩沉积样品差别明显，较粗粒级的次峰则与河流相冲积沙样品的主要粒度组成存在对应关系。

粒度分析结果说明，第一地点探方剖面第④至⑥层沉积物中，风成黄土的比重很大，粒度分布曲线中 400μm 附近次峰的中沙组分，则可能与被强风吹扬的河流冲积沙混入沉积有关。结合该剖面具有近水平厚层块状层理和小型沙砾石透镜体的沉积构造特征，可以确定第一地点探方剖面的沉积物是在风力作用为主、间歇性受到较弱流水作用的条件下堆积的。第④、⑤层沉积物样品中值粒径的波动可能是这种动力条件交替的反映。

第二地点的探方揭示了 T_{YR2} 阶地顶部的沉积物（图 2 - 3）。根据沉积物的宏观特征可以将发掘坑西壁剖面自上而下分为 4 层（图 2 - 5a、2 - 5b）：①表土层，灰黄色粉沙，疏松多孔，植物根系丰富，局部为墓穴扰动；②次生黄土层，灰黄色粉沙，轻度泥质胶结，上部有墓穴扰动，下部颜色较深，呈黄色，并含有较多中粗沙，与下伏地层呈过渡关系；③含砾沙层，以黄色中粗沙为主，含有粒径 2～4mm 的小砾石，厚层块状层理，属于古洪水堆积，与下伏地层界线清晰；④马兰黄土层，灰黄色粉沙，质地均匀，出土有少量石制品，顶面清晰，是一个略向南倾斜的古地面。

该剖面第②至④层沉积物样品的粒度分布特征差别明显（图 2 - 5c）。第③层含砾沙层（图 2 - 6a）两个样品（HK07 - 11，HK07 - 12）中的砾石组分（>2mm）含量分别为 0.6% 和 1.3%，粒径 <2mm 颗粒的粒度分布曲线呈单峰型，峰值位于 300μm，以中沙（250～500μm）为主。采自第②、④层上部的黄土质样品（HK07 - 14，HK07 - 10），粒度分布曲线也呈单峰型，但颗粒较细，峰值位于 35μm 附近，以粗粉沙（31.5～63μm）为主，比河流冲积沙和以细沙为主的河漫滩沉积更细。第②、④层下部的黄土质样品（HK07 - 13，HK07 - 09），粒度分布曲线均为双峰型，含有少量粒径为 300～400μm 的粗粒组分，表明有流水沉积物的混入，呈现出过渡性质。结合 T_{YR2} 阶地沉积物的剖面特征（图 2 - 3）进行分析，可以从第二地点西壁剖面的粒度分布曲线

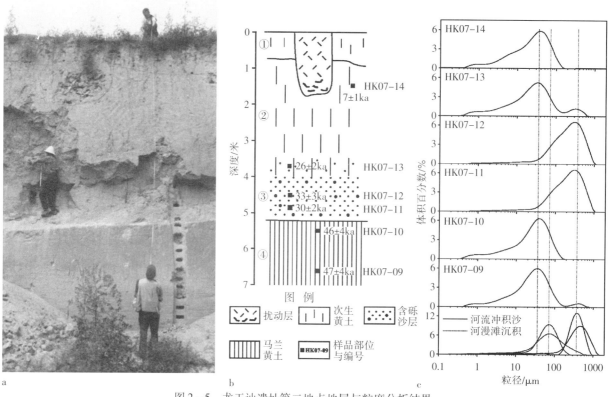

图 2 - 5　龙王辿遗址第二地点地层与粒度分析结果

中得出 2 个由粗到细，亦即由流水堆积为主到风成堆积转盛的沉积旋回，其中第③层与第②层为较晚的一个旋回，第④层与下伏河漫滩沉积构成较早的一个旋回。

　　典型的黄河冲积沙层分选好，层理发育（图 2 - 6b）。相比较而言，第③层含砾沙层 2 个样品的分选较差。虽然以中沙组分为主，但粒度分布曲线较宽，比河流冲积沙含有更多的细沙（125 ~ 250μm）、极细沙（63 ~ 125μm）和粉沙（4 ~ 63μm）（图 2 - 5c），并含有粒径 > 2mm 的小砾石，层理不发育，整体呈厚层块状（图 2 - 6a）。该地层不属于正常的河流沉积或一般性洪水沉积形成的沙层，而是由暂时性洪水形成的具有泥流性质的高含沙水流（hyperconcentrated flow，泥沙含量 >

图 2 - 6　龙王辿遗址第二地点含砾沙层（a）与黄河冲积沙层（b）沉积特征比较

300kg·m^{-3}）堆积。该沉积层的存在指示龙王辿旧石器时代第二地点曾经在大约30ka前发生过较大的洪水泥流[1]。

第三节　龙王辿周边地质地貌条件对古人活动的影响

综合龙王辿旧石器时代遗址所在地区的地质基础、地貌类型和遗址剖面沉积特征，可以就古人对自然条件的可能利用方式进行适当的分析。

一　活动场所的地貌部位之利

龙王辿遗址第一地点和第二地点分别位于黄河 T_{YR1} 和 T_{YR2} 阶地上。但古人在当地活动时期，二者均为当时的河漫滩。古人选择黄河之滨、惠洛沟口的河漫滩为活动场所，其利有三：首先，该地点临近水源，既有丰富的黄河水，又有以地下泉水为源的水质较清澈的惠洛沟溪流；其次，河漫滩地形较平坦，是峡谷区活动空间较大的部位，较高的位置又不易为河水长时间淹没；再次，该部位临近物源，便于采获鱼蚌类为食物，也可在河流水位较低之时，获取河床砾石作为石器原料。

第一地点发掘坑剖面沉积物和文化层样品的光释光（OSL）与^{14}C测年结果表明，该地点沉积剖面的形成年代为距今29～21ka，对应于由较温暖湿润的深海氧同位素 MIS3 阶段向寒冷干燥的 MIS2 阶段转变的时期[2]。在邻近的洛川黄土剖面中，则是由马兰黄土中的古土壤层（L1SS1）发育向末次冰盛期的黄土层（L1LL1）堆积转变的时期[3]。该时期的气候环境特征，与第一地点剖面中沉积物具有风力作用为主、间歇性受到较弱流水作用的特点相吻合。因此可以推断，古人在该地点活动之时，该地为较宽阔的河漫滩。但与今日该地区黄河两岸漫滩狭窄，河床基本占据谷底的情况有所不同。由于气候偏干旱，当时河流水量较小，较大面积的谷底长期出露在水面之上，不仅接受了较厚的风成沉积，也有利于古人在河边的活动。

根据沉积样品的光释光（OSL）测年结果，第二地点发掘坑剖面第④层马兰黄土层之下的河流相沉积大约形成于75ka之前，马兰黄土层顶部样品的年龄大约为46ka，说明该黄土层主要形成于寒冷干燥的 MIS4 阶段，部分跨越了较温暖湿润的 MIS5 阶段末期和 MIS3 阶段初期。第二地点的文化遗存很少，发现于马兰黄土层的顶部，堆积时代大约为47ka。因此，古人在当地活动之时，第二地点也应该是有利于风成黄土沉积的干燥谷底部分。该剖面第③层含砾沙层的堆积则反映该地点虽然风成堆积占优，但仍未完全脱离流水的作用，具有高河漫滩或低阶地的性质。含砾沙层属于洪水泥流堆积，应该是气候异常波动的表现。其光释光年龄大约为30ka，对应于 MIS3 阶段末期向 MIS2 阶段初期的转变时期，具备相应的气候条件。该沙层与马兰黄土层的顶面之间为一个古

① Zhang, J. F., Qiu, W. L., Wang, X. Q., *et al.*. Optical dating of a hyperconcentrated flow deposit on a Yellow River terrace in Hukou, Shaanxi, China. *Quaternary Geochronology*, 2010, 5: 194–199.
② Martinson, D. G., Pisias, N. G., Hays, J. D., *et al.*. Age dating and the orbital theory of ice ages: development of a high–resolution 0 to 300, 000–year chronostratigraphy. *Quaternary Research* 1987, 27: 1–29.
③ Kukla, G., An, Z. S.. Loess stratigraphy in central China. *Palaeogeography, Palaeoclimatology, Palaeoecology*, 1989, 72: 203–225.

地面，有大约 15ka 的时间间隔，所对应的是 MIS3 阶段中马兰黄土古土壤层（L1SS1）的发育时期。该古地面所代表的沉积间断，应该是在气候较湿润情况下，植被覆盖度提高，黄土沉积速率较低的结果。古人在当地的活动时期，大致也就是古地面形成的时期。

二　区域地形特征之利弊

龙王辿遗址古人活动时期，该地区的宏观地形格局与现今差别不大，但晋陕峡谷的深度、黄土冲沟的发育程度和黄土塬的完整性有所不同。

晋陕峡谷是第四纪期间鄂尔多斯高原和黄土高原构造抬升，黄河强烈下切的结果。在壶口地区，基岩峡谷的深度达到 195 米。形成于中更新世晚期（距今 300～250ka）的 T_{YR4} 阶地前缘基岩面高出河面 160 米，说明该地区基岩峡谷的主体部分是在距今 300～250ka 以来形成的，在此期间，黄河下切幅度至少达到 160 米。龙王辿遗址位于较低的阶地之上。第二地点文化层和所在 T_{YR2} 阶地前缘基岩面分别高出河面约 37 米和 25 米。第一地点文化层和所在 T_{YR1} 阶地前缘的基岩面分别高出河面约 17～20 米和 9 米。因此，古人在龙王辿遗址地区活动之时，黄河峡谷的地形格局已经成型。尽管峡谷的深度不及现在，但对应于该遗址两个地点人类活动时期的基岩峡谷深度也分别达到 158 米和 175 米。

两壁陡峭的晋陕峡谷与奔流在谷底的黄河，历来是晋陕两地交往的交通障碍，在现代公路桥和水库大坝修建之前，少数水流较缓、滩地较宽的地段，便成为舟楫往来的重要通道。壶口地区的龙王辿、小船窝等地，在历史时期都曾是晋陕交往的重要渡口。龙王辿遗址出土的文化遗存无法证明当时的人们是否已经会使用舟筏，更无法证明龙王辿是否在旧石器晚期也曾是渡口。对于当时的古人，穿越晋陕峡谷至少存在一种可能，就是等待冬季河面封冻后直接在冰面上行走。龙王辿遗址第一地点的时代为距今 29～21ka，恰好是黄土高原地区气候由较温暖进入较寒冷干燥的时期。现代壶口地区在冬季遭遇严寒之时，河道也会因河面冰凌聚集而暂时拥塞。在气候偏寒冷、干燥的时期，黄河水量减少，流速减缓，更易于结冰、封冻，从而为古人克服峡谷地形和大河形成的交通障碍提供便利。

前文已述及，黄土高原的大型冲沟主要形成于末次间冰期（距今 130～75ka），在末次冰期（距今 75～12ka）时期又为马兰黄土所填充。黄土高原地区大量的现代黄土冲沟、切沟主要形成于冰后期（距今 12ka）以来，特别是全新世中后期和历史时期。龙王辿遗址第一地点和第二地点古人生活时期均属于末次冰期，亦即马兰黄土堆积为主的时期。因此，当时晋陕峡谷两岸黄土塬区大量的现代冲沟和切沟尚未出现，沟谷的数量较少，深度不大，黄土塬、黄土平梁的地形都比现在完整。

对于龙王辿遗址的古人而言，晋陕峡谷上缘之上黄土塬区地形的完整性是很有实际意义的。黄土是在草原环境下，风尘沉积经过黄土化成土过程而形成的[①]。晚更新世晚期黄土高原及周边地区的代表性动物群之一是萨拉乌苏动物群（距今 50～35ka），其占优势的成分是啮齿类和有蹄类。时代稍晚的峙峪动物群（距今 29ka），主要化石种类与萨拉乌苏动物群相似，但适应干旱—半干

---

① 周廷儒：《古地理学》，北京师范大学出版社，1982 年。

旱草原环境的野马、野驴的数量更多①。龙王辿遗址所在地区宽阔、和缓的黄土塬和黄土梁上，天然草原植被的覆盖度较大，既有利于野生动物的生存与活动，也有利于古人采集和狩猎。

龙王辿遗址第一地点和第二地点均位于基岩峡谷底部的河漫滩上。出土的文化遗存表明该地只是古人的活动场所，古人的居住地应该在位置更高的阶地面或黄土塬上。当地厚层、疏松的黄土也为古人开挖洞穴居住提供了方便。但是，马兰黄土的填充，减少了从冲沟沟头获取泉水的机会。因此，龙王辿遗址古人的居住场所，可能位于具有背风、向阳、视野开阔等有利于居住的黄土梁南坡或黄土塬南缘。邻近有泉水出露的基岩沟谷或大冲沟沟头的地形部位应该是古人的最佳居住场所。

三　石制品的原料来源

龙王辿旧石器时代遗址出土有 2 万余件石制品，其中只有少量打制石器和磨制石器，绝大部分是未成型的石块、废片、石屑等。成型石器中精致的细石器、细石核、细石叶等所用的石料以石英岩或石英质的碧玉、燧石为主，也有少量的致密火山岩。较大型的石铲、石磨则是细砂岩质的。此外，遗址中还出土有少量用贝壳制作的蚌饰②。

根据壶口地区的地质、地貌条件，遗址出土的成型石制品的原料有两个来源。细砂岩质的磨制石器取材于当地的基岩。各种石英岩质的打制石制品取材于黄河砾石。

龙王辿遗址所在地区出露的基岩主要是胶结不好的长石砂岩和软弱易碎的页岩，不适于打制石器。遗址区出土的基岩岩块一般只是粗用，并不制作石器。少量的石铲、石磨选用的是较致密的薄层细砂岩为原料。

坚硬的石英质岩石未见于本地基岩，是黄河从区外搬运而来的。黄河源远流长，砾石成分复杂，石英岩、石英砂岩、石灰岩、花岗岩、玄武岩等是其常见成分。龙王辿遗址第一地点和第二地点的沉积剖面表明，这两个活动场所的文化层均位于细颗粒粉沙的堆积部位，地面上并没有砾石。古人打制石器的砾石原料可以通过两种途径获得。其一是在黄河枯水期直接从河床中捡拾；其二是从黄河阶地砾石层中获取。由于黄河水位的变化具有季节性，从河床中获取石料只能是间歇性的。因此，黄河阶地砾石层应该是古人制作石器的主要石料来源。黄河两岸的各级阶地，除覆盖有厚层黄土的 T_{YR5} 和 T_{YR6} 阶地未见砾石层露头外，其他阶地均有厚薄不一的河流相沙砾石层出露，其中 T_{YR3} 和 T_{YR4} 阶地在河流两岸均很发育，分布范围较广，砾石层厚度较稳定，并且在阶地的前缘陡坡存在天然露头，最有利于古人挑选石料。

①　郑家坚、徐钦琦、金昌柱：《中国北方晚更新世哺乳类动物群的划分及其地理分布》，《地层学杂志》第 16 卷第 3 期，1992 年。
②　中国社会科学院考古研究所、陕西省考古研究所：《陕西宜川县龙王辿旧石器时代遗址》，《考古》2007 年第 7 期。

第三章　地层堆积

龙王辿遗址第一地点近年来受当地取土的影响，破坏较为严重，但遗址的堆积层序基本未受扰动。第一地点的地层堆积自上而下可分为 6 层，呈西南高东北低的慢斜坡状堆积。受地形条件所限，仅在探方西壁保留了完整的地层剖面，现以此为例对其地层堆积状况加以说明（图 3 - 1；图版三）。

第 1 层：灰褐色土。质地松软，厚 0.3 ~ 0.45 米，包含有较多的草本、木本植物的根系，为表土层。

第 2 层：灰黄色土。质地较松软，厚 0.2 ~ 0.4 米，包含有瓦片、铁钉和较多的大小不等的砾石块。

第 3 层：黄褐色土。质地松软，厚 0.7 ~ 1.3 米，包含有瓦片、铁钉等近代遗物和打制石器、细石器、烧骨、炭屑、石块等。

第 4 层：浅黄色土。质地细密，较硬，厚 0.8 ~ 1.1 米，包含有石器、烧骨、炭屑、石块等。

第 5 层：黄色土。含砂量稍多，较松软，厚 0.6 ~ 0.9 米，包含有石器、烧骨、炭屑、石块等。

第 6 层：黄褐色土。质地细密，含砂量较多，较硬，厚 1.1 ~ 1.4 米，包含有石器、烧骨、炭屑、石块等。

第 6 层之下为基岩层，上部有基岩风化后形成的较大石块与黄土胶结的堆积，其下为三叠纪的紫褐、紫红色粉砂质泥岩与淡红色长石砂岩互叠层。

根据各地层的土质、土色及包含物的基本状况，可以判断表土层之下的第 2 层为近代堆积层；第 3 层为黄土台地上部坍塌后二次堆积形成的坡积层；第 4、5、6 层为旧石器时代晚期文化层。它们在土质、土色上虽有一些细微的差别，但均具有色淡黄、颗粒细、孔隙大、垂直节理发育等特征，是为典型的马兰黄土堆积。在第 4、5、6 层中，我们均发现了多处因加工石器而形成的石制品集中分布区，包含有大小不等的断块、废片、碎屑等。其中最小的碎屑长、宽在 2 ~ 3 毫米左右，表明这里是一处原地埋藏的旧石器时代晚期遗址。从地层堆积情况来看，龙王辿遗址第一地

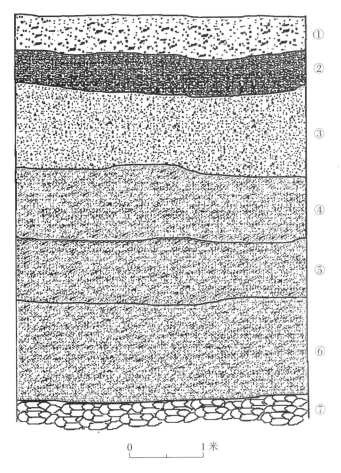

图 3-1　龙王辿遗址第一地点西壁剖面图

点的旧石器时代晚期文化遗存有年代早晚的区别，但它们在文化面貌上基本是一致的。

　　在发掘工作中，我们首先以地层堆积为基准：以 1 米×1 米的探方逐层进行发掘；在文化层中再分水平层，将两者有机地结合起来，以 5 厘米为一水平层逐层下挖。除传统、常规的记录方式外，我们对旧石器时代晚期文化层中出土的每一件标本的倾向、倾角、长轴方向等产状进行测量。在对其最高点、指北方向进行标注后，还利用全站仪对它们的三维坐标全部进行了测量（图版四）。对用火遗迹的土样全部收集，同时我们还选择了两个不同区域的探方，自上而下对其土样进行全部收集，以期使我们的发掘工作尽可能地收集到更多的信息，为今后进一步的研究工作奠定坚实的基础。在发掘工作临近结束时，我们邀请北京大学、北京师范大学相关学者现场取样（图版五），开展多学科研究。

第四章 第4文化层

第一节 遗迹

在第4文化层中发现烧土遗迹21处（表4-1）。它们多为圆形或椭圆形，直径一般为0.4~0.7、深0.15~0.3米，呈红褐色，多数烧土中夹杂有较多的炭粒、烧骨等。如2005年度发掘的2005Ⅰ④:S1（图版六），平面大体呈椭圆形，长径0.56、短径0.43、深0.22米。其内保存着大量黑色灰烬，在靠近西北部的一端集中分布有小石片和兽骨，这些石片和兽骨均有明显的经火烧烤的痕迹。2006年度发掘的2006Ⅰ④:S3（图版七），平面大体呈椭圆形，长径0.52、短径0.38、深0.18米。其内夹杂有一些炭屑，烧土中保留有较多的经火烧烤过的石片和兽骨。这些烧土遗迹均面积较小，与周边的堆积没有明确的界限，也都没有清晰的底和边，因此我们推测这些烧土遗迹应为小型的临时用火遗迹。在第4文化层上部有4处烧土遗迹分布于同一层面，且成组分布（图4-1；图版八），在这一层面下部约0.3米处另有三处烧土遗迹位于同一层面，且成组分布（图4-2）。

表4-1　　　　　　　　　　　　　第4层烧土遗迹　　　　　　　　　　　　单位：米

编号	层位	长径	短径	深度	平面形状	包含物
2005Ⅰ④:S1	Ⅰ④:12	0.56	0.43	0.22	椭圆形	炭屑、石片、碎骨
2005Ⅰ④:S2	Ⅰ④:13					
2006Ⅰ④:S1	Ⅰ④:2	1.26	0.74			
2006Ⅰ④:S2	Ⅰ④:2	0.7	0.64			
2006Ⅰ④:S3	Ⅰ④:2	0.52	0.38	0.18	椭圆形	炭屑、石片、碎骨
2006Ⅰ④:S4	Ⅰ④:2	0.53	0.4			

续表 4-1

编号	层位	长径	短径	深度	平面形状	包含物
2006Ⅰ④：S5	Ⅰ④：3					
2006Ⅰ④：S6	Ⅰ④：5	0.21	0.34			
2006Ⅰ④：S7	Ⅰ④：5	0.7	0.36			
2006Ⅰ④：S8	Ⅰ④：5	0.38	0.31			
2006Ⅰ④：S9	Ⅰ④：6	0.13	0.18			
2006Ⅰ④：S10	Ⅰ④：7	0.27	0.4			
2006Ⅰ④：S11	Ⅰ④：10	0.26	0.38			
2006Ⅰ④：S12	Ⅰ④：11	0.39	0.45			
2006Ⅰ④：S13	Ⅰ④：12	0.35	0.48			
2006Ⅰ④：S14	Ⅰ④：13	0.45	0.42			
2006Ⅰ④：S15	Ⅰ④：15	0.39	0.68			
2006Ⅰ④：S16	Ⅰ④：16	0.33	0.4			
2006Ⅰ④：S17	Ⅰ④：17	0.55	0.48			
2006Ⅰ④：S18	Ⅰ④：18					
2006Ⅰ④：S19	Ⅰ④：19	0.28	0.38			

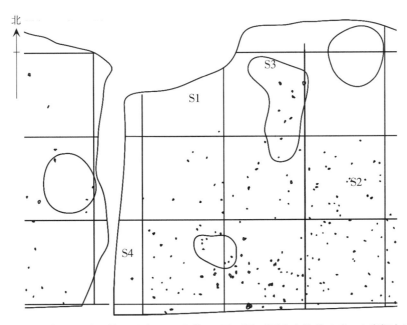

图4-1 龙王辿遗址第一地点2006Ⅰ④：2平面图（图中方格为1米×1米探方）

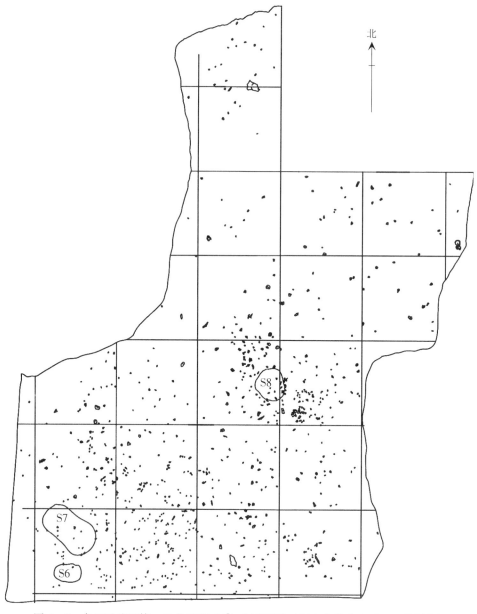

图 4 - 2 龙王辿遗址第一地点 2006Ⅰ④：5 平面图（图中方格为 1 米 × 1 米探方）

第二节 遗物

　　第 4 文化层共出土石制品 10336 件，其中除去部分细石器、细石核、细石叶和磨制石器外，大量存在的是石块、断块、石片和碎屑。所用石料多采自河滩砾石，质地主要有燧石、石英、脉石英、页岩、硬质砂岩等。

一 石片

共发现1438件，包括完整石片、不完整石片、砸击石片等，部分石片有使用痕迹。

标本2005Ⅰ④:903，燧石，原料为砾石，Ⅱ1类。台面角82°，台面宽17.3毫米，远端弧形，有崩损。长40.4、宽31、厚19.5毫米，重19.2克（图4-3，1；图版九，1）。

标本2005Ⅰ④:1085，燧石，Ⅱ3类。台面角101°，台面宽5.3毫米，背面布满片疤，边缘有崩损。长20、宽19.5、厚5.3毫米，重2.25克（图4-3，2；图版九，2）。

标本2005Ⅰ④:902，凝灰岩，原料为砾石，Ⅰ2类。台面角86°，台面宽8.3毫米，远端弧形，有崩损。长43、宽17.5、厚8.3毫米，重6.53克（图4-3，3；图版九，3）。

标本2005Ⅰ④:1065，石英岩，Ⅱ3类。台面角96°，台面宽5.8毫米，远端弧形，有崩损。长22、宽11、厚5.8毫米，重1.3克（图4-3，4；图版九，4）。

标本2005Ⅰ④:1079，石英岩，Ⅱ3类。线形台面，远端弧形。长18、宽16.9、厚3.2毫米，重0.9克（图4-3，5；图版九，5）。

标本2005Ⅰ④:1089，燧石，Ⅱ3类。线形台面，远端有崩损。长22.1、宽12、厚2.2毫米，重0.56克（图4-3，6；图版九，6）。

标本2005Ⅰ④:487，石英岩，Ⅱ3类。台面角86°，台面宽7.8毫米，背有一脊，两侧及远端

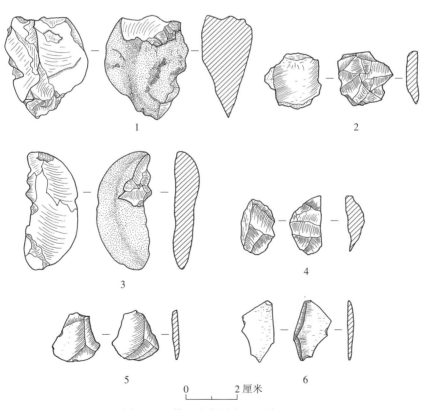

图4-3 第4文化层出土石片（1）

1. 2005Ⅰ④:903　2. 2005Ⅰ④:1085　3. 2005Ⅰ④:902　4. 2005Ⅰ④:1065　5. 2005Ⅰ④:1079　6. 2005Ⅰ④:1089

刃缘部有崩损。长27.9、宽20.8、厚8.6毫米，重4.13克（图4-4，1；图版一〇，1）。

标本2005 I ④:7，石英岩，Ⅱ1类。台面角76°，左右两侧有连续分布的鱼鳞状崩损，远端平直。长25.5、宽16.8、厚4.5毫米，重1.7克（图4-4，2；图版一〇，2）。

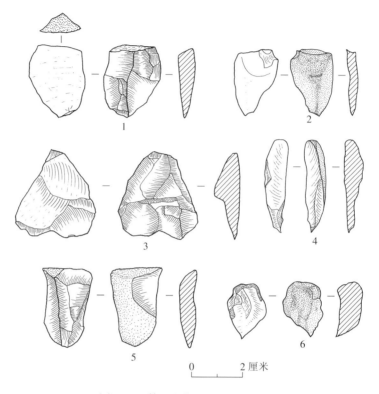

图4-4　第4文化层出土石片（2）

1. 2005 I ④:487　2. 2005 I ④:7　3. 2005 I ④:475　4. 2005 I ④:56　5. 2005 I ④:478　6. 2005 I ④:163

标本2005 I ④:475，燧石，Ⅰ3类。台面角104°，台面宽7.6毫米，远端较平直，有破损，刃缘部有连续分布的崩损。长33.8、宽31、厚12毫米，重8.03克（图4-4，3；图版一〇，3）。

标本2005 I ④:56，石英岩，原料为砾石，Ⅱ2类。台面宽3.4毫米，纵长剥片。长34、宽7、厚6.2毫米，重1.38克（图4-4，4；图版一〇，4）。

标本2005 I ④:478，石英岩，原料为砾石，Ⅰ2类。台面角116°，台面宽9.2毫米，远端为较规整的圆弧形，刃缘部有崩损。长30、宽20.1、厚10.6毫米，重5.87克（图4-4，5；图版一〇，5）。

标本2005 I ④:163，燧石，原料为砾石，Ⅰ1类。台面角86°，台面宽7.8毫米，远端尖锐，两侧刃缘有崩损。长20.8、宽15.3、厚9毫米，重3.17克（图4-4，6；图版一〇，6）。

标本2006 I ④:5535，燧石，原料为砾石，Ⅰ1类。台面角72°，砾石台面，预制阶段石核。长34.1、宽33.7、厚26.2毫米，重35.63克（图4-5，1；图版一一，1）。

标本2005 I ④:992，燧石，原料为砾石，Ⅱ1类。线形台面，一端尖锐，有崩损。长24、宽15、厚2.2毫米，重0.98克（图4-5，2；图版一一，2）。

标本2005 I ④:981，石英岩，Ⅱ3类。线形台面，远端窄而平直，刃缘部有崩损。长36、宽16.1、厚10.5毫米，重5.05克（图4-5，3；图版一一，3）。

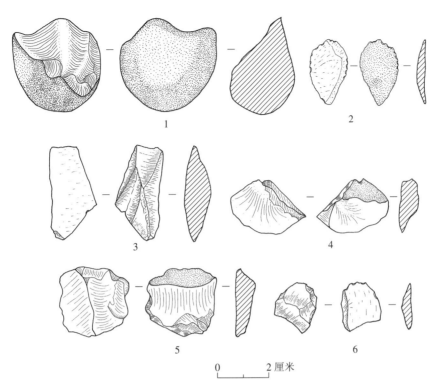

图 4 - 5　第 4 文化层出土石片（3）

1. 2006 I ④：5535　2. 2005 I ④：992　3. 2005 I ④：981　4. 2005 I ④：92　5. 2005 I ④：24　6. 2005 I ④：633

标本 2005 I ④：92，石英岩，原料为砾石，I 2 类。台面角 92°，台面宽 7 毫米，远端呈较规整的圆弧形，刃缘部有崩损。长 29.1、宽 19.9、厚 7 毫米，重 2.69 克（图 4 - 5，4；图版一一，4）。

标本 2005 I ④：24，石英岩，原料为砾石，I 3 类。台面角 72°，台面宽 9.8 毫米，远端有崩疤，两极石片。长 28.2、宽 24.9、厚 9.8 毫米，重 5.79 克（图 4 - 5，5；图版一一，5）。

标本 2005 I ④：633，燧石，II 3 类。线形台面，远端尖锐，有崩损。长 18.1、宽 17.1、厚 3 毫米，重 0.81 克（图 4 - 5，6；图版一一，6）。

标本 2005 I ④：657，燧石，II 3 类。线形台面，远端有崩损。长 20.1、宽 14.5、厚 4.9 毫米，重 1.34 克（图 4 - 6，1；图版一二，1）。

标本 2005 I ④：711，石英岩，II 3 类。线形台面，远端尖锐，有崩损。长 22.1、宽 14.5、厚 8 毫米，重 1.76 克（图 4 - 6，2；图版一二，2）。

标本 2005 I ④：679，石英岩，II 3 类。台面角 86°，台面宽 3.1 毫米，右侧边缘呈弧形，刃缘部有崩损。长 27.1、宽 13.2、厚 3.1 毫米，重 1.2 克（图 4 - 6，3；图版一二，3）。

标本 2005 I ④：447，燧石，II 3 类。台面角 79°，台面宽 2 毫米，背面有细石叶剥离痕，两极石片。长 23.9、宽 13、厚 2 毫米，重 0.72 克（图 4 - 6，4；图版一二，4）。

标本 2005 I ④：419，石英岩，II 3 类。台面角 72°，台面宽 5.4 毫米，远端平直，有崩损。长 18.2、宽 16.9、厚 6.1 毫米，重 1.38 克（图 4 - 6，5；图版一二，5）。

标本 2005 I ④：756，燧石，II 3 类。线形台面，远端左侧较平直，有连续分布的崩损。长 25、宽 17.3、厚 3.4 毫米，重 1.58 克（图 4 - 6，6；图版一二，6）。

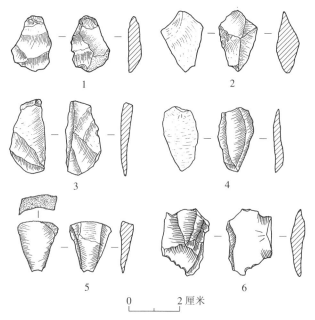

0 |___| 2 厘米

图 4 - 6 第 4 文化层出土石片（4）

1. 2005 I ④：657   2. 2005 I ④：711   3. 2005 I ④：679   4. 2005 I ④：447   5. 2005 I ④：419   6. 2005 I ④：756

标本 2005 I ④：759，燧石，Ⅱ3 类。台面角 97°，台面宽 3.5 毫米，背有棱脊和阶梯状片疤，细石核调整剥片。长 17.3、宽 12.1、厚 3.5 毫米，重 0.63 克（图 4 - 7，1；图版一三，1）。

标本 2005 I ④：411，石英，Ⅱ2 类。线形台面，远端有小的崩损。长 14、宽 10、厚 3.8 毫米，重 0.47 克（图 4 - 7，2；图版一三，2）。

标本 2005 I ④：656，燧石，原料为砾石，Ⅱ2 类。线形台面，远端有崩损。长 16.3、宽 12、厚 3.1 毫米，重 0.67 克（图 4 - 7，3；图版一三，3）。

标本 2005 I ④：729，石英岩，Ⅱ3 类。台面角 84°，台面宽 4.8 毫米，两侧平直，背有棱脊，呈龟背状，端刮器的毛坯。长 33.1、宽 21.5、厚 13.7 毫米，重 9.99 克（图 4 - 7，4；图版一三，5）。

标本 2005 I ④：728，玉髓，Ⅱ3 类。台面角 106°，台面宽 6.1 毫米，远端较平直，有崩损。长 17、宽 14.7、厚 6.1 毫米，重 1.48 克（图 4 - 7，5；图版一三，4）。

标本 2005 I ④：742，石英岩，原料为砾石，Ⅰ3 类。台面角 82°，台面宽 11.5 毫米，背有一脊，呈龟背状，远端尖锐，有崩损。长 28.5、宽 23.6、厚 11.5 毫米，重 4.94 克（图 4 - 7，6；图版一三，6）。

标本 2005 I ④：750，石英岩，原料为砾石，Ⅱ2 类。线形台面，右侧边缘平直，刃缘部有崩损。长 26、宽 17、厚 4.5 毫米，重 1.68 克（图 4 - 7，7；图版一三，7）。

标本 2005 I ④：628，石英岩，原料为砾石，Ⅰ3 类。台面角 79°，台面宽 6.5 毫米，远端较平直，刃缘部有崩损。长 35.1、宽 33.1、厚 6.5 毫米，重 7.01 克（图 4 - 8，1；图版一四，1）。

标本 2005 I ④：1231，石英岩，Ⅱ3 类。台面角 81°，台面宽 7.2 毫米，两侧较平直，远端弧形，有崩损。长 23、宽 14.5、厚 7.2 毫米，重 1.62 克（图 4 - 8，2；图版一四，2）。

标本 2005 I ④：607，燧石，Ⅱ3 类。线形台面，远端较平直，有崩损。长 25、宽 21.2、厚 7.5 毫米，重 3.51 克（图 4 - 8，3；图版一四，3）。

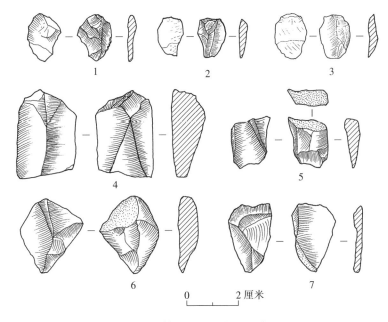

图 4 - 7　第 4 文化层出土石片（5）

1. 2005Ⅰ④:759　2. 2005Ⅰ④:411　3. 2005Ⅰ④:656　4. 2005Ⅰ④:729　5. 2005Ⅰ④:728
6. 2005Ⅰ④:742　7. 2005Ⅰ④:750

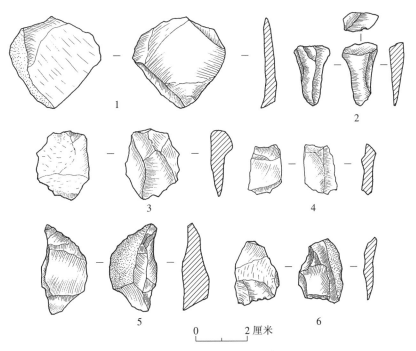

图 4 - 8　第 4 文化层出土石片（6）

1. 2005Ⅰ④:628　2. 2005Ⅰ④:1231　3. 2005Ⅰ④:607　4. 2005Ⅰ④:602　5. 2005Ⅰ④:844
6. 2005Ⅰ④:838

　　标本 2005Ⅰ④:602，石英岩，Ⅱ3 类。台面角 76°，台面宽 5.5 毫米，平面近长方形，远端有崩损。长 20、宽 13、厚 5.5 毫米，重 1.2 克（图 4 - 8，4；图版一四，4）。

　　标本 2005Ⅰ④:844，石英岩，原料为砾石，Ⅱ2 类。线形台面，远端较尖锐，近远端两侧至远端有连续的崩损。长 33、宽 17.8、厚 10.2 毫米，重 4.93 克（图 4 - 8，5；图版一四，5）。

　　标本 2005 Ⅰ④：838，石英岩，原料为砾石，Ⅱ2 类。线形台面，两极石片。长 23.1、宽 17.5、厚 3.5 毫米，重 1.49 克（图 4 - 8，6；图版一四，6）。

　　标本 2005 Ⅰ④：949，凝灰岩，Ⅱ3 类。线形台面，两极石片。长 33.9、宽 21.5、厚 5.6 毫米，重 4.79 克（图 4 - 9，1；图版一五，1）。

　　标本 2005 Ⅰ④：924，石英岩，原料为砾石，Ⅰ3 类。台面角 82°，台面宽 4.6 毫米，远端略有弧度，刃缘部有崩损。长 33.5、宽 18.1、厚 5.8 毫米，重 3.6 克（图 4 - 9，2；图版一五，2）。

　　标本 2005 Ⅰ④：955，石英岩，Ⅱ3 类。台面角 81°，台面宽 4.9 毫米，远端呈圆弧形，中部略有尖突，有崩损。长 29.3、宽 20.2、厚 4.9 毫米，重 3.22 克（图 4 - 9，3；图版一五，3）。

　　标本 2005 Ⅰ④：932，燧石，Ⅱ3 类。近端残，远端尖锐，有崩损。长 19、宽 10.5、厚 7.8 毫米，重 1.14 克（图 4 - 9，4；图版一五，4）。

　　标本 2005 Ⅰ④：1161，石英岩，原料为砾石，Ⅰ2 类。台面角 108°，台面宽 7.4 毫米，左侧边缘较平直，刃缘部有崩损。长 37.1、宽 22、厚 8.5 毫米，重 8.91 克（图 4 - 9，5；图版一五，5）。

　　标本 2005 Ⅰ④：959，燧石，Ⅱ2 类。台面角 98°，台面宽 4.1 毫米，远端平直，有崩损。长 29、宽 19.8、厚 6.1 毫米，重 2.92 克（图 4 - 9，6；图版一五，6）。

　　标本 2005 Ⅰ④：1165，砂岩，Ⅱ3 类。近线形台面，远端弧形，有崩损。长 68.9、宽 33.5、厚 13.1 毫米，重 28.11 克（图 4 - 10，1；图版一六，1）。

　　标本 2005 Ⅰ④：1159，石英岩，Ⅱ3 类。线形台面，两极石片。长 18.1、宽 13.3、厚 2.9 毫

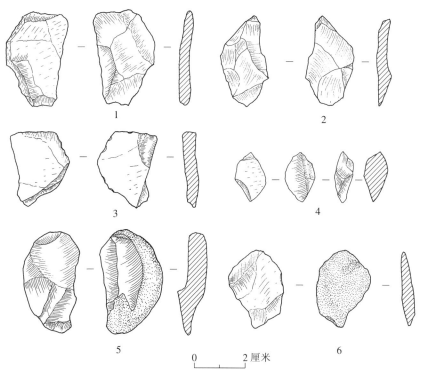

图 4 - 9　第 4 文化层出土石片（7）

1. 2005 Ⅰ④：949　2. 2005 Ⅰ④：924　3. 2005 Ⅰ④：955　4. 2005 Ⅰ④：932　5. 2005 Ⅰ④：1161

6. 2005 Ⅰ④：959

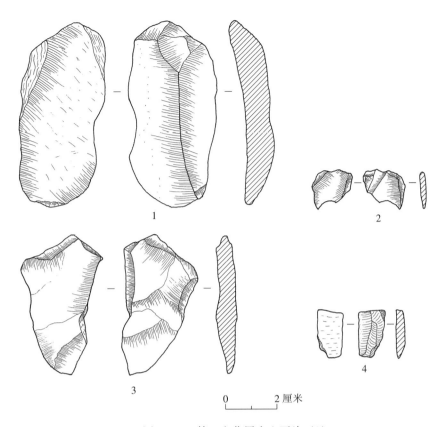

图 4 - 10　第 4 文化层出土石片（8）
1. 2005 Ⅰ④∶1165　2. 2005 Ⅰ④∶1159　3. 2005 Ⅰ④∶1154　4. 2006 Ⅰ④∶5616

米，重 0.61 克（图 4 - 10，2；图版一六，3）。

标本 2005 Ⅰ④∶1154，凝灰岩，Ⅱ 3 类。近端残，远端弧形，刃缘部有崩损。长 52.1、宽
30.3、厚 7.5 毫米，重 14.21 克（图 4 - 10，3；图版一六，2）。

标本 2006 Ⅰ④∶5616，石英岩，Ⅱ 3 类。背有两道平行脊，细石核调整剥片。长 17.7、宽
10.3、厚 3.2 毫米，重 0.73 克（图 4 - 10，4；图版一六，4）。

标本 2005 Ⅰ④∶481，石英岩，Ⅱ 3 类。近线形台面，远端尖锐，两侧有崩损。长 19.8、宽
17.1、厚 3.5 毫米，重 0.96 克（图 4 - 11，1；图版一七，1）。

标本 2005 Ⅰ④∶507，燧石，Ⅱ 3 类。线形台面，两极石片。长 14.3、宽 13、厚 4 毫米，重
0.72 克（图 4 - 11，2；图版一七，2）。

标本 2005 Ⅰ④∶267，石英岩，原料为砾石，Ⅰ 1 类。台面角 86°，台面宽 2.8 毫米，背有自然
棱脊，两侧平直，近细石叶。长 15.6、宽 9.1、厚 3 毫米，重 0.55 克（图 4 - 11，3；图版一七，3）。

标本 2005 Ⅰ④∶484，燧石，原料为砾石，Ⅱ 2 类。线形台面，背面有细石叶剥片痕，远端尖
锐。长 19.6、宽 15、厚 3 毫米，重 0.7 克（图 4 - 11，4；图版一七，4）。

标本 2005 Ⅰ④∶262，石英岩，Ⅱ 3 类。台面角 87°，台面宽 2.1 毫米，两极石片。长 20.3、宽
11.5、厚 3.1 毫米，重 0.83 克（图 4 - 11，5；图版一七，5）。

标本 2005 Ⅰ④∶568，燧石，Ⅱ 3 类。线形台面，背有一脊，两侧弧形，远端尖锐，有崩损。
长 22、宽 10.6、厚 5.8 毫米，重 1.1 克（图 4 - 11，6；图版一七，6）。

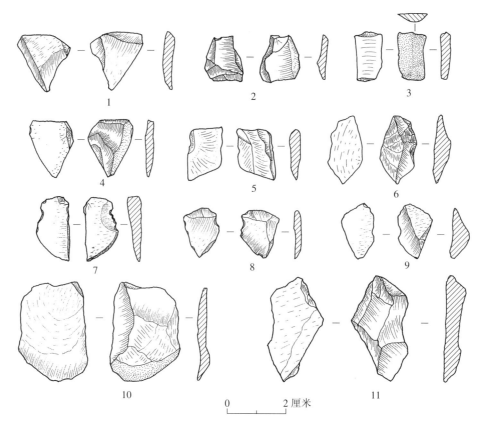

图 4-11　第 4 文化层出土石片（9）

1. 2005 I ④：481　2. 2005 I ④：507　3. 2005 I ④：267　4. 2005 I ④：484　5. 2005 I ④：262　6. 2005 I ④：
568　7. 2005 I ④：1177　8. 2005 I ④：1188　9. 2005 I ④：1184　10. 2005 I ④：709　11. 2005 I ④：719

　　标本 2005 I ④：1177，石英岩，Ⅱ3 类。台面角 84°，台面宽 2.4 毫米，一侧平直，一侧弧形，弧形刃缘部有崩损。长 20.9、宽 11、厚 4 毫米，重 0.73 克（图 4-11，7；图版一七，7）。

　　标本 2005 I ④：1188，石英岩，Ⅱ3 类。线形台面，平面呈心形，尖端部有崩损。长 15.6、宽 11.9、厚 3.1 毫米，重 0.52 克（图 4-11，8；图版一七，8）。

　　标本 2005 I ④：1184，石英岩，Ⅱ3 类。线形台面，远端尖锐，有崩损。长 17.1、宽 10.6、厚 5.7 毫米，重 0.83 克（图 4-11，9；图版一七，9）。

　　标本 2005 I ④：709，石英岩，原料为砾石，Ⅱ2 类。线形台面，两极石片。长 31.9、宽 23、厚 6.5 毫米，重 4.85 克（图 4-11，10；图版一七，10）。

　　标本 2005 I ④：719，石英岩，原料为砾石。近端残，远端圆弧，有崩损。长 34、宽 18、厚 6 毫米，重 3.95 克（图 4-11，11；图版一七，11）。

　　标本 2005 I ④：551，燧石，Ⅱ3 类。线形台面，远端尖锐，有崩损。长 23、宽 11、厚 4.1 毫米，重 1.22 克（图 4-12，1；图版一八，1）。

　　标本 2005 I ④：545，燧石，Ⅱ3 类。线形台面，远端尖锐，有崩损。长 16.5、宽 9.8、厚 4 毫米，重 0.38 克（图 4-12，2；图版一八，2）。

　　标本 2005 I ④：1121，玉髓，Ⅱ3 类。近线形台面，远端边缘有细石叶剥片疤，细石核调整剥片。长 14.2、宽 12.5、厚 4.9 毫米，重 1.16 克（图 4-12，3；图版一八，3）。

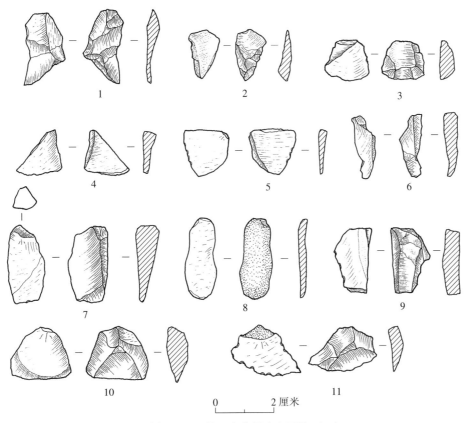

图 4 – 12 第 4 文化层出土石片（10）

1. 2005 Ⅰ④：551　2. 2005 Ⅰ④：545　3. 2005 Ⅰ④：1121　4. 2005 Ⅰ④：829　5. 2005 Ⅰ④：828　6. 2005 Ⅰ④：531
7. 2005 Ⅰ④：825　8. 2005 Ⅰ④：830　9. 2005 Ⅰ④：1112　10. 2005 Ⅰ④：1122　11. 2005 Ⅰ④：1109

标本 2005 Ⅰ④：829，石英岩，Ⅱ3 类。近端残，远端尖锐，有崩损。长 18、宽 11、厚 3.8 毫米，重 0.5 克（图 4 – 12，4；图版一八，4）。

标本 2005 Ⅰ④：828，石英岩，Ⅱ3 类。台面角 79°，台面宽 2.5 毫米，两侧边缘为弧形，远端尖锐，两侧至远端刃缘部有崩损。长 15、宽 15、厚 2.5 毫米，重 0.81 克（图 4 – 12，5；图版一八，5）。

标本 2005 Ⅰ④：531，燧石，Ⅱ3 类。线形台面，背面有横向的细石叶剥片疤，细石核调整剥片。长 20、宽 7、厚 4 毫米，重 0.47 克（图 4 – 12，6；图版一八，6）。

标本 2005 Ⅰ④：825，石英岩，Ⅱ3 类。台面角 98°，台面宽 7.3 毫米，远端平直，有崩损。长 25.1、宽 12.5、厚 7.3 毫米，重 1.78 克（图 4 – 12，7；图版一八，7）。

标本 2005 Ⅰ④：830，燧石，Ⅱ2 类。台面角 112°，台面宽 2.5 毫米，两侧平行，远端有崩损。长 26.7、宽 10.3、厚 2.5 毫米，重 0.84 克（图 4 – 12，8；图版一八，8）。

标本 2005 Ⅰ④：1112，石英岩，原料为砾石，Ⅰ3 类。台面角 96°，台面宽 5.4 毫米，两极石片。长 21.1、宽 11.9、厚 5.4 毫米，重 1.83 克（图 4 – 12，9；图版一八，9）。

标本 2005 Ⅰ④：1122，燧石，Ⅱ3 类。台面角 86°，台面宽 9.9 毫米，远端平直，刃缘部有崩损。长 20.1、宽 16.9、厚 9.9 毫米，重 2.93 克（图 4 – 12，10；图版一八，10）。

标本 2005 Ⅰ④：1109，石英岩，Ⅱ3 类。线形台面，远端尖锐。有崩损。长 22.9、宽 14.5、厚 5.6 毫米，重 1.36 克（图 4 – 12，11；图版一八，11）。

标本 2005Ⅰ④：1098，石英岩，原料为砾石，Ⅰ3 类。台面角 85°，台面宽 8.2 毫米，远端尖锐，有崩损。长 47.4、宽 31.3、厚 11.9 毫米，重 12.18 克（图 4 - 13，1；图版一九，1）。

标本 2005Ⅰ④：1103，石英岩，原料为砾石，Ⅰ3 类。台面角 87°，台面宽 7.7 毫米，远端平直，刃缘部有崩损。长 16.9、宽 32、厚 7.7 毫米，重 3.27 克（图 4 - 13，2；图版一九，2）。

标本 2005Ⅰ④：1106，燧石，Ⅱ3 类。台面角 94°，台面宽 5.6 毫米，背有一脊，远端为一斜尖，刃缘部有崩损。长 33、宽 19.5、厚 7.1 毫米，重 3.91 克（图 4 - 13，3；图版一九，3）。

标本 2005Ⅰ④：1104，燧石，Ⅱ3 类。台面角 96°，台面宽 7.4 毫米，远端较平直，有崩损。长 26.2、宽 15、厚 7.4 毫米，重 1.86 克（图 4 - 13，4；图版一九，4）。

标本 2005Ⅰ④：1111，石英岩，原料为砾石，Ⅰ3 类。台面角 104°，台面宽 8.2 毫米，远端尖锐，有崩损。长 24、宽 19.3、厚 8.2 毫米，重 3.26 克（图 4 - 13，5；图版一九，5）。

标本 2005Ⅰ④：1119，燧石，Ⅱ3 类。台面角 118°，台面宽 7.8 毫米，远端弧形，有崩损。长 20.9、宽 15、厚 7.8 毫米，重 1.81 克（图 4 - 13，6；图版一九，6）。

标本 2005Ⅰ④：863，石英岩，原料为砾石，Ⅰ3 类。台面角 104°，台面宽 12.2 毫米，左侧平直，右侧为圆弧形，右侧近远端刃缘部有崩损。长 50.1、宽 26.3、厚 12.6 毫米，重 15.22 克（图 4 - 14，1；图版二〇，1）。

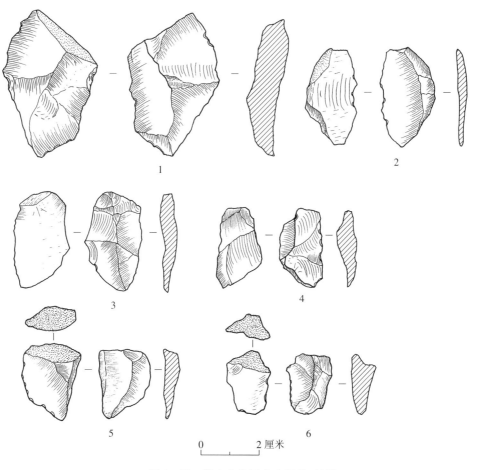

图 4 - 13　第 4 文化层出土石片（11）

1. 2005Ⅰ④：1098　2. 2005Ⅰ④：1103　3. 2005Ⅰ④：1106　4. 2005Ⅰ④：1104　5. 2005Ⅰ④：1111　6. 2005Ⅰ④：1119

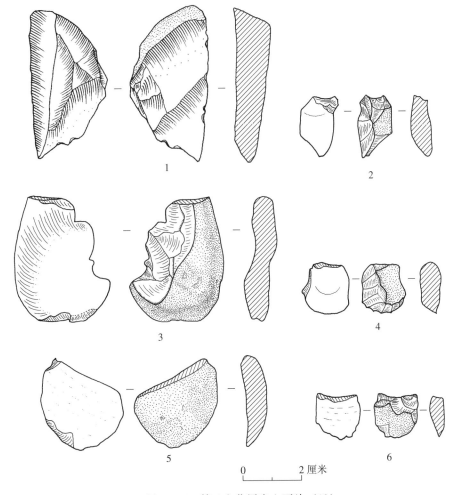

图 4 - 14　第4文化层出土石片（12）

1. 2005 I ④：863　2. 2005 I ④：1006　3. 2005 I ④：1019　4. 2005 I ④：1013　5. 2005 I ④：1003　6. 2005 I ④：1001

标本 2005 I ④：1006，燧石，Ⅱ3 类。台面角 87°，台面宽 6.4 毫米，背有一脊，呈龟背状，远端尖锐，有崩损。长 20.9、宽 12、厚 6.5 毫米，重 1.48 克（图 4 - 14，2；图版二○，2）。

标本 2005 I ④：1019，燧石，原料为砾石，Ⅰ3 类。线形台面，两极石片。长 43.1、宽 30.7、厚 10.8 毫米，重 1.55 克（图 4 - 14，3；图版二○，3）。

标本 2005 I ④：1013，燧石，Ⅱ3 类。台面角 81°，台面宽 5.2 毫米，远端弧形，刃缘部有崩损。长 15.9、宽 14.8、厚 6.1 毫米，重 1.49 克（图 4 - 14，4；图版二○，4）。

标本 2005 I ④：1003，石英岩，原料为砾石，Ⅱ1 类。台面角 88°，台面宽 8.6 毫米，远端弧形，有崩损。长 22.1、宽 31、厚 8.6 毫米，重 7.53 克（图 4 - 14，5；图版二○，5）。

标本 2005 I ④：1001，石英岩，原料为砾石，Ⅱ2 类。近端残，远端弧形，刃缘部有崩损。长 14.8、宽 13.5、厚 6.1 毫米，重 1.22 克（图 4 - 14，6；图版二○，6）。

标本 2005 I ④：986，石英岩，Ⅱ3 类。线形台面，两极石片。长 31、宽 19.5、厚 7 毫米，重 4.01 克（图 4 - 15，1；图版二一，1）。

标本 2005 I ④：975，石英岩，Ⅱ3 类。台面角 97°，台面宽 7.8 毫米，两侧平直，左侧刃缘部有崩损。长 22.3、宽 17、厚 7.8 毫米，重 2.14 克（图 4 - 15，2；图版二一，2）。

标本 2005 Ⅰ④：971，凝灰岩，Ⅱ3 类。台面角 76°，台面宽 4.5 毫米，平面呈梯形，远端平直，刃缘部有崩损。长 40.5、宽 24.8、厚 7.8 毫米，重 6.41 克（图 4 - 15，3；图版二一，5）。

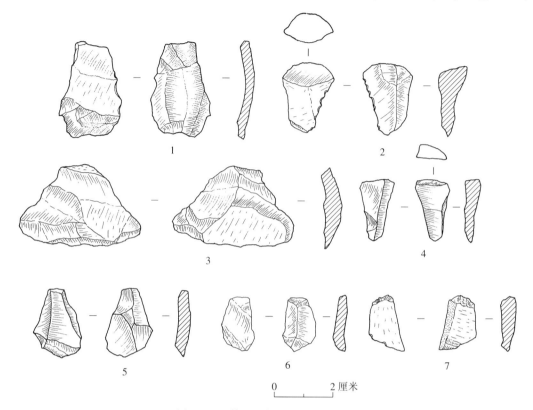

图 4 - 15　第 4 文化层出土石片（13）

1. 2005 Ⅰ④：986　2. 2005 Ⅰ④：975　3. 2005 Ⅰ④：971　4. 2005 Ⅰ④：977　5. 2005 Ⅰ④：983　6. 2005 Ⅰ④：991
7. 2005 Ⅰ④：989

标本 2005 Ⅰ④：977，石英岩，Ⅱ3 类。台面角 91°，台面宽 6 毫米，背有一脊，远端较平直，刃缘部有崩损。长 20、宽 11.2、厚 6 毫米，重 1.04 克（图 4 - 15，4；图版二一，3）。

标本 2005 Ⅰ④：983，石英岩，Ⅱ3 类。台面宽 4.7 毫米，远端呈圆弧形，刃缘部有崩损。长 22、宽 15.2、厚 4.7 毫米，重 1.68 克，台面角 96°（图 4 - 15，5；图版二一，4）。

标本 2005 Ⅰ④：991，燧石，Ⅱ3 类。台面角 94°，台面宽 2.4 毫米，远端呈弧形，刃缘部有崩损。长 17.3、宽 10.6、厚 4 毫米，重 0.69 克（图 4 - 15，6；图版二一，6）。

标本 2005 Ⅰ④：989，燧石，Ⅱ3 类。台面角 98°，台面宽 5.1 毫米，远端较平直，有崩损。长 18.9、宽 10.7、厚 5.1 毫米，重 0.73 克（图 4 - 15，7；图版二一，7）。

标本 2005 Ⅰ④：226，凝灰岩，原料为砾石，Ⅱ2 类。线形台面，远端为较规整的圆弧状，刃缘部有崩损。长 46.5、宽 31.9、厚 9.8 毫米，重 11.64 克（图 4 - 16，1；图版二二，1）。

标本 2005 Ⅰ④：1023，燧石，原料为砾石，Ⅰ2 类。线形台面，远端尖锐，有崩损。长 24.8、宽 15.9、厚 10.8 毫米，重 2.55 克（图 4 - 16，2）。

标本 2005 Ⅰ④：271，石英岩，Ⅱ3 类。线形台面，右侧边缘平直，刃缘部有连续分布的崩损。长 33.5、宽 20、厚 6.1 毫米，重 3.98 克（图 4 - 16，3；图版二二，2）。

标本 2005 Ⅰ④：1035，燧石，Ⅱ3 类。线形台面，两侧平直，远端尖锐，有崩损。长 18、宽

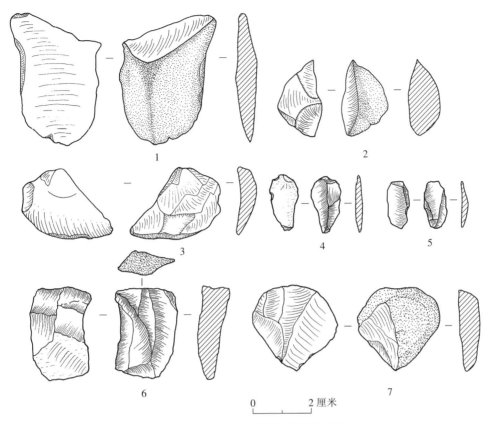

图 4 - 16　第 4 文化层出土石片（14）

1. 2005 I ④：226　2. 2005 I ④：1023　3. 2005 I ④：271　4. 2005 I ④：1035　5. 2005 I ④：1036
6. 2005 I ④：1040　7. 2005 I ④：1044

9.8、厚 3.1 毫米，重 0.44 克（图 4 - 16，4；图版二二，3）。

标本 2005 I ④：1036，石英岩，Ⅱ3 类。线形台面，远端有一尖突，有崩损。长 15.1、宽 7.2、厚 2.1 毫米，重 0.25 克（图 4 - 16，5）。

标本 2005 I ④：1040，石英岩，原料为砾石，I3 类。台面角 82°，台面宽 8.9 毫米，背有 2 条平行脊，远端较平直，有崩损。长 29.1、宽 19.2、厚 8.9 毫米，重 5.37 克（图 4 - 16，6；图版二二，4）。

标本 2005 I ④：1044，玉髓，原料为砾石，I2 类。台面角 94°，台面宽 9.5 毫米，右侧边缘平直，刃缘部有崩损。长 28.2、宽 25.1、厚 9.5 毫米，重 7.89 克（图 4 - 16，7；图版二二，5）。

标本 2005 I ④：134，石英岩，原料为砾石，I2 类。台面角 112°，台面宽 7.6，右侧边缘平直，刃缘部有连续的崩损。长 28.2、宽 54.1、厚 8.2 毫米，重 13.22 克（图 4 - 17，1；图版二三，1）。

标本 2005 I ④：199，石英岩，原料为砾石，Ⅱ2 类。线形台面，左右两侧为圆弧形。刃缘部有连续的崩损。长 33.6、宽 20.9、厚 5 毫米，重 3.49 克（图 4 - 17，2；图版二三，2）。

标本 2005 I ④：28，石英岩，I2 类。台面角 104°，台面宽 8.2 毫米，左侧和远端平直，刃缘部有连续分布的崩损。长 39、宽 28、厚 9 毫米，重 8.39 克（图 4 - 17，3；图版二三，3）。

标本 2005 I ④：20，石英岩，原料为砾石，I3 类。线形台面，两极石片，远端有崩损。长 27.2、宽 15.8、厚 5 毫米，重 3.05 克（图 4 - 17，4；图版二三，4）。

标本 2005 I ④：1024，石英岩，Ⅱ3 类。近端残，远端弧形，刃缘部有崩损，远端尖锐。长 23.8、宽 16.2、厚 8.1 毫米，重 3.37 克（图 4 - 17，5；图版二三，5）。

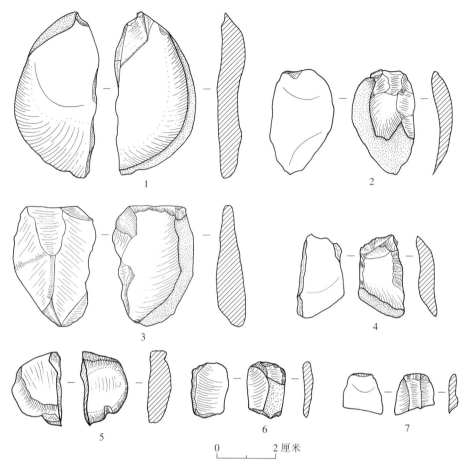

图 4－17　第 4 文化层出土石片（15）

1. 2005 Ⅰ④：134　2. 2005 Ⅰ④：199　3. 2005 Ⅰ④：28　4. 2005 Ⅰ④：20　5. 2005 Ⅰ④：1024　6. 2005 Ⅰ④：1031
7. 2005 Ⅰ④：1030

标本 2005 Ⅰ④：1031，燧石，Ⅱ3 类。近端残，背有一脊，两侧平直，两极石片。长 17.5、宽 12.1、厚 3.9 毫米，重 0.88 克（图 4－17，6；图版二三，6）。

标本 2005 Ⅰ④：1030，石英岩，Ⅱ3 类。近端残，背面有细石叶剥片疤，细石核调整剥片。长 14、宽 11.1、厚 3.1 毫米，重 0.71 克（图 4－17，7；图版二三，7）。

标本 2006 Ⅰ④：7538，细砂岩，原料为砾石，Ⅰ2 类。台面角 97°、63°，砾石台面，片疤较大，另一面为打制台面。长 40、宽 37.5、厚 21.5 毫米，重 31.67 克（图 4－18，1；图版二四，1）。

标本 2005 Ⅰ④：1198，石英岩，原料为砾石，Ⅰ2 类。台面角 102°，台面宽 5.4 毫米，远端尖锐，有崩损。长 50、宽 23.5、厚 13.3 毫米，重 15.42 克（图 4－18，2；图版二四，2）。

标本 2005 Ⅰ④：1194，石英岩，Ⅱ3 类。台面角 98°，台面宽 3.6 毫米，左侧边缘平直，刃缘部有崩损。长 40.2、宽 18.7、厚 8.6 毫米，重 5.53 克（图 4－18，3；图版二四，3）。

标本 2005 Ⅰ④：97，石英岩，原料为砾石，Ⅲ1 类。台面角 79°，右侧边缘平直，刃缘部有小的崩损连续分布，应为使用痕迹。长 29、宽 15.2、厚 6 毫米，重 2.08 克（图 4－18，4；图版二四，4）。

标本 2006 Ⅰ④：7247，燧石，原料为砾石，Ⅱ2 类。近线形台面，背有两道平行脊，细石核调整剥片，近端和远端均有连续分布的崩损。长 25.9、宽 13.7、厚 3.3 毫米，重 1.74 克（图 4－18，5；图版二四，5）。

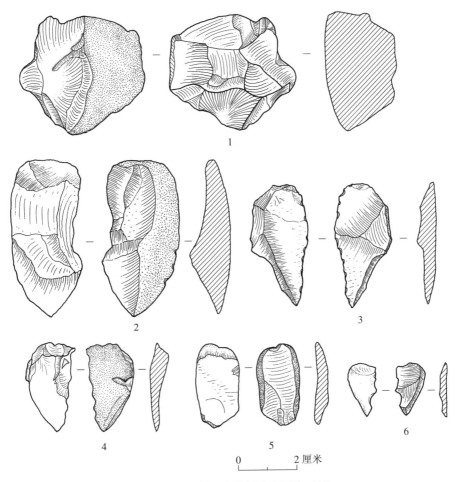

图 4 - 18 第 4 文化层出土石片（16）

1. 2006 I ④ : 7538　2. 2005 I ④ : 1198　3. 2005 I ④ : 1194　4. 2005 I ④ : 97　5. 2006 I ④ : 7247　6. 2005 I ④ : 1209

标本 2005 I ④ : 1209，燧石，II 3 类。线形台面，远端尖锐，有崩损。长 17.1、宽 9.6、厚 2.3 毫米，重 0.28 克（图 4 - 18，6；图版二四，6）。

标本 2005 I ④ : 1186，石英岩，原料为砾石，I 2 类。台面角 72°，台面宽 20.5 毫米，远端尖锐，有崩损。长 42.9、宽 21.5、厚 20.5 毫米，重 17.98 克（图 4 - 19，1；图版二五，1）。

标本 2005 I ④ : 1181，石英岩，原料为砾石，I 3 类。台面角 102°，台面宽 5 毫米，远端尖锐，有崩损。长 20.4、宽 14.1、厚 5 毫米，重 1.14 克（图 4 - 19，2；图版二五，2）。

标本 2005 I ④ : 767，石英岩，II 3 类。台面角 79°，台面宽 6.8 毫米，一端呈圆弧形，有崩损。长 32.1、宽 24.2、厚 7.4 毫米，重 4.34 克（图 4 - 19，3；图版二五，3）。

标本 2005 I ④ : 771，石英岩，II 3 类。台面角 106°，台面宽 5.1，两极石片。长 23.4、宽 16、厚 5.1 毫米，重 1.59 克（图 4 - 19，4；图版二五，4）。

标本 2005 I ④ : 425，石英岩，原料为砾石，II 2 类。近端处有片疤，加工去薄，尖状器毛坯。长 35.7、宽 26.2、厚 13.5 毫米，重 9.75 克（图 4 - 19，5；图版二五，5）。

标本 2005 I ④ : 816，燧石，原料为砾石，I 3 类。台面角 88°，台面宽 8 毫米，背面有细石叶剥片疤，细石核调整剥片。长 22.1、宽 18.8、厚 5 毫米，重 4.32 克（图 4 - 19，6；图版二五，6）。

标本 2005 I ④ : 802，石英岩，原料为砾石，I 3 类。台面角 103°，台面宽 6.9 毫米，远端呈

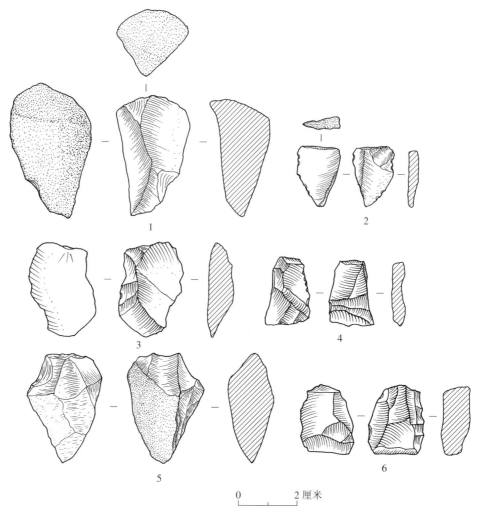

0 ____|____ 2厘米

图4-19   第4文化层出土石片（17）

1. 2005Ⅰ④:1186   2. 2005Ⅰ④:1181   3. 2005Ⅰ④:767   4. 2005Ⅰ④:771   5. 2005Ⅰ④:425   6. 2005Ⅰ④:816

圆弧形，有崩损。长29.5、宽17.8、厚6.9毫米，重2.63克（图4-20，1；图版二六，1）。

标本2005Ⅰ④:817，燧石，Ⅱ3类。台面角92°，台面宽9.1毫米，远端较平直，有崩损。长27.7、宽25.5、厚9.1毫米，重3.91克（图4-20，2；图版二六，2）。

标本2005Ⅰ④:787，石英岩，原料为砾石，Ⅰ3类。台面角81°，台面宽6毫米，两侧和远端较平直，远端刃缘部有崩损。长21.1、宽16.5、厚6毫米，重1.58克（图4-20，3；图版二六，3）。

标本2005Ⅰ④:780，燧石，原料为砾石，Ⅰ2类。线形台面，远端为较规整的圆弧形，刃缘部有崩损。长22.1、宽17.5、厚6.1毫米，重2.66克（图4-20，4；图版二六，4）。

标本2005Ⅰ④:778，石英岩，Ⅱ3类。台面角72°，台面宽7.8毫米，两极石片。长28.1、宽19.9、厚7.8毫米，重4.08克（图4-20，5；图版二六，5）。

标本2005Ⅰ④:1216，玉髓，Ⅱ3类。台面角67°，台面宽6.7毫米，边缘有细石叶剥片疤，远端尖突，有一小的平直刃。长21.1、宽16.5、厚6.7毫米，重2.76克（图4-20，6；图版二六，6）。

标本2005Ⅰ④:426，石英岩，原料为砾石，Ⅱ2类。近线形台面，右侧边缘平直，刃缘部有连续分布的崩损。长48、宽30.6、厚15.3毫米，重20.36克（图4-20，7；图版二六，7）。

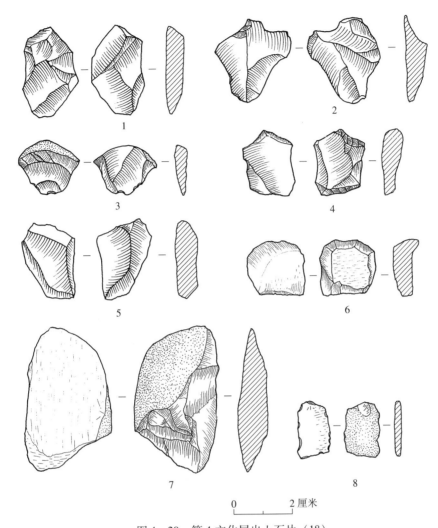

图4-20　第4文化层出土石片（18）

1. 2005 I ④∶802　2. 2005 I ④∶817　3. 2005 I ④∶787　4. 2005 I ④∶780　5. 2005 I ④∶778

6. 2005 I ④∶1216　7. 2005 I ④∶426　8. 2005 I ④∶1215

标本2005 I ④∶1215，燧石，原料为砾石，Ⅱ2类。线形台面，两侧平行，两极石片。长17.2、宽11.8、厚3.1毫米，重0.79克（图4-20，8；图版二六，8）。

标本2005 I ④∶1208，石英岩，原料为砾石，Ⅰ3类。台面角108°，台面宽9.2毫米，远端较平直，有崩损。长40.9、宽26.5、厚11.5毫米，重10.77克（图4-21，1；图版二七，1）。

标本2005 I ④∶138，石英岩，原料为砾石，Ⅱ1类。台面角85°，台面宽2.4毫米，远端呈圆弧形，刃缘部有连续分布的崩损。长30.5、宽24.6、厚5.8毫米，重4.43克（图4-21，2；图版二七，2）。

标本2005 I ④∶207，石英岩，原料为砾石，Ⅰ2类。台面角92°，台面宽5.4毫米，左侧边缘呈圆弧形，刃缘部有连续分布的崩损。长46.6、宽32.9、厚8.3毫米，重15.12克（图4-21，3；图版二七，3）。

标本2005 I ④∶1199，石英岩，原料为砾石，Ⅰ3类。台面角96°，台面宽8.1毫米，两极石片，一侧平直。长15.1、宽29.7、厚8.1毫米，重3.23克（图4-21，4；图版二七，4）。

标本2005 I ④∶1217，燧石，Ⅱ3类。台面角96°，台面宽3.6毫米，边缘有细石叶剥片疤，

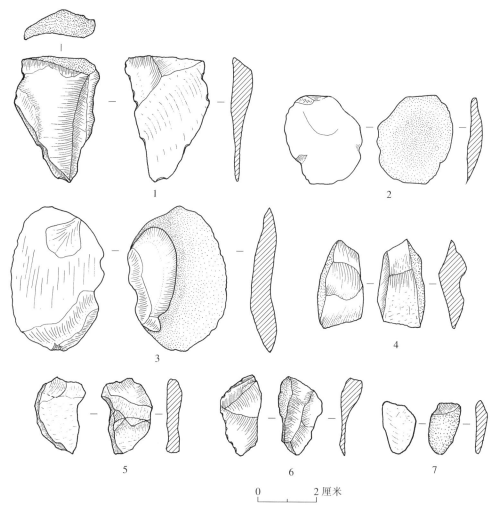

图 4 - 21　第 4 文化层出土石片（19）

1. 2005 I ④：1208　2. 2005 I ④：138　3. 2005 I ④：207　4. 2005 I ④：1199　5. 2005 I ④：1217　6. 2005 I ④：
1202　7. 2005 I ④：1180

细石核调整剥片。长 24.4、宽 16、厚 4.5 毫米，重 2.01 克（图 4 - 21，5；图版二七，5）。

标本 2005 I ④：1202，石英岩，Ⅱ 3 类。近端残，远端较尖锐，有崩损。长 25.9、宽 14、厚
6.1 毫米，重 1.63 克（图 4 - 21，6；图版二七，6）。

标本 2005 I ④：1180，石英岩，原料为砾石，Ⅱ 2 类。线形台面，远端弧形，有崩损。长
17.8、宽 10.8、厚 3.9 毫米，重 0.56 克（图 4 - 21，7；图版二七，7）。

标本 2005 I ④：1051，石英岩，原料为砾石，Ⅰ 3 类。台面角 62°，台面宽 9.1 毫米，两极石
片，远端平直，有崩损。长 25.5、宽 17.2、厚 9.1 毫米，重 3.18 克（图 4 - 22，1；图版二八，1）。

标本 2005 I ④：1038，石英岩，Ⅱ 3 类。台面角 119°，台面宽 5.1 毫米，两侧较平直，有崩
损。长 31.2、宽 20.1、厚 5.1 毫米，重 2.69 克（图 4 - 22，2；图版二八，2）。

标本 2005 I ④：432，石英岩，Ⅱ 3 类。线形台面，远端平直，刃缘部有崩损。长 40.3、宽
23.8、厚 5.8 毫米，重 4.55 克（图 4 - 22，3；图版二八，3）。

标本 2005 I ④：1026，石英岩，Ⅱ 3 类。台面角 88°，台面宽 4.8 毫米，远端尖锐，有崩损。
长 21.6、宽 8、厚 4.8 毫米，重 0.79 克（图 4 - 22，4；图版二八，4）。

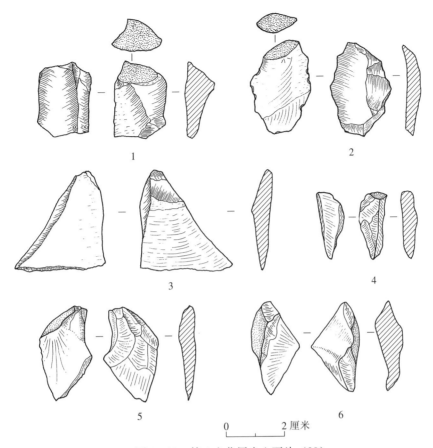

图4-22　第4文化层出土石片（20）

1. 2005 I ④:1051　2. 2005 I ④:1038　3. 2005 I ④:432　4. 2005 I ④:1026　5. 2005 I ④:296
6. 2005 I ④:231

　　标本2005 I ④:296，石英岩，I 3类。台面角79°，台面宽2.1毫米，左侧平直，远端尖锐，刃缘部有连续分布的崩损。长32.4、宽17.7、厚6毫米，重2.71克（图4-22，5；图版二八，5）。

　　标本2005 I ④:231，凝灰岩，原料为砾石，II 2类。台面角102°，台面宽5.6毫米，远端为一尖突，其两侧有崩损。长29.5、宽15.3、厚8.2毫米，重2.74克（图4-22，6；图版二八，6）。

　　标本2005 I ④:254，石英岩，原料为砾石，I 3类。台面角82°，台面宽5.2毫米，两极石片。长22、宽17、厚5.4毫米，重2.4克（图4-23，1；图版二九，1）。

　　标本2005 I ④:308，燧石，I 2类。台面宽6.4毫米，背面有3条细石叶剥片疤，细石核调整剥片。长24、宽15、厚62.42毫米，重2.41克（图4-23，2；图版二九，2）。

　　标本2005 I ④:54，石英岩，原料为砾石，II 2类。线形台面，背面有三角形和条形片疤，石核预制剥片。长50、宽36.30、厚10.5毫米，重19.89克（图4-23，3；图版二九，4）。

　　标本2005 I ④:17，石英岩，原料为砾石，I 3类。台面角88°，台面宽5.2毫米，左右两侧平直，刃缘部有连续分布的崩损。长33.5、宽30、厚8.3毫米，重8.28克（图4-23，4；图版二九，5）。

　　标本2005 I ④:239，燧石，原料为砾石，II 3类，近线形台面，两侧较平直。长24.1、宽12.2、厚7.1毫米，重1.88克（图4-23，5；图版二九，3）。

　　标本2005 I ④:88，石英岩，原料为砾石，I 3类。台面角81°，远端为一平直刃，刃缘部有连续分布的崩损。长48.5、宽25、厚7.3毫米，重10克（图4-24，1；图版三〇，1）。

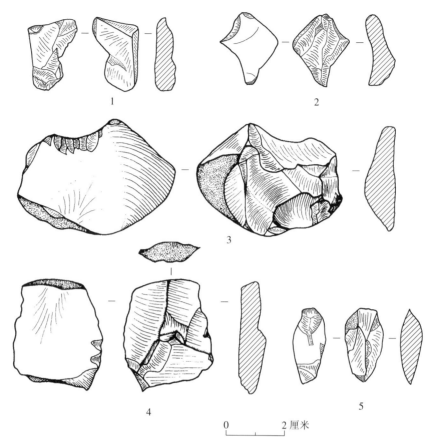

图4－23　第4文化层出土石片（21）

1. 2005 I ④：254　2. 2005 I ④：308　3. 2005 I ④：54　4. 2005 I ④：17　5. 2005 I ④：239

标本 2005 I ④：95，石英岩，原料为砾石，I 1 类。台面角 87°，远端刃缘部有崩损。长 44.5、宽 17、厚 11.8 毫米，重 11.15 克（图 4－24，2；图版三〇，2）。

标本 2005 I ④：80，石英岩，原料为砾石，I 3 类。台面角 84°，台面宽 5.9 毫米，远端有崩损。长 28、宽 23、厚 5.9 毫米，重 4.02 克（图 4－24，3；图版三〇，3）。

标本 2005 I ④：158，燧石，II 3 类。台面角 107°，台面宽 4.7 毫米，背面有 2 条细石叶剥离片疤，细石核调整剥片。长 14.5、宽 12、厚 5 毫米，重 0.72 克（图 4－24，4；图版三〇，4）。

标本 2005 I ④：68，燧石，以砾石为原料，II 1 类。线形台面，远端呈圆弧状，刃缘部有连续分布的锯齿状崩损。长 15.5、宽 14.1、厚 6 毫米，重 1.28 克（图 4－24，5；图版三〇，5）。

标本 2005 I ④：218，石英岩，原料为砾石，II 2 类。台面角 88°，台面宽 4.7 毫米，背面有细石叶剥片疤，细石核调整剥片。长 23.9、宽 18.8、厚 7.1 毫米，重 3.29 克（图 4－24，6；图版三〇，6）。

标本 2005 I ④：98，燧石，II 3 类。台面角 71°，背面有细石叶剥片疤，应为纵向修整细石核的剥片。长 17.5、宽 15.4、厚 8.1 毫米，重 2.12 克（图 4－24，7；图版三〇，8）。

标本 2006 I ④：3310，石英岩，原料为砾石，I 1 类。台面角 85°，一侧边缘平直，有崩损。长 47、宽 29.1、厚 16.5 毫米，重 37.23 克（图 4－24，8；图版三〇，7）。

标本 2005 I ④：335，石英岩，原料为砾石，I 2 类。台面角 112°，台面宽 8.2 毫米，平面为

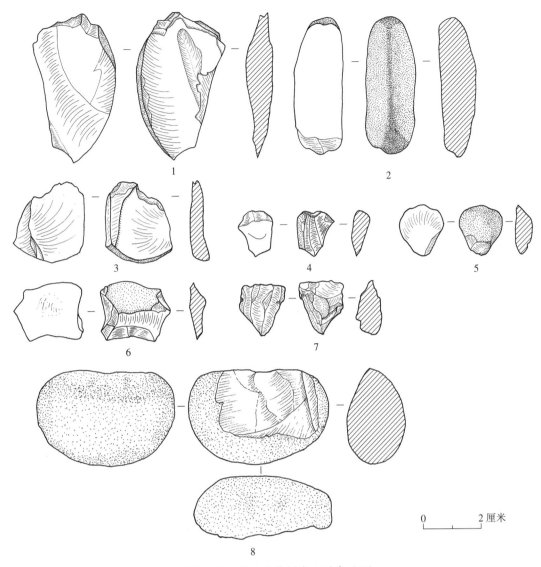

0 ____ 2 厘米

图 4 - 24　第 4 文化层出土石片（22）

1. 2005 Ⅰ ④：88　2. 2005 Ⅰ ④：95　3. 2005 Ⅰ ④：80　4. 2005 Ⅰ ④：158　5. 2005 Ⅰ ④：68　6. 2005 Ⅰ ④：218　7. 2005 Ⅰ
④：98　8. 2006 Ⅰ ④：3310

较规整的长方形，两侧平直，远端呈圆弧形，刃缘部有崩损。长 49.1、宽 27.8、厚 12.6 毫米，重 17.77 克（图 4 - 25，1；图版三一，1）。

标本 2005 Ⅰ ④：350，凝灰岩，Ⅱ3 类。近端残，平面近长方形，两侧及远端平直，刃缘部有崩损。长 28、宽 19.7、厚 6.2 毫米，重 3.38 克（图 4 - 25，2；图版三一，2）。

标本 2005 Ⅰ ④：379，石英岩，原料为砾石，Ⅱ2 类。台面角 112°，台面宽 11.9 毫米，近远端右侧似有修疤，尖状器修整石片。长 47.4、宽 28.9、厚 11.9 毫米，重 13.13 克（图 4 - 25，3；图版三一，3）。

标本 2005 Ⅰ ④：390，燧石，Ⅱ3 类。台面角 93°，台面宽 11.5 毫米，背面有细石叶剥离片疤，细石核调整剥片。长 22.1、宽 17.3、厚 11.8 毫米，重 3.5 克（图 4 - 25，4；图版三一，4）。

标本 2005 Ⅰ ④：343，燧石，Ⅱ3 类。台面角 112°，台面宽 8.5 毫米，远端为较规整的圆弧形，刃缘部有锯齿状崩损。长 14.1、宽 23、厚 8.5 毫米，重 2.51 克（图 4 - 25，5；图版三一，5）。

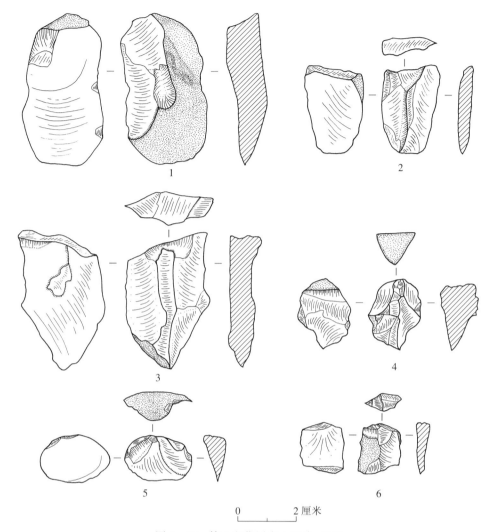

图 4 - 25　第 4 文化层出土石片 (23)

1. 2005 I ④：335　2. 2005 I ④：350　3. 2005 I ④：379　4. 2005 I ④：390　5. 2005 I ④：343　6. 2005 I ④：348

标本 2005 I ④：348，石英岩，Ⅱ 3 类。台面角 94°，台面宽 5.6 毫米，背有一棱脊。两极石片。长 17.1、宽 14.3、厚 5.6 毫米，重 1.29 克（图 4 - 25，6；图版三一，6）。

标本 2005 I ④：325，凝灰岩，Ⅱ 3 类。线形台面，平面近长方形，两端平直，刃缘部有崩损。长 39.8、宽 20.9、厚 9.7 毫米，重 8.07 克（图 4 - 26，1；图版三二，1）。

标本 2005 I ④：445，石英岩，原料为砾石，Ⅰ 3 类。台面角 82°，台面宽 4.8 毫米，两极石片。长 19.9、宽 13.2、厚 5.9 毫米，重 1.69 克（图 4 - 26，2；图版三二，2）。

标本 2005 I ④：483，石英岩，Ⅱ 3 类。台面角 107°，台面宽 4.2 毫米，远端为较规整的圆弧形，刃缘部有崩损。长 33、宽 31、厚 11 毫米，重 9.2 克（图 4 - 26，3；图版三二，3）。

标本 2005 I ④：418，燧石，Ⅱ 3 类。线形台面，两侧较平直，有崩损。长 22、宽 9.3、厚 3.8 毫米，重 0.39 克（图 4 - 26，4；图版三二，4）。

标本 2005 I ④：502，石英岩，原料为砾石，Ⅰ 3 类。台面角 76°，台面宽 5.4 毫米，远端为较规整的圆弧形，刃缘部有崩损。长 26.2、宽 17.5、厚 5.4 毫米，重 2.54 克（图 4 - 26，5；图版三二，5）。

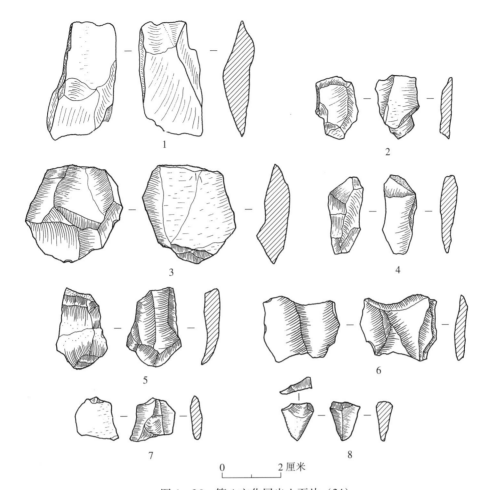

图 4 - 26　第 4 文化层出土石片（24）

1. 2005 Ⅰ④：325　2. 2005 Ⅰ④：445　3. 2005 Ⅰ④：483　4. 2005 Ⅰ④：418　5. 2005 Ⅰ④：502　6. 2005
Ⅰ④：469　7. 2005 Ⅰ④：428　8. 2005 Ⅰ④：513

标本 2005 Ⅰ④：469，石英岩，Ⅱ3 类。线形台面，远端较平直，刃缘部有连续分布的崩损。长 27、宽 21.1、厚 3.4 毫米，重 2.01 克（图 4 - 26，6；图版三二，6）。

标本 2005 Ⅰ④：428，燧石，Ⅱ3 类。线形台面，背面有细石叶剥片疤，细石核调整剥片。长 16.8、宽 14.1、厚 4 毫米，重 0.72 克（图 4 - 26，7；图版三二，7）。

标本 2005 Ⅰ④：513，燧石，Ⅱ3 类。近端残，远端尖锐，有崩损。长 12、宽 9.6、厚 4.8 毫米，重 0.41 克（图 4 - 26，8；图版三二，8）。

标本 2005 Ⅰ④：561，石英岩，Ⅱ3 类。台面角 79°，台面宽 11 毫米，两极石片，两侧平直，刃缘部有崩损。长 29、宽 26.5、厚 11 毫米，重 8.08 克（图 4 - 27，1）。

标本 2005 Ⅰ④：559，石英岩，Ⅱ3 类。台面角 76°，台面宽 5.8 毫米，背有一脊，断面呈三角形，两侧及远端较平直，刃缘部有崩损。长 37.2、宽 18.5、厚 9 毫米，重 6.05 克（图 4 - 27，2）。

标本 2006 Ⅰ④：3337，石英岩，Ⅱ3 类。右侧有平行分布的片疤，远端有阶梯状片疤，细石器调整剥片。长 30、宽 20、厚 9.8 毫米，重 5.11 克（图 4 - 27，3；图版三三，1）。

标本 2005 Ⅰ④：524，燧石，Ⅱ3 类。台面角 101°，台面宽 5 毫米，两极石片。长 20、宽 15.4、厚 6 毫米，重 1.66 克（图 4 - 27，4；图版三三，2）。

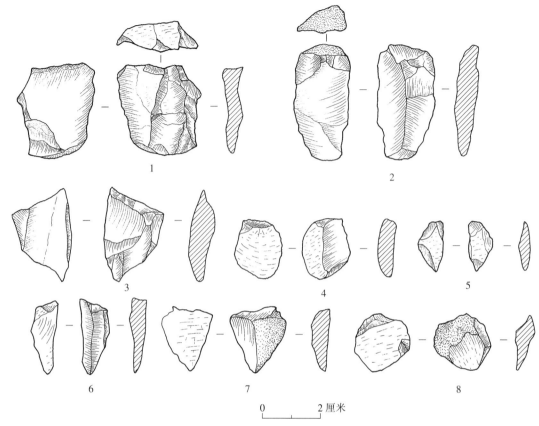

图 4 - 27　第 4 文化层出土石片（25）

1. 2005 I ④ : 561　2. 2005 I ④ : 559　3. 2006 I ④ : 3337　4. 2005 I ④ : 524　5. 2005 I ④ : 637　6. 2005 I ④ : 512　7. 2005
I ④ : 555　8. 2005 I ④ : 526

标本 2005 I ④ : 637，石英岩，Ⅱ3 类。线形台面，远端尖锐，呈尖突状，有崩损。长 15.9、宽 5、厚 2.1 毫米，重 0.28 克（图 4 - 27，5；图版三三，3）。

标本 2005 I ④ : 512，石英岩，原料为砾石，Ⅱ2 类。线状台面，背有阶状疤。长 37.7、宽 25.3、厚 6.4 毫米，重 6.37 克（图 4 - 27，6；图版三三，4）。

标本 2005 I ④ : 555，石英岩，原料为砾石，Ⅱ2 类。台面角 74°，台面宽 6.8 毫米，平面呈较为规整的等腰三角形，远端尖突部及近远端两侧有崩损。长 22、宽 19、厚 7.3 毫米，重 2.11 克（图 4 - 27，7；图版三三，5）。

标本 2005 I ④ : 526，玉髓，原料为砾石，Ⅱ2 类。近线形台面，平面大体呈圆形，边缘部有崩损。长 18.6、宽 17.1、厚 6.3 毫米，重 2.18 克（图 4 - 27，8；图版三三，6）。

标本 2005 I ④ : 639，石英岩，Ⅱ3 类。线形台面，远端为较规整的圆弧形，刃缘部有崩损。长 45、宽 31.8、厚 6.8 毫米，重 8.4 克（图 4 - 28，1；图版三四，1）。

标本 2005 I ④ : 703，石英岩，原料为砾石，Ⅰ3 类。台面角 79°，台面宽 6.6 毫米，左侧边缘为较规整的圆弧形，刃缘部有连续分布的崩损。长 32.5、宽 17.6、厚 6.6 毫米，重 2.29 克（图 4 - 28，2；图版三四，2）。

标本 2005 I ④ : 704，石英岩，原料为砾石，Ⅱ2 类。台面角 118°，台面宽 13 毫米，远端左侧部分为圆弧形，刃缘部有连续分布的崩损。长 45.9、宽 27、厚 13 毫米，重 11.65 克（图 4 - 28，

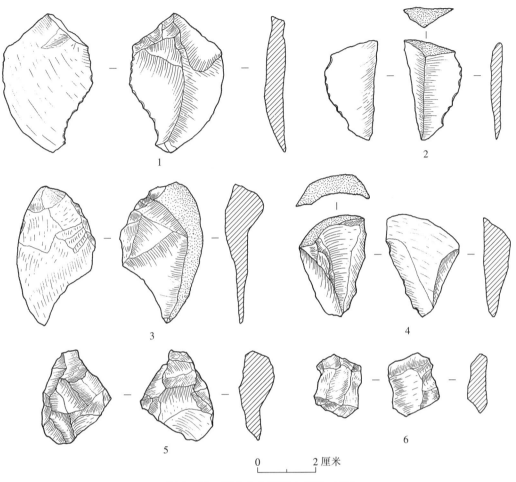

图 4 – 28　第 4 文化层出土石片（26）

1. 2005 Ⅰ④：639　2. 2005 Ⅰ④：703　3. 2005 Ⅰ④：704　4. 2005 Ⅰ④：715　5. 2005 Ⅰ④：708　6. 2005 Ⅰ④：587

3；图版三四，3）。

　　标本 2005 Ⅰ④：715，石英岩，原料为砾石，Ⅰ3 类。台面角 82°，台面宽 5.4 毫米，远端平直，刃缘部有崩损。长 33.4、宽 26.1、厚 7.5 毫米，重 5.94 克（图 4 – 28，4；图版三四，4）。

　　标本 2005 Ⅰ④：708，燧石，Ⅱ3 类。近端残，远端呈圆弧形，刃缘部有小的崩损。长 30.2、宽 22.4、厚 11.4 毫米，重 5.5 克（图 4 – 28，5；图版三四，5）。

　　标本 2005 Ⅰ④：587，燧石，Ⅱ3 类。两极石片。长 19.8、宽 16、厚 6.8 毫米，重 2.39 克（图 4 – 28，6；图版三四，6）。

　　标本 2005 Ⅰ④：676，石英岩，Ⅱ3 类。线形台面，远端尖锐有崩损。长 31.1、宽 19.2、厚 8.1 毫米，重 3.71 克（图 4 – 29，1；图版三五，1）。

　　标本 2005 Ⅰ④：862，石英岩，原料为砾石，Ⅱ2 类。线形台面，左侧平直，右侧为圆弧形，右侧近远端部有崩损。长 38、宽 18.6、厚 6.5 毫米，重 4.84 克（图 4 – 29，2；图版三五，2）。

　　标本 2005 Ⅰ④：733，石英岩，Ⅱ3 类。台面角 79°，台面宽 4.6 毫米，远端较平直，刃缘部有崩损。长 23.5、宽 13、厚 4.8 毫米，重 1.79 克（图 4 – 29，3；图版三五，3）。

　　标本 2005 Ⅰ④：758，燧石，Ⅱ3 类。线形台面，两极石片。长 13.8、宽 11.1、厚 2.1 毫米，

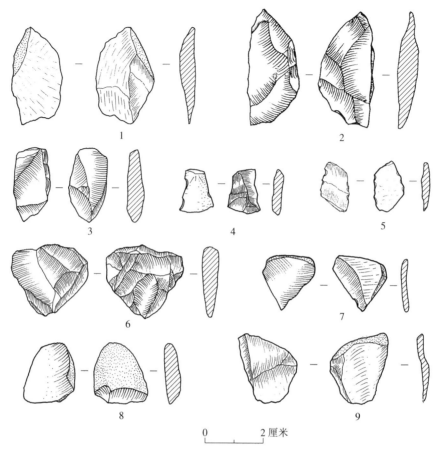

图 4 - 29　第 4 文化层出土石片（27）

1. 2005 Ⅰ ④ : 676　2. 2005 Ⅰ ④ : 862　3. 2005 Ⅰ ④ : 733　4. 2005 Ⅰ ④ : 758　5. 2005 Ⅰ ④ : 662
6. 2005 Ⅰ ④ : 745　7. 2005 Ⅰ ④ : 747　8. 2005 Ⅰ ④ : 786　9. 2005 Ⅰ ④ : 724

重 0.3 克（图 4 - 29，4；图版三五，4）。

标本 2005 Ⅰ ④ : 662，石英岩，Ⅱ 3 类。线形台面，两极石片。长 16.1、宽 9.9、厚 2.1 毫米，重 0.39 克（图 4 - 29，5；图版三五，9）。

标本 2005 Ⅰ ④ : 745，石英岩，Ⅱ 3 类。近线形台面，一侧边缘平直，有小的崩损。长 26.3、宽 21、厚 6 毫米，重 3.38 克（图 4 - 29，6；图版三五，6）。

标本 2005 Ⅰ ④ : 747，石英岩，Ⅱ 3 类。台面角 69°，台面宽 3.2 毫米，远端尖锐，有崩损。长 19.5、宽 16.2、厚 3.2 毫米，重 1.09 克（图 4 - 29，7；图版三五，5）。

标本 2005 Ⅰ ④ : 786，燧石，原料为砾石，Ⅰ 2 类。线形台面，远端为较规整的圆弧形，刃缘部有崩损。长 22.1、宽 17.5、厚 6.1 毫米，重 2.66 克（图 4 - 29，8；图版三五，7）。

标本 2005 Ⅰ ④ : 724，石英岩，原料为砾石，Ⅰ 3 类。台面角 71°，台面宽 6.1 毫米，远端较平直，刃缘部有崩损。长 24.7、宽 18.9、厚 6.1 毫米，重 1.56 克（图 4 - 29，9；图版三五，8）。

标本 2005 Ⅰ ④ : 848，石英岩，原料为砾石，Ⅰ 3 类。台面角 106°，台面宽 5 毫米，背有一脊，远端平直，刃缘部有崩损。长 25.1、宽 16.8、厚 5 毫米，重 2.02 克（图 4 - 30，1；图版三六，1）。

标本 2005 Ⅰ ④ : 854，燧石，Ⅱ 3 类。台面角 102°，台面宽 7.1 毫米，远端尖锐，有崩损。长 24.5、宽 12.6、厚 7.1 毫米，重 2.09 克（图 4 - 30，2；图版三六，2）。

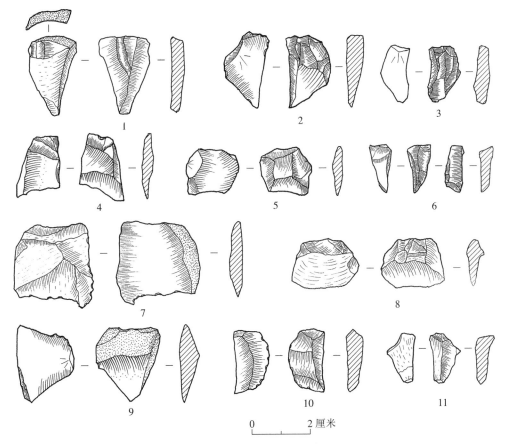

图 4 - 30　第 4 文化层出土石片（28）

1. 2005Ⅰ④:848　2. 2005Ⅰ④:854　3. 2005Ⅰ④:872　4. 2005Ⅰ④:878　5. 2005Ⅰ④:871　6. 2005Ⅰ④:860
7. 2005Ⅰ④:839　8. 2005Ⅰ④:831　9. 2005Ⅰ④:869　10. 2005Ⅰ④:824　11. 2005Ⅰ④:843

标本 2005Ⅰ④:872，燧石。台面角 86°，台面宽 2.8 毫米，有 3 条细石叶剥片疤，细石核调整剥片。长 19、宽 9.5、厚 4.6 毫米，重 1.06 克（图 4 - 30，3；图版三六，3）。

标本 2005Ⅰ④:878，石英岩，Ⅱ3 类。两极石片。长 17.5、宽 13.5、厚 5.4 毫米，重 1.49 克（图 4 - 30，4；图版三六，4）。

标本 2005Ⅰ④:871，燧石，Ⅱ3 类。线形台面，背面有细石叶剥片疤，细石核调整剥片。长 16.8、宽 15.1、厚 2.4 毫米，重 0.84 克（图 4 - 30，5；图版三六，5）。

标本 2005Ⅰ④:860，燧石，Ⅱ3 类。台面角 82°，台面宽 6.4 毫米，背面有细石叶剥片疤，细石核调整剥片。长 16、宽 8、厚 6.4 毫米，重 0.58 克（图 4 - 30，6；图版三六，6）。

标本 2005Ⅰ④:839，石英岩，原料为砾石，Ⅰ3 类。台面角 82°，台面宽 7.1 毫米，两侧平行，远端平直，刃缘部有崩损。长 27、宽 26.5、厚 7.1 毫米，重 5.26 克（图 4 - 30，7；图版三六，7）。

标本 2005Ⅰ④:831，燧石，Ⅱ3 类。台面角 108°，台面宽 7 毫米，远端较平直，刃缘部有崩损。长 23、宽 15.5、厚 7 毫米，重 2.46 克（图 4 - 30，8；图版三六，8）。

标本 2005Ⅰ④:869，燧石，原料为砾石，Ⅰ3 类。台面角 68°，台面宽 5.9 毫米，两极石片。长 25、宽 19.8、厚 5.9 毫米，重 2.5 克（图 4 - 30，9；图版三六，9）。

标本 2005Ⅰ④:824，石英岩，Ⅱ3 类。台面角 102°，台面宽 5.5 毫米，两侧边缘呈圆弧形，刃缘部有崩损。长 20、宽 11.5、厚 5.6 毫米，重 1.48 克（图 4 - 30，10；图版三六，10）。

标本 2005 Ⅰ④：843，燧石，Ⅱ3 类。台面角 67°，台面宽 7.1 毫米，背有一脊，断面呈三角形，细石核调整剥片。长 15.3、宽 8.4、厚 7.1 毫米，重 0.64 克（图 4 - 30，11；图版三六，11）。

标本 2005 Ⅰ④：393，凝灰岩，Ⅱ3 类。线形台面，两端尖锐，有崩损。长 52、宽 17、厚 4.2 毫米，重 8.24 克（图 4 - 31，1；图版三七，1）。

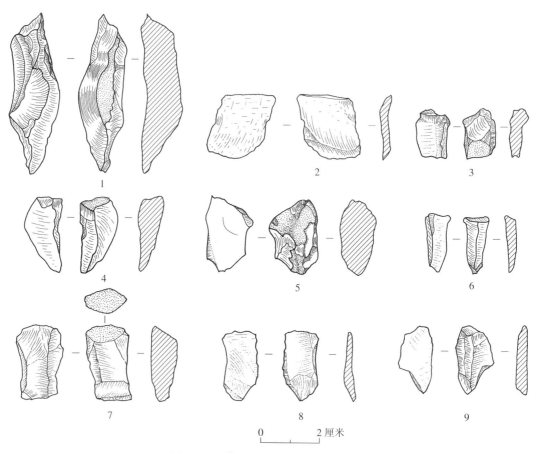

图 4 - 31　第 4 文化层出土石片（29）

1. 2005 Ⅰ④：393　2. 2005 Ⅰ④：929　3. 2005 Ⅰ④：904　4. 2005 Ⅰ④：881　5. 2005 Ⅰ④：919　6. 2005 Ⅰ④：894
7. 2005 Ⅰ④：931　8. 2005 Ⅰ④：927　9. 2005 Ⅰ④：950

标本 2005 Ⅰ④：929，石英岩，Ⅱ3 类。台面角 86°，台面宽 1.8 毫米，远端呈圆弧形，刃缘部有崩损。长 20、宽 17.3、厚 2.1 毫米，重 1.4 克（图 4 - 31，2；图版三七，2）。

标本 2005 Ⅰ④：904，燧石，原料为砾石，Ⅰ3 类。台面角 94°，台面宽 3.9 毫米，两极石片。长 16、宽 10.1、厚 3.9 毫米，重 0.81 克（图 4 - 31，3；图版三七，3）。

标本 2005 Ⅰ④：881，石英岩，Ⅱ3 类。台面角 82°，台面宽 7.1 毫米，背有一脊，远端尖锐，有崩损。长 26、宽 13.4、厚 7.1 毫米，重 1.89 克（图 4 - 31，4；图版三七，4）。

标本 2005 Ⅰ④：919，燧石，原料为砾石，Ⅰ2 类。台面角 112°，台面宽 10.5 毫米，左侧边缘平直，刃缘部有连续的崩损。长 24.1、宽 17、厚 10.5 毫米，重 3.84 克（图 4 - 31，5；图版三七，5）。

标本 2005 Ⅰ④：894，石英岩，Ⅱ3 类。近端残，远端尖锐，有崩损。长 18.8、宽 8.1、厚 3 毫米，重 0.47 克（图 4 - 31，6；图版三七，6）。

标本 2005 Ⅰ④：931，石英岩，原料为砾石，Ⅰ3 类。台面角81°，台面宽10 毫米，两极石片。长 24.9、宽 15.2、厚 10 毫米，重 3.81 克（图 4－31，7；图版三七，7）。

标本 2005 Ⅰ④：927，燧石，Ⅱ3 类。线形台面，远端平直，刃缘部有崩损。长 22.5、宽 11.5、厚 2 毫米，重 0.65 克（图 4－31，8；图版三七，8）。

标本 2005 Ⅰ④：950，燧石，Ⅱ3 类。近端残，布满细石叶剥片疤，细石核调整剥片。长 21.9、宽 11.5、厚 4.5 毫米，重 1.26 克（图 4－31，9；图版三七，9）。

标本 2005 Ⅰ④：1096，石英岩，Ⅱ3 类。线形台面，一侧边缘平直，有崩损。长 40、宽 25、厚 6 毫米，重 5.12 克（图 4－32，1；图版三八，1）。

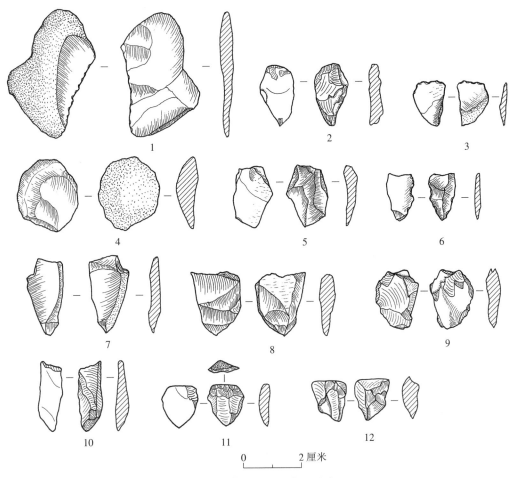

图 4－32　第4 文化层出土石片（30）

1. 2005 Ⅰ④：1096　2. 2006 Ⅰ④：8611　3. 2005 Ⅰ④：1235　4. 2005 Ⅰ④：1142　5. 2005 Ⅰ④：1156　6. 2005 Ⅰ④：1092　7. 2005 Ⅰ④：1131　8. 2005 Ⅰ④：1158　9. 2006 Ⅰ④：7753　10. 2006 Ⅰ④：8615　11. 2006 Ⅰ④：7822　12. 2006 Ⅰ④：8328

标本 2006 Ⅰ④：8611，燧石，Ⅱ3 类。台面角110°，台面宽2.6，背有鳞状疤，修整。长 20、宽 11.3、厚 4.3 毫米，重 0.74 克（图 4－32，2；图版三八，2）。

标本 2005 Ⅰ④：1235，燧石，Ⅱ3 类。线形台面，远端较平直，有崩损。长 14.1、宽 11.6、厚 2.9 毫米，重 0.38 克（图 4－32，3；图版三八，3）。

标本 2005 Ⅰ④：1142，石英岩，原料为砾石，Ⅱ1 类。线形台面，整体呈圆形，周边有崩损。

长 23.8、宽 20.9、厚 6.9 毫米，重 2.78 克（图 4 - 32，4；图版三八，4）。

标本 2005 Ⅰ④：1156，燧石，Ⅱ 3 类。台面角 88°，台面宽 2.4，远端较平直，有崩损。长 19.1、宽 12.9、厚 4.1 毫米，重 0.93 克（图 4 - 32，5；图版三八，5）。

标本 2005 Ⅰ④：1092，燧石，Ⅱ 3 类。线形台面，大体呈三角形，远端尖锐，有崩损。长 15.3、宽 9、厚 1.3 毫米，重 0.2 克（图 4 - 32，6；图版三八，6）。

标本 2005 Ⅰ④：1131，石英岩，原料为砾石，Ⅱ 2 类。线形台面，远端尖锐，有崩损。长 24.1、宽 14、厚 5.3 毫米，重 1.82 克（图 4 - 32，7；图版三八，7）。

标本 2005 Ⅰ④：1158，石英岩，Ⅱ 3 类。台面角 82°，台面宽 4.9，远端尖锐，有崩损。长 21.5、宽 16.9、厚 4.9 毫米，重 1.58 克（图 4 - 32，8；图版三八，8）。

标本 2006 Ⅰ④：7753，砂岩，Ⅱ 3 类。台面角 103°，台面宽 2.8 毫米，远端有阶梯状片疤，并在正中形成一尖状突出。长 13.5、宽 18.2、厚 3.4 毫米，重 1.02 克（图 4 - 32，9；图版三八，9）。

标本 2006 Ⅰ④：8615，石英岩。近端残，远端似有修整，有阶梯状片疤分布。长 22.8、宽 8.3、厚 4.1 毫米，重 0.68 克（图 4 - 32，10；图版三八，10）。

标本 2006 Ⅰ④：7822，石英岩，Ⅱ 3 类。台面角 90°，台面宽 3.9 毫米，背有 3 道平行脊，有阶梯状片疤，细石核调整剥片。长 13.5、宽 11.2、厚 3.9 毫米，重 0.52 克（图 4 - 32，11；图版三八，11）。

标本 2006 Ⅰ④：8328，燧石，Ⅱ 3 类。近端残，似为正向修整出的一平面，背有一脊，两侧有连续分布的鳞状疤，远端尖锐。长 13.3、宽 12.5、厚 5.2 毫米，重 0.58 克（图 4 - 32，12；图版三八，12）。

标本 2006 Ⅰ④：4164，石英岩，原料为砾石，Ⅱ 2 类。一侧边缘弧形，有崩损。长 36.5、宽 29.8、厚 17.6 毫米，重 25.38 克（图 4 - 33，1；图版三九，1）。

标本 2006 Ⅰ④：5533，石英，Ⅱ 3 类。正面为连续分布的鳞状疤，两侧为连续分布的细鳞状疤，整体呈龟背状，正面中部有一棱脊，两侧有鳞状疤，细石器调整剥片。长 26.6、宽 12.4、厚 11.7 毫米，重 4.12 克（图 4 - 33，2；图版三九，2）。

标本 2006 Ⅰ④：4302，石英岩，Ⅱ 3 类。线形台面，左右两侧有平行分布的小片疤，边缘平直，背有一脊，细石器调整剥片。长 30.9、宽 9.5、厚 3.8 毫米，重 0.85 克（图 4 - 33，3；图版三九，3）。

标本 2006 Ⅰ④：5631，细砂岩，Ⅱ 3 类。线状台面，背面有一高突的脊棱，两侧有片疤，细石器调整剥片。长 8.9、宽 26、厚 13.7 毫米，重 2.17 克（图 4 - 33，4；图版三九，4）。

标本 2006 Ⅰ④：6102，燧石，Ⅱ 1 类。台面角 116°，台面周边有修整，一侧有 4 条平行分布的细长片疤，细石核调整剥片。长 8.7、宽 20、厚 14 毫米，重 3.16 克（图 4 - 33，5；图版三九，5）。

标本 2006 Ⅰ④：6253，石英岩，Ⅱ 3 类。线形台面，背有一棱脊，棱脊两侧有片疤，细石器调整剥片。长 32.9、宽 10.6、厚 6.7 毫米，重 1.67 克（图 4 - 33，6；图版三九，6）。

标本 2006 Ⅰ④：5182，燧石，Ⅱ 3 类。点状台面，左侧平直，有崩损。长 21.9、宽 10.2、厚 3.5 毫米，重 0.87 克（图 4 - 33，7；图版三九，7）。

标本 2006 Ⅰ④：5458，石英岩，原料为砾石，Ⅰ 2 类。点状台面，两边近于平行，细石核调整剥片。长 15.1、宽 13.7、厚 6.3 毫米，重 1.45 克（图 4 - 33，8；图版三九，8）。

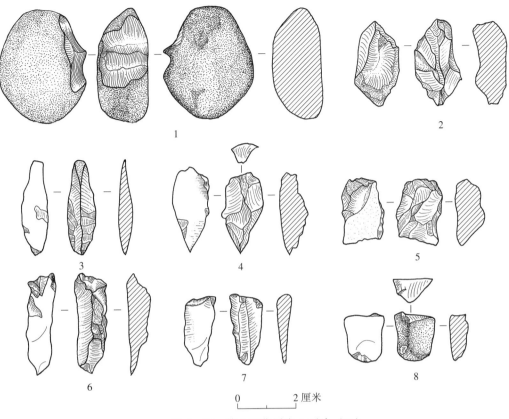

图 4 - 33　第 4 文化层出土石片（31）

1. 2006 Ⅰ ④ : 4164　2. 2006 Ⅰ ④ : 5533　3. 2006 Ⅰ ④ : 4302　4. 2006 Ⅰ ④ : 5631　5. 2006 Ⅰ ④ : 6102　6. 2006 Ⅰ ④ : 6253
7. 2006 Ⅰ ④ : 5182　8. 2006 Ⅰ ④ : 5458

标本 2006 Ⅰ ④ : 2508，燧石，Ⅱ 3 类。台面角 115°，台面宽 2.8 毫米，边缘弧形，有崩损。长 14.1、宽 9.1、厚 3 毫米，重 0.29 克（图 4 - 34，1；图版四〇，1）。

标本 2006 Ⅰ ④ : 7938，燧石，原料为砾石，Ⅰ 2 类。台面角 101°，台面宽 3.7 毫米，背有一脊，远端为一尖突，上有小的阶梯状片疤。长 16.9、宽 10.5、厚 5.2 毫米，重 0.66 克（图 4 - 34，2；图版四〇，5）。

标本 2006 Ⅰ ④ : 8270，石英岩，Ⅱ 3 类。台面角 72°，台面宽 5.6 毫米，背面有细长的条形片疤，细石核调整剥片。长 19、宽 17、厚 5.1 毫米（图 4 - 34，3；图版四〇，6）。

标本 2006 Ⅰ ④ : 2847，石英岩，原料为砾石，Ⅰ 2 类。台面角 103°，二次加工部位：远端，二次加工部位：横向，远端正反两面有平行分布的片疤，加工技术为软锤。以一台面宽 5.8 的石片为毛坯，在远端横向修整出一鸟喙状尖，横向打击修整出 3.4 毫米的平直刃。长 44.9、宽 41.4、厚 9.1 毫米，重 15.92 克（图 4 - 34，4；图版四〇，2）。

标本 2006 Ⅰ ④ : 2713，石英岩，Ⅱ 3 类。台面角 97°，线形台面，背有一脊，一锐边有鳞状疤。长 30.8、宽 23.9、厚 10.1 毫米，重 6.61 克（图 4 - 34，5；图版四〇，4）。

标本 2006 Ⅰ ④ : 4173，石英岩，原料为砾石，Ⅰ 2 类。台面角 125°，台面宽 11.5 毫米，背有阶状疤，远端平直锐利并有小崩损。长 32.8、宽 39.9、厚 11.9 毫米，重 13.66 克（图 4 - 34，6；图版四〇，3）。

标本 2006 Ⅰ ④ : 2879，燧石，Ⅱ 3 类。近线形台面，背面有细长片疤，细石核调整剥片。长

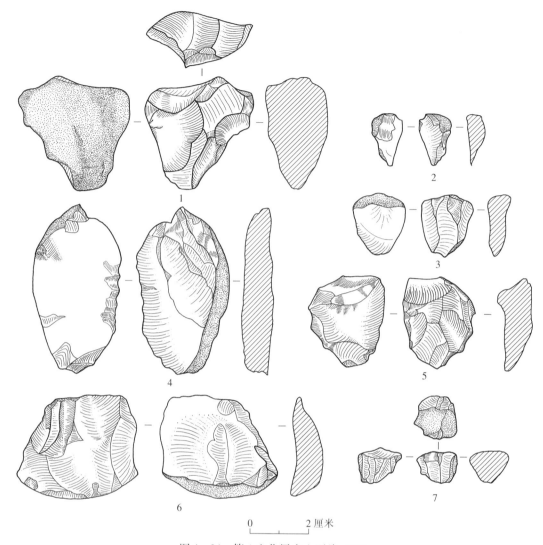

图 4 - 34　第 4 文化层出土石片（32）

1. 2006 I ④：2508　2. 2006 I ④：7938　3. 2006 I ④：8270　4. 2006 I ④：2847　5. 2006 I ④：2713　6. 2006 I ④：4173
7. 2006 I ④：2879

21.4、宽11.9、厚9.3毫米，重1.57克（图4－34，7；图版四〇，7）。

　　标本2006 I ④：4810，石英岩，原料为砾石，Ⅱ2类。近线形台面，右侧边缘较平直，有崩损。长57.5、宽29.5、厚17.9毫米，重25.45克（图4－35，1；图版四一，1）。

　　标本2006 I ④：4129，石英岩，原料为砾石，Ⅰ3类。台面宽16.7毫米，远端平直，有崩损。长28.7、宽51.1、厚16.7毫米，重23.51克（图4－35，2；图版四一，2）。

　　标本2006 I ④：3873，燧石，Ⅱ3类。台面角49°，背面有平行分布的细长片疤，细石核调整剥片。长15.8、宽8.5、厚4.7毫米，重0.8克（图4－35，3；图版四一，3）。

　　标本2006 I ④：2649，石英岩，原料为砾石，Ⅱ2类。线形台面，平面近心形，两侧至远端边缘有崩损。长48.7、宽44.2、厚12.4毫米，重22.44克（图4－35，4；图版四一，5）。

　　标本2006 I ④：2722，燧石，原料为砾石，Ⅱ2类。台面角115°、46°，在石片右上部有细小鳞状疤，石片远端也有一打击点，早于近端剥片，细石器调整剥片。长40.2、宽29.9、厚8.4毫米，重8.56克（图4－35，5；图版四一，6）。

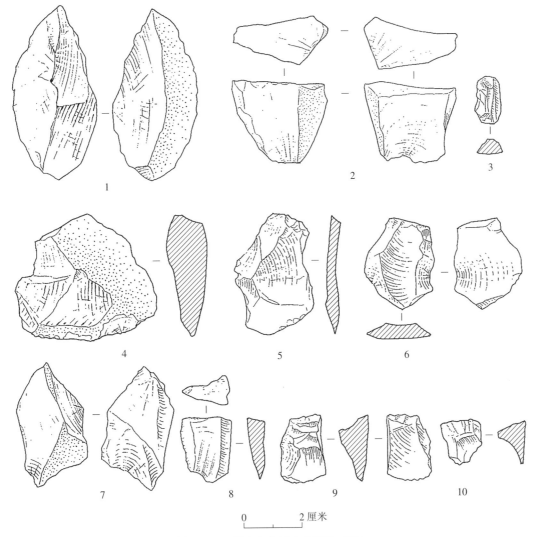

图 4-35　第 4 文化层出土石片（33）

1. 2006 I ④：4810　2. 2006 I ④：4129　3. 2006 I ④：3873　4. 2006 I ④：2649　5. 2006 I ④：2722　6. 2006 I ④：2319
7. 2006 I ④：6943　8. 2006 I ④：5747　9. 2006 I ④：1952　10. 2006 I ④：4688

标本 2006 I ④：2319，玛瑙，原料为砾石，I 2 类。台面角 120°，台面宽 5.5 毫米，背部有片疤（同台面）；左侧有两个阶状疤和一片疤，连续呈齿状，细石器调整剥片。长 29.4、宽 23.7、厚 6.7 毫米，重 4.79 克（图 4-35，6；图版四一，7）。

标本 2006 I ④：6943，石英岩，原料为砾石，II 2 类。近线形台面，背有一脊，远端形状似凿形，有崩损。长 38.9、宽 23、厚 14.8 毫米，重 11.16 克（图 4-35，7；图版四一，8）。

标本 2006 I ④：5747，石英岩，II 3 类。台面角 76°，台面宽 9.6 毫米，背有细长的细石叶剥片疤，细石核调整剥片。长 23.6、宽 17.8、厚 9.6 毫米，重 3.18 克（图 4-35，8；图版四一，9）。

标本 2006 I ④：1952，燧石，II 3 类。线形台面，两侧平直，平面近长方形，远端平直，有崩损。长 22.8、宽 16.4、厚 9.6 毫米，重 3.14 克（图 4-35，9；图版四一，10）。

标本 2006 I ④：4688，燧石，II 3 类。线形台面，远端稍厚，有细石叶片疤，细石核修整的剥片。长 14.2、宽 13.5、厚 8.4 毫米，重 1.45 克（图 4-35，10；图版四一，4）。

标本 2005 I ④：284，燧石，II 3 类。线形台面，呈龟背状，背面有细石叶片疤，细石核调整

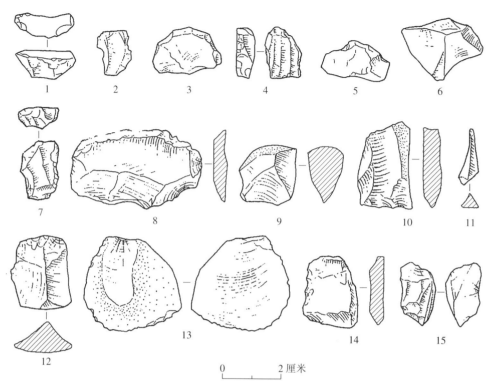

图 4 – 36　第 4 文化层出土石片（34）

1. 2005 Ⅰ④：284　2. 2006 Ⅰ④：795　3. 2006 Ⅰ④：1560　4. 2006 Ⅰ④：450　5. 2006 Ⅰ④：691　6. 2006 Ⅰ④：784　7. 2005 Ⅰ④：167　8. 2006 Ⅰ④：99　9. 2006 Ⅰ④：64　10. 2006 Ⅰ④：575　11. 2006 Ⅰ④：88　12. 2006 Ⅰ④：654　13. 2006 Ⅰ④：3370　14. 2006 Ⅰ④：1828　15. 2006 Ⅰ④：255

剥片。长 9.45、宽 20.6、厚 7.2 毫米，重 1.18 克（图 4 – 36，1；图版四二，1）。

标本 2006 Ⅰ④：795，燧石，Ⅱ3 类。近线形台面，两侧平行，远端平直，有崩损。长 14.8、宽 11.2、厚 3.8 毫米，重 0.43 克（图 4 – 36，2；图版四二，2）。

标本 2006 Ⅰ④：1560，燧石，Ⅱ3 类。台面角 108°，台面宽 7.3 毫米，平面大体呈半圆形，边缘有细石叶片疤，细石核修整剥片。长 14.7、宽 23.8、厚 7.3 毫米，重 2.87 克（图 4 – 36，3；图版四二，3）。

标本 2006 Ⅰ④：450，燧石，Ⅱ3 类。台面角 86°，台面宽 4.1 毫米，背面有细长的细石叶剥片疤，细石核调整石片。长 16.6、宽 12.2、厚 7 毫米，重 1.4 克（图 4 – 36，4；图版四二，4）。

标本 2006 Ⅰ④：691，燧石，Ⅱ3 类。台面角 112°，台面宽 7.5 毫米，远端平直有崩损。长 12.9、宽 22.6、厚 7.5 毫米，重 1.83 克（图 4 – 36，5；图版四二，5）。

标本 2006 Ⅰ④：784，燧石，Ⅱ3 类。台面角 72°，台面宽 12.9 毫米，远端尖锐，有崩损。长 20.6、宽 27.5、厚 12.9 毫米，重 4.6 克（图 4 – 36，6；图版四二，6）。

标本 2005 Ⅰ④：167，燧石，Ⅱ3 类。台面角 112°，台面宽 3 毫米，背面有细长的细石叶剥片疤，细石核调整剥片。长 19.7、宽 12.9、厚 7.4 毫米，重 2.02 克（图 4 – 36，7；图版四二，7）。

标本 2006 Ⅰ④：99，燧石，Ⅱ3 类。台面角 84°，台面宽 4.8 毫米，背有片疤，远端平直，有崩损。长 45.3、宽 26.6、厚 5.7 毫米，重 7.18 克（图 4 – 36，8；图版四二，8）。

标本 2006 I ④:64，石英岩，原料为砾石，II 2 类。台面角 112°，台面宽 11.8 毫米，背有片疤，远端较平直，有崩损。长 20、宽 21.8、厚 11.8 毫米，重 5.07 克（图 4－36，9；图版四二，9）。

标本 2006 I ④:575，硅质页岩，II 3 类。砸击石片，平面大体呈长方形，两侧平直，有崩损。长 29、宽 18.5、厚 6.2 毫米，重 4.35 克（图 4－36，10；图版四二，10）。

标本 2006 I ④:88，燧石，II 3 类。近线形台面，背有一脊，近端平直，远端尖锐，有崩损。长 18.5、宽 4.6、厚 5.5 毫米，重 0.24 克（图 4－36，11；图版四二，11）。

标本 2006 I ④:654，石英岩，原料为砾石，I 3 类。两极石片，平面大体呈长方形，背有一脊，两侧平直，有崩损。长 25.3、宽 20.1、厚 9.5 毫米，重 5.3 克（图 4－36，12；图版四二，12）。

标本 2006 I ④:3370，硅质页岩，原料为砾石，II 2 类。台面角 106°，台面宽 5.1 毫米，平面近心形，远端圆弧，有崩损。长 33.1、宽 32.3、厚 6.6 毫米，重 7.23 克（图 4－36，13；图版四二，13）。

标本 2006 I ④:1828，石英岩，原料为砾石，II 2 类。两极石片，平面大体呈长方形，两侧平直，远端边缘有崩损。长 24.8、宽 17.8、厚 5.9 毫米，重 2.71 克（图 4－36，14；图版四二，14）。

标本 2006 I ④:255，燧石，II 3 类。线形台面，背有片疤，右侧圆弧，有崩损。长 20.7、宽 11.8、厚 7 毫米，重 1.37 克（图 4－36，15；图版四二，15）。

二 石核

共发现 56 件，有单台面、双台面、多台面等不同类型，材质有燧石、石英岩、硅质页岩等种类。

标本 2005 I ④:234，石英岩，原料为砾石，单台面。台面角 67°，自然台面，初始剥片，保留有较多的砾石面。长 67.4、宽 60.5、厚 46 毫米，重 266.36 克（图 4－37；图版四三）。

标本 2005 I ④:421，燧石，原料为砾石，单台面。台面角 74°、71°，以一小的河卵石为毛坯，人工台面，二次剥片，楔形细石核的预制阶段。长 35.5、宽 26、厚 25.5 毫米，重 24.39 克（图 4－38，1；图版四四，1）。

标本 2005 I ④:129，燧石，原料为砾石，双台面。台面角 82°、94°，一为自然台面，一为人工台面，长轴反向纵向剥片，楔形细石核的预制。长 31.2、宽 27.1、厚 17.2 毫米，重 10.89 克（图 4－38，2；图版四四，2）。

标本 2005 I ④:26，燧石，原料为砾石，3 个台面。台面角 102°、107°、98°，楔形，以一小型河卵石为毛坯，以楔形细石核为目标周身调整剥片，因石材结理发育，无法进行细石叶剥片作业而放弃。长 26、宽 18.3、厚 13.1 毫米，重 7.47 克（图 4－39，1；图版四五，1）。

标本 2006 I ④:8721，砂岩，原料为砾石，单台面。台面角 87°，台面宽 8.5，背有片疤（同台面）一脊，左侧边缘平直，有连续分布的崩损。长 28.9、宽 16.1、厚 8.5 毫米，重 2.92 克（图 4－39，2；图版四五，2）。

标本 2005 I ④:922，燧石，原料为砾石，单台面。台面角 92°，自然台面，仅在一侧有剥片，

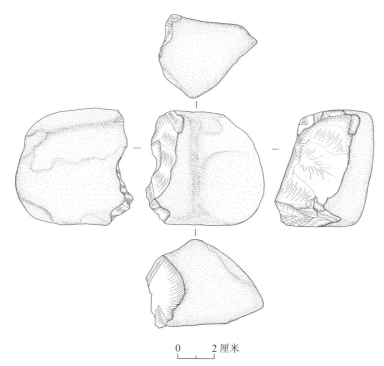

0 —— 2厘米

图 4 - 37 第 4 文化层出土石核（1）（2005Ⅰ④：234）

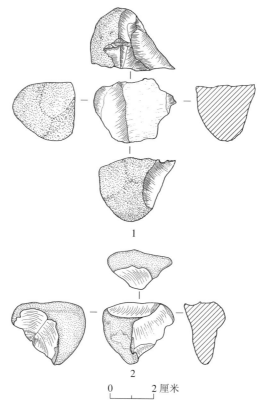

0 —— 2厘米

图 4 - 38 第 4 文化层出土石核（2）

1. 2005Ⅰ④：421 2. 2005Ⅰ④：129

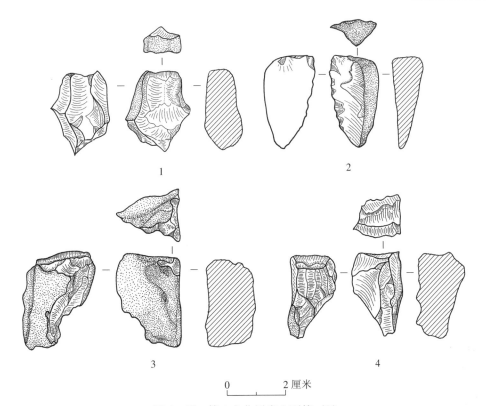

图4-39　第4文化层出土石核（3）

1. 2005 I ④:26　2. 2006 I ④:8721　3. 2005 I ④:922　4. 2005 I ④:900

半锥形细石核的预制。长27、宽23、厚16毫米，重12.3克（图4-39，3；图版四五，3）。

标本2005 I ④:900，燧石，原料为砾石，单台面。台面角92°、124°，台面未修整，周身剥片，锥形细石核的中间阶段。长29、宽17.9、厚15毫米，重6.93克（图4-39，4；图版四五，4）。

标本2005 I ④:486，石英岩，原料为砾石，单台面。台面角79°，二次加工部位为台面，二次加工方向为横向，台面有阶梯状片疤，人工台面，台面有修整。长35、宽31、厚20.5毫米，重28.63克（图4-40，1；图版四六，1）。

标本2005 I ④:156，石英岩，原料为砾石，单台面，以石片为毛坯。台面角72°，台面大体成椭圆形，长短径为22.3毫米×17.6毫米，以一背面为砾石面的厚石片为毛坯，以剥离面为台面周身剥片。长35、宽34.5、厚17毫米，重18.95克（图4-40，2；图版四六，2）。

标本2005 I ④:251，燧石，原料为砾石，单台面。台面角62°，以一小河卵石为毛坯，自然台面，初始剥片。长38.9、宽27.7、厚19.8毫米，重31.23克（图4-41，1；图版四七，1）。

标本2005 I ④:1063，燧石，原料为砾石，单台面。以一小砾石为毛坯，自然台面，在一端沿短轴方向纵向剥片，有细长的剥片疤。长28.1、宽14.5、厚14.5毫米，重8.25克（图4-41，2；图版四七，2）。

标本2005 I ④:1034，燧石，砾石为原料，单台面。台面角76°、82°，以一砾石石块为毛坯，人工台面，一侧有2次剥片。长26.5、宽23.1、厚18.9毫米，重14.18克（图4-41，3；图版四七，3）。

标本2005 I ④:566，石英岩，以砾石为原料，石片为毛坯，单台面。以一厚石片为毛坯，自

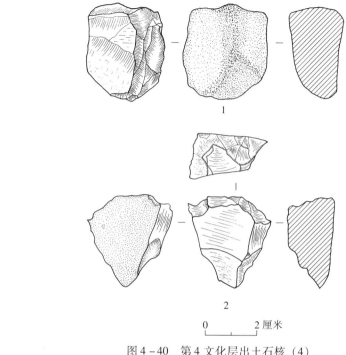

0   2厘米

图4-40 第4文化层出土石核（4）

1. 2005 I ④:486   2. 2005 I ④:156

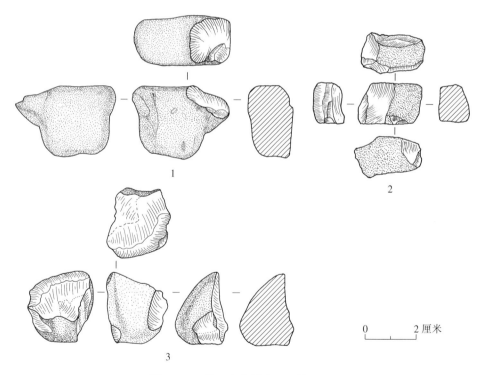

0   2厘米

图4-41 第4文化层出土石核（5）

1. 2005 I ④:251   2. 2005 I ④:1063   3. 2005 I ④:1034

然台面，四周剥片，锥形（或半锥形）细石核的预制。长55.8、宽44.1、厚23.2毫米，重63.1克（图4-42，1；图版四八，1）。

标本2005 I ④:1，石英岩，以石片为毛坯。台面角84°，以一厚石片为毛坯，在一侧进行剥

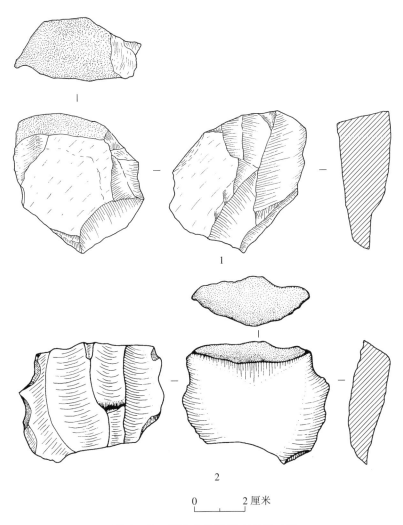

图4-42　第4文化层出土石核（6）
1. 2005 I ④：566　2. 2005 I ④：1

片作业。长56.1、宽42.9、厚18.1毫米，重45.22克（图4-42，2；图版四八，2）。

标本2005 I ④：125，石英岩，砾石为原料，双台面。台面角92°、114°，自然台面，短轴方向纵向剥片，楔形细石核的预制。长47.3、宽37、厚34.5毫米，重64.73克（图4-43；图版四九）。

标本2006 I ④：6361，燧石，原料为砾石，双台面。台面角94°、133°，一个自然台面，一个人工台面，一侧纵向剥片，柱状细石核的预制。长24、宽28.5、厚16.1毫米，重14克（图4-44，1；图版五〇，1）。

标本2005 I ④：172，原料为砾石，燧石，单台面。台面角94°、87°，以小河卵石为毛坯修整出台面后进行剥片。长25、宽25、厚16.2毫米，重8.71克（图4-44，2；图版五〇，2）。

标本2006 I ④：1752，燧石，原料为砾石，单台面。台面角84°，以一平面大体呈三角形的河卵石为毛坯，以较平坦的一面为台面，在左侧纵向剥片，左侧形成一楔状缘，楔形石核的预制。长40.4、宽37.6、厚34.5毫米，重53.49克（图4-44，3；图版五〇，3）。

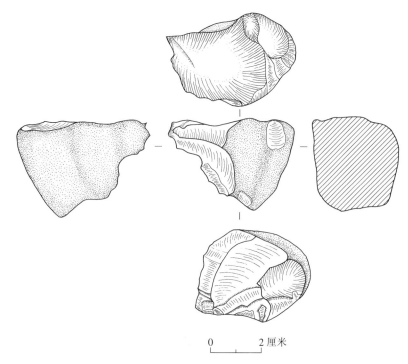

0 ⎯⎯ 2厘米

图4-43 第4文化层出土石核（7）（2005Ⅰ④：125）

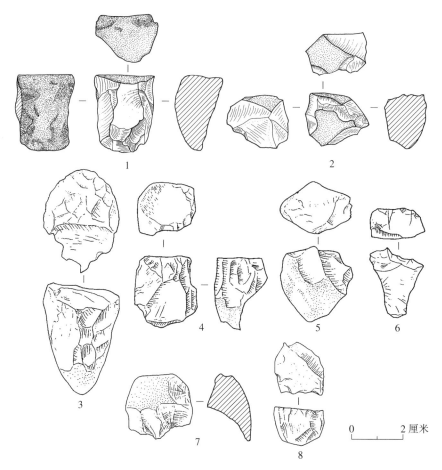

0 ⎯⎯ 2厘米

图4-44 第4文化层出土石核（8）

1. 2006Ⅰ④：6361 2. 2005Ⅰ④：172 3. 2006Ⅰ④：1752 4. 2005Ⅰ④：660 5. 2006Ⅰ④：1444 6. 2005Ⅰ④：546
7. 2006Ⅰ④：6966 8. 2006Ⅰ④：6338

标本 2005Ⅰ④：660，燧石，原料为砾石。台面角86°，自然台面，在一侧剥片，背面有片疤，保留有较多的砾石面，细石核的预制阶段。长25.1、宽28.3、厚18.2毫米，重14.6克（图4－44，4；图版五〇，4）。

标本 2006Ⅰ④：1444，硅质页岩，原料为砾石，单台面。台面角78°，台面大体呈椭圆形，20.5毫米×15毫米，大部分为砾石面，在一侧正反两面剥片，调整出一楔状缘，楔形细石核预制阶段。长27.5、宽27.7、厚19.1毫米，重15.38克（图4－44，5；图版五〇，5）。

标本 2005Ⅰ④：546，燧石，原料为砾石，单台面。台面有阶梯状片疤，为横向二次加工，以一大体呈锥状的砾石为毛坯，修整出台面，台面大体呈长方形，22.5毫米×11.9毫米，没有剥片，细石核预制。长25.2、宽22.5、厚11.9毫米，重6.15克（图4－44，6；图版五〇，6）。

标本 2006Ⅰ④：6966，燧石，原料为砾石，单台面。台面角83°，以一近方形的河卵石为毛坯，在一侧进行剥片，自然台面。长42.8、宽39.8、厚25.7毫米，重41.54克（图4－44，7；图版五〇，7）。

标本 2006Ⅰ④：6338，石英岩，原料为砾石，单台面。台面大体呈梯形，一侧保留有砾石面，在一侧与正反两面剥片，船底形细石核的预制。长19、宽32.2、厚25.3毫米，重19.7克（图4－44，8；图版五〇，8）。

标本 2006Ⅰ④：6249，石英岩，原料为砾石，单台面。台面角112°，自然台面，初始剥片。长52.8、宽65.1、厚36.5毫米，重139.83克（图4－45，1；图版五一，1）。

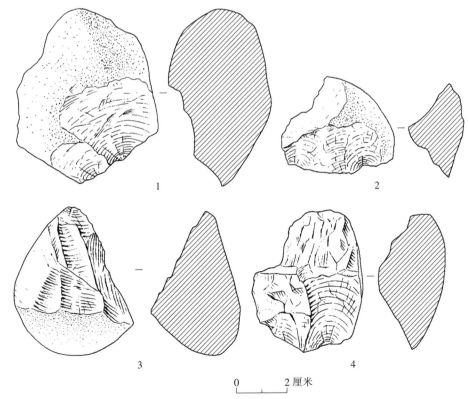

图4－45　第4文化层出土石核（9）

1. 2006Ⅰ④：6249　2. 2006Ⅰ④：3469　3. 2005Ⅰ④：382　4. 2006Ⅰ④：5199

标本 2006 I ④：3469，石英岩，原料为砾石，单台面。台面角 106°，台面呈不规则的椭圆形，长径 26 毫米，短径 33 毫米，一侧保留有砾石面，正反两面剥片。长 38.7、宽 40.3、厚 26.9 毫米，重 27.87 克（图 4 - 45，2；图版五一，2）。

标本 2005 I ④：382，石英岩，原料为砾石。台面角 78°，自然台面，正面剥片，其余面均为砾石面，细石核预制阶段。长 56.9、宽 49.3、厚 36 毫米，重 94.11 克（图 4 - 45，3；图版五一，3）。

标本 2006 I ④：5199，石英岩，原料为砾石，单台面。以一河卵石为毛坯，自然台面，纵向剥片。长 54.2、宽 45.6、厚 27.8 毫米，重 63.3 克（图 4 - 45，4；图版五一，4）。

三　细石器

种类较为齐全，主要有刮削器、端刮器、尖状器、雕刻器及钻、锯。

1. 刮削器

共发现 24 件，种类较多，多以石片为毛坯，正向修整加工，调整出圆弧形刃或平直刃。依加工刃口数量，可分单边刮削器、两边刮削器和多边刮削器三种。

标本 2005 I ④：48，石英岩，以砾石为原料，石片为毛坯，II 3 类。刃角 58°，左右两侧至远端有鱼鳞状修疤，为正向二次加工，加工技术为软锤，边缘弧形，以一台面角 112°、台面宽 4.3 毫米的石片为毛坯，左右两侧至远端正向修整，整体呈桂叶形。长 32、宽 24.5、厚 7.1 毫米，重 6.77 克（图 4 - 46，1；图版五二，1）。

标本 2005 I ④：874，燧石，以石片为毛坯。器身周边有连续分布的小修疤，为正向二次加工，加工技术为软锤，以台面角 77°的石片为毛坯，器身周边正向加工，调整为较规整的弧形刃。长 19.3、宽 18.9、厚 3.5 毫米，重 1.67 克（图 4 - 46，2；图版五二，2）。

标本 2005 I ④：57，燧石，以石片为毛坯。台面角 97°，刃角 66°，近端处有三角形和方形修疤，两侧至远端有条形修疤，为正向二次加工，加工技术为软锤，边缘弧形，以 II 3 类石片为毛坯，器身周边全体正向修整去薄，整体呈龟背状，左右两侧调整出弧形刃。长 21.9、宽 16.8、厚 7 毫米，重 2.49 克（图 4 - 46，3；图版五二，3）。

标本 2005 I ④：968，燧石，以石片为毛坯。远端边缘连续分布有鱼鳞状修疤，为正向二次加工，加工技术为软锤，以一台面角 62°的石片为毛坯，远端边缘正向修整出一弧形刃。长 17、宽 14.5、厚 4.5 毫米，重 1.34 克（图 4 - 46，4；图版五二，5）。

标本 2005 I ④：945，凝灰岩，以砾石为原料，石片为毛坯。背面布满鱼鳞状和阶梯状修疤，为正向二次加工，加工技术为软锤，以一石片为毛坯，近端的左右两侧正向加工调整出一亚腰形，远端修整为较规整的弧形刃。长 32、宽 26.2、厚 9.5 毫米，重 6.6 克（图 4 - 46，5；图版五二，4）。

标本 2006 I ④：4959，燧石，以石片为毛坯。背面及两侧有条形修疤，为正向二次加工，边缘平直，以一线状台面为毛坯，两侧正向调整平直，远端修整为一平直刃。长 22.9、宽 12.9、厚 3.8 毫米，重 1.1 克（图 4 - 46，6；图版五二，6）。

标本 2006 I ④：1768，燧石，以石片为毛坯，单刃。背面有条形修疤，远端有不规则形修疤，为正向二次加工，加工技术为软锤，以一台面角 44°、平面近长方形的石片为毛坯，背面纵向修整

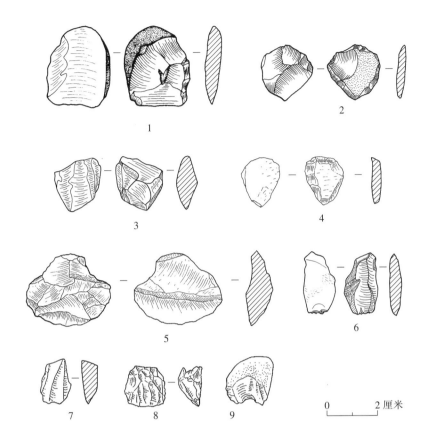

图4-46 第4文化层出土刮削器（1）

1. 2005Ⅰ④:48　2. 2005Ⅰ④:874　3. 2005Ⅰ④:57　4. 2005Ⅰ④:968　5. 2005Ⅰ④:945　6. 2006Ⅰ④:
4959　7. 2006Ⅰ④:1768　8. 2006Ⅰ④:2754　9. 2006Ⅰ④:3665

去薄，远端正向调整出一平直刃。长17.2、宽11、厚6毫米，重1.4克（图4-46,7；图版五二，7）。

标本2006Ⅰ④:2754，燧石，以石片为毛坯，单刃。背面有连续平行分布的细长修疤，为正向二次加工，加工技术为软锤，以一台面角48°、平面近扇形的石片为毛坯，由近端至远端纵向修整，在远端形成一平直刃。长15、宽15.8、厚8毫米，重2.04克（图4-46,8；图版五二，8）。

标本2006Ⅰ④:3665，以砾石为原料，燧石。刃角47°，一侧边缘有条形修疤，为正向二次加工，以一小块河卵石为毛坯，一侧边缘正向打击，修整出一平直刃。长14.9、宽18.3、厚11.9毫米，重4.93克（图4-46,9；图版五二，9）。

标本2006Ⅰ④:843，单刃，硅质页岩，以石片为毛坯。背面有条形和鱼鳞状修疤，为正向二次加工，加工技术为软锤，以一近线形台面的石片为毛坯，背面正向修整去薄，在远端调整出一弧形刃。长38.5、宽39.1、厚6.4毫米，重8.44克（图4-47,1；图版五三，1）。

标本2006Ⅰ④:6087，石英岩，以砾石为原料，石核为毛坯，单刃。刃角52°，背面有条形和鳞状修疤，为正向二次加工，加工技术为软锤，以一石核残块为毛坯，在一侧正向修整出一弧形刃，刃部有细小鳞状疤。长47.6、宽38.2、厚18.5毫米，重34.36克（图4-47,2；图版五三，2）。

标本2006Ⅰ④:145，燧石，以砾石为原料，石片为毛坯。台面角67°，远端有连续平行分布的细长条形修疤，为正向二次加工，加工技术为软锤，圆弧形刃，由一较厚的石片加工而成，在

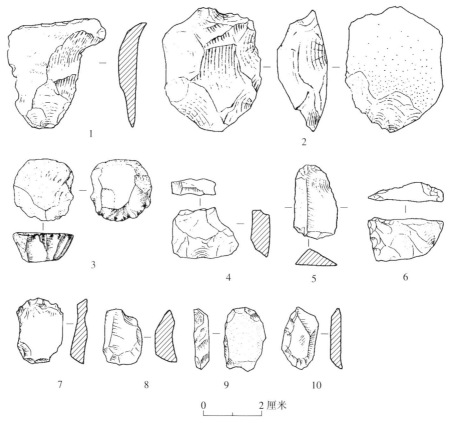

0　　　　2厘米

图4-47　第4文化层出土刮削器（2）

1. 2006Ⅰ④：843　2. 2006Ⅰ④：6087　3. 2006Ⅰ④：145　4. 2006Ⅰ④：1082　5. 2006Ⅰ④：8043
6. 2005Ⅰ④：542　7. 2006Ⅰ④：790　8. 2006Ⅰ④：7366　9. 2006Ⅰ④：1280　10. 2006Ⅰ④：8570

左侧近一半的部分保留有天然燧石块的外表组织，在另一侧材质较好的部位由面积较小的一面向另一面剥片加工成弧状刃口。长34、宽31、厚17毫米，重8.48克（图4-47，3；图版五三，3）。

标本2006Ⅰ④：1082，燧石，以石片为毛坯，单刃。刃角54°，远端有连续平行分布的条形修疤，为正向二次加工，以一近线形台面的石片为毛坯，远端正向修整，调整出一平直刃。长20.1、宽24.1、厚7毫米，重4.56克（图4-47，4；图版五三，4）。

标本2006Ⅰ④：8043，燧石，以石片为毛坯。刃角54°，远端有近平行状的条形修疤，为正向二次加工，以一石片为毛坯，在左右两侧及远端正向修整出平直刃和弧形刃。长27.5、宽16.9、厚5.9毫米，重2.46克（图4-47，5；图版五三，5）。

标本2005Ⅰ④：542，石英岩，单刃，以石片为毛坯。背面有不规则形片疤，为反向二次加工，以一台面角48°的宽石片为毛坯，背面反向修整去薄，在远端调整出一平直刃，左侧平直，右侧圆弧。长16.5、宽29.5、厚7.5毫米，重3.31克（图4-47，6；图版五三，6）。

标本2006Ⅰ④：790，燧石，以石片为毛坯，单刃。刃角69°，远端有连续平行分布的条形修疤，为反向二次加工，加工技术为软锤，以一线形台面石片为毛坯，远端反向修整出一弧形刃。长24.2、宽17.8、厚7.6毫米，重4.04克（图4-47，7；图版五三，7）。

标本2006Ⅰ④：7366，燧石，以石片为毛坯。刃角52°，远端有连续平行分布的条形修疤，为反向二次加工，以一近线形台面的石片为毛坯，在远端反向修整出一圆弧刃。长21.2、宽15.6、厚8.1毫米，重3.55克（图4-47，8；图版五三，8）。

标本2006Ⅰ④∶1280，燧石，以砾石为原料，石片为毛坯，单刃。刃角62°，右侧至远端有连续分布的条形和鱼鳞状修疤，为正向二次加工，以一台面宽9毫米的石片为毛坯，在左侧至远端正向修整，左侧调整平直，远端修整出一弧形刃。长23.8、宽16.3、厚9.4毫米，重4.58克（图4-47，9；图版五三，9）。

标本2006Ⅰ④∶8570，燧石，以石片为毛坯。刃角56°，器身周边有连续分布的鳞状及条形修疤，为正向二次加工，边缘平直，以石片为毛坯，器身正面全体正向修整，在器身周边修整出四个平直刃。长23.4、宽10.1、厚4.9毫米，重1.44克（图4-47，10；图版五三，10）。

2. 端刮器

共发现23件，均由石片制成，是在石片的远端正向修整出一钝厚的弧刃，有的在石片的一侧或两侧也做修理。

标本2006Ⅰ④∶7177，石英岩，以石片为毛坯。台面角42°，两侧有条状修疤，远端有小型鳞状修疤，为正向二次加工，边缘平直，以一长石片（砸击石片）为毛坯，两侧修整平直，远端修出圆弧形刃。长29、宽18、厚4毫米，重3.31克（图4-48，1；图版五四，1）。

标本2006Ⅰ④∶720，石英岩，原料为砾石，以石片为毛坯。刃角29°，两侧有长条形修疤，

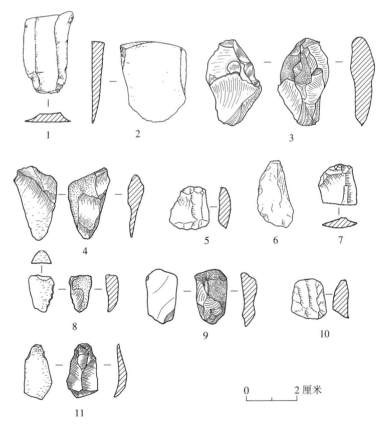

图4-48　第4文化层出土端刮器（1）

1. 2006Ⅰ④∶7177　2. 2006Ⅰ④∶720　3. 2005Ⅰ④∶50　4. 2005Ⅰ④∶1207　5. 2006Ⅰ④∶8022　6. 2006Ⅰ④∶4209
7. 2006Ⅰ④∶7330　8. 2005Ⅰ④∶438　9. 2006Ⅰ④∶7635　10. 2006Ⅰ④∶6108　11. 2005Ⅰ④∶472

远端有鳞状修疤，为正向二次加工，加工技术为软锤，两侧平直，远端呈圆弧状，以一保留自然台面、台面角87°的石片为毛坯，两侧修整平直，远端修整为圆弧状刃。长32、宽24、厚4毫米，重4.98克（图4-48，2；图版五四，2）。

标本2005Ⅰ④:50，石英岩，以砾石为原料，石片为毛坯。左右两侧近远端处至远端有三角形和条形修疤，为正向二次加工，加工技术为软锤，边缘平直，以一台面角81°、Ⅱ2类的石片为毛坯，左右两侧近远端处至远端处正向修整，在远端调整出一平直刃。长32.7、宽18.1、厚10.9毫米，重5.75克（图4-48，3；图版五四，3）。

标本2005Ⅰ④:1207，燧石，以石片为毛坯。背面有鱼鳞状和条形修疤，为正向二次加工，加工技术为软锤，以一石片为毛坯，背面正向修整去薄，在远端调整出一弧形刃。长27.1、宽15.5、厚7.2毫米，重2.59克（图4-48，4；图版五四，4）。

标本2006Ⅰ④:8022，燧石，以石片为毛坯。远端有近平行状条形修疤，为正向二次加工，以一平面近扇形的石片为毛坯，远端正向修整，调整出一弧形刃。长16.7、宽15.6、厚5.3毫米，重1.46克（图4-48，5；图版五四，5）。

标本2006Ⅰ④:4209，石英岩，砾石为原料，石片为毛坯。台面角42°，两侧及远端有条形和鱼鳞状修疤，为正向二次加工，加工技术为软锤，边缘平直，以一背面保留有砾石面的石片为毛坯，两侧正向修整平直，远端正向修整，调整出一弧形刃。长25.7、宽15、厚7.8毫米，重3.14克（图4-48，6；图版五四，6）。

标本2006Ⅰ④:7330，燧石，以石片为毛坯。远端有近平行状修疤，为正向二次加工，石片上端残，远端正向连续修整，调整出一弧形刃。长14.5、宽14.9、厚3.8毫米，重0.98克（图4-48，7；图版五四，7）。

标本2005Ⅰ④:438，燧石，以石片为毛坯。远端有条形修疤，为正向二次加工，加工技术为软锤，边缘平直，以一小石片为毛坯，远端正向修整去薄，调整出一圆弧形刃。长13.4、宽8.1、厚4.9毫米，重0.61克（图4-48，8；图版五四，8）。

标本2006Ⅰ④:7635，燧石，以石片为毛坯。台面角47°，远端背面有阶梯状片疤，边缘有连续分布的鳞状疤，为正向二次加工，加工技术为软锤，边缘呈弧形，背有一脊，整体呈龟背状，远端正向修整出一弧形刃。长20.1、宽12.3、厚6.9毫米，重1.62克（图4-48，9；图版五四，9）。

标本2006Ⅰ④:6108，燧石，以石片为毛坯。台面角63°，远端及两侧有细小鳞状疤和平行状条形修疤，以一小石片为毛坯，两侧正向修整平直，远端正向调整出一弧形刃。长16.1、宽14.1、厚6.1毫米，重1.46克（图4-48，10；图版五四，10）。

标本2005Ⅰ④:472，燧石，以石片为毛坯。远端有阶梯状修疤，为正向二次加工，加工技术为软锤，边缘平直，以一线形台面石片为毛坯，远端正向修整去薄后调整出一平直刃。长19.5、宽12.3、厚3.8毫米，重0.85克（图4-48，11；图版五四，11）。

标本2006Ⅰ④:7660，燧石，以石片为毛坯。远端有近平行状的条形修疤，为正向二次加工，以一台面角112°两侧边平行的石片为毛坯，远端正向修整，调整出一弧形刃。长17.9、宽13.1、厚5.9毫米，重1.47克（图4-49，1；图版五五，1）。

标本2006Ⅰ④:7618，燧石，以石片为毛坯。台面角72°，远端有连续平行分布的条形修疤，为

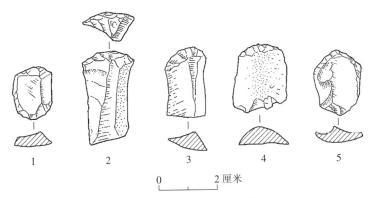

图 4 - 49　第 4 文化层出土端刮器（2）

1. 2006 I ④：7660　2. 2006 I ④：7618　3. 2006 I ④：2875　4. 2006 I ④：7911　5. 2006 I ④：8585

反向二次加工，加工技术为软锤，以一台面宽 5.8、台面角 88°、背有一脊的石片为毛坯，在远端连续反向修整，调整出一弧形刃。长 30、宽 17.7、厚 8.8 毫米，重 4.6 克（图 4 - 49，2；图版五五，2）。

标本 2006 I ④：2875，燧石，以石片为毛坯。台面角 64°，远端有近平行状修疤，上端残，为正向二次加工，石片两侧边平行且平直，远端正向加工，调整出一弧形刃。长 23.3、宽 14、厚 6.7 毫米，重 2.21 克（图 4 - 49，3；图版五五，3）。

标本 2006 I ④：7911，燧石，以砾石为原料，石片为毛坯。远端有平行连续分布的鱼鳞状修疤，近端残，为正向二次加工，以一台面角 63°、两侧边近似平行状的石片为毛坯，远端正向修整出一弧形刃。长 23.9、宽 17.8、厚 5.1 毫米，重 2.65 克（图 4 - 49，4；图版五五，4）。

标本 2006 I ④：8585，燧石，以石片为毛坯。远端有连续平行分布的条形修疤，为正向二次加工，以一近线形台面的石片为毛坯，在远端正向加工，调整出一弧形刃。长 21.2、宽 16.7、厚 5.8 毫米，重 1.84 克（图 4 - 49，5；图版五五，5）。

3. 尖状器

共发现 46 件，多由石片制成，加工修理较好，类型相对稳定。它们基本上是在石片的两侧经修理后相交于一端形成尖刃。

标本 2005 I ④：642，石英岩，以砾石为原料，石片为毛坯。剥离面布满条形和不规则形修疤，为反向二次加工，以一自然台面石片为毛坯，剥离面全体反向修整去薄，远端调整出一尖突。长 47.5、宽 32.5、厚 17 毫米，重 22.01 克（图 4 - 50，1；图版五六，1）。

标本 2005 I ④：399，凝灰岩，以石片为毛坯。背面近近端处有片疤，左右两侧有条形修疤，为正向二次加工，加工技术为软锤，平面近桂叶形，以一石片为毛坯，背面近近端处正向修整去薄，中部至远端正向修整出一尖突。长 35.5、宽 26.1、厚 5.7 毫米，重 4.7 克（图 4 - 50，2；图版五六，2）。

标本 2005 I ④：422，石英岩，以砾石为原料，石片为毛坯。近远端的左右两侧有鱼鳞状修疤，为正向二次加工，加工技术为软锤，边缘平直，以一自然台面的长石片为毛坯，在近远端处的左右两侧正向修整，至远端形成一尖突。长 24、宽 9.5、厚 5.1 毫米，重 1.17 克（图 4 - 50，3；图版五六，3）。

标本 2005 I ④：604，燧石，以石片为毛坯。近端有阶梯状修疤，左右两侧有鱼鳞状修

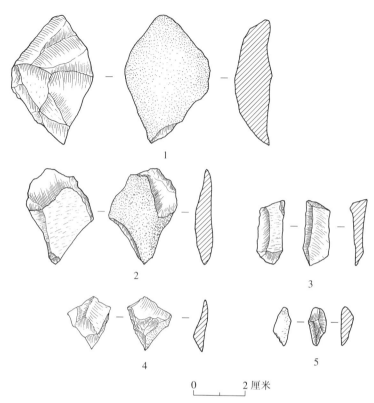

0 ———— 2厘米

图4-50 第4文化层出土尖状器（1）

1. 2005 I ④：642 2. 2005 I ④：399 3. 2005 I ④：422 4. 2005 I ④：604 5. 2005 I ④：553

疤，为正向二次加工，加工技术为软锤，边缘平直，以一小石片为毛坯，近端正向修整去薄，左右两侧纵向修整至远端形成一尖突。长17.7、宽16.2、厚4.9毫米，重1.03克（图4-50，4；图版五六，4）。

标本2005 I ④：553，燧石，以石片为毛坯。远端一侧有阶梯状修疤，为正向二次加工，加工技术为软锤，边缘平直，以一小石片为毛坯，远端正向修整出一尖突。长13.9、宽6.1、厚4.2毫米，重0.3克（图4-50，5；图版五六，5）。

标本2005 I ④：1047，石英岩，以砾石为原料，石片为毛坯。左右两侧至远端有阶梯状修疤，为正向二次加工，加工技术为软锤，边缘平直，以一自然台面石片为毛坯，左右两侧正向修整至远端，形成一尖。长42.5、宽36.2、厚12.1毫米，重13.7克（图4-51，1；图版五七，1）。

标本2005 I ④：1189，石英岩，以砾石为原料，石片为毛坯。左右两侧有条形修疤，为正向二次加工，边缘平直，以一自然台面石片为毛坯，左右两侧纵向修整，在远端形成一尖。长18.9、宽13.1、厚9.6毫米，重1.53克（图4-51，2；图版五七，2）。

标本2005 I ④：1171，石英岩，以石片为毛坯。左右两侧至远端有条形修疤，为正向二次加工，以一石片为毛坯，左右两侧至远端正向加工调整出一尖。长20.9、宽19.1、厚7.6毫米，重2.58克（图4-51，3；图版五七，3）。

标本2005 I ④：249，燧石，以砾石为原料，石片为毛坯。近远端处左右两侧有鱼鳞状修疤，为正向二次加工，加工技术为软锤，边缘平直，以一近等腰三角形的石片为毛坯，在近远端处左右两侧正向修整出一尖突。长20.9、宽18.4、厚3.5毫米，重1.41克（图4-51，4；

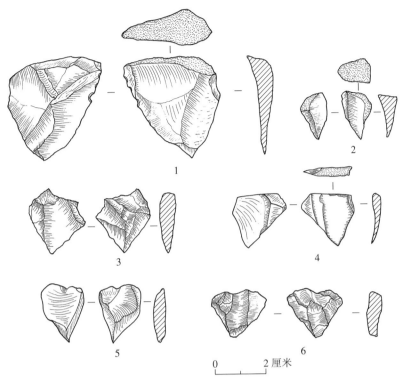

图 4-51　第 4 文化层出土尖状器（2）

1. 2005 I ④：1047　2. 2005 I ④：1189　3. 2005 I ④：1171　4. 2005 I ④：249　5. 2005 I ④：1032
6. 2005 I ④：1059

图版五七，4）。

标本 2005 I ④：1032，石英岩，以石片为毛坯。远端有条形修疤，为正向二次加工，加工技术为软锤，边缘平直，以一近等腰三角形的线形台面石片为毛坯，在远端正向加工，调整出一尖。长 22、宽 16、厚 4.9 毫米，重 1.46 克（图 4-51，5；图版五七，5）。

标本 2005 I ④：1059，凝灰岩，以石片为毛坯。器身背面有鱼鳞状修疤，为正向二次加工，加工技术为软锤，以一近等腰三角形石片为毛坯，正向修整去薄，在远端形成一尖。长 19.7、宽 16.9、厚 5.5 毫米，重 1.74 克（图 4-51，6；图版五七，6）。

标本 2005 I ④：25，石英岩，以砾石为原料，石片为毛坯。远端左侧有连续分布的鱼鳞状修疤，为反向二次加工，加工技术为软锤，边缘平直，以一Ⅱ2 类、台面角 87°的近长方形石片为毛坯，在远端左侧反向修整出一尖突。长 57、宽 33.7、厚 13.8 毫米，重 23.9 克（图 4-52，1；图版五八，1）。

标本 2005 I ④：46，玉髓，以石片为毛坯，Ⅱ3 类。左右两侧至远端有条形修疤，为正向二次加工，加工技术为软锤，边缘平直，以一台面角 97°、台面宽 2.8 毫米的石片为毛坯，左右两侧至远端正向修整出一尖突。长 26.9、宽 7.2、厚 4.8 毫米，重 2.28 克（图 4-52，2；图版五八，2）。

标本 2005 I ④：8，石英岩，以石片为毛坯。左右两侧至远端有条形修疤，为正向二次加工，加工技术为软锤，边缘平直，以一近三角形的Ⅱ3 类、线形台面石片为毛坯，左右两侧正向修整平直至远端形成一个三棱状的小尖突。长 28.5、宽 27、厚 8.3 毫米，重 4.78 克（图 4-52，3；图版五八，3）。

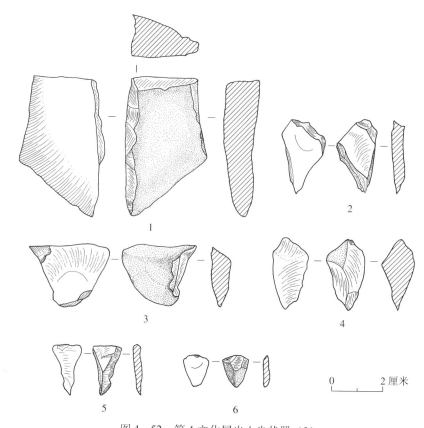

图 4-52　第 4 文化层出土尖状器（3）

1. 2005 Ⅰ④：25　2. 2005 Ⅰ④：46　3. 2005 Ⅰ④：8　4. 2005 Ⅰ④：198　5. 2005 Ⅰ④：76　6. 2005 Ⅰ④：209

标本 2005 Ⅰ④：198，石英岩，以砾石为原料，石片为毛坯。远端左右两侧有鱼鳞状和条形修疤，为正向二次加工，加工技术为软锤，边缘平直，以一平面近等腰三角形的线形台面石片为毛坯，在远端正向修整去薄，调整出一尖突。长 26.5、宽 14.7、厚 8.5 毫米，重 2.01 克（图 4-52，4；图版五八，4）。

标本 2005 Ⅰ④：76，石英岩，以石片为毛坯。近端有三角形修疤，右侧有连续分布的鱼鳞状修疤，为正向二次加工，加工技术为软锤，边缘平直，以一线形台面的三角形石片为毛坯，近端正向修整去薄，右侧正向修整至远端成一尖。长 18.1、宽 11、厚 3.5 毫米，重 0.46 克（图 4-52，5；图版五八，5）。

标本 2005 Ⅰ④：209，燧石，以砾石为原料，石片为毛坯。近端有鱼鳞状修疤，为正向二次加工，二次加工技术为压制，边缘平直，以一近等腰三角形的小石片为毛坯，近端压制去薄，远端为尖。长 11.2、宽 9.1、厚 2.6 毫米，重 0.24 克（图 4-52，6；图版五八，6）。

标本 2005 Ⅰ④：620，石英岩，以石片为毛坯。远端右侧有鱼鳞状修疤，为正向二次加工，加工技术为软锤，以一台面宽 5.2 毫米的石片为毛坯，远端正向加工调整出一尖突。长 27.9、宽 20.4、厚 6.1 毫米，重 3.41 克（图 4-53，1；图版五九，2）。

标本 2005 Ⅰ④：538，燧石，以砾石为原料，石片为毛坯。左右两侧至远端有条形和鱼鳞状修疤，为正向二次加工，加工技术为软锤，边缘平直，以一台面角 74°、台面宽 2.1 毫米的石片为毛坯，左右两侧正向修整至远端形成一尖突。长 18.2、宽 17、厚 3.5 毫米，重 1 克（图 4-53，2；图版五九，3）。

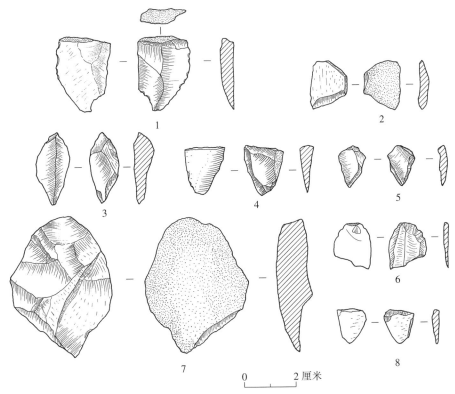

图4-53 第4文化层出土尖状器（4）

1.2005 Ⅰ④:620 2.2005 Ⅰ④:538 3.2005 Ⅰ④:427 4.2005 Ⅰ④:495 5.2005 Ⅰ④:588 6.2005 Ⅰ④:137

7.2005 Ⅰ④:643 8.2005 Ⅰ④:400

标本2005 Ⅰ④:427，燧石，以砾石为原料，石片为毛坯。自近端至远端背面全部有不规则形片疤，为正向二次加工，加工技术为软锤，边缘平直，以一长石片为毛坯，自近端向远端正向调整，在远端处形成一尖突。长27、宽12.2、厚8.1毫米，重1.89克（图4-53，3；图版五九，4）。

标本2005 Ⅰ④:495，石英岩，以石片为毛坯。左右两侧有条形修疤，为正向二次加工，加工技术为软锤，边缘平直，以一台面角72°、台面宽4.8毫米的石片为毛坯，左右两侧至远端纵向修整出一尖突。长21.3、宽15.2、厚5毫米，重1.35克（图4-53，4；图版五九，5）。

标本2005 Ⅰ④:588，石英岩，以石片为毛坯。近端有鱼鳞状修疤，左右两侧有条形修疤，为正向二次加工，加工技术为软锤，边缘平直，以一平面近等腰三角形的小石片为毛坯，近端正向修整去薄，左右两侧修整至远端形成一尖突。长14.5、宽10.1、厚3.9毫米，重0.43克（图4-53，5；图版五九，6）。

标本2005 Ⅰ④:137，燧石，以石片为毛坯。左右两侧至远端有条形修疤，为正向二次加工，加工技术为软锤，边缘平直，以一线形台面、平面近心形的石片为毛坯，两侧正向修整至远端，调整出一尖突。长27.5、宽15、厚2.1毫米，重0.48克（图4-53，6；图版五九，7）。

标本2005 Ⅰ④:643，石英岩。以线形台面石片为毛坯，两侧有修整片疤，边缘平直，在远端正向修整出一尖。长51.9、宽36.3、厚14.2毫米，重4.92克（图4-53，7；图版五九，1）。

标本2005 Ⅰ④:400，石英岩，以石片为毛坯。近端有鱼鳞状片疤，两侧有连续的小疤痕，为正向二次加工，加工技术为软锤，边缘平直，平面近等腰三角形，近端修整平直，两侧修整至远端形成一尖突。长12.5、宽12.5、厚2.9毫米，重0.37克（图4-53，8；图版五九，8）。

标本 2005 Ⅰ④：944，凝灰岩，以砾石为原料，石片为毛坯。背面一侧有片疤，近远端的左右两侧有条形修疤，为正向二次加工，以一平面近三角形的石片为毛坯，背面右侧纵向修整去薄，近远端左右两侧正向调整至远端形成一尖。长 36.1、宽 2.72、厚 9.5 毫米，重 6.6 克（图 4-54，1；图版六〇，1）。

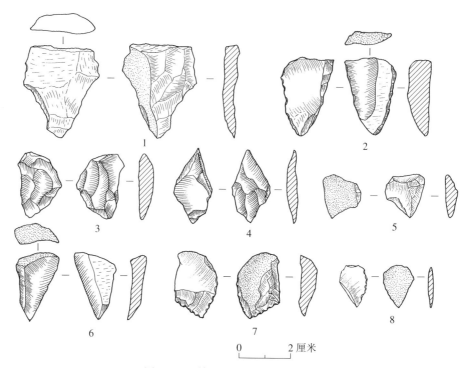

图 4-54　第 4 文化层出土尖状器（5）

1. 2005 Ⅰ④：944　2. 2005 Ⅰ④：1223　3. 2005 Ⅰ④：800　4. 2005 Ⅰ④：773　5. 2005 Ⅰ④：962　6. 2005 Ⅰ④：727
7. 2005 Ⅰ④：853　8. 2005 Ⅰ④：692

标本 2005 Ⅰ④：1223，燧石，以石片为毛坯。左右两侧至远端有鱼鳞状和条形修疤，为正反向交互二次加工，加工技术为软锤，边缘平直，以一背有一脊的石片为毛坯，左右两侧至远端交互修整，至远端形成一尖。长 28.8、宽 21.1、厚 7.6 毫米，重 3.9 克（图 4-54，2；图版六〇，2）。

标本 2005 Ⅰ④：800，石英岩，以石片为毛坯。远端有阶梯状修疤，为正向二次加工，加工技术为软锤，以一近三角形的石片为毛坯，远端正向修整去薄，调整出一尖。长 24.7、宽 20、厚 6.9 毫米，重 2.31 克（图 4-54，3；图版六〇，3）。

标本 2005 Ⅰ④：773，燧石，以石片为毛坯。近端和远端分布有阶梯状和条形修疤，为正向二次加工，加工技术为软锤，边缘平直，平面大体呈菱形，以一石片为毛坯，在远、近端各正向修整出一尖。长 27.5、宽 14.7、厚 3.1 毫米，重 1.1 克（图 4-54，4；图版六〇，4）。

标本 2005 Ⅰ④：962，燧石，以石片为毛坯。剥离面有鱼鳞状和阶梯状修疤，为反向二次加工，加工技术为软锤，平直，以一石片为毛坯，背面为砾石面，近端反向修整去薄，两侧至远端反向修整形成一尖突。长 16、宽 13.5、厚 5.5 毫米，重 1.28 克（图 4-54，5；图版六〇，5）。

标本 2005 Ⅰ④：727，石英岩，以石片为毛坯。远端有条形修疤，为正向二次加工，加工技术为软锤，边缘平直，以一台面宽 7.1 毫米、平面近三角形的石片为毛坯，在远端正向修整出一尖突。长 26.9、宽 16.1、厚 7.1 毫米，重 2.51 克（图 4 - 54，6；图版六〇，6）。

标本 2005 I ④：853，燧石，以砾石为原料，石片为毛坯。近远端的右侧有阶梯状修疤，为正向二次加工，加工技术为软锤，边缘为弧形，以一自然台面的石片为毛坯，在近远端的右侧进行正向加工，调整出一尖突。长 25.2、宽 17.1、厚 7.9 毫米，重 3.38 克（图 4 - 54，7；图版六〇，7）。

标本 2005 I ④：692，石英岩，以砾石为原料，石片为毛坯。器身周边有连续分布的小修疤，为正向二次加工，加工技术为软锤，边缘平直，以一近线形台面的小石片为毛坯，周边正向修整为规整的桂叶形，在远端调整出一尖突。长 15.1、宽 11、厚 1.7 毫米，重 0.27 克（图 4 - 54，8；图版六〇，8）。

标本 2006 I ④：1071，石英岩，以砾石为原料，石片为毛坯。背面布满条形和鱼鳞状修疤，为正向二次加工。加工技术为软锤，边缘平直，以一三角形石片为毛坯，背面全部纵向修整去薄，在远端形成一尖。长 43.3、宽 39.6、厚 12.1 毫米，重 21.04 克（图 4 - 55，1；图版六一，1）。

标本 2006 I ④：70，石英岩，以砾石为原料，石片为毛坯。近端有鱼鳞状修疤，两侧有条形修疤，为反向二次加工，以一保留有砾石面的石片为毛坯，近端反向修整去薄，两侧调整平直至远端形成一尖突。长 39.5、宽 23.8、厚 8.5 毫米，重 9 克（图 4 - 55，2；图版六一，2）。

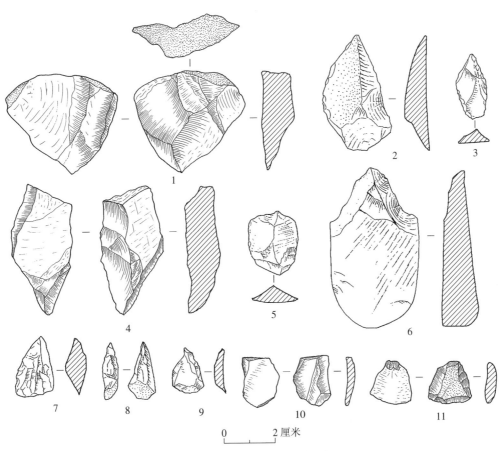

图 4 - 55　第 4 文化层出土尖状器（6）

1. 2006 I ④：1071　2. 2006 I ④：70　3. 2006 I ④：7547　4. 2005 I ④：1101　5. 2006 I ④：219　6. 2006 I ④：327
7. 2006 I ④：4052　8. 2006 I ④：369　9. 2006 I ④：8497　10. 2005 I ④：1100　11. 2005 I ④：1155

标本2006Ⅰ④：7547，燧石，以石片为毛坯。台面角64°，背面有细小鳞状疤及平行状疤，左侧有鳞状疤，为正向二次加工，边缘平直，以一长石片为毛坯，背面正向修整去薄，边缘修整平直至远端形成一尖。长23.6、宽12.1、厚5.2毫米，重1.36克（图4－55，3；图版六一，3）。

标本2005Ⅰ④：1101，凝灰岩，以石片为毛坯。远端及左右两侧有条形修疤，为正向二次加工，以一石片为毛坯，在远端左右两侧正向加工，形成一尖。长49.3、宽24.3、厚9.1毫米，重12.22克（图4－55，4；图版六一，4）。

标本2006Ⅰ④：219，燧石，以石片为毛坯。远端两侧有条形修疤，为正向二次加工，以一背有一脊的线形台面石片为毛坯，远端正向调整出一尖突。长23.5、宽19、厚5.4毫米，重2.6克（图4－55，5；图版六一，5）。

标本2006Ⅰ④：327，石英岩，以砾石为原料，石片为毛坯。远端有鱼鳞状和条形修疤，为反向二次加工，以一背面为砾石面的石片为毛坯，远端反向修整，调整出一尖突。长61.8、宽35.7、厚14.3毫米，重46.03克（图4－55，6；图版六一，6）。

标本2006Ⅰ④：4052，燧石，以石片为毛坯。背面有平行分布的条形修疤和鱼鳞状修疤，为正向二次加工，加工技术为软锤，平面呈三角形，背有棱脊，呈龟背状，正向修整至边缘平直，远端尖锐。长22.9、宽14.1、厚7.8毫米，重2.35克（图4－55，7；图版六一，7）。

标本2006Ⅰ④：369，燧石，以砾石为原料，石片为毛坯。远端有鱼鳞状和阶梯状修疤，为正向二次加工，加工技术为软锤，以一线形台面石片为毛坯，远端正向加工，调整出一尖突。长21.3、宽11.4、厚5.5毫米，重1.17克（图4－55，8；图版六一，8）。

标本2006Ⅰ④：8497，燧石，以石片为毛坯。台面角59°、65°，远端、左侧有近平行状修疤及鳞状疤，为正向二次加工，边缘平直，以一小石片为毛坯，器身周边全体正向修整至大体呈等腰三角形，在远端横向打击，修整出一尖突。长17、宽16.9、厚3.5毫米，重0.7克（图4－55，9；图版六一，9）。

标本2005Ⅰ④：1100，石英岩。以一近线形台面石片为毛坯，两侧修整平直，远端两侧正向修整出一尖。长19.3、宽12.8、厚3.5毫米，重0.98克（图4－55，10；图版六一，10）。

标本2005Ⅰ④：1155，燧石，以砾石为原料，石片为毛坯。远端左右两侧有条形修疤，为正向二次加工，加工技术为软锤，边缘平直，以一平面呈等腰三角形的线形台面石片为毛坯，在远端正向加工调整出一尖。长17、宽15.9、厚5.8毫米，重1.66克（图4－55，11；图版六一，11）。

4. 雕刻器

共发现78件，多由石片制成，它们基本上是在石片修整成型后的一端打制出一个类似凿子形的刃口。

标本2005Ⅰ④：16，燧石，以砾石为原料。左右两侧有条形修疤和鱼鳞状修疤，边缘平直，为正向二次加工，加工技术为软锤，以一砾石断块为毛坯，左右两侧正向修整平直，至远端形成一尖突，横向打击出一小的平直刃。长24、宽17.2、厚13.7毫米，重3.94克（图4－56，1；图版六二，1）。

标本2005Ⅰ④：19，燧石，砾石为原料，以一Ⅱ2类的石片为毛坯。左右两侧有条形修疤，远端有鱼鳞状修疤，为正向二次加工，加工技术为软锤，边缘平直，以一线形台面石片为毛坯，左

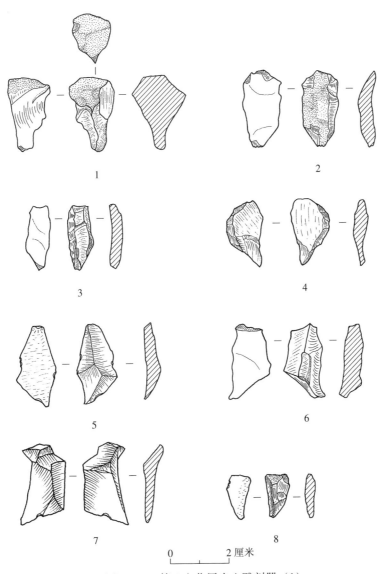

图 4－56　第 4 文化层出土雕刻器（1）

1. 2005 I ④：16　2. 2005 I ④：19　3. 2005 I ④：18　4. 2005 I ④：564　5. 2005 I ④：532　6. 2005 I ④：370
7. 2005 I ④：782　8. 2005 I ④：397

右两侧去薄修整平直，整体呈龟背状，远端正向修整出一小的平直刃。长 24.8、宽 12.8、厚 5 毫米，重 1.73 克（图 4－56，2；图版六二，2）。

标本 2005 I ④：18，燧石。以一 II 3 类石片为毛坯，左右两侧及远端有条形修疤，为正向二次加工部位，加工技术为软锤，边缘平直，以一台面角 49° 的石片为毛坯，左右两侧修整平直，至远端形成一小的平直刃。长 21、宽 7.9、厚 4.1 毫米，重 0.82 克（图 4－56，3；图版六二，3）。

标本 2005 I ④：564，燧石，以石片为毛坯。远端两侧有条形修疤，为正向二次加工，加工技术为软锤，以一有弧度、台面角 82° 的石片为毛坯，在远端正向加工调整出一小的平直刃。长 21、宽 12.3、厚 5.4 毫米，重 1.24 克（图 4－56，4；图版六二，4）。

标本 2005 I ④：532，燧石，以石片为毛坯。远端有鱼鳞状修疤，为正向二次加工，加工技术为软锤，以一近线形台面的石片为毛坯，在远端正向修整出一鸟啄状刃。长 25.8、宽 14.1、厚 5 毫米，重 0.22 克（图 4－56，5；图版六二，5）。

标本2005Ⅰ④：370，燧石，以石片为毛坯。近远端的左右两侧至远端有条形修疤，为正向二次加工，加工技术为软锤，边缘平直，以一石片为毛坯，在近远端的左右两侧向远端正向修整出一鸟喙状刃。长23.8、宽13、厚6毫米，重1.54克（图4-56，6；图版六二，6）。

标本2005Ⅰ④：782，燧石，以石片为毛坯。远端有条形修疤，为正向二次加工，加工技术为软锤，边缘平直，以一长方形石片为毛坯，远端正向加工，调整出一鸟喙状刃。长27.1、宽13、厚3.9毫米，重1.18克（图4-56，7；图版六二，7）。

标本2005Ⅰ④：397，燧石，以石片为原料。二次加工部位：背面和左右两侧，二次加工方向：正向，背面有鱼鳞状修疤，左右两侧有条形修疤，加工技术为软锤，以一线形台面的小石片为毛坯，背面正向修整去薄，左右两侧修整平直至远端形成一尖突，横向调整出一小的平直刃。长14.1、宽7.5、厚3.9毫米，重0.35克（图4-56，8；图版六二，8）。

标本2005Ⅰ④：306，燧石，以石片为毛坯。远端有阶梯状修疤，为正向二次加工，加工技术为软锤，边缘为弧形，以一有弧度的长石片为毛坯，在远端正向修整出一小的平直刃。长24、宽8.2、厚7.5毫米，重0.39克（图4-57，1；图版六三，1）。

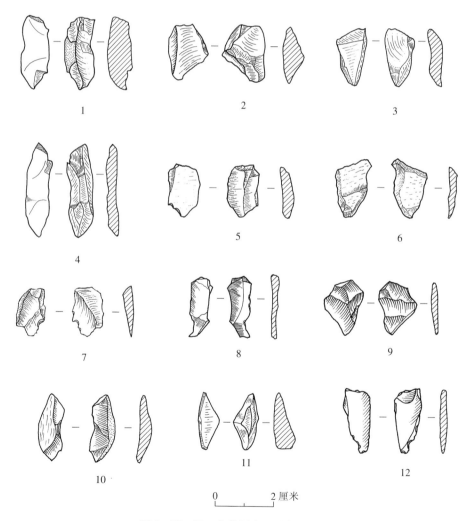

图4-57 第4文化层出土雕刻器（2）

1. 2005Ⅰ④：306   2. 2005Ⅰ④：243   3. 2005Ⅰ④：152   4. 2005Ⅰ④：160   5. 2005Ⅰ④：646   6. 2005Ⅰ④：605
7. 2005Ⅰ④：684   8. 2005Ⅰ④：763   9. 2005Ⅰ④：791   10. 2005Ⅰ④：736   11. 2005Ⅰ④：126   12. 2005Ⅰ④：815

标本 2005 I ④：243，燧石，以石片为毛坯。背面布满鱼鳞状和条形修疤，为正向二次加工，加工技术为软锤，边缘平直，以一石片为毛坯，近端正向修整去薄，两侧调整平直，远端正向修整出一平直刃。长 17.8、宽 14.1、厚 7.1 毫米，重 1.53 克（图 4 - 57，2；图版六三，2）。

标本 2005 I ④：152，石英岩，以石片为毛坯。左右两侧有条形修疤，远端有鱼鳞状修疤，为正向二次加工，加工技术为软锤，边缘平直，以石片为毛坯，两侧修整平直，远端正向修整出一平直刃。长 19、宽 9.6、厚 4 毫米，重 0.82 克（图 4 - 57，3；图版六三，3）。

标本 2005 I ④：160，石英岩，以石片为毛坯。背面布满鱼鳞状和阶梯状修疤，为正向二次加工，加工技术为软锤，边缘平直，以一有弧度的长石片为毛坯，背面全部正向加工，调整至边缘平直，在远端形成一尖刃。长 30.2、宽 8、厚 4 毫米，重 1.05 克（图 4 - 57，4；图版六三，4）。

标本 2005 I ④：646，石英岩，以石片为毛坯。远端有小修疤，为正向二次加工，加工技术为软锤，平直，以一背有一脊的线形台面石片为毛坯，在远端正向修整，在远端中部调整出一小的平直刃。长 16.1、宽 9.8、厚 4.1 毫米，重 0.79 克（图 4 - 57，5；图版六三，5）。

标本 2005 I ④：605，燧石，以石片为毛坯。近端左侧有条形修疤，为正向二次加工，加工技术为软锤，边缘平直，以一小石片为毛坯，近端左侧正向修整，调整出一近鸟喙状的小平直刃。长 19.5、宽 12.1、厚 2.8 毫米，重 0.58 克（图 4 - 57，6；图版六三，6）。

标本 2005 I ④：684，石英岩，以石片为毛坯。远端有阶梯状修疤，为正向二次加工，加工技术为软锤，边缘平直，以一平面近长方形的小石片为毛坯，在远端做正向修整，在远端中部调整出一突出的小平直刃。长 15、宽 9.8、厚 3.1 毫米，重 0.47 克（图 4 - 57，7；图版六三，8）。

标本 2005 I ④：763，燧石，以石片为毛坯。远端左侧有不规则形片疤，为正向二次加工，加工技术为软锤，边缘平直，以一小的长石片为毛坯，在远端左侧正向加工，调整出一鸟喙状的小平直刃。长 19.8、宽 7.5、厚 2.9 毫米，重 0.27 克（图 4 - 57，8；图版六三，7）。

标本 2005 I ④：791，燧石，以石片为毛坯。右侧有弧形修疤，为正向二次加工，加工技术为软锤，以一线形台面小石片为毛坯，右侧正向修整，在远端形成一小的平直刃。长 17.9、宽 10.2、厚 3 毫米，重 0.54 克（图 4 - 57，9；图版六三，9）。

标本 2005 I ④：736，燧石，以石片为毛坯。远端有条形修疤，为正向二次加工，加工技术为软锤，以一有弧度的长石片为毛坯，在远端正向加工，调整出一小的平直刃。长 22、宽 7、厚 5.8 毫米，重 0.7 克（图 4 - 57，10；图版六三，10）。

标本 2005 I ④：126，石英岩，以石片为毛坯。远端左右两侧有条形修疤，为正向二次加工，边缘平直，以一近线形台面石片为毛坯，远端左右两侧正向修整出一平直刃。长 18.7、宽 7.8、厚 7 毫米，重 0.9 克（图 4 - 57，11；图版六三，11）。

标本 2005 I ④：815，石英岩，以石片为毛坯。近远端的右侧有连续分布的小修疤，为正向二次加工，加工技术为软锤，以一线形台面石片为毛坯，在近远端的右侧正向修整，在远端调整出一小的平直刃。长 21.5、宽 8.6、厚 2.3 毫米，重 0.48 克（图 4 - 57，12；图版六三，12）。

标本 2005 I ④：884，石英岩。以一左侧平直的石片为毛坯，右侧连续正向修整至远端，远端横向加工调整出一小的平直刃。长 25.5、宽 13.4、厚 5.3 毫米，重 1.97 克（图 4 - 58，1；图版六四，1）。

标本 2005 I ④：1219，燧石，以石片为毛坯。远端有阶梯状片疤，为正向二次加工，加工技

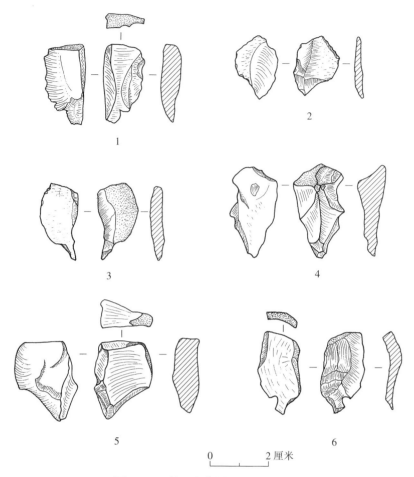

图4-58　第4文化层出土雕刻器（3）

1. 2005 I ④:884　2. 2005 I ④:1219　3. 2005 I ④:1175　4. 2005 I ④:906　5. 2005 I ④:915　6. 2005 I ④:842

术为软锤，以一线形台面石片为毛坯，远端正向修整，调整出一小的平直刃。长20、宽14.1、厚3.2毫米，重0.64克（图4-58，2；图版六四，2）。

标本2005 I ④:1175，燧石，以砾石为原料，石片为毛坯。近远端的左右两侧有条形和阶梯状修疤，为正向二次加工，加工技术为软锤，以一线形台面石片为毛坯，在近远端的左右两侧正向加工，调整出一小的平直刃。长25.2、宽11.5、厚5.8毫米，重1.69克（图4-58，3；图版六四，3）。

标本2005 I ④:906，燧石，以石片为毛坯。远端及左右两侧有阶梯状和条形修疤，为正向二次加工，加工技术为软锤，边缘平直，以一线形台面的龟背状石片为毛坯，远端正向修整出一小的平直刃。长30.5、宽16.6、厚9.1毫米，重2.69克（图4-58，4；图版六四，4）。

标本2005 I ④:915，燧石，以砾石为原料，石片为毛坯。左右两侧有条形修疤和阶梯状修疤，为正向二次加工，以一自然台面石片为毛坯，左右两侧纵向修整，在远端调整出一小的平直刃。长25、宽20.6、厚8.7毫米，重4.34克（图4-58，5；图版六四，5）。

标本2005 I ④:842，燧石，以砾石为原料，石片为毛坯。远端有阶梯状修疤，为正向二次加工，加工技术为软锤，平直，以一台面宽4毫米、台面角101°自然台面的石片为毛坯，远端正向加工，调整出一近鸟喙状的小平直刃。长27.6、宽14、厚4毫米，重1.58克（图4-58，6；图版六四，6）。

标本2005 I ④:1228，石英岩，以砾石为原料，石片为毛坯。远端有阶梯状修疤，为正向二

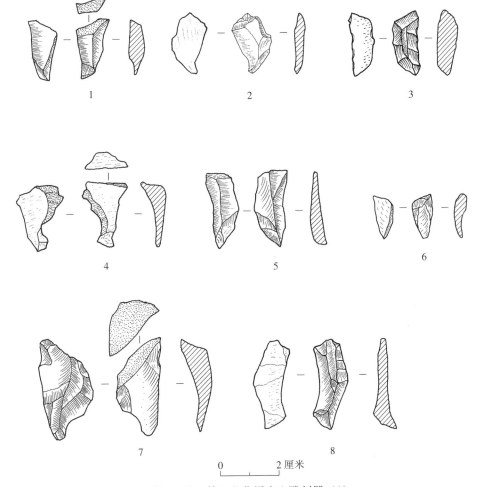

图 4 - 59　第 4 文化层出土雕刻器（4）

1. 2005 Ⅰ④：1228　2. 2005 Ⅰ④：952　3. 2005 Ⅰ④：785　4. 2005 Ⅰ④：1167　5. 2005 Ⅰ④：1094

6. 2005 Ⅰ④：519　7. 2005 Ⅰ④：505　8. 2005 Ⅰ④：436

次加工，加工技术为软锤，边缘平直，以一自然台面石片为毛坯，远端正向修整，调整出一鸟喙状刃。长 19.5、宽 8.1、厚 5.3 毫米，重 0.98 克（图 4 - 59，1；图版六五，1）。

标本 2005 Ⅰ④：952，燧石，以石片为毛坯。近远端的左右两侧有条形修疤，为正向二次加工，加工技术为软锤，以一近长方形的石片为毛坯，在远端左右两侧正向修整，调整出一小平直刃。长 19.5、宽 10.1、厚 3.2 毫米，重 0.63 克（图 4 - 59，2；图版六五，2）。

标本 2005 Ⅰ④：785，石英岩，以石片为毛坯。背面布满鱼鳞状修疤，为正向二次加工，加工技术为软锤，以一略有弧度的石片为毛坯，背面全体正向加工，在远端调整出一小的平直刃。长 20.5、宽 8、厚 7.8 毫米，重 1.11 克（图 4 - 59，3；图版六五，3）。

标本 2005 Ⅰ④：1167，燧石，以石片为毛坯。近远端的右侧有阶梯状修疤，为正向二次加工，加工技术为软锤，以一小的厚石片为毛坯，在近远端的右侧正向加工，调整出一小的平直刃。长 21.9、宽 16.5、厚 9.4 毫米，重 1.74 克（图 4 - 59，4；图版六五，4）。

标本 2005 Ⅰ④：1094，石英岩，以石片为毛坯。远端有阶梯状修疤，为正向二次加工，加工技术为软锤，边缘较平直，以一有弧度的长石片为毛坯，在远端正向修整出一小的平直刃。长

24.9、宽10、厚6.1毫米，重1.6克（图4-59，5；图版六五，5）。

标本2005Ⅰ④：519，燧石，以石片为毛坯。远端有阶梯状修疤，为正向二次加工，加工技术为软锤，边缘平直，以一小石片为毛坯，在远端正向修整出一小的平直刃。长14.6、宽7.8、厚4.2毫米，重0.35克（图4-59，6；图版六五，7）。

标本2005Ⅰ④：505，燧石，以砾石为原料，石片为毛坯。远端有鱼鳞状修疤，为正向二次加工，加工技术为软锤，边缘平直，以一自然台面石片为毛坯，远端正向修整出一小的平直刃。长33.1、宽16、厚9毫米，重3.85克（图4-59，7；图版六五，6）。

标本2005Ⅰ④：436，燧石，以石片为毛坯。背面全体有条形修疤，为正向二次加工，加工技术为软锤，边缘弧形，以一长石片为毛坯，背面正向加工，在远端修整出一鸟喙状刃。长28.6、宽9.9、厚6.1毫米，重1.6克（图4-59，8；图版六五，8）。

标本2005Ⅰ④：202，燧石，以砾石为原料，石片为毛坯。远端有阶梯状修疤，为正向二次加工，加工技术为软锤，边缘平直，以一平面大体呈等腰三角形的厚石片为毛坯，在远端正向修整出一小的平直刃。长41、宽31.9、厚14.2毫米，重18.44克（图4-60，1；图版六六，1）。

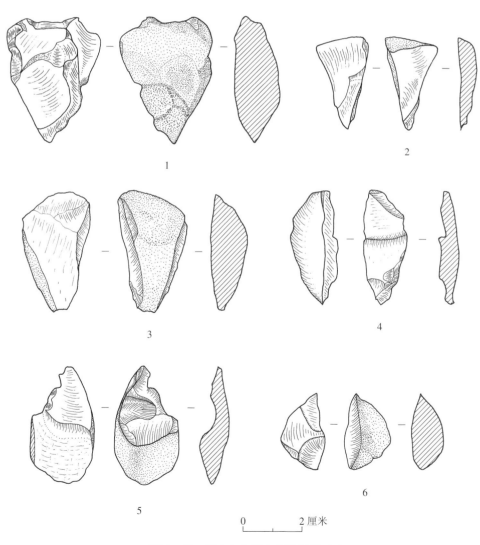

图4-60   第4文化层出土雕刻器（5）

1. 2005Ⅰ④：202   2. 2005Ⅰ④：179   3. 2005Ⅰ④：668   4. 2005Ⅰ④：237   5. 2005Ⅰ④：1025   6. 2005Ⅰ④：1023

标本 2005 I ④：179，石英岩，以砾石为原料，石片为毛坯。右侧近远端处有条形修疤，为正向二次加工，加工技术为软锤，边缘平直，以一台面宽 6.7 毫米的 I 3 类石片为毛坯，在近远端右侧正向修整去薄，调整出一小的平直刃。长 30.9、宽 17.5、厚 6.3 毫米，重 2.7 克（图 4 - 60，2；图版六六，2）。

标本 2005 I ④：668，石英岩，以砾石为原料，石片为毛坯。远端有不规则形片疤，为正向二次加工，边缘较平直，以一线形台面石片为毛坯，远端正向修整，调整出一小的平直刃。长 40、宽 25.5、厚 12.6 毫米，重 14.38 克（图 4 - 60，3；图版六六，4）。

标本 2005 I ④：237，石英岩，以石片为毛坯。右侧有鱼鳞状修疤，远端有阶梯状修疤，为正向二次加工，加工技术为软锤，边缘平直，以一线形台面石片为毛坯，左侧自然边缘平直，右侧调整平直，远端正向修整去薄调整出一平直刃。长 36.8、宽 15.1、厚 6.5 毫米，重 2.92 克（图 4 - 60，4；图版六六，3）。

标本 2005 I ④：1025，石英岩，以砾石为原料，石片为毛坯。背面中部至远端有阶梯状修疤，为正向二次加工，边缘为弧形，以一线形台面石片为毛坯，背面中部至远端正向修整去薄，远端左侧正向加工调整出一小的平直刃。长 38、宽 22.4、厚 7.5 毫米，重 5.66 克（图 4 - 60，5；图版六六，5）。

标本 2005 I ④：1023，燧石。以一砾石原料的石片为毛坯，近远端左右两侧交互加工修整平直，在远端调整出一小的平直刃（图 4 - 60，6；图版六六，6）。

标本 2005 I ④：119，石英岩，以砾石为原料，石片为毛坯。在近远端的两侧和远端正面有连续修整的阶梯状修疤，近远端两侧为反向、远端为正向，加工技术为软锤，边缘平直，以一心形的线形台面石片为毛坯，在近远端的两侧连续反向修整平直，在远端正向修整出一平直刃。长 40.5、宽 38.8、厚 6.2 毫米，重 10.37 克（图 4 - 61，1；图版六七，1）。

标本 2005 I ④：1027，石英岩，以砾石为原料，石片为毛坯。远端有阶梯状修疤，为正向二次加工，加工技术为软锤，边缘平直，以一石片为毛坯，远端正向修整，调整出一小的平直刃。长 30.2、宽 11.9、厚 5 毫米，重 1.82 克（图 4 - 61，2；图版六七，2）。

标本 2005 I ④：873，石英岩，以砾石为原料，石片为毛坯。近端有鱼鳞状片疤，远端有阶梯状片疤，近端为正向二次加工，远端为反向二次加工，加工技术为软锤。以一背面保留有部分石皮的石片为毛坯，近端正向加工去薄，远端反向加工调整出一小的平直刃。长 39.1、宽 21、厚 6.2 毫米，重 6.55 克（图 4 - 61，3；图版六七，3）。

标本 2005 I ④：866，以石片为毛坯，燧石。二次加工部位：近端和远端，二次加工方向：正向，近端有阶梯状修疤，远端有鱼鳞状修疤，加工技术为软锤，以一石片为毛坯，近端正向修整去薄，远端正向修整出一鸟喙状刃。长 27、宽 15.5、厚 6 毫米，重 2.35 克（图 4 - 61，4；图版六七，4）。

标本 2005 I ④：899，燧石，以石片为毛坯。远端有小修疤，为正向二次加工，加工技术为软锤，以一台面角 91°、台面宽 6 毫米的小石片为毛坯，在远端正向修整出一鸟喙状刃。长 14.5、宽 8.5、厚 6 毫米，重 0.55 克（图 4 - 61，5；图版六七，6）。

标本 2005 I ④：970，凝灰岩，以石片为毛坯。背面有条形修疤，为反向二次加工，加工技术为软锤，以一线形台面石片为毛坯，背面远端至近端纵向修整，在远端修整出一小的平直刃。长 31.8、宽 15.9、厚 4.1 毫米，重 1.27 克（图 4 - 61，6；图版六七，5）。

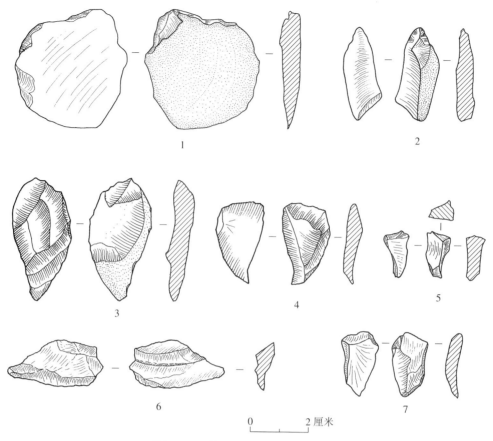

0 —————— 2 厘米

图 4-61　第 4 文化层出土雕刻器（6）

1. 2005Ⅰ④:119　2. 2005Ⅰ④:1027　3. 2005Ⅰ④:873　4. 2005Ⅰ④:866　5. 2005Ⅰ④:899　6. 2005Ⅰ④:970
7. 2005Ⅰ④:3

标本 2005Ⅰ④:3，燧石，以一Ⅱ3 类石片为毛坯。左右两侧至远端有条形修疤和鱼鳞状修疤，为正向二次加工，加工技术为软锤，边缘平直，以一台面宽 4 毫米、台面角 74°的石片为毛坯，左右两侧至远端正向修整出一小的平直刃。长 20、宽 12.1、厚 4 毫米，重 0.91 克（图 4-61，7）。

标本 2005Ⅰ④:963，燧石，以石片为毛坯。远端有阶梯状修疤，为正向二次加工，加工技术为软锤，以一有弧度的石片为毛坯，远端正向加工修整出一小的平直刃。长 28、宽 18.1、厚 7.3毫米，重 2.39 克（图 4-62，1；图版六八，1）。

标本 2005Ⅰ④:5707，石英岩。以近线形台面的石片为毛坯，两侧修整平直，在远端调整出一平直刃。长 26.4、宽 10.2、厚 8.8 毫米，重 1.58 克（图 4-62，2；图版六八，2）。

标本 2005Ⅰ④:7059，燧石。以背有一脊、近线形台面的石片为毛坯，两侧修整平直，远端横向加工，调整出一平直刃。长 26.5、宽 12.9、厚 4.2 毫米，重 1.12 克（图 4-62，3；图版六八，3）。

标本 2005Ⅰ④:77，燧石，以砾石为原料，石片为毛坯。近端有近方形的片疤，远端一侧有鱼鳞状修疤，为正向二次加工，加工技术为软锤，边缘为弧形，以一线形台面石片为毛坯，近端和背面正向修整使周边去薄，整体呈龟背状，远端正向修整出一尖突后横向打击出一平直刃。长24、宽 18.8、厚 8.9 毫米，重 2.97 克（图 4-62，4；图版六八，4）。

标本 2005Ⅰ④:8686，燧石。以背有一脊的长石片为毛坯，两侧修整平直，至远端调整出一平直刃。长 19.3、宽 9.1、厚 4.2 毫米，重 0.91 克（图 4-62，5；图版六八，5）。

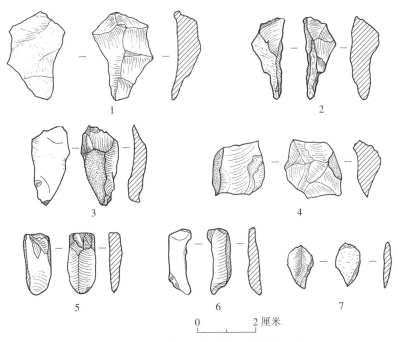

图 4 - 62　第 4 文化层出土雕刻器（7）

1. 2005 I ④ : 963　2. 2005 I ④ : 5707　3. 2005 I ④ : 7059　4. 2005 I ④ : 77　5. 2005 I ④ : 8686
6. 2005 I ④ : 8428　7. 2005 I ④ : 594

标本 2005 I ④ : 8428，燧石。以近线形台面的石片为毛坯，远端有阶梯状片疤，正向修整出一细长的鸟喙状突。长 20.9、宽 7.3、厚 3.1 毫米，重 0.38 克（图 4 - 62，6；图版六八，6）。

标本 2005 I ④ : 594，燧石，以石片为毛坯。左右两侧有条形修疤，为正向二次加工，加工技术为软锤，以一近线形台面的小石片为毛坯，左右两侧纵向修整，在远端调整出一小的平直刃。长 13、宽 8.5、厚 3.1 毫米，重 0.39 克（图 4 - 62，7；图版六八，7）。

标本 2005 I ④ : 142，角页岩，以石片为毛坯。远端有阶梯状修疤，为反向二次加工，以一台面宽 12 毫米、平面近三角形的石片为毛坯，远端反向修整出一小的平直刃。长 35.9、宽 36.4、厚 12.3 毫米，重 12.28 克（图 4 - 63，1；图版六九，1）。

标本 2006 I ④ : 3167，角页岩，以石片为毛坯。两侧及远端有条形和鱼鳞状修疤，为反向二次加工，加工技术为软锤，边缘平直，以一近线形台面、背有一脊、近端平直的石片为毛坯，两侧反向修整平直，远端反向修整出一凿状刃，表面布满钙质附着物。长 43.2、宽 25.1、厚 12.3 毫米，重 14.09 克（图 4 - 63，2；图版六九，2）。

标本 2006 I ④ : 8254，燧石，以石片为毛坯。远端有条形修疤，为正向二次加工，加工技术为软锤，边缘平直，以一线形台面、背有一脊、略有弧度的长石片为毛坯，远端正向修整出一小的平直刃。长 41.6、宽 13.1、厚 6.7 毫米，重 2.72 克（图 4 - 63，3；图版六九，3）。

标本 2006 I ④ : 4157，燧石，以一石片为毛坯，砾石为原料。远端有条形修疤，为反向二次加工，加工技术为软锤，以一平面大体成三角形的石片为毛坯，在尖端一侧横向修整出一近鸟喙状刃。长 21.7、宽 19.4、厚 13.4 毫米，重 6.71 克（图 4 - 63，4；图版六九，4）。

标本 2005 I ④ : 738，石英岩，以石片为毛坯。远端有条形和阶梯状修疤，为反向二次加工，加工技术为软锤，以一有弧度的长石片为毛坯，在远端反向加工，调整出一小的平直刃。长 25.8、

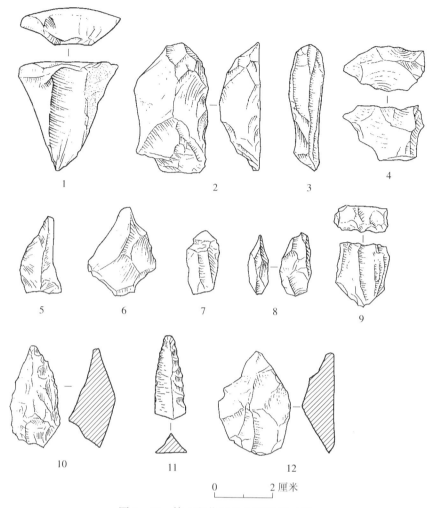

图4-63　第4文化层出土雕刻器（8）

1. 2005Ⅰ④：142　2. 2006Ⅰ④：3167　3. 2006Ⅰ④：8254　4. 2006Ⅰ④：4157　5. 2005Ⅰ④：738　6. 2006Ⅰ④：615
7. 2006Ⅰ④：1935　8. 2006Ⅰ④：2034　9. 2005Ⅰ④：281　10. 2006Ⅰ④：3771　11. 2006Ⅰ④：8251　12. 2005Ⅰ④：246

宽13.4、厚9.2毫米，重3.02克（图4-63，5；图版六九，5）。

标本2006Ⅰ④：615，硅质页岩，以石片为毛坯。背面有条形和鱼鳞状修疤，为反向二次加工，加工技术为软锤，以一背有一脊的厚石片为毛坯，近端方向修整去薄，远端调整出一小的平直刃。长30、宽23.2、厚12.9毫米，重5.6克（图4-63，6；图版六九，6）。

标本2006Ⅰ④：1935，石英岩，以一石片为毛坯。远端有条形和阶梯状修疤，为反向二次加工，加工技术为软锤，边缘平直，以一台面宽3.6毫米的长石片为毛坯，远端反向修整，调整出一鸟喙状刃。长20.2、宽11.5、厚6.4毫米，重1.76克（图4-63，7；图版六九，7）。

标本2006Ⅰ④：2034，燧石，以砾石为原料，以石片为毛坯。器身有条形和鱼鳞状修疤，为反向二次加工，加工技术为软锤，边缘较平直，以一长石片为毛坯，反向修整至左侧平直，在远端修整出一小的平直刃。长21、宽11、厚7.6毫米，重1.96克（图4-63，8；图版六九，8）。

标本2005Ⅰ④：281，燧石，以砾石为原料。远端有鱼鳞状修疤，为正向二次加工，加工技术为软锤，以一细石核残块为毛坯，远端正向加工，调整出一小的平直刃。长22.4、宽19.9、厚9.8毫米，重4.51克（图4-63，9；图版六九，9）。

标本 2006 I ④：3771，石英岩，以一石片为毛坯。背面有条形和鱼鳞状修疤，为正向二次加工，加工技术为软锤，边缘较平直，以一龟背状厚石片为毛坯，近端正向修整去薄，远端正向修整出一小的平直刃，表面有较多的钙质附着物。长 34、宽 17.8、厚 15 毫米，重 6.49 克（图4-63，10；图版六九，10）。

标本 2006 I ④：8251，燧石，以石片为毛坯。背面有鱼鳞状修疤，为反向二次加工，加工技术为软锤，以一背有一脊、略有弧度的长石片为毛坯，两侧至远端反向修整，两侧平直，至远端调整出一小的平直刃。长 26、宽 10.6、厚 5.8 毫米，重 1.7 克（图4-63，11；图版六九，11）。

标本 2005 I ④：246，硅质页岩，以砾石为原料，石片为毛坯。正面有条形和鱼鳞状修疤，为正向二次加工，加工技术为软锤，以一背面为砾石面的石片为毛坯，近端正向修整去薄，远端调整出一小的平直刃。长 33.7、宽 24.8、厚 10.5 毫米，重 7.6 克（图4-63，12；图版六九，12）。

标本 2005 I ④：21，燧石，以石片为毛坯。背面布满鱼鳞状和条形修疤，为正向二次加工，加工技术为软锤，以一略有弧度的长石片为毛坯，自近端开始，正向修整至远端，在远端修整出一小的平直刃。长 31.2、宽 9.1、厚 6.1 毫米，重 2.16 克（图4-64，1；图版七〇，1）。

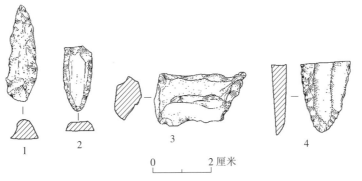

图4-64 第4文化层出土雕刻器（9）
1. 2005 I ④：21 2. 2006 I ④：296 3. 2006 I ④：432 4. 2006 I ④：650

标本 2006 I ④：296，燧石，以石片为毛坯。台面角 62°，器身周边布满不规则形状的修疤，为正向二次加工，加工技术为软锤，边缘平直，以一石片为毛坯，近端及两侧修整平直，从近远端处开始，两侧向内收敛，至远端形成一尖突，然后横向打击修整出类似凿子的平直刃。长 23、宽 9.2、厚 3.4 毫米，重 1.2 克（图4-64，2；图版七〇，2）。

标本 2006 I ④：432，燧石，以石片为毛坯。器身布满不规则形状的修疤，为正向二次加工，腹面亦有修疤，为反向二次加工，加工技术为软锤，边缘平直，以一近长方形的石片为毛坯，周边经修整，形态较为规整。器身右上角有一正向加工的凹缺，并经过较为仔细的修理形成一个鸟喙状的凸出，在这个凸处的顶端横向打击，修理出凿子形的刃口。长 32、宽 18、厚 11 毫米，重 5.7 克（图4-64，3；图版七〇，3）。

标本 2006 I ④：650，燧石，以石片为毛坯。二次加工部位：背面全体，二次加工方向：反向，背面正中有一条形修疤，周边连续分布有条形和鱼鳞状修疤，加工技术为软锤？以一石片为毛坯，背面纵向修整去薄，周边反向调整成型，平面大体呈三角形，近端平直，自近端向远端调整收分，在远端形成一小的平直刃，两侧平直。长 23.2、宽 16.7、厚 5.9 毫米，重 2.41 克（图4-64，4；图版七〇，4）。

5. 钻

共发现36件，多由较厚的石片或细石核改制而成，一般是在修整成型后于远端横向加工，修整出一小的尖突。

标本2005Ⅰ④：490，燧石，以石片为毛坯。背面布满条形修疤，为正向二次加工，加工技术为软锤，边缘平直，以一线形台面石片为毛坯，背面正向修整去薄，在远端调整出一尖突。长21.5、宽19.2、厚6毫米，重1.97克（图4-65，1；图版七一，1）。

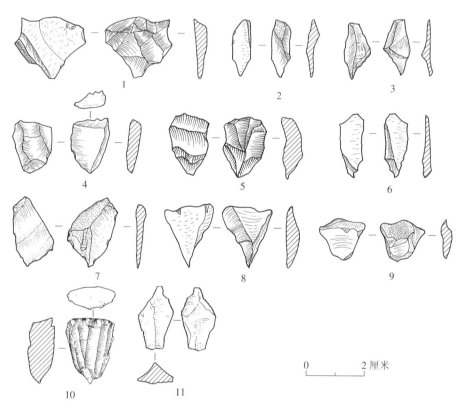

图4-65 第4文化层出土石钻（1）

1. 2005Ⅰ④：490 2. 2005Ⅰ④：1091 3. 2005Ⅰ④：1190 4. 2005Ⅰ④：1203 5. 2005Ⅰ④：779 6. 2005Ⅰ④：1229
7. 2005Ⅰ④：1185 8. 2005Ⅰ④：4148 9. 2005Ⅰ④：917 10. 2006Ⅰ④：7489 11. 2005Ⅰ④：122

标本2005Ⅰ④：1091，燧石，以石片为毛坯。背面有条形和阶梯状修疤，为正向二次加工，加工技术为软锤，以一小的长石片为毛坯，背面中部至远端正向修整去薄，远端左右两侧正向修整出一尖突。长18.6、宽6.9、厚5.1毫米，重0.52克（图4-65，2；图版七一，2）。

标本2005Ⅰ④：1190，石英岩，以石片为毛坯。远端有阶梯状修疤，为正向二次加工，加工技术为软锤，以一小石片为毛坯，远端正向修整，调整出一尖突。长16.9、宽9.1、厚4.1毫米，重0.43克（图4-65，3；图版七一，3）。

标本2005Ⅰ④：1203，石英岩，以石片为毛坯。二次加工部位：近端；二次加工方向：正向。近端两侧有鱼鳞状修疤，加工技术为软锤，以一小石片为毛坯，在近端正向加工，调整出一小尖突。长17.5、宽12.9、厚5.8毫米，重1.12克（图4-65，4；图版七一，4）。

标本2005Ⅰ④：779，燧石，以石片为毛坯。背面全体至远端背面有条形和鱼鳞状修疤，为正向二次加工，加工技术为软锤，以一小石片为毛坯，背面全体正向修整，在远端调整出一尖突。长 20、宽 13.9、厚 6.8 毫米，重 1.46 克（图 4-65，5；图版七一，5）。

标本 2005 I ④：1229，燧石，以石片为毛坯。远端有阶梯状修疤，为正向二次加工，加工技术为软锤，边缘平直，以一线形台面石片为毛坯，远端正向调整出一小尖突。长 20、宽 7.2、厚 2.9 毫米，重 0.41 克（图 4-65，6；图版七一，6）。

标本 2005 I ④：1185，石英岩，原料为砾石，以石片为毛坯。左右两侧至远端有连续分布的修疤，为正向二次加工，加工技术为软锤，以一自然台面石片为毛坯，左右两侧至远端正向修整，在远端调整出一小尖突。长 22.9、宽 14.2、厚 6.9 毫米，重 1.6 克（图 4-65，7；图版七一，7）。

标本 2005 I ④：4148，燧石，以石片为毛坯。左右两侧有横向平行分布的片疤，为正向二次加工，加工技术为软锤，边缘平直，以一线形台面石片为毛坯，左右两侧正向修整出一突出的尖棱，平面大体呈等腰三角形。长 15.5、宽 20.1、厚 3.5 毫米，重 0.71 克（图 4-65，8；图版七一，8）。

标本 2005 I ④：917，燧石，以石片为毛坯。剥离面布满鱼鳞状和阶梯状修疤，为反向二次加工，远端左右两侧有条形修疤，为正向二次加工，加工技术为软锤，以一小石片为毛坯，剥离面反向修整去薄，近远端左右两侧正向加工，在远端中部调整出一尖突。长 15.6、宽 12.1、厚 4 毫米，重 0.66 克（图 4-65，9；图版七一，9）。

标本 2006 I ④：7489，燧石，以细石核为毛坯。远端有连续分布的鳞状修疤，为正向二次加工，加工技术为软锤，以一台面角 81°的半锥形细石核为毛坯，在远端正向修整出一尖突。长 23、宽 17、厚 8 毫米，重 3.8 克（图 4-65，10；图版七一，11）。

标本 2005 I ④：122，燧石，以石片为毛坯。远端有条形和阶梯状修疤，为正向二次加工，加工技术为软锤，以一小石片为毛坯，远端正向修整，调整出一锥状尖突。长 20.7、宽 12.3、厚 6.9 毫米，重 1.31 克（图 4-65，11；图版七一，10）。

标本 2005 I ④：627，石英岩，以石片为毛坯。远端有条形和鱼鳞状修疤，为反向二次加工，加工技术为软锤，以一台面宽 10.5 毫米的宽石片为毛坯，在远端反向修整，于远端中部调整出一尖突。长 22.1、宽 28.5、厚 10.5 毫米，重 3.71 克（图 4-66，1；图版七二，1）。

标本 2005 I ④：737，石英岩，以石片为毛坯。远端有阶梯状修疤，为正向二次加工，加工技术为软锤，边缘平直，以一台面宽 6.9 毫米的长石片为毛坯，在远端正向加工调整出一三棱状的小尖突。长 24.4、宽 13.2、厚 7.1 毫米，重 1.69 克（图 4-66，2；图版七二，2）。

标本 2005 I ④：845，石英岩，以石片为毛坯。远端左侧有修疤，为反向二次加工，加工技术为软锤，以一台面宽 7 毫米的石片为毛坯，远端反向加工，调整出一近三棱状的小尖突。长 25.2、宽 19.8、厚 7 毫米，重 2.37 克（图 4-66，3；图版七二，3）。

标本 2005 I ④：702，凝灰岩，以石片为毛坯。背面至远端有条形和鱼鳞状修疤，为正向二次加工，加工技术为软锤，以一台面宽 5.2 毫米的石片为毛坯，背面正向修整去薄，在远端中部调整出一小的尖突。长 24、宽 21、厚 5.9 毫米，重 2.51 克（图 4-66，4；图版七二，4）。

标本 2005 I ④：672，燧石，以石片为毛坯。远端有阶梯状修疤，为正向二次加工，加工技术为软锤，边缘呈圆弧形，以一台面宽 2.8 毫米、平面形状近桂叶形的小石片为毛坯，在远端正向修整出一尖突。长 16.4、宽 11.5、厚 3 毫米，重 0.48 克（图 4-66，5；图版七二，5）。

标本 2005 I ④：768，燧石，以石片为毛坯。远端有条形和阶梯状修疤，为正向二次加工，加

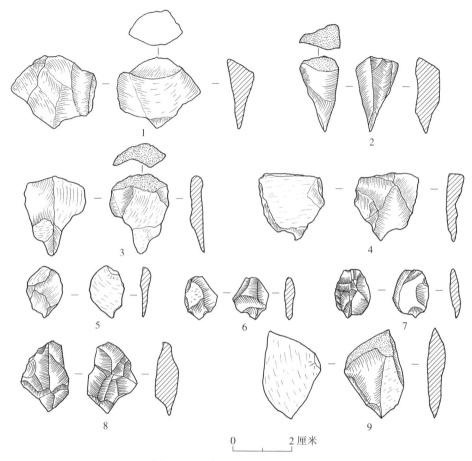

0 |___|___| 2 厘米

图4-66 第4文化层出土石钻（2）

1. 2005 I ④：627   2. 2005 I ④：737   3. 2005 I ④：845   4. 2005 I ④：702   5. 2005 I ④：672   6. 2005 I ④：768
7. 2005 I ④：783   8. 2005 I ④：821   9. 2005 I ④：696

工技术为软锤，以一台面宽2.4毫米的小石片为毛坯，在远端正向修整出一小的尖突。长12.2、宽11.2、厚3.3毫米，重0.44克（图4-66，6；图版七二，6）。

标本2005 I ④：783，燧石，以石片为毛坯。远端有鱼鳞状修疤，为正向二次加工，加工技术为软锤，以一线形台面的小石片为毛坯，远端正向加工，在远端中部调整出一小尖突。长16.2、宽11.4、厚2.7毫米，重0.45克（图4-66，7；图版七二，7）。

标本2005 I ④：821，石英岩，以石片为毛坯。远端有阶梯状片疤，为正向二次加工，加工技术为软锤，以一线形台面呈龟背状的石片为毛坯，在远端正向加工，于远端中部调整出一尖突。长23.1、宽16.5、厚6.1毫米，重1.91克（图4-66，8；图版七二，8）。

标本2005 I ④：696，燧石，原料为砾石，以石片为毛坯。背面至远端有条形和鱼鳞状修疤，为正向二次加工，加工技术为软锤，以一台面宽4.8毫米的石片为毛坯，背面正向修整去薄，在远端调整出一小的尖突。长28.7、宽20.6、厚5.6毫米，重2.69克（图4-66，9；图版七二，9）。

标本2005 I ④：1120，燧石。以一断块为毛坯，远端正向修整出一尖突。长48、宽19、厚9毫米，重5.41克（图4-67，1；图版七三，1）。

标本2005 I ④：996，燧石，以石片为毛坯。远端有阶梯状修疤，为正向二次加工，加工技术为软锤，以一线形台面的石片为毛坯，在远端正向加工调整出一小的尖突。长15.9、宽13、厚

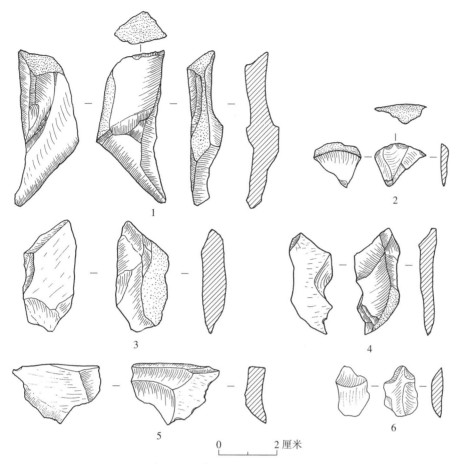

图4-67　第4文化层出土石钻（3）

1. 2005 I ④：1120　2. 2005 I ④：996　3. 2005 I ④：946　4. 2005 I ④：1237　5. 2005 I ④：987
6. 2005 I ④：1002

5.1毫米，重0.77克（图4-67，2；图版七三，4）。

标本2005 I ④：946，凝灰岩，原料为砾石，以石片为毛坯。远端有阶梯状修疤，为正向二次加工，加工技术为软锤，以一石片为毛坯，在远端正向加工，于远端中部调整出一小尖突。长35.7、宽16.8、厚7毫米，重4.41克（图4-67，3；图版七三，2）。

标本2005 I ④：1237，石英岩，原料为砾石，以石片为毛坯。器身中部有条形修疤，远端有阶梯状修疤，为正向二次加工，以一长石片为毛坯，器身中部正向修整去薄，远端正向修整，调整出一小尖突。长35.5、宽15.7、厚8.4毫米，重3.49克（图4-67，4；图版七三，3）。

标本2005 I ④：987，石英岩，以石片为毛坯。近端右侧和远端边缘有不规则的小修疤，为正向二次加工，加工技术为软锤，以一石片为毛坯，在近端右侧和远端正向加工调整出一尖突。长29.6、宽19.8、厚5.9毫米，重3.34克（图4-67，5；图版七三，5）。

标本2005 I ④：1002，石英岩，原料为砾石，以石片为毛坯。远端有阶梯状修疤，为正向二次加工，加工技术为软锤，以一线形台面石片为毛坯，在远端正向加工调整出一尖突。长16.1、宽9.7、厚3.5毫米，重0.48克（图4-67，6；图版七三，6）。

标本2005 I ④：803，石英岩，原料为砾石，以石片为毛坯。远端左侧有阶梯状修疤，为正向二次加工，加工技术为软锤，边缘呈弧形，以一线形台面、平面近桂叶形的石片为毛坯，在远端

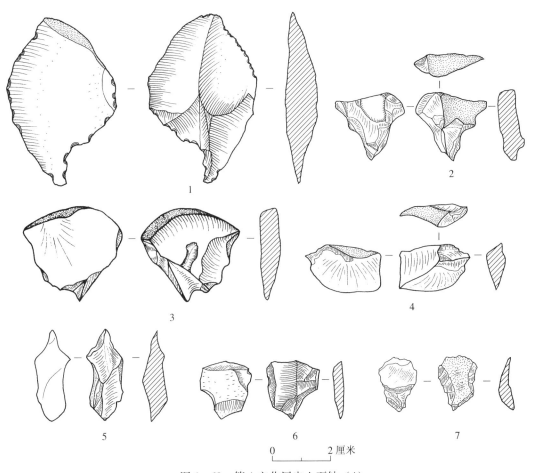

图4-68　第4文化层出土石钻（4）

1. 2005 Ⅰ④:803　2. 2005 Ⅰ④:313　3. 2005 Ⅰ④:4　4. 2005 Ⅰ④:291　5. 2005 Ⅰ④:227　6. 2005 Ⅰ④:470

7. 2005 Ⅰ④:613

正向加工调整出一尖突。长55.9、宽36.9、厚10毫米，重15.77克（图4-68，1；图版七四，1）。

标本2005 Ⅰ④:313，燧石，以砾石为原料，石片为毛坯。剥离面有鱼鳞状修疤，远端有阶梯状修疤，为反向二次加工，加工技术为软锤，边缘平直，以一平面近三角形的石片为毛坯，背面为砾石面，较平坦，剥离面反向修整去薄，远端反向修整出一三棱状尖突。长22.8、宽24、厚7.9毫米，重3.28克（图4-68，2；图版七四，2）。

标本2005 Ⅰ④:4，石英岩，原料为砾石，以石片为毛坯。远端有条形修疤，为正向二次加工，加工技术为软锤，边缘平直，平面大体呈心形，以一近台面宽8.1毫米、台面角96°的Ⅰ3类石片为毛坯，在远端正向修整出一小的圆柱状尖突。长33.5、宽29、厚8.4毫米，重6.39克（图4-68，3；图版七四，3）。

标本2005 Ⅰ④:291，石英岩，原料为砾石，以石片为毛坯。远端有阶梯状和鱼鳞状修疤，为正向二次加工，加工技术为软锤，边缘弧形，以一线形台面石片为毛坯，在远端正向修整出一尖突。长26、宽16.1、厚7.1毫米，重2.76克（图4-68，4；图版七四，4）。

标本2005 Ⅰ④:227，燧石，以石片为毛坯。近、远端的中腹部及左右两侧有修疤，为正向二次加工，加工技术为软锤，边缘平直，以一线形台面石片为毛坯，在近远端的中腹部正向修整去薄，左右两侧正向调整出一尖突。长30、宽13.1、厚8.4毫米，重1.94克（图4-68，5；图版七四，5）。

标本 2005 I ④：470，燧石，以石片为毛坯。远端左右两侧有条形修疤，为正向二次加工，加工技术为软锤，边缘平直，以一石片为毛坯，左右两侧正向调整出一小尖突。长 18、宽 17.4、厚 4.5 毫米，重 1.34 克（图 4 - 68，6；图版七四，6）。

标本 2005 I ④：613，燧石，原料为砾石，以石片为毛坯。近端的左右两侧有阶梯状修疤，为正向二次加工，加工技术为软锤，边缘平直，以一线形台面石片为毛坯，近端左右两侧正向修整，调整出一三棱状的小尖突。长 17.2、宽 12.1、厚 5 毫米，重 1.03 克（图 4 - 68，7；图版七四，7）。

6. 锯

仅发现 1 件，以长方形石片为毛坯，在一侧以软锤正向加工，修整出呈锯齿状连续均匀分布的鳞状。

标本 2006 I ④：732，硅质页岩，平面大体呈三角形。以一长方形石片为毛坯，一侧修整平直，另一侧近近端部修整平直，并向远端延伸修整为斜直刃，正向加工，修整出连续均匀排列的 4 个锯齿，其两侧有长条形修疤，左侧有鳞状修疤，呈锯齿状。高 44、宽 23、厚 4 毫米，重 2.64 克（图 4 - 69；图版七五）。

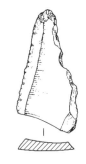

0　　　　2 厘米

图 4 - 69　第 4 文化层出土石锯
（2006 I ④：732）

四　细石核

共发现 81 件，主要类型有锥状石核、半锥状石核和柱状石核等几种，楔形石核和船底形石核也有发现。

标本 2005 I ④：856，燧石，以石片为毛坯，楔形。台面角 85°，台面周边有阶梯状修疤，为横向加工调整，台面大体呈 D 形，台面径 1.91 毫米×1.26 毫米，一侧有 3 条细石叶剥片疤。高 19.8、宽 14、厚 3.9 毫米，重 3.58 克（图 4 - 70，1；图版七六，1）。

标本 2005 I ④：1123，燧石，以石片为毛坯，半锥形。台面角 78°，台面周边有阶梯状片疤，为横向加工调整，台面大体呈 D 形，台面径 14.1 毫米×8.8 毫米，圆弧形的台面一侧有 4 条细石叶剥片疤。高 20.8、宽 14.1、厚 8.8 毫米，重 2.33 克（图 4 - 70，2；图版七六，2）。

标本 2005 I ④：1017，燧石，以石片为毛坯，船底形。台面角 62°，台面上有阶梯状修疤，为横向加工调整，台面大体呈椭圆形，台面径 27.3 毫米×16.4 毫米，台面有修整，一侧有细石叶剥片疤。高 27.2、宽 17.1、厚 16 毫米，重 7.23 克（图 4 - 70，3；图版七六，3）。

标本 2005 I ④：1005，燧石，原料为砾石，楔形。台面角 74°，台面周边有阶梯状修疤，为横向二次加工，加工技术为软锤，台面大体呈长方形，台面径 17.3 毫米×11.8 毫米，台面周边有修整，保留有部分石皮，一侧有 2 条细石叶剥片疤。高 21.2、宽 18.9、厚 11.5 毫米，重 3.48 克（图 4 - 70，4；图版七六，4）。

标本 2005 I ④：266，石英岩，以石片为毛坯。台面角 87°，以一薄石片为毛坯，在左侧进行细石叶剥片作业。高 30、宽 19.9、厚 5.5 毫米，重 3.25 克（图 4 - 70，5；图版七六，5）。

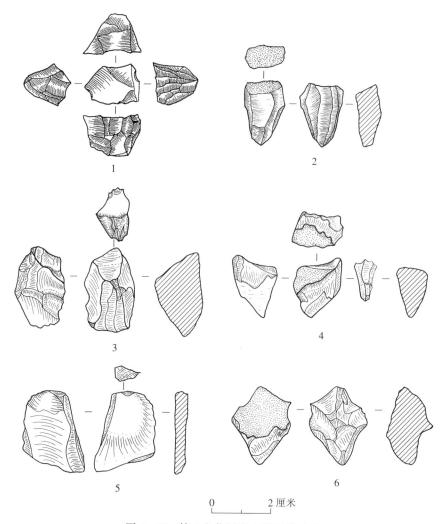

图 4 - 70   第 4 文化层出土细石核（1）
1. 2005Ⅰ④：856   2. 2005Ⅰ④：1123   3. 2005Ⅰ④：1017   4. 2005Ⅰ④：1005   5. 2005Ⅰ④：266   6. 2005Ⅰ④：11

标本 2005Ⅰ④：11，燧石，原料为砾石，楔形。台面角 67°，核身左右两侧有条形修疤，为正向二次加工，加工技术为软锤，核身左右两侧正向调整至近楔形，在一侧进行细石叶剥片作业。高 25.5、宽 19.1、厚 13.7 毫米，重 5.2 克（图 4 - 70，6；图版七六，6）。

标本 2005Ⅰ④：990，燧石，原料为砾石，楔形。台面角 84°，台面有阶梯状修疤，为横向二次加工，台面大体呈椭圆形，台面径 22.7 毫米 ×8.2 毫米，台面周边有调整，一侧有一条完整的细石叶剥片疤。高 34、宽 25.4、厚 11.3 毫米，重 13.08 克（图 4 - 71，1；图版七七，1）。

标本 2005Ⅰ④：87，燧石，原料为砾石，楔形。台面角 42°，核身两侧有不规则形片疤，为纵向二次加工，有一背脊，断面呈三角形，作业面有 3 条细石叶剥离疤，其余两面有不规则形片疤，台面自作业面严重倾斜。高 27.5、宽 17.8、厚 11.9 毫米，重 5.56 克（图 4 - 71，2；图版七七，2）。

标本 2005Ⅰ④：184，燧石，原料为砾石，楔形。台面角 105°，台面周边有阶梯状修疤，为横向二次加工调整，加工技术为软锤，台面大体呈椭圆形，台面径 16.3 毫米 ×12.7 毫米，以一小河卵石为毛坯，两面调整去薄，在一侧进行细石叶剥片，剥片处有阶梯状台面调整疤痕。高 28、宽

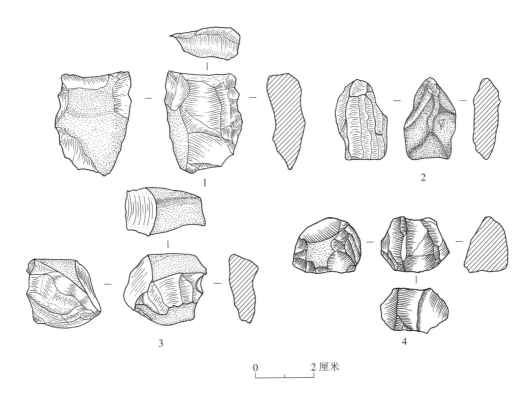

图4-71 第4文化层出土细石核（2）
1. 2005 I ④：990 2. 2005 I ④：87 3. 2005 I ④：184 4. 2005 I ④：818

25、厚15.8毫米，重9.87克（图4-71，3；图版七七，3）。

标本2005 I ④：818，燧石，楔形。台面角87°，台面有阶梯状片疤，台面大体呈椭圆形，台面径18.2毫米×13.7毫米，台面一侧有阶梯状片疤。高23.5、宽19、厚14毫米，重7.35克（图4-71，4；图版七七，4）。

标本2006 I ④：6279，硬质凝灰岩，原料为砾石。台面角75°，质地不好，均为自然台面。高51.4、宽44.5、厚29毫米，重70.81克（图4-72；图版七八）。

标本2005 I ④：22，燧石，船底形。台面角68°，台面有阶梯状修疤，为横向二次加工调整，台面大体呈长方形，台面径24.8毫米×11.2毫米，台面有修整，左右两侧剥片，有细长的细石叶剥片疤，正反两面有不规则形片疤。高12.7、宽24.8、厚11.2毫米，重3.26克（图4-73，1；图版七九，1）。

标本2005 I ④：183，燧石，楔形。台面角88°，台面有阶梯状修疤，为横向二次加工，台面大体呈椭圆形，台面径18.7毫米×16.5毫米，台面有修整，周身剥片，在底部形成一楔状缘。高17.2、宽18.7、厚16.5毫米，重6.58克（图4-73，2；图版七九，2）。

标本2005 I ④：52，燧石，原料为砾石，锥形。台面角72°，自然台面，形状不规则，台面径17.7毫米×16毫米，周身剥片，有细长的细石叶剥片疤。高10.8、宽17.7、厚16毫米，重2.54克（图4-73，3；图版七九，3）。

标本2005 I ④：139，燧石，原料为砾石，柱形。自然台面，周身剥片，有细长的细石叶剥片疤，使用殆尽的柱形细石核。高16.3、宽17.4、厚10.9毫米，重3.79克（图4-73，4；图版七九，4）。

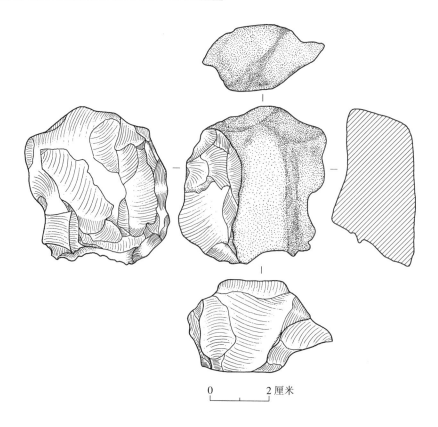

0　　　　　2厘米

图 4 - 72　第 4 文化层出土细石核（3）（2006 Ⅰ ④：6279）

标本 2005 Ⅰ ④：222，燧石，楔形。台面角 78°，台面周边有阶梯状修疤，为横向二次加工，加工技术为软锤，台面大体呈 D 形，台面径 16.3 毫米×11.4 毫米，一侧剥片，底部形成一楔状缘。高 18.5、宽 16.3、厚 11.4 毫米，重 3.41 克（图 4 - 73，5；图版七九，5）。

标本 2005 Ⅰ ④：27，燧石，锥形。台面角 104°，台面有阶梯状修疤，为横向二次加工调整，加工技术为软锤，台面大体呈椭圆形，台面径 13 毫米×11 毫米，台面有修整，周身剥片，有细长的细石叶剥片疤。高 12.9、宽 13、厚 11 毫米，重 2.28 克（图 4 - 73，6；图版七九，6）。

标本 2005 Ⅰ ④：155，玉髓，原料为砾石，锥形。台面角 78°，台面周边有阶梯状修疤，为横向二次加工调整，加工技术为软锤，台面大体成椭圆形，台面径 18.7 毫米×11.6 毫米，台面周边有修整，周身剥片，有细长的细石叶剥片疤。高 10.6、宽 18.7、厚 11.6 毫米，重 2.32 克（图 4 - 73，7；图版七九，7）。

标本 2005 Ⅰ ④：162，燧石，原料为砾石，船底形。台面角 68°，二台面周边有阶梯状片疤，为横向二次加工调整，加工技术为软锤，自然台面，平面大体呈 D 形，台面径 25.6 毫米×11.7 毫米，台面周边有修整，左侧剥片，有细长的细石叶剥片疤，正反两面有不规则形片疤。高 9.9、宽 25.6、厚 11.7 毫米，重 3.4 克（图 4 - 73，8；图版七九，8）。

标本 2005 Ⅰ ④：29，燧石，锥形。台面角 82°，台面周边有阶梯状修疤，为横向二次加工调整，加工技术为软锤，台面大体呈椭圆形，台面径 16.8 毫米×12.4 毫米，台面有修整，向背面倾斜，周身剥片。高 20.2、宽 16.8、厚 12.4 毫米，重 4.82 克（图 4 - 73，9；图版七九，9）。

标本 2005 Ⅰ ④：257，燧石，原料为砾石，楔形。台面角 72°，台面有阶梯状修疤，为横向

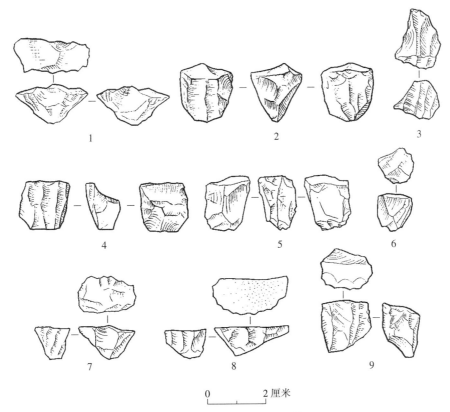

0 ———— 2 厘米

图4-73　第4文化层出土细石核（4）

1. 2005 I ④：22　2. 2005 I ④：183　3. 2005 I ④：52　4. 2005 I ④：139　5. 2005 I ④：222
6. 2005 I ④：27　7. 2005 I ④：155　8. 2005 I ④：162　9. 2005 I ④：29

二次加工调整，核身两侧有条形和不规则形修疤，为纵向二次加工调整，加工技术为软锤，台面大体呈椭圆形，台面径30.5毫米×19.6毫米，台面略为内凹，有修整，核身两侧纵向修整，调整出一楔状缘，在相对一侧进行细石叶剥片作业。高28.2、宽30.5、厚19.6毫米，重16.9克（图4-74，1；图版八〇，1）。

标本2005 I ④：453，燧石，船底形。台面角74°，台面周边有阶梯状修疤，为横向二次加工调整，加工技术为软锤，台面大体呈椭圆形，台面径26毫米×15.2毫米，台面周边有横向修整而形成的鳞状修疤，核身周边有细长的剥片疤。高16.8、宽26、厚16毫米，重8.87克（图4-74，2；图版八〇，2）。

标本2006 I ④：2516，燧石，楔形。台面角86°，台面有阶梯状修疤，为横向二次加工调整，核身两侧有条形修疤，为纵向二次加工调整，台面大体呈三角形，台面径19.7毫米×13.3毫米，台面有修整，核身两侧纵向修整，形成一楔状缘，一侧剥片，有细长的细石叶剥片疤。高15.2、宽19.7、厚13.3毫米，重3.59克（图4-74，3；图版八〇，3）。

标本2006 I ④：2204，燧石，船底形。台面角82°，台面周边有阶梯状修疤，为横向二次加工调整，加工技术为软锤，台面大体呈菱角形，台面径33.2毫米×14.5毫米，台面周边有修整，中部略为内凹，正、反两面纵向剥片。高21.7、宽32.2、厚15.1毫米，重11.33克（图4-74，4；图版八〇，4）。

标本2005 I ④：1222，燧石，楔形。台面角86°，台面周边有阶梯状修疤，为横向二次加工调

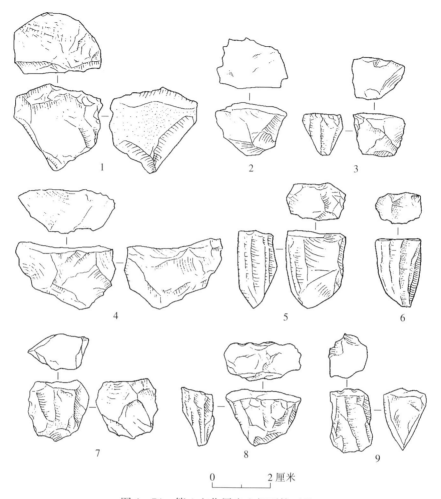

图 4 - 74 第 4 文化层出土细石核（5）

1. 2005 I ④：257　2. 2005 I ④：453　3. 2006 I ④：2516　4. 2006 I ④：2204　5. 2005 I ④：1222　6. 2005 I ④：396　7. 2005 I ④：5980　8. 2005 I ④：3778　9. 2005 I ④：7278

整，核身两侧有条形和鱼鳞状修疤，为纵向二次加工调整，加工技术为软锤，台面大体呈椭圆形，台面径 20.6 毫米×12 毫米，核身两侧横向修整，在一侧调整出楔形缘，另一侧纵向剥片，有细长的细石叶剥片疤，台面周边有修整。高 25.6、宽 20.5、厚 14.4 毫米，重 10.04 克（图 4 - 74，5；图版八〇，5）。

标本 2005 I ④：396，玉髓，半锥形。台面角 79°，台面周边有阶梯状修疤，为横向二次加工调整，加工技术为软锤，台面大体呈椭圆形，台面径 15.6 毫米×10.1 毫米，台面周边有修整，背面修整较平坦，正面及两侧剥片，有细长的细石叶剥片疤。高 22.8、宽 15.6、厚 10.1 毫米，重 3.84 克（图 4 - 74，6；图版八〇，6）。

标本 2005 I ④：5980，燧石，楔形。台面角 82°，台面周边有阶梯状片疤，为横向二次加工调整，台面大体呈椭圆形，台面径 17.6 毫米×11 毫米，台面有修整，正反两面剥片，底部形成一楔状缘。高 19.1、宽 21.3、厚 12 毫米，重 4.43 克（图 4 - 74，7；图版八〇，7）。

标本 2005 I ④：3778，燧石，楔形。台面角 74°，台面有阶梯状修疤，核身两侧有条形和鱼鳞状修疤，为横向二次加工，加工技术为软锤，台面大体呈长方形，26 毫米×10 毫米，台面有修整，核身两侧横向修整去薄，一侧剥片，有细长的细石叶剥片疤。高 17、宽 26、厚 10 毫米，重

5.1克（图4-74，8；图版八〇，8）。

标本2005 I ④：7278，燧石，楔形。台面角82°，台面周边有阶梯状修疤，为横向二次加工调整，背面有片疤，为纵向二次加工，台面大体呈椭圆形，台面径14.6毫米×11.3毫米，台面周边有修整，背面纵向修整，在底部形成一楔状缘，正面纵向剥片，有细长的细石叶剥片疤。高19.7、宽14.6、厚11.3毫米，重4.86克（图4-74，9；图版八〇，9）。

标本2005 I ④：1221，燧石，楔形。台面角88°，台面周边有阶梯状修疤，为横向二次加工调整，核身一侧有条形修疤，为纵向二次加工，加工技术为软锤，台面大体呈椭圆形，台面径17.4毫米×15毫米，台面倾斜，核身一侧纵向修整，在底部调整出楔形缘，另一侧纵向剥片，有细长的细石叶剥片疤，台面周边有修整。高21.5、宽16.9、厚15.5毫米，重6.44克（图4-75，1；图版八一，1）。

标本2005 I ④：528，石英岩，原料为砾石，锥形。台面角86°、64°，台面周边有阶梯状修疤，为横向二次加工调整，加工技术为软锤，核身平面呈三角形，左右两侧有细长的细石叶剥片疤，台面为长方形，台面径23.6毫米×6.4毫米，台面有修整。高21.7、宽23.6、厚6.4毫米，重4.21克（图4-75，2；图版八一，2）。

标本2005 I ④：539，燧石，楔形。台面角78°，台面周边有阶梯状修疤，为横向二次加工调

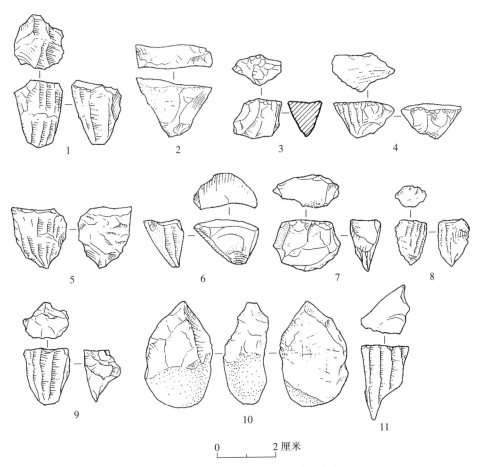

图4-75 第4文化层出土细石核（6）

1. 2005 I ④：1221 2. 2005 I ④：528 3. 2005 I ④：539 4. 2005 I ④：548 5. 2005 I ④：697 6. 2005 I ④：746 7. 2005 I ④：527 8. 2006 I ④：2124 9. 2006 I ④：200 10. 2006 I ④：2136 11. 2006 I ④：7232

整，加工技术为软锤，台面大体呈 D 形，台面径 12.5 毫米 × 9 毫米，正面剥片，有细长的细石叶剥片疤，底部形成一楔状缘。高 13.2、宽 15.4、厚 9.7 毫米，重 1.83 克（图 4 - 75，3；图版八一，3）。

标本 2005 I④∶548，燧石，原料为砾石，船底形。台面角 68°，自然台面，形状不规则，台面径 22.9 毫米 × 12.6 毫米，正反两面有不规则形片疤，左侧剥片，有细长的细石叶剥片疤。高 12.1、宽 22.9、厚 12.6 毫米，重 3.01 克（图 4 - 75，4；图版八一，4）。

标本 2005 I④∶697，燧石，半锥形。台面角 84°，台面周边有阶梯状修疤，为横向二次加工调整，加工技术为软锤，台面大体呈长方形，台面径 18.2 毫米 × 7.8 毫米，台面有修整，向背面倾斜，背面有不规则形片疤，正面剥片，有细长的细石叶剥片疤。高 20.7、宽 19.8、厚 9.7 毫米，重 3.74 克（图 4 - 75，5；图版八一，5）。

标本 2005 I④∶746，石英岩，原料为砾石，锥形。台面角 72°，台面大体呈弯月形，背面为砾石面，左侧剥片，有细长的细石叶剥片疤，细石核残块。高 17.9、宽 22.3、厚 10.2 毫米，重 3.42 克（图 4 - 75，6；图版八一，6）。

标本 2005 I④∶527，燧石，楔形。台面角 108°，台面周边有阶梯状修疤，为横向二次加工调整，加工技术为软锤，台面大体呈椭圆形，台面径 16.3 毫米 × 11 毫米，台面有修整，正反两面有不规则形片疤，左侧剥片，似兰越技法。高 16.7、宽 23.1、厚 11 毫米，重 3.93 克（图 4 - 75，7；图版八一，7）。

标本 2006 I④∶2124，燧石，锥形。台面角 94°，台面周边有阶梯状修疤，为横向二次加工调整，加工技术为软锤，台面大体呈椭圆形，台面径 11.4 毫米 × 6.5 毫米，台面有修整，周身剥片。高 14.3、宽 11.4、厚 6.5 毫米，重 1.33 克（图 4 - 75，8；图版八一，8）。

标本 2006 I④∶200，燧石，楔形。台面角 88°，台面周边有阶梯状修疤，为横向二次加工调整，加工技术为软锤，台面大体呈椭圆形，台面径 25.6 毫米 × 8.7 毫米，台面周边有修整，正面剥片，有细长的细石叶剥片疤，背面为不规则片疤，在底部形成一楔状缘。高 18.6、宽 15、厚 13.2 毫米，重 3.84 克（图 4 - 75，9；图版八一，9）。

标本 2006 I④∶2136，燧石，原料为砾石，楔形。台面角 81°，台面有阶梯状修疤，核身两侧有鱼鳞状和条形修疤，为横向二次加工调整，加工技术为软锤，以一扁平的河卵石为毛坯，修整出甲板形台面，核身两侧纵向修整去薄，在一端剥片，有细长的细石叶剥片疤。高 22.4、宽 35.6、厚 15.6 毫米，重 11.7 克（图 4 - 75，10；图版八一，10）。

标本 2006 I④∶7232，燧石，原料为砾石，楔形。台面角 86°，台面周边有阶梯状修疤，为横向二次加工调整，台面大体呈三角形，18.2 毫米 × 11.7 毫米，台面周边有修整，一侧保留有石皮，另一侧剥片，有细长的细石叶剥片疤，在底部形成一楔状缘。高 23.7、宽 18.2、厚 11.7 毫米，重 6.56 克（图 4 - 75，11；图版八一，11）。

标本 2006 I④∶6546，燧石，楔形。台面角 81°，台面周边有阶梯状修疤，为横向二次加工调整，核身两侧有条形和鱼鳞状修疤，为纵向二次加工调整，加工技术为软锤，台面大体呈椭圆形，台面径 25.6 毫米 × 15.6 毫米，正反两面纵向调整去薄，在下部形成一楔形缘，在一侧进行细石叶剥片，剥片处有阶梯状台面调整疤痕。高 20.1、宽 26.9、厚 16 毫米，重 8.31 克（图 4 - 76，1；图版八二，1）。

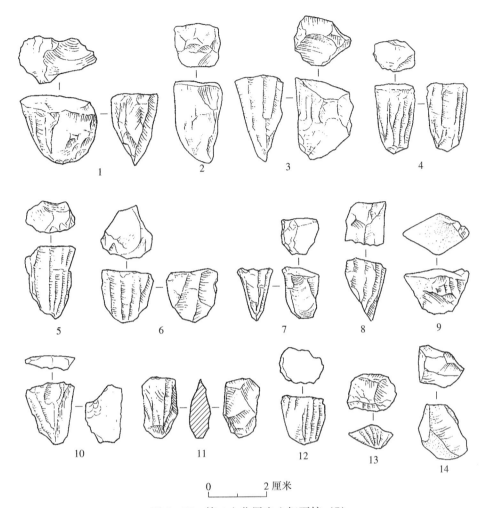

图 4 - 76　第 4 文化层出土细石核（7）

1. 2006 I ④：6546　2. 2006 I ④：3940　3. 2006 I ④：8710　4. 2006 I ④：7896　5. 2006 I ④：8183
6. 2006 I ④：7540　7. 2006 I ④：3292　8. 2006 I ④：4441　9. 2006 I ④：4163　10. 2006 I ④：2234
11. 2006 I ④：2820　12. 2006 I ④：2332　13. 2006 I ④：3448　14. 2006 I ④：3289

标本 2006 I ④：3940，角页岩，原料为砾石，半锥形。台面角 82°，台面有阶梯状修疤，为横向二次加工调整，加工技术为软锤，台面大体呈椭圆形，台面径 17 毫米 ×14.5 毫米，台面有修整，背面保留有砾石面，正面及两侧剥片，有细长的细石叶剥片疤。高 27.1、宽 17、厚 14.5 毫米，重 9.75 克（图 4 - 76，2；图版八二，2）。

标本 2006 I ④：8710，燧石，楔形。台面角 82°，台面有阶梯状修疤，为横向二次加工，核身两侧有鱼鳞状和不规则形修疤，为纵向二次加工，加工技术为软锤，台面大体呈三角形，台面径 17.8 毫米 ×17.5 毫米，台面有修整，核身两侧纵向修整，在一侧调整出一楔状缘，另一侧剥片。有细长的细石叶剥片疤。高 26.8、宽 20、厚 17.5 毫米，重 8.59 克（图 4 - 76，3；图版八二，3）。

标本 2006 I ④：7896，燧石，楔形。台面角 84°，台面周边有阶梯状修疤，为横向二次加工调整，台面大体呈椭圆形，台面径 14.2 毫米 ×9.8 毫米，台面周边有修整，周身剥片，有细长的细石叶剥片疤，核身底部形成一楔状缘。高 23.8、宽 13、厚 9.8 毫米，重 4.25 克（图 4 - 76，4；图版八二，4）。

标本 2006 I ④：8183，玉髓，半锥形。台面角82°，台面有阶梯状片疤，为横向二次加工调整，加工技术为软锤，台面大体呈 D 形，台面径17.2毫米×8.8毫米，台面向背面倾斜，有修整，正面剥片，有细长的细石叶剥片疤。高25、宽17.2、厚8.8毫米，重4.43克（图4－76，5；图版八二，5）。

标本 2006 I ④：7540，燧石，楔形。台面角86°，台面有阶梯状修疤，为横向二次加工调整，核身背面有不规则形片疤，为纵向二次加工调整，加工技术为软锤，台面大体呈圆形，台面径17毫米，台面有修整，核身背面纵向修整，在底部形成一楔状缘，正面剥片，有细长的细石叶剥片疤。高17.8、宽17.3、厚17毫米，重5.97克（图4－76，6；图版八二，6）。

标本 2006 I ④：3292，燧石，楔形。台面角79°，台面周边有阶梯状修疤，为横向二次加工调整，加工技术为软锤，台面大体呈三角形，宽13.2毫米，台面向一侧倾斜，周身剥片，在底部形成一楔状缘。高16.9、宽13.6、厚11.6毫米，重2.69克（图4－76，7；图版八二，7）。

标本 2006 I ④：4441，燧石，楔形。台面角92°，台面有阶梯状修疤，为横向二次加工调整，加工技术为软锤，台面大体呈方形，台面径14.1毫米×13.3毫米，底部有一楔状缘，一侧剥片，有细长的细石叶剥片疤。高17.2、宽14.1、厚13.3毫米，重4.95克（图4－76，8；图版八二，8）。

标本 2006 I ④：4163，燧石，原料为砾石，楔形。台面有阶梯状修疤，为横向二次加工调整，加工技术为软锤，台面大体呈菱形，台面径15.2毫米×14.8毫米，台面有修整。正反两面剥片，底部有一楔状缘。高22、宽15.2、厚14.8毫米，重4.2克（图4－76，9；图版八二，9）。

标本 2006 I ④：2234，燧石，原料为砾石，半锥形。台面角82°，台面周边有阶梯状修疤，为横向二次加工调整，加工技术为软锤，台面大体呈椭圆形，台面径15.2毫米×4.4毫米，背面保留有石皮，台面周边有修整，台面应为残缺，在一侧有细长的细石叶剥片疤，应为使用殆尽。高20、宽15.7、厚12.2毫米，重2.87克（图4－76，10；图版八二，10）。

标本 2006 I ④：2820，燧石，原料为砾石，半锥状。台面角70°，台面修整，半边有石叶片疤，细长，不规整，向底部方向剥片，侧边作台面有石片片疤，台面残，近线形台面，背面为不规则形片疤，正面剥片，有细长的细石叶剥片疤。高12.9、宽7.4、厚20毫米，重2.15克（图4－76，11；图版八二，11）。

标本 2006 I ④：2332，燧石，楔形。台面角96°，台面周边有阶梯状修疤，为横向二次加工调整，核身背面有条形修疤，为纵向二次加工调整，加工技术为软锤，台面大体呈椭圆形，台面径14毫米×12毫米，台面横向修整，核身背面纵向修整，在底部形成一楔状缘，正面剥片，有细长的细石叶剥片疤。高16、宽14、厚12毫米，重3.28克（图4－76，12；图版八二，12）。

标本 2006 I ④：3448，玛瑙，锥形。台面角72°，台面周边有阶梯状分布的鳞状片疤，为横向二次加工，加工技术为软锤，台面大体呈椭圆形，台面径13.1毫米×7.9毫米，周身剥片，有细长的细石叶剥片疤。高16.3、宽13.1、厚7.9毫米，重1.31克（图4－76，13；图版八二，13）。

标本 2006 I ④：3289，燧石，原料为砾石，锥形。台面角112°，台面大体呈长方形，一侧保留有砾石面，周身剥片，一侧有细长的细石叶剥片疤。高21.4、宽14.8、厚13.5毫米，重4.45

克（图4-76，14；图版八二，14）。

标本2006Ⅰ④：497，燧石，船底形。台面角83°，台面周边有鳞状修疤，为横向二次加工调整，台面大体呈椭圆形，台面径27毫米×19毫米，台面周边有修整，核身周边有细长的剥片疤。高13、宽26、厚19毫米，重6.65克（图4-77，1；图版八三，1）。

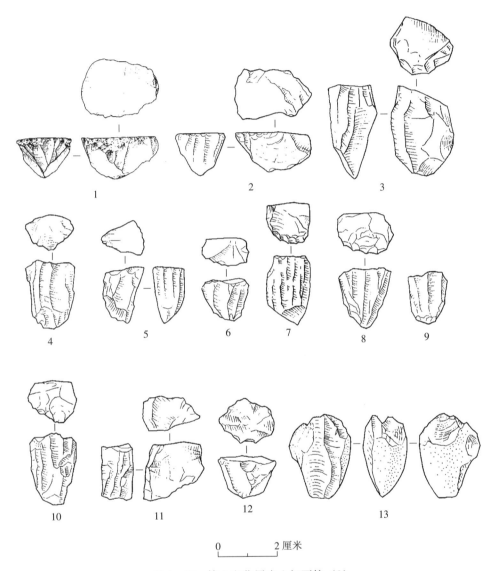

0 ____ 2厘米

图4-77　第4文化层出土细石核（8）

1. 2006Ⅰ④：497　2. 2006Ⅰ④：6461　3. 2006Ⅰ④：8783　4. 2006Ⅰ④：8521　5. 2006Ⅰ④：1899　6. 2006Ⅰ④：1964
7. 2006Ⅰ④：4893　8. 2006Ⅰ④：8711　9. 2006Ⅰ④：4156　10. 2006Ⅰ④：7415　11. 2006Ⅰ④：1214　12. 2006Ⅰ④：1779
13. 2006Ⅰ④：4321

标本2006Ⅰ④：6461，燧石，船底形。台面角62°，台面周边有阶梯状修疤，为横向二次加工调整，加工技术为软锤，台面大体呈椭圆形，台面径26.6毫米×17.1毫米，台面周边有修整，右侧剥片，有细长的细石叶剥片疤。高12.1、宽26.6、厚17.1毫米，重5.37克（图4-77，2；图版八三，2）。

标本2006Ⅰ④：8783，燧石，楔形。台面角86°，台面有阶梯状片疤，正、反两面有鱼鳞状和不规则形片疤，为横向二次加工调整，加工技术为软锤，台面大体呈弧边三角形，台面径 20 毫米×15.6 毫米，台面有修整，向右侧倾斜，右侧横向修整出一楔状缘，左侧剥片，有细长的细石叶剥片疤。高 28、宽 23.3、厚 16.5 毫米，重 10.82 克（图 4 - 77，3；图版八三，3）。

标本 2006 I ④：8521，燧石，原料为砾石，锥形。台面角 82°，台面有阶梯状修疤，为横向二次加工调整，加工技术为软锤，台面大体呈扇形，台面径 17.2 毫米×11.3 毫米，一面保留有砾石面，另一面剥片，有细石叶片疤。高 22.3、宽 17.2、厚 11.3 毫米，重 5 克（图 4 - 77，4；图版八三，4）。

标本 2006 I ④：1899，燧石，楔形。台面角 82°，台面有阶梯状修疤，为横向二次加工调整，核身两侧有鱼鳞状和条形修疤，为纵向二次加工调整，加工技术为软锤，台面大体呈椭圆形，台面径 15.3 毫米，台面有修整，核身两侧纵向调整去薄，在一侧形成一楔状缘，另一侧剥片，有细长的细石叶剥片疤。高 19.2、宽 15.3、厚 11.2 毫米，重 3.07 克（图 4 - 77，5；图版八三，5）。

标本 2006 I ④：1964，燧石，原料为砾石，半锥形。台面角 84°，台面周边有阶梯状修疤，为横向二次加工调整，加工技术为软锤，台面大体呈 D 形，台面径 28.3 毫米×13.6 毫米，台面周边有修整，背面为砾石面，正面剥片，有细长的细石叶剥片疤。高 14.2、宽 16.4、厚 9 毫米，重 2.34 克（图 4 - 77，6；图版八三，6）。

标本 2006 I ④：4893，玉髓，原料为砾石，锥形。台面角 88°，两台面周边有阶梯状修疤，为横向二次加工调整，加工技术为软锤，台面大体呈 D 形，台面径 13.6 毫米×11.5 毫米，台面周边有修整，正面剥片，有细长的细石叶剥片疤，背面有不规则形片疤。高 22.7、宽 15.4、厚 15.2 毫米，重 6.5 克（图 4 - 77，7；图版八三，7）。

标本 2006 I ④：8711，燧石，原料为砾石，半锥形。台面角 78°，台面周边有阶梯状修疤，为横向二次加工调整，加工技术为软锤，台面大体呈 D 形，台面径 18.7 毫米×12.6 毫米，台面周边有修整，向背面倾斜，背面为砾石面，正面剥片，有细长的细石叶剥片疤。高 22.2、宽 18.7、厚 12.6 毫米，重 5.17 克（图 4 - 77，8；图版八三，8）。

标本 2006 I ④：4156，燧石，柱形。上半部残，周身有细石叶剥片疤。高 12.9、宽 9.6、厚 2.73 毫米（图 4 - 77，9；图版八三，9）。

标本 2006 I ④：7415，燧石，锥形。台面角 82°，台面有阶梯状修疤，台面大体呈椭圆形，为横向二次加工调整，加工技术为软锤，台面径 15.7 毫米×14.4 毫米，台面有修整，向背面倾斜，周身剥片。高 24.6、宽 15.7、厚 14.4 毫米，重 6.13 克（图 4 - 77，10；图版八三，10）。

标本 2006 I ④：1214，燧石，楔形。台面角 98°，台面有阶梯状修疤，为横向二次加工调整，核身两侧有鱼鳞状和条形修疤，为纵向二次加工调整，加工技术为软锤，台面大体呈椭圆形，台面径 21.7 毫米×10.3 毫米，台面有修整，核身两侧纵向修整去薄，形成一楔状缘，一侧剥片，有细长的细石叶剥片疤。高 18.4、宽 21.7、厚 10.3 毫米，重 5.24 克（图 4 - 77，11；图版八三，11）。

标本 2006 I ④：1779，燧石，楔形。台面角 82°，台面周边有阶梯状修疤，为横向二次加工调整，加工技术为软锤，台面大体呈椭圆形，台面径 19 毫米×15 毫米，台面周边有修整，核身周边有剥片疤，在底部形成一楔状缘。高 14.6、宽 20、厚 15.1 毫米，重 3.95 克（图 4－77，12；图版八三，12）。

标本 2006Ⅰ④：4321，燧石，原料为砾石，楔形。台面角 78°，台面处有较多崩损，线形台面，正面剥片，有细长的细石叶剥片疤，背面为砾石面，底部因剥片形成一楔状缘。高 28.4、宽 22、厚 14.8 毫米，重 10.35 克（图 4－77，13；图版八三，13）。

标本 2006Ⅰ④：1372，石英岩，锥形。台面角 84°，台面周边有阶梯状修疤，为横向二次加工调整，加工技术为软锤，台面大体呈椭圆形，台面径 19.8 毫米×17.1 毫米，台面略为内凹，周边有修整，核身周身剥片。高 27.4、宽 19.8、厚 17.1 毫米，重 9.89 克（图 4－78，1；图版八四，1）。

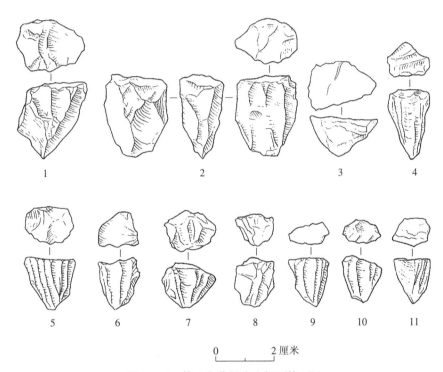

图 4－78　第 4 文化层出土细石核（9）

1. 2006Ⅰ④：1372　2. 2006Ⅰ④：5460　3. 2006Ⅰ④：4885　4. 2006Ⅰ④：8212　5. 2006Ⅰ④：3443　6. 2006Ⅰ④：6743
7. 2006Ⅰ④：1705　8. 2006Ⅰ④：237　9. 2006Ⅰ④：2337　10. 2006Ⅰ④：544　11. 2006Ⅰ④：3848

标本 2006Ⅰ④：5460，燧石，原料为砾石，楔形。台面角 82°，台面有阶梯状修疤，为横向二次加工调整，加工技术为软锤，台面大体呈椭圆形，台面径 20.2 毫米×15.3 毫米，台面有修整，正反两面剥片，有细长的细石叶剥片疤，底部形成一楔状缘。高 27.1、宽 21.6、厚 15.3 毫米，重 9.63 克（图 4－78，2；图版八四，2）。

标本 2006Ⅰ④：4885，燧石，船底形。台面角 72°，台面有阶梯状修疤，为横向二次加工调整，加工技术为软锤，台面大体呈椭圆形，台面径 23.8 毫米×14.9 毫米，正反两面剥片，有细石叶剥片疤。高 11.8、宽 23.8、厚 14.9 毫米，重 4.07 克（图 4－78，3；图版八四，3）。

标本 2006Ⅰ④：8212，燧石，原料为砾石，锥形。台面角 102°，台面周边有阶梯状修疤，为横向二次加工调整，加工技术为软锤，台面大体呈椭圆形，台面径 13 毫米×7 毫米，台面有修整，背面保留有砾石面，正面剥片，有细长的细石叶剥片疤。高 23.5、宽 14.8、厚 12.4 毫米，重 4.29 克（图 4 - 78，4；图版八四，4）。

标本 2006Ⅰ④:3443，燧石，原料为砾石，半锥形。台面角 78°，台面周边有阶梯状修疤，为横向二次加工调整，加工技术为软锤，背面为砾石面，台面大体呈 D 形，台面径 17.4 毫米×12.3 毫米，台面圆弧一侧有修整，在此剥片，有细长的细石叶剥片疤。高 15.8、宽 17.4、厚 12.3 毫米，重 3.68 克（图 4 - 78，5；图版八四，5）。

标本 2006Ⅰ④:6743，燧石，锥形。台面角 79°，台面周边有阶梯状修疤，为横向二次加工调整，加工技术为软锤，台面大体呈椭圆形，台面径 13.1 毫米×10.8 毫米，台面周边有修整，周身剥片，有细长的细石叶剥片疤。高 14.4、宽 13.1、厚 10.8 毫米，重 2.45 克（图 4 - 78，6；图版八四，6）。

标本 2006Ⅰ④:1705，燧石，楔形。台面角 82°，台面有阶梯状修疤，为横向二次加工调整，加工技术为软锤，台面大体呈椭圆形，台面径 18.2 毫米×14.1 毫米，台面有修整，正反两面剥片，在底部形成一楔状缘。高 14.4、宽 18.2、厚 14.1 毫米，重 2.76 克（图 4 - 78，7；图版八四，7）。

标本 2006Ⅰ④:237，玉髓，以砾石为原料，楔形。台面角 64°，台面周边有阶梯状修疤，为横向二次加工调整，加工技术为软锤，台面大体呈椭圆形，14.4 毫米×9.6 毫米，台面有修整，正反两面剥片，在底部形成一楔状缘。高 15.3、宽 14.4、厚 9.6 毫米，重 2.19 克（图 4 - 78，8；图版八四，8）。

标本 2006Ⅰ④:2337，燧石，锥形。台面角 86°，台面周边有阶梯状修疤，为横向二次加工调整，加工技术为软锤，台面大体呈椭圆形，台面径 14 毫米×8.1 毫米，台面周边有修整，周身剥片，使用始尽。高 15.1、宽 14、厚 8.1 毫米，重 2.22 克（图 4 - 78，9；图版八四，9）。

标本 2006Ⅰ④:544，燧石，锥形。台面角 82°，台面大体呈椭圆形，台面径 13.6 毫米×9.4 毫米，台面周边有修整，周身剥片。高 13.9、宽 18、厚 9.4 毫米，重 2.46 克（图 4 - 78，10；图版八四，10）。

标本 2006Ⅰ④:3848，燧石，锥形。台面角 96°，台面周边有阶梯状修疤，为横向二次加工调整，加工技术为软锤，台面大体呈椭圆形，台面径 13.1 毫米×9.5 毫米，台面有修整。周身剥片，有细长的细石叶剥片疤。高 15、宽 13.1、厚 9.5 毫米，重 1.82 克（图 4 - 78，11；图版八四，11）。

五　细石叶

共发现 776 件。形态规整，后平或弯，两侧边缘平行，背面有两条纵脊者，断面呈梯形；背面有一条纵脊者，断面呈三角形。细石叶中完整者很少，绝大多数为残断品，或一头或两头被打断。

标本 2005Ⅰ④:1022，燧石。两侧平行，近端残留有台面疤。长 17.9、宽 7.1、厚 4 毫米，重 0.24 克（图 4 - 79，1；图版八五，1）。

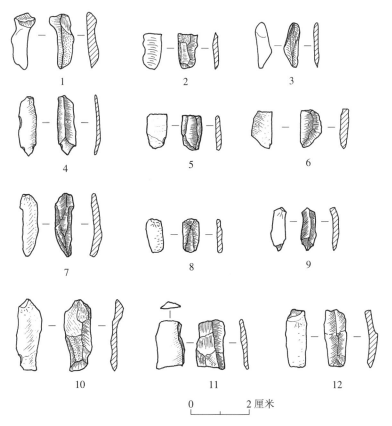

0 _____ 2 厘米

图 4 - 79　第 4 文化层出土细石叶（1）

1. 2005 Ⅰ④：1022　2. 2005 Ⅰ④：910　3. 2005 Ⅰ④：913　4. 2005 Ⅰ④：1054　5. 2005 Ⅰ④：1052
6. 2005 Ⅰ④：834　7. 2005 Ⅰ④：1060　8. 2005 Ⅰ④：1045　9. 2005 Ⅰ④：585　10. 2005 Ⅰ④：833
11. 2005 Ⅰ④：1062　12. 2005 Ⅰ④：1116

标本 2005 Ⅰ④：910，燧石。两侧平行，背有 2 条平行的棱脊，断面呈梯形。长 11.1、宽 5.9、厚 1.2 毫米，重 0.1 克（图 4 - 79，2；图版八五，2）。

标本 2005 Ⅰ④：913，燧石。两侧平行，背有一脊。长 14.5、宽 4.9、厚 0.9 毫米，重 0.08 克（图 4 - 79，3；图版八五，3）。

标本 2005 Ⅰ④：1054，燧石。两侧平行，背有一脊。长 19、宽 5.5、厚 1.2 毫米，重 0.6 克（图 4 - 79，4；图版八五，4）。

标本 2005 Ⅰ④：1052，燧石。两侧平行，背有 2 条平行脊。长 11、宽 6.9、厚 1.1 毫米，重 0.15 克（图 4 - 79，5；图版八五，5）。

标本 2005 Ⅰ④：834，石英岩。两侧平行，背有一脊。长 12.2、宽 7.1、厚 2.8 毫米，重 0.23 克（图 4 - 79，6；图版八五，6）。

标本 2005 Ⅰ④：1060，燧石。略有弧度，一端尖锐。长 20.2、宽 5.3、厚 2 毫米，重 0.21 克（图 4 - 79，7；图版八五，7）。

标本 2005 Ⅰ④：1045，燧石。两侧平行，背有一脊。长 10.3、宽 5.2、厚 1.8 毫米，重 0.11 克（图 4 - 79，8；图版八五，8）。

标本 2005 Ⅰ④：585，石英岩。两侧平行，一端尖锐，背有一脊，长 13.9、宽 4.9、厚 1.6 毫米，重0.48克（图4-79，9；图版八五，9）。

标本2005Ⅰ④：833，燧石。略有弧度，两侧近平行。长22.7、宽8.8、厚2.7毫米，重0.52克（图4-79，10；图版八五，10）。

标本2005Ⅰ④：1062，石英岩。两侧平行，两端平直。长15.1、宽8.8、厚3.1毫米，重0.52克（图4-79，11；图版八五，11）。

标本2005Ⅰ④：1116，燧石。两侧平行，背有一脊，略有弧度。长18.1、宽7.1、厚2.6毫米，重0.38克（图4-79，12）。

标本2005Ⅰ④：998，燧石。两侧平行，背有一脊。长22.1、宽5.4、厚1.2毫米，重0.4克（图4-80，1；图版八六，1）。

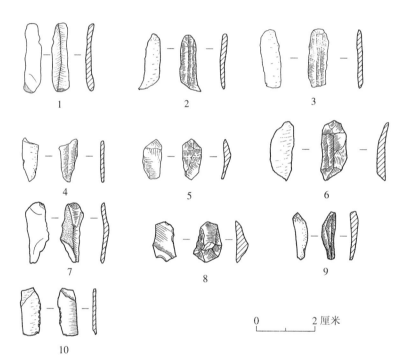

图4-80　第4文化层出土细石叶（2）

1. 2005Ⅰ④：998　2. 2005Ⅰ④：988　3. 2005Ⅰ④：954　4. 2005Ⅰ④：960　5. 2005Ⅰ④：942　6. 2005Ⅰ④：429　7. 2005Ⅰ④：197　8. 2005Ⅰ④：765　9. 2005Ⅰ④：855　10. 2005Ⅰ④：1157

标本2005Ⅰ④：988，燧石。两侧平行，背有2条平行脊，断面呈梯形。长18.1、宽4.5、厚1.2毫米，重0.14克（图4-80，2；图版八六，2）。

标本2005Ⅰ④：954，燧石。两侧平直且平行，有2条平行脊，断面呈梯形。长18.1、宽5.8、厚1.2毫米，重0.8克（图4-80，3；图版八六，3）。

标本2005Ⅰ④：960，燧石。两侧平行，背有一脊，一端尖锐。长13.6、宽5.5、厚1.2毫米，重0.12克（图4-80，4；图版八六，4）。

标本2005Ⅰ④：942，燧石。两侧平行，略有弧度。长12.8、宽6、厚1.2毫米，重0.1克（图4-80，5；图版八六，5）。

标本2005Ⅰ④：429，燧石。有弧度，背有一脊，一端尖锐，一端平直。长18.3、宽8、厚3.7毫米，重0.58克（图4-80，6；图版八六，6）。

标本2005Ⅰ④：197，燧石。背有一棱脊。长19.1、宽6.4、厚1.8毫米，重0.19克（图4－80，7；图版八六，7）。

标本2005Ⅰ④：765，燧石。背有突脊，呈龟背状。长12.6、宽9.1、厚3.2毫米，重0.28克（图4－80，8；图版八六，8）。

标本2005Ⅰ④：855，燧石。略有弧度，背有一脊。长18.1、宽4、厚1.2毫米，重0.09克（图4－80，9；图版八六，9）。

标本2005Ⅰ④：1157，燧石。两侧平行，两端平直。长14.9、宽6.1、厚1.1毫米，重0.12克（图4－80，10；图版八六，10）。

标本2006Ⅰ④：8227，石英岩。两侧平行，背有一脊，略有弧度。长23.4、宽6.3、厚3.5毫米，重0.51克（图4－81，1；图版八七，1）。

标本2006Ⅰ④：8359，燧石。背有一脊，略有弧度，远端尖锐。长25.4、宽6.2、厚2.9毫米，重0.36克（图4－81，2；图版八七，2）。

标本2006Ⅰ④：8316，燧石。两侧平行，背有一脊，略有弧度，远端尖锐。长20.7、宽4.5、厚1.8毫米，重0.12克（图4－81，3；图版八七，3）。

标本2006Ⅰ④：259，燧石。背有一脊，一侧平直，一侧略为圆弧。长20、宽4.2、厚1.1毫米，重0.09克（图4－81，4；图版八七，4）。

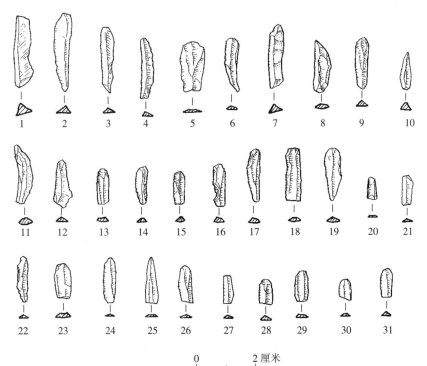

0 ———— 2厘米

图4－81 第4文化层出土细石叶（3）

1. 2006Ⅰ④：8227 2. 2006Ⅰ④：8359 3. 2006Ⅰ④：8316 4. 2006Ⅰ④：259 5. 2006Ⅰ④：8261 6. 2006Ⅰ④：281
7. 2006Ⅰ④：325 8. 2006Ⅰ④：377 9. 2006Ⅰ④：361 10. 2006Ⅰ④：8336 11. 2006Ⅰ④：249 12. 2006Ⅰ④：372
13. 2006Ⅰ④：384 14. 2006Ⅰ④：328 15. 2006Ⅰ④：374 16. 2006Ⅰ④：209 17. 2006Ⅰ④：383 18. 2006Ⅰ④：216
19. 2006Ⅰ④：382 20. 2006Ⅰ④：311 21. 2006Ⅰ④：8331 22. 2006Ⅰ④：312 23. 2006Ⅰ④：8219 24. 2006Ⅰ④：8343
25. 2006Ⅰ④：8322 26. 2006Ⅰ④：8323 27. 2006Ⅰ④：8327 28. 2006Ⅰ④：303 29. 2006Ⅰ④：288 30. 2006Ⅰ④：8288
31. 2006Ⅰ④：8298

标本 2006 I ④：8261，燧石。两侧近平行，两端平直。长 16.2、宽 8.5、厚 1.6 毫米，重 0.24 克（图 4-81，5；图版八七，5）。

标本 2006 I ④：281，燧石。两侧平行，远端向右侧弯曲，尖锐。长 18、宽 4.3、厚 1.1 毫米，重 0.1 克（图 4-81，6；图版八七，6）。

标本 2006 I ④：325，燧石。两侧平行，背有一脊，略有弧度，一端尖锐。长 21、宽 5.1、厚 2.7 毫米，重 0.32 克（图 4-81，7；图版八七，7）。

标本 2006 I ④：377，燧石。背有片疤，一侧平直，一侧圆弧，一端尖锐。长 17、宽 6、厚 1.1 毫米，重 0.14 克（图 4-81，8；图版八七，8）。

标本 2006 I ④：361，燧石。两侧近平行，背有一人字形脊。长 17、宽 4.5、厚 1.8 毫米，重 0.16 克（图 4-81，9；图版八七，9）。

标本 2006 I ④：8336，燧石。两侧平直，背有一脊，远端尖锐。长 11.9、宽 3.7、厚 2.6 毫米，重 0.08 克（图 4-81，10；图版八七，10）。

标本 2006 I ④：249，石英。背有一脊，向右侧弯曲，远端似有一小的平直刃。长 19.6、宽 4.7、厚 2.7 毫米，重 0.29 克（图 4-81，11；图版八七，11）。

标本 2006 I ④：372，燧石。形态不很规整，背有一脊。长 15、宽 6.3、厚 1 毫米，重 0.09 克（图 4-81，12；图版八七，12）。

标本 2006 I ④：384，燧石。两侧平行，背有一脊。长 11.8、宽 4、厚 1.1 毫米，重 0.07 克（图 4-81，13；图版八七，13）。

标本 2006 I ④：328，燧石。一侧平直，一侧有弧度，背有一脊。长 12.4、宽 3.5、厚 1 毫米，重 0.03 克（图 4-81，14；图版八七，14）。

标本 2006 I ④：374，燧石。两侧平行，背有一脊。长 10.5、宽 3.8、厚 1.5 毫米，重 0.04 克（图 4-81，15；图版八七，15）。

标本 2006 I ④：209，燧石。一侧平直，一侧有崩损，背有一脊。长 14.3、宽 4.5、厚 1.4 毫米，重 0.07 克（图 4-81，16；图版八七，16）。

标本 2006 I ④：383，燧石。上宽下窄，背有一脊，两端平直，略有弧度。长 17.5、宽 4、厚 1.8 毫米，重 0.11 克（图 4-81，17；图版八七，17）。

标本 2006 I ④：216，燧石。两侧平行，背有一脊，略有弧度，两端平直。长 17.6、宽 5、厚 1 毫米，重 0.12 克（图 4-81，18；图版八七，18）。

标本 2006 I ④：382，燧石。上宽下窄，背有一脊，远端较平直。长 18.3、宽 6、厚 1.1 毫米，重 0.11 克（图 4-81，19；图版八七，19）。

标本 2006 I ④：311，石英。上宽下窄，两端平直。长 7.3、宽 3、厚 1 毫米，重 0.01 克（图 4-81，20；图版八七，20）。

标本 2006 I ④：8331，燧石。两侧平行，背有一脊，两端平直。长 9.45、宽 3.4、厚 0.12 毫米，重 0.03 克（图 4-81，21；图版八七，21）。

标本 2006 I ④：312，燧石。形态不很规整，背有一脊。长 14.6、宽 3.5、厚 1.2 毫米，重 0.05 克（图 4-81，22；图版八七，22）。

标本 2006 I ④：8219，燧石。两侧平行，背有 2 条平行脊，一端平直，一端圆弧。长 11.4、宽 5.7、厚 1.2 毫米，重 0.04 克（图 4 – 81，23；图版八七，23）。

标本 2006 Ⅰ ④：8343，燧石。两侧平行，背有一脊。长 15、宽 3.8、厚 1 毫米，重 0.02 克（图 4 – 81，24；图版八七，24）。

标本 2006 Ⅰ ④：8322，燧石。两侧平直，背有一脊，远端尖锐。长 15.6、宽 4.6、厚 1.2 毫米，重 0.04 克（图 4 – 81，25；图版八七，25）。

标本 2006 Ⅰ ④：8323，燧石。两侧平行，背有一脊。长 12.2、宽 4.5、厚 1.1 毫米，重 0.02 克（图 4 – 81，26；图版八七，26）。

标本 2006 Ⅰ ④：8327，燧石。两侧平行，背有一脊。长 9、宽 3.6、厚 1.2 毫米，重 0.02 克（图 4 – 81，27；图版八七，27）。

标本 2006 Ⅰ ④：303，燧石。两侧平行，背有一脊，一端平直，一端圆弧。长 8.2、宽 4.5、厚 1.5 毫米，重 0.06 克（图 4 – 81，28；图版八七，28）。

标本 2006 Ⅰ ④：288，燧石。两侧平行，背有 2 条平行脊，两端平直。长 10.4、宽 4.3、厚 1 毫米，重 0.04 克（图 4 – 81，29；图版八七，29）。

标本 2006 Ⅰ ④：8288，燧石。两侧平行，背有一脊，远端圆弧。长 6.6、宽 4.5、厚 1.2 毫米，重 0.03 克（图 4 – 81，30；图版八七，30）。

标本 2006 Ⅰ ④：8298，燧石。两侧平行，背有一脊，两端平直。长 9.5、宽 6、厚 1.2 毫米，重 0.04 克（图 4 – 81，31；图版八七，31）。

六 石锤

共发现 9 件，均为天然的河卵石，形态规整，在一端均有因加工石器而产生的小凹坑和白色麻点。

标本 2005 Ⅰ ④：329，原料为砾石，石英岩。平面大体呈椭圆形，一端有因敲击而形成的白色麻点。长 71.2、宽 53.8、厚 32.1 毫米，重 116.2 克（图 4 – 82，1；图版八八，1）。

标本 2006 Ⅰ ④：7498，细砂岩。为一完整砾石，一端为白色麻点状。长 37.3、宽 23、厚 12.9 毫米，重 14.03 克（图 4 – 82，2；图版八八，2）。

标本 2005 Ⅰ ④：145，原料为砾石，石英岩。为一近方形的河卵石，有 2 处剥片，边棱上有小麻点。长 55、宽 42、厚 35.7 毫米，重 86.54 克（图 4 – 83；图版八九）。

标本 2005 Ⅰ ④：342，原料为砾石，石英岩。大体呈圆柱状，棱脊上有敲击形成的白色麻点。长 28.5、宽 28、厚 28 毫米，重 33.35 克（图 4 – 84，1；图版九〇，1）。

标本 2006 Ⅰ ④：7008，一端有白色小麻点和凹坑。长 50.5、宽 22.1、厚 17.9 毫米，重 25.45 克（图 4 – 84，2；图版九〇，2）。

标本 2006 Ⅰ ④：1981，原料为砾石。一端有白色小麻点和凹坑。长 46.7、宽 29、厚 30.1 毫米，重 55.21 克（图 4 – 84，3；图版九〇，3）。

标本 2006 Ⅰ ④：989，玉髓。一端有小凹坑。长 39.3、宽 20.1、厚 16.4 毫米，重 18.8 克（图 4 – 84，4；图版九〇，4）。

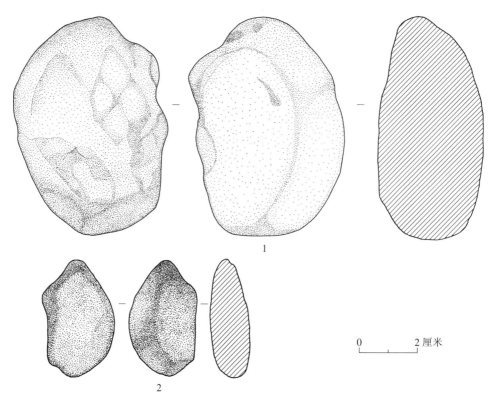

图 4 - 82　第 4 文化层出土石锤（1）
1. 2005 I ④：329　2. 2006 I ④：7498

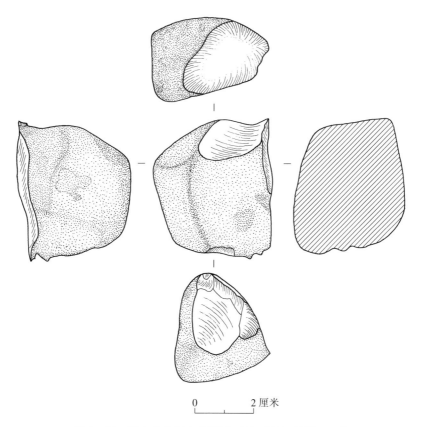

图 4 - 83　第 4 文化层出土石锤（2）（2005 I ④：145）

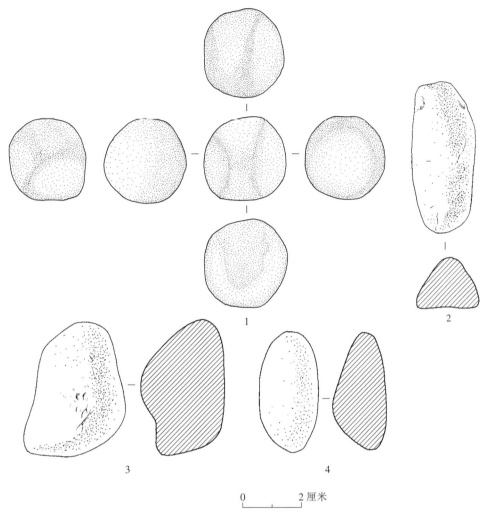

0 ____ 2 厘米

图 4 - 84 第 4 文化层出土石锤（3）
1. 2005 Ⅰ④：342 2. 2006 Ⅰ④：7008 3. 2006 Ⅰ④：1981 4. 2006 Ⅰ④：989

七 砺石

共发现 3 件，均以天然砂岩石块为原料，有的稍加琢打，取其较为平整的一面作为研磨面。

标本 2005 Ⅰ④：437，原料为砾石，砂岩。残，一面平坦，有肉眼可见平行分布的线状痕。长 90、宽 49.7、厚 27.2 毫米，重 166.53 克（图 4 - 85；图版九一）。

标本 2005 Ⅰ④：328，原料为砾石，砂岩。残，两面平直光滑。长 89.1、宽 51.5、厚 17.8 毫米，重 113.07 克（图 4 - 86；图版九二）。

标本 2005 Ⅰ④：359，砂岩。残，两面平整，附着有红色颜料。长 90、宽 63.4、厚 22.5 毫米，重 141.46 克（图 4 - 87；图版九三）。

八 磨制石器

仅发现 1 件，为一铲形器。

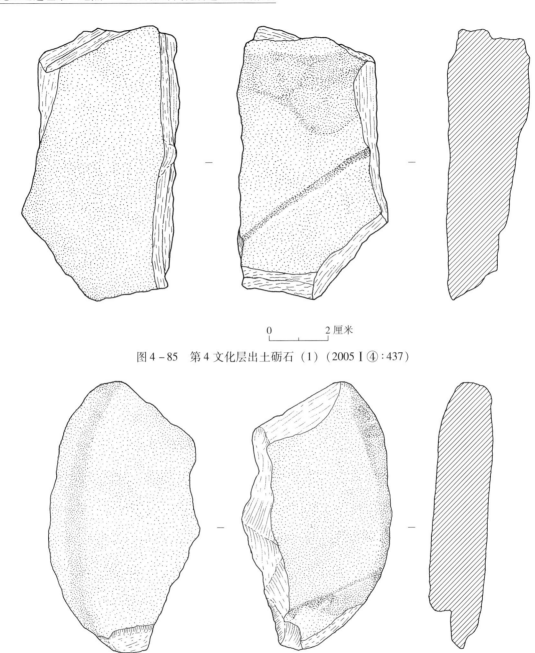

0 _____ 2 厘米

图 4 - 85　第 4 文化层出土砺石（1）（2005 I ④：437）

0 _____ 2 厘米

图 4 - 86　第 4 文化层出土砺石（2）（2005 I ④：328）

标本 2005 I ④：1126，以页岩为材料，利用页岩的层状节理剥片后琢打成舌形，顶端刃部两面磨制呈弧形刃。长 127、宽 92、厚 80 毫米（图 4 - 88；图版九四、九五）。

九　石磨盘

共发现 2 件，平面形状呈长方形或不规则的圆形，周边琢打成形，中部有因研磨使用而形成的凹痕。

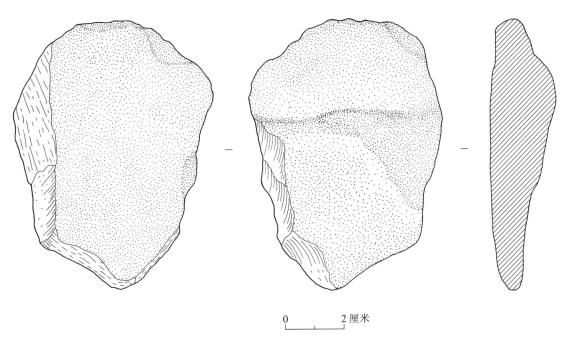

0 —————— 2 厘米

图 4 - 87 第 4 文化层出土砺石 （3） （2005 I ④：359）

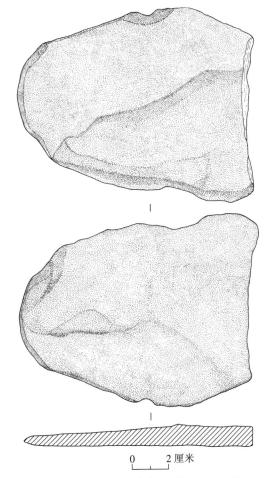

0 —————— 2 厘米

图 4 - 88 第 4 文化层出土磨制石器 （2005 I ④：1126）

标本 2005 Ⅰ④ : 1168，砂岩。已残。形制规整，中部的凹痕十分明显。残长 164、宽 148 毫米（图 4 - 89；图版九六）。

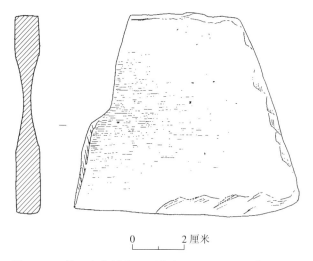

0 __ 2 厘米

图 4 - 89　第 4 文化层出土石磨盘（1）（2005 Ⅰ④ : 1168）

标本 2005 Ⅰ④ : 1233，砂岩。上下两面平坦，一面中部略为内凹。长 107.9、宽 61.2、厚 26.1 毫米，重 236.44 克（图 4 - 90）。

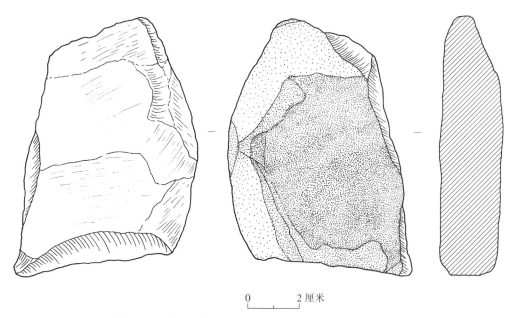

0 __ 2 厘米

图 4 - 90　第 4 文化层出土石磨盘（2）（2005 Ⅰ④ : 1233）

一〇　蚌器

仅发现 1 件，为装饰品，有穿孔，可供系挂。

2006 Ⅰ④ : 3861，平面呈长方形。顶部有单向制作的双孔并列，两侧各刻有两组锯齿，位置对称，靠近顶部的两组各由 4 个锯齿组成，其下部的两组各由 3 个锯齿组成。长 3.7、宽 1.6 厘米（图 4 - 91；图版九七、九八）。

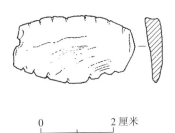

0 ———————— 2 厘米

图 4 - 91　第 4 文化层出土蚌器（2006 Ⅰ ④：3861）

第五章　第5文化层

第一节　遗迹

在第 5 文化层中发现烧土遗迹 28 处（表 5－1）。它们多为圆形或椭圆形，直径一般为 0.4～0.7、深 0.15～0.3 米。呈红褐色，多数烧土中夹杂有较多的炭粒、烧骨等。2006 年度发掘的 2006 Ⅰ⑤:S4（图版九九），平面大体呈椭圆形，长径 0.52、短径 0.38、深 0.18 米。其中夹杂有一些炭屑，烧土中保留有较多的经火烧烤过的石片和兽骨。这些烧土遗迹面积较小，多与周边堆积没有明确的界限，也都没有清晰的底和边。因此我们推测这些烧土遗迹应为小型的临时用火遗迹。在第 5 文化层上部有 5 处烧土遗迹于同一层面成组分布（图 5－1；图版一〇〇）。

表 5－1　　　　　　　　　　　　第 5 层烧土遗迹　　　　　　　　　　　　单位：米

编号	层位	长径	短径	深度	平面形状	包含物
2006 Ⅰ⑤:S1	Ⅰ⑤:1	0.53	0.5			
2006 Ⅰ⑤:S2	Ⅰ⑤:2	0.4	0.38			
2006 Ⅰ⑤:S3	Ⅰ⑤:4					
2006 Ⅰ⑤:S4	Ⅰ⑤:5	0.3	0.64			
2006 Ⅰ⑤:S5	Ⅰ⑤:5	0.38	0.24			
2006 Ⅰ⑤:S6	Ⅰ⑤:5	0.22	0.28			
2006 Ⅰ⑤:S7	Ⅰ⑤:7	0.32	0.31			
2006 Ⅰ⑤:S8	Ⅰ⑤:7	0.45	0.4			
2006 Ⅰ⑤:S9	Ⅰ⑤:8	0.28	0.25			

续表 5 – 1

编号	层位	长径	短径	深度	平面形状	包含物
2006 I ⑤ : S10	I ⑤ : 9	0.52	0.36			
2006 I ⑤ : S11	I ⑤ : 9	0.46	0.52			
2006 I ⑤ : S12	I ⑤ : 9	0.54	0.58			
2006 I ⑤ : S1	I ⑤ : 10					
2006 I ⑤ : S12	I ⑤ : 11					
2006 I ⑤ : S13	I ⑤ : 15					
2008 I ⑤ : S1	I ⑤ : 11	0.31	0.28			
2008 I ⑤ : S2	I ⑤ : 12	0.3	0.31			
2008 I ⑤ : S3	I ⑤ : 12	0.19	0.2			
2008 I ⑤ : S4	I ⑤ : 12	0.37	0.35			
2008 I ⑤ : S5	I ⑤ : 12	0.51	0.64			
2008 I ⑤ : S6	I ⑤ : 12	0.38	0.3			
2008 I ⑤ : S7	I ⑤ : 13	0.31	0.24			
2008 I ⑤ : S8	I ⑤ : 14	0.6	0.41			
2008 I ⑤ : S9	I ⑤ : 18	0.34	0.55			
2008 I ⑤ : S10	I ⑤ : 20	0.59	0.43			
2008 I ⑤ : S11	I ⑤ : 22	0.44	0.2			
2008 I ⑤ : S12	I ⑤ : 23	0.38	0.4			
2008 I ⑤ : S13	I ⑤ : 24	0.62	0.54			

较为重要的是在 2008 年度的发掘中，我们还发现一处保存较为完整的烧土坑，编号为 2008 I ⑤ : S4（图 5 – 2）。其平面大体呈圆形，最长径为 0.37 米，最短径为 0.35 米。剖面呈锅底状，深 4 厘米。在大体呈圆环状的红色烧土带中为灰白色的灰烬土堆积（图版一○一、一○二），其中夹杂有断块、碎屑和兽骨等。坑底和周壁均为呈砖红色的烧土，硬度较高（图版一○三）。这应为一处经过预先处理的人类用火遗迹。即先挖一土坑，修整规整后成为人类用火的场所。

与烧土遗迹共存的有多处石制品集中分布区。大致可分为二类。一类是以一件大的石块为中心，其周边散布有大小等级不同的同一种石材的断块、废片、碎屑等（图版一○四），其中最小的碎屑长、宽在 2~3 毫米左右。位于中心的大石块为石砧，多采用天然河卵石或砾石块，取其较为扁平的一面向上摆放，其面上有许多加工石器时产生的小洼坑。

另一类石制品集中分布区则较为特殊，在第 5 层下部的 DT0102、DT0103、DT0202、DT0203 四个探方交接处不足 2 平方米的范围内堆放有 300 余件砂岩石块，这些砂岩石块大体呈半圆形，厚度约 0.15 米（图 5 – 3；图版一○五），呈灰白色，直径多为 0.03~0.08 米，质地较软，易于风化，并似乎经过烧烤。由这些石块向西还分布有一些大小相近的石块，与这些砂岩石块连接呈圆圈状分布。

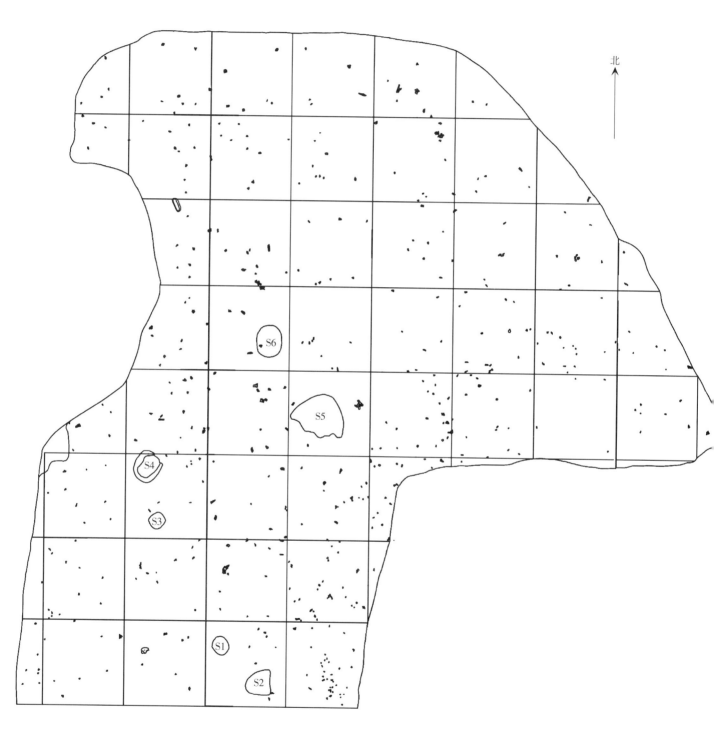

北

图 5－1　龙王辿遗址第一地点第 5 文化层上部烧土遗迹分布图（图中方格为 1 米 × 1 米探方）

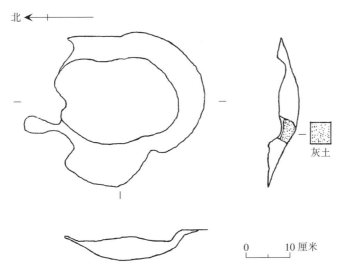

北 ←

灰土

0 10 厘米

图 5－2　龙王辿遗址第一地点 2008 Ⅰ⑤：S4 平、剖面图

在其西南不足 1 米处和东南约 2 米左右的地方，各有一处烧土遗迹。西南部的烧土遗迹为Ⅰ⑤：S3，平面大体呈圆形，直径为 0.34 米，较为纯净，仅有少许炭粒。东南部的烧土遗迹为Ⅰ⑤：S4，这是一处明显的人类自主行为所形成的堆积。

第二节　遗　物

第 5 文化层共出土石制品 16562 件，其中除去部分细石器、细石核、细石叶和磨制石器外，大量的是石块、断块、石片和碎屑。所用石料多采自河滩砾石，质地主要有燧石、石英、脉石英、页岩、硬质砂岩等。

一　石片

共发现 2307 件，包括完整石片、不完整石片和砸击石片等，部分石片有使用痕迹。

标本 2005Ⅰ⑤：130，燧石，Ⅱ3 类。近线形台面，远端为圆弧形，边缘部有连续分布的崩损。长 45.1、宽 22.8、厚 6 毫米，重 5.32 克（图 5－4，1；图版一〇六，1）。

标本 2005Ⅰ⑤：125，燧石，Ⅱ3 类。线形台面，远端有崩损。长 14.6、宽 10.5、厚 3.7 毫米，重 0.63 克（图 5－4，2；图版一〇六，2）。

标本 2005Ⅰ⑤：123，燧石，Ⅱ3 类。线形台面，远端有崩损。长 13.5、宽 10.5、厚 2.1 毫米，重 0.27 克（图 5－4，3；图版一〇六，3）。

标本 2005Ⅰ⑤：137，燧石，Ⅱ3 类。台面角 78°，台面宽 2.8 毫米，两侧较平直，背有一脊，远端弧形，有崩损。长 30.1、宽 16.5、厚 4.8 毫米，重 2.25 克（图 5－4，4；图版一〇六，4）。

标本 2005Ⅰ⑤：110，燧石，Ⅱ3 类。台面角 92°，台面宽 3.1 毫米，两侧较平直，两极石片。长 21.9、宽 14.9、厚 3.1 毫米，重 0.97 克（图 5－4，5；图版一〇六，5）。

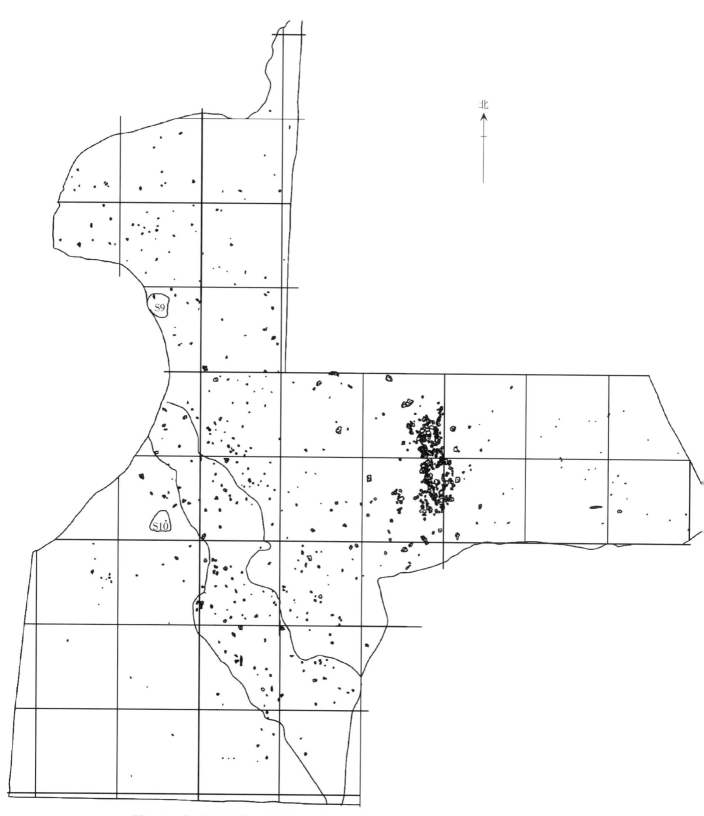

北

图 5－3 龙王辿遗址第一地点第 5 文化层石制品集中分布区（图中方格为 1 米 × 1 米探方）

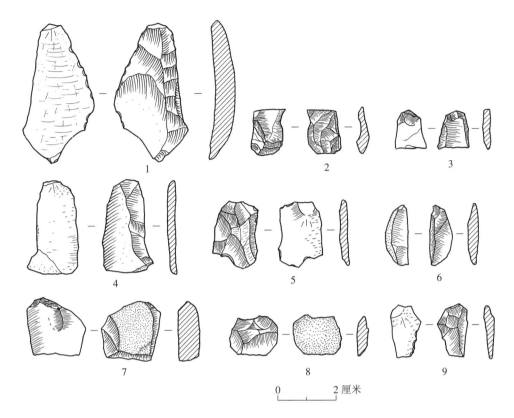

图 5 - 4　第 5 文化层出土石片（1）

1. 2005 Ⅰ⑤：130　2. 2005 Ⅰ⑤：125　3. 2005 Ⅰ⑤：123　4. 2005 Ⅰ⑤：137　5. 2005 Ⅰ⑤：110　6. 2005 Ⅰ⑤：168　7. 2005
Ⅰ⑤：166　8. 2005 Ⅰ⑤：115　9. 2005 Ⅰ⑤：143

标本 2005 Ⅰ⑤：168，石英，Ⅱ3 类。线形台面。右剥片，右侧边缘平直，有连续分布的崩损。
长 19.5、宽 7.6、厚 3.3 毫米，重 0.62 克（图 5 - 4，6；图版一○六，6）。

标本 2005 Ⅰ⑤：166，燧石，Ⅱ3 类。台面角 88°，台面宽 7.2 毫米，两侧平直，远端弧形，有
崩损。长 19.2、宽 18、厚 7.2 毫米，重 3.6 克（图 5 - 4，7；图版一○六，7）。

标本 2005 Ⅰ⑤：115，燧石，Ⅱ3 类。台面角 114°，台面宽 3.2 毫米，背有一脊，远端有片疤。
长 17.2、宽 13.2、厚 3.9 毫米，重 0.94 克（图 5 - 4，8；图版一○六，8）。

标本 2005 Ⅰ⑤：143，燧石，Ⅱ3 类。线形台面，背有一脊，脊两侧有片疤。长 16.8、宽
10.2、厚 3.8 毫米，重 0.44 克（图 5 - 4，9；图版一○六，9）。

标本 2005 Ⅰ⑤：534，石英岩，Ⅱ3 类。台面角 82°，台面宽 5.4 毫米，平面大体呈铲形，远端
较平整，有崩损。长 42.1、宽 26.5、厚 7.1 毫米，重 5.87 克（图 5 - 5，1；图版一○七，1）。

标本 2005 Ⅰ⑤：539，凝灰岩，原料为砾石，Ⅱ2 类。近线形台面，平面大体呈心形，远端圆
弧，有崩损。长 20、宽 19.5、厚 5.9 毫米，重 2.14 克（图 5 - 5，2；图版一○七，2）。

标本 2005 Ⅰ⑤：533，燧石，Ⅱ3 类。台面角 108°，台面宽 1.8 毫米，背面近远端处有细石叶剥
片疤，细石核调整剥片。长 24.1、宽 14.7、厚 5 毫米，重 1.69 克（图 5 - 5，3；图版一○七，3）。

标本 2005 Ⅰ⑤：104，石英岩，Ⅱ3 类。台面角 116°，台面宽 4.9 毫米，远端尖突，有崩损。
长 32、宽 17.4、厚 4.9 毫米，重 2.13 克（图 5 - 5，4；图版一○七，4）。

标本 2005 Ⅰ⑤：101，燧石，Ⅱ3 类。线形台面，背有一脊，远端平直，有连续分布的崩损。

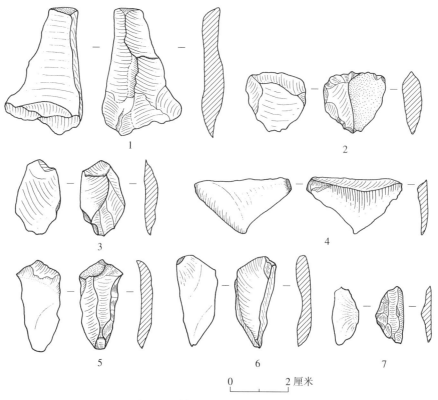

图 5 - 5　第 5 文化层出土石片（2）

1. 2005 Ⅰ⑤:534　2. 2005 Ⅰ⑤:539　3. 2005 Ⅰ⑤:533　4. 2005 Ⅰ⑤:104　5. 2005 Ⅰ⑤:101
6. 2005 Ⅰ⑤:80　7. 2005 Ⅰ⑤:89

长 29.1、宽 15、厚 4 毫米，重 1.46 克（图 5 - 5，5；图版一〇七，5）。

标本 2005 Ⅰ⑤:80，燧石，Ⅱ3 类。线形台面，远端尖锐，为一小的平直刃，有崩损。长 29.9、宽 18.5、厚 3.1 毫米，重 1.06 克（图 5 - 5，6；图版一〇七，6）。

标本 2005 Ⅰ⑤:89，燧石，Ⅱ3 类。线形台面，背有片疤。长 18.1、宽 8.7、厚 2.4 毫米，重 0.33 克（图 5 - 5，7；图版一〇七，7）。

标本 2005 Ⅰ⑤:330，玉髓，Ⅱ3 类。台面角 104°，台面宽 2.4 毫米，右剥片，右侧弧形，边缘部有崩损。长 27.1、宽 12.1、厚 3.1 毫米，重 1.09 克（图 5 - 6，1；图版一〇八，1）。

标本 2005 Ⅰ⑤:61，燧石，Ⅱ3 类。线形台面，背有一脊，脊两侧有片疤。长 22.2、宽 15.9、厚 4.1 毫米，重 1.17 克（图 5 - 6，2；图版一〇八，2）。

标本 2005 Ⅰ⑤:207，燧石，Ⅱ3 类。线形台面，背有一脊。长 24.2、宽 8.5、厚 2.5 毫米，重 0.53 克（图 5 - 6，3；图版一〇八，3）。

标本 2005 Ⅰ⑤:328，燧石，Ⅱ3 类。近线形台面，两极石片，两侧平直。长 16.5、宽 13.1、厚 3.8 毫米，重 0.89 克（图 5 - 6，4；图版一〇八，4）。

标本 2005 Ⅰ⑤:63，燧石，Ⅱ3 类。线形台面，龟背状，背有片疤。长 22.1、宽 15.4、厚 5.8 毫米，重 1.96 克（图 5 - 6，5；图版一〇八，5）。

标本 2005 Ⅰ⑤:318，燧石，Ⅱ3 类。线形台面，背有一脊，远端尖锐，有崩损。长 19.4、宽 11.1、厚 3.9 毫米，重 0.59 克（图 5 - 6，6；图版一〇八，6）。

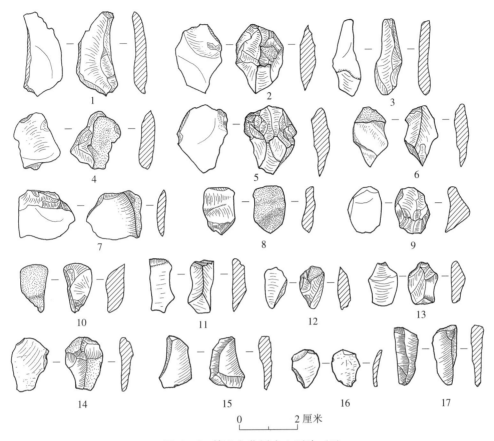

图5-6　第5文化层出土石片（3）

1. 2005 I ⑤：330　2. 2005 I ⑤：61　3. 2005 I ⑤：207　4. 2005 I ⑤：328　5. 2005 I ⑤：63　6. 2005 I ⑤：318
7. 2005 I ⑤：313　8. 2005 I ⑤：335　9. 2005 I ⑤：327　10. 2005 I ⑤：316　11. 2005 I ⑤：221　12. 2005 I ⑤：211
13. 2005 I ⑤：351　14. 2005 I ⑤：30　15. 2005 I ⑤：14　16. 2005 I ⑤：54　17. 2005 I ⑤：45

标本 2005 I ⑤：313，玉髓，Ⅱ 3 类。线形台面，远端尖锐，有崩损。长 20.1、宽 16.2、厚 4.1 毫米，重 0.96 克（图 5-6，7；图版一〇八，7）。

标本 2005 I ⑤：335，燧石，Ⅱ 3 类。线形台面，两极石片。长 14.4、宽 10、厚 2 毫米，重 0.5 克（图 5-6，8；图版一〇八，8）。

标本 2005 I ⑤：327，燧石，Ⅱ 3 类。台面角 108°，台面宽 2.8 毫米，远端有 4 条细石叶剥片疤，细石核弧形调整剥片。长 15.4、宽 11.2、厚 7.3 毫米，重 1.3 克（图 5-6，9；图版一〇八，9）。

标本 2005 I ⑤：316，燧石，Ⅱ 3 类。线形台面，背有一脊，远端尖锐，有崩损。长 16.2、宽 9.1、厚 5.8 毫米，重 0.68 克（图 5-6，10；图版一〇八，10）。

标本 2005 I ⑤：221，燧石，Ⅱ 3 类。线形台面，两侧平行，背有一脊，两极石片。长 17.1、宽 7.2、厚 4.5 毫米，重 0.54 克（图 5-6，11；图版一〇八，11）。

标本 2005 I ⑤：211，燧石，Ⅱ 3 类。线形台面，背有片疤，远端尖锐，有崩损。长 13.6、宽 8.1、厚 4 毫米，重 0.48 克（图 5-6，12；图版一〇八，12）。

标本 2005 I ⑤：351，燧石，Ⅱ 3 类。线形台面，背有一脊。脊两侧有片疤。长 14、宽 10、厚 4.2 毫米，重 0.46 克（图 5-6，13；图版一〇八，13）。

标本 2005 I ⑤：30，燧石，Ⅱ 3 类。线形台面，背有一脊，远端折断。长 17.3、宽 12.1、厚

4.8毫米，重0.8克（图5-6，14；图版一〇八，14）。

标本2005 I ⑤：14，石英，II 3类。线形台面，远端弧形，刃缘部有连续分布的崩损。长16.1、宽11.1、厚2.9毫米，重0.62克（图5-6，15；图版一〇八，15）。

标本2005 I ⑤：54，燧石，II 3类。台面角94°，台面宽2.2毫米，大体呈心形，边缘有崩损。长12.1、宽8.1、厚2.2毫米，重0.18克（图5-6，16；图版一〇八，16）。

标本2005 I ⑤：45，石英，II 3类。台面角88°，台面宽3.9毫米，背有一脊，两侧近平行，远端有崩损。长18.2、宽7.8、厚3.9毫米，重0.46克（图5-6，17；图版一〇八，17）。

标本2005 I ⑤：423，燧石，II 3类。台面角78°，台面宽6毫米，边缘有细石叶片疤，细石核台面横向调整剥片。长25、宽22、厚6毫米，重3.46克（图5-7，1；图版一〇九，1）。

标本2005 I ⑤：412，石英岩，II 3类。线形台面，远端尖锐，有崩损。长18.9、宽13.1、厚2.7毫米，重0.58克（图5-7，2；图版一〇九，2）。

标本2005 I ⑤：433，II 3类。燧石。线形台面，背有一脊，远端尖锐，有阶梯状崩损。长17.1、宽9、厚2.5毫米，重0.34克（图5-7，3；图版一〇九，3）。

标本2005 I ⑤：424，燧石，原料为砾石，II 2类。线形台面，远端圆弧，有崩损。长21.1、宽16.1、厚4.9毫米，重1.52克（图5-7，4；图版一〇九，4）。

标本2005 I ⑤：410，燧石，原料为砾石，II 2类。线形台面，远端尖锐，有崩损。长17、宽12.8、厚6.7毫米，重0.8克（图5-7，5；图版一〇九，5）。

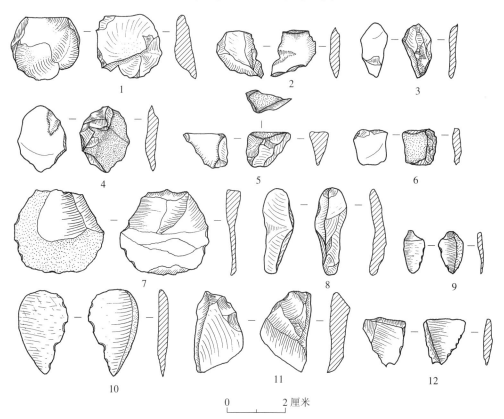

图5-7 第5文化层出土石片（4）

1. 2005 I ⑤：423 2. 2005 I ⑤：412 3. 2005 I ⑤：433 4. 2005 I ⑤：424 5. 2005 I ⑤：410 6. 2005 I ⑤：406 7. 2005 I ⑤：32 8. 2005 I ⑤：425 9. 2005 I ⑤：1 10. 2005 I ⑤：17 11. 2005 I ⑤：13 12. 2005 I ⑤：23

标本 2005 I ⑤：406，燧石，Ⅱ3 类。线形台面，远端尖锐，有崩损。长 11.1、宽 11、厚 2.5 毫米，重 0.36 克（图 5 - 7，6；图版一〇九，6）。

标本 2005 I ⑤：32，燧石，原料为砾石，Ⅱ2 类。台面角 104°，台面宽 5.1 毫米，大体呈扇形，周边圆弧，刃缘部有崩损。长 30.3、宽 27.1、厚 5.1 毫米，重 3.25 克（图 5 - 7，7；图版一〇九，7）。

标本 2005 I ⑤：425，石英，Ⅱ3 类。线形台面，略有弧度，远端平直。有崩损。长 28.1、宽 9.9、厚 3.9 毫米，重 0.84 克（图 5 - 7，8；图版一〇九，8）。

标本 2005 I ⑤：1，石英岩，原料为砾石，Ⅱ2 类。近端残，远端尖锐。长 13.9、宽 8.1、厚 3.1 毫米，重 0.26 克（图 5 - 7，9；图版一〇九，9）。

标本 2005 I ⑤：17，石英岩，原料为砾石，Ⅰ2 类。台面角 96°，台面宽 4.3 毫米，右侧边缘平直，刃缘部有崩损。长 28、宽 16.6、厚 4.3 毫米，重 1.49 克（图 5 - 7，10；图版一〇九，10）。

标本 2005 I ⑤：13，石英，Ⅱ3 类。台面角 82°，台面宽 5.9 毫米，远端弧形，刃缘部有崩损。长 26.5、宽 16.6、厚 5.9 毫米，重 2.46 克（图 5 - 7，11；图版一〇九，11）。

标本 2005 I ⑤：23，石英，Ⅱ3 类。台面角 94°，台面宽 3.8 毫米，远端残，有崩损。长 17.8、宽 16.9、厚 3.8 毫米，重 0.77 克（图 5 - 7，12；图版一〇九，12）。

标本 2005 I ⑤：57，石英岩，原料为砾石，Ⅰ3 类。台面角 84°，台面宽 11.5 毫米，远端尖锐，有崩损。长 21.8、宽 16.3、厚 11.5 毫米，重 3.3 克（图 5 - 8，1；图版一一〇，1）。

标本 2005 I ⑤：50，燧石，Ⅱ3 类。线形台面，背面有不完全的细石叶剥片疤，远端较尖锐。长 26、宽 8.9、厚 3.7 毫米，重 0.74 克（图 5 - 8，2；图版一一〇，2）。

标本 2005 I ⑤：286，石英岩，Ⅱ3 类。线形台面，远端尖锐，有崩损。长 18.1、宽 10、厚 4.3 毫米，重 0.51 克（图 5 - 8，3；图版一一〇，3）。

标本 2005 I ⑤：16，石英岩，原料为砾石，Ⅰ3 类。台面角 92°，台面宽 8.8 毫米，远端较平直，刃缘部有崩损。长 24.8、宽 15、厚 8.8 毫米，重 2.9 克（图 5 - 8，4；图版一一〇，4）。

标本 2005 I ⑤：3，石英，Ⅱ3 类。近端残，远端弧形，有崩损。长 17.3、宽 13.1、厚 5 毫米，重 1.26 克（图 5 - 8，5；图版一一〇，5）。

标本 2005 I ⑤：53，燧石，Ⅱ3 类。线形台面，左侧边缘弧形，刃缘部有连续的崩损。长 20.5、宽 12.4、厚 4 毫米，重 0.89 克（图 5 - 8，6；图版一一〇，6）。

标本 2005 I ⑤：33，燧石，Ⅱ3 类。近端残，远端尖锐，有崩损。长 18.2、宽 15.9、厚 8.9 毫米，重 2.4 克（图 5 - 8，7；图版一一〇，7）。

标本 2005 I ⑤：276，燧石，Ⅱ3 类。线形台面，背有细石叶剥片疤，细石核调整剥片。长 9.3、宽 15.2、厚 2.7 毫米，重 0.42 克（图 5 - 8，8；图版一一〇，8）。

标本 2005 I ⑤：311，石英岩，Ⅱ3 类。线形台面，两极石片。长 19.5、宽 12.1、厚 2.9 毫米，重 0.73 克（图 5 - 8，9；图版一一〇，9）。

标本 2005 I ⑤：273，燧石，原料为砾石，Ⅱ2 类。近线形台面，两极石片。长 29.1、宽 24.2、厚 7.8 毫米，重 5.6 克（图 5 - 8，10；图版一一〇，10）。

标本 2005 I ⑤：298，石英，Ⅱ3 类。台面角 86°，台面宽 2.6 毫米，两侧较平直，两极石片。长 19.2、宽 15.1、厚 3 毫米，重 0.84 克（图 5 - 8，11；图版一一〇，11）。

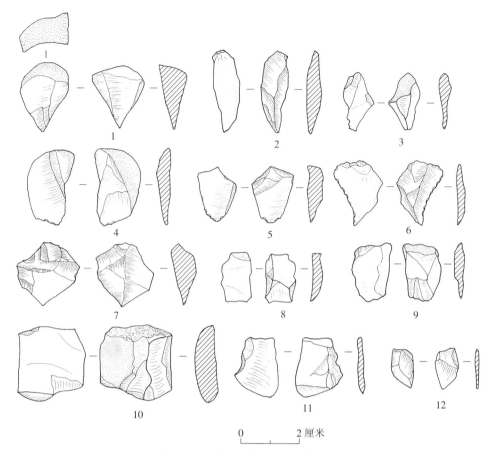

0 — 2 厘米

图 5-8 第 5 文化层出土石片（5）

1. 2005 I ⑤ : 57   2. 2005 I ⑤ : 50   3. 2005 I ⑤ : 286   4. 2005 I ⑤ : 16   5. 2005 I ⑤ : 3   6. 2005 I ⑤ : 53   7. 2005 I ⑤ : 33
8. 2005 I ⑤ : 276   9. 2005 I ⑤ : 311   10. 2005 I ⑤ : 273   11. 2005 I ⑤ : 298   12. 2005 I ⑤ : 47

标本 2005 I ⑤ : 47，燧石，II 3 类。线形台面，远端尖锐。长 13.5、宽 7.6、厚 1.5 毫米，重 0.14 克（图 5-8，12；图版一一〇，12）。

标本 2005 I ⑤ : 287，燧石，II 3 类。台面角 78°，台面宽 10.5 毫米，远端弧形，有崩损。长 23.9、宽 19.2、厚 10.5 毫米，重 4.48 克（图 5-9，1；图版一一一，1）。

标本 2005 I ⑤ : 240，石英岩，II 3 类。线形台面，远端平直，有连续分布的崩损。长 15.1、宽 12.6、厚 2.1 毫米，重 0.48 克（图 5-9，2；图版一一一，2）。

标本 2005 I ⑤ : 280，燧石，II 3 类。线形台面，背有一脊，远端弧形，有连续分布的崩损。长 16.1、宽 6、厚 2.5 毫米，重 0.32 克（图 5-9，3；图版一一一，3）。

标本 2005 I ⑤ : 284，燧石，原料为砾石，II 1 类。线形台面，右侧边缘弧形，边缘部有崩损。长 28.1、宽 16.2、厚 5.1 毫米，重 2.05 克（图 5-9，4；图版一一一，4）。

标本 2005 I ⑤ : 310，燧石，II 3 类。近端残，远端较平直，有崩损。长 19、宽 16.5、厚 4.1 毫米，重 1.2 克（图 5-9，5；图版一一一，5）。

标本 2005 I ⑤ : 353，燧石，II 3 类。线形台面，大体呈心形，远端圆弧，边缘部有崩损。长 13.2、宽 12.1、厚 2 毫米，重 0.4 克（图 5-9，6；图版一一一，6）。

标本 2005 I ⑤ : 375，石英岩，原料为砾石，II 2 类。线形台面，远端尖锐，有崩损。长 27.8、

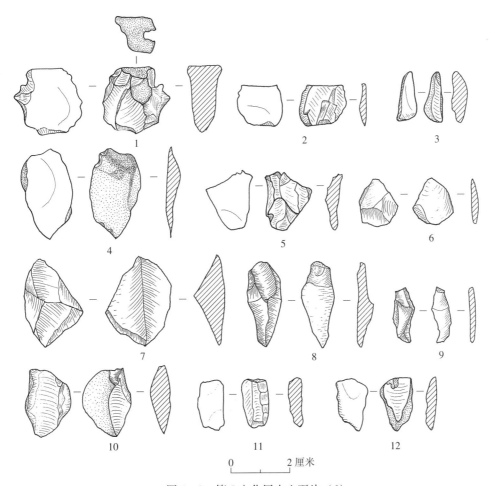

图 5 - 9　第 5 文化层出土石片（6）

1. 2005 Ⅰ⑤：287　2. 2005 Ⅰ⑤：240　3. 2005 Ⅰ⑤：280　4. 2005 Ⅰ⑤：284　5. 2005 Ⅰ⑤：310　6. 2005 Ⅰ⑤：353　7. 2005 Ⅰ⑤：375　8. 2005 Ⅰ⑤：394　9. 2005 Ⅰ⑤：363　10. 2005 Ⅰ⑤：531　11. 2005 Ⅰ⑤：527　12. 2005 Ⅰ⑤：494

宽 19.2、厚 11.9 毫米，重 4.58 克（图 5 - 9，7；图版一一一，7）。

标本 2005 Ⅰ⑤：394，燧石，Ⅱ3 类。台面角 104°，台面宽 4.6 毫米，远端尖锐，有崩损。长 27.6、宽 10.5、厚 6.1 毫米，重 1.48 克（图 5 - 9，8；图版一一一，8）。

标本 2005 Ⅰ⑤：363，燧石，原料为砾石，Ⅱ2 类。台面角 98°，台面宽 3.2，远端较平直，有崩损。长 17.9、宽 6.9、厚 3.2 毫米，重 0.35 克（图 5 - 9，9；图版一一一，9）。

标本 2005 Ⅰ⑤：531，石英岩，原料为砾石，Ⅱ2 类。线形台面，远端圆弧，有崩损。长 21.9、宽 16.8、厚 7.1 毫米，重 2.16 克（图 5 - 9，10；图版一一一，10）。

标本 2005 Ⅰ⑤：527，燧石，Ⅱ3 类。台面角 78°，台面宽 3.9 毫米，背有一脊，脊左侧有细石叶剥片疤，细石核调整剥片。长 15、宽 8.2、厚 3.9 毫米，重 0.63 克（图 5 - 9，11；图版一一一，11）。

标本 2005 Ⅰ⑤：494，燧石，原料为砾石，Ⅱ2 类。线形台面，远端尖锐，有崩损。长 17、宽 11.2、厚 3 毫米，重 0.55 克（图 5 - 9，12；图版一一一，12）。

标本 2005 Ⅰ⑤：389，石英岩，原料为砾石，Ⅱ2 类。台面角 78°，台面宽 8.2 毫米，背有一脊，远端尖锐，有崩损。长 64、宽 34.9、厚 10 毫米，重 19.76 克（图 5 - 10，1；图版一一二，1）。

标本 2005 Ⅰ⑤：387，石英岩，原料为砾石，Ⅰ3 类。台面角 104°，台面宽 4.8 毫米，远端较

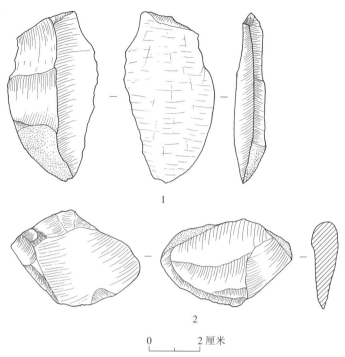

图 5 - 10　第 5 文化层出土石片（7）
1. 2005 I ⑤：389　2. 2005 I ⑤：387

平直，有崩损。长 33.8、宽 50.5、厚 11.1 毫米，重 15.84 克（图 5 - 10，2；图版一一二，2）。

　　标本 2005 I ⑤：507，石英岩，原料为砾石，I 3 类。台面角 98°，台面宽 7.2 毫米，远端有一尖突，有崩损。长 31.1、宽 26.3、厚 7.2 毫米，重 6.79 克（图 5 - 11，1；图版一一三，1）。

　　标本 2005 I ⑤：500，燧石，原料为砾石，II 2 类。线形台面，远端尖锐，有崩损。长 28.1、宽 13.5、厚 6 毫米，重 1.79 克（图 5 - 11，2；图版一一三，2）。

　　标本 2005 I ⑤：511，石英岩，II 3 类。台面角 101°，台面宽 2.2 毫米，右侧边缘有一尖突，有崩损。长 17.9、宽 37.1、厚 7.3 毫米，重 5.04 克（图 5 - 11，3；图版一一三，3）。

　　标本 2005 I ⑤：447，石英岩，原料为砾石，I 2 类。线形台面，远端尖锐，有崩损。长 30.7、宽 20、厚 7 毫米，重 4.1 克（图 5 - 11，4；图版一一三，4）。

　　标本 2005 I ⑤：528，石英岩，原料为砾石，I 3 类。台面角 72°，台面宽 9.1 毫米，远端平直，有崩损。长 14、宽 38.1、厚 9.1 毫米，重 4.03 克（图 5 - 11，5；图版一一三，5）。

　　标本 2005 I ⑤：501，燧石，原料为砾石，II 2 类。台面角 104°，台面宽 3.2 毫米，远端圆弧，有崩损。长 20.1、宽 16.9、厚 4.8 毫米，重 1.44 克（图 5 - 11，6；图版一一三，6）。

　　标本 2005 I ⑤：503，石英岩，II 3 类。台面角 92°，台面宽 15.5 毫米，远端平直，有崩损，可与 524 拼合。长 38、宽 28、厚 15.5 毫米，重 14.78 克（图 5 - 12，1；图版一一四，1）。
标本 2005 I ⑤：488，燧石，II 3 类。近端残，远端平直，有崩损。长 18.8、宽 10.1、厚 5.2 毫米，重 0.92 克（图 5 - 12，2；图版一一四，2）。

　　标本 2005 I ⑤：524，石英岩，II 3 类。近端残，背有一脊，远端弧形，有崩损，可与 503 拼合。长 43、宽 28.9、厚 11.1 毫米，重 12.64 克（图 5 - 12，3；图版一一四，4）。

　　标本 2005 I ⑤：484，燧石，II 3 类。线形台面，远端尖锐，有崩损。长 18.9、宽 11.1、厚

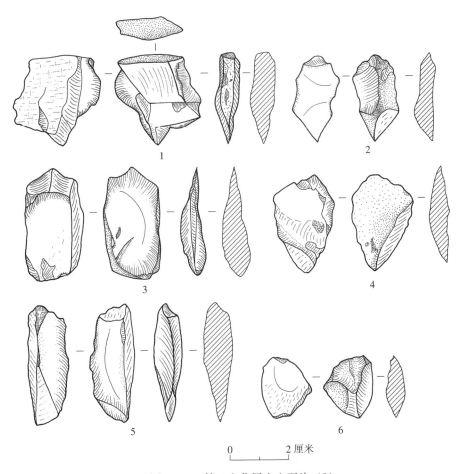

0 _____ 2厘米

图5-11　第5文化层出土石片（8）

1.2005Ⅰ⑤:507　2.2005Ⅰ⑤:500　3.2005Ⅰ⑤:511　4.2005Ⅰ⑤:447　5.2005Ⅰ⑤:528　6.2005Ⅰ⑤:501

5.4毫米，重1.06克（图5-12，4；图版一一四，3）。

　　标本2005Ⅰ⑤:506，石英岩，原料为砾石，Ⅰ2类。台面角78°，线形台面，远端平直，有崩损。长36.2、宽31.1、厚9.2毫米，重9.88克（图5-12，5；图版一一四，5）。

　　标本2005Ⅰ⑤:453，石英，原料为砾石，Ⅰ3类。台面角84°，台面宽6毫米，背有一脊，远端弧形，有崩损。长20.4、宽12、厚6毫米，重1.27克（图5-12，6；图版一一四，6）。

　　标本2005Ⅰ⑤:472，石英岩，原料为砾石，Ⅰ2类。台面角96°，台面宽14.6毫米，右侧边缘较平直，有崩损。长49.6、宽31.3、厚14.6毫米，重20.04克（图5-13，1；图版一一五，1）。

　　标本2005Ⅰ⑤:454，燧石，Ⅱ3类。线形台面，右剥片，远端尖锐，有崩损。长17.9、宽7.1、厚2.1毫米，重0.27克（图5-13，2；图版一一五，2）。

　　标本2005Ⅰ⑤:217，石英岩，原料为砾石，Ⅰ2类。台面角116°，台面宽11.8毫米，右侧边缘平直，边缘部有崩损。长58、宽46.1、厚13.7毫米，重39.98克（图5-14，1；图版一一六，1）。

　　标本2005Ⅰ⑤:171，石英岩，原料为砾石，Ⅱ1类。台面角82°，台面宽9.8毫米，右侧边缘弧形，边缘部有连续分布的崩损。长39.6、宽25.4、厚11.7毫米，重13.11克（图5-14，2；

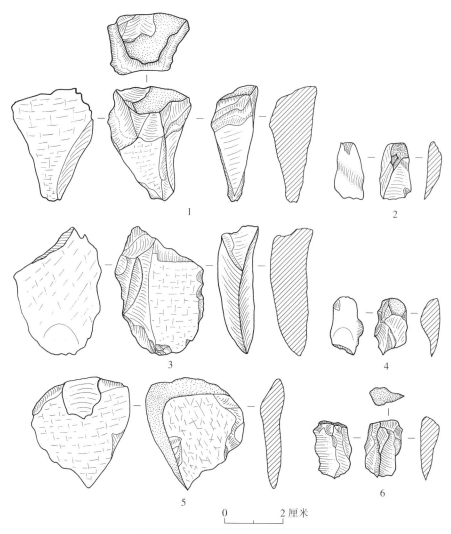

图 5-12 第 5 文化层出土石片（9）

1. 2005 I ⑤：503　2. 2005 I ⑤：488　3. 2005 I ⑤：524　4. 2005 I ⑤：484　5. 2005 I ⑤：506　6. 2005 I ⑤：453

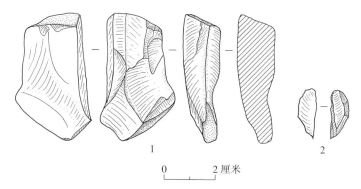

图 5-13 第 5 文化层出土石片（10）

1. 2005 I ⑤：472　2. 2005 I ⑤：454

图版一一六，2）。

标本 2005 I ⑤：229，石英岩，Ⅱ3 类。台面角 86°，台面宽 8.2 毫米，左剥片，断面呈三角形，远端尖锐，有崩损。长 35.7、宽 16.8、厚 11.2 毫米，重 5.17 克（图 5-14，3；图版一一

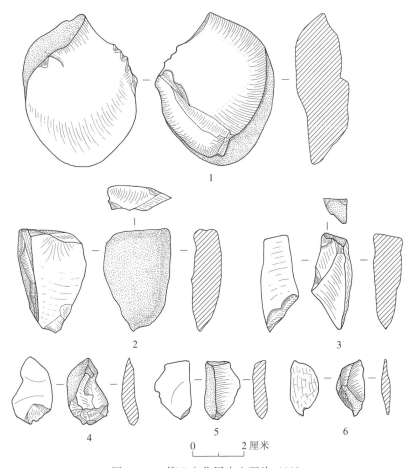

图 5 – 14　第 5 文化层出土石片（11）

1. 2005 Ⅰ⑤：217　2. 2005 Ⅰ⑤：171　3. 2005 Ⅰ⑤：229　4. 2005 Ⅰ⑤：228　5. 2005 Ⅰ⑤：216　6. 2005 Ⅰ⑤：397

六，3）。

标本 2005 Ⅰ⑤：228，燧石，Ⅱ3 类。线形台面，远端尖锐，有崩损。长 24.6、宽 15.1、厚 3.5 毫米，重 1.24 克（图 5 – 14，4；图版一一六，4）。

标本 2005 Ⅰ⑤：216，燧石，原料为砾石，Ⅱ2 类。台面角 88°，台面宽 3.2 毫米，远端较尖锐，有崩损。长 21、宽 13.1、厚 4.5 毫米，重 1.13 克（图 5 – 14，5；图版一一六，5）。

标本 2005 Ⅰ⑤：397，燧石，原料为砾石，Ⅰ3 类。台面角 101°，台面宽 4.3 毫米，远端较平直，有崩损。长 20.3、宽 10.9、厚 5.1 毫米，重 0.99 克（图 5 – 14，6；图版一一六，6）。

标本 2005 Ⅰ⑤：367，燧石，原料为砾石，Ⅰ1 类。台面角 112°，台面宽 6.4 毫米，背有一自然棱脊，远端有崩损。长 29.1、宽 20.8、厚 9.5 毫米，重 6.76 克（图 5 – 15，1；图版一一七，1）。

标本 2005 Ⅰ⑤：379，燧石，Ⅱ3 类。线形台面，远端尖锐，有崩损。长 16.7、宽 14.5、厚 2.6 毫米，重 0.53 克（图 5 – 15，2；图版一一七，2）。

标本 2005 Ⅰ⑤：364，燧石，原料为砾石，Ⅱ2 类。台面角 86°，台面宽 4.1 毫米，背有一自然棱脊，断面呈三角形，远端有崩损。长 17、宽 8.1、厚 4.1 毫米，重 0.72 克（图 5 – 15，3；图版一一七，3）。

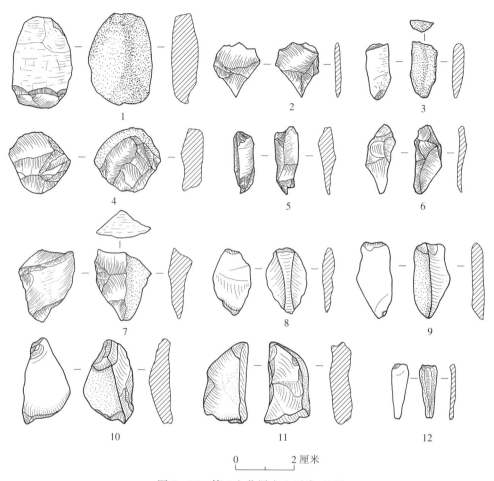

0   2 厘米

图 5 - 15   第 5 文化层出土石片（12）

1. 2005 I ⑤：367   2. 2005 I ⑤：379   3. 2005 I ⑤：364   4. 2005 I ⑤：365   5. 2005 I ⑤：358   6. 2005 I ⑤：359   7. 2005 I ⑤：392   8. 2005 I ⑤：422   9. 2005 I ⑤：428   10. 2005 I ⑤：416   11. 2005 I ⑤：435   12. 2005 I ⑤：86

标本 2005 I ⑤：365，石英，原料为砾石，I 3 类。台面角 72°，台面宽 7.8 毫米，远端弧形，有崩损。长 21.1、宽 18.9、厚 8.8 毫米，重 4.3 克（图 5 - 15，4；图版一一七，4）。

标本 2005 I ⑤：358，燧石，II 3 类。近端残，远端尖锐，有小的崩损。长 21、宽 8.1、厚 4.8 毫米，重 0.75 克（图 5 - 15，5；图版一一七，5）。

标本 2005 I ⑤：359，燧石，II 3 类。线形台面，远端尖锐，有崩损。长 22.2、宽 7.9、厚 2.1 毫米，重 0.75 克（图 5 - 15，6；图版一一七，6）。

标本 2005 I ⑤：392，石英岩，原料为砾石，II 2 类。线形台面，远端圆弧有崩损。长 25.2、宽 19.9、厚 9 毫米，重 2.45 克（图 5 - 15，7；图版一一七，7）。

标本 2005 I ⑤：422，燧石，II 3 类。近线形台面，背面有细石叶剥片疤，细石核调整剥片。长 21.1、宽 13、厚 4.1 毫米，重 1.01 克（图 5 - 15，8；图版一一七，8）。

标本 2005 I ⑤：428，燧石，II 2 类。台面角 92°，台面宽 35 毫米，背有一脊，远端尖锐，有崩损。长 24.1、宽 11.4、厚 3.5 毫米，重 1.03 克（图 5 - 15，9；图版一一七，9）。

标本 2005 I ⑤：416，石英岩，II 3 类。台面角 72°，台面宽 5.4 毫米，远端似有一小的平直刃，有崩损。长 28、宽 16.2、厚 7.9 毫米，重 3.41 克（图 5 - 15，10；图版一一七，10）。

标本2005Ⅰ⑤:435，石英岩，原料为砾石，Ⅱ2类。台面角72°，台面宽6.5毫米，左剥片，远端较平直。长26.3、宽14.7、厚6.5毫米，重3.49克（图5-15，11；图版一一七，11）。

标本2005Ⅰ⑤:86，燧石，Ⅱ3类。近端残，有不连续分布的崩损。长15.5、宽14.8、厚2.3毫米，重0.34克（图5-15，12；图版一一七，12）。

标本2005Ⅰ⑤:414，石英岩，Ⅱ3类。近线形台面，左剥片，背有一脊，右侧边缘较平直，有崩损。长52.1、宽30、厚11.5毫米，重17.04克（图5-16，1；图版一一八，1）。

标本2005Ⅰ⑤:432，石英岩，原料为砾石，Ⅱ2类。线形台面，远端圆弧，有崩损，近端背面有条形疤。长33.7、宽28.1、厚10.2毫米，重11.78克（图5-16，2；图版一一八，2）。

标本2005Ⅰ⑤:443，石英岩，原料为砾石，Ⅱ2类。线形台面，远端尖锐，有崩损。长35.5、宽33.7、厚10.2毫米，重9.86克（图5-16，3；图版一一八，3）。

标本2005Ⅰ⑤:415，石英岩，Ⅱ3类。线形台面，远端尖锐，有崩损。长30、宽19.2、厚7.5毫米，重4.83克（图5-16，4；图版一一八，4）。

标本2005Ⅰ⑤:418，石英岩，Ⅰ3类。台面角98°，台面宽8.2毫米，两极石片，左侧边缘弧形，有锯齿状崩损。长44.1、宽24.8、厚10毫米，重10.09克（图5-16，5；图版一一八，5）。

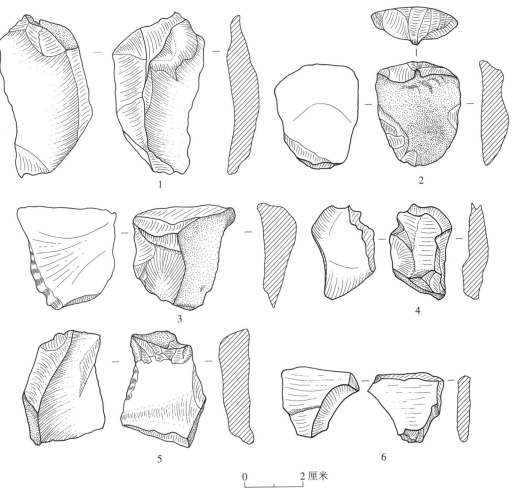

0　　　　2厘米

图5-16　第5文化层出土石片（13）

1. 2005Ⅰ⑤:414　2. 2005Ⅰ⑤:432　3. 2005Ⅰ⑤:443　4. 2005Ⅰ⑤:415　5. 2005Ⅰ⑤:418　6. 2005Ⅰ⑤:405

标本 2005 I ⑤：405，燧石，Ⅱ3 类。近端残，远端尖锐，有崩损。长 26.1、宽 23、厚 5 毫米，重 3.29 克（图 5 - 16，6；图版一一八，6）。

标本 2005 I ⑤：241，石英岩，Ⅱ3 类。线形台面，远端平直，有崩损。长 39.4、宽 26.3、厚 8.9 毫米，重 10.29 克（图 5 - 17，1；图版一一九，1）。

标本 2005 I ⑤：308，燧石，Ⅱ3 类。近端残，两侧平行，背有 2 条平行脊，细石核调整剥片。长 40.1、宽 18.9、厚 4 毫米，重 3.8 克（图 5 - 17，2；图版一一九，2）。

标本 2005 I ⑤：251，凝灰岩，Ⅱ3 类。线形台面，远端尖锐，有崩损。长 29.4、宽 2.53、厚 4.3 毫米，重 3.17 克（图 5 - 17，3；图版一一九，6）。

标本 2005 I ⑤：352，燧石，Ⅱ3 类。线形台面，背有一脊，呈龟背状。长 23.4、宽 17.9、厚 8.6 毫米，重 2.74 克（图 5 - 17，4；图版一一九，3）。

标本 2005 I ⑤：333，燧石，Ⅱ3 类。台面角 112°，台面宽 4.6 毫米，平面大体呈扇形，远端弧形，边缘部有连续的锯齿状崩损。长 27.8、宽 20.9、厚 9.5 毫米，重 3.04 克（图 5 - 17，5；图版一一九，4）。

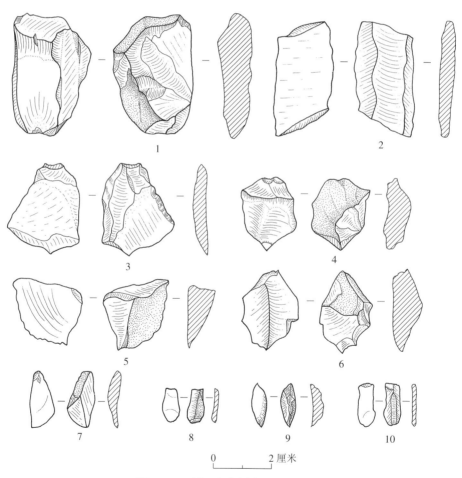

图 5 - 17 第 5 文化层出土石片（14）

1. 2005 I ⑤：241 2. 2005 I ⑤：308 3. 2005 I ⑤：251 4. 2005 I ⑤：352 5. 2005 I ⑤：333 6. 2005 I ⑤：332
7. 2005 I ⑤：72 8. 2005 I ⑤：62 9. 2005 I ⑤：87 10. 2005 I ⑤：91

标本 2005 I ⑤：332，燧石，Ⅱ3 类。线形台面，背有一脊。长 25.9、宽 19.8、厚 9.8 毫米，重 3.56 克（图 5 - 17，6；图版一一九，5）。

标本 2005 I ⑤：72，燧石，Ⅱ3 类。线形台面，远端尖锐，有小的崩损。长 18.1、宽 8.1、厚 3.1 毫米，重 0.38 克（图 5 - 17，7；图版一一九，7）。

标本 2005 I ⑤：62，燧石，Ⅱ3 类。近线形台面，背有一脊。长 11、宽 5.5、厚 1.1 毫米，重 0.08 克（图 5 - 17，8；图版一一九，8）。

标本 2005 I ⑤：87，燧石，Ⅱ3 类。线形台面，背有一脊，脊上有片疤，细石核调整剥片。长 13.8、宽 4.1、厚 3.8 毫米，重 0.19 克（图 5 - 17，9；图版一一九，9）。

标本 2005 I ⑤：91，石英。近线形台面，两侧平直。长 13.3、宽 2.1、厚 1.1 毫米，重 0.07 克（图 5 - 17，10；图版一一九，10）。

标本 2005 I ⑤：344，燧石。台面大体呈刀形，左右两侧有片疤，应为细石核调整剥片。长 40.1、宽 26.5、厚 21.5 毫米，重 20.82 克（图 5 - 18，1；图版一二〇，1）。

标本 2005 I ⑤：346，石英岩，Ⅱ3 类。台面角 82°，台面宽 8.9 毫米，远端较平直，有崩损。长 33.8、宽 19.1、厚 8.9 毫米，重 4.75 克（图 5 - 18，2；图版一二〇，2）。

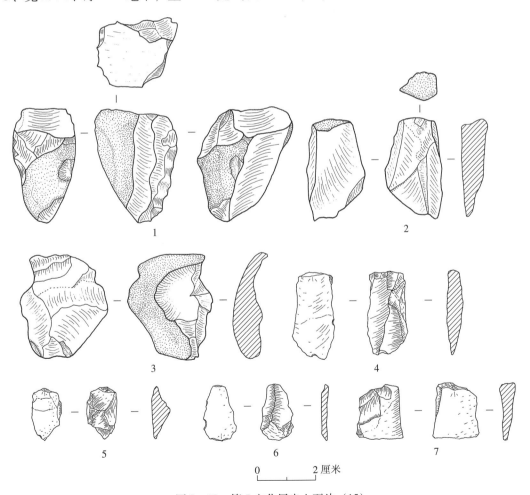

0 ____ 2 厘米

图 5 - 18 第 5 文化层出土石片（15）

1. 2005 I ⑤：344 2. 2005 I ⑤：346 3. 2005 I ⑤：322 4. 2006 I ⑤：2961 5. 2006 I ⑤：1394 6. 2006 I ⑤：1530

7. 2006 I ⑤：3275

标本 2005 I ⑤:322，石英，原料为砾石，II 2 类。线形台面，远端弧形，有崩损。长 29、宽 34.8、厚 11 毫米，重 8.52 克（图 5 - 18，3；图版一二〇，3）。

标本 2006 I ⑤:2961，燧石，II 3 类。台面角 113°，台面宽 3.8，背有阶状疤，远端有连续分布的阶状疤。长 27.7、宽 13.3、厚 4.3 毫米，重 1.62 克（图 5 - 18，4；图版一二〇，4）。

标本 2006 I ⑤:1394，燧石，II 3 类。台面角 96°，台面宽 1.9 毫米，背有片疤，远端有连续分布的阶梯状片疤。长 16.8、宽 10.4、厚 5.4 毫米，重 0.72 克（图 5 - 18，5；图版一二〇，5）。

标本 2006 I ⑤:1530，燧石，II 3 类。台面角 93°，台面宽 2.3 毫米，背有两道平行脊，右侧两阶状疤，连续呈齿状，远端平直。长 18.1、宽 12.4、厚 1.5 毫米，重 0.33 克（图 5 - 18，6；图版一二〇，6）。

标本 2006 I ⑤:3275，石英岩，原料为砾石，I 2 类。台面角 98°，台面宽 4 毫米，背有阶状疤，远端平直，有连续分布的鳞状疤。长 18、宽 14.9、厚 4 毫米，重 1.25 克（图 5 - 18，7；图版一二〇，7）。

标本 2005 I ⑤:178，凝灰岩，II 3 类。台面角 114°，台面宽 11.8 毫米，右侧边缘平直，边缘部有崩损。长 55.2、宽 46.3、厚 12.1 毫米，重 33.22 克（图 5 - 19，1；图版一二一，1）。

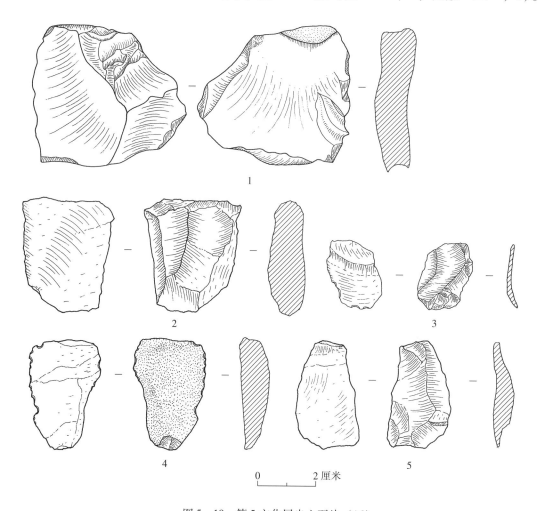

图 5 - 19   第 5 文化层出土石片（16）

1. 2005 I ⑤:178   2. 2006 I ⑤:2931   3. 2006 I ⑤:1491   4. 2006 I ⑤:2872   5. 2006 I ⑤:2866

标本2006 I ⑤：2931，燧石，II3类。台面角94°，台面宽8.3毫米，背有片疤，形态规整，远端有片疤和崩损。长36、宽32.8、厚9.9毫米，重13.88克（图5-19，2；图版一二一，2）。

标本2006 I ⑤：1491，燧石，原料为砾石，I2类。台面角88°，台面宽1.1毫米，背有片疤（同台面），远端有阶梯状片疤。长21.8、宽14.7、厚2.1毫米，重0.97克（图5-19，3；图版一二一，3）。

标本2006 I ⑤：2872，燧石，II2类。台面角119°，台面宽2.8毫米，右侧有多个细小阶状疤，连续呈齿状，背有小片疤。长35.6、宽24、厚6.2毫米，重5.74克（图5-19，4；图版一二一，4）。

标本2006 I ⑤：2866，燧石，原料为砾石，II2类。台面角103°，台面宽3.3毫米，背有片疤，左侧边缘有连续分布的细小鳞状疤，呈锯齿状。长34.9、宽21.2、厚5.9毫米，重4.33克（图5-19，5；图版一二一，5）。

标本2006 I ⑤：1535，燧石，II3类。台面角90°，台面宽2.1毫米，背有阶状疤、片疤，左右两侧呈齿状。长24.9、宽18.2、厚4.2毫米，重1.99克（图5-20，1；图版一二二，1）。

标本2006 I ⑤：841，燧石，II3类。台面宽2.1毫米，左、右两侧近平行状，背有片疤，两端平直，有阶梯状片疤。长16.9、宽12.8、厚5.8毫米，重1.46克（图5-20，2；图版一二二，2）。

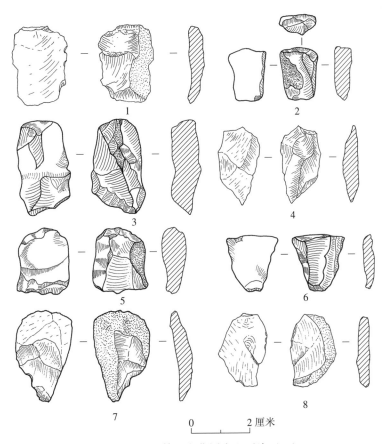

图5-20　第5文化层出土石片（17）

1. 2006 I ⑤：1535　2. 2006 I ⑤：841　3. 2006 I ⑤：530　4. 2006 I ⑤：5635　5. 2006 I ⑤：610

6. 2006 I ⑤：698　7. 2006 I ⑤：5016　8. 2006 I ⑤：5592

标本 2006 I ⑤：530，燧石，II 3 类。台面角 119°，背有一脊，远端有阶梯状片疤，形态平直，有崩损。长 30.7、宽 17.5、厚 9.2 毫米，重 4.39 克（图 5－20，3；图版一二二，3）。

标本 2006 I ⑤：5635，燧石，原料为砾石，II 2 类。近端残，背有一脊，中部至远端两侧有连续分布的片疤，远端为一尖突。长 24.9、宽 13.3、厚 5.2 毫米，重 1.22 克（图 5－20，4；图版一二二，4）。

标本 2006 I ⑤：610，燧石，原料为砾石，II 2 类。台面角 115°，台面宽 3.8 毫米，背有一脊，远端平直，有阶梯状片疤。长 20.7、宽 16.6、厚 6.1 毫米，重 2.42 克（图 5－20，5；图版一二二，5）。

标本 2006 I ⑤：698，燧石，II 3 类。台面角 109°，台面宽 3.1 毫米，背有两道平行脊，左右侧边缘有细小鳞状疤，细石核修整剥片。长 18.3、宽 17、厚 3.1 毫米，重 1.03 克（图 5－20，6；图版一二二，6）。

标本 2006 I ⑤：5016，燧石，原料为砾石，II 2 类。线形台面，近端一侧有崩损。长 49.8、宽 40.8、厚 9.9 毫米，重 25.5 克（图 5－20，7；图版一二二，7）。

标本 2006 I ⑤：5592，燧石，原料为砾石，II 2 类。台面角 119°，台面宽 1.2 毫米，背有片疤，远端平直，有连续分布的鳞状疤。长 23.1、宽 15.3、厚 6 毫米，重 1.97 克（图 5－20，8；图版一二二，8）。

标本 2006 I ⑤：5367，石英岩，II 3 类。台面角 113°，台面宽 5.9 毫米，背有片疤，左侧平直，有连续分布的鳞状疤。长 27.6、宽 27.8、厚 8.1 毫米，重 3.94 克（图 5－21，1；图版一二三，1）。

标本 2006 I ⑤：5147，石英，原料为砾石，I 2 类。台面角 107°，台面宽 7.8 毫米，背有阶状疤，远端有连续分布的鳞状疤。长 25.8、宽 18.9、厚 8.9 毫米，重 4.4 克（图 5－21，2；图版一二三，2）。

标本 2006 I ⑤：4926，石英岩，II 3 类。线形台面，远端两侧有阶状疤，形成一平直刃。长 35.7、宽 16.9、厚 4.1 毫米，重 2.46 克（图 5－21，3；图版一二三，3）。

标本 2006 I ⑤：2117，燧石，II 3 类。台面残，背有阶状疤，远端有阶梯状片疤，细石器修整剥片。长 19.6、宽 38.2、厚 8.1 毫米，重 4.24 克（图 5－21，4；图版一二三，4）。

标本 2006 I ⑤：4819，石英岩，II 3 类。线形台面，背有阶状疤，远端有细小鳞状疤。长 17.4、宽 15.9、厚 5.1 毫米，重 1.34 克（图 5－21，5；图版一二三，5）。

标本 2006 I ⑤：4857，燧石，原料为砾石，II 2 类。台面角 116°，台面宽 5.9 毫米，背有阶状疤，一侧有连续分布的鳞状疤，呈锯齿状。长 20.1、宽 15.4、厚 5.9 毫米，重 1.15 克（图 5－21，6；图版一二三，6）。

标本 2006 I ⑤：2069，燧石，II 3 类。近端残，背有一脊，远端有阶状疤，细石器修整剥片。长 21.2、宽 10.1、厚 6.1 毫米，重 1.08 克（图 5－21，7；图版一二三，7）。

标本 2006 I ⑤：2147，石英岩，原料为砾石，I 2 类。台面角 113°，线形台面，左右两侧似有修整，有小的鳞状疤，细石器调整剥片。长 26.9、宽 16.1、厚 4.8 毫米，重 1.66 克（图 5－21，8；图版一二三，8）。

标本 2006 I ⑤：2599，燧石，II 3 类。台面角 120°，台面宽 5.2 毫米，远端有阶梯状疤痕。长

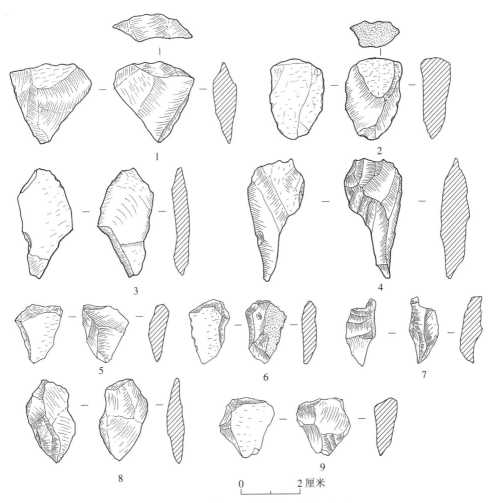

图 5 - 21　第 5 文化层出土石片（18）

1. 2006Ⅰ⑤：5367　2. 2006Ⅰ⑤：5147　3. 2006Ⅰ⑤：4926　4. 2006Ⅰ⑤：2117　5. 2006Ⅰ⑤：4819　6. 2006Ⅰ⑤：
4857　7. 2006Ⅰ⑤：2069　8. 2006Ⅰ⑤：2147　9. 2006Ⅰ⑤：2599

19. 3、宽 18.1、厚 5.9 毫米，重 2.25 克（图 5 - 21，9；图版一二三，9）。

标本 2006Ⅰ⑤：2683，石英岩，原料为砾石，Ⅱ2 类。台面角 121°，台面宽 7.2 毫米，背有脊棱，两侧有片疤，细石器修整剥片。长 35.9、宽 31.8、厚 10.8 毫米，重 10.33 克（图 5 - 22，1；图版一二四，1）。

标本 2006Ⅰ⑤：1557，Ⅱ3 类。石英岩。线形台面，背有一脊，远端呈弧形，形态规整，有连续分布的片疤。长 38.1、宽 15.1、厚 8.9 毫米，重 5.81 克（图 5 - 22，2；图版一二四，2）。

标本 2006Ⅰ⑤：2650，石英岩，原料为砾石，Ⅱ2 类。台面角 110°，台面宽 10 毫米，背有片疤，右侧平直，且有连续分布的疤痕。长 46.3、宽 26.1、厚 10 毫米，重 15.56 克（图 5 - 22，3；图版一二四，3）。

标本 2006Ⅰ⑤：2301，燧石，Ⅱ3 类。台面角 108°，台面宽 3.1 毫米，背有片疤，右侧边缘连续分布锯齿状崩损。长 31.9、宽 13.9、厚 4.6 毫米，重 1.54 克（图 5 - 22，4；图版一二四，4）。

标本 2006Ⅰ⑤：1760，燧石，Ⅱ3 类。台面角 111°，台面宽 2.3 毫米，左侧边缘有两个阶状疤连续呈齿状，远端为一尖突，两侧有崩损。长 36.9、宽 14.5、厚 7.2 毫米，重 1.78 克（图 5 -

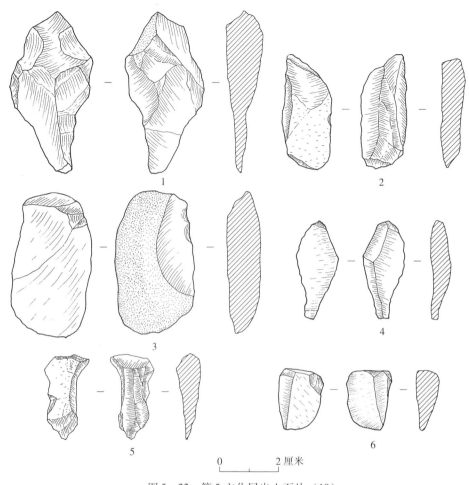

图 5-22　第 5 文化层出土石片（19）

1. 2006 Ⅰ⑤：2683　2. 2006 Ⅰ⑤：1557　3. 2006 Ⅰ⑤：2650　4. 2006 Ⅰ⑤：2301　5. 2006 Ⅰ⑤：1760

6. 2006 Ⅰ⑤：2427

22，5；图版一二四，5）。

　　标本 2006 Ⅰ⑤：2427，石英岩，原料为砾石，Ⅰ2 类。台面角 90°，台面宽 8.9 毫米，右裂片，右侧有两道细长剥片痕，楔形石核调整剥片。长 19.6、宽 14.6、厚 8.9 毫米，重 2.32 克（图 5-22，6；图版一二四，6）。

　　标本 2006 Ⅰ⑤：1820，石英岩，原料为砾石，Ⅰ2 类。台面角 72°，砾石台面、弧度，背有阶状疤，左右两侧均有连续分布的片疤。长 22.4、宽 18.6、厚 4.9 毫米，重 1.72 克（图 5-23，1；图版一二五，1）。

　　标本 2006 Ⅰ⑤：1342，燧石，原料为砾石，Ⅱ2 类。线状台面，远端有连续分布的片疤，形成一尖状凸出。长 20.9、宽 13.8、厚 3.9 毫米，重 1.03 克（图 5-23，2；图版一二五，2）。

　　标本 2006 Ⅰ⑤：4997，燧石，原料为砾石，Ⅱ1 类。台面角 110°，台面宽 2.3 毫米，远端有连续分布的鳞状疤，呈锯齿状。长 28.3、宽 17.2、厚 5.8 毫米，重 2.93 克（图 5-23，3；图版一二五，3）。

　　标本 2006 Ⅰ⑤：1818，燧石，原料为砾石，Ⅱ2 类。台面角 116°，台面宽 1.2 毫米，背有两条平行脊，远端有阶梯状片疤，细石核调整剥片。长 13.1、宽 19.1、厚 5.7 毫米，重 0.99 克（图 5-23，4；图版一二五，4）。

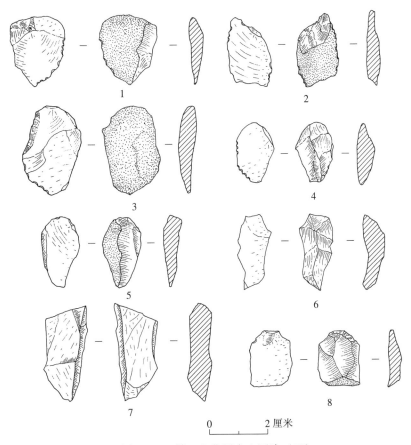

图 5 - 23　第 5 文化层出土石片（20）

1. 2006 Ⅰ ⑤：1820　2. 2006 Ⅰ ⑤：1342　3. 2006 Ⅰ ⑤：4997　4. 2006 Ⅰ ⑤：1818　5. 2006 Ⅰ ⑤：1524
6. 2006 Ⅰ ⑤：5631　7. 2006 Ⅰ ⑤：4912　8. 2006 Ⅰ ⑤：1749

标本 2006 Ⅰ ⑤：1524，燧石，原料为砾石，Ⅰ 2 类。台面角 90°，台面宽 3.7 毫米，背有两脊，远端有鳞状疤。长 11.2、宽 22.3、厚 5.2 毫米，重 1.43 克（图 5 - 23，5；图版一二五，5）。

标本 2006 Ⅰ ⑤：5631，燧石，Ⅱ 3 类。线形台面，背有一脊，脊两侧有片疤，远端有平直的尖突。长 24.9、宽 11.9、厚 6.9 毫米，重 1.36 克（图 5 - 23，6；图版一二五，6）。

标本 2006 Ⅰ ⑤：4912，石英岩，Ⅱ 3 类。近端残，两侧平直，远端尖突，有连续分布的阶状疤。长 30.8、宽 14.7、厚 7.2 毫米，重 3.8 克（图 5 - 23，7；图版一二五，7）。

标本 2006 Ⅰ ⑤：1749，燧石，Ⅰ 2 类。原料为砾石。台面角 110°，台面宽 2.2 毫米，背有片疤，远端有阶状疤。长 17.3、宽 13.7、厚 3.2 毫米，重 0.93 克（图 5 - 23，8）。

标本 2006 Ⅰ ⑤：4854，石英岩，Ⅱ 2 类。近端残，左侧有阶状疤，右侧有鳞状疤，形态规整，近等腰三角形，远端有片疤，修整剥片。长 34.1、宽 24.1、厚 8.8 毫米，重 5.6 克（图 5 - 24，1；图版一二六，1）。

标本 2006 Ⅰ ⑤：4617，燧石，Ⅱ 2 类。近线状台面，背有片疤，远端有连续分布的鳞状疤。长 26.8、宽 18.2、厚 6.9 毫米，重 3.06 克（图 5 - 24，2；图版一二六，2）。

标本 2006 Ⅰ ⑤：4614，石英岩，原料为砾石，Ⅰ 2 类。线形台面，近端有纵长片疤，远端有阶梯状片疤。长 43、宽 17.6、厚 8.9 毫米，重 5.19 克（图 5 - 24，3；图版一二六，3）。

标本 2006 Ⅰ ⑤：4648，石英岩，Ⅱ 3 类。台面角 123°，台面宽 6.1 毫米，背有一脊，左右两侧

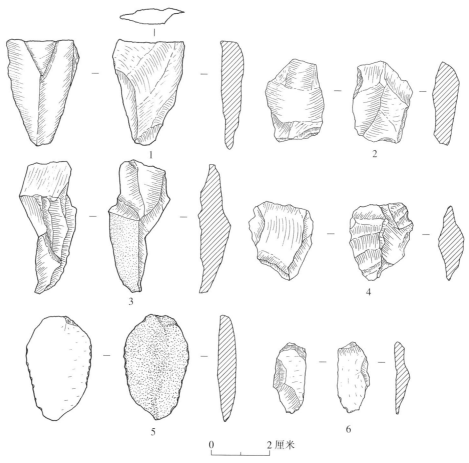

图 5 – 24　第 5 文化层出土石片（21）

1. 2006 Ⅰ⑤：4854　2. 2006 Ⅰ⑤：4617　3. 2006 Ⅰ⑤：4614　4. 2006 Ⅰ⑤：4648　5. 2006 Ⅰ⑤：4311
6. 2006 Ⅰ⑤：4341

有小片疤，形态较规整，近等腰三角形。长 22、宽 23.8、厚 8 毫米，重 3.43 克（图 5 – 24，4；图版一二六，4）。

标本 2006 Ⅰ⑤：4311，燧石，原料为砾石，Ⅱ2 类。台面角 101°，台面宽 2.7 毫米，背有一脊，左、右侧边缘有连续呈齿状的细小鳞状疤。长 33.9、宽 21.9、厚 4.9 毫米，重 3.24 克（图 5 – 24，5；图版一二六，5）。

标本 2006 Ⅰ⑤：4341，燧石，Ⅱ3 类。台面角 109°，台面宽 2.9 毫米，背有阶状疤，远端有连续分布的鳞状疤。长 10.1、宽 22.8、厚 3.6 毫米，重 0.76 克（图 5 – 24，6；图版一二六，6）。

标本 2006 Ⅰ⑤：4331，流纹岩，原料为砾石，Ⅱ2 类。台面角 99°，台面宽 2.7 毫米，两侧边缘平直，有崩损。长 27.6、宽 22.5、厚 4.4 毫米，重 2 克（图 5 – 25，1；图版一二七，1）。

标本 2006 Ⅰ⑤：4636，石英岩，Ⅱ3 类。线形台面，背有一脊，远端为一尖突，两侧有连续分布的鳞状疤。长 23.3、宽 8.6、厚 4.8 毫米，重 0.74 克（图 5 – 25，2；图版一二七，2）。

标本 2006 Ⅰ⑤：4639，燧石，原料为砾石，Ⅰ2 类。线形台面，远端为一尖突，周边有细小鳞状疤。长 15、宽 22、厚 7 毫米，重 1.56 克（图 5 – 25，3；图版一二七，3）。

标本 2006 Ⅰ⑤：3499，燧石，原料为砾石，Ⅱ2 类。台面角 127°，台面宽 1.3 毫米，背有阶状疤，一侧有小片疤。长 27、宽 15.1、厚 5.3 毫米，重 1.96 克（图 5 – 25，4；图版一二七，4）。

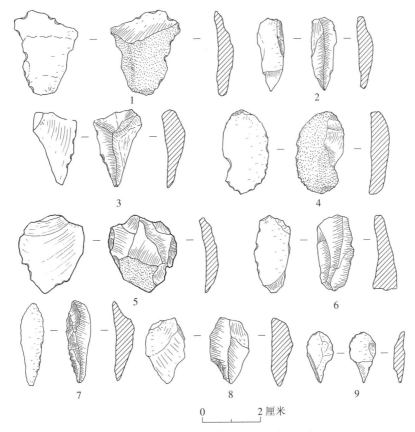

图 5 – 25 第 5 文化层出土石片（22）

1. 2006 I ⑤：4331 2. 2006 I ⑤：4636 3. 2006 I ⑤：4639 4. 2006 I ⑤：3499 5. 2006 I ⑤：4272
6. 2006 I ⑤：3415 7. 2006 I ⑤：4670 8. 2006 I ⑤：4807 9. 2006 I ⑤：5450

标本 2006 I ⑤：4272，燧石，原料为砾石，Ⅱ2 类。台面角 102°，台面宽 2.9 毫米，背有片疤，远端周边有连续分布的鳞状疤，呈锯齿状。长 21.3、宽 22.6、厚 3.5 毫米，重 1.91 克（图 5 – 25，5；图版一二七，5）。

标本 2006 I ⑤：3415，硅质岩，Ⅱ2 类。台面宽 2.5 毫米，背有片疤，远端较平直，有连续分布的小片疤。长 25.1、宽 11.9、厚 6.1 毫米，重 1.44 克（图 5 – 25，6；图版一二七，6）。

标本 2006 I ⑤：4670，燧石，Ⅱ3 类。线形台面，两侧平直，远端为一尖突，有连续分布的鳞状疤。长 26.9、宽 7.5、厚 5.8 毫米，重 0.83 克（图 5 – 25，7；图版一二七，7）。

标本 2006 I ⑤：4807，燧石，原料为砾石，Ⅱ2 类。台面角 102°，形态较规整，背有一脊，两端平直，有崩损。长 20.9、宽 13.3、厚 5.9 毫米，重 1.22 克（图 5 – 25，8；图版一二七，8）。

标本 2006 I ⑤：5450，燧石，Ⅱ3 类。台面角 96°，台面宽 1.9 毫米，背有阶状疤，在远端形成一尖突。长 9、宽 16.2、厚 3 毫米，重 0.35 克（图 5 – 25，9；图版一二七，9）。

标本 2008 I ⑤：5162，石英岩，原料为砾石，Ⅰ3 类。台面角 94°，台面宽 8.8 毫米，远端较平直，有崩损。长 36、宽 29、厚 7 毫米，重 9.03 克（图 5 – 26，1；图版一二八，1）。

标本 2008 I ⑤：75，燧石，Ⅱ3 类。台面角 88°，台面宽 4 毫米，背有一脊，远端圆弧，有崩损。长 17、宽 13、厚 4 毫米，重 1.1 克（图 5 – 26，2；图版一二八，2）。

标本 2008 I ⑤：139，燧石，原料为砾石，Ⅰ3 类。砾石台面，平面大体呈三角形，远端及近

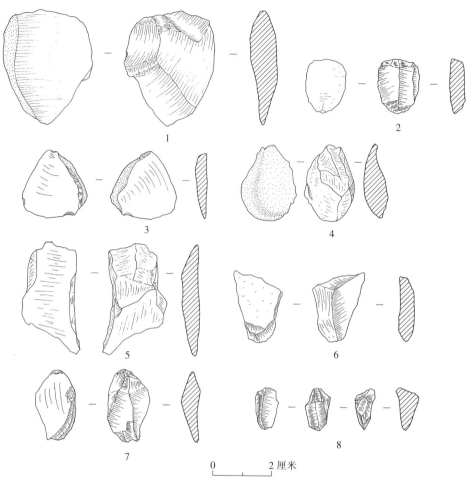

图 5 - 26　第 5 文化层出土石片（23）

1. 2008 Ⅰ⑤：5162　2. 2008 Ⅰ⑤：75　3. 2008 Ⅰ⑤：139　4. 2008 Ⅰ⑤：5609　5. 2008 Ⅰ⑤：5588　6. 2008 Ⅰ⑤：221　7. 2008 Ⅰ⑤：1072　8. 2008 Ⅰ⑤：83

端两侧有细小鳞状疤。长 22、宽 20、厚 5 毫米，重 2.5 克（图 5 - 26，3；图版一二八，3）。

　　标本 2008 Ⅰ⑤：5609，石英，原料为砾石，Ⅰ2 类。线形台面，远端弧形，有崩损。长 25、宽 18、厚 8 毫米，重 3.44 克（图 5 - 26，4；图版一二八，4）。

　　标本 2008 Ⅰ⑤：5588，石英岩，Ⅱ3 类。线形台面，两侧平直，远端较平直，有崩损。长 34、宽 18、厚 6 毫米，重 4.92 克（图 5 - 26，5；图版一二八，5）。

　　标本 2008 Ⅰ⑤：221，石英岩，Ⅱ3 类。线形台面，远端圆弧，有崩损。长 20、宽 17、厚 5 毫米，重 1.65 克（图 5 - 26，6；图版一二八，6）。

　　标本 2008 Ⅰ⑤：1072，燧石，Ⅱ3 类。线形台面，远端平齐，有崩损。长 23、宽 14、厚 6 毫米，重 1.65 克（图 5 - 26，7；图版一二八，7）。

　　标本 2008 Ⅰ⑤：83，燧石，Ⅱ3 类。线形台面，背有细石叶剥片疤。长 13、宽 8、厚 6 毫米，重 0.57 克（图 5 - 26，8；图版一二八，8）。

　　标本 2008 Ⅰ⑤：1051，燧石，原料为砾石，Ⅰ2 类。线形台面，远端弧形，有崩损。长 20、宽 14、厚 56 毫米，重 1.33 克（图 5 - 27，1；图版一二九，1）。

　　标本 2008 Ⅰ⑤：1128，燧石，Ⅱ3 类。台面角 92°，台面宽 3 毫米，背有一脊，两侧平直，有

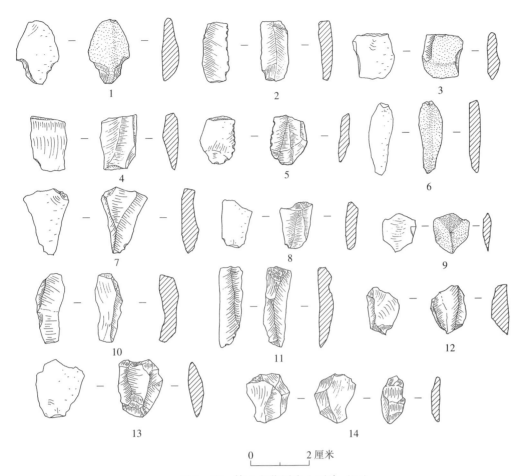

图 5 - 27　第 5 文化层出土石片（24）

1. 2008 I ⑤: 1051　2. 2008 I ⑤: 1128　3. 2008 I ⑤: 2104　4. 2008 I ⑤: 1095　5. 2008 I ⑤: 981　6. 2008 I ⑤: 2219
7. 2008 I ⑤: 1149　8. 2008 I ⑤: 950　9. 2008 I ⑤: 5802　10. 2008 I ⑤: 2288　11. 2008 I ⑤: 2277　12. 2008 I ⑤: 1053
13. 2008 I ⑤: 2360　14. 2008 I ⑤: 2282

崩损。长 19、宽 9、厚 3 毫米，重 0.65 克（图 5 - 27，2；图版一二九，2）。

　　标本 2008 I ⑤: 2104，燧石，原料为砾石，Ⅱ2 类。台面角 104°，台面宽 4 毫米，平面近长方形，远端平直有崩损。长 14、宽 12、厚 4 毫米，重 0.87 克（图 5 - 27，3；图版一二九，3）。

　　标本 2008 I ⑤: 1095，燧石，Ⅱ3 类。台面角 88°，台面宽 5 毫米，两极石片，两侧平直，有崩损。长 17、宽 12、厚 5 毫米，重 1.09 克（图 5 - 27，4；图版一二九，4）。

　　标本 2008 I ⑤: 981，燧石，Ⅱ3 类。台面角 88°，台面宽 2 毫米，背有一脊，远端圆弧，有崩损。长 15、宽 12、厚 2 毫米，重 0.51 克（图 5 - 27，5；图版一二九，5）。

　　标本 2008 I ⑤: 2219，燧石，原料为砾石，Ⅱ1 类。台面角 94°，台面宽 4 毫米，背有一脊，远端平齐，有崩损。长 23、宽 8、厚 4 毫米，重 0.65 克（图 5 - 27，6；图版一二九，6）。

　　标本 2008 I ⑤: 1149，燧石，Ⅱ3 类。台面角 106°，台面宽 3.4 毫米，平面呈三角形，右侧边缘有锯齿状崩损。长 21、宽 15、厚 4 毫米，重 1.02 克（图 5 - 27，7；图版一二九，7）。

　　标本 2008 I ⑤: 950，硅质页岩，Ⅱ3 类。近端残，背有一脊，远端有连续分布的细小鳞状疤。长 15、宽 11、厚 4 毫米，重 0.57 克（图 5 - 27，8；图版一二九，8）。

　　标本 2008 I ⑤: 5802，燧石，原料为砾石，Ⅱ1 类。线形台面，略有弧度，远端尖锐，有崩损。长12、宽12、厚3毫米，重0.43克（图5-27，9）。

标本2008 I ⑤：2288，燧石，Ⅱ3类。台面角72°，台面宽2.5毫米，背有一脊，略有弧度，远端弧形，有崩损。长22、宽9、厚6毫米，重0.98克（图5-27，10；图版一二九，9）。

标本2008 I ⑤：2277，燧石，Ⅱ3类。近端残，背有一脊，远端平齐，有崩损。长26、宽9、厚4毫米，重0.83克（图5-27，11；图版一二九，11）。

标本2008 I ⑤：1053，燧石，Ⅱ3类。近线形台面，远端为一尖突，有阶梯状崩损。长15、宽11、厚5毫米，重0.66克（图5-27，12；图版一二九，10）。

标本2008 I ⑤：2360，燧石，Ⅱ3类。线形台面。远端圆弧。有阶梯状片疤。长18、宽15、厚5毫米，重24克（图5-27，13；图版一二九，12）。

标本2008 I ⑤：2282，燧石，Ⅱ3类。线形台面，远端边缘有细石叶剥片疤，细石核台面调整剥片。长16、宽14、厚7毫米，重1.37克（图5-27，14；图版一二九，13）。

标本2008 I ⑤：5738，石英岩，原料为砾石，Ⅰ3类。台面角96°，台面宽10毫米，远端平直，有崩损。长31、宽27、厚10毫米，重7.04克（图5-28，1；图版一三〇，1）。

标本2008 I ⑤：5771，石英岩，Ⅱ3类。台面角84°，台面宽5毫米，平面似铲形，远端有崩损。长38、宽20、厚5毫米，重3.97克（图5-28，2；图版一三〇，2）。

标本2008 I ⑤：5730，燧石，原料为砾石，Ⅱ2类。近线形台面，远端尖锐，有崩损。长30、宽22、厚7毫米，重4.11克（图5-28，3；图版一三〇，3）。

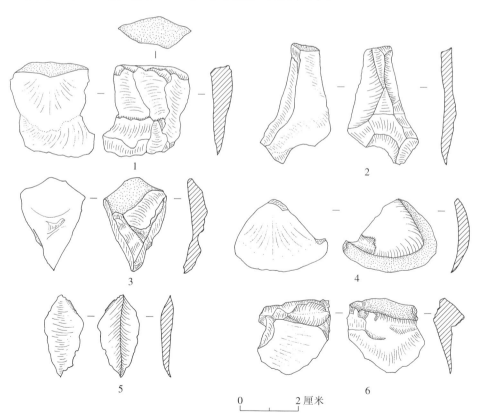

0 _____ 2厘米

图5-28 第5文化层出土石片（25）

1. 2008 I ⑤：5738　2. 2008 I ⑤：5771　3. 2008 I ⑤：5730　4. 2008 I ⑤：4470　5. 2008 I ⑤：5689
6. 2008 I ⑤：4247

标本 2008 I ⑤：4470，石英岩，原料为砾石，Ⅱ2 类。线形台面，远端较平直，有崩损。长31、宽24、厚4毫米，重2.84克（图5－28，4；图版一三〇，4）。

标本 2008 I ⑤：5689，石英岩，原料为砾石，Ⅱ1 类。线形台面，左裂片，远端尖锐，有崩损。长26、宽14、厚5毫米，重1.24克（图5－28，5；图版一三〇，5）。

标本 2008 I ⑤：4247，燧石，原料为砾石，Ⅰ3 类。台面角78°，台面宽8毫米，远端弧形，有崩损。长25、宽24、厚8毫米，重3.95克（图5－28，6；图版一三〇，6）。

标本 2008 I ⑤：56，石英岩，Ⅱ3 类。线形台面，呈龟背状，远端平齐，有崩损。长51、宽42、厚15毫米，重27.16克（图5－29，1；图版一三一，1）。

标本 2008 I ⑤：4076，燧石，Ⅱ3 类。台面角82°，台面宽5.8毫米，远端圆弧，有小的崩损。长38、宽23、厚11毫米，重9.93克（图5－29，2；图版一三一，2）。

标本 2008 I ⑤：1913，石英岩，原料为砾石，Ⅱ2 类。线形台面，远端平直，有崩损。长33、宽22、厚10毫米，重8.61克（图5－29，3；图版一三一，3）。

标本 2008 I ⑤：861，燧石，Ⅱ3 类。台面角78°，台面宽6.5毫米，略有弧度，远端平直，有崩损。长29、宽29、厚9毫米，重5.5克（图5－29，4；图版一三一，4）。

标本 2008 I ⑤：120，石英岩，原料为砾石，Ⅰ3 类。台面角104°，台面宽7.8毫米，远端平直，有片疤。长31、宽21、厚7毫米，重3.76克（图5－29，5；图版一三一，5）。

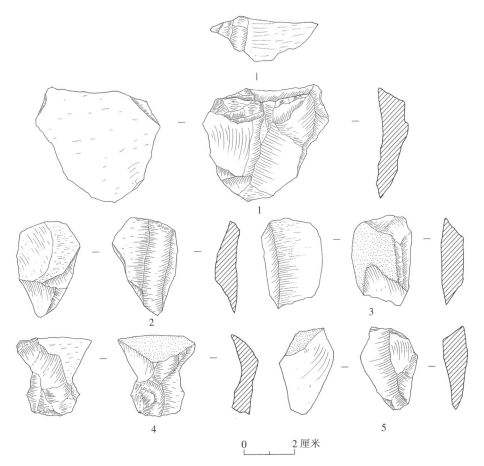

0　　　　2厘米

图5－29　第5文化层出土石片（26）

1. 2008 I ⑤：56　2. 2008 I ⑤：4076　3. 2008 I ⑤：1913　4. 2008 I ⑤：861　5. 2008 I ⑤：120

标本 2008Ⅰ⑤:3856，硅质页岩，Ⅱ3 类。台面角 96°，台面宽 3.2 毫米，远端尖锐，为一三棱状尖突，有崩损。长 42、宽 19、厚 6 毫米，重 2.6 克（图 5-30，1；图版一三二，1）。

标本 2008Ⅰ⑤:4948，石英岩，原料为砾石，Ⅰ2 类。台面角 86°，台面宽 4 毫米，远端较平直，有崩损。长 29、宽 29、厚 6 毫米，重 3.44 克（图 5-30，2；图版一三二，2）。

标本 2008Ⅰ⑤:5207，石英岩，原料为砾石，Ⅱ2 类。线形台面，远端尖锐，有崩损。长 37、宽 24、厚 10 毫米，重 6.56 克（图 5-30，3；图版一三二，3）。

标本 2008Ⅰ⑤:2081，硅质页岩，原料为砾石，Ⅱ1 类。近端残，远端圆弧，有崩损。长 24、宽 14、厚 4 毫米，重 1.32 克（图 5-30，4；图版一三二，4）。

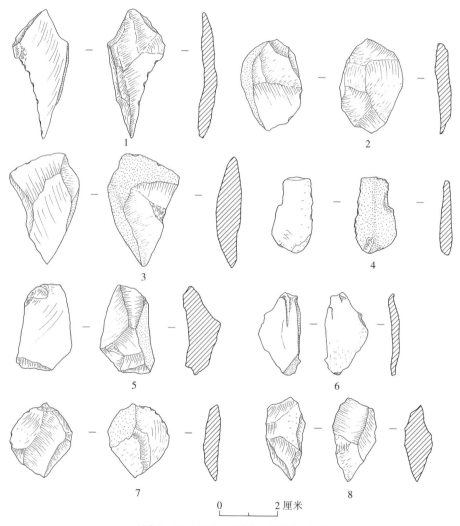

图 5-30　第 5 文化层出土石片（27）

1. 2008Ⅰ⑤:3856　2. 2008Ⅰ⑤:4948　3. 2008Ⅰ⑤:5207　4. 2008Ⅰ⑤:2081　5. 2008Ⅰ⑤:2089
6. 2008Ⅰ⑤:1631　7. 2008Ⅰ⑤:5091　8. 2008Ⅰ⑤:2090

标本 2008Ⅰ⑤:2089，燧石，原料为砾石，Ⅱ2 类。近线形台面，背部有片疤，整体隆起，近龟背状，刮削器毛坯。长 30、宽 17、厚 11 毫米，重 4.22 克（图 5-30，5；图版一三二，5）。

标本 2008Ⅰ⑤:1631，燧石，Ⅱ3 类。台面角 82°，台面宽 2.5 毫米，平面大体呈三角形，两侧有崩损。长 27、宽 14、厚 3 毫米，重 0.96 克（图 5-30，6；图版一三二，6）。

标本2008Ⅰ⑤：5091，燧石，原料为砾石，Ⅱ2类。线形台面，远端圆弧，有崩损。长24、宽21、厚5毫米，重2.16克（图5-30，7；图版一三二，7）。

标本2008Ⅰ⑤：2090，燧石，Ⅱ3类。线形台面。背有棱脊，远端尖锐，有阶梯状的崩损。长26、宽16、厚8毫米，重2.29克（图5-30，8；图版一三二，8）。

标本2008Ⅰ⑤：5017，石英岩，原料为砾石，Ⅰ2类。台面角82°，台面宽7毫米，砸击石片，两侧平直，有崩损。长33、宽21、厚7毫米，重5.08克（图5-31，1；图版一三三，1）。

标本2008Ⅰ⑤：5080，燧石，Ⅱ3类。台面角82°，台面宽6毫米，背有一脊，两极石片，远端平齐。长22、宽11、厚6毫米，重1.66克（图5-31，2；图版一三三，2）。

标本2008Ⅰ⑤：5013，燧石，Ⅱ3类。线形台面，略有弧度，远端弧形，有小的崩损。长26、宽17、厚4毫米，重1.59克（图5-31，3；图版一三三，3）。

标本2008Ⅰ⑤：5583，燧石，原料为砾石，Ⅰ1类。台面角96°，台面宽6毫米，形态规整，呈心形，远端圆弧，有崩损。长26、宽22、厚6毫米，重3.24克（图5-31，4；图版一三三，4）。

标本2008Ⅰ⑤：5560，石英，原料为砾石，Ⅱ2类。线形台面，背有一脊，远端平齐，有崩

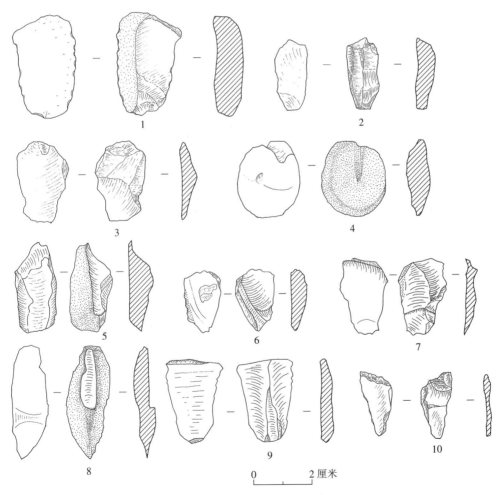

图5-31　第5文化层出土石片（28）

1. 2008Ⅰ⑤：5017　2. 2008Ⅰ⑤：5080　3. 2008Ⅰ⑤：5013　4. 2008Ⅰ⑤：5583　5. 2008Ⅰ⑤：5560　6. 2008Ⅰ⑤：5563
7. 2008Ⅰ⑤：5496　8. 2008Ⅰ⑤：2988　9. 2008Ⅰ⑤：2785　10. 2008Ⅰ⑤：4102

损。长 29、宽 14、厚 7 毫米，重 2.63 克（图 5-31，5；图版一三三，5）。

标本 2008 I ⑤：5563，燧石，II 3 类。线形台面，远端尖锐，有崩损。长 20、宽 13、厚 6 毫米，重 1.25 克（图 5-31，6；图版一三三，6）。

标本 2008 I ⑤：5496，燧石，II 3 类。近线形台面，远端平直，有崩损。长 25、宽 15、厚 4 毫米，重 1.08 克（图 5-31，7；图版一三三，7）。

标本 2008 I ⑤：2988，燧石，II 3 类。台面角 98°，台面宽 3.2 毫米，背有一脊，两侧较平直，远端尖锐，有崩损。长 37、宽 14、厚 5 毫米，重 2.49 克（图 5-31，8；图版一三三，8）。

标本 2008 I ⑤：2785，流纹岩，II 3 类。台面角 82°，台面宽 3.6 毫米，背有一脊，平面近梯形，两侧平直，有崩损。长 27、宽 19、厚 4 毫米，重 1.98 克（图 5-31，9；图版一三三，9）。

标本 2008 I ⑤：4102，燧石，II 3 类。线形台面，平面近三角形，远端尖锐，有小的崩损。长 22、宽 10、厚 3 毫米，重 0.44 克（图 5-31，10；图版一三三，10）。

标本 2008 I ⑤：2894，硅质页岩，II 3 类。台面角 78°，台面宽 4 毫米，背有 2 条脊，远端弯曲，端刮器毛坯。长 26、宽 17、厚 5 毫米，重 2.58 克（图 5-32，1；图版一三四，1）。

标本 2008 I ⑤：4070，燧石，II 3 类。台面角 78°，台面宽 2.5 毫米，平面近长方形，背有一细长片疤，两侧及远端有崩损。长 22、宽 12、厚 3 毫米，重 0.82 克（图 5-32，2；图版一三四，2）。

标本 2008 I ⑤：3016，燧石，II 3 类。台面角 94°，背有一脊，远端平齐，有崩损。长 14、宽 9、厚 3 毫米，重 0.3 克（图 5-32，3；图版一三四，3）。

标本 2008 I ⑤：4086，燧石，原料为砾石，II 2 类。台面角 82°，台面宽 6 毫米，背有一脊，

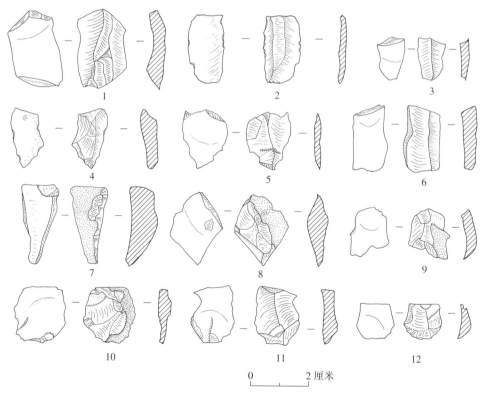

0   2 厘米

图 5-32 第 5 文化层出土石片（29）

1. 2008 I ⑤：2894 2. 2008 I ⑤：4070 3. 2008 I ⑤：3016 4. 2008 I ⑤：4086 5. 2008 I ⑤：4697 6. 2008 I ⑤：4610
7. 2008 I ⑤：4666 8. 2008 I ⑤：4828 9. 2008 I ⑤：4891 10. 2008 I ⑤：4751 11. 2008 I ⑤：4684 12. 2008 I ⑤：4709

远端尖锐，有崩损。长 20、宽 10、厚 6 毫米，重 0.92 克（图 5－32，4；图版一三四，4）。

标本 2008Ⅰ⑤：4697，燧石，Ⅱ3 类。台面角 106°，台面宽 3 毫米，平面近三角形，远端尖锐，有崩损。长 18、宽 16、厚 3 毫米，重 0.74 克（图 5－32，5；图版一三四，5）。

标本 2008Ⅰ⑤：4610，石英岩，Ⅱ3 类。台面角 92°，背有一脊，两侧平直，有小的崩损。长 21、宽 12、厚 5 毫米，重 1.26 克（图 5－32，6；图版一三四，6）。

标本 2008Ⅰ⑤：4666，石英，原料为砾石，Ⅱ2 类。台面角 82°，台面宽 8 毫米，略有弧度，远端平齐，有崩损。长 26、宽 13、厚 9 毫米，重 3.36 克（图 5－32，7；图版一三四，7）。

标本 2008Ⅰ⑤：4828，燧石，Ⅱ3 类。线形台面，远端尖锐，有小的崩损。长 23、宽 18、厚 5 毫米，重 1.37 克（图 5－32，8；图版一三四，9）。

标本 2008Ⅰ⑤：4891，燧石，Ⅱ3 类。线形台面，远端尖锐，有连续分布的崩损。长 18、宽 13、厚 3 毫米，重 0.63 克（图 5－32，9；图版一三四，8）。

标本 2008Ⅰ⑤：4751，燧石，Ⅱ3 类。线形台面，远端弧形，有锯齿状崩损。长 18、宽 17、厚 4 毫米，重 1.25 克（图 5－32，10；图版一三四，10）。

标本 2008Ⅰ⑤：4684，燧石，Ⅱ3 类。台面角 84°，台面宽 3.6，背有一脊，远端较平直，有崩损。长 18、宽 15、厚 5 毫米，重 1.16 克（图 5－32，11；图版一三四，11）。

标本 2008Ⅰ⑤：4709，燧石，Ⅱ3 类。近端残，背有一脊。远端弯曲，有崩损。长 12、宽 11、厚 4 毫米，重 0.6 克（图 5－32，12；图版一三四，12）。

标本 2008Ⅰ⑤：520，石英岩，Ⅱ3 类。线形台面，远端较尖锐，有崩损。长 33、宽 27、厚 8 毫米，重 6.92 克（图 5－33，1；图版一三五，1）。

标本 2008Ⅰ⑤：607，燧石，原料为砾石，Ⅱ2 类。线形台面，呈龟背状，远端平齐，有崩损。长 28、宽 10、厚 8 毫米，重 2.67 克（图 5－33，2；图版一三五，2）。

标本 2008Ⅰ⑤：708，燧石，Ⅱ3 类。线形台面，远端稍厚，有条形剥片疤，细石核调整剥片。长 18、宽 17、厚 6 毫米，重 2.14 克（图 5－33，3；图版一三五，3）。

标本 2008Ⅰ⑤：2463，Ⅱ3 类。燧石。台面角 102°，台面宽 3.4 毫米，背有一脊，远端有弧度，边缘圆弧，有崩损。长 22、宽 13、厚 6 毫米，重 1.44 克（图 5－33，4；图版一三五，4）。

标本 2008Ⅰ⑤：3602，燧石，Ⅱ3 类。台面角 101°，台面宽 2.8 毫米，背有一脊，两侧有鳞状疤，远端有阶梯状片疤。长 22、宽 16、厚 4 毫米，重 1.33 克（图 5－33，5；图版一三五，5）。

标本 2008Ⅰ⑤：3495，硅质页岩，原料为砾石，Ⅱ2 类。线形台面，远端圆弧，有崩损。长 24、宽 16、厚 4 毫米，重 1.07 克（图 5－33，6；图版一三五，6）。

标本 2008Ⅰ⑤：4903，燧石，Ⅱ3 类。台面角 88°，台面宽 3 毫米，略有弧度，砸击石片，两侧平直，有崩损。长 30、宽 15、厚 4 毫米，重 2.17 克（图 5－33，7；图版一三五，7）。

标本 2008Ⅰ⑤：4864，燧石，Ⅱ3 类。线形台面，背有一脊，远端尖锐，有阶梯状崩损。长 22、宽 13、厚 4 毫米，重 1 克（图 5－33，8；图版一三五，8）。

标本 2008Ⅰ⑤：2462，燧石，原料为砾石，Ⅱ2 类。线形台面，背有一脊，远端平齐，有崩损。长 21、宽 8、厚 3 毫米，重 0.43 克（图 5－33，9；图版一三五，9）。

标本 2008Ⅰ⑤：4747，石英岩，原料为砾石，Ⅰ2 类。台面角 74°，台面宽 12 毫米，远端圆弧，有崩损，远端中部有一小尖突。长 42、宽 29、厚 12 毫米，重 12.59 克（图 5－34，1；图版

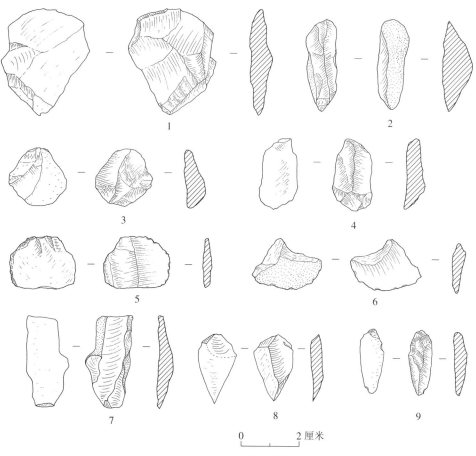

图 5 - 33 第 5 文化层出土石片（30）

1. 2008 Ⅰ ⑤ : 520 2. 2008 Ⅰ ⑤ : 607 3. 2008 Ⅰ ⑤ : 708 4. 2008 Ⅰ ⑤ : 2463 5. 2008 Ⅰ ⑤ : 3602
6. 2008 Ⅰ ⑤ : 3495 7. 2008 Ⅰ ⑤ : 4903 8. 2008 Ⅰ ⑤ : 4864 9. 2008 Ⅰ ⑤ : 2462

一三六，1）。

标本 2008 Ⅰ ⑤ : 4741，燧石，原料为砾石，Ⅱ 2 类。台面角 102°，台面宽 4.8 毫米，右侧弧形，有崩损。长 27、宽 15、厚 6 毫米，重 2.53 克（图 5 - 34，2；图版一三六，2）。

标本 2008 Ⅰ ⑤ : 4675，燧石，原料为砾石，Ⅱ 1 类。线形台面，远端圆弧，有连续的锯齿状崩损。长 43、宽 24、厚 8 毫米，重 8.98 克（图 5 - 34，3；图版一三六，3）。

标本 2008 Ⅰ ⑤ : 4702，流纹岩，Ⅱ 3 类。台面角 104°，台面宽 5 毫米，左侧边缘较平直，右侧边缘有一尖突，有崩损。长 23、宽 20、厚 5 毫米，重 1.78 克（图 5 - 34，4；图版一三六，4）。

标本 2008 Ⅰ ⑤ : 1797，石英岩，Ⅱ 3 类。近端残，远端尖锐，一侧平直，有崩损。长 41、宽 36、厚 12 毫米，重 14.74 克（图 5 - 34，5；图版一三六，5）。

标本 2008 Ⅰ ⑤ : 4597，燧石，原料为砾石，Ⅱ 2 类。线形台面，两端尖锐，一侧平直，有崩损。长 31、宽 13、厚 4 毫米，重 1.39 克（图 5 - 34，6；图版一三六，6）。

标本 2008 Ⅰ ⑤ : 1459，燧石，原料为砾石，Ⅱ 1 类。台面角 114°，台面宽 4.6 克，近远端的两侧及远端有细小鳞状疤，呈锯齿状。长 39、宽 19、厚 7 毫米，重 5.32 克（图 5 - 35，1；图版一三七，1）。

标本 2008 Ⅰ ⑤ : 1454，燧石，原料为砾石，Ⅱ 2 类。台面角 76°，台面宽 3.6 毫米，两侧较平直，右侧边缘有连续分布的锯齿状崩损。长 36、宽 15、厚 4 毫米，重 2.52 克（图 5 - 35，2；图

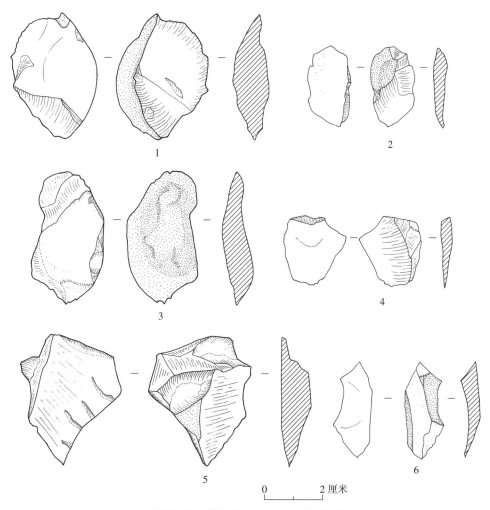

图 5 - 34　第 5 文化层出土石片（31）

1. 2008 I ⑤:4747　2. 2008 I ⑤:4741　3. 2008 I ⑤:4675　4. 2008 I ⑤:4702　5. 2008 I ⑤:1797　6. 2008 I ⑤:4597

版一三七，2）。

标本 2008 I ⑤:1575，石英岩，原料为砾石，Ⅱ2 类。台面角 102°，台面呈三角形，宽 9 毫米，背有一脊，远端圆弧，有崩损。长 44、宽 39、厚 9 毫米，重 16.93 克（图 5 - 35，3；图版一三七，3）。

标本 2008 I ⑤:1979，石英岩，Ⅱ3 类。背有一脊，两侧平直，有连续分布的小崩损。长 21.9、宽 13.7、厚 5.1 毫米，重 1.24 克（图 5 - 35，4；图版一三七，4）。

标本 2008 I ⑤:3457，石英岩，原料为砾石，Ⅰ2 类。台面角 86°，台面宽 10 毫米，远端尖锐，有崩损。长 47、宽 18、厚 10 毫米，重 10.94 克（图 5 - 35，5；图版一三七，5）。

标本 2008 I ⑤:3304，燧石，Ⅱ3 类。台面角 82°，台面宽 2.8 毫米，远端平直，有崩损。长 20、宽 12、厚 4 毫米，重 1.04 克（图 5 - 35，6；图版一三七，6）。

标本 2008 I ⑤:3113，硅质页岩，Ⅱ3 类。台面角 112°，台面宽 20 毫米，远端平直，有崩损。长 38、宽 32、厚 20 毫米，重 20.93 克（图 5 - 36，1；图版一三八，1）。

标本 2008 I ⑤:3363，燧石，原料为砾石，Ⅱ2 类。线形台面，远端圆弧，有崩损。长 30、宽 20、厚 7 毫米，重 2.97 克（图 5 - 36，2；图版一三八，2）。

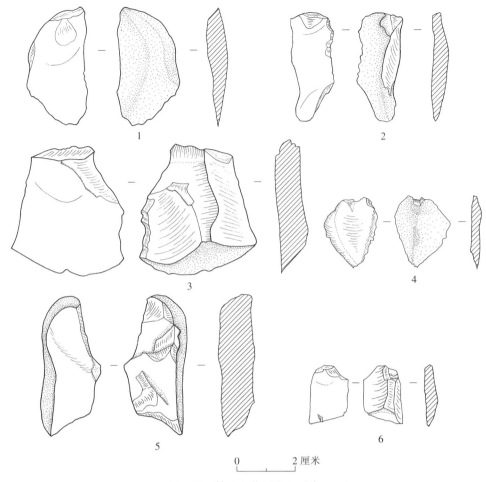

图 5 - 35　第 5 文化层出土石片（32）

1. 2008 Ⅰ ⑤ : 1459　2. 2008 Ⅰ ⑤ : 1454　3. 2008 Ⅰ ⑤ : 1575　4. 2008 Ⅰ ⑤ : 1979　5. 2008 Ⅰ ⑤ : 3457　6. 2008 Ⅰ ⑤ : 3304

标本 2008 Ⅰ ⑤ : 3111，燧石，原料为砾石，Ⅰ1 类。线形台面，略有弧度，远端圆弧，有崩损。长 37、宽 29、厚 12 毫米，重 16.49 克（图 5 - 36，3；图版一三八，3）。

标本 2008 Ⅰ ⑤ : 3372，燧石，Ⅱ3 类。近线形台面，一侧有细石叶剥片疤，细石核调整剥片。长 22、宽 15、厚 10 毫米，重 3.7 克（图 5 - 36，4；图版一三八，4）。

标本 2008 Ⅰ ⑤ : 3307，硅质页岩，原料为砾石，Ⅱ2 类。线形台面，远端圆弧，有崩损。长 26、宽 21、厚 4 毫米，重 2.24 克（图 5 - 36，5；图版一三八，5）。

标本 2008 Ⅰ ⑤ : 3258，燧石，原料为砾石，Ⅰ3 类。台面角 106°，台面宽 7 毫米，远端平直，有崩损。长 28、宽 15、厚 7 毫米，重 2.64 克（图 5 - 36，6；图版一三八，6）。

标本 2008 Ⅰ ⑤ : 3312，燧石，Ⅱ3 类。台面角 88°，台面宽 3 毫米，背有一脊，呈龟背状，远端尖锐，有崩损。长 21、宽 12、厚 5 毫米，重 0.89 克（图 5 - 36，7；图版一三八，7）。

标本 2008 Ⅰ ⑤ : 3562，石英岩，Ⅱ3 类。台面角 84°，台面宽 5.7 毫米，平面近长方形，一侧平直，一侧略有弧度，两侧均有崩损。长 31、宽 24、厚 6 毫米，重 4.65 克（图 5 - 37，1；图版一三九，1）。

标本 2008 Ⅰ ⑤ : 5438，石英岩，原料为砾石，Ⅱ2 类。线形台面，两侧平直，远端较平直。有崩损。长 26、宽 17、厚 5 毫米，重 2.03 克（图 5 - 37，2；图版一三九，2）。

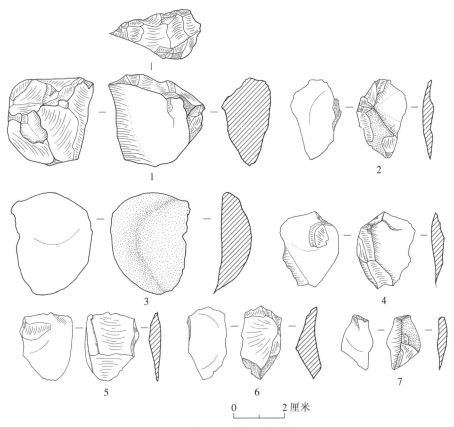

图 5 - 36　第 5 文化层出土石片（33）

1. 2008Ⅰ⑤：3113　2. 2008Ⅰ⑤：3363　3. 2008Ⅰ⑤：3111　4. 2008Ⅰ⑤：3372　5. 2008Ⅰ⑤：3307
6. 2008Ⅰ⑤：3258　7. 2008Ⅰ⑤：3312

标本 2008Ⅰ⑤：5352，石英岩，原料为砾石，Ⅰ2 类。台面角 98°，台面宽 8 毫米，远端平直，有崩损。长 25、宽 19、厚 6 毫米，重 2.97 克（图 5 - 37，3；图版一三九，3）。

标本 2008Ⅰ⑤：3669，石英岩，Ⅱ3 类。台面角 96°，台面宽 4 毫米，远端圆弧，有崩损。长 23、宽 16、厚 4 毫米，重 1.27 克（图 5 - 37，4；图版一三九，4）。

标本 2008Ⅰ⑤：5311，凝灰岩，原料为砾石，Ⅱ2 类。近线形台面，背有一脊，远端尖锐，有崩损。长 31、宽 12、厚 6 毫米，重 1.6 克（图 5 - 37，5；图版一三九，5）。

标本 2008Ⅰ⑤：5371，燧石，原料为砾石，Ⅱ2 类。线形台面，两侧较平直，远端弯曲，有崩损。长 24、宽 12、厚 5 毫米，重 1.69 克（图 5 - 37，6；图版一三九，6）。

标本 2008Ⅰ⑤：1378，燧石，原料为砾石，Ⅱ2 类。台面角 92°，台面宽 4 毫米，背有一脊，远端尖锐，有崩损。长 17、宽 11、厚 4 毫米，重 0.75 克（图 5 - 37，7；图版一三九，7）。

标本 2008Ⅰ⑤：5286，燧石，Ⅱ3 类。线形台面，远端边缘有细石叶剥片疤，细石核台面调整剥片。长 19、宽 15、厚 4 毫米，重 1.34 克（图 5 - 37，8；图版一三九，8）。

标本 2008Ⅰ⑤：1405，燧石，原料为砾石，Ⅱ2 类。台面角 88°，台面宽 2.2 毫米，远端尖锐，有崩损。长 25、宽 11、厚 4 毫米，重 0.8 克（图 5 - 37，9；图版一三九，9）。

标本 2008Ⅰ⑤：1437，燧石，Ⅱ3 类。台面角 108°，台面宽 2.8 毫米，形态规整，近三角形，远端尖锐，有崩损。长 18、宽 12、厚 4 毫米，重 0.67 克（图 5 - 37，10；图版一三九，10）。

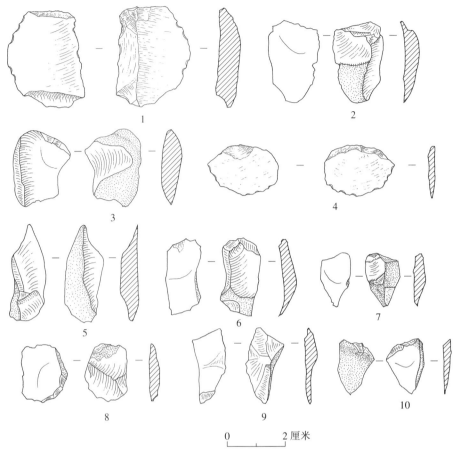

图 5 - 37　第 5 文化层出土石片（34）

1. 2008 Ⅰ⑤:3562　2. 2008 Ⅰ⑤:5438　3. 2008 Ⅰ⑤:5352　4. 2008 Ⅰ⑤:3669　5. 2008 Ⅰ⑤:5311
6. 2008 Ⅰ⑤:5371　7. 2008 Ⅰ⑤:1378　8. 2008 Ⅰ⑤:5286　9. 2008 Ⅰ⑤:1405　10. 2008 Ⅰ⑤:1437

标本 2008 Ⅰ⑤:1439，硅质页岩，Ⅱ3 类。线形台面，背有一脊，远端平齐，有小的崩损。长 25、宽 8、厚 6 毫米，重 0.79 克（图 5 - 38，1；图版一四〇，1）。

标本 2008 Ⅰ⑤:1605，燧石，Ⅱ3 类。近线形台面，远端呈弧形，有连续分布的细小鳞状疤。长 25、宽 13、厚 7 毫米，重 2.17 克（图 5 - 38，2；图版一四〇，2）。

标本 2008 Ⅰ⑤:1412，燧石，Ⅱ3 类。台面角 92°，台面宽 5 毫米，平面呈三角形，两侧平直，远端尖锐，有崩损。长 23、宽 10、厚 5 毫米，重 1.02 克（图 5 - 38，3；图版一四〇，3）。

标本 2008 Ⅰ⑤:1409，燧石，原料为砾石，Ⅰ1 类。台面角 78°，台面宽 5 毫米，平面近三角形，远端尖突，有崩损。长 21、宽 15、厚 5 毫米，重 1.57 克（图 5 - 38，4；图版一四〇，4）。

标本 2008 Ⅰ⑤:1623，硅质页岩，Ⅱ3 类。线形台面，背有一脊，远端尖锐，有崩损。长 23、宽 15、厚 5 毫米，重 1.15 克（图 5 - 38，5；图版一四〇，5）。

标本 2008 Ⅰ⑤:1595，燧石，Ⅱ3 类。台面角 82°，台面宽 4 毫米，两侧平直，远端圆弧，有崩损。长 18、宽 11、厚 4 毫米，重 0.66 克（图 5 - 38，6；图版一四〇，6）。

标本 2008 Ⅰ⑤:1495，燧石，原料为砾石，Ⅱ2 类。线性台面，背有片疤，左右两侧均有细小鳞状疤，呈锯齿状。长 29、宽 14、厚 5 毫米，重 2.24 克（图 5 - 38，7；图版一四〇，7）。

标本 2008 Ⅰ⑤:1422，燧石，原料为砾石，Ⅱ2 类。台面角 88°，台面宽 3 毫米，远端圆弧，

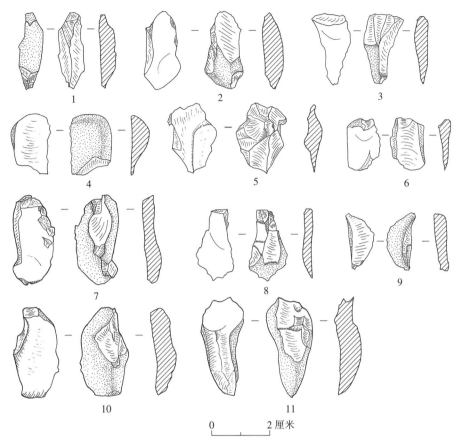

图 5 - 38　第 5 文化层出土石片（35）

1. 2008Ⅰ⑤:1439　2. 2008Ⅰ⑤:1605　3. 2008Ⅰ⑤:1412　4. 2008Ⅰ⑤:1409　5. 2008Ⅰ⑤:1623
6. 2008Ⅰ⑤:1595　7. 2008Ⅰ⑤:1495　8. 2008Ⅰ⑤:1422　9. 2008Ⅰ⑤:1428　10. 2008Ⅰ⑤:1474
11. 2008Ⅰ⑤:1387

有崩损。长 22、宽 12、厚 3 毫米，重 0.78 克（图 5 - 38，8；图版一四〇，8）。

标本 2008Ⅰ⑤:1428，燧石，原料为砾石，Ⅱ2 类。近线形台面，一侧圆弧，有小的崩损。长 19、宽 9、厚 4 毫米，重 0.84 克（图 5 - 38，9；图版一四〇，9）。

标本 2008Ⅰ⑤:1474，燧石，原料为砾石，Ⅰ2 类。砾石台面，有弧度，两侧及远端有阶梯状片疤。长 30、宽 16、厚 6 毫米，重 3.75 克（图 5 - 38，10；图版一四〇，10）。

标本 2008Ⅰ⑤:1387，燧石，原料为砾石，Ⅱ2 类。线形台面，背有片疤，远端为一尖突，有弧度，其两侧有细小鳞状疤。长 32、宽 15、厚 7 毫米，重 2.8 克（图 5 - 38，11；图版一四〇，11）。

标本 2008Ⅰ⑤:713，石英岩，原料为砾石，Ⅰ3 类。台面角 84°，台面宽 2.8 毫米，平面近三角形，远端尖锐，有崩损。长 41、宽 26、厚 7 毫米，重 5.72 克（图 5 - 39，1；图版一四一，1）。

标本 2008Ⅰ⑤:679，燧石，Ⅱ3 类。近端残，背有一脊，远端尖锐，有细小鳞状疤。长 23、宽 11、厚 7 毫米，重 1.42 克（图 5 - 39，2；图版一四一，2）。

标本 2008Ⅰ⑤:493，燧石，Ⅱ3 类。线形台面，背有一脊，远端为一尖突，两侧有细小鳞状疤。长 51、宽 18、厚 5 毫米，重 5.59 克（图 5 - 39，3；图版一四一，3）。

标本 2008Ⅰ⑤:489，石英岩，原料为砾石，Ⅰ3 类。台面角 98°，台面宽 8 毫米，两侧较平直，有崩损。长 35、宽 23、厚 8 毫米，重 4.32 克（图 5 - 39，4；图版一四一，4）。

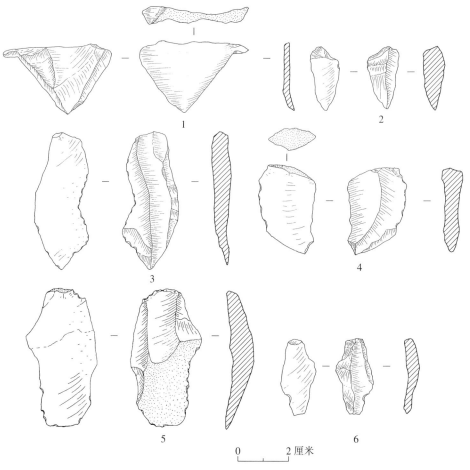

图 5 - 39 第 5 文化层出土石片 (36)

1. 2008 I ⑤ : 713　2. 2008 I ⑤ : 679　3. 2008 I ⑤ : 493　4. 2008 I ⑤ : 489　5. 2008 I ⑤ : 1327　6. 2008 I ⑤ : 891

标本 2008 I ⑤ : 1327，燧石，原料为砾石，Ⅱ 2 类。近线形台面。略有弧度，远端平直，有崩损。长 51、宽 26、厚 8 毫米，重 9.41 克（图 5 - 39，5；图版一四一，5）。

标本 2008 I ⑤ : 891，燧石，原料为砾石，Ⅱ 2 类。台面角 78°，台面宽 3 毫米，背有一脊，远端平齐，有崩损。长 28、宽 14、厚 3 毫米，重 1.16 克（图 5 - 39，6；图版一四一，6）。

标本 2008 I ⑤ : 820，燧石，Ⅱ 3 类。台面角 108°，台面宽 4.6 毫米，背有一脊，远端平直，有细小鳞状疤。长 33、宽 16、厚 7 毫米，重 3.16 克（图 5 - 40，1；图版一四二，1）。

标本 2008 I ⑤ : 2094，硅质页岩，原料为砾石，I 3 类。台面角 112°，台面宽 7 毫米，两侧圆弧，远端尖突，有崩损。长 31、宽 25、厚 7 毫米，重 3.81 克（图 5 - 40，2；图版一四二，2）。

标本 2008 I ⑤ : 2402，燧石，Ⅱ 3 类。线形台面，背有一脊，断面呈三角形，远端尖锐，两侧平直，有崩损。长 31、宽 11、厚 6 毫米，重 1.92 克（图 5 - 40，3；图版一四二，3）。

标本 2008 I ⑤ : 2412，硅质页岩，原料为砾石，Ⅱ 2 类。线形台面，远端弧形，有崩损。长 23、宽 22、厚 5 毫米，重 2.6 克（图 5 - 40，4；图版一四二，4）。

标本 2008 I ⑤ : 5027，石英，Ⅱ 3 类。近线形台面，远端尖锐，有崩损。长 22、宽 13、厚 4 毫米，重 1.39 克（图 5 - 40，5；图版一四二，5）。

标本 2008 I ⑤ : 5140，石英，Ⅱ 3 类。台面角 104°，台面宽 3.7 毫米，两侧平行，远端平直，

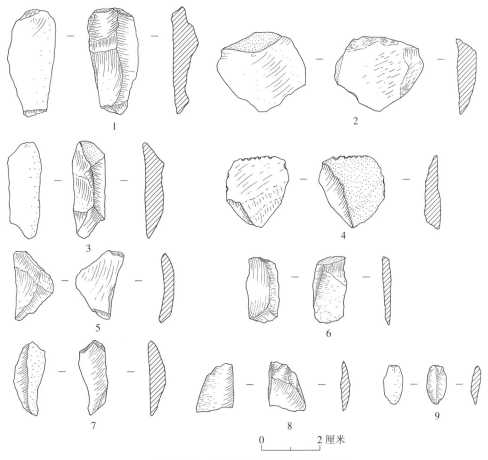

图 5-40　第 5 文化层出土石片（37）

1. 2008 I ⑤：820　2. 2008 I ⑤：2094　3. 2008 I ⑤：2402　4. 2008 I ⑤：2412　5. 2008 I ⑤：5027　6. 2008 I
⑤：5140　7. 2008 I ⑤：5113　8. 2008 I ⑤：5053　9. 2008 I ⑤：5001

有崩损。长 22、宽 11、厚 3 毫米，重 0.94 克（图 5-40，6；图版一四二，6）。

标本 2008 I ⑤：5113，流纹岩，原料为砾石，Ⅱ2 类。线形台面，远端有弧度，似鸟喙状，有崩损。长 24、宽 9、厚 4 毫米，重 0.96 克（图 5-40，7；图版一四二，7）。

标本 2008 I ⑤：5053，燧石，Ⅱ3 类。线形台面，远端平直，有小的崩损。长 19、宽 12、厚 2 毫米，重 0.5 克（图 5-40，8；图版一四二，8）。

标本 2008 I ⑤：5001，燧石，Ⅱ3 类。台面角 102°，台面宽 3 毫米，背有一脊，远端平齐，有崩损。长 12、宽 7、厚 3 毫米，重 0.19 克（图 5-40，9；图版一四二，9）。

标本 2008 I ⑤：5387，燧石，Ⅱ3 类。线形台面，边缘平直，有连续分布的崩损。长 18、宽 13、厚 2 毫米，重 0.49 克（图 5-41，1；图版一四三，1）。

标本 2008 I ⑤：5445，燧石，Ⅱ3 类。线形台面，背有一脊，远端平齐，有小的崩损。长 19、宽 10、厚 3 毫米，重 0.55 克（图 5-41，2；图版一四三，2）。

标本 2008 I ⑤：5284，燧石，Ⅱ3 类。线形台面，远端尖锐，有小的崩损。长 16、宽 7、厚 1 毫米，重 0.18 克（图 5-41，3；图版一四三，3）。

标本 2008 I ⑤：4462，燧石，Ⅱ3 类。近线形台面，平面近长方形，远端平直，有崩损。长 16、宽 11、厚 2 毫米，重 0.38 克（图 5-41，4；图版一四三，4）。

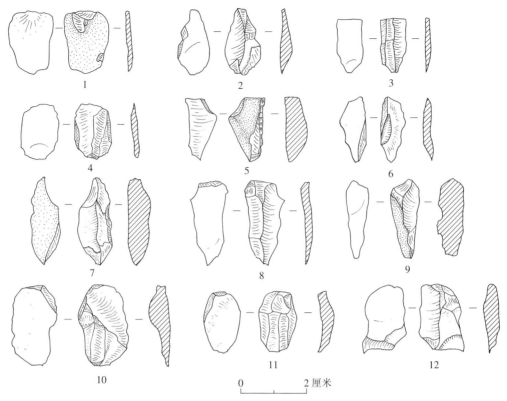

图 5 - 41　第 5 文化层出土石片（38）

1. 2008 Ⅰ⑤：5387　2. 2008 Ⅰ⑤：5445　3. 2008 Ⅰ⑤：5284　4. 2008 Ⅰ⑤：4462　5. 2008 Ⅰ⑤：4439　6. 2008 Ⅰ⑤：4482
7. 2008 Ⅰ⑤：4244　8. 2008 Ⅰ⑤：4268　9. 2008 Ⅰ⑤：4473　10. 2008 Ⅰ⑤：4263　11. 2008 Ⅰ⑤：4303　12. 2008 Ⅰ⑤：4369

标本 2008 Ⅰ⑤：4439，燧石，原料为砾石，Ⅱ2 类。近端残，左侧边缘有连续平行分布的细小鳞状疤，细石器调整剥片。长 19、宽 10、厚 6 毫米，重 1.05 克（图 5 - 41，5；图版一四三，5）。

标本 2008 Ⅰ⑤：4482，燧石，Ⅱ3 类。线形台面，远端尖锐，有崩损。长 19、宽 7、厚 2 毫米，重 0.24 克（图 5 - 41，6；图版一四三，6）。

标本 2008 Ⅰ⑤：4244，石英岩，原料为砾石，Ⅱ2 类。线形台面，远端尖锐。有崩损。长 25、宽 10、厚 7 毫米，重 1.85 克（图 5 - 41，7；图版一四三，7）。

标本 2008 Ⅰ⑤：4268，燧石，Ⅱ3 类。线形台面，背有一脊，远端尖锐，有阶梯状的崩损。长 25、宽 11、厚 3 毫米，重 0.66 克（图 5 - 41，8；图版一四三，8）。

标本 2008 Ⅰ⑤：4473，燧石，Ⅱ3 类。台面角 92°，台面宽 7 毫米，背有一脊，远端平齐，有崩损。长 22、宽 8、厚 7 毫米，重 1.01 克（图 5 - 41，9；图版一四三，9）。

标本 2008 Ⅰ⑤：4263，燧石，Ⅱ3 类。线形台面，平面近长方形，左侧边缘平直，有崩损。长 24、宽 14、厚 6 毫米，重 1.92 克（图 5 - 41，10；图版一四三，10）。

标本 2008 Ⅰ⑤：4303，燧石，Ⅱ3 类。台面角 68°，台面宽 3.4 毫米，略有弧度，背有 2 条细石叶剥片疤，细石核调整剥片，远端弧形，有崩损。长 18、宽 11、厚 4 毫米，重 0.93 克（图 5 - 41，11；图版一四三，11）。

标本 2008Ⅰ⑤：4369，燧石，原料为砾石，Ⅰ3 类。台面角 98°，台面宽 3.2 毫米，平面近长方形，远端较平直，有崩损。长 22、宽 12、厚 5 毫米，重 1.59 克（图 5 - 41，12；图版一四三，12）。

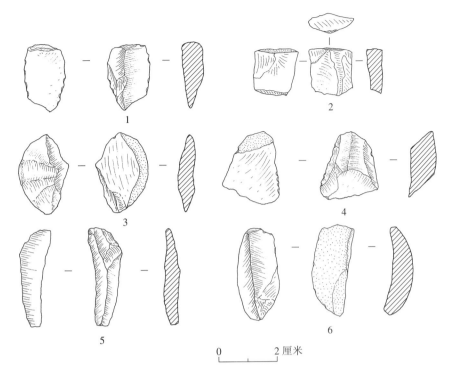

图 5-42　第 5 文化层出土石片（39）

1. 2008 Ⅰ ⑤：4108　2. 2008 Ⅰ ⑤：4481　3. 2008 Ⅰ ⑤：4155　4. 2008 Ⅰ ⑤：4067　5. 2008 Ⅰ ⑤：4216
6. 2008 Ⅰ ⑤：4032

标本 2008 Ⅰ ⑤：4108，燧石，原料为砾石，Ⅱ2 类。台面角 96°，台面宽 5 毫米，两侧平直，远端尖锐，有崩损。长 21、宽 14、厚 5 毫米，重 1.57 克（图 5-42，1；图版一四四，1）。

标本 2008 Ⅰ ⑤：4481，石英，Ⅱ3 类。台面角 102°，两侧平行，背有一脊，两极石片，两侧有崩损。长 15、宽 15、厚 6 毫米，重 1.5 克（图 5-42，2；图版一四四，2）。

标本 2008 Ⅰ ⑤：4155，石英岩，原料为砾石，Ⅰ3 类。台面角 96°，台面宽 6.4 毫米，远端较平直，有片疤，中部有一尖突。长 26、宽 17、厚 6 毫米，重 2.72 克（图 5-42，3；图版一四四，3）。

标本 2008 Ⅰ ⑤：4067，燧石，原料为砾石，Ⅰ3 类。台面角 98°，台面宽 9 毫米，远端平直，有崩损。长 24、宽 19、厚 9 毫米，重 3.61 克（图 5-42，4；图版一四四，4）。

标本 2008 Ⅰ ⑤：4216，石英，Ⅱ3 类。近端残，背有一脊，远端弧形，有小的崩损。长 32、宽 9、厚 6 毫米，重 1.42 克（图 5-42，5；图版一四四，5）。

标本 2008 Ⅰ ⑤：4032，石英岩，原料为砾石，Ⅱ2 类。台面角 68°，台面宽 2.7 毫米，略有弧度，远端尖突，有崩损。长 29、宽 14、厚 7 毫米，重 3.25 克（图 5-42，6；图版一四四，6）。

标本 2005 Ⅰ ⑤：282，石英岩，Ⅱ3 类。台面角 72°，台面宽 2.8 毫米，右侧边缘平直，边缘部有崩损。长 41.2、宽 24、厚 6.1 毫米，重 6.45 克（图 5-43，1；图版一四五，1）。

标本 2005 Ⅰ ⑤：242，石英岩，Ⅱ3 类。线形台面，远端弧形。边缘部有崩损。长 35.1、宽 25.5、厚 7.8 毫米，重 6.28 克（图 5-43，2；图版一四五，2）。

标本 2005 Ⅰ ⑤：342，燧石，原料为砾石，Ⅱ1 类。线形台面，远端较平直，有崩损。长 31.8、宽 25.1、厚 7.9 毫米，重 5.82 克（图 5-43，3；图版一四五，3）。

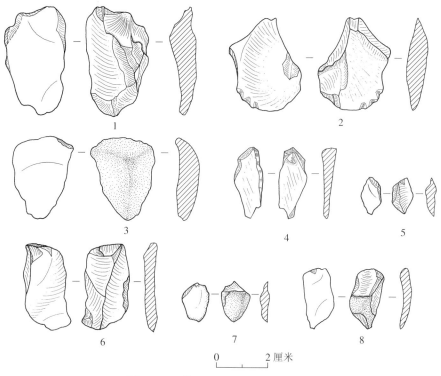

图 5 - 43　第 5 文化层出土石片（40）

1. 2005 Ⅰ⑤：282　2. 2005 Ⅰ⑤：242　3. 2005 Ⅰ⑤：342　4. 2005 Ⅰ⑤：348　5. 2005 Ⅰ⑤：485
6. 2005 Ⅰ⑤：420　7. 2005 Ⅰ⑤：474　8. 2005 Ⅰ⑤：349

标本 2005 Ⅰ⑤：348，石英岩，Ⅱ3 类。台面角 96°，台面宽 5.1 毫米，远端尖锐，有崩损。长 26.2、宽 10.2、厚 5.1 毫米，重 1.05 克（图 5 - 43，4；图版一四五，4）。

标本 2005 Ⅰ⑤：485，燧石，Ⅱ3 类。台面角 74°，台面宽 3.8 毫米，远端有一尖突，有崩损。长 13.5、宽 7.8、厚 3.8 毫米，重 0.23 克（图 5 - 43，5；图版一四五，5）。

标本 2005 Ⅰ⑤：420，石英，原料为砾石，Ⅰ3 类。台面角 88°，台面宽 4.5 毫米，两侧平直，平面大体呈长方形，左侧边缘有连续分布的锯齿状崩损。长 33、宽 16.9、厚 5.5 毫米，重 3.33 克（图 5 - 43，6；图版一四五，6）。

标本 2005 Ⅰ⑤：474，燧石，原料为砾石，Ⅱ2 类。线形台面，远端圆弧，有崩损。长 14.2、宽 10.8、厚 3.9 毫米，重 0.43 克（图 5 - 43，7；图版一四五，7）。

标本 2005 Ⅰ⑤：349，燧石，原料为砾石，Ⅱ2 类。近线形台面，远端有一小的平直刃。长 22.1、宽 11、厚 3.1 毫米，重 0.91 克（图 5 - 43，8；图版一四五，8）。

标本 2005 Ⅰ⑤：254，凝灰岩，Ⅱ3 类。台面角 76°，台面宽 7.4 毫米，两极石片，边缘平直，有崩损。长 25.5、宽 17.1、厚 7.4 毫米，重 2.73 克（图 5 - 44，1；图版一四六，1）。

标本 2006 Ⅰ⑤：4835，燧石，Ⅱ3 类。台面角 115°，台面宽 3.5 毫米，背有片疤，远端崩损。长 23、宽 21.2、厚 4.8 毫米，重 2.2 克（图 5 - 44，2；图版一四六，2）。

标本 2006 Ⅰ⑤：4873，燧石，原料为砾石，Ⅱ2 类。台面角 105°，台面宽 3.8 毫米，背有片疤，左右两侧有阶状疤。长 23.3、宽 19.1、厚 4.5 毫米，重 1.91 克（图 5 - 44，3；图版一四六，3）。

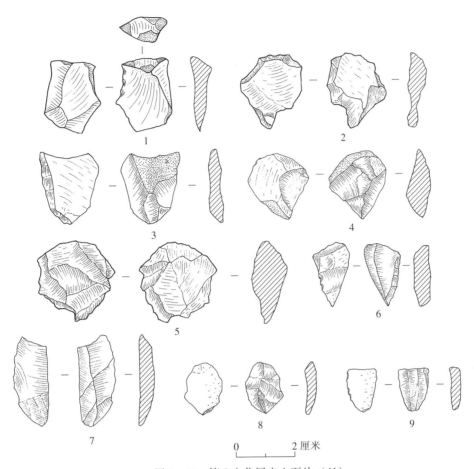

图 5 - 44　第 5 文化层出土石片（41）

1. 2005 Ⅰ⑤：254　2. 2006 Ⅰ⑤：4835　3. 2006 Ⅰ⑤：4873　4. 2006 Ⅰ⑤：5138　5. 2006 Ⅰ⑤：5054
6. 2006 Ⅰ⑤：5638　7. 2006 Ⅰ⑤：2779　8. 2006 Ⅰ⑤：3704　9. 2006 Ⅰ⑤：3619

标本 2006 Ⅰ⑤：5138，燧石，原料为砾石，Ⅰ2 类。台面角 110°，台面宽 2.2 毫米，背有阶状疤，远端尖锐，有崩损。长 18.3、宽 17.1、厚 7.9 毫米，重 3.04 克（图 5 - 44，4；图版一四六，4）。

标本 2006 Ⅰ⑤：5054，石英，原料为砾石，Ⅰ3 类。台面角 94°，台面宽 7.8 毫米，右侧有阶状疤，连续呈齿状、背有片疤。长 26、宽 26.2、厚 10.1 毫米，重 6.3 克（图 5 - 44，5；图版一四六，5）。

标本 2006 Ⅰ⑤：5638，燧石，Ⅱ3 类。近端残，两侧有阶状疤，远端尖锐，有崩损。长 20.5、宽 11、厚 4.2 毫米，重 1.02 克（图 5 - 44，6；图版一四六，6）。

标本 2006 Ⅰ⑤：2779，燧石，原料为砾石，Ⅱ2 类。台面角 108°，台面宽 1.3 毫米，一侧平直，远端有 2 条平直的片疤。长 29.1、宽 12.2、厚 4.4 毫米，重 1.38 克（图 5 - 44，7；图版一四六，7）。

标本 2006 Ⅰ⑤：3704，燧石，Ⅱ3 类。线形台面，背有一脊，两侧有片疤，两侧较平直，有崩损。长 10.5、宽 2、厚 0.46 毫米（图 5 - 44，8；图版一四六，8）。

标本 2006 Ⅰ⑤：3619，燧石，Ⅱ3 类。近线形台面，背有条形片疤，细石核调整剥片。长 13.5、宽 10、厚 3 毫米，重 0.6 克（图 5 - 44，9；图版一四六，9）。

标本 2008 I ⑤：4083，燧石，原料为砾石，Ⅱ2 类。近线形台面，一侧圆弧，有崩损。长 23、宽 9、厚 6 毫米，重 3.59 克（图 5 - 45，1；图版一四七，1）。

标本 2006 I ⑤：1411，燧石，Ⅱ3 类。线状台面，背面布满片疤，形态规整，近等腰三角形，细石器调整剥片。长 13.2、宽 12.5、厚 3.4 毫米，重 0.52 克（图 5 - 45，2；图版一四七，2）。

标本 2008 I ⑤：5843，燧石，Ⅱ3 类。近线形台面，一侧圆弧，有连续分布的崩损。长 22、宽 27、厚 5 毫米，重 2.99 克（图 5 - 45，3；图版一四七，3）。

标本 2008 I ⑤：4930，硅质页岩，Ⅱ3 类。台面角 82°，台面宽 6 毫米，远端较平直，有崩损。长 26、宽 20、厚 6 毫米，重 2.53 克（图 5 - 45，4；图版一四七，4）。

标本 2008 I ⑤：5054，燧石，Ⅱ3 类。台面角 81°，台面宽 5.1 毫米，一侧有细长片疤，细石核调整剥片。长 41、宽 26、厚 19 毫米，重 24.4 克（图 4 - 45，5；图版一四七，5）。

标本 2008 I ⑤：3751，燧石，Ⅱ3 类。台面角 102°，台面宽 4.6 毫米，背面有近平行分布的细石叶剥片疤，细石核调整剥片。长 23、宽 19、厚 5 毫米，重 3.34 克（图 5 - 45，6；图版一四七，6）。

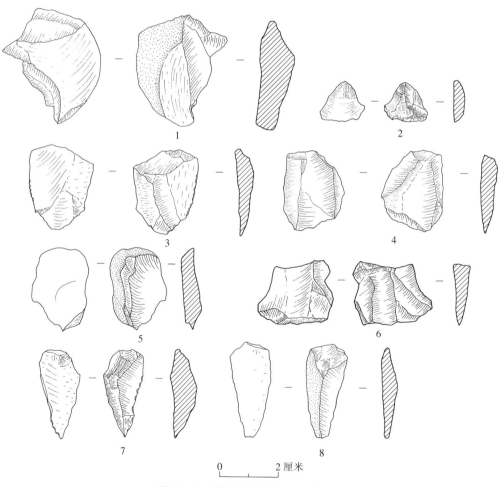

图 5 - 45　第 5 文化层出土石片（42）

1. 2008 I ⑤：4083　2. 2006 I ⑤：1411　3. 2008 I ⑤：5843　4. 2008 I ⑤：4930　5. 2008 I ⑤：5054　6. 2008 I ⑤：3751
7. 2006 I ⑤：1724　8. 2008 I ⑤：4431

标本 2006 Ⅰ⑤:1724，燧石，原料为砾石，Ⅱ2 类。台面角 119°，台面宽 2.2 毫米，背有阶状疤，远端两侧有细小鳞状疤。长 25.2、宽 28.9、厚 5.9 毫米，重 2.08 克（图 5－45，7；图版一四七，7）。

标本 2008 Ⅰ⑤:4431，燧石，Ⅱ3 类。线形台面，背有一脊，平面大体呈三角形，两侧平直，有崩损。长 30.5、宽 11.5、厚 5.1 毫米，重 1.63 克（图 5－45，8；图版一四七，8）。

标本 2008 Ⅰ⑤:2794，燧石，Ⅱ3 类。近线形台面，远端尖锐，有崩损。长 23、宽 13、厚 5 毫米，重 0.84 克（图 5－46，1；图版一四八，1）。

标本 2008 Ⅰ⑤:2932，玉髓，原料为砾石，Ⅰ2 类。线形台面，远端平直，有 3 条平行分布的条形片疤，细石核调整剥片。长 20、宽 14、厚 6 毫米，重 1.95 克（图 5－46，2；图版一四八，2）。

标本 2008 Ⅰ⑤:2852，燧石，Ⅱ3 类。近端残，远端弧形，边缘有条形和鱼鳞状片疤，端刮器的残块。长 14、宽 11、厚 4 毫米，重 0.56 克（图 5－46，3；图版一四八，3）。

标本 2008 Ⅰ⑤:2959，燧石，Ⅱ3 类。台面角 88°，台面宽 3.2 毫米，背有一脊，远端弯曲，边缘弧形，有崩损。长 18、宽 13、厚 5 毫米，重 1.34 克（图 5－46，4；图版一四八，4）。

标本 2008 Ⅰ⑤:2171，燧石，原料为砾石，Ⅰ2 类。线形台面，远端尖锐。长 24、宽 13、厚 7 毫米，重 1.55 克（图 4－46，5；图版一四八，5）。

标本 2008 Ⅰ⑤:3966，燧石，Ⅱ3 类。线形台面，一侧圆弧，有崩损。长 29、宽 12、厚 3 毫米，重 1.2 克（图 5－46，6；图版一四八，6）。

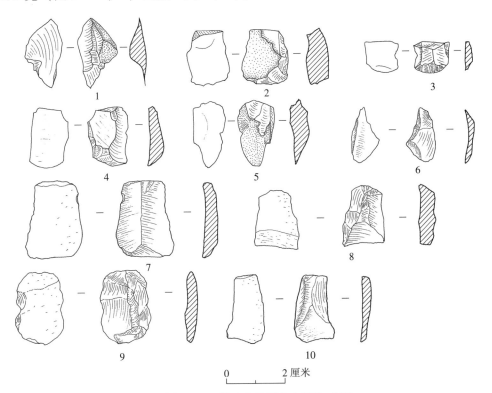

图 5－46　第 5 文化层出土石片（43）

1. 2008 Ⅰ⑤:2794　2. 2008 Ⅰ⑤:2932　3. 2008 Ⅰ⑤:2852　4. 2008 Ⅰ⑤:2959　5. 2008 Ⅰ⑤:2171　6. 2008 Ⅰ⑤:3966　7. 2008 Ⅰ⑤:2453　8. 2008 Ⅰ⑤:3656　9. 2008 Ⅰ⑤:996　10. 2008 Ⅰ⑤:3743

标本 2008 I ⑤：2453，流纹岩，Ⅱ3 类。台面角 76°，台面宽 3 毫米，平面大体呈长方形，背有一脊，两极石片。长 25、宽 19、厚 4 毫米，重 2.12 克（图 5－46，7；图版一四八，7）。

标本 2008 I ⑤：3656，燧石，Ⅱ3 类。近端残，远端弧形，有崩损。长 18、宽 14、厚 5 毫米，重 1.34 克（图 5－46，8；图版一四八，8）。

标本 2008 I ⑤：996，燧石，Ⅱ3 类。平面大体呈长方形，两侧平直，两极石片。长 10、宽 8、厚 3 毫米，重 0.14 克（图 5－46，9；图版一四八，9）。

标本 2008 I ⑤：3743，燧石，Ⅱ3 类。台面角 82°，台面呈三角形，宽 2.7 毫米，形态规整，大体呈长方形，远端平直，有崩损。长 21、宽 12、厚 3 毫米，重 0.96 克（图 5－46，10；图版一四八，10）。

标本 2008 I ⑤：1457，流纹岩，Ⅱ3 类。台面角 78°，台面宽 5 毫米，背有一脊，略有弧度，远端弧形，有崩损。长 32、宽 23、厚 5 毫米，重 3.89 克（图 5－47，1；图版一四九，1）。

标本 2008 I ⑤：3108，流纹岩。背有一脊，两侧较平直，一侧和远端有崩损。长 29、宽 1.8、厚 5 毫米，重 3.12 克（图 5－47，2；图版一四九，2）。

标本 2006 I ⑤：3339，石英岩，原料为砾石，Ⅱ2 类。台面宽 6.8，左裂片，背有两条平行脊，两侧平直，细石核调整剥片。长 30.3、宽 10.2、厚 7.3 毫米，重 2.4 克（图 5－47，3；图版一四九，3）。

标本 2008 I ⑤：4059，燧石，Ⅱ3 类。两极石片，形态规整，近长方形，一侧边缘有崩损。长 30、宽 18、厚 9 毫米，重 4.83 克（图 5－47，4；图版一四九，5）。

标本 2008 I ⑤：3094，石英岩，原料为砾石，Ⅰ3 类。台面角 102°，台面宽 5 毫米，背有一脊，平面近三角形，远端平齐，有崩损。长 25、宽 12、厚 5 毫米，重 1.25 克（图 5－47，5；图版一四九，6）。

标本 2008 I ⑤：3252，燧石，Ⅱ3 类。近线形台面，远端尖锐，有崩损。长 23、宽 10、厚 3 毫米，重 0.42 克（图 5－47，6；图版一四九，7）。

标本 2008 I ⑤：357，石英岩，原料为砾石，Ⅱ2 类。近线形台面，一侧圆弧，有崩损。长 36、宽 33、厚 7 毫米，重 9.29 克（图 5－47，7；图版一四九，4）。

标本 2008 I ⑤：2092，硅质页岩，Ⅱ3 类。台面角 88°，台面宽 4 毫米，背有一脊，远端圆弧，有崩损。长 21、宽 16、厚 4 毫米，重 1.45 克（图 5－47，8；图版一四九，8）。

标本 2008I⑤：4406，石英岩，原料为砾石，Ⅱ2 类。台面角 108°，台面宽 7.8 毫米，两侧较平直，远端弧形，有崩损。长 55、宽 26、厚 12 毫米，重 17.05 克（图 5－48，1；图版一五〇，1）。

标本 2008 I ⑤：2197，石英岩，原料为砾石，Ⅰ3 类。台面角 98°，台面宽 11 毫米，远端圆弧，有崩损。长 26、宽 26、厚 11 毫米，重 5.86 克（图 5－48，2；图版一五〇，2）。

标本 2008 I ⑤：4500，石英岩，原料为砾石，Ⅱ2 类。近端残，远端圆弧，有崩损。长 51、宽 29、厚 10 毫米，重 16.67 克（图 5－48，3；图版一五〇，3）。

标本 2008 I ⑤：2241，石英岩，原料为砾石，Ⅰ3 类。台面角 92°，台面宽 9 毫米，远端有阶梯状片疤和一小尖突。长 17、宽 17、厚 9 毫米，重 1.92 克（图 5－48，4；图版一五〇，4）。

标本 2008 I ⑤：4280，石英岩，原料为砾石，Ⅱ1 类。台面角 88°，台面宽 6 毫米，远端圆弧，有崩损。长 21、宽 19、厚 6 毫米，重 2.72 克（图 5－48，5；图版一五〇，5）。

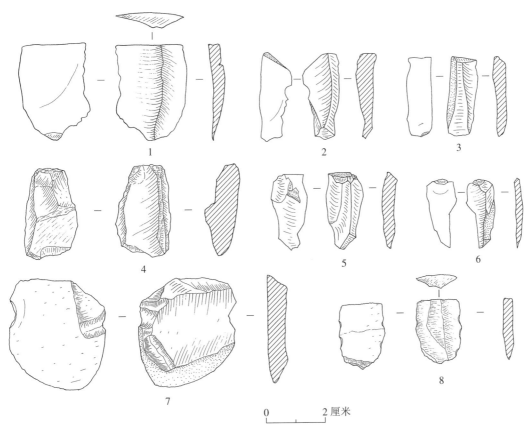

图 5 – 47　第 5 文化层出土石片（44）

1. 2008Ⅰ⑤:1457　2. 2008Ⅰ⑤:3108　3. 2006Ⅰ⑤:3339　4. 2008Ⅰ⑤:4059　5. 2008Ⅰ⑤:3094　6. 2008Ⅰ⑤:3252
7. 2008Ⅰ⑤:357　8. 2008Ⅰ⑤:2092

标本 2008Ⅰ⑤:5759，燧石，原料为砾石，Ⅱ1 类。台面角 88°，台面宽 3 毫米，两侧平直。远端弧形，有崩损。长 18、宽 9、厚 3 毫米，重 0.6 克（图 5 – 48，6；图版一五〇，6）。

标本 2006Ⅰ⑤:1540，燧石，Ⅱ3 类。台面角 106°，台面宽 6.6 毫米，背有片疤，一侧有连续平行分布的条形修疤，细石核修整剥片，一侧较平直，有崩损，显微镜下未见使用痕迹。长 26.2、宽 19.8、厚 5.3 毫米，重 3.92 克（图 5 – 49，1；图版一五一，1）。

标本 2006Ⅰ⑤:2865，燧石，Ⅱ3 类。台面角 72°，台面宽 11.2 毫米，边缘有片疤，远端较平直，有崩损。长 24.5、宽 22.2、厚 11.2 毫米，重 4.24 克（图 5 – 49，2；图版一五一，2）。

标本 2006Ⅰ⑤:1795，燧石，Ⅱ3 类。台面角 103°，台面宽 6.3 毫米，背有一脊，脊两侧有片疤，远端平直，有崩损。长 30.8、宽 14.9、厚 9.3 毫米，重 4.23 克（图 5 – 49，3；图版一五一，3）。

标本 2008Ⅰ⑤:4789，燧石。近线形台面，背有一脊，左侧和远端有连续分布的细小片疤。长 29、宽 14、厚 5 毫米，重 2.25 克（图 5 – 49，4；图版一五一，4）。

标本 2006Ⅰ⑤:1560，燧石，Ⅱ3 类。台面角 82°，台面宽 9.1 毫米，背有一脊，脊两侧有片疤，远端尖突，有崩损。长 28.3、宽 13.8、厚 9.8 毫米，重 3.82 克（图 5 – 49，5；图版一五一，5）。

标本 2006Ⅰ⑤:2932，燧石，Ⅱ2 类。台面角 127°，台面宽 2.9 毫米，背有阶状疤、片疤，两侧较平直，有锯齿状崩损。长 51.9、宽 22.6、厚 6.2 毫米，重 6.8 克（图 5 – 49，6；图版一五一，6）。

标本 2006Ⅰ⑤:3473，石英岩，原料为砾石，Ⅰ3 类。台面角 102°，自然台面，台面宽 12.3

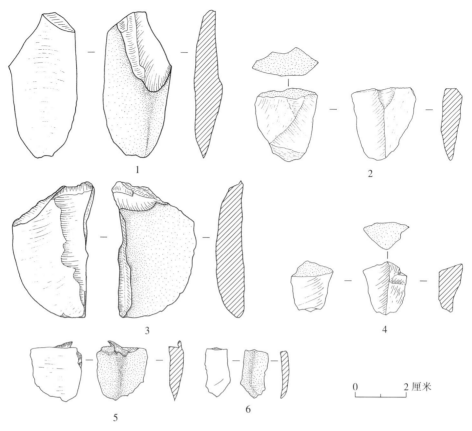

图 5 - 48　第 5 文化层出土石片（45）

1. 2008 I ⑤：4406　2. 2008 I ⑤：2197　3. 2008 I ⑤：4500　4. 2008 I ⑤：2241　5. 2008 I ⑤：4280
6. 2008 I ⑤：5759

毫米，背有一人字脊，远端平直，有崩损。长 39.6、宽 49.7、厚 12.6 毫米，重 27.06 克（图 5 - 49，7；图版一五一，7）。

标本 2006I⑤：3654，燧石，II3 类。近端残，有崩损，远端稍厚，有弧度，背有细长的细石叶剥片疤，细石核调整剥片。长 43.2、宽 17.1、厚 17.2 毫米，重 7.46 克（图 5 - 49，8；图版一五一，8）。

标本 2006I⑤：3171，燧石，II3 类。台面角 104°，台面宽 1.6 毫米，背有阶状疤、片疤，远端弧形，有崩损。长 13.1、宽 11.2、厚 2.2 毫米，重 0.34 克（图 5 - 49，9；图版一五一，9）。

标本 2006 I ⑤：1904，燧石，II3 类。半边有石叶片疤，线形台面，背面有细长的细石叶剥片疤，细石核调整剥片，两侧较平直，远端弧形有崩损。长 21.6、宽 13.8、厚 4.1 毫米，重 1.26 克（图 5 - 49，10；图版一五一，10）。

标本 2006I⑤：4305，燧石，II3 类。台面角 108°，台面宽 7 毫米，背有片疤、阶状疤，平面近长方形，边缘平直有崩损。长 20.7、宽 17.3、厚 7.3 毫米，重 2.72 克（图 5 - 49，11；图版一五一，11）。

标本 2006 I ⑤：177，燧石，原料为砾石，I3 类。线形台面，远端边缘有平行分布的条形疤，细石核调整剥片，远端圆弧，有崩损。长 12.4、宽 20.5、厚 2.9 毫米，重 0.55 克（图 5 - 49，12；图版一五一，12）。

标本 2008 I ⑤：5256，燧石。台面角 118°，台面宽 4.6 毫米，背有一脊，两侧边缘有连续分布的细小片疤。长 37、宽 21、厚 7 毫米，重 3.76 克（图 5 - 49，13；图版一五一，13）。

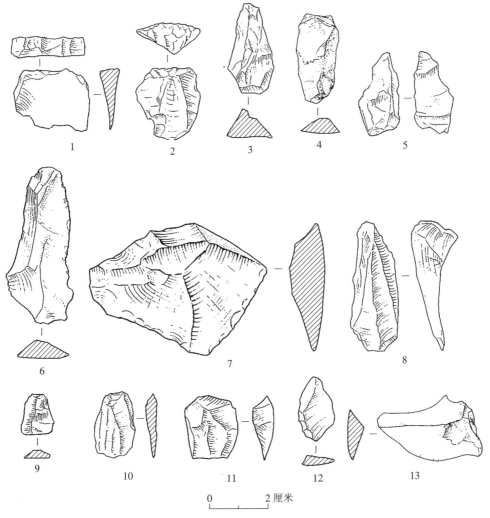

图 5 - 49　第 5 文化层出土石片（46）

1. 2006 I ⑤：1540　　2. 2006 I ⑤：2865　　3. 2006 I ⑤：1795　　4. 2008 I ⑤：4789　　5. 2006 I ⑤：1560

6. 2006 I ⑤：2932　　7. 2006 I ⑤：3473　　8. 2006 I ⑤：3654　　9. 2006 I ⑤：3171　　10. 2006 I ⑤：1904

11. 2006 I ⑤：4305　　12. 2006 I ⑤：177　　13. 2008 I ⑤：5256

标本 2008 I ⑤：2960，细砂岩，原料为砾石，Ⅱ2 类。近线形台面，远端较平直，有崩损。长 45、宽 33、厚 12 毫米，重 13.87 克（图 5 - 50，1；图版一五二，1）。

标本 2008 I ⑤：5657，石英岩，原料为砾石，Ⅰ3 类。台面角 106°，台面宽 7 毫米，平面近三角形，远端尖锐，有崩损。长 30、宽 20、厚 7 毫米，重 3.9 克（图 5 - 50，2；图版一五二，2）。

标本 2008 I ⑤：1024，燧石，Ⅱ3 类。线形台面，背有一脊，远端较平直，有崩损。长 28、宽 15、厚 5 毫米，重 2.02 克（图 5 - 50，3；图版一五二，3）。

标本 2008 I ⑤：154，燧石，Ⅱ3 类。台面角 68°，台面宽 4 毫米，平面近三角形，远端尖锐，有崩损。长 18、宽 16、厚 4 毫米，重 1.62 克（图 5 - 50，4；图版一五二，4）。

标本 2008 I ⑤：1252，石英岩，原料为砾石，Ⅰ3 类。台面宽 4 毫米，背有一脊，远端尖锐，有崩损。长 18、宽 12、厚 4 毫米，重 0.83 克（图 5 - 50，5；图版一五二，5）。

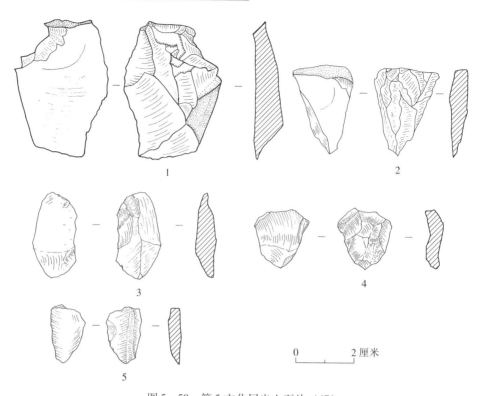

图 5-50　第 5 文化层出土石片（47）

1. 2008 Ⅰ⑤：2960　2. 2008 Ⅰ⑤：5657　3. 2008 Ⅰ⑤：1024　4. 2008 Ⅰ⑤：154　5. 2008 Ⅰ⑤：1252

二　石核

共发现 38 件，有单台面、双台面、多台面等不同类型，材质有燧石、石英岩、硅质页岩等种类。

标本 2006 Ⅰ⑤：5618，石英岩，原料为砾石，单台面。台面角 116°，自然台面，初始剥片。长 60.8、宽 33.1、厚 23.4 毫米，重 52.15 克（图 5-51，1；图版一五三，1）。

标本 2006 Ⅰ⑤：5011，石英岩，原料为砾石，双台面。台面角 60°、77°、83°，自然台面，初始剥片。长 53.2、宽 38.9、厚 18.2 毫米，重 39.76 克（图 5-51，2；图版一五三，2）。

标本 2006 Ⅰ⑤：4337，石英岩，原料为砾石，双台面。台面角 97°、72°，自然台面，初始剥片。长 21、宽 32.2、厚 24 毫米，重 13.64 克（图 5-52，1；图版一五四，1）。

标本 2006 Ⅰ⑤：4277，燧石，断块，单台面。台面角 84°，非自然台面，正反两面剥片，楔形细石核预制。长 18.9、宽 24.9、厚 13 毫米，重 6.46 克（图 5-52，2；图版一五四，2）。

标本 2006 Ⅰ⑤：130，燧石，以砾石为原料，石片为毛坯，单台面。台面角 104°，下端有 4 道平行脊为石叶剥片，细石核预制。长 19.9、宽 18.7、厚 10.9 毫米，重 2.5 克（图 5-52，3；图版一五四，3）。

标本 2006 Ⅰ⑤：42，燧石，原料为砾石，双台面。台面角 82°、108°，以一小块砾石为毛坯，自然台面，两侧剥片，在一侧调整出楔状缘的雏形。长 33.1、宽 27.1、厚 15 毫米，重 12.76 克（图 5-52，4；图版一五四，4）。

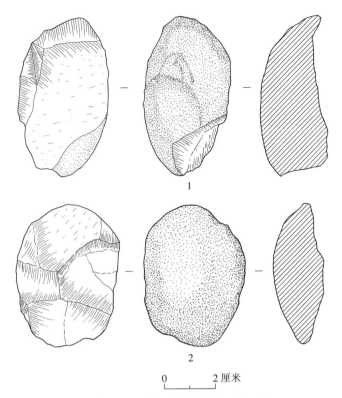

0 ____ 2 厘米

图 5 – 51　第 5 文化层出土石核（1）

1. 2006 I ⑤ : 5618　　2. 2006 I ⑤ : 5011

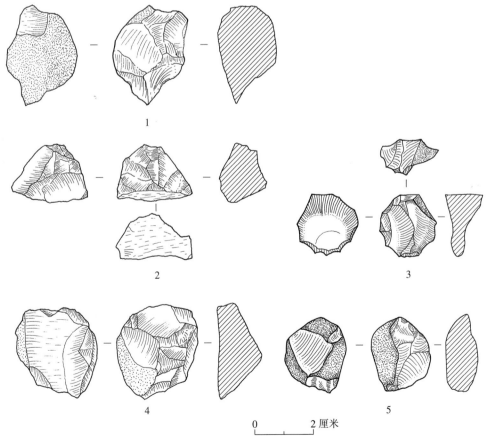

0 ____ 2 厘米

图 5 – 52　第 5 文化层出土石核（2）

1. 2006 I ⑤ : 4337　　2. 2006 I ⑤ : 4277　　3. 2006 I ⑤ : 130　　4. 2006 I ⑤ : 42　　5. 2006 I ⑤ : 6722

标本 2006Ⅰ⑤:6722，玛瑙，原料为砾石。非自然线状台面，两侧剥片，细石核的预制。长21.5、宽22.5、厚8.5毫米，重3.75克（图5-52，5；图版一五四，5）。

标本 2006Ⅰ⑤:2990，石英岩，原料为砾石。台面角89°，自然台面，单台面，初始剥片。长31、宽31.2、厚20.5毫米，重20.42克（图5-53，1；图版一五五，1）。

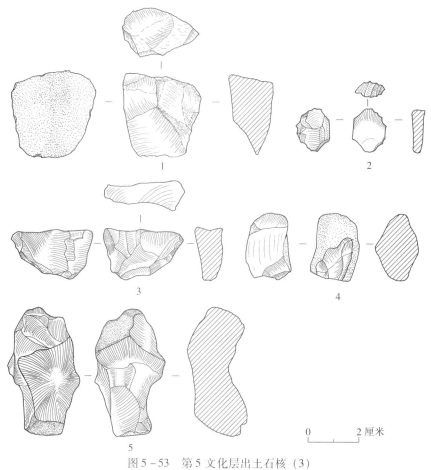

图5-53　第5文化层出土石核（3）

1. 2006Ⅰ⑤:2990　2. 2006Ⅰ⑤:299　3. 2006Ⅰ⑤:787　4. 2005Ⅰ⑤:40　5. 2006Ⅰ⑤:429

标本 2006Ⅰ⑤:299，石英岩，以石片为毛坯，单台面。台面角106°，下端有4道平行状片疤，为石叶剥片。长15.4、宽13.2、厚5.2毫米，重0.96克（图5-53，2；图版一五五，2）。

标本 2006Ⅰ⑤:787，燧石，以石片为毛坯，单台面。台面角127°，人工台面，台面左侧有阶梯状修疤，为正向二次加工调整，楔形细石核的预制。长30.2、宽16.5、厚10.3毫米，重5.53克（图5-53，3；图版一五五，3）。

标本 2005Ⅰ⑤:40，燧石，原料为砾石，双台面。台面角91°、114°，以一小块砾石为毛坯，自然台面，两侧剥片，细石核预制。长25.7、宽15.1、厚14.3毫米，重7.81克（图5-53，4；图版一五五，4）。

标本 2006Ⅰ⑤:429，原料为砾石，石英岩，双台面。台面角84°、119°，为自然台面两侧剥片，细石核预制。长46.2、宽24.7、厚23.5毫米，重26.1克（图5-53，5；图版一五五，5）。

标本 2008 Ⅰ⑤：1806，燧石，砾石为原料。台面角 78°，单台面以一河卵石为毛坯，沿长轴方向纵向剥片，初始剥片。长 38、宽 31、厚 18 毫米，重 24.8 克（图 5－54，1；图版一五六，1）。

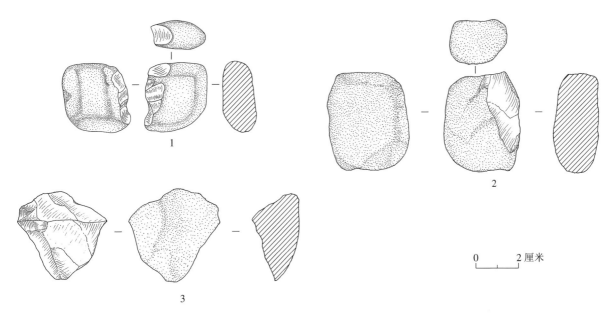

图 5－54　第 5 文化层出土石核（4）
1. 2008 Ⅰ⑤：1806　2. 2008 Ⅰ⑤：894　3. 2008 Ⅰ⑤：702

标本 2008 Ⅰ⑤：894，石英岩，原料为砾石，单台面。以一河卵石为毛坯，沿长轴方向在一侧进行剥片，初始剥片。长 43、宽 35、厚 20 毫米，重 47.18 克（图 5－54，2；图版一五六，2）。

标本 2008 Ⅰ⑤：702，燧石，原料为砾石，单台面。台面角 74°，以一大体呈三棱状的断块为毛坯，一侧剥片。长 40、宽 32、厚 20 毫米，重 24.11 克（图 5－54，3；图版一五六，3）。

标本 2008 Ⅰ⑤：1518，石英岩，原料为砾石。台面角 92°，单台面，以一河卵石为毛坯，沿长轴方向周边剥片。长 53、宽 51、厚 31 毫米，重 87.58 克（图 5－55，1；图版一五七，1）。

标本 2008 Ⅰ⑤：1708，燧石，原料为砾石，单台面。台面角 68°，椭圆形台面，台面径 34.2 毫米×25.6 毫米，周身剥片，锥状细石核预制。长 46、宽 34、厚 28 毫米，重 44.49 克（图 5－55，2；图版一五七，2）。

标本 2008 Ⅰ⑤：3970，石英岩，原料为砾石，单台面。台面角 118°，以一河卵石为毛坯，周边剥片，初始剥片。长 29、宽 29、厚 18 毫米，重 16.68 克（图 5－56，1；图版一五八，1）。

标本 2008 Ⅰ⑤：3854，燧石，原料为砾石，单台面。台面角 86°，以一扁平的小河卵石为毛坯，在一面有 2 处剥片疤初始剥片。长 34、宽 24、厚 15 毫米，重 13.09 克（图 5－56，2；图版一五八，2）。

标本 2008 Ⅰ⑤：5199，石英，砾石为毛坯，单台面。台面角 68°，以一河卵石断块为毛坯，台面大体成三角形，初始剥片。长 47、宽 39、厚 22 毫米，重 37.99 克（图 5－56，3；图版一五八，3）。

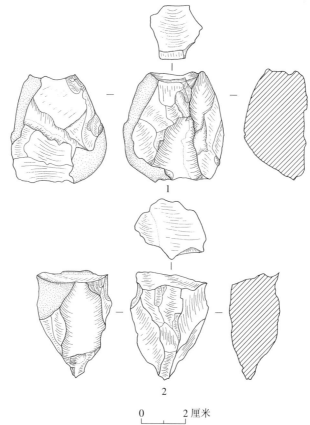

0   2厘米

图5-55   第5文化层出土石核（5）

1. 2008 I ⑤:1518   2. 2008 I ⑤:1708

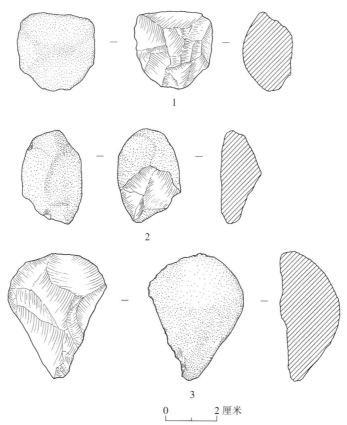

0   2厘米

图5-56   第5文化层出土石核（6）

1. 2008 I ⑤:3970   2. 2008 I ⑤:3854   3. 2008 I ⑤:5199

标本 2008 I ⑤：5449，石英，原料为砾石，单台面。台面角 112°，以一河卵石为毛坯，在长轴一端修整出一台面，台面大体呈椭圆形，台面径 36 毫米×25 毫米，沿长轴方向剥片，细石核预制。长 60、宽 45、厚 44 毫米，重 131.48 克（图 5-57，1；图版一五九，1）。

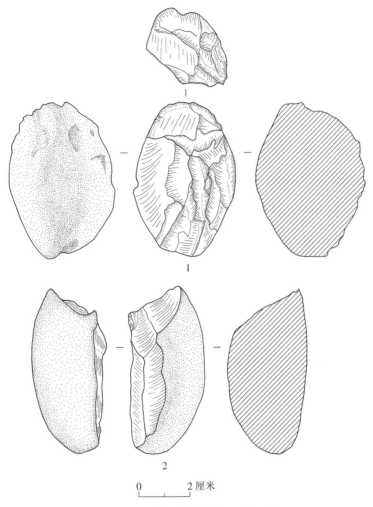

图 5-57　第 5 文化层出土石核（7）
1. 2008 I ⑤：5449　2. 2008 I ⑤：5436

标本 2008 I ⑤：5436，石英，原料为砾石，单台面。台面角 88°，以一河卵石为毛坯，自然台面，在一侧沿短轴方向剥片。长 63、宽 30、厚 29 毫米，重 79.12 克（图 5-57，2；图版一五九，2）。

标本 2008 I ⑤：4660，玄武岩，原料为砾石，有上、下两个台面。台面角 112°、83°，一为砾石台面，周身有大的剥片疤。长 51、宽 37、厚 33 毫米，重 63.95 克（图 5-58；图版一六〇）。

标本 2008 I ⑤：4588，燧石，原料为砾石，单台面。以一河卵石为毛坯，在一面进行剥片，初始剥片。长 43、宽 39、厚 28 毫米，重 47.94 克（图 5-59，1；图版一六一，1）。

标本 2008 I ⑤：1079，石英岩，原料为砾石，单台面。以一河卵石为毛坯，在一侧进行剥片，初始剥片。长 36、宽 26、厚 19 毫米，重 28.27 克（图 5-59，2；图版一六一，2）。

标本 2008 I ⑤：362，燧石，原料为砾石，单台面。台面角 102°，以一河卵石为毛坯，以一较

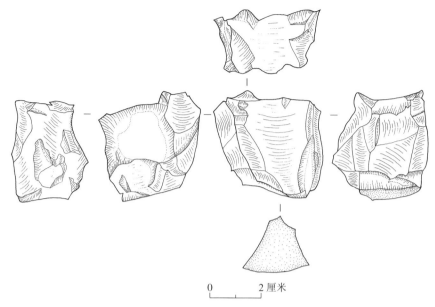

图 5 – 58   第 5 文化层出土石核（8）（2008 I ⑤：4660）

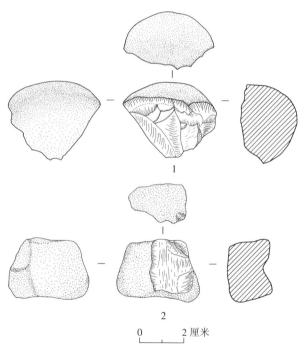

图 5 – 59   第 5 文化层出土石核（9）
1. 2008 I ⑤：4588   2. 2008 I ⑤：1079

平整的一面为自然台面，在一侧进行剥片，初始剥片。长 44.8、宽 40.3、厚 34.7 毫米，重 72.99 克（图 5 – 60，1；图版一六二，2）。

标本 2008 I ⑤：5451，石英岩，原料为砾石，单台面。以一天然河卵石为毛坯，在一端调整出一台面，尚未剥片。长 91、宽 72、厚 43 毫米，重 363.81 克（图 5 – 60，2；图版一六二，1）。

标本 2006 I ⑤：2551，石英岩，原料为砾石，单台面。台面角 122°，自然台面，保留有较多的砾石面，初始剥片。长 68.6、宽 59、厚 51 毫米，重 261.6 克（图 5 – 61，1；图版一六三，1）。

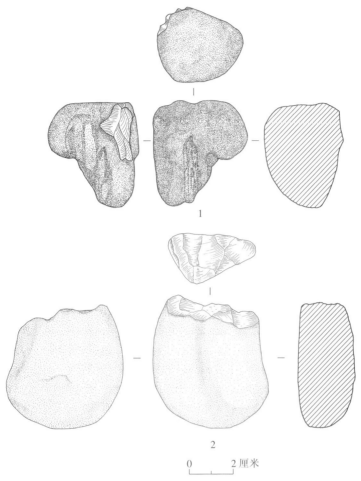

图5-60 第5文化层出土石核（10）
1. 2008 I ⑤：362 2. 2008 I ⑤：5451

标本 2006 I ⑤：462，燧石，原料为砾石。台面角 96°，自然台面，一侧剥片，其余均为砾石面，初始剥片。长 22、宽 20、厚 21 毫米，重 12.21 克（图 5-61，2；图版一六三，2）。

标本 2006 I ⑤：2798，燧石，原料为砾石，单台面。台面角 68°，台面呈三角形，台面径 36.6 毫米×25 毫米，正面和右侧剥片，细石核的预制。长 26.2、宽 36.6、厚 25 毫米，重 21.94 克（图 5-61，3；图版一六三，3）。

标本 2008 I ⑤：5630，燧石，原料为砾石，双台面。台面角 82°、112°，一半仍保留自然石皮，两台面均为自然砾石台面，大体呈楔形，两侧剥片，应为兰越技法预制阶段的楔形石核。长 30、宽 26、厚 19 毫米，重 16.9 克（图 5-61，4；图版一六三，4）。

标本 2006 I ⑤：1584，燧石，原料为砾石，双台面。台面角 60°、65°，自然台面，保留有较多的砾石面，初始剥片。长 17.7、宽 22.1、厚 21.8 毫米，重 8.4 克（图 5-61，5；图版一六三，5）。

标本 2006 I ⑤：4842，燧石，原料为砾石，单台面。台面角 87°，台面修整，正反两面有片疤，兰越技法预制阶段的楔形细石核。长 29、宽 29.2、厚 15.9 毫米，重 13.79 克（图 5-61，6；图版一六三，6）。

标本 2006 I ⑤：4943，硅质页岩，以断块为毛坯。台面角 83°，人工台面，半边为石片剥片，半边似石叶剥片，细石核的残块。长 30.4、宽 23.5、厚 10.3 毫米，重 4.59 克

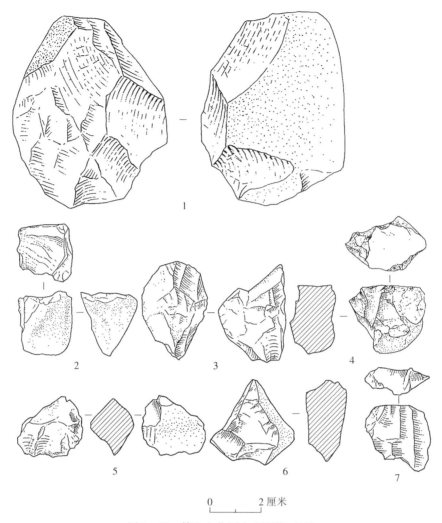

0 ___ 2 厘米

图 5-61　第 5 文化层出土石核（11）

1. 2006 Ⅰ ⑤：2551　2. 2006 Ⅰ ⑤：462　3. 2006 Ⅰ ⑤：2798　4. 2008 Ⅰ ⑤：5630　5. 2006 Ⅰ ⑤：
1584　6. 2006 Ⅰ ⑤：4842　7. 2006 Ⅰ ⑤：4943

（图 5-61，7；图版一六三，7）。

三　细石器

种类较为齐全，主要有刮削器、端刮器、尖状器、雕刻器及钻。

1. 刮削器

共发现 31 件，种类较多，多以石片为毛坯，正向修整加工，调整出一圆弧形刃或平直刃。依加工刃口数量，可分单边刮削器、两边刮削器和多边刮削器三种。

标本 2005 Ⅰ ⑤：126，凝灰岩，以石片为毛坯。二次加工部位：两侧和远端，二次加工方向：正向，两侧和远端有条形修疤，以一石片为毛坯，两侧正向修整为亚腰形，远端正向修整为圆弧刃。长 48.5、宽 38.7、厚 8.3 毫米，重 12.9 克（图 5-62，1；图版一六四，1）。

标本 2005 Ⅰ ⑤：323，燧石，以砾石为原料，石片为毛坯。远端有条形和鱼鳞状修疤，为正向

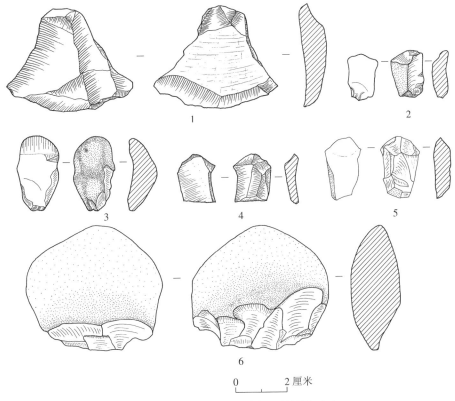

图 5 - 62 第 5 文化层出土刮削器（1）

1. 2005 Ⅰ⑤:126 2. 2005 Ⅰ⑤:323 3. 2005 Ⅰ⑤:227 4. 2005 Ⅰ⑤:43 5. 2008 Ⅰ⑤:5472 6. 2008 Ⅰ⑤:3067

二次加工，加工技术为软锤，边缘平直，以一平面近长方形、背有一脊的石片为毛坯，在远端正向修整出一弧形刃。长 17、宽 12.8、厚 5.5 毫米，重 1.13 克（图 5 - 62，2；图版一六四，2）。

标本 2005 Ⅰ⑤:227，燧石，以砾石为原料，石片为毛坯，单刃。远端有鱼鳞状修疤，为正向二次加工，加工技术为软锤，以一龟背状石片为毛坯，远端正向修整出一平直刃。长 27.5、宽 15、厚 8.9 毫米，重 4.78 克（图 5 - 62，3；图版一六四，3）。

标本 2005 Ⅰ⑤:43，燧石，以石片为毛坯。背面表面有条形和鱼鳞状修疤，为正向二次加工，加工技术为软锤，边缘平直，以一石片为毛坯，远端折断，背面全体正向修整，在远端调整出弧形刃，整体呈龟背状。长 19、宽 14.3、厚 6.9 毫米，重 1.96 克（图 5 - 62，4；图版一六四，4）。

标本 2008 Ⅰ⑤:5472，燧石，以石片为毛坯。右侧有连续分布的阶梯状修疤，远端有鳞状修疤，为正向二次加工，加工技术为软锤，边缘平直，刃角 61°，整体呈龟背状，以一台面角 76°、背有一脊的厚石片为毛坯，右侧至远端修整出一平直刃。长 23、宽 15、厚 10 毫米，重 3.07 克（图 5 - 62，5；图版一六四，6）。

标本 2008 Ⅰ⑤:3067，硅质页岩，砾石为原料，单刃。远端有连续分布的条形和鳞状修疤，为正向二次加工，以一扁平的河卵石为毛坯，在一侧正向修整出一平直刃。长 52、宽 46、厚 24 毫米，重 73.37 克（图 5 - 62，6；图版一六四，5）。

标本 2008 Ⅰ⑤:1803，石英岩，以砾石为原料，石片为毛坯。左侧边缘有三角形和鱼鳞状片疤，为正反向交互二次加工，以一台面角 58°、自然台面的石片为毛坯，在左侧正反向交互加工，调整出一平直刃。长 57、宽 45、厚 14 毫米，重 38.04 克（图 5 - 63，1；图版一六五，1）。

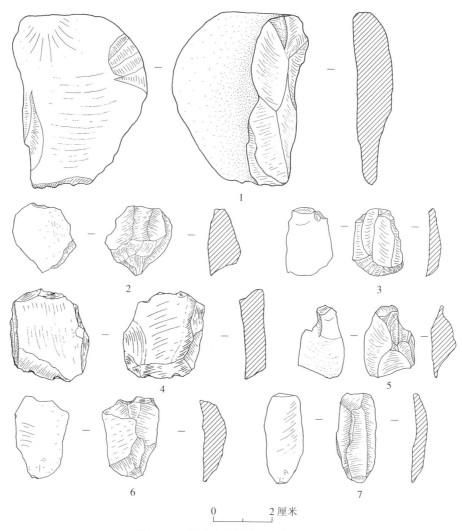

图 5 - 63 第 5 文化层出土刮削器（2）

1. 2008 Ⅰ⑤：1803 2. 2008 Ⅰ⑤：3556 3. 2008 Ⅰ⑤：3442 4. 2008 Ⅰ⑤：1314 5. 2008 Ⅰ⑤：5287
6. 2008 Ⅰ⑤：620 7. 2008 Ⅰ⑤：597

标本 2008 Ⅰ⑤：3556，燧石，以石片为毛坯。器身周边有条形和鱼鳞状修疤，为正向二次加工，以一台面角 66°、龟背状的石片为毛坯，在周边正向修整出一圆弧形刃。长 22、宽 17、厚 11 毫米，重 5.25 克（图 5 - 63，2；图版一六五，2）。

标本 2008 Ⅰ⑤：3442，燧石，以石片为毛坯。近端及两侧分布有阶梯状片疤，远端连续分布有鳞状疤，为正向二次加工，加工技术为软锤，边缘呈弧形，以一台面角 63°、平面大体呈 D 形的石片为毛坯，由近端沿两侧修整至远端，一侧平直，一侧为弧形刃。长 22、宽 17、厚 5 毫米，重 2.13 克（图 5 - 63，3；图版一六五，3）。

标本 2008 Ⅰ⑤：1314，燧石，以石片为毛坯。刃角 78°，器身周边全体分布阶梯状片疤，为正反向交互二次加工，以一台面角 88°、台面宽 6.8 毫米的石片为毛坯，器身周边全体修整，在左侧修整出一弧形刃。长 33、宽 27、厚 9 毫米，重 8.75 克（图 5 - 63，4；图版一六五，5）。

标本 2008 Ⅰ⑤：5287，燧石，以石片为毛坯。台面角 42°，远端有三角形修疤，为正向二次加工，以一平面近梯形的龟背状石片为毛坯，远端正向修整出一平直刃。长 25、宽 17、厚 10 毫米，重3克（图5-63，5；图版一六五，4）。

标本2008Ⅰ⑤：620，硅质页岩，以砾石为原料，石片为毛坯。单刃，右侧边缘有鱼鳞状修疤，为正向二次加工，以一台面角66°的石片为毛坯，右侧边缘正向修整出一平直刃。长26、宽19、厚7毫米，重2.94克（图5-63，6；图版一六五，6）。

标本2008Ⅰ⑤：597，燧石，以石片为毛坯。刃角61°，左侧有连续分布的细小鳞状疤，为正向二次加工，加工技术为软锤，边缘大体平直，以一台面角108°、台面宽2.8毫米的石片为毛坯，在左侧连续修整出一平直刃。长29、宽13、厚4毫米，重1.88克（图5-63，7；图版一六五，7）。

标本2008Ⅰ⑤：254，石英岩，以砾石为原料，石片为毛坯。台面角84°，刃角54°，远端正反两面有片疤，为正反向交互二次加工，以一台面宽16.5毫米的厚石片为毛坯，远端交互调整去薄，形成一斜直刃。长33、宽16、厚15毫米，重14.14克（图5-64，1；图版一六六，1）。

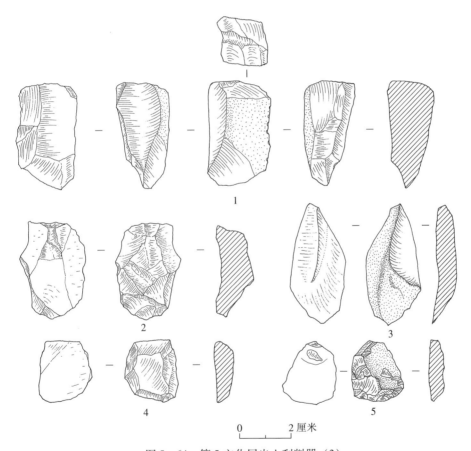

0 ————— 2厘米

图5-64　第5文化层出土刮削器（3）
1. 2008Ⅰ⑤：254　2. 2008Ⅰ⑤：1976　3. 2008Ⅰ⑤：5620　4. 2008Ⅰ⑤：4095　5. 2008Ⅰ⑤：4492

标本2008Ⅰ⑤：1976，燧石，以石片为毛坯。背面布满阶梯状片疤，为正向二次加工，加工技术为软锤，边缘呈弧形，以一厚石片为毛坯，背面修整，在远端修整出一较薄的弧形刃，龟背状。长32、宽20、厚11毫米，重6.82克（图5-64，2；图版一六六，2）。

标本2008Ⅰ⑤：5620，燧石，以砾石为原料，石片为毛坯。近端有阶梯状修疤，右侧有鳞状疤，为正向二次加工，以一背有一脊的石片为毛坯，近端正向修整去薄，右侧调整出一弧形刃。长32、宽16、厚8毫米，重4.99克（图5-64，3；图版一六六，3）。

标本 2008 I ⑤:4095，燧石，以石片为毛坯。周边全体连续分布有鳞状疤和阶梯状片疤，为正向二次加工，加工技术为软锤，边缘呈弧形，以一台面角68°的石片为毛坯，器身周边修整成弧形刃，大体呈圆形。长20、宽18、厚6毫米，重3.03克（图5-64，4；图版一六六，4）。

标本 2008 I ⑤:4492，燧石，双刃，以石片为毛坯。台面角68°，二次加工部位：左右两侧，二次加工方向：正向，左右两侧有鱼鳞状和条形修疤，以一线形台面石片为毛坯，左右两侧正向调整出圆弧形刃。长20、宽17、厚5毫米，重2.22克（图5-64，5；图版一六六，5）。

标本 2006 I ⑤:265，燧石，以砾石为原料，石片为毛坯。右侧连续分布细小鳞状疤，为正反向交互二次加工，左侧近远端和近端处有阶状疤，为正向二次加工，加工技术为软锤，边缘呈弧形，以一台面角76°的石片为毛坯，左侧近远端和近近端处正向修整，右侧正反向交互修整出一弧形刃。长30、宽13、厚8毫米，重3.05克（图5-65，1；图版一六七，1）。

标本 2006 I ⑤:479，燧石，以石片为毛坯。刃角65°，左右两侧至远端连续平行分布鳞状修疤，为正反向交互二次加工，加工技术为软锤，边缘呈弧形，以一台面角87°、背有一脊的厚石片

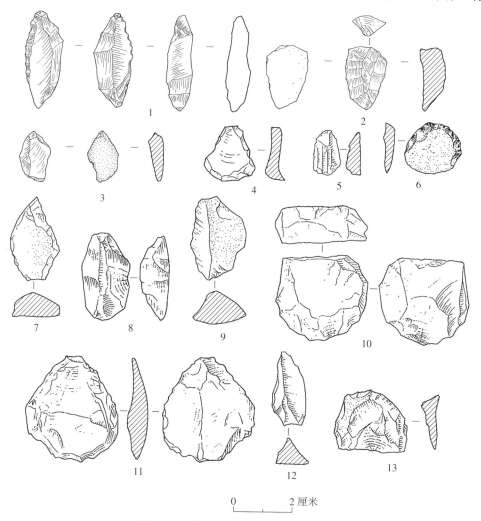

图5-65　第5文化层出土刮削器（4）

1. 2006 I ⑤:265　2. 2006 I ⑤:479　3. 2006 I ⑤:641　4. 2006 I ⑤:1188　5. 2006 I ⑤:3207
6. 2008 I ⑤:4064　7. 2006 I ⑤:423　8. 2006 I ⑤:5126　9. 2006 I ⑤:3409　10. 2006 I ⑤:1813
11. 2006 I ⑤:5296　12. 2006 I ⑤:1617　13. 2006 I ⑤:1679

为毛坯，沿左右两侧至远端正反向交互修整出一弧形刃，龟背状。长20、宽13、厚8毫米，重1.85克（图5－65，2；图版一六七，2）。

标本2006Ⅰ⑤:641，燧石，以石片为毛坯。单刃，器身周边有鱼鳞状修疤，为正向二次加工，以一小石片为毛坯，器身周边正向调整出一弧形刃。长17、宽9、厚4毫米，重0.58克（图5－65，3；图版一六七，4）。

标本2006Ⅰ⑤:1188，燧石，以石片为毛坯。远端有近平行状修疤，为正向二次加工，以一平面近扇形的石片为毛坯，远端正向修整，调整出一弧形刃。长17.5、宽17.9、厚5.5毫米，重1.69克（图5－65，4；图版一六七，5）。

标本2006Ⅰ⑤:3207，燧石，以石片为毛坯。背面有条形和鱼鳞状修疤，为正向二次加工，以一背有一脊、呈龟背状的石片为毛坯，背面正向修整至平面两侧平直，远端圆弧。长22、宽14.1、厚7.2毫米，重2.1克（图5－65，5；图版一六七，6）。

标本2008Ⅰ⑤:4064，燧石，以砾石为原料，石片毛坯。周边连续分布鳞状修疤，为正向二次加工，加工技术为软锤，以一线形台面石片为毛坯，左右两侧及远端连续正向修整，调整出一弧形刃。长19、宽17、厚4毫米，重1.52克（图5－65，6；图版一六七，7）。

标本2006Ⅰ⑤:423，燧石，以砾石为原料，石片为毛坯。单刃，台面角90°，刃角62°，刃长16.8毫米，左侧有细小鳞状疤，为正向二次加工，以一石片为毛坯，器身周边正向加工调整至形制规整，在左侧修整出一弧形刃。长27.5、宽17.6、厚7.1毫米，重3.76克（图5－65，7；图版一六七，8）。

标本2006Ⅰ⑤:5126，燧石，Ⅱ3类，以石片为毛坯。刃角58°，背面左右两侧有连续分布的近长方形修疤，为正向二次加工，加工技术为软锤，圆弧形刃，以一台面角102°、背面有一棱脊的长石片为毛坯，自棱脊向左右侧边缘各修整出一圆弧形刃。长29.8、宽16.4、厚9.8毫米，重4.52克（图5－65，8；图版一六七，3）。

标本2006Ⅰ⑤:3409，燧石，以砾石为原料，石片为毛坯。背面右侧有条形修疤，为反向二次加工，以一台面角52°、自然台面的石片为毛坯，一侧反向修整，调整出一弧形刃。长28.1、宽18.7、厚12.2毫米，重5.06克（图5－65，9；图版一六七，9）。

标本2006Ⅰ⑤:1813，燧石，以砾石为原料，石片为毛坯。单刃，远端有近平行状修疤及小部分鳞状疤，为正向二次加工，以一台面角60°、平面近半圆形的石片为毛坯，两侧边缘至远端正向修整出一弧形刃。长29、宽32.5、厚12.9毫米，重15.96克（图5－65，10；图版一六七，10）。

标本2006Ⅰ⑤:5296，燧石，以砾石为原料，石片为毛坯。周身有连续分布的条状修疤，远端正面有阶梯状修疤，为正向二次加工，圆弧形刃，以一台面角47°、Ⅱ2类石片为毛坯，周身及远端正向修整，在远端形成一圆弧形刃。长35.1、宽31.2、厚6.7毫米，重10.36克（图5－65，11；图版一六七，11）。

标本2006Ⅰ⑤:1617，燧石，以砾石为原料，石片为毛坯。单刃，刃角80°，背面布满细小鳞状疤，为正向二次加工，以一台面角125°的宽石片为毛坯，近端正向修整平直，远端调整出一弧形刃。长11.1、宽25.2、厚8.1毫米，重1.94克（图5－65，12；图版一六七，12）。

标本2006Ⅰ⑤:1679，燧石，以石片为毛坯，砾石为原料。台面角80°，远端有近平行状修疤，为正向二次加工，以一线形台面石片为毛坯，远端正向加工，调整出一弧形刃，近端平直有崩损。长 24.8、宽 20.7、厚 8.4 毫米，重 4.68 克（图 5 - 65，13；图版一六七，13）。

2. 端刮器

共发现 39 件，均由石片制成，是在石片的远端正向修整出一钝厚的弧刃，有的在石片的一侧或两侧也做修理。

标本 2006 I ⑤：1952，石英岩，以砾石为原料，石片为毛坯。左右两侧正向纵剥片，远端连续分布鳞状修疤，为正向二次加工，边缘平直，形态规整，近长方形，远端修整出一平直刃。长 30.3、宽 25.5、厚 4.4 毫米，重 4.68 克（图 5 - 66，1；图版一六八，1）。

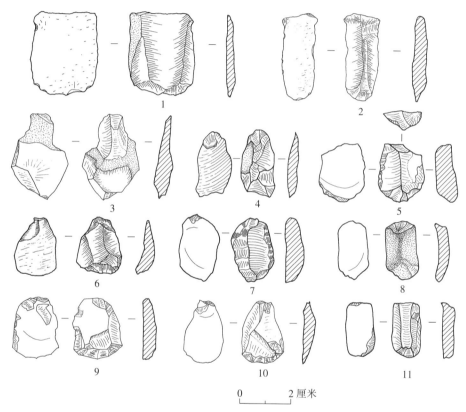

图 5 - 66　第 5 文化层出土端刮器 （1）
1. 2006 I ⑤：1952　2. 2008 I ⑤：2447　3. 2008 I ⑤：2741　4. 2005 I ⑤：482　5. 2005 I ⑤：427
6. 2005 I ⑤：391　7. 2006 I ⑤：904　8. 2005 I ⑤：421　9. 2008 I ⑤：2719　10. 2008 I ⑤：2732
11. 2005 I ⑤：407

标本 2008 I ⑤：2447，燧石，以石片为毛坯。左右两侧至远端有阶梯状和鳞状修疤，为正向二次加工。两侧平直，远端弧形，以台面角 79°、46°和背有一脊的长石片为毛坯，沿左右两侧至远端修整，在远端形成一弧形刃。长 31、宽 12、厚 6 毫米，重 2.63 克（图 5 - 66，2；图版一六八，2）。

标本 2008 I ⑤：2741，燧石，以砾石为原料，石片为毛坯。中部至远端有条形和阶梯状片疤，为正向二次加工，以一石片为毛坯，中部至远端正向加工，在中部修整出一收分，在远端调整出一平直刃。长 33、宽 23、厚 7 毫米，重 4.7 克（图 5 - 66，3；图版一六八，3）。

标本 2005 I ⑤：482，燧石，以石片为毛坯。背面有条形和鱼鳞状修疤，为正向二次加工，加工技术为软锤，边缘平直，以一背有一脊、呈龟背状的石片为毛坯，周边正向修整规整，远端调整出一弧形刃。长25.1、宽12.7、厚5.9毫米，重1.62克（图5－66，4；图版一六八，4）。

标本2005Ⅰ⑤:427，燧石，以石片为毛坯。台面角58°，远端有大体平行的条形修疤，为正向二次加工，加工技术为软锤，边缘平直，以一近端残、大体呈龟背状的石片为毛坯，在远端正向调整出一弧形刃。长21.9、宽17.3、厚9.9毫米，重3.8克（图5－66，5；图版一六八，5）。

标本2005Ⅰ⑤:391，燧石，以砾石为原料，石片为毛坯。器身周边有鱼鳞状和条形修疤，为正向二次加工，加工技术为软锤，边缘平直，以一小石片为毛坯，器身周边正向修整平直，远端调整出一平直刃。长21.3、宽16.5、厚5.9毫米，重2.33克（图5－66，6；图版一六八，6）。

标本2006Ⅰ⑤:904，燧石，以石片为毛坯。台面角68°，两侧边缘多有细小鳞状疤，部分为平行状疤，为正向二次加工，两侧边平行，以一背有一脊的石片为毛坯，两侧正向修整平直，远端调整出一弧形刃。长23.5、宽15.2、厚6.7毫米，重2.59克（图5－66，7；图版一六八，7）。

标本2005Ⅰ⑤:421，燧石，以石片为毛坯，砾石为原料。台面角68°，远端有条形修疤，为正向二次加工，加工技术为软锤，边缘平直，以一平面近长方形的线形台面石片为毛坯，在远端正向修整出一圆弧刃。长21.1、宽12.7、厚5毫米，重1.63克（图5－66，8；图版一六八，8）。

标本2008Ⅰ⑤:2719，燧石，以砾石为原料，石片为毛坯。远端有平行连续分布的条形修疤，为正向二次加工，边缘平直，以一台面角58°、平面近梯形的石片为毛坯，远端正向修整出一弧形刃。长23、宽19、厚5毫米，重2.87克（图5－66，9；图版一六八，9）。

标本2008Ⅰ⑤:2732，燧石，以石片为毛坯。近端有连续分布的阶梯状修疤，远端有连续平行分布的鳞状疤，为正向二次加工，边缘呈弧形，以一台面角62°、平面近长方形的石片为毛坯，近端修整平直，远端修整出一弧形刃。长23、宽17、厚6毫米，重2.2克（图5－66，10；图版一六八，10）。

标本2005Ⅰ⑤:407，燧石，以石片为毛坯。背面有条形和鱼鳞状修疤，为正向二次加工，边缘平直，以一大体为长方形的石片为毛坯，背面正向修整规整，远端正向调整出一圆弧刃。长20、宽10.4、厚4.3毫米，重1.32克（图5－66，11；图版一六八，11）。

标本2008Ⅰ⑤:1060，燧石，以砾石为原料，石片为毛坯。台面角64°，近端和两侧有阶梯状片疤，远端有鳞状疤，为正向二次加工，边缘平直，以一石片为毛坯，近端和两侧正向修整大体平直，远端正向修整出一弧形刃。长32、宽18、厚9毫米，重5.6克（图5－67，1；图版一六九，1）。

标本2008Ⅰ⑤:660，燧石，以砾石为原料，石片为毛坯。远端连续分布有阶梯状片疤，为正向二次加工，边缘平直，以一台面角78°、近长方形的石片为毛坯，远端正向修整出一平直刃。长33、宽24、厚9毫米，重10.75克（图5－67，2；图版一六九，2）。

标本2008Ⅰ⑤:142，燧石，以石片为毛坯。两侧有阶梯状片疤，远端有连续平行分布的鳞状疤，为正向二次加工，加工技术为软锤，两侧平直，远端弧形，以一台面角58°、台面宽3.4毫米的石片为毛坯，两侧修整平直，远端正向修整出一弧形刃。长23、宽15、厚6毫米，重2.84克（图5－67，3；图版一六九，3）。

标本2008Ⅰ⑤:3316，燧石，以石片为毛坯。左侧有阶梯状修疤，远端有鱼鳞状修疤，为正向二次加工，加工技术为软锤，边缘平直，以一台面宽5.8毫米、略有弧度的石片为毛坯，左侧调整平直，远端正向调整出一圆弧形刃。长27、宽14、厚5毫米，重1.3克（图5－67，4；图版一六九，4）。

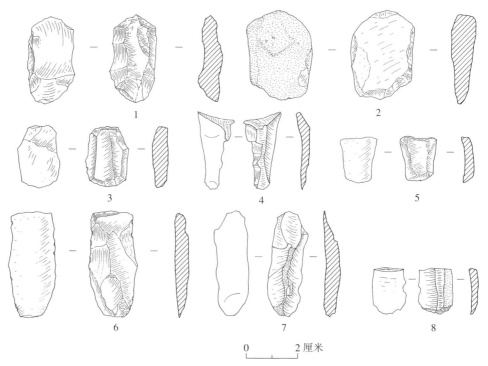

0 ———— 2厘米

图 5 - 67　第 5 文化层出土端刮器（2）

1. 2008 I ⑤：1060　2. 2008 I ⑤：660　3. 2008 I ⑤：142　4. 2008 I ⑤：3316　5. 2008 I ⑤：4046　6. 2008 I
⑤：4075　7. 2008 I ⑤：5659　8. 2008 I ⑤：3317

标本 2008 I ⑤：4046，燧石，以石片为毛坯。台面角 62°，远端有平行连续分布的条形修疤，为正向二次加工，边缘平直，以一石片为毛坯，背有 2 条平行脊，远端正向修整出一弧形刃。长 16、宽 14、厚 3 毫米，重 1.07 克（图 5 - 67，5；图版一六九，7）。

标本 2008 I ⑤：4075，燧石，以石片为毛坯。台面角 62°，左右两侧至远端连续分布有鳞状修疤，为正向二次加工，两侧平直，远端弧形，以一线形台面石片为毛坯，左右两侧及远端连续正向修整，在远端形成一弧形刃。长 40、宽 18、厚 5 毫米，重 4.34 克（图 5 - 67，6；图版一六九，5）。

标本 2008 I ⑤：5659，燧石，以砾石为原料，石片为毛坯。远端有三角形修疤，为正向二次加工，以一背有一脊的长石片为毛坯，远端正向修整去薄，调整出一平直刃。长 39、宽 13、厚 6 毫米，重 2.97 克（图 5 - 67，7；图版一六九，6）。

标本 2008 I ⑤：3317，燧石，以石片为毛坯。台面角 48°，远端有连续分布的条形和鱼鳞状修疤，为正向二次加工，加工技术为软锤，以一两侧平直、背有 2 条平行脊的石片为毛坯，远端正向修整出一弧形刃。长 17、宽 12、厚 3 毫米，重 0.98 克（图 5 - 67，8；图版一六九，8）。

标本 2006 I ⑤：584，硬质凝灰岩。两侧有条形修疤，远端有阶梯状修疤，为正向二次加工，以一台面角 48°的长石片为毛坯，两侧修整平直，远端调整出一弧形刃，有磨痕，似有磨制。长 35.6、宽 17.4、厚 2.9 毫米，重 2.33 克（图 5 - 68，1；图版一七〇，1）。

标本 2008 I ⑤：5396，燧石，以石片为毛坯。左右两侧均有连续分布的鳞状片疤，为正向二次加工，加工技术为软锤，边缘平直，以一台面角 58°的石片为毛坯，左右两侧修整平直，远端正向修整出一弧形刃。长 31、宽 20、厚 6 毫米，重 5.81 克（图 5 - 68，2；图版一七〇，2）。

标本 2006 I ⑤：2138，燧石，以砾石为原料，石片为毛坯。远端有近平行状修疤，为正向二

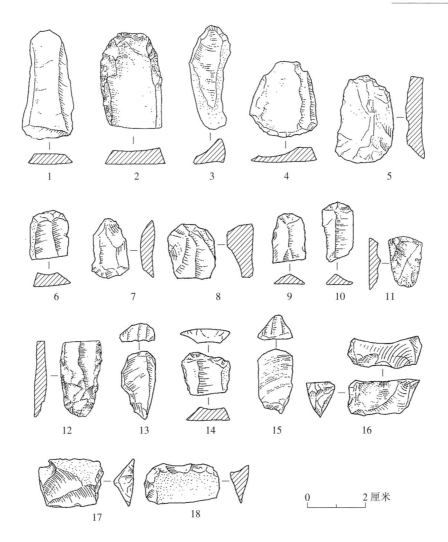

图 5 - 68　第 5 文化层出土端刮器（3）

1. 2006 I ⑤：584　2. 2008 I ⑤：5396　3. 2006 I ⑤：2138　4. 2006 I ⑤：1778　5. 2006 I ⑤：1582　6. 2006 I ⑤：2038
7. 2006 I ⑤：2066　8. 2006 I ⑤：3685　9. 2006 I ⑤：1847　10. 2006 I ⑤：1868　11. 2006 I ⑤：5568　12. 2006 I ⑤：3457
13. 2006 I ⑤：3649　14. 2006 I ⑤：1304　15. 2006 I ⑤：4643　16. 2006 I ⑤：3495　17. 2006 I ⑤：4674　18. 2006 I ⑤：2502

次加工，以一台面角 64°、略有弧度的长石片为毛坯，两侧正向修整平直，远端正向加工调整出一弧形刃。长 34.9、宽 13.9、厚 7.5 毫米，重 3.52 克（图 5 - 68，3；图版一七○，3）。

标本 2006 I ⑤：1778，燧石，以石片为毛坯。远端有近平行状修疤，为正向二次加工，两侧平直，近端修整平直，远端正向加工，调整出一弧形刃。长 25.3、宽 22.9、厚 4.8 毫米，重 3.11 克（图 5 - 68，4；图版一七○，4）。

标本 2006 I ⑤：1582，燧石，以石片为毛坯，砾石为原料。台面角 68°，远端有细小鳞状疤，为正向二次加工，石片两侧边平行，远端正向加工，调整出一弧形刃。长 29.2、宽 18.9、厚 6.3 毫米，重 3.81 克（图 5 - 68，5；图版一七○，5）。

标本 2006 I ⑤：2038，燧石，以砾石为原料，石片为毛坯。远端有近平行状修疤，近端残，为正向二次加工，以一台面角 78°、两侧边平行的石片为毛坯，远端正向加工，调整出一弧形刃。长 15.2、宽 13.2、厚 4.3 毫米，重 1.38 克（图 5 - 68，6；图版一七○，6）。

标本2006Ⅰ⑤:2066，燧石，以砾石为原料，石片为毛坯。远端有近平行状修疤，近端残，远端正向加工，调整出一弧形刃。长20.1、宽13.1、厚4.1毫米，重1.31克（图5-68，7；图版一七〇，7）。

标本2006Ⅰ⑤:3685，燧石，以石片为毛坯。背面有条形修疤，远端有鱼鳞状修疤，为正向二次加工，以一台面角82°、平面大体近方形的石片为毛坯，背面正向修整去薄，远端正向修整，调整出一弧形刃。长18.2、宽16、厚9.2毫米，重2.73克（图5-68，8；图版一七〇，8）。

标本2006Ⅰ⑤:1847，燧石，以石片为毛坯。远端有近平行状修疤，上端残，为正向二次加工，以一台面角59°、两侧边平行的石片为毛坯，远端正向加工，调整出一弧形刃。长15.9、宽11.2、厚2.8毫米，重0.64克（图5-68，9；图版一七〇，9）。

标本2006Ⅰ⑤:1868，燧石，以石片为毛坯。远端有近平行状修疤，左右侧有细小鳞状疤，为正向二次加工，以一台面角66°、两侧边近平行状的石片为毛坯，背有一脊，远端正向加工，调整出一弧形刃。长19.8、宽11、厚4.4毫米，重0.86克（图5-68，10；图版一七〇，10）。

标本2006Ⅰ⑤:5568，燧石，以石片为毛坯。背面有条形和鱼鳞状修疤，为正向二次加工，以一台面角54°的石片为毛坯，背面纵向修整去薄，周边反向调整成型，平面大体呈梯形，近端圆弧。长16.9、宽12、厚4.2毫米，重0.75克（图5-68，11；图版一七〇，11）。

标本2006Ⅰ⑤:3457，燧石，以石片为毛坯。器身正面全体布满鳞状和条形修疤，为正向二次加工，加工技术为软锤，两侧平直，远端圆弧，以一台面角47°的薄石片为毛坯，器身正面全体正向修整至两侧平直，在远端正向修整出一圆弧形刃。长21.3、宽12.8、厚3.1毫米，重2.22克（图5-68，12；图版一七〇，13）。

标本2006Ⅰ⑤:3649，燧石，以石片为毛坯，砾石为原料。远端有近平行状修疤，为正向二次加工，近端残，远端正向修整，调整出一弧形刃。长22.4、宽12.2、厚5毫米，重1.34克（图5-68，13；图版一七〇，14）。

标本2006Ⅰ⑤:1304，燧石，以石片为毛坯。刃角62°，远端有近平行状修疤，上端残，背有两条平行脊，远端正向修整，调整出一弧形刃。长13.9、宽16.8、厚4.3毫米，重1.36克（图5-68，14；图版一七〇，15）。

标本2006Ⅰ⑤:4643，燧石，以砾石为原料，石片为毛坯。刃角64°，远端有近平行状修疤，为正向二次加工，近端残，石片两侧边平行，远端正向修整出一弧形刃。长21、宽12.2、厚7毫米，重1.97克（图5-68，15；图版一七〇，16）。

标本2006Ⅰ⑤:3495，燧石，以石片为毛坯。远端有近似平行状细长修疤、为正向二次加工，近端残，石片两侧边近似平行状，远端正向修整出一弧形刃。长25.2、宽13.9、厚9.2毫米，重3.44克（图5-68，16；图版一七〇，17）。

标本2006Ⅰ⑤:4674，燧石，以砾石为原料，石片为毛坯。刃角66°，远端有连续分布的鳞状疤，为正向二次加工，近端残，石片两侧边平行，远端正向修整出一弧形刃。长22、宽16.9、厚6.4毫米，重2.37克（图5-68，17；图版一七〇，18）。

标本2006Ⅰ⑤:2502，燧石，以砾石为原料，石片为毛坯。刃角76°，远端有近平行状修疤，大小不一，为正向二次加工，近端残，石片两侧边近似平行状，远端正向加工，调整出一弧形刃。长25、宽13.9、厚7.6毫米，重2.96克（图5-68，18；图版一七〇，12）。

3. 尖状器

共发现 44 件，多由石片制成，加工修理较好，类型相对稳定，基本上是在石片的两侧经修理后相交于一端形成尖刃。

标本 2005 Ⅰ⑤：303，燧石，以石片为毛坯。器身全体布满条形和鱼鳞状修疤，为正反向交互二次加工，以一平面大体呈等腰三角形的石片为毛坯，剥离面和背面交互加工去薄，在远端调整出一尖。长 29.2、宽 27.4、厚 11.1 毫米，重 6.7 克（图 5 - 69，1；图版一七一，1）。

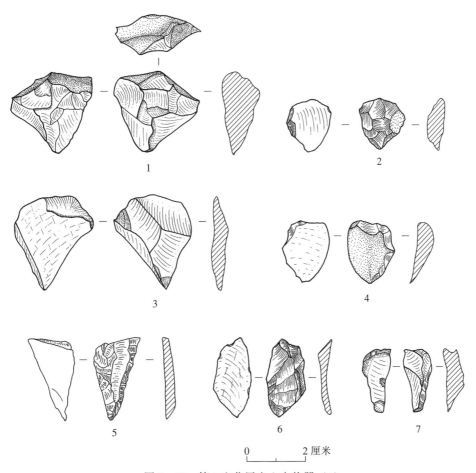

图 5 - 69　第 5 文化层出土尖状器（1）

1. 2005 Ⅰ⑤：303　2. 2005 Ⅰ⑤：368　3. 2005 Ⅰ⑤：305　4. 2005 Ⅰ⑤：320　5. 2008 Ⅰ⑤：4425　6. 2005 Ⅰ⑤：357　7. 2005 Ⅰ⑤：529

标本 2005 Ⅰ⑤：368，燧石，以砾石为原料，石片为毛坯。近端有鱼鳞状修疤，左右两侧有条形修疤，为正向二次加工，加工技术为软锤，平面大体成等腰三角形，以一小石片为毛坯，近端正向修整去薄，左右两侧正向调整至远端形成一尖。长 15.6、宽 15、厚 6.9 毫米，重 1.47 克（图 5 - 69，2；图版一七一，2）。

标本 2005 Ⅰ⑤：305，石英岩，以石片为毛坯。近端有鱼鳞状修疤，左右两侧有条形修疤，为正向二次加工，以一石片为毛坯，近端正向修整去薄，左右两侧正向修整，在远端形成一尖。长 32.2、宽 21.1、厚 6.1 毫米，重 4.3 克（图 5 - 69，3；图版一七一，3）。

标本 2005Ⅰ⑤：320，燧石，以砾石为原料，石片为毛坯。远端有鱼鳞状修疤，为反向二次加工，加工技术为软锤，边缘呈弧形，以一台面宽 7.6 毫米、平面近桂叶形的石片为毛坯，在远端反向修整出一尖。长 20.5、宽 5.1、厚 7.6 毫米，重 2.4 克（图 5-69，4；图版一七一，4）。

标本 2008Ⅰ⑤：4425，燧石，以石片为毛坯。台面角 88°，背面中部有一条形疤，两侧有连续的鱼鳞状修疤，为正向二次加工，加工技术为软锤，边缘平直，以一石片为毛坯，背面中部纵向剥片去薄，两侧正向修整平直至远端形成一尖。长 28、宽 13、厚 4 毫米，重 1.34 克（图 5-69，5；图版一七一，5）。

标本 2005Ⅰ⑤：357，燧石，以石片为毛坯。背面有条形修疤，远端有鱼鳞状修疤，为正向二次加工，加工技术为软锤，边缘平直，以一线形台面石片为毛坯，背面正向修整去薄，远端正向调整出一尖。长 25.1、宽 13、厚 4.8 毫米，重 1.45 克（图 5-69，6；图版一七一，6）。

标本 2005Ⅰ⑤：529，燧石，以石片为毛坯。背面有条形和鱼鳞状修疤，为正向二次加工，加工技术为软锤，边缘平整，以一背有一脊、呈龟背状的石片为毛坯，正向修整至远端形成一尖。长 21、宽 10.1、厚 7.1 毫米，重 0.96 克（图 5-69，7；图版一七一，7）。

标本 2005Ⅰ⑤：29，凝灰岩，以石片为毛坯。远端左右两侧有条形和阶梯状修疤，为正向二次加工，平面大体呈菱形，以一石片为毛坯，远端左右两侧正向修整，调整出一尖。长 64.5、宽 37.1、厚 10.1 毫米，重 27.88 克（图 5-70，1；图版一七二，1）。

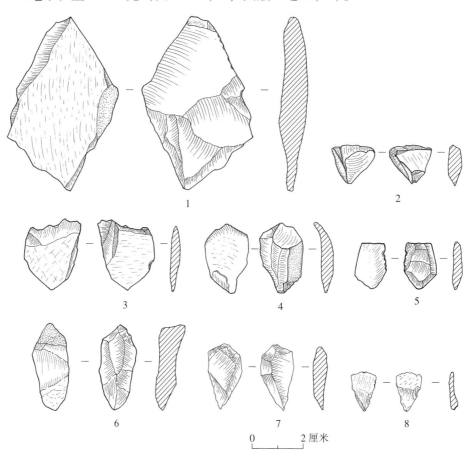

图 5-70 第 5 文化层出土尖状器（2）

1. 2005Ⅰ⑤：29 2. 2005Ⅰ⑤：77 3. 2005Ⅰ⑤：10 4. 2005Ⅰ⑤：232 5. 2005Ⅰ⑤：5 6. 2006Ⅰ⑤：3587
7. 2006Ⅰ⑤：2150 8. 2006Ⅰ⑤：1606

标本 2005 I ⑤：77，燧石，以石片为毛坯。器身周边有条形和阶梯状修疤，为正反向交互二次加工，加工技术为软锤，边缘平直，以一小石片为毛坯。器身周边正反向交互加工，在远端调整出一尖，平面呈等腰三角形。长 16.1、宽 15.2、厚 3.9 毫米，重 0.8 克（图 5 - 70，2；图版一七二，2）。

标本 2005 I ⑤：10，石英岩，以石片为毛坯。近端有阶梯状修疤，远端两侧有条形和鱼鳞状修疤，为正向二次加工，加工技术为软锤，以一石片为毛坯，近端正向修整平直，远端正向调整出一尖。长 27.9、宽 20、厚 4.4 毫米，重 2.47 克（图 5 - 70，3；图版一七二，4）。

标本 2005 I ⑤：232，燧石，以石片为毛坯。远端有鱼鳞状修疤，为正向二次加工，加工技术为软锤，以一近桂叶形的线形台面石片为毛坯，远端正向修整出一尖。长 25.6、宽 16.2、厚 4.1 毫米，重 1.63 克（图 5 - 70，4；图版一七二，5）。

标本 2005 I ⑤：5，燧石，以石片为毛坯。器身周边有条形和鱼鳞状修疤，为正向二次加工，加工技术为软锤，边缘平直，以一小石片为毛坯，左右两侧正向修整平直，近远端处调整出一尖。长 16.2、宽 12、厚 3.2 毫米，重 0.79 克（图 5 - 70，5；图版一七二，3）。

标本 2006 I ⑤：3587，石英岩，以石片为毛坯。两侧和远端有鳞状及阶梯状修疤，为正向二次修整，边缘平直，以一台面角 102° 的石片为毛坯，沿两侧向远端正向加工，两侧调整平直，在远端修整出一尖突，背面略微内凹，正面棱脊留存。长 32.1、宽 13.4、厚 10 毫米，重 3.21 克（图 5 - 70，6；图版一七二，6）。

标本 2006 I ⑤：2150，石英岩，以石片为毛坯。左右两侧有细长的平行状修疤，为正向二次加工，以一石片为毛坯，左右两侧正向将边缘修整平直，至远端形成一尖。长 24.1、宽 12.5、厚 5.5 毫米，重 1.49 克（图 5 - 70，7；图版一七二，7）。

标本 2006 I ⑤：1606，燧石，以石片为毛坯。左右两侧连续分布细小鳞状修疤，为正向二次加工，加工技术为软锤，边缘平直，以一线形台面石片为毛坯，左右两侧连续修整出一尖突，形态规整，近等腰三角形。长 14.2、宽 9.2、厚 2.7 毫米，重 0.21 克（图 5 - 70，8；图版一七二，8）。

标本 2008 I ⑤：3600，燧石，以石片为毛坯。远端右侧有条形修疤，为正向二次加工，以一近线形台面石片为毛坯，远端右侧正向打击，形成一尖突，左侧边缘平直，有锯齿状崩损。长 39、宽 15、厚 3 毫米，重 1.93 克（图 5 - 71，1；图版一七三，1）。

标本 2008 I ⑤：4565，燧石，以石片为毛坯。近端有阶梯状片疤，为正向二次加工，边缘平直，以一平面呈三角形、背有一脊的石片为毛坯，近端正向去薄成形，在远端调整出一尖突。长 19、宽 14、厚 6 毫米，重 1.7 克（图 5 - 71，2；图版一七三，2）。

标本 2008 I ⑤：4093，燧石，以砾石为原料，石片为毛坯。近端连续分布有阶梯状修疤，两侧有鳞状疤，为正向二次加工，加工技术为软锤，边缘平直，以一背面全为自然石皮的石片为毛坯，近端正向修整为弧形，两侧修整平直至远端形成一尖。长 34、宽 17、厚 6 毫米，重 3.51 克（图 5 - 71，3；图版一七三，3）。

标本 2006 I ⑤：1478，燧石，以石片为毛坯。近远端的左右两侧连续分布有鳞状修疤，为正向二次加工，边缘平直，以一线形台面石片为毛坯，在近远端的左右两侧正向修整出一尖状突出。长 16.8、宽 12.8、厚 4.2 毫米，重 0.68 克（图 5 - 71，4；图版一七三，4）。

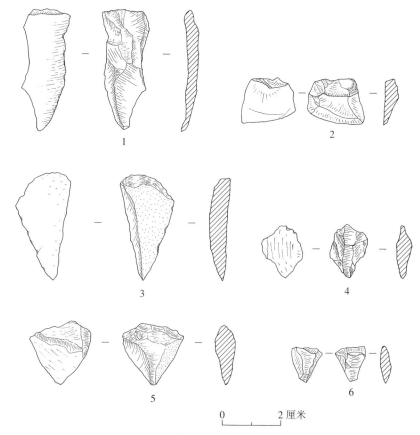

图5－71　第5文化层出土尖状器（3）

1. 2008Ⅰ⑤:3600　2. 2008Ⅰ⑤:4565　3. 2008Ⅰ⑤:4093　4. 2006Ⅰ⑤:1478　5. 2008Ⅰ⑤:5116　6. 2008Ⅰ⑤:5348

标本2008Ⅰ⑤:5116，燧石，以砾石为原料，石片为毛坯。近端有鱼鳞状和阶梯状片疤，背面中部有条形修疤，为正向二次加工，边缘平直，以一石片为毛坯，近端正向修整平直，背面正向调整，在远端形成一尖。长20、宽18、厚8毫米，重2.66克（图5－71，5；图版一七三，5）。

标本2008Ⅰ⑤:5348，燧石，以石片为毛坯。两侧有鱼鳞状和条形修疤，剥离面有阶梯状修疤，为正反向交互二次加工，边缘平直，以一小石片为毛坯，剥离面反向修整去薄，平面呈三角形，左右两侧正向修整平直，在远端形成一尖突。长12、宽10、厚3毫米，重0.35克（图5－71，6；图版一七三，6）。

标本2008Ⅰ⑤:4680，石英岩，以石片为毛坯，砾石为原料。两侧边缘有鱼鳞状修疤，为正向二次加工，以一线形台面、背有一脊的石片为毛坯，左右两侧边缘正向修整平直，至远端形成一尖，尖部残。长49、宽36、厚8毫米，重12.06克（图5－72，1；图版一七四，1）。

标本2008Ⅰ⑤:1682，燧石，以石片为毛坯。背面全体布满阶状疤和鳞状疤，为正向二次加工，以一石片为毛坯，由近端开始至远端连续正向修整，在远端修整出一尖突。长22、宽15、厚7毫米，重2.24克（图5－72，2；图版一七四，2）。

标本2008Ⅰ⑤:4803，石英，以石片为毛坯。背面有鱼鳞状修疤，为正向二次加工，边缘平直，以一线形台面、背有棱脊、平面近三角形的石片为毛坯，正向修整，在远端调整出一尖突。长30、宽30、厚8毫米，重4.78克（图5－72，3；图版一七四，3）。

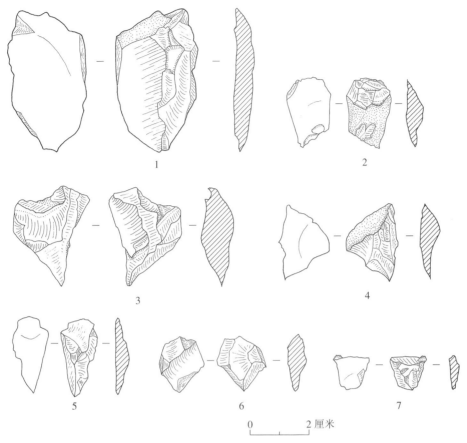

1. 2008 Ⅰ⑤:4680 2. 2008 Ⅰ⑤:1682 3. 2008 Ⅰ⑤:4803 4. 2008 Ⅰ⑤:1527 5. 2008 Ⅰ⑤:1511
6. 2008 Ⅰ⑤:1425 7. 2008 Ⅰ⑤:1618

0 ——— 2厘米

图5-72　第5文化层出土尖状器（4）

标本2008Ⅰ⑤:1527，燧石，以砾石为原料，石片为毛坯。背面有鱼鳞状修疤，为正向二次加工，以一平面近三角形的石片为毛坯，背面正向修整去薄，远端调整出一尖突。长25、宽17、厚6毫米，重2.02克（图5-72，4；图版一七四，4）。

标本2008Ⅰ⑤:1511，燧石，以石片为毛坯。近端和右侧有阶梯状和鱼鳞状修疤，为正向二次加工，以一背有一脊的石片为毛坯，近端正向修整去薄，远端正向调整出一尖突。长25、宽12、厚5毫米，重1.04克（图5-72，5；图版一七四，5）。

标本2008Ⅰ⑤:1425，以石片为毛坯，燧石。二次加工部位：近远端的两侧；二次加工方向：正向，近远端的左右两侧有条形修疤，以一石片为毛坯，在近远端的左右两侧正向调整出一尖突。长19、宽15、厚7毫米，重1.72克（图5-72，6；图版一七四，6）。

标本2008Ⅰ⑤:1618，燧石，以石片为毛坯。近远端左右两侧有阶梯状修疤，为正向二次加工，以一平面近三角形的石片为毛坯，在近远端的左右两侧正向调整至远端形成一尖。长13、宽13、厚4毫米，重0.51克（图5-72，7；图版一七四，7）。

标本2008Ⅰ⑤:911，石英岩，以石片为毛坯。近远端处有鱼鳞状修疤，为正向二次加工，加工技术为软锤，以一线形台面龟背状的石片为毛坯，远端正向加工，调整出一尖突。长57、宽40、厚20毫米，重34.88克（图5-73，1；图版一七五，1）。

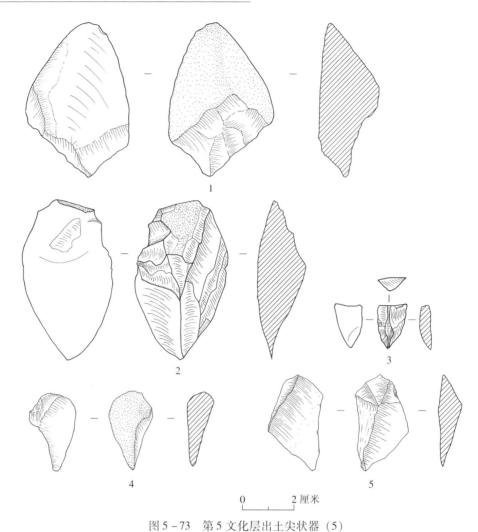

图5-73 第5文化层出土尖状器（5）

1. 2008Ⅰ⑤：911 2. 2008Ⅰ⑤：2800 3. 2005Ⅰ⑤：312 4. 2008Ⅰ⑤：1969 5. 2008Ⅰ⑤：2420

标本2008Ⅰ⑤：2800，流纹岩，以石片为毛坯。近端有阶梯状修疤，远端有条形修疤，为正向二次加工，以一近桂叶形背有一脊的石片为毛坯，近端正向修整去薄，远端调整出一尖。长60、宽34、厚18毫米，重27.94克（图5-73，2；图版一七五，2）。

标本2005Ⅰ⑤：312，燧石，以石片为毛坯。背面有鱼鳞状和条形修疤，为正向二次加工，加工技术为软锤，边缘平直，以一背有一脊的石片为毛坯，沿脊两侧正向修整至远端形成一尖。长16.1、宽11、厚4.9毫米，重0.95克（图5-73，3；图版一七五，3）。

标本2008Ⅰ⑤：1969，燧石，以砾石为原料，石片为毛坯。左侧近远端处有细小鳞状疤，呈锯齿状，右侧近远端处有阶状疤，向远端延伸为由长片疤，为正向二次加工，加工技术为软锤，边缘平直，以一砾石台面弧度的石片为毛坯，左右两侧正向修整至远端形成一尖。长29、宽17、厚10毫米，重3.81克（图5-73，4；图版一七五，4）。

标本2008Ⅰ⑤：2420，流纹岩，以石片为毛坯。近端有条形修疤，远端有阶梯状修疤，为正向二次加工，以一背有一脊龟背状的石片为毛坯，近端正向修整去薄，远端正向修整出一尖。长36、宽20、厚8毫米，重4.63克（图5-73，5；图版一七五，5）。

标本2006Ⅰ⑤：5417，燧石，以石片为毛坯。两侧向远端有连续平行分布的条状修疤，为正向二次加工。以一台面角 63°、Ⅱ3 类石片为毛坯，沿两侧向远端正向修整出一尖，平面呈三角形。长 32.4、宽 23.8、厚 9.8 毫米，重 5.99 克（图 5-74，1；图版一七六，1）。

标本 2005 Ⅰ⑤∶235，燧石，以砾石为原料，石片为毛坯。近端和右侧有条形及鱼鳞状修疤，为正向二次加工，加工技术为软锤，边缘平直，左侧为砾石面，远端和右侧正向修整平直，至远端形成一尖。长 28、宽 16.5、厚 8.9 毫米，重 3.49 克（图 5-74，2；图版一七六，2）。

标本 2008 Ⅰ⑤∶4942，燧石，以石片为毛坯。背面有细长片疤，近端沿两侧至远端有细小鳞状疤，为正向二次加工，加工技术为软锤，边缘较平直，以一平面大体呈桂叶形的石片为毛坯，背面正向调整去薄，自近端沿两侧正向加工至远端形成一尖。长 27、宽 13、厚 2 毫米，重 0.74 克（图 5-74，3；图版一七六，3）。

标本 2006 Ⅰ⑤∶491，硅质页岩，以石片为毛坯，砾石为原料。近端有三角形和阶梯状修疤，为正向二次修整，以一长石片为毛坯，近端正向修整出一尖。长 34、宽 14、厚 7 毫米，重 3.92 克（图 5-74，4；图版一七六，4）。

标本 2006 Ⅰ⑤∶749，燧石，以石片为毛坯。台面角 65°，背面布满近平行状修疤和鳞状疤，边缘呈圆弧形，以一小石片为毛坯，器身周边全体正向修整规整，自中腹部开始增加收分，在远端修整出一尖突。长 22.9、宽 10、厚 4.1 毫米，重 1.07 克（图 5-74，5；图版一七六，5）。

标本 2008 Ⅰ⑤∶4765，燧石，以石片为毛坯。近端有平行分布的细长片疤和鳞状疤，两端有

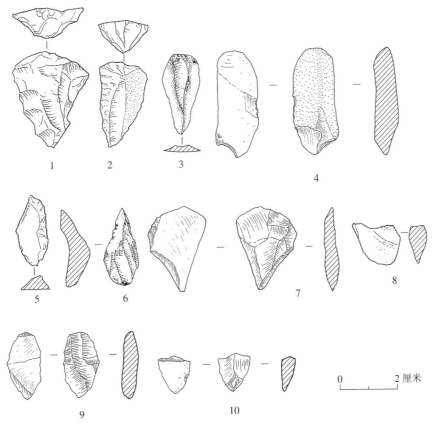

图 5-74　第 5 文化层出土尖状器（6）

1. 2006 Ⅰ⑤∶5417　2. 2005 Ⅰ⑤∶235　3. 2008 Ⅰ⑤∶4942　4. 2006 Ⅰ⑤∶491　5. 2006 Ⅰ⑤∶749　6. 2008 Ⅰ⑤∶4765　7. 2008 Ⅰ⑤∶2604　8. 2006 Ⅰ⑤∶140　9. 2006 Ⅰ⑤∶2656　10. 2006 Ⅰ⑤∶1200

连续分布的鳞状修疤，为正向二次加工，加工技术为软锤，边缘平直，以一线形台面石片为毛坯，整体呈龟背状，自近端至远端连续正向修整，在远端修整出一尖突。长25、宽12、厚6毫米，重1.75克（图5-74，6；图版一七六，6）。

标本2008Ⅰ⑤：2604，燧石，以砾石为原料，石片为毛坯。左右两侧有条形和阶梯状修疤，为正向二次加工，以一近线形台面的石片为毛坯，左右两侧正向修整平直，至远端形成一尖。长27、宽19、厚6毫米，重2.57克（图5-74，7；图版一七六，7）。

标本2006Ⅰ⑤：140，燧石，以砾石为原料，石片为毛坯。远端有阶梯状修疤，为正向二次加工，以一线形台面石片为毛坯，远端正向调整出一尖突。长18.6、宽13.7、厚6.4毫米，重1.2克（图5-74，8；图版一七六，8）。

标本2006Ⅰ⑤：2656，燧石，以石片为毛坯。台面角114°，两侧有连续平行分布的修疤，为正反向交互二次加工，边缘平直，以一台面宽3.1毫米、背有阶状疤的Ⅱ3类石片为毛坯，两侧连续修整平直，至远端形成一尖。长20.9、宽11.1、厚3.9毫米，重1.16克（图5-74，9；图版一七六，9）。

标本2006Ⅰ⑤：1200，燧石，以砾石为原料，石片为毛坯。左右两侧至远端有鱼鳞状修疤，为正向二次加工，加工技术为软锤，边缘平直，以一石片为毛坯，左右两侧至远端正向修整出一尖，形态规整，平面近等腰三角形。长11、宽11、厚4毫米，重0.52克（图5-74，10；图版一七六，10）。

4. 雕刻器

共发现89件，多由石片制成，基本上是在石片修整成型后的一端打制出一个类似凿子形的刃口。

标本2005Ⅰ⑤：164，硅质页岩，以石片为毛坯，砾石为原料。远端有鱼鳞状修疤，为正向二次加工，加工技术为软锤，以一长石片为毛坯，在远端正向修整出一小的平直刃。长55.3、宽13.5、厚10毫米，重8.09克（图5-75，1；图版一七七，1）。

标本2005Ⅰ⑤：384，凝灰岩，以石片为毛坯，远端有阶梯状修疤，为正向二次加工，边缘较平直，以一长石片为毛坯，在远端正向修整出一鸟喙状刃。长50、宽17.9、厚10.2毫米，重8.27克（图5-75，2；图版一七七，2）。

标本2005Ⅰ⑤：378，燧石，以砾石为原料，石片为毛坯。背面有鱼鳞状和条形修疤，为正向二次加工，加工技术为软锤，以一小石片为毛坯，近端正向修整去薄，远端正向调整出一小的平直刃。长23.4、宽13.9、厚5.1毫米，重1.66克（图5-75，3；图版一七七，3）。

标本2005Ⅰ⑤：122，燧石，以石片为毛坯。左侧有条形修疤，远端有鱼鳞状修疤，为正向二次加工，加工技术为软锤，边缘平直，平面近长方形，左侧和远端正向修整出一鸟喙状平直刃。长20.5、宽14.1、厚5.1毫米，重1.63克（图5-75，4；图版一七七，4）。

标本2005Ⅰ⑤：314，燧石，以石片为毛坯。器身布满鱼鳞状和条形修疤，为正反向交互二次加工，加工技术为软锤，边缘平直，以一小石片为毛坯，交互修整，调整呈镞形，远端横向修整出一平直刃。长18.5、宽9、厚4.7毫米，重1.05克（图5-75，5；图版一七七，5）。

标本2005Ⅰ⑤：64，燧石，以石片为毛坯。背面布满鱼鳞状和条形修疤，为正向二次加工，加工技术为软锤，以一小石片为毛坯，背面正向修整去薄，远端两侧正向修整出一小的平直刃。

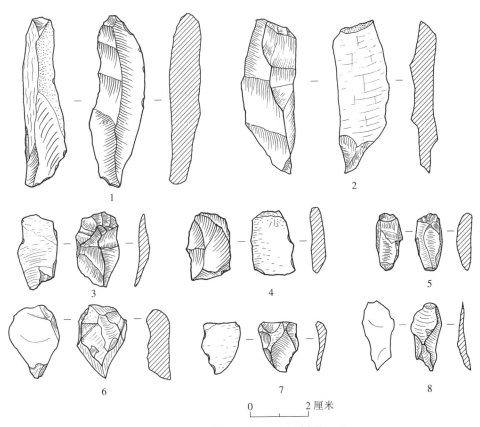

图 5 – 75 第 5 文化层出土雕刻器（1）
1. 2005 I ⑤：164　2. 2005 I ⑤：384　3. 2005 I ⑤：378　4. 2005 I ⑤：122　5. 2005 I ⑤：314　6. 2005 I ⑤：64
7. 2005 I ⑤：121　8. 2005 I ⑤：538

长 24.8、宽 17.1、厚 6.9 毫米，重 2.76 克（图 5 – 75，6；图版一七七，6）。

　　标本 2005 I ⑤：121，燧石，以石片为毛坯。器身周边有条形和鱼鳞状修疤，为正向二次加工，加工技术为软锤，边缘平直，平面近三角形，以一小石片为毛坯，近端和两侧正向调整平直，远端调整出一小的平直刃。长 17.1、宽 13、厚 2.9 毫米，重 0.58 克（图 5 – 75，7；图版一七七，7）。

　　标本 2005 I ⑤：538，燧石，以石片为毛坯。远端有阶梯状修疤，为正向二次加工，加工技术为软锤，以一线形台面石片为毛坯，远端正向修整出一小的平直刃。长 21.6、宽 10.1、厚 3.1 毫米，重 0.53 克（图 5 – 75，8；图版一七七，8）。

　　标本 2005 I ⑤：261，石英岩，以石片为毛坯。远端有条形修疤，为正向二次加工，以一线形台面、远端有弧度的长石片为毛坯，在远端正向修整出一小的平直刃。长 49.1、宽 11.8、厚 7.2 毫米，重 3.27 克（图 5 – 76，1；图版一七八，1）。

　　标本 2005 I ⑤：372，燧石，以砾石为原料，石片为毛坯。远端有条形修疤，为正向二次加工，以一台面宽 6.5 毫米、略有弧度的长石片为毛坯，在远端正向修整出一小的平直刃。长 31、宽 14.7、厚 6.5 毫米，重 3 克（图 5 – 76，2；图版一七八，2）。

　　标本 2005 I ⑤：354，燧石，以石片为毛坯。远端有鱼鳞状修疤，为正向二次加工，加工技术为软锤，边缘平直，以一背有一脊、略有弧度的石片为毛坯，在远端正向修整出一鸟喙状刃。长 23.2、宽 9.6、厚 3.8 毫米，重 0.82 克（图 5 – 76，3；图版一七八，3）。

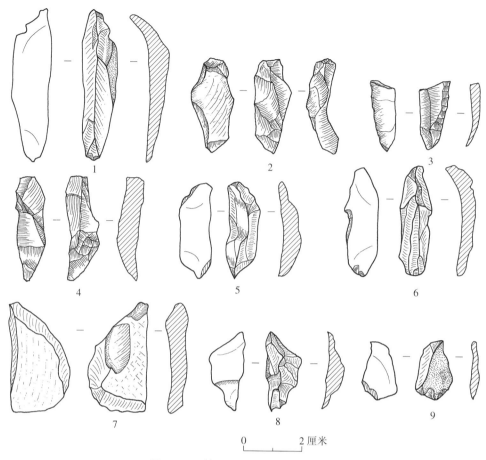

0   2厘米

图 5 - 76　第 5 文化层出土雕刻器（2）

1. 2005 Ⅰ ⑤：261　2. 2005 Ⅰ ⑤：372　3. 2005 Ⅰ ⑤：354　4. 2005 Ⅰ ⑤：385　5. 2005 Ⅰ ⑤：331　6. 2005 Ⅰ ⑤：274
7. 2005 Ⅰ ⑤：289　8. 2005 Ⅰ ⑤：302　9. 2005 Ⅰ ⑤：299

　　标本 2005 Ⅰ ⑤：385，燧石，以石片为原料。远端有阶梯状修疤，为正向二次加工，以一略有弧度的长石片为毛坯，在远端正向修整出一小的平直刃，荒屋型雕刻器。长 33.9、宽 9.8、厚 8.1 毫米，重 3.09 克（图 5 - 76，4；图版一七八，4）。

　　标本 2005 Ⅰ ⑤：331，燧石，以石片为毛坯。远端有鱼鳞状修疤，为正向二次加工，加工技术为软锤，以一线形台面、略有弧度的长石片为毛坯，远端正向修整出一鸟喙状刃。长 31、宽 9.9、厚 5.9 毫米，重 1.97 克（图 5 - 76，5；图版一七八，5）。

　　标本 2005 Ⅰ ⑤：274，燧石，以石片为毛坯。远端有鱼鳞状修疤，为正向二次加工，加工技术为软锤，以一背有细石叶剥片疤的细石核调整剥片为毛坯，远端有弧度，在远端正向修整，调整出一鸟喙状刃。长 36.2、宽 12.1、厚 5.8 毫米，重 2.34 克（图 5 - 76，6；图版一七八，6）。

　　标本 2005 Ⅰ ⑤：289，石英岩，以石片为毛坯。远端有条形和鱼鳞状修疤，为正向二次加工，加工技术为软锤，以一线形台面、有剥片的石片为毛坯，在远端正向修整出一小的平直刃。长 35.8、宽 20.1、厚 6.1 毫米，重 4.62 克（图 5 - 76，7；图版一七八，7）。

　　标本 2005 Ⅰ ⑤：302，燧石，以石片为毛坯。远端有鱼鳞状和条形修疤，为正向二次加工，加工技术为软锤，以一龟背状石片为毛坯，在远端正向修整出一平直刃。长 25.6、宽 12.1、厚 5.5 毫米，重 1.01 克（图 5 - 76，8；图版一七八，8）。

标本2005 Ⅰ⑤：299，燧石，以砾石为原料，石片为毛坯。近端和远端均有鱼鳞状和条形修疤，为正向二次加工，加工技术为软锤，以一小石片为毛坯，近端正向修整平直去薄，远端修整出一鸟喙状刃。长18.5、宽11.9、厚2.1毫米，重0.64克（图5-76，9；图版一七八，9）。

标本2006 Ⅰ⑤：398，角页岩，以一石片为毛坯，左右两侧修整平直，在远端正向修整出一小的平直刃。长39.2、宽27.1、厚6.2毫米，重5.74克（图5-77，1；图版一七九，1）。

标本2006 Ⅰ⑤：2091，燧石，以砾石为原料，石片为毛坯。台面角110°，远端有连续分布的阶梯状修疤，为正向二次加工，以一砾石台面、Ⅰ2类的石片为毛坯，从中端开始向远端正向修整一尖突后横向打击出一平直刃。长20.2、宽36.1、厚14.4毫米，重8.47克（图5-77，2；图版一七九，2）。

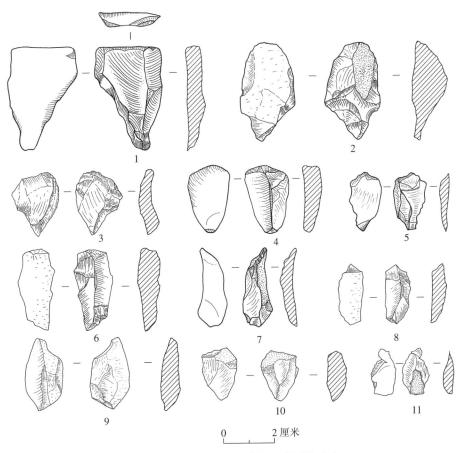

图5-77　第5文化层出土雕刻器（3）

1.2006 Ⅰ⑤：398　2.2006 Ⅰ⑤：2091　3.2006 Ⅰ⑤：3337　4.2005 Ⅰ⑤：223　5.2005 Ⅰ⑤：206
6.2006 Ⅰ⑤：1605　7.2005 Ⅰ⑤：210　8.2006 Ⅰ⑤：2697　9.2008 Ⅰ⑤：5036　10.2008 Ⅰ⑤：4927
11.2008 Ⅰ⑤：2727

标本2006 Ⅰ⑤：3337，燧石，以砾石为原料，石片为毛坯。远端有阶梯状修疤，为正向二次加工，加工技术为软锤，以一平面大体呈三角形、线形台面的石片为毛坯，远端正向修整出一喙状平直刃。长23.8、宽17.9、厚5.2毫米，重2.23克（图5-77，3；图版一七九，3）。

标本2005 Ⅰ⑤：223，燧石，以石片为毛坯。远端有鱼鳞状修疤，为正向二次加工，以一背有一脊、平直近三角形的石片为毛坯，远端正向修整出一小的平直刃。长25.2、宽17、厚6.4毫米，重 2.53 克（图 5 – 77，4；图版一七九，4）。

标本 2005 I ⑤：206，石英，以石片为毛坯。近端两侧有鱼鳞状修疤，为正向二次加工，以一线形台面石片为毛坯，远端正向修整出一小的平直刃。长 20、宽 12.8、厚 3.1 毫米，重 0.7 克（图 5 – 77，5；图版一七九，5）。

标本 2006 I ⑤：1605，燧石，以石片为毛坯。远端有连续分布的阶梯状修疤，为正向二次加工，边缘平整，以一台面宽 3.6 毫米、台面角 108°、背有一脊的 II 3 类石片为毛坯，远端正向修整形成一横直刃。长 30、宽 14.4、厚 8.4 毫米，重 2.97 克（图 5 – 77，6；图版一七九，6）。

标本 2005 I ⑤：210，燧石，以石片为毛坯。远端右侧有鱼鳞状修疤，为正向二次加工，加工技术为软锤，以一有弧度的线形台面石片为毛坯，在远端右侧正向修整，调整出一小的平直刃。长 29.2、宽 10.9、厚 4.1 毫米，重 1.1 克（图 5 – 77，7；图版一七九，7）。

标本 2006 I ⑤：2697，燧石，以石片为毛坯。两侧有连续平行分布的修疤，远端有阶梯状片疤，为正向二次加工，加工技术为软锤，边缘平直，两侧修整的较为平直，远端正向修整，调整出一平直刃。长 21.9、宽 9.3、厚 5.4 毫米，重 0.97 克（图 5 – 77，8；图版一七九，8）。

标本 2008 I ⑤：5036，燧石，以石片为毛坯。远端左侧有弧形疤，为反向二次加工，以一台面宽 3.6 毫米、背有一脊的石片为毛坯，远端反向加工，调整出一小的平直刃。长 27、宽 15、厚 7 毫米，重 2.32 克（图 5 – 77，9；图版一七九，9）。

标本 2008 I ⑤：4927，燧石，以石片为毛坯。远端有条形修疤，为正向二次加工，以一平面呈三角形、背有一脊的石片为毛坯，远端正向修整出一小的平直刃。长 18、宽 14、厚 7 毫米，重 1.76 克（图 5 – 77，10；图版一七九，10）。

标本 2008 I ⑤：2727，燧石，原料为砾石，以石片为毛坯。两侧有条形修疤，远端有阶梯状修疤，为正向二次加工，以一线形台面石片为毛坯，两侧正向修整规整，远端调整出一鸟喙状刃。长 17、宽 10、厚 4 毫米，重 0.65 克（图 5 – 77，11；图版一七九，11）。

标本 2008 I ⑤：2811，燧石，以石片为毛坯。背面有鱼鳞状和条形修疤，为正向二次加工，加工技术为软锤，边缘平直，以一石片为毛坯，背面正向修整使整体呈桂叶形，在远端调整出一小的平直刃。长 25、宽 18、厚 8 毫米，重 3.2 克（图 5 – 78，1；图版一八〇，1）。

标本 2008 I ⑤：2840，燧石，以石片为毛坯。近远端的左右两侧有三角形和鱼鳞状的修疤，为正向二次加工，以一线形台面石片为毛坯，远端正向修整，调整出一鸟喙状刃。长 28、宽 13、厚 7 毫米，重 1.91 克（图 5 – 78，2；图版一八〇，2）。

标本 2008 I ⑤：2805，燧石，以石片为毛坯。远端有阶梯状修疤，为正向二次加工，以一平面近长方形石片为毛坯，远端正向调整出一鸟喙状刃。长 20、宽 14、厚 5 毫米，重 1.84 克（图 5 – 78，3；图版一八〇，3）。

标本 2008 I ⑤：3060，燧石，砾石为原料，以石片为毛坯。远端有三角形修疤，为正向二次加工，以一近线形台面的石片为毛坯，远端正向修整出一鸟喙状刃。长 25、宽 13、厚 6 毫米，重 1.76 克（图 5 – 78，4；图版一八〇，4）。

标本 2008 I ⑤：4888，燧石，砾石为原料，以石片为毛坯。远端右侧有阶梯状修疤，为正向二次加工，以一台面宽 3.5 毫米、略有弧度的长石片为毛坯，远端正向修整出一小的平直刃。长 25、宽 13、厚 6 毫米，重 2.11 克（图 5 – 78，5；图版一八〇，5）。

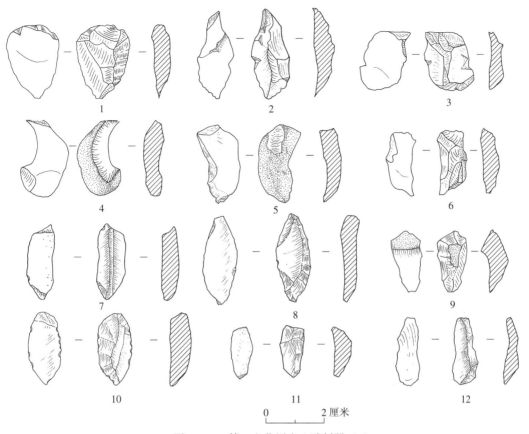

图 5 – 78　第 5 文化层出土雕刻器（4）

1. 2008 I ⑤：2811　2. 2008 I ⑤：2840　3. 2008 I ⑤：2805　4. 2008 I ⑤：3060　5. 2008 I ⑤：4888　6. 2008 I ⑤：4221
7. 2008 I ⑤：4085　8. 2008 I ⑤：837　9. 2008 I ⑤：4833　10. 2008 I ⑤：850　11. 2008 I ⑤：3990　12. 2008 I ⑤：2549

标本 2008 I ⑤：4221，燧石，以一石片为毛坯。近端正向修整去薄，两侧修整平直，远端交互加工，调整出一鸟啄状的平直刃。长 32、宽 25、厚 8 毫米，重 1.74 克（图 5 – 78，6；图版一八〇，6）。

标本 2008 I ⑤：4085，燧石，以石片为毛坯。远端有连续分布的阶状疤，为正向二次加工，加工技术为软锤，两侧平直，以一近端残、背有一脊的石片为毛坯，远端正向修整出一圆锥状尖突。长 24、宽 9、厚 5 毫米，重 1.11 克（图 5 – 78，7；图版一八〇，7）。

标本 2008 I ⑤：837，石英岩，以石片为毛坯。远端和近端均有细小的鳞状疤，为正向二次加工，加工技术为软锤，以一长石片为毛坯，在近端和远端各修整出一有平直刃的尖突。长 28、宽 11、厚 4 毫米，重 1.41 克（图 5 – 78，8；图版一八〇，8）。

标本 2008 I ⑤：4833，燧石，以石片为毛坯。背面有鱼鳞状和条形修疤，为正向二次加工，加工技术为软锤，以一背有一脊、呈龟背状的石片为毛坯，左右两侧正向调整平直，远端调整出一小的平直刃。长 20、宽 10、厚 9 毫米，重 1.53 克（图 5 – 78，9；图版一八〇，9）。

标本 2008 I ⑤：850，燧石，以石片为毛坯。背面中部有细长的片疤，周边有连续分布的鳞状小片疤，为正向二次加工，加工技术为软锤，边缘较平直，以一台面宽 5.8 毫米的石片为毛坯，周边正向修整平直，在远端修整出一平直刃的尖突。长 24、宽 12、厚 5 毫米，重 1.84 克（图 5 – 78，10；图版一八〇，10）。

标本 2008 Ⅰ⑤：3990，燧石，以石片为毛坯。背面有条形修疤，为正向二次加工，以一略有弧度、背有一脊的长石片为毛坯，脊右侧正向调整平直，远端横向打击出一平直刃。长 16、宽 8、厚 5 毫米，重 0.65 克（图 5 - 78，11；图版一八〇，11）。

标本 2008 Ⅰ⑤：2549，燧石，以石片为毛坯。近端和左侧边缘有鱼鳞状修疤，远端有阶梯状片疤，为正向二次加工，以一略有弧度的长石片为毛坯，近端正向调整去薄，左侧边缘修整平直，远端横向打击，调整出一小的平直刃。长 22、宽 9、厚 4 毫米，重 0.54 克（图 5 - 78，12；图版一八〇，12）。

标本 2008 Ⅰ⑤：4696，石英岩，以砾石为原料，石片为毛坯。两背面布满条形和鱼鳞状修疤，为正向二次加工，以一台面宽 10.2 毫米、略有弧度的长石片为毛坯，背面全体正向修整成型，远端横向打击出一小平直刃。长 50、宽 23、厚 10 毫米，重 13.76 克（图 5 - 79，1；图版一八一，1）。

标本 2008 Ⅰ⑤：5237，硅质页岩，以石片为毛坯。近端和远端有阶梯状片疤，为正向二次加工，以一长石片为毛坯，近端正向修整去薄，远端正向调整出一小的平直刃。长 33、宽 10、厚 6 毫米，重 1.68 克（图 5 - 79，2；图版一八一，2）。

标本 2008 Ⅰ⑤：5440，燧石，以石片为毛坯。远端有条形修疤，为正向二次加工，以一线形台面石片为毛坯，远端正向修整出一小的平直刃。长 24、宽 19、厚 8 毫米，重 2.99 克（图 5 - 79，3；图版一八一，3）。

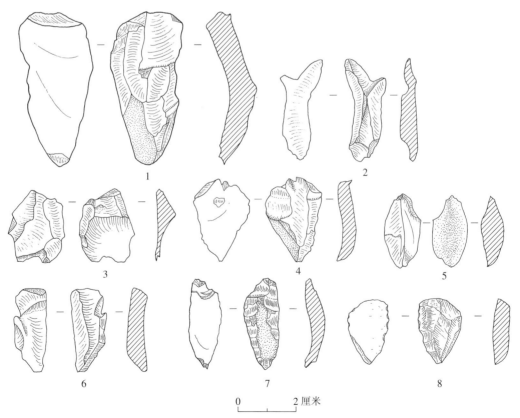

图 5 - 79　第 5 文化层出土雕刻器（5）

1. 2008 Ⅰ⑤：4696　2. 2008 Ⅰ⑤：5237　3. 2008 Ⅰ⑤：5440　4. 2008 Ⅰ⑤：5448　5. 2008 Ⅰ⑤：1450　6. 2008 Ⅰ⑤：5272　7. 2008 Ⅰ⑤：1568　8. 2008 Ⅰ⑤：729

标本 2008 Ⅰ ⑤：5448，燧石，以石片为毛坯。背面有鱼鳞状和阶梯状修疤，为正向二次加工，以一远端有弧度的石片为毛坯，近端至中部正向修整去薄，远端调整出一鸟喙状刃。长 28、宽 20、厚 5 毫米，重 2.78 克（图 5 - 79，4；图版一八一，4）。

标本 2008 Ⅰ ⑤：1450，燧石，砾石为原料，以石片为毛坯。远端有阶梯状和条形修疤，为正向二次加工，以一线形台面石片为毛坯，远端正向修整，调整出一小的平直刃。长 24、宽 12、厚 8 毫米，重 1.9 克（图 5 - 79，5；图版一八一，5）。

标本 2008 Ⅰ ⑤：5272，石英岩，以石片为毛坯。背面布满鱼鳞状和条形修疤，为正向二次加工，边缘平直，以一台面宽 6 毫米、台面角 79°、略有弧度的长石片为毛坯，背面正向修整成型，在远端调整出一小平直刃。长 27、宽 11、厚 7 毫米，重 2.12 克（图 5 - 79，6；图版一八一，6）。

标本 2008 Ⅰ ⑤：1568，燧石，以砾石为原料，石片为毛坯。背面周边有条状和鱼鳞状修疤，为正向二次加工，加工技术为软锤，边缘平直，以一远端弯曲的石片为毛坯，远端正向修整去薄，周边正向修整平直，远端正向调整出一小的平直刃。长 30、宽 12、厚 5 毫米，重 2.09 克（图 5 - 79，7；图版一八一，7）。

标本 2008 Ⅰ ⑤：729，燧石，以石片为毛坯。器身周边有鱼鳞状和条形修疤，为正向二次加工，以一石片为毛坯，器身周边正向调整，平面呈三角形，远端形成一小的平直刃。长 20、宽 14、厚 5 毫米，重 1.9 克（图 5 - 79，8；图版一八一，8）。

标本 2008 Ⅰ ⑤：2682，石英岩，以石片为毛坯。远端有阶梯状片疤，为正向二次加工，加工技术为软锤，边缘平直，以一线形台面背有一脊的长石片为毛坯，远端正向加工，调整出一平直刃。长 48、宽 22、厚 8 毫米，重 8.52 克（图 5 - 80，1；图版一八二，1）。

标本 2008 Ⅰ ⑤：401，石英岩，原料为砾石，以石片为毛坯。左侧边缘有鱼鳞状修疤，为正向二次加工，以一台面宽 6.2 毫米的石片为毛坯，左侧正向加工，在远端调整出一鸟喙状的平直刃。长 37、宽 23、厚 8 毫米，重 7.35 克（图 5 - 80，2；图版一八二，2）。

标本 2008 Ⅰ ⑤：4797，燧石，以石片为毛坯。远端有阶梯状修疤，为正向二次加工，以一线形台面、略有弧度的石片为毛坯，远端正向加工修整，调整出一小的平直刃。长 20.5、宽 8、厚 4.5 毫米，重 0.58 克（图 5 - 80，3；图版一八二，3）。

标本 2008 Ⅰ ⑤：4485，燧石，以石片为毛坯。远端有阶梯状修疤，为正向二次加工，边缘平直，以一台面角 94°、背有一脊、平面近等腰三角形的石片为毛坯，远端横向打击，形成一小的平直刃。长 20、宽 16、厚 5 毫米，重 1.4 克（图 5 - 80，4；图版一八二，4）。

标本 2008 Ⅰ ⑤：4373，燧石，以石片为毛坯。远端有阶梯状修疤，为正向二次加工，加工技术为软锤，边缘平直，以一背有一脊的石片为毛坯，远端正向修整出一平刃的小尖突。长 25、宽 11、厚 5 毫米，重 1.35 克（图 5 - 80，5；图版一八二，5）。

标本 2008 Ⅰ ⑤：3203，燧石，以石片为毛坯。远端有条形和阶梯状修疤，为正向二次加工，边缘较平直，以一线形台面石片为毛坯，远端正向修整，调整出一近鸟喙状的刃。长 20、宽 12、厚 5 毫米，重 0.92 克（图 5 - 80，6；图版一八二，6）。

标本 2008 Ⅰ ⑤：2171，燧石，以石片为毛坯。近端有鱼鳞状修疤，为正向二次加工，边缘平直，以一线形台面石片为毛坯，近端正向修整去薄，远端横向打击出一小的平直刃。长 24、宽

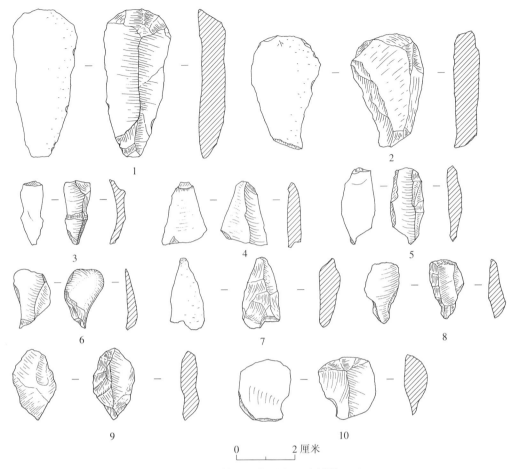

图 5 - 80　第 5 文化层出土雕刻器（6）

1. 2008 I ⑤：2682　2. 2008 I ⑤：401　3. 2008 I ⑤：4797　4. 2008 I ⑤：4485　5. 2008 I ⑤：4373
6. 2008 I ⑤：3203　7. 2008 I ⑤：2171　8. 2008 I ⑤：813　9. 2008 I ⑤：2030　10. 2008 I ⑤：564

13、厚 7 毫米，重 1.55 克（图 5 - 80，7；图版一八二，7）。

标本 2008 I ⑤：813，燧石，以石片为毛坯。远端两侧有阶梯状片疤，为正向二次加工，加工技术为软锤，边缘较平直，以一近线形台面的石片为毛坯，远端正向修整出一鸟喙状刃。长 19、宽 11、厚 4 毫米，重 1.02 克（图 5 - 80，8；图版一八二，8）。

标本 2008 I ⑤：2030，燧石，以石片为毛坯。背面有条形修疤，远端有阶梯状修疤，为正向二次加工，加工技术为软锤，以一石片为毛坯，背面正向修整去薄，远端正向调整出一鸟喙状刃。长 23、宽 13、厚 5 毫米，重 1.21 克（图 5 - 80，9；图版一八二，9）。

标本 2008 I ⑤：564，燧石，以石片为毛坯。近端有条形修疤，远端有阶梯状修疤，为正向二次加工，以一龟背状石片为毛坯，近端正向修整平直，远端正向打击，调整出一近鸟喙状刃。长 19、宽 18、厚 8 毫米，重 2.69 克（图 5 - 80，10；图版一八二，10）。

标本 2008 I ⑤：5621，石英岩，以石片为毛坯。背面有阶梯状和鱼鳞状修疤，为正向二次加工，以一背有一脊、平面近心形的石片为毛坯，近端正向修整去薄，周边调整规整，远端横向加工，调整出一小的平直刃。长 37、宽 33、厚 8 毫米，重 8.05 克（图 5 - 81，1；图版一八三，1）。

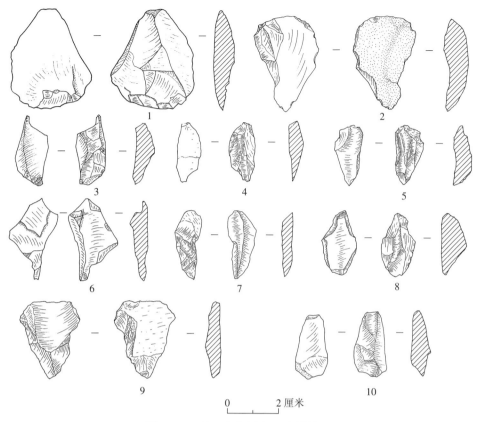

图 5 - 81　第 5 文化层出土雕刻器（7）

1. 2008 Ⅰ⑤：5621　2. 2008 Ⅰ⑤：1078　3. 2008 Ⅰ⑤：1308　4. 2008 Ⅰ⑤：1346　5. 2008 Ⅰ⑤：240
6. 2008 Ⅰ⑤：5818　7. 2008 Ⅰ⑤：1819　8. 2008 Ⅰ⑤：93　9. 2008 Ⅰ⑤：1107　10. 2008 Ⅰ⑤：1300

标本 2008 Ⅰ⑤：1078，燧石，以砾石为原料，石片为毛坯。近远端左右两侧有条形修疤，为正向二次加工，以一近线形台面的石片为毛坯，远端正向修整出一鸟喙状刃。长 34、宽 23、厚 9 毫米，重 5. 98 克（图 5 - 81，2；图版一八三，2）。

标本 2008 Ⅰ⑤：1308，燧石，以石片为毛坯。背面全体和近端、远端布满阶状疤，为正向二次加工，以石片为毛坯，背面由近端至远端正向修整，在远端左侧修整出一有平直刃的尖突。长 27、宽 10、厚 7 毫米，重 1. 88 克（图 5 - 81，3；图版一八三，3）。

标本 2008 Ⅰ⑤：1346，燧石，以石片为毛坯。远端有条形和阶梯状修疤，为正向二次加工，边缘较平直，以一背有一脊的石片为毛坯，远端正向修整出一平刃的小尖突。长 22、宽 10、厚 7 毫米，重 0. 99 克（图 5 - 81，4；图版一八三，4）。

标本 2008 Ⅰ⑤：240，燧石，以石片为毛坯。背面有条形和阶梯状修疤，为正向二次加工，加工技术为软锤，边缘平直，以一石片为毛坯，近端正向修整去薄，远端正向调整出一小的平直刃。长 21、宽 10、厚 6 毫米，重 1. 28 克（图 5 - 81，5；图版一八三，5）。

标本 2008 Ⅰ⑤：5818，石英岩，以石片为毛坯。远端有条形和阶梯状片疤，为正向二次加工，加工技术为软锤，以一台面宽 5. 8 毫米的石片为毛坯，在远端正向修整出一小的平直刃。长 30、宽 16、厚 5 毫米，重 2. 17 克（图 5 - 81，6；图版一八三，6）。

标本 2008 Ⅰ⑤：1819，燧石，以石片为毛坯。远端和左侧有阶梯状和条形修疤，为正向二次加工，以一线形台面、背有一脊的石片为毛坯，左侧修整平直，远端正向调整出一小的平直刃。长26、宽10、厚5.5毫米，重1.22克（图5-81，7；图版一八三，7）。

标本2008Ⅰ⑤：93，燧石，以石片为毛坯。两侧有连续分布的阶梯状片疤，远端有阶梯状片疤和鳞状疤，为正向二次加工，加工技术为软锤，边缘平直，以一线形台面石片为毛坯，两侧修整至较平直，远端横向修整出一平直刃。长23、宽11、厚9毫米，重1.97克（图5-81，8；图版一八三，8）。

标本2008Ⅰ⑤：1107，石英岩，以石片为毛坯。两侧至远端有鱼鳞状和阶梯状修疤，为正向二次加工，边缘平直，以一线性台面石片为毛坯，左右两侧至远端正向修整平直，平面大体呈三角形，在远端调整出一小的平直刃。长29、宽21、厚6毫米，重2.65克（图5-81，9；图版一八三，9）。

标本2008Ⅰ⑤：1300，燧石，以石片为毛坯。近端有三角形修疤，远端有阶梯状片疤，为正向二次加工，以一背有一脊的石片为毛坯，近端正向修整去薄，远端正向调整出一小的平直刃。长23、宽11、厚9毫米，重1.8克（图5-81，10；图版一八三，10）。

标本2006Ⅰ⑤：5699，燧石，以砾石为原料，石片为毛坯。器身周边全体连续分布鳞状修疤，远端有阶梯状修疤，为正向二次加工，整体大体呈三角形，以一砾石台面的石片为毛坯，近端和两侧连续修整，远端横向修整出一平直刃。长34、宽22、厚5毫米，重3.77克（图5-82，1；图版一八四，1）。

标本2005Ⅰ⑤：1922，燧石，以石片为毛坯。远端有阶梯状修疤，左右两侧有细小阶状疤，连续呈齿状，为正向二次加工，以一线状台面、背有阶状疤和一脊的石片为毛坯，远端正向修整，调整出一小的平直刃。长32.8、宽17.8、厚4.7毫米，重2.66克（图5-82，2；图版一八四，2）。

标本2005Ⅰ⑤：2998，燧石，以石片为毛坯。远端有阶梯状和鳞状修疤，为正向二次加工，以一近线形台面、背有一脊的长石片为毛坯，远端正向修整，调整出一小的平直刃。长33、宽14.6、厚3.3毫米，重1.45克（图5-82，3；图版一八四，3）。

标本2005Ⅰ⑤：3681，燧石，以石片为毛坯。背面有条形和不规则形修疤，为正向二次加工，以一背有棱脊、略有弧度的石片为毛坯，尖端正向修整去薄，远端正向修整出一小的平直刃。长37、宽11.7、厚5毫米，重1.87克（图5-82，4；图版一八四，4）。

标本2005Ⅰ⑤：5437，燧石，以石片为毛坯。两侧及远端有阶梯状修疤，为正向二次加工，以石片为毛坯，两侧经修整在近端和远端各形成一尖，并修整为横直刃。长40、宽13、厚5毫米，重2.5克（图5-82，5；图版一八四，5）。

标本2005Ⅰ⑤：4610，燧石，以砾石为原料，石片为毛坯。远端有阶梯状修疤，为正向二次加工，以一背有一脊、略有弧度的长石片为毛坯，在远端正向修整，调整出一似鸟喙状刃。长23.2、宽6.26、厚5.3毫米，重0.74克（图5-82，6；图版一八四，6）。

标本2005Ⅰ⑤：5174，硅质页岩，以砾石为原料，石片为毛坯。远端有阶梯状修疤，为反向二次加工，以一近线形台面、平面近桂叶状的石片为毛坯，远端反向修整，调整出一小的平直刃。长39.9、宽21、厚7毫米，重6.44克（图5-82，7；图版一八四，7）。

标本2005Ⅰ⑤：5550，燧石，以石片为毛坯。远端有阶梯状修疤，为正向二次加工，加工技

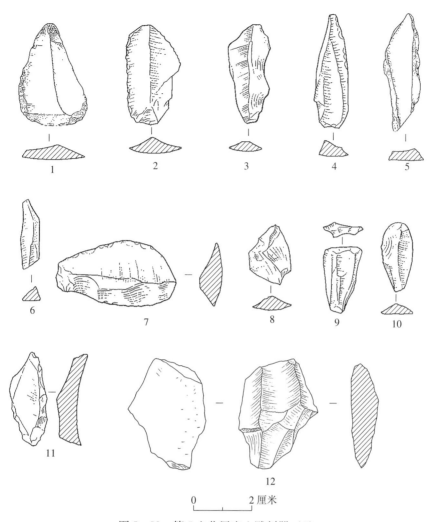

图5-82　第5文化层出土雕刻器（8）

1. 2006 I ⑤：5699　2. 2005 I ⑤：1922　3. 2005 I ⑤：2998　4. 2005 I ⑤：3681　5. 2005 I ⑤：5437
6. 2005 I ⑤：4610　7. 2005 I ⑤：5174　8. 2005 I ⑤：5550　9. 2006 I ⑤：5437　10. 2005 I ⑤：5466
11. 2005 I ⑤：1821　12. 2006 I ⑤：1140

术为软锤，以一线形台面的石片为毛坯，远端正向加工，调整出一小的平直刃。长20、宽14.1、厚4.2毫米，重0.9克（图5-82，8；图版一八四，8）。

标本2006 I ⑤：5437，燧石，以石片为毛坯。背面有条形修疤，远端有阶梯状修疤，为正向二次加工，以一平面近三角形石片为毛坯，背面正向修整去薄，远端正向调整出一小的平直刃。长21.5、宽12.4、厚5毫米，重1.47克（图5-82，9；图版一八四，9）。

标本2005 I ⑤：5466，燧石，以石片为毛坯。远端有阶梯状修疤，为反向二次加工，以一近线形台面、平面近桂叶状的石片为毛坯，远端反向修整，调整出一小的平直刃。长22.4、宽11.2、厚4.5毫米，重0.73克（图5-82，10；图版一八四，10）。

标本2005 I ⑤：1821，燧石，以砾石为原料，石片为毛坯。台面角88°、72°，两侧有细小鳞状疤及平行状修疤，远端有阶梯状片疤，为正向二次加工，加工技术为软锤，以一略有弧度的长石片为毛坯，两侧正向修整平直，远端正向加工调整出一鸟喙状刃。长31.2、宽14.1、厚6.9毫米，重3.57克（图5-82，11；图版一八四，11）。

标本 2006 I ⑤：1140，硅质页岩，以石片为毛坯。背面有条形和鱼鳞状修疤，为正向二次加工，以一石片为毛坯，近端至中部正向修整去薄，远端调整出一小的平直刃。长 37、宽 25、厚 8 毫米，重 6.37 克（图 5 - 82，12；图版一八四，12）。

标本 2006 I ⑤：1173，燧石，以石片为毛坯。远端有阶梯状修疤，为正向二次加工，加工技术为软锤，平直，以一线形台面、略有弧度的石片为毛坯，远端正向修整出一尖刃。长 35、宽 15、厚 6 毫米，重 3.05 克（图 5 - 83，1；图版一八五，1）。

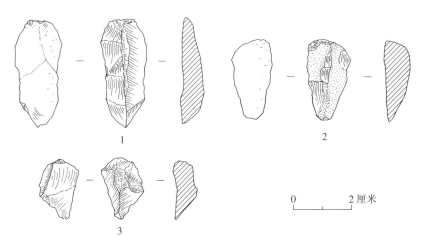

图 5 - 83　第 5 文化层出土雕刻器（9）
1. 2006 I ⑤：1173　2. 2006 I ⑤：990　3. 2006 I ⑤：1064

标本 2006 I ⑤：990，燧石，以砾石为原料，石片为毛坯。近端有连续分布的鳞状疤，远端有连续分布的阶梯状片疤，为正向二次加工，以一砾石台面的石片为毛坯，近端正向修整平直，远端正向修整出一平直刃的尖突。长 26、宽 14、厚 8 毫米，重 2.69 克（图 5 - 83，2；图版一八五，2）。

标本 2006 I ⑤：1064，石英，以石片为毛坯。近端和远端有阶梯状修疤，为正向二次加工，以一略有弧度的石片为毛坯，近端正向修整去薄，远端正向修整出一小的平直刃。长 20、宽 12、厚 8 毫米，重 1.59 克（图 5 - 83，3；图版一八五，3）。

5. 钻

共发现 28 件，多由较厚的石片或细石核改制而成，一般是在修整成型后于远端横向加工，修整出一小的尖突。

标本 2005 I ⑤：522，燧石，原料为砾石，以石片为毛坯。背面近端至中部有阶梯状修疤，远端有鱼鳞状修疤，为正向二次加工，加工技术为软锤，以一左剥片的石片为毛坯，背面近端至中部正向修整去薄，远端正向修整出一尖突。长 45、宽 20、厚 10.8 毫米，重 7.7 克（图 5 - 84，1；图版一八六，1）。

标本 2005 I ⑤：360，燧石，以石片为毛坯。二次加工部位：远端；二次加工方向：正向。远端有条形修疤，加工技术为软锤，以一线形台面的小石片为毛坯，远端正向修整出一尖突。长 13.6、宽 10、厚 2 毫米，重 0.19 克（图 5 - 84，2；图版一八六，2）。

标本 2005 I ⑤：245，凝灰岩，以石片为毛坯。远端有条形修疤，为正向二次加工，以一线

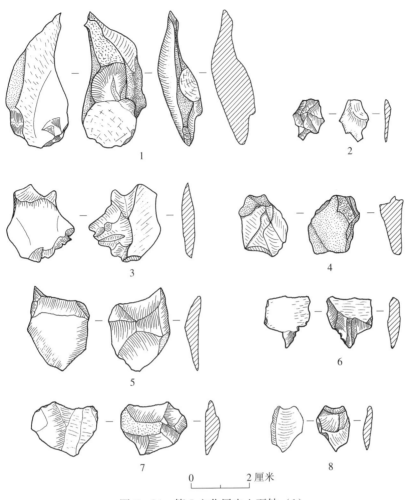

图 5 - 84　第 5 文化层出土石钻（1）

1. 2005 Ⅰ⑤：522　2. 2005 Ⅰ⑤：360　3. 2005 Ⅰ⑤：245　4. 2005 Ⅰ⑤：272　5. 2005 Ⅰ⑤：28
6. 2005 Ⅰ⑤：144　7. 2005 Ⅰ⑤：58　8. 2005 Ⅰ⑤：69

形台面石片为毛坯，在远端正向调整出一锥状尖突。长 25.3、宽 21.1、厚 5 毫米，重 2.53 克
（图 5 - 84，3；图版一八六，4）。

　　标本 2005 Ⅰ⑤：272，石英岩。远端有条形和阶梯状修疤，为正向二次加工，以一石片为毛
坯，远端正向修整出一尖突。长 23.6、宽 13.7、厚 7.3 毫米，重 2.41 克（图 5 - 84，4；图版一
八六，3）。

　　标本 2005 Ⅰ⑤：28，石英，以石片为毛坯。远端左右两侧有条形和阶梯状修疤，为正向二次
加工，以一线形台面石片为毛坯，在远端左右两侧正向修整，调整出一尖突。长 28.9、宽 20.8、
厚 6.1 毫米，重 2.95 克（图 5 - 84，5；图版一八六，5）。

　　标本 2005 Ⅰ⑤：144，燧石，原料为砾石，以石片为毛坯。远端有条形修疤，为正向二次加
工，加工技术为软锤，边缘较平直，以一线形台面的方形石片为毛坯，在远端正向加工调整出一
三棱状尖突。长 17.4、宽 17、厚 3.9 毫米，重 0.73 克（图 5 - 84，6；图版一八六，7）。

　　标本 2005 Ⅰ⑤：58，燧石，原料为砾石，以石片为毛坯。远端有鱼鳞状修疤，为正向二次加
工，加工技术为软锤，以一近线形台面的石片为毛坯，远端正向加工，调整出一尖突。长 22.1、

宽16.7、厚5.4毫米，重1.56克（图5-84，7；图版一八六，6）。

标本2005 I ⑤：69，燧石，以石片为毛坯。远端左右两侧有条形修疤，为正向二次加工，加工技术为软锤，以一线形台面的小石片为毛坯，远端左右两侧正向加工，调整出一尖突。长14.8、宽10.4、厚1.9毫米，重0.28克（图5-84，8；图版一八六，8）。

标本2006 I ⑤：2060，石英岩，原料为砾石，以石片为毛坯。左右两侧连续分布鳞状疤，远端有阶梯状修疤，为正向二次加工，以一砾石台面、台面角106°、I 2类的石片为毛坯，左右两侧修整平直，远端正向修整出一尖突。长42.9、宽22.9、厚12.9毫米，重11.55克（图5-85，1；图版一八七，1）。

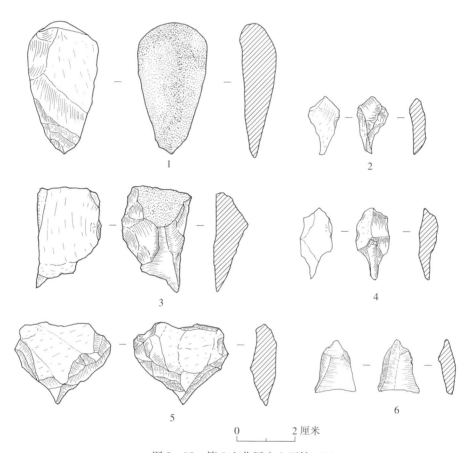

图5-85　第5文化层出土石钻（2）

1.2006 I ⑤：2060　2.2006 I ⑤：1608　3.2006 I ⑤：3472　4.2006 I ⑤：2045　5.2006 I ⑤：2179
6.2006 I ⑤：3675

标本2006 I ⑤：1608，燧石，以石片为毛坯。正面有细长修疤，左侧有阶梯状小修疤，为正向二次加工，以一线形台面石片为毛坯，在近远端的左侧及远端正面正向修整出一尖状突出。长18.2、宽10.1、厚4毫米，重0.59克（图5-85，2；图版一八七，2）。

标本2006 I ⑤：3472，燧石，以石片为毛坯，原料为砾石。背有阶状疤，远端右侧有条形和鳞状修疤，为正向二次加工，边缘平直，以一台面宽4.3毫米、台面角72°、II 2类石片为毛坯，远端正向加工，调整出一锥状突出。长21.2、宽32.3、厚10.3毫米，重6.97克（图5-85，3；图版一八七，3）。

标本 2006 I ⑤：2045，燧石，以石片为毛坯。台面角 116°，中部至远端连续分布阶梯状修疤，为正向二次加工，以一台面宽 1.9 毫米、Ⅱ 3 类石片为毛坯，从中部至远端正向修整出细长的尖突。长 10.7、宽 23.2、厚 5.9 毫米，重 0.91 克（图 5-85，4；图版一八七，4）。

标本 2006 I ⑤：2179，燧石，以石片为毛坯。左右两侧连续分布鳞状修疤，远端为阶梯状修疤，为正向二次加工，以一线形台面、Ⅱ 3 类石片为毛坯，左右两侧正向修整，形态规整，近等腰三角形，远端正向修整出一尖突。长 32.8、宽 26.5、厚 9.1 毫米，重 5.8 克（图 5-85，5；图版一八七，5）。

标本 2006 I ⑤：3675，燧石，以石片为毛坯。远端两侧连续分布鳞状修疤，为正向二次加工，加工技术为软锤，边缘平直，远端两侧连续正向加工，调整出圆锥状突出。长 15.7、宽 13.6、厚 4.1 毫米，重 0.74 克（图 5-85，6；图版一八七，6）。

标本 2008 I ⑤：3551，石英岩，原料为砾石，以石片为毛坯。远端两侧有阶梯状修疤，为正向二次加工，以一自然台面石片为毛坯，在远端正向修整出一小尖突。长 18、宽 17、厚 6 毫米，重 1.6 克（图 5-86，1；图版一八八，1）。

标本 2008 I ⑤：3325，燧石，原料为砾石，以一细石叶为毛坯。近端有连续平行分布的细长片疤，远端有连续分布的阶状疤，为正向二次加工，加工技术为软锤，边缘平直，以一背有一脊的石叶为毛坯，近端正向修整平直，远端正向修整出一圆锥状尖突。长 24、宽 8、厚 3 毫米，重

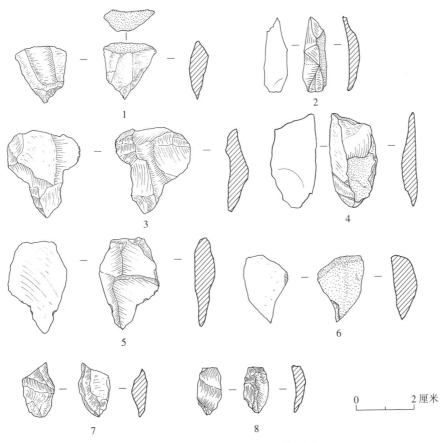

0 _____ 2 厘米

图 5-86　第 5 文化层出土石钻（3）

1. 2008 I ⑤：3551　2. 2008 I ⑤：3325　3. 2008 I ⑤：581　4. 2008 I ⑤：1471　5. 2008 I ⑤：709
6. 2008 I ⑤：1258　7. 2006 I ⑤：2401　8. 2006 I ⑤：1587

0.63 克（图 5-86，2；图版一八八，2）。

标本 2008 I ⑤：581，燧石，以石片为毛坯。近端和远端都有鳞状修疤，为反向二次加工，两侧有阶梯状修疤，为正向二次加工，加工技术为软锤，近端反向修整平直，两侧正向修整为亚腰形，远端反向修整出一尖突。长 29、宽 25、厚 5 毫米，重 2.66 克（图 5-86，3；图版一八八，4）。

标本 2008 I ⑤：1471，燧石，以砾石为原料，石片为毛坯。器身周边连续分布鳞状修疤和阶梯状片疤，为正向二次加工，加工技术为软锤，边缘平直，器身周边全体正向修整，边缘平直，在远端一侧修整出一圆锥状尖突。长 31、宽 16、厚 6 毫米，重 2.96 克（图 5-86，4；图版一八八，5）。

标本 2008 I ⑤：709，燧石，以石片为毛坯。近远端两侧至远端有鳞状修疤，为正向二次加工，加工技术为软锤，以一台面宽 3.2 毫米的石片为毛坯，在近远端的两侧至远端正向修整出一尖突。长 29、宽 18、厚 6 毫米，重 2.67 克（图 5-86，5；图版一八八，6）。

标本 2008 I ⑤：1258，燧石，原料为砾石，以石片为毛坯。左侧中部至远端有阶梯状片疤，为正向二次加工，以一砾石台面的石片为毛坯，左侧中部至远端正向修整出一圆锥状尖突。长 21.6、宽 15.5、厚 8.2 毫米，重 2.14 克（图 5-86，6；图版一八八，7）。

标本 2006 I ⑤：2401，燧石，以石片为毛坯。远端连续分布阶梯状修疤，为正向二次加工，以一线形台面石片为毛坯，在远端正向连续修整出一尖突。长 11.2、宽 7.5、厚 5.1 毫米，重 0.73 克（图 5-86，7；图版一八八，3）。

标本 2006 I ⑤：1587，燧石，以石片为毛坯。远端有鳞状修疤，为正向二次加工，以一近线形台面的石片为毛坯，在远端正向修整，调整出一尖突。长 15.1、宽 8.3、厚 4.9 毫米，重 0.46 克（图 5-86，8；图版一八八，8）。

标本 2008 I ⑤：2601，燧石，以石片为毛坯。背面全体至远端布满阶状疤和鳞状疤，为正向二次加工，以石片为毛坯，背面正向修整去薄，远端正向修整出一圆锥状尖突。长 24、宽 19、厚 8 毫米，重 3.37 克（图 5-87，1；图版一八九，1）。

标本 2008 I ⑤：4589，燧石，原料为砾石，以断块为毛坯。远端有条形修疤，为正向二次加工，以一大体呈锥状的断块为毛坯，在远端正向修整，调整出一小三棱状尖突。长 26、宽 17、厚 10 毫米，重 2.58 克（图 5-87，2；图版一八九，2）。

标本 2008 I ⑤：4953，燧石，以石片为毛坯。自近端沿两侧至远端有连续分布的鳞状疤和阶梯状疤，为正向二次加工，加工技术为软锤，自近端沿两侧向远端正向修整出一圆锥状尖突。长 29、宽 13、厚 5 毫米，重 2.12 克（图 5-87，3；图版一八九，3）。

标本 2008 I ⑤：222，石英，以石片为毛坯。远端有阶梯状修疤，为正向二次加工，以一台面宽 4.2 毫米、平面近三角形的石片为毛坯，远端正向修整出一三棱状的小尖突。长 19、宽 15、厚 6 毫米，重 1.23 克（图 5-87，4；图版一八九，4）。

标本 2008 I ⑤：3494，燧石，以砾石为原料，石片为毛坯。近远端处有鱼鳞状和条形修疤，为正向二次加工，加工技术为软锤，以一自然台面石片为毛坯，在远端正向修整出一小尖突。长 43、宽 33、厚 14 毫米，重 20.04 克（图 5-88，1；图版一九〇，1）。

标本 2008 I ⑤：2237，燧石，原料为砾石，以石片为毛坯。左右两侧有条形和鱼鳞状修疤，

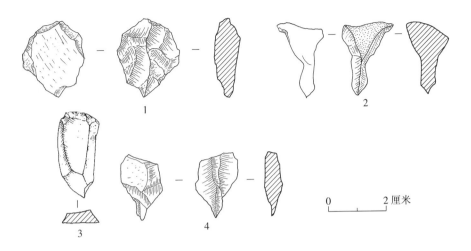

图 5 - 87　第 5 文化层出土石钻（4）

1. 2008 Ⅰ⑤:2601　2. 2008 Ⅰ⑤:4589　3. 2008 Ⅰ⑤:4953　4. 2008 Ⅰ⑤:222

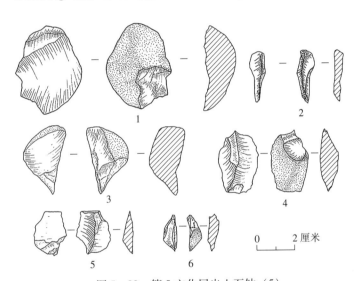

图 5 - 88　第 5 文化层出土石钻（5）

1. 2008 Ⅰ⑤:3494　2. 2008 Ⅰ⑤:2237　3. 2008 Ⅰ⑤:1952　4. 2008 Ⅰ⑤:5569　5. 2008 Ⅰ⑤:
2936　6. 2008 Ⅰ⑤:1859

为正反向交互二次加工，以一长石片为毛坯，左右两侧正反向交互修整出一锥形器身。长 26、宽 8、厚 4 毫米，重 0.71 克（图 5 - 88，2；图版一九〇，2）。

标本 2008 Ⅰ⑤:1952，燧石，以砾石为原料，石片为毛坯。远端有条形和阶梯状修疤，为正向二次加工，以一左裂片石片为毛坯，远端正向加工，调整出一尖突。长 35、宽 17、厚 16 毫米，重 8.14 克（图 5 - 88，3；图版一九〇，3）。

标本 2008 Ⅰ⑤:5569，石英岩，以砾石为原料，石片为毛坯。近远端处有鱼鳞状修疤，为正向二次加工，以一线形台面的石片为毛坯，在近远端处正向加工，调整出一尖突。长 30、宽 20、厚 10 毫米，重 5.82 克（图 5 - 88，4；图版一九〇，4）。

标本 2008 Ⅰ⑤:2936，硅质页岩，以石片为毛坯。远端有阶梯状片疤，为反向二次加工，以一石片为毛坯，远端反向加工，调整出一尖突。长 24、宽 18、厚 6 毫米，重 1.82 克（图 5 - 88，

5；图版一九〇，5）。

标本 2008 Ⅰ⑤：1859，燧石，原料为砾石，以石片为毛坯。近端有条形修疤，远端有阶梯状修疤，为正向二次加工，以一长石片为毛坯，近端正向修整去薄，远端正向修整出一尖突。长 18、宽 8、厚 5 毫米，重 0.65 克（图 5 – 88，6；图版一九〇，6）。

四 细石核

共发现 89 件，主要类型有锥状石核、半锥状石核和柱状石核，楔形石核和船底形石核也有发现。

标本 2005 Ⅰ⑤：344，燧石，原料为砾石，楔形。台面角 84°，台面周边有阶梯状修疤，为横向二次加工，台面大体呈 D 形，台面径 28 毫米×22 毫米，台面周边有修整，有一背脊，左右两侧有片疤，在一侧形成一楔状缘。高 40.1、宽 26.5、厚 21.5 毫米，重 20.82 克（图 5 – 89，1）。

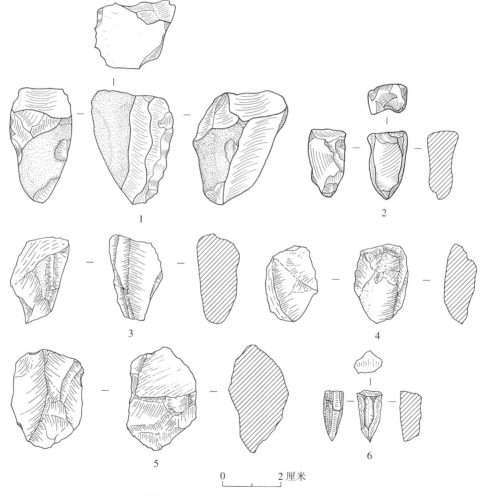

图 5 – 89　第 5 文化层出土细石核（1）

1. 2005 Ⅰ⑤：344　2. 2006 Ⅰ⑤：1057　3. 2008 Ⅰ⑤：582　4. 2008 Ⅰ⑤：2588　5. 2008 Ⅰ⑤：857　6. 2008 Ⅰ⑤：3284

标本 2006Ⅰ⑤：1057，燧石，以石片为毛坯，楔形。台面角 104°，台面大体呈三角形，台面宽 12 毫米，台面有阶梯状修疤，为横向二次加工，台面经修整，左右两侧有剥片疤，在右侧形成一楔状缘。高 22、宽 12.9、厚 9.3 毫米，重 3.03 克（图 5-89，2；图版一九一，1）。

标本 2008Ⅰ⑤：582，燧石，楔形。台面角 58°，台面有阶梯状修疤，为横向二次加工，台面大体呈椭圆形，台面径 20 毫米 ×12 毫米，一侧有连续平行分布的细长剥片疤，另一侧和前后两面均有阶梯状片疤。高 25、宽 20、厚 15 毫米，重 7.41 克（图 5-89，3；图版一九一，2）。

标本 2008Ⅰ⑤：2588，燧石，原料为砾石，楔形。台面角 112°，台面有阶梯状片疤，为横向二次加工，台面宽 14 毫米，修整呈阶梯状，一侧有细长剥片疤。高 26、宽 18、厚 9 毫米，重 4.24 克（图 5-89，4；图版一九一，3）。

标本 2008Ⅰ⑤：857，燧石，以石片为毛坯，楔形。台面角 112°，台面有阶梯状片疤，为横向二次加工，台面大体呈三角形，台面宽 16 毫米，一侧有细长剥片疤，一侧连续分布形态不规整的片疤。高 34、宽 23、厚 19 毫米，重 14.84 克（图 5-89，5；图版一九一，4）。

标本 2008Ⅰ⑤：3284，燧石，原料为砾石，锥形。台面角 86°，台面周边有阶梯状片疤，为横向二次加工，台面呈椭圆形，台面径 8.5 毫米 ×7.5 毫米，台面周边有修整，周身有细石叶剥片疤。高 16、宽 10、厚 7 毫米，重 1.29 克（图 5-89，6；图版一九一，5）。

标本 2008Ⅰ⑤：1341，燧石，以石片为毛坯，半锥形。台面角 86°，台面有连续分布的阶梯状片疤，为横向二次加工，台面大体呈椭圆形，台面径 12 毫米 ×8 毫米，有修整，一侧较平直，其余三面有细长和三角形剥片疤。高 20、宽 14、厚 10 毫米，重 3.63 克（图 5-90，1；图版一九二，1）。

标本 2008Ⅰ⑤：5231，石英岩，原料为砾石，楔形。台面周边有阶梯状修疤，为横向二次加工，台面大体呈三角形，长、宽为 18.8 毫米 ×24 毫米，台面周边有修整，一侧修整出一楔状缘，相对一侧较平整，为砾石面。预制完成，尚未开始剥片作业的细石核。高 30、宽 23、厚 20 毫米，重 13.17 克（图 5-90，2；图版一九二，2）。

标本 2008Ⅰ⑤：1206，燧石，以石片为毛坯，楔形。台面角 85°，台面有阶梯状修疤，为横向二次加工，台面大体呈椭圆形，台面径 14 毫米 ×9 毫米，有修整，一侧有连续平行分布的细长的剥片疤，另一侧有阶梯状片疤。高 20、宽 16.3、厚 12 毫米，重 5.22 克（图 5-90，3；图版一九二，3）。

标本 2008Ⅰ⑤：826，燧石，以石片为毛坯，楔形。台面角 94°，台面有阶梯状片疤，为横向二次加工调整，一侧有细长的剥片疤，一侧为一脊，脊两侧有片疤。高 18、宽 12、厚 7 毫米，重 1.49 克（图 5-90，4；图版一九二，4）。

标本 2008Ⅰ⑤：1695，燧石，以石片为毛坯，楔形。台面角 80°，台面边缘有鳞状疤，为横向二次加工，台面大体呈 D 形，台面宽 10 毫米，右侧有细长剥片疤，另外三面为不规整的片疤。高 24、宽 14、厚 12 毫米，重 4.59 克（图 5-90，5；图版一九二，5）。

标本 2008Ⅰ⑤：1517，燧石，以石片为毛坯，楔形。台面角 86°，台面周边有阶梯状片疤，为横向二次加工，台面大体呈椭圆形，台面径 16 毫米 ×9 毫米，周边有修整，在一侧正反两面剥片，调整出一楔状缘，在相对一侧进行细石叶剥片作业。高 26、宽 16、厚 10 毫米，重 6.5 克

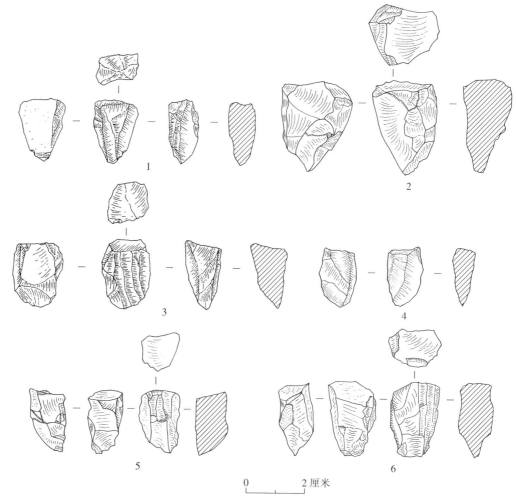

图 5-90　第 5 文化层出土细石核（2）

1. 2008 I ⑤：1341　2. 2008 I ⑤：5231　3. 2008 I ⑤：1206　4. 2008 I ⑤：826　5. 2008 I ⑤：1695　6. 2008 I ⑤：1517

（图 5-90，6；图版一九二，6）。

标本 2008 I ⑤：5059，硅质页岩，原料为砾石，楔形。台面角 88°，台面周边有阶梯状修疤，为横向二次加工，台面大体呈长方形，长 40、宽 22 毫米，以一扁平的砾石为毛坯，修整出一台面，在一侧沿长轴方向纵向进行细石叶剥片作业。高 47、宽 40、厚 23 毫米，重 43.16 克（图 5-91，1；图版一九三，1）。

标本 2008 I ⑤：1840，石英岩，以石片为毛坯，楔形。台面角 66°，台面周边有阶梯状片疤，为横向二次加工，台面严重倾斜，平面大体呈三角形，长 34.6、宽 17.4 毫米，在较宽的一侧有细石叶剥片疤。高 44、宽 24、厚 15 毫米，重 14.97 克（图 5-91，2；图版一九三，2）。

标本 2008 I ⑤：4090，石英岩，楔形。台面角 78°，台面周边有阶梯状修疤，为横向二次加工调整，台面大体呈 D 形，长 18.1、宽 13.9 毫米，沿台面圆弧形一侧有 3 条细石叶剥片疤。高 25、宽 20、厚 15 毫米，重 8.88 克（图 5-91，3；图版一九三，3）。

标本 2008 I ⑤：1546，燧石，半锥形。台面角 74°，台面有连续分布的阶梯状片疤，为横向二次加工调整，台面大体呈 D 形，长 18、宽 14 毫米，一侧有细长剥片疤，另一侧有不规整片疤。高

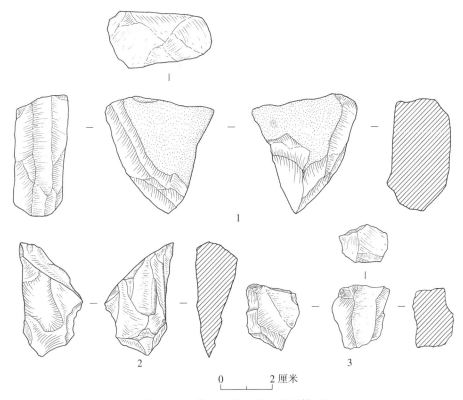

图 5 - 91 第 5 文化层出土细石核（3）

1. 2008 I ⑤：5059 2. 2008 I ⑤：1840 3. 2008 I ⑤：4090

25、宽 18、厚 15 毫米，重 7.01 克（图 5 - 92，1；图版一九四，1）。

标本 2008 I ⑤：932，燧石，以石片为毛坯，半锥形。台面角 81°，台面有连续分布的阶梯状修疤，为横向二次加工，台面大体呈 D 形，长 9、宽 6 毫米，一边有连续平行分布的细长剥片疤，另一边较平直。高 27、宽 13、厚 9 毫米，重 3.76 克（图 5 - 92，2；图版一九四，2）。

标本 2008 I ⑤：1122，燧石，原料为砾石，柱形。台面角 72°，台面周边有阶梯状修疤，为横向二次加工，以一小砾石为毛坯，台面大体呈椭圆形，台面径 16 毫米 ×14 毫米，台面横向修整，核身一侧保留有砾石面，其余部位纵向进行细石叶剥片作业。高 31、宽 17、厚 14 毫米，重 9.45 克（图 5 - 92，3；图版一九四，3）。

标本 2008 I ⑤：1660，燧石，半锥形。台面角 68°，台面有阶状疤，为横向二次加工调整，台面大体呈 D 形，长 15、宽 6 毫米，一边有连续平行分布的细长剥片疤，另一边较平直。高 22、宽 15、厚 9 毫米，重 3.14 克（图 5 - 92，4；图版一九四，4）。

标本 2008 I ⑤：1665，燧石，以石片为毛坯，楔形。台面角 85°，台面上有连续分布的阶梯状修疤，为横向二次加工调整，台面大体呈椭圆形，台面径 12 毫米 ×8 毫米，有修整，一侧有连续平行分布的细长剥片疤，另一侧有阶梯状片疤。高 21、宽 15、厚 12 毫米，重 4.66 克（图 5 - 92，5；图版一九四，5）。

标本 2008 I ⑤：1862，燧石，柱形。台面角 86°，台面有连续平行分布的阶梯状修疤，为横向二次加工调整，台面大体呈梯形，长 12、宽 8 毫米，一侧连续平行分布有细长片疤，另一侧及前后两面有阶梯状片疤。高 20、宽 12、厚 10 毫米，重 3.41 克（图 5 - 92，6；图版

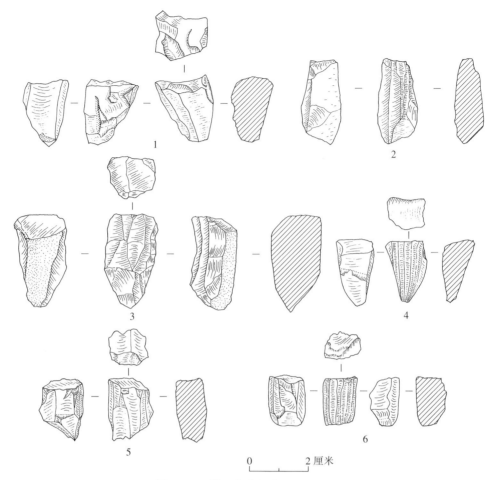

图 5-92　第 5 文化层出土细石核（4）

1. 2008 Ⅰ⑤：1546　2. 2008 Ⅰ⑤：932　3. 2008 Ⅰ⑤：1122　4. 2008 Ⅰ⑤：1660　5. 2008 Ⅰ⑤：1665　6. 2008 Ⅰ⑤：1862

一九四，6）。

标本 2008 Ⅰ⑤：1659，燧石，以石片为毛坯，楔形。台面角 87°，台面有连续分布的阶梯状修疤，为正向二次加工调整，台面大体呈椭圆形，台面径 22 毫米×13 毫米，有修整，正反两面均有不规整片疤，在一侧形成一楔状缘，在另一侧进行细石叶剥片作业。高 30、宽 22、厚 16 毫米，重 8.88 克（图 5-93，1；图版一九五，1）。

标本 2008 Ⅰ⑤：3007，燧石，楔形。台面角 85°，台面有阶梯状片疤，为横向二次加工调整，台面大体呈椭圆形，台面径 10 毫米×6 毫米，一侧有细长及三角形、梯形剥片疤，形态不规整，不典型楔形。高 17、宽 14、厚 8 毫米，重 2.96 克（图 5-93，2；图版一九五，2）。

标本 2008 Ⅰ⑤：1767，燧石，半锥形。台面角 68°，台面周边有阶梯状修疤，为横向二次加工调整，台面呈 D 形，台面径 10 毫米×9 毫米，台面倾斜，周边有阶梯状修疤，沿台面弧形一侧有 3 条细石叶剥片疤。高 20、宽 10、厚 9 毫米，重 2.09 克（图 5-93，3；图版一九五，3）。

标本 2008 Ⅰ⑤：5589，燧石，船底形。台面角 104°，台面有阶状疤，为横向二次加工调整，台面大体呈圆角长方形，长 17、宽 10 毫米，有修整，一侧有细长剥片疤。高 25、宽 17、厚 10 毫米，重 3.57 克（图 5-93，4；图版一九五，4）。

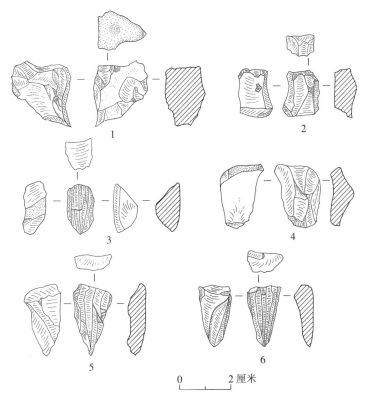

0 　　2厘米

图 5 – 93　第 5 文化层出土细石核（5）

1. 2008 Ⅰ⑤：1659　2. 2008 Ⅰ⑤：3007　3. 2008 Ⅰ⑤：1767　4. 2008 Ⅰ⑤：5589　5. 2008 Ⅰ

⑤：2996　6. 2008 Ⅰ⑤：3035

标本 2008 Ⅰ⑤：2996，燧石，半锥形。台面角 88°，台面周边有阶梯状修疤，为横向二次加工调整，台面倾斜，台面大体呈 D 形，长 15、宽 6 毫米，有修整，倾斜，一边连续平行分布有细长剥片疤，另一边较平直，有阶梯状片疤。高 26、宽 15、厚 6 毫米，重 2.64 克（图 5 – 93，5；图版一九五，5）。

标本 2008 Ⅰ⑤：3035，燧石，半锥形。台面角 81°，台面有连续分布的阶梯状修疤，为横向二次加工调整，台面呈 D 形，长 12、宽 8 毫米，有修整，倾斜，一边连续平行分布有细长剥片疤，另一边较平直。高 23、宽 12、厚 8 毫米，重 2.29 克（图 5 – 93，6；图版一九五，6）。

标本 2008 Ⅰ⑤：2968，燧石，锥形。台面角 88°，台面周边有阶梯状修疤，为横向二次加工调整，台面大体呈椭圆形，台面径 12.7 毫米 ×10.2 毫米，台面周边有修整，周身进行细石叶剥片作业。高 19、宽 13、厚 11 毫米，重 2.52 克（图 5 – 94，1；图版一九六，1）。

标本 2008 Ⅰ⑤：5008，燧石，楔形。台面角 94°，台面周边有阶梯状修疤，为横向二次加工调整，加工技术为软锤，台面呈 D 形，长 11.2、宽 8.1 毫米，台面周边有阶梯状修疤，台面沿圆弧形一侧有 4 条细石叶剥片疤。高 21、宽 13、厚 13 毫米，重 3.6 克（图 5 – 94，2；图版一九六，2）。

标本 2008 Ⅰ⑤：4411，硅质页岩，半锥形。台面角 82°，台面有阶梯状修疤，为横向二次加工调整，台面呈扇形，长 16、宽 7.5 毫米，沿弧形一侧有 5 条细石叶剥片疤。高 25、宽 16、厚 10 毫米，重 3.93 克（图 5 – 94，3；图版一九六，3）。

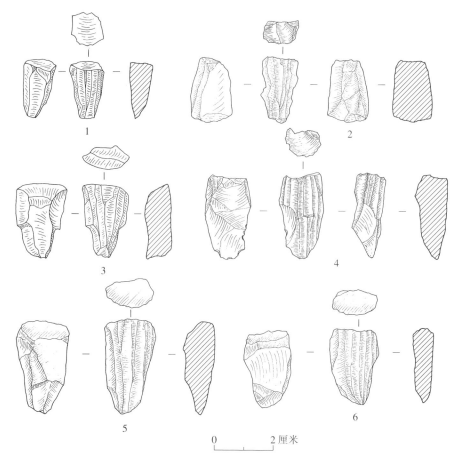

图 5-94　第 5 文化层出土细石核（6）

1. 2008 I ⑤：2968　2. 2008 I ⑤：5008　3. 2008 I ⑤：4411　4. 2008 I ⑤：325　5. 2008 I ⑤：585
6. 2008 I ⑤：2280

标本 2008 I ⑤：325，燧石，以石片为毛坯，半锥形。台面角 83°，台面有阶梯状修疤，为横向二次加工，台面呈 D 形，长 15、宽 6 毫米，一边连续平行分布有细长的剥片疤，另一边为阶梯状片疤。高 27、宽 15、厚 8 毫米，重 4.33 克（图 5-94，4；图版一九六，4）。

标本 2008 I ⑤：585，燧石，原料为砾石，半锥形。台面角 76°，台面周边有小的阶梯状修疤，为横向二次加工，台面呈椭圆形，台面径 16 毫米 ×7 毫米，一边有连续平行分布的细长剥片疤，另一边有阶梯状片疤。高 29、宽 16、厚 9 毫米，重 0.48 克（图 5-94，5；图版一九六，5）。

标本 2008 I ⑤：2280，燧石，半锥形。台面角 84°，台面周边有小的修疤，为横向二次加工，加工技术为软锤，台面呈 D 形，台面径 14.8 毫米 ×7.3 毫米，台面倾斜，周边有修疤，沿台面弧形一侧有 7 条细石叶剥片疤。高 25、宽 16、厚 8 毫米，重 3.44 克（图 5-94，6；图版一九六，6）。

标本 2008 I ⑤：431，燧石，楔形。台面角 72°，台面周边有阶梯状修疤，为横向二次加工，台面大体呈椭圆形，台面径 27.5 毫米 ×20 毫米，台面周边有修整，台面一侧有纵向剥片疤。高 30、宽 29、厚 22 毫米，重 18.58 克（图 5-95，1；图版一九七，1）。

标本 2008 I ⑤：5111，燧石，原料为砾石，楔形。台面角 68°，台面周边有阶梯状修疤，

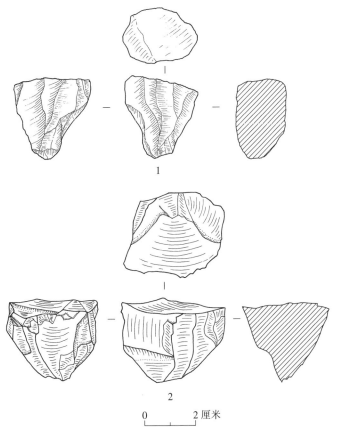

图5-95　第5文化层出土细石核（7）

1.2008Ⅰ⑤:431　2.2008Ⅰ⑤:5111

为横向二次加工，台面大体呈D形，台面径32毫米×30毫米，台面周边有修整，台面弧形一侧纵向有8条细石叶剥片疤。高44、宽32、厚30毫米，重38.9克（图5-95，2；图版一九七，2）。

标本2008Ⅰ⑤:2452，燧石，楔形。台面角94°，台面有阶梯状片疤，为横向二次加工调整，台面大体呈D形，台面径16毫米×10毫米，一侧有连续平行分布的细长剥片疤，另一侧有不规整片疤。高29、宽20、厚14毫米，重8.69克（图5-96，1；图版一九八，1）。

标本2008Ⅰ⑤:4403，燧石，原料为砾石，柱形。台面角82°，台面有阶梯状修疤，为横向二次加工调整，台面呈椭圆形，台面径11.9毫米×7.8毫米，台面有修整，周身剥片，一侧残。高19、宽13、厚10毫米，重2.85克（图5-96，2；图版一九八，2）。

标本2008Ⅰ⑤:3682，燧石，楔形。台面角86°，台面周边有阶梯状修疤，为横向二次加工，核身背面下半部有片疤，为纵向加工，在底部形成一楔状缘，台面大体呈D形，台面径13.7毫米×10毫米，沿台面圆弧形一侧有4条细石叶剥片疤。高24、宽16、厚13毫米，重6.1克（图5-96，3；图版一九八，3）。

标本2008Ⅰ⑤:3997，燧石，柱形。台面角79°，台面周边有连续分布的阶梯状修疤，为横向二次加工，台面大体呈椭圆形，台面径18毫米×9毫米，有修整，台面倾斜，周身连续有平行分布的细长剥片疤。高23、宽19、厚9毫米，重5.47克（图5-96，4；图版一九八，4）。

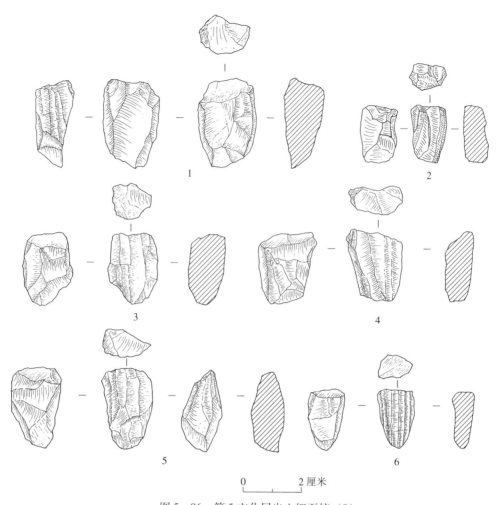

0   2厘米

图 5 - 96   第 5 文化层出土细石核（8）

1. 2008 Ⅰ⑤：2452   2. 2008 Ⅰ⑤：4403   3. 2008 Ⅰ⑤：3682   4. 2008 Ⅰ⑤：3997   5. 2008 Ⅰ⑤：1972   6. 2008 Ⅰ⑤：2163

标本 2008 Ⅰ⑤：1972，燧石，以石片为毛坯，半锥形。台面角 68°，台面有阶梯状修疤和鳞状修疤，为横向二次加工调整，台面大体呈 D 形，台面径 17 毫米 × 13 毫米，有修整，半边布满平行分布的细长剥片疤，另半边有一脊，脊两侧有三角形和梯形片疤。高 26、宽 17、厚 13 毫米，重 5.73 克（图 5 - 96，5；图版一九八，5）。

标本 2008 Ⅰ⑤：2163，燧石，半锥形。台面角 82°，台面有阶梯状修疤，为横向二次加工，台面大体呈 D 形，一边为连续平行分布的细长剥片疤，另一边较平直，有连续分布的阶状疤。高 18、宽 12、厚 7 毫米，重 1.75 克（图 5 - 96，6；图版一九八，6）。

标本 2008 Ⅰ⑤：994，燧石，半锥形（残）。台面角 68°，台面周边有阶梯状修疤，为横向二次加工调整，下半部残，台面大体呈 D 形，台面径 27 毫米 × 16 毫米，半边有连续平行分布的细长剥片疤，另半部为阶梯状片疤。高 19、宽 27、厚 19 毫米，重 12.94 克（图 5 - 97，1；图版一九九，1）。

标本 2008 Ⅰ⑤：2235，玉髓，原料为砾石，半锥形。台面角 85°，台面有连续分布的阶梯状修疤，为横向二次加工调整，台面呈 D 形，台面径 13 毫米 × 7 毫米，有修整，半边布满平行分布的细石叶剥片作业的片疤，另半边保留有部分自然石皮，有阶梯状片疤。高 22、宽 15、厚 7 毫米，

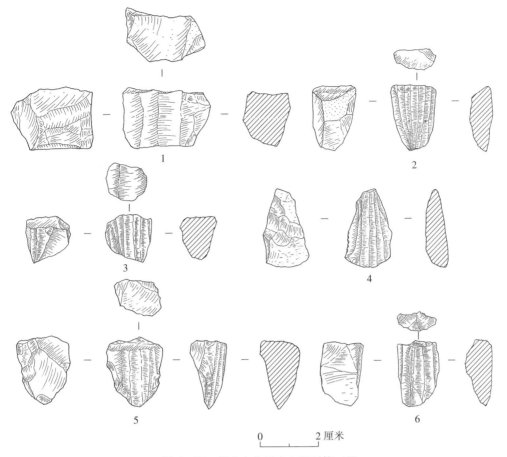

图 5 - 97　第 5 文化层出土细石核（9）

1. 2008 I ⑤：994　2. 2008 I ⑤：2235　3. 2008 I ⑤：2346　4. 2008 I ⑤：2281　5. 2008 I ⑤：2065　6. 2008 I ⑤：2287

重 3.17 克（图 5 - 97，2；图版一九九，2）。

　　标本 2008 I ⑤：2346，燧石，半锥形。台面角 88°，台面周边有阶梯状修疤，为横向二次加工调整，台面大体呈椭圆形，台面径 14. 2 毫米×11 毫米，台面周边有阶梯状修疤，一侧有 5 条细石叶剥片疤。高 15、宽 14、厚 11 毫米，重 2.32 克（图 5 - 97，3；图版一九九，3）。

　　标本 2008 I ⑤：2281，燧石，锥形。台面角 71°，二次加工部位：台面，二次加工方向：正向，台面周边有小的修疤，台面呈 D 形，台面径 15 毫米×7 毫米，台面有修整，向背面倾斜，半边布满平行分布的细长剥片疤，另半边较平直，有阶梯状片疤。高 25、宽 15、厚 7 毫米，重 3. 13 克（图 5 - 97，4；图版一九九，4）。

　　标本 2008 I ⑤：2065，燧石，以石片为毛坯，半锥形。台面角 84°，台面周边有阶梯状修疤，为横向二次加工，台面大体呈 D 形，台面径 17 毫米×11 毫米，有修整，半边布满平行分布的细长剥片疤，另半边有阶梯状片疤。高 22、宽 17、厚 11 毫米，重 4.26 克（图 5 - 97，5；图版一九九，5）。

　　标本 2008 I ⑤：2287，燧石，柱形（残）。台面角 88°，台面有阶梯状修疤，为横向二次加工，为近二分之一的柱形细石核，一边为连续平行分布的细长剥片疤，另一边为破裂面。高 20、宽 14、厚 6 毫米，重 2.04 克（图 5 - 97，6；图版一九九，6）。

　　标本 2005 I ⑤：105，石英岩，楔形。台面角 82°，台面周边有阶梯状和鳞状修疤，为横向二次加工，加工技术为软锤，台面大体呈 D 形，向背面倾斜，台面径 20 毫米 × 15 毫米，背面下半部有片疤，在底部形成一楔状缘，正面剥片，有细长的细石叶剥片疤。高 33.2、宽 21.3、厚 18 毫米，重 15.23 克（图 5 - 98，1；图版二〇〇，1）。

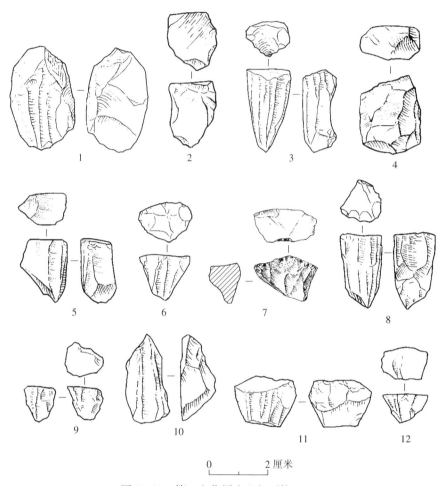

图 5 - 98　第 5 文化层出土细石核（10）

1. 2005 Ⅰ⑤：105　2. 2005 Ⅰ⑤：383　3. 2005 Ⅰ⑤：541　4. 2005 Ⅰ⑤：361　5. 2005 Ⅰ⑤：388　6. 2005 Ⅰ⑤：295　7. 2006
Ⅰ⑤：241　8. 2006 Ⅰ⑤：373　9. 2006 Ⅰ⑤：440　10. 2006 Ⅰ⑤：1113　11. 2005 Ⅰ⑤：329　12. 2006 Ⅰ⑤：1326

标本 2005 Ⅰ⑤：383，燧石，原料为砾石，楔形。台面角 64°，台面周边有阶梯状片疤，为横向二次加工，台面大体呈椭圆形，台面径 21 毫米 × 11 毫米，正反两侧有不规则形片疤，在一侧形成楔状缘，另一侧有较为内凹的片疤，应为细石叶剥片未成功的片疤，兰越技法的失败品。高 22.8、宽 21、厚 16.5 毫米，重 8.26 克（图 5 - 98，2；图版二〇〇，2）。

标本 2005 Ⅰ⑤：541，燧石，楔形。台面角 86°，台面有阶梯状修疤，为横向二次加工调整，加工技术为软锤，台面大体呈 D 形，台面径 16.1 毫米 × 12 毫米，有修整，背面有不规则形片疤，在底部形成一楔状缘，正面剥片，有细长的细石叶剥片疤。高 27.6、宽 16.1、厚 12 毫米，重 8.41 克（图 5 - 98，3；图版二〇〇，3）。

标本 2005 Ⅰ⑤：361，燧石，柱状。台面角 109°，台面有阶梯状片疤，为横向二次加工，台面大体呈椭圆形，台面径 20.9 毫米 × 13.2 毫米，台面有修整，周身剥片。高 26.7、宽 20.9、厚

13.2 毫米，重 9.53 克（图 5 - 98，4；图版二〇〇，4）。

标本 2005 I ⑤：388，硅质页岩，原料为砾石，楔形。台面角 78°，台面有阶梯状片疤，为横向二次加工，台面大体呈椭圆形，台面径 12.9 毫米×10 毫米，台面有修整，背面有不规则形片疤，在底部形成一楔状缘，正面剥片，有细长的细石叶剥片疤。高 20.8、宽 17.2、厚 10.9 毫米，重 4.41 克（图 5 - 98，5；图版二〇〇，5）。

标本 2005 I ⑤：295，燧石，锥形。台面角 78°，台面有阶梯状修疤，为横向二次加工，台面大体呈椭圆形，台面径 17 毫米×13.7 毫米，台面有修整，周身剥片，有细长的细石叶剥片疤。高 14.3、宽 17、厚 13.7 毫米，重 3.02 克（图 5 - 98，6；图版二〇〇，6）。

标本 2006 I ⑤：241，燧石，以石片为毛坯，楔形。台面角 72°，台面有阶梯状修疤，为横向二次加工，台面大体呈椭圆形，台面径 21.4 毫米×10.6 毫米，台面有修整，正反两面剥片，底部形成一楔状缘。高 14.6、宽 21.4、厚 10.6 毫米，重 2.97 克（图 5 - 98，7；图版二〇〇，7）。

标本 2006 I ⑤：373，燧石，以石片为毛坯，半锥形。台面角 92°，台面周边有阶梯状和鳞状修疤，为横向二次加工，加工技术为软锤，台面大体呈 D 形，台面宽 14.2 毫米，一侧有阶梯状修疤，正面有 5 条细长的剥片疤。高 24.8、宽 14.7、厚 13.2 毫米，重 5.68 克（图 5 - 98，8；图版二〇〇，10）。

标本 2006 I ⑤：440，燧石，楔形。台面角 64°，台面周边有阶梯状修疤，为横向二次加工，台面大体呈椭圆形，台面径 14.5 毫米×10.3 毫米，台面周边有修整，向一侧倾斜，在核身底部修整出一楔状缘，正反两面剥片，有细长的细石叶剥片疤。高 19.4、宽 14.5、厚 10.3 毫米，重 1.44 克（图 5 - 98，9；图版二〇〇，8）。

标本 2006 I ⑤：1113，燧石，半锥形。台面角 86°，线形台面，正面剥片，有细长的细石叶剥片疤，背面有不规则形片疤。高 28.6、宽 13.3、厚 12.2 毫米，重 4.35 克（图 5 - 98，10；图版二〇〇，9）。

标本 2005 I ⑤：329，燧石，柱形（残），上半部残，周身有细长的细石叶剥片疤。高 18、宽 21.6、厚 14.8 毫米，重 6.66 克（图 5 - 98，11；图版二〇〇，11）。

标本 2006 I ⑤：1326，燧石，锥状。台面角 71°，台面周边有阶梯状修疤，为横向二次加工，半边有细石叶片疤，细长且不规整，底部反向剥片，侧边有石片片疤，台面呈椭圆形，台面径 16.2 毫米×11.5 毫米，台面有修整，周身剥片。高 10、宽 16.2、厚 11.5 毫米，重 1.81 克（图 5 - 98，12；图版二〇〇，12）。

标本 2006 I ⑤：2951，燧石，原料为砾石，楔形。台面角 88°，台面有阶梯状修疤，为横向二次加工，核身两侧有条形和鱼鳞状修疤，台面大体呈三角形，长 19、宽 17 毫米，台面有修整，核身两侧横向修整，形成一楔状缘，另一侧圆弧，有细长的细石叶剥片疤，为兰越技法。高 30.8、宽 23.7、厚 17.2 毫米，重 13.98 克（图 5 - 99，1；图版二〇一，1）。

标本 2006 I ⑤：4652，燧石，楔形。台面角 71°，台面周边有阶梯状修疤，为横向二次加工，台面大体呈三角形，长 18、宽 17 毫米，台面有修整，向背面倾斜，正反两侧有鱼鳞状和条形修疤，在一侧调整出一楔状缘，另一侧剥片，有细长的细石叶剥片疤，为兰越技法。高 28、宽 17.9、厚 18 毫米，重 9.6 克（图 5 - 99，2；图版二〇一，2）。

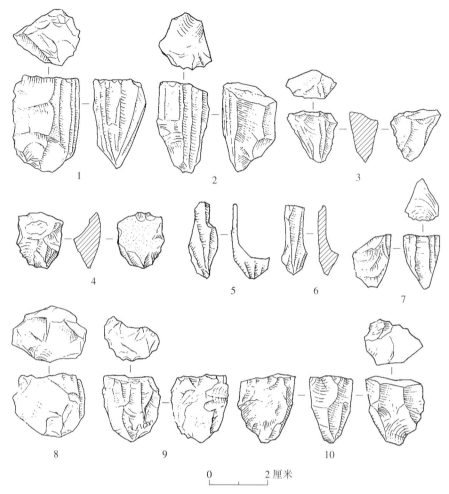

图 5 - 99　第 5 文化层出土细石核（11）

1. 2006 I ⑤：2951　2. 2006 I ⑤：4652　3. 2006 I ⑤：1618　4. 2006 I ⑤：3674　5. 2006 I ⑤：1378　6. 2006 I ⑤：4837
7. 2006 I ⑤：1879　8. 2006 I ⑤：1948　9. 2006 I ⑤：2230　10. 2006 I ⑤：1770

标本 2006 I ⑤：1618，燧石，锥形。台面角 74°，台面周边有阶梯状和鳞状修疤，为横向二次加工，加工技术为软锤，半边有石叶片疤，细长，近平行状，右侧边缘有细小鳞状疤，呈连续齿状，台面大体呈椭圆形，台面径 18.9 毫米 × 9.8 毫米，台面有修整，周身剥片，有细长的细石叶剥片疤。高 20.9、宽 18.9、厚 9.8 毫米，重 2.78 克（图 5 - 99，3；图版二〇一，3）。

标本 2006 I ⑤：3674，燧石，以砾石为原料，锥形。台面角 70°，台面周边有阶梯状片疤，为横向二次加工。半边有形状不规整的细石叶片疤，底部反向剥片；半边为砾石面，锥形细石核残块，台面已为线形。高 19、宽 15.4、厚 8.5 毫米，重 2.32 克（图 5 - 99，4；图版二〇一，4）。

标本 2006 I ⑤：1378，燧石，锥状（残）。有石叶片疤，底部反向剥片，近端残，细石核残块。高 25.1、宽 10.5、厚 10 毫米，重 1.33 克（图 5 - 99，5；图版二〇一，5）。

标本 2006 I ⑤：4837，燧石，锥状（残）。上半部残，底部反向剥片，半边有石叶片疤，细长且不规整，锥形细石核残块。高 23.1、宽 9.2、厚 6.8 毫米，重 0.84 克（图 5 - 99，6；图版二〇一，6）。

标本 2006 I ⑤：1879，燧石，楔形。台面角 78°，台面周边有阶梯状修疤，核身两侧有条形修疤，为横向二次加工，加工技术为软锤，台面大体呈三角形，长 15、宽 12 毫米，台面周边有修整，核身两侧横向修整去薄，在一侧形成一楔状缘，另一侧剥片，有细长的细石叶剥片疤，为兰越技法。高 17.8、宽 15、厚 12 毫米，重 2.83 克（图 5 - 99，7；图版二〇一，7）。

标本 2006 I ⑤：1948，燧石，原料为砾石，楔形。台面角 76°，台面有阶梯状修疤，为横向二次加工，台面大体呈椭圆形，台面径 23.5 毫米×18 毫米，台面有修整，正反两面剥片，底部形成一楔状缘。高 20.9、宽 26.9、厚 18 毫米，重 10.84 克（图 5 - 99，8；图版二〇一，8）。

标本 2006 I ⑤：2230，燧石，半锥形。台面角 94°，台面有阶梯状修疤，为横向二次加工，台面大体呈 D 形，长 18、宽 10 毫米，台面有修整，背面有不规则形片疤，正面剥片，有细长的细石叶剥片疤。高 22.5、宽 20.8、厚 10.8 毫米，重 5.88 克（图 5 - 99，9；图版二〇一，9）。

标本 2006 I ⑤：1770，燧石，楔形。台面角 101°，台面周边有阶梯状片疤，为横向二次加工，台面大体呈三角形，长 19、宽 14 毫米，有修整，正反两面有细小鳞状疤和条形修疤，在一侧调整出一楔状缘，另一侧剥片，有细长的细石叶剥片疤，为兰越技法。高 24.1、宽 19、厚 14.9 毫米，重 6.6 克（图 5 - 99，10；图版二〇一，10）。

标本 2006 I ⑤：4908，燧石，原料为砾石，楔形。台面角 96°，台面形状不很规整，长 22、宽 17 毫米，背面保留有完整的砾石面，正面两侧剥片，兰越技法细石核的预制。高 31.6、宽 23.5、厚 19.3 毫米，重 17.91 克（图 5 - 100，1；图版二〇二，1）。

标本 2006 I ⑤：2888，燧石，楔形。台面角 96°，台面有阶梯状修疤，为横向二次加工，台面大体呈椭圆形，台面径 29 毫米×22 毫米，有修整，台面内凹，一侧两面修整，调整出一楔状缘，另一侧剥片，有细长的细石叶剥片疤，为兰越技法。高 19.5、宽 29、厚 22 毫米，重 12.38 克（图 5 - 100，2；图版二〇二，2）。

标本 2008 I ⑤：5118，燧石，楔形。台面角 78°，台面有阶梯状片疤，为横向二次加工，台面内凹，一侧有连续平行分布的细长片疤，另一侧有一楔状缘，楔状缘两侧有三角形片疤。高 21、宽 16、厚 12 毫米，重 3.46 克（图 5 - 100，3；图版二〇二，3）。

标本 2008 I ⑤：4349，燧石，楔形。台面角 104°，台面有阶状疤，为横向二次加工，一侧有连续平行分布的细长剥片疤，另一侧有一脊，脊两侧有片疤。高 21、宽 14、厚 10 毫米，重 3.33 克（图 5 - 100，4；图版二〇二，8）。

标本 2008 I ⑤：5446，燧石，楔形。台面角 76°，台面有连续分布的阶梯状修疤，为横向二次加工，台面大体呈椭圆形，台面径 8 毫米×6 毫米，有修整，一侧较平直，有阶梯状片疤，其余三面连续平行分布细长的剥片疤。高 24、宽 14、厚 12 毫米，重 4.13 克（图 5 - 100，5；图版二〇二，10）。

标本 2008 I ⑤：4720，燧石，半锥形。台面角 81°，台面有连续分布的阶梯状片疤，台面大体呈 D 形，长 14 毫米，有修整，一侧有连续平行分布的细长剥片疤，其余面为阶梯状片疤。高 21、宽 14、厚 13 毫米，重 3.93 克（图 5 - 100，6；图版二〇二，4）。

标本 2008 I ⑤：5439，燧石，半锥形。台面角 68°，台面有阶梯状片疤，台面呈 D 形，长 13、宽 10 毫米，有修整，半边布满平行分布的细长剥片疤。高 28、宽 15、厚 11 毫米，重 4.68 克（图 5 - 100，7；图版二〇二，9）。

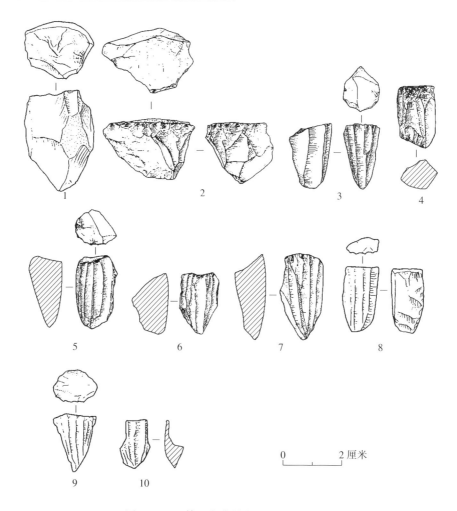

图 5-100 第 5 文化层出土细石核 (12)
1. 2006Ⅰ⑤:4908 2. 2006Ⅰ⑤:2888 3. 2008Ⅰ⑤:5118 4. 2008Ⅰ⑤:4349 5. 2008Ⅰ⑤:5446 6. 2008Ⅰ
⑤:4720 7. 2008Ⅰ⑤:5439 8. 2006Ⅰ⑤:2918 9. 2006Ⅰ⑤:2868 10. 2006Ⅰ⑤:4273

标本 2006Ⅰ⑤:2918，燧石，楔形。台面角 86°，台面大体呈 D 形，11.6 毫米×4.6 毫米，背面有不规则形片疤，正面剥片，有细长的细石叶剥片疤，底部形成一楔状缘。高 20.9、宽 11.4、厚 6.5 毫米，重 2.07 克（图 5-100，8；图版二〇二，5）。

标本 2006Ⅰ⑤:2868，燧石，锥形。台面角 84°，台面有阶梯状修疤，为横向二次加工，台面大体呈椭圆形，台面径 15.9 毫米×11.4 毫米，台面有修整，背面有不规则形片疤，正面剥片，有细长的细石叶剥片疤。高 20.2、宽 15.9、厚 11.4 毫米，重 2.93 克（图 5-100，9；图版二〇二，6）。

标本 2006Ⅰ⑤:4273，燧石，锥状（残）。上半部残，核身有细石叶剥片疤，锥形石核的残块。高 15.8、宽 10.2、厚 6.1 毫米，重 0.57 克（图 5-100，10；图版二〇二，7）。

五 细石叶

共发现 563 件。形态规整，后平或弯，两侧边缘平行。背面有两条纵脊者，断面呈梯形；背面有一条纵脊者，断面呈三角形。细石叶中完整者很少，绝大多数为残断品，或一头或两头被打断。

标本2005Ⅰ⑤:413，燧石。两侧近平行，背有一脊，略有弧度。长23.4、宽7.1、厚2.3毫米，重0.35克（图5－101，1；图版二〇三，1）。

标本2005Ⅰ⑤:326，燧石。两侧平行，背有2条平行脊。长17.8、宽5、厚1.1毫米，重0.13克（图5－101，2；图版二〇三，2）。

标本2005Ⅰ⑤:343，燧石。两侧平行，背有2条平行脊。长13.8、宽4.1、厚1毫米，重0.1克（图5－101，3；图版二〇三，3）。

标本2005Ⅰ⑤:350，燧石。两侧平行，背有一脊，略有弧度。长12.5、宽4.3、厚1.2毫米，重0.08克（图5－101，4；图版二〇三，4）。

标本2005Ⅰ⑤:270，燧石。两侧平行，背有2条平行脊。长14.1、宽6.7、厚2毫米，重0.23克（图5－101，5；图版二〇三，5）。

标本2005Ⅰ⑤:265，燧石。两侧平行，背有2条不很突出的平行脊。长14.5、宽5.5、厚0.9

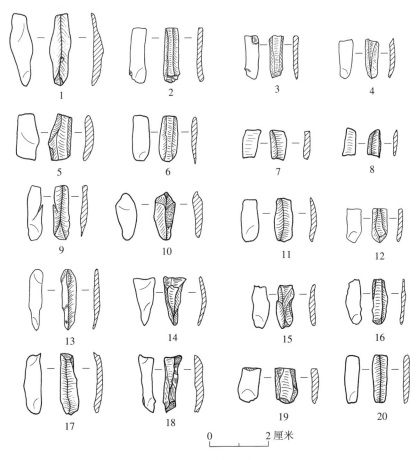

图5－101　第5文化层出土细石叶（1）

1.2005Ⅰ⑤:413　2.2005Ⅰ⑤:326　3.2005Ⅰ⑤:343　4.2005Ⅰ⑤:350　5.2005Ⅰ⑤:270　6.2005Ⅰ⑤:265
7.2005Ⅰ⑤:267　8.2005Ⅰ⑤:283　9.2005Ⅰ⑤:226　10.2005Ⅰ⑤:431　11.2005Ⅰ⑤:429　12.2005Ⅰ⑤:231
13.2005Ⅰ⑤:334　14.2005Ⅰ⑤:493　15.2005Ⅰ⑤:513　16.2005Ⅰ⑤:480　17.2005Ⅰ⑤:505
18.2005Ⅰ⑤:483　19.2005Ⅰ⑤:478　20.2005Ⅰ⑤:490

毫米，重 0.09 克（图 5 - 101，6；图版二〇三，6）。

标本 2005 I ⑤：267，燧石。两侧平行，背有一脊。长 9.1、宽 4.9、厚 1.5 毫米，重 0.08 克（图 5 - 101，7；图版二〇三，7）。

标本 2005 I ⑤：283，燧石。两侧平行，背有一脊。长 8.5、宽 4.1、厚 0.5 毫米，重 0.01 克（图 5 - 101，8；图版二〇三，8）。

标本 2005 I ⑤：226，燧石。两侧平行，背有一脊。长 17.5、宽 5、厚 1.2 毫米，重 0.15 克（图 5 - 101，9；图版二〇三，9）。

标本 2005 I ⑤：431，燧石。一端尖锐，背有一脊。长 15、宽 6.5、厚 3 毫米，重 0.22 克（图 5 - 101，10；图版二〇三，10）。

标本 2005 I ⑤：429，燧石。两侧近平行，背有一脊。长 13.8、宽 5.9、厚 1.1 毫米，重 0.1 克（图 5 - 101，11；图版二〇三，11）。

标本 2005 I ⑤：231，燧石。两侧平行，背有一脊。长 23.9、宽 4.9、厚 1 毫米，重 0.16 克（图 5 - 101，12；图版二〇三，12）。

标本 2005 I ⑤：334，燧石。略有弧度，两侧平行，背有一脊。长 19.1、宽 4.2、厚 0.9 毫米，重 0.1 克（图 5 - 101，13；图版二〇三，13）。

标本 2005 I ⑤：493，燧石。一端尖锐，平面呈三角形。长 15.8、宽 7.1、厚 1.5 毫米，重 0.13 克（图 5 - 101，14；图版二〇三，14）。

标本 2005 I ⑤：513，燧石。两侧平行，略有弧度。长 13.1、宽 4.9、厚 1.1 毫米，重 0.11 克（图 5 - 101，15；图版二〇三，15）。

标本 2005 I ⑤：480，燧石。两侧平行，背有一脊。长 14.5、宽 4.8、厚 1 毫米，重 0.06 克（图 5 - 101，16；图版二〇三，16）。

标本 2005 I ⑤：505，燧石。略有弧度，两侧平行，背有一脊。长 19.9、宽 6、厚 1.3 毫米，重 0.18 克（图 5 - 101，17；图版二〇三，17）。

标本 2005 I ⑤：483，燧石。两侧平行，背有一脊。长 17.9、宽 5.5、厚 3.1 毫米，重 0.28 克（图 5 - 101，18；图版二〇三，18）。

标本 2005 I ⑤：478，燧石。两侧平行，背有 2 条平行脊。长 11.8、宽 6.6、厚 2.1 毫米，重 0.22 克（图 5 - 101，19；图版二〇三，19）。

标本 2005 I ⑤：490，燧石。两侧平行，背有一脊。长 15.1、宽 4.5、厚 1.1 毫米，重 0.09 克（图 5 - 101，20；图版二〇三，20）。

标本 2005 I ⑤：532，燧石。略有弧度，两侧近平行，背有 2 条平行脊。长 16.8、宽 6.9、厚 1 毫米，重 0.17 克（图 5 - 102，1；图版二〇四，1）。

标本 2005 I ⑤：477，燧石。两侧平行。长 15.8、宽 7.1、厚 0.9 毫米，重 0.1 克（图 5 - 102，2；图版二〇四，2）。

标本 2005 I ⑤：51，燧石。两侧平行，背有一脊。长 12、宽 5.5、厚 1.1 毫米，重 0.07 克（图 5 - 102，3；图版二〇四，3）。

标本 2005 I ⑤：109，燧石。两侧平行，背有一脊。长 11、宽 5.1、厚 1.2 毫米，重 0.1 克（图 5 - 102，4；图版二〇四，4）。

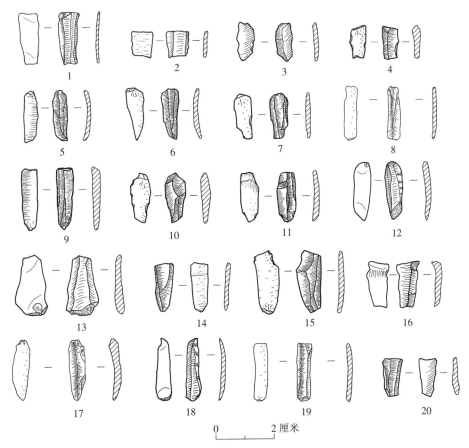

图 5 – 102 第 5 文化层出土细石叶（2）

1. 2005 I ⑤：532 2. 2005 I ⑤：477 3. 2005 I ⑤：51 4. 2005 I ⑤：109 5. 2005 I ⑤：38 6. 2005 I ⑤：145 7. 2005
I ⑤：163 8. 2008 I ⑤：2175 9. 2005 I ⑤：49 10. 2005 I ⑤：112 11. 2005 I ⑤：162 12. 2005 I ⑤：309 13. 2005
I ⑤：279 14. 2005 I ⑤：381 15. 2005 I ⑤：133 16. 2005 I ⑤：509 17. 2008 I ⑤：2158 18. 2005 I ⑤：520
19. 2008 I ⑤：2348 20. 2005 I ⑤：355

标本 2005 I ⑤：38，燧石。两侧平行。略有弧度，背有一脊。长 15.8、宽 4.5、厚 1 毫米，重 0.12 克（图 5 – 102，5；图版二○四，5）。

标本 2005 I ⑤：145，燧石。背有 2 条脊，一端尖锐。长 26.5、宽 6、厚 1.1 毫米，重 0.41 克（图 5 – 102，6；图版二○四，6）。

标本 2005 I ⑤：163，燧石。两侧平行，背有一脊。长 14.8、宽 6、厚 0.9 毫米，重 0.09 克（图 5 – 102，7；图版二○四，7）。

标本 2008 I ⑤：2175，燧石。背有一脊，两侧平行，形态规整。长 12、宽 4、厚 1 毫米，重 0.11 克（图 5 – 102，8；图版二○四，8）。

标本 2005 I ⑤：49，燧石。两侧平行，背有一脊。长 19.5、宽 5.1、厚 2 毫米，重 0.2 克（图 5 – 102，9；图版二○四，9）。

标本 2005 I ⑤：112，燧石。背有一脊，一端稍窄。长 15.7、宽 6.9、厚 2.5 毫米，重 0.23 克（图 5 – 102，10；图版二○四，10）。

标本 2005 I ⑤：162，玉髓。两侧平行，背有一脊。长 15.5、宽 6、厚 1.5 毫米，重 0.18 克（图 5 – 102，11；图版二○四，11）。

标本 2005 Ⅰ⑤：309，燧石。两侧平行，背有 2 条平行脊，远端尖锐。长 19、宽 5.1、厚 1.9 毫米，重 0.23 克（图 5－102，12；图版二〇四，12）。

标本 2005 Ⅰ⑤：279，燧石。两侧近平行，背有 2 条平行脊。长 19.1、宽 10.4、厚 3 毫米，重 0.48 克（图 5－102，13；图版二〇四，13）。

标本 2005 Ⅰ⑤：381，燧石。两侧近平行。长 15.9、宽 5.6、厚 1.1 毫米，重 0.13 克（图 5－102，14；图版二〇四，14）。

标本 2005 Ⅰ⑤：133，燧石。背有一脊，远端宽，近端稍窄。长 20.2、宽 8、厚 1.3 毫米，重 0.24 克（图 5－102，15；图版二〇四，15）。

标本 2005 Ⅰ⑤：509，燧石。略有弧度，两侧近平行，背有一脊。长 14.4、宽 7.1、厚 2 毫米，重 0.19 克（图 5－102，16；图版二〇四，16）。

标本 2008 Ⅰ⑤：2158，燧石。两侧平行，背有一脊。长 20、宽 5、厚 2 毫米，重 0.22 克（图 5－102，17；图版二〇四，17）。

标本 2005 Ⅰ⑤：520，燧石。两侧平行，背有一脊，略有弧度。长 20.1、宽 5、厚 0.9 毫米，重 0.12 克（图 5－102，18；图版二〇四，18）。

标本 2008 Ⅰ⑤：2348，石英。两侧平行，近端平直，远端圆弧。长 19、宽 4、厚 2 毫米，重 0.13 克（图 5－102，19；图版二〇四，19）。

标本 2005 Ⅰ⑤：355，燧石。两侧近平行，背有 2 条平行脊。长 11.9、宽 6.1、厚 1 毫米，重 0.11 克（图 5－102，20；图版二〇四，20）。

标本 2008 Ⅰ⑤：3506，燧石。背有一脊，形态不甚规整。长 29、宽 7、厚 2 毫米，重 0.53 克（图 5－103，1；图版二〇五，1）。

标本 2008 Ⅰ⑤：3505，燧石。两侧平行，背有 2 条平行脊，远端尖锐。长 24、宽 5、厚 1 毫米，重 0.2 克（图 5－103，2；图版二〇五，2）。

标本 2008 Ⅰ⑤：3706，燧石。两侧平行，背有一脊，略有弧度，远端尖锐。长 23、宽 6、厚 2 毫米，重 0.29 克（图 5－103，3；图版二〇五，3）。

标本 2008 Ⅰ⑤：2203，燧石。背有 2 条平行脊，形态规整。长 20、宽 6、厚 1 毫米，重 0.17 克（图 5－103，4；图版二〇五，4）。

标本 2008 Ⅰ⑤：3572，燧石。略有弧度，两侧平行。长 22、宽 8、厚 3 毫米，重 0.57 克（图 5－103，5；图版二〇五，5）。

标本 2008 Ⅰ⑤：2579，燧石。背有一脊，形态规整，远端呈圆弧状。长 14、宽 6、厚 1 毫米，重 0.14 克（图 5－103，6；图版二〇五，6）。

标本 2008 Ⅰ⑤：2352，燧石。两侧平行，远端尖锐，背有 2 条平行脊。长 20、宽 7、厚 2 毫米，重 0.28 克（图 5－103，7；图版二〇五，7）。

标本 2008 Ⅰ⑤：2683，燧石。两侧平行，背有一脊。长 17、宽 4、厚 1 毫米，重 0.13 克（图 5－103，8；图版二〇五，8）。

标本 2008 Ⅰ⑤：2572，硅质页岩。两侧平行，背有一脊。长 16、宽 4、厚 2 毫米，重 0.11 克（图 5－103，9；图版二〇五，9）。

标本 2008 Ⅰ⑤：2295，燧石。两侧平行，远端圆弧，有崩损。长 23、宽 8、厚 2 毫米，重 0.43

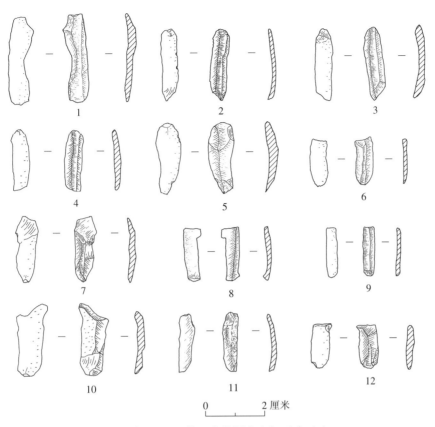

0 ____ 2 厘米

图 5 - 103　第 5 文化层出土细石叶（3）

1. 2008 Ⅰ ⑤：3506　2. 2008 Ⅰ ⑤：3505　3. 2008 Ⅰ ⑤：3706　4. 2008 Ⅰ ⑤：2203　5. 2008 Ⅰ ⑤：3572　6. 2008 Ⅰ ⑤：2579
7. 2008 Ⅰ ⑤：2352　8. 2008 Ⅰ ⑤：2683　9. 2008 Ⅰ ⑤：2572　10. 2008 Ⅰ ⑤：2295　11. 2008 Ⅰ ⑤：2673　12. 2008 Ⅰ ⑤：626

克（图 5 - 103，10；图版二〇五，10）。

　　标本 2008 Ⅰ ⑤：2673，燧石。两侧平行。一端平直，一端略为圆弧。长 12. 2、宽 6、厚 1.4 毫米，重 0. 17 克（图 5 - 103，11；图版二〇五，11）。

　　标本 2008 Ⅰ ⑤：626，燧石。两侧平行，背有一脊，远端圆弧，有崩损。长 14、宽 6、厚 2 毫米，重 0. 21 克（图 5 - 103，12；图版二〇五，12）。

　　标本 2008 Ⅰ ⑤：5060，硅质页岩。两侧平行，背有一脊，略有弧度。长 21、宽 5、厚 1 毫米，重 0. 13 克（图 5 - 104，1；图版二〇六，1）。

　　标本 2008 Ⅰ ⑤：3023，燧石，两侧近平行，略有弧度，背有一脊，长 19、宽 9、厚 3 毫米，重 0. 21 克（图 5 - 104，2；图版二〇六，2）。

　　标本 2008 Ⅰ ⑤：3247，燧石。略有弧度，一端尖锐。长 22、宽 5、厚 1 毫米，重 0. 15 克（图 5 - 104，3；图版二〇六，3）。

　　标本 2008 Ⅰ ⑤：2925，燧石。两侧平行，背有一脊，远端弯曲。长 32、宽 5、厚 3 毫米，重 0. 48 克（图 5 - 104，4；图版二〇六，4）。

　　标本 2008 Ⅰ ⑤：3362，燧石。两侧平行，背有一脊，远端弯曲。长 29、宽 8、厚 2 毫米，重 0. 46 克（图 5 - 104，5；图版二〇六，5）。

　　标本 2008 Ⅰ ⑤：3276，燧石。两侧平行，背有 2 条平行脊。长 26、宽 6、厚 3 毫米，重 0. 36

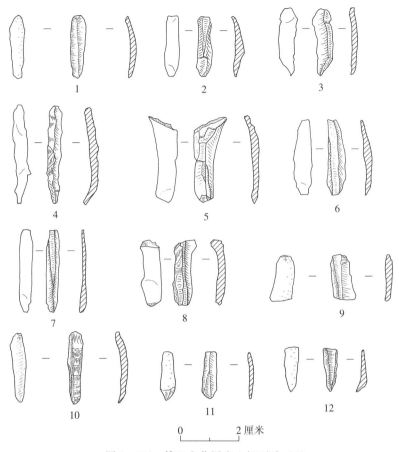

图 5 - 104　第 5 文化层出土细石叶（4）

1. 2008Ⅰ⑤：5060　2. 2008Ⅰ⑤：3023　3. 2008Ⅰ⑤：3247　4. 2008Ⅰ⑤：2925　5. 2008Ⅰ⑤：3362
6. 2008Ⅰ⑤：3276　7. 2008Ⅰ⑤：2826　8. 2008Ⅰ⑤：3080　9. 2008Ⅰ⑤：636　10. 2008Ⅰ⑤：807
11. 2008Ⅰ⑤：624　12. 2008Ⅰ⑤：864

克（图 5 - 104，6；图版二○六，6）。

标本 2008Ⅰ⑤：2826，燧石。两侧平行，背有一脊。长 27、宽 4、厚 1 毫米，重 0.17 克（图 5 - 104，7；图版二○六，7）。

标本 2008Ⅰ⑤：3080，燧石。两端较平直，略有弧度，背有一脊。长 21、宽 7、厚 3 毫米，重 0.42 克（图 5 - 104，8；图版二○六，8）。

标本 2008Ⅰ⑤：636，燧石。两侧平行，背有一脊，远端圆弧，有崩损。长 14、宽 6、厚 2 毫米，重 0.24 克（图 5 - 104，9；图版二○六，9）。

标本 2008Ⅰ⑤：807，燧石。略有弧度，一端尖锐。长 24、宽 4、厚 2 毫米，重 0.19 克（图 5 - 104，10；图版二○六，10）。

标本 2008Ⅰ⑤：624，燧石。两侧平行，背有一脊，略有弧度。长 15、宽 5、厚 1 毫米，重 0.09 克（图 5 - 104，11；图版二○六，11）。

标本 2008Ⅰ⑤：864，燧石。远端尖锐，背有一脊。长 14、宽 6、厚 1 毫米，重 0.1 克（图 5 - 104，12；图版二○六，12）。

标本 2008Ⅰ⑤：734，燧石。两侧近平行，背有 2 条平行脊。长 25、宽 7、厚 1 毫米，重 0.23

克（图5-105，1；图版二〇七，1）。

标本2008Ⅰ⑤：576，燧石。两侧平行，背有一脊。长20、宽7、厚2毫米，重0.32克（图5-105，2；图版二〇七，2）。

标本2008Ⅰ⑤：618，燧石。背有2道平行脊，远端稍有弧度。长23、宽5、厚2毫米，重0.31克（图5-105，3；图版二〇七，3）。

标本2008Ⅰ⑤：496，燧石。背有一脊，形态规整。长20、宽4、厚1毫米，重0.15克（图5-105，4；图版二〇七，4）。

标本2008Ⅰ⑤：513，燧石。两侧平行，背有一脊。长16、宽6、厚1毫米，重0.2克（图5-105，5；图版二〇七，5）。

标本2008Ⅰ⑤：4229，燧石。背有一脊，略有弧度，远端尖锐。长17、宽7、厚1毫米，重0.23克（图5-105，6；图版二〇七，6）。

标本2008Ⅰ⑤：4124，燧石。背有2道平行脊，两侧边缘不平行，远端向左有弧度。长20、宽10、厚2毫米，重0.62克（图5-105，7；图版二〇七，7）。

标本2008Ⅰ⑤：878，燧石。两侧近平行，背有一脊。长18、宽5、厚1毫米，重0.09克（图5-105，8；图版二〇七，8）。

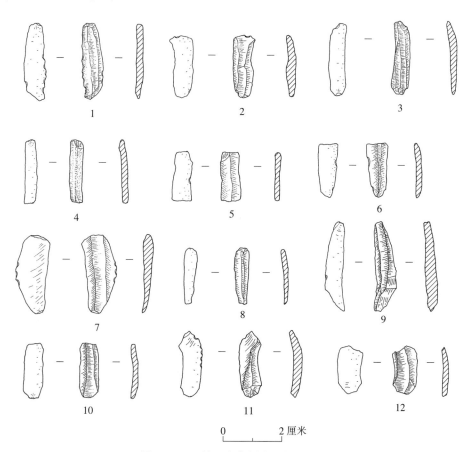

0   2厘米

图5-105 第5文化层出土细石叶（5）

1. 2008Ⅰ⑤：734   2. 2008Ⅰ⑤：576   3. 2008Ⅰ⑤：618   4. 2008Ⅰ⑤：496   5. 2008Ⅰ⑤：513   6. 2008Ⅰ⑤：4229   7. 2008Ⅰ⑤：4124   8. 2008Ⅰ⑤：878   9. 2008Ⅰ⑤：283   10. 2008Ⅰ⑤：199   11. 2008Ⅰ⑤：155   12. 2008Ⅰ⑤：151

标本2008Ⅰ⑤:283,燧石。略有弧度,两端尖锐。长28、宽6、厚3毫米,重0.55克(图5-105,9;图版二〇七,9)。

标本2008Ⅰ⑤:199,燧石。背有一脊,略有弧度,两侧平行,形态规整。长17、宽6、厚2毫米,重0.21克(图5-105,10;图版二〇七,10)。

标本2008Ⅰ⑤:155,燧石。两侧平行,远端有弧度,尖锐,背有一脊。长21、宽6、厚2毫米,重0.35克(图5-105,11;图版二〇七,11)。

标本2008Ⅰ⑤:151,燧石。背有2条平行脊,形态规整。长15、宽8、厚1毫米,重0.22克(图5-105,12;图版二〇七,12)。

标本2008Ⅰ⑤:399,燧石。背有一脊,远端尖锐。长23、宽8、厚3毫米,重0.49克(图5-106,1;图版二〇八,1)。

标本2008Ⅰ⑤:5205,燧石。两侧平行,背有2条平行脊,远端略有弧度,有崩损。长24、宽8、厚2毫米,重0.42克(图5-106,2;图版二〇八,2)。

标本2008Ⅰ⑤:112,燧石。两侧平行,背有一脊。长12、宽4、厚2毫米,重0.1克(图5-106,3;图版二〇八,3)。

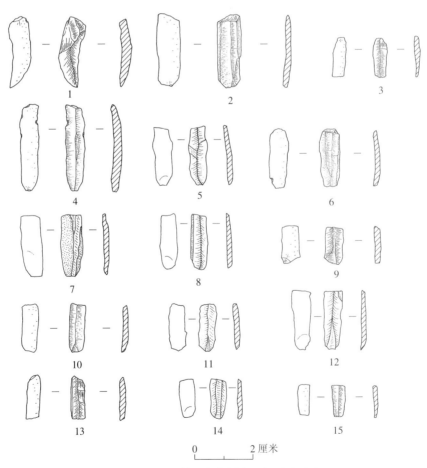

图5-106 第5文化层出土细石叶(6)

1. 2008Ⅰ⑤:399 2. 2008Ⅰ⑤:5205 3. 2008Ⅰ⑤:112 4. 2008Ⅰ⑤:5090 5. 2008Ⅰ⑤:5363 6. 2008Ⅰ⑤:4961 7. 2008Ⅰ⑤:4293 8. 2008Ⅰ⑤:5305 9. 2008Ⅰ⑤:299 10. 2008Ⅰ⑤:5024 11. 2008Ⅰ⑤:4440 12. 2008Ⅰ⑤:4643 13. 2008Ⅰ⑤:300 14. 2008Ⅰ⑤:5402 15. 2008Ⅰ⑤:107

标本 2008 I ⑤:5090，燧石。两侧平行，背有一脊，略有弧度。长28、宽6、厚2毫米，重0.42克（图5-106，4；图版二〇八，4）。

标本 2008 I ⑤:5363，燧石。两侧平行，背有一脊。长19、宽6、厚2毫米，重0.19克（图5-106，5；图版二〇八，5）。

标本 2008 I ⑤:4961，燧石。两侧平行，背有一脊，略有弧度。长19、宽6、厚1毫米，重0.19克（图5-106，6；图版二〇八，6）。

标本 2008 I ⑤:4293，燧石。两侧平行，背有2条平行脊。长20、宽7、厚2毫米，重0.27克（图5-106，7；图版二〇八，7）。

标本 2008 I ⑤:5305，燧石。两侧平行，背有一脊。长18、宽5、厚1毫米，重0.16克（图5-106，8；图版二〇八，8）。

标本 2008 I ⑤:299，燧石。两侧平行，背有一脊。长12、宽6、厚2毫米，重0.16克（图5-106，9；图版二〇八，9）。

标本 2008 I ⑤:5024，燧石。两侧平行，背有一脊，略有弧度。长15、宽5、厚2毫米，重0.16克（图5-106，10；图版二〇八，10）。

标本 2008 I ⑤:4440，燧石。两侧平行，背有一脊。长15、宽5、厚1毫米，重0.13克（图5-106，11；图版二〇八，11）。

标本 2008 I ⑤:4643，燧石。背有一脊，两侧平直。长19、宽6、厚1毫米，重0.19克（图5-106，12；图版二〇八，12）。

标本 2008 I ⑤:300，燧石。两侧平行，背有2条平行脊。长14、宽4、厚1毫米，重0.12克（图5-106，13；图版二〇八，13）。

标本 2008 I ⑤:5402，燧石。两侧平行，背有2条平行脊。长12、宽5、厚2毫米，重0.11克（图5-106，14；图版二〇八，14）。

标本 2008 I ⑤:107，燧石。两侧平行。背有一脊。长10、宽4、厚1毫米，重0.05克（图5-106，15；图版二〇八，15）。

标本 2008 I ⑤:4822，燧石。两侧平行，背有一脊，略有弧度。长32、宽7、厚2毫米，重0.47克（图5-107，1；图版二〇九，1）。

标本 2008 I ⑤:4679，燧石。背有一脊，略有弧度。长23、宽7、厚1毫米，重0.27克（图5-107，2；图版二〇九，2）。

标本 2008 I ⑤:4616，燧石。背有一脊，两侧平直，远端圆弧。长23、宽6、厚1毫米，重0.2克（图5-107，3；图版二〇九，3）。

标本 2008 I ⑤:4840，燧石。两侧平行，背有2条平行脊。长11、宽6、厚1毫米，重0.1克（图5-107，4；图版二〇九，4）。

标本 2008 I ⑤:2351，燧石。两侧平直，背有一脊。长18、宽4、厚1毫米，重0.13克（图5-107，5；图版二〇九，5）。

标本 2008 I ⑤:4809，燧石。两侧平行，背有一脊。长21、宽7、厚2毫米，重0.32克（图5-107，6；图版二〇九，6）。

标本 2008 I ⑤:3893，燧石。两侧平行，背有一脊。长20、宽5、厚1毫米，重0.11克

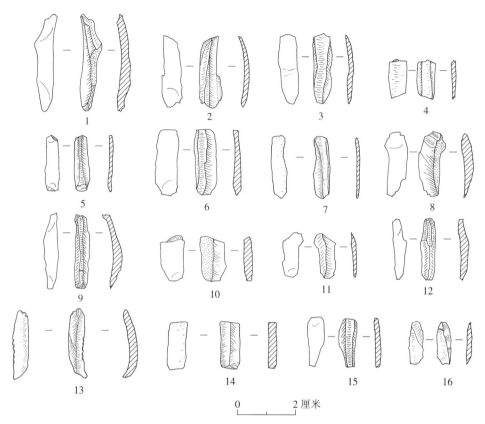

0 ———— 2 厘米

图 5 - 107　第 5 文化层出土细石叶（7）

1. 2008 Ⅰ ⑤：4822　2. 2008 Ⅰ ⑤：4679　3. 2008 Ⅰ ⑤：4616　4. 2008 Ⅰ ⑤：4840　5. 2008 Ⅰ ⑤：2351
6. 2008 Ⅰ ⑤：4809　7. 2008 Ⅰ ⑤：3893　8. 2008 Ⅰ ⑤：2877　9. 2008 Ⅰ ⑤：3291　10. 2008 Ⅰ ⑤：3299
11. 2008 Ⅰ ⑤：3135　12. 2008 Ⅰ ⑤：3180　13. 2008 Ⅰ ⑤：3902　14. 2008 Ⅰ ⑤：3930　15. 2008 Ⅰ ⑤：2979
16. 2008 Ⅰ ⑤：4727

（图 5 - 107，7；图版二〇九，7）。

标本 2008 Ⅰ ⑤：2877，燧石。两侧较平直，背有一脊。长 21、宽 7、厚 2 毫米，重 0.34 克（图 5 - 107，8；图版二〇九，8）。

标本 2008 Ⅰ ⑤：3291，燧石。略有弧度，背有一脊。长 24、宽 5、厚 3 毫米，重 0.34 克（图 5 - 107，9；图版二〇九，9）。

标本 2008 Ⅰ ⑤：3299，燧石。两侧平行，背有一脊。长 15、宽 8、厚 3 毫米，重 0.31 克（图 5 - 107，10；图版二〇九，10）。

标本 2008 Ⅰ ⑤：3135，燧石。两侧平行，背有一脊。长 15、宽 6、厚 1 毫米，重 0.06 克（图 5 - 107，11；图版二〇九，11）。

标本 2008 Ⅰ ⑤：3180，燧石。背有一脊，略有弧度。长 20、宽 5、厚 2 毫米，重 0.22 克（图 5 - 107，12；图版二〇九，12）。

标本 2008 Ⅰ ⑤：3902，燧石。背有一脊，略有弧度，远端尖锐。长 22、宽 5、厚 2 毫米，重 0.28 克（图 5 - 107，13；图版二〇九，13）。

标本 2008 Ⅰ ⑤：3930，石英岩。两侧平行，背有一脊。长 15、宽 6、厚 3 毫米，重 0.29 克（图 5 - 107，14；图版二〇九，14）。

标本 2008 I ⑤：2979，燧石。背有一脊，两端较平直。长 16、宽 5、厚 1 毫米，重 0.09 克（图 5 - 107，15；图版二〇九，15）。

标本 2008 I ⑤：4727，燧石。两侧平行，背有一脊。长 14、宽 5、厚 2 毫米，重 0.11 克（图 5 - 107，16；图版二〇九，16）。

标本 2008 I ⑤：1712，两侧平行，背有一脊。长 24、宽 6、厚 2 毫米，重 0.32 克（图 5 - 108，1；图版二一〇，1）。

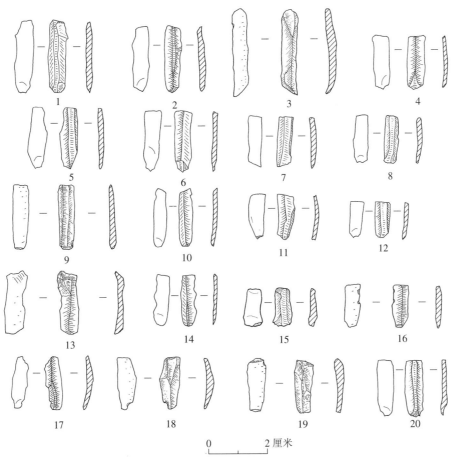

图 5 - 108　第 5 文化层出土细石叶（8）

1. 2008 I ⑤：1712　2. 2008 I ⑤：1833　3. 2008 I ⑤：3981　4. 2008 I ⑤：1773　5. 2008 I ⑤：1786　6. 2008 I ⑤：1526
7. 2008 I ⑤：1451　8. 2008 I ⑤：1560　9. 2008 I ⑤：1220　10. 2008 I ⑤：1542　11. 2008 I ⑤：1814　12. 2008 I ⑤：1856
13. 2008 I ⑤：1112　14. 2008 I ⑤：1479　15. 2005 I ⑤：515　16. 2008 I ⑤：1068　17. 2008 I ⑤：1655
18. 2008 I ⑤：2442　19. 2008 I ⑤：3567　20. 2008 I ⑤：3205

标本 2008 I ⑤：1833，燧石。两侧平行，背有一脊。长 21、宽 5、厚 1 毫米，重 0.26 克（图 5 - 108，2；图版二一〇，2）。

标本 2008 I ⑤：3981，燧石。两侧平直，背有一脊，远端尖锐。长 26、宽 5、厚 2 毫米，重 0.29 克（图 5 - 108，3；图版二一〇，3）。

标本 2008 I ⑤：1773，燧石。两侧平行，背有一脊，远端有崩损。长 18、宽 6、厚 1 毫米，重 0.17 克（图 5 - 108，4；图版二一〇，4）。

标本 2008 I ⑤：1786，燧石。两侧平行，背有一脊。长 20、宽 6、厚 1 毫米，重 0.15 克

（图5－108，5；图版二一〇，5）。

标本2008 I ⑤：1526，燧石。两侧平行，背有一脊，远端圆弧，有崩损。长19、宽6、厚1毫米，重0.19克（图5－108，6；图版二一〇，6）。

标本2008 I ⑤：1451，燧石。背有一脊，两侧平行，形态规整。长16、宽5、厚1毫米，重0.14克（图5－108，7；图版二一〇，7）。

标本2008 I ⑤：1560，燧石。背有2条平行脊，略有弧度，两侧平行，形态规整。长15、宽4、厚1毫米，重0.11克（图5－108，8；图版二一〇，8）。

标本2008 I ⑤：1220，燧石。两侧平行，背有2条脊。长21、宽5、厚1毫米，重0.18克（图5－108，9；图版二一〇，9）。

标本2008 I ⑤：1542，燧石。两侧平行，背有一脊。长19、宽4、厚1毫米，重0.09克（图5－108，10）。

标本2008 I ⑤：1814，燧石。两侧平行，背有2条平行脊，略有弧度。长15、宽5、厚1毫米，重0.14克（图5－108，11；图版二一〇，10）。

标本2008 I ⑤：1856，燧石。两侧平行，背有2条平行脊。长11、宽5、宽1毫米，重0.09克（图5－108，12；图版二一〇，11）。

标本2008 I ⑤：1112，燧石。两侧平行，背有一脊。长21、宽7、厚2毫米，重0.25克（图5－108，13；图版二一〇，12）。

标本2008 I ⑤：1479，燧石。两侧近平行，背有一脊。长21、宽5、厚1毫米，重0.11克（图5－108，14；图版二一〇，14）。

标本2005 I ⑤：515，燧石。两侧平行，背有2条平行脊。长12.2、宽6、厚1.5毫米，重0.13克（图5－108，15；图版二一〇，15）。

标本2008 I ⑤：1068，燧石。两侧平行，背有一脊。长14、宽6、厚2毫米，重0.12克（图5－108，16；图版二一〇，16）。

标本2008 I ⑤：1655，燧石。略有弧度，背有一脊。长18、宽5、厚2毫米，重0.19克（图5－108，17）。

标本2008 I ⑤：2442，原料为砾石，燧石。略有弧度，背有一脊。长16、宽7、厚3毫米，重0.22克（图5－108，18；图版二一〇，17）。

标本2008 I ⑤：3567，燧石。长16.5、宽5.8、厚2.5毫米，重0.25克（图5－108，19；图版二一〇，18）。

标本2008 I ⑤：3205，燧石。两侧平行，背有一脊。长18、宽6、厚1毫米，重0.23克（图5－108，20；图版二一〇，13）。

标本2005 I ⑤：68，燧石。两侧近平行，略有弧度，背有一脊。长2.4、宽6.7、厚2.9毫米，重0.34克（图5－109，1；图版二一一，1）。

标本2008 I ⑤：1810，燧石。略有弧度，背有一脊。长12、宽7、厚5毫米，重0.32克（图5－109，2；图版二一一，2）。

标本2005 I ⑤：60，燧石。背有一脊，一端稍宽。长12.9、宽7、厚1.2毫米，重0.1克（图5－109，3；图版二一一，3）。

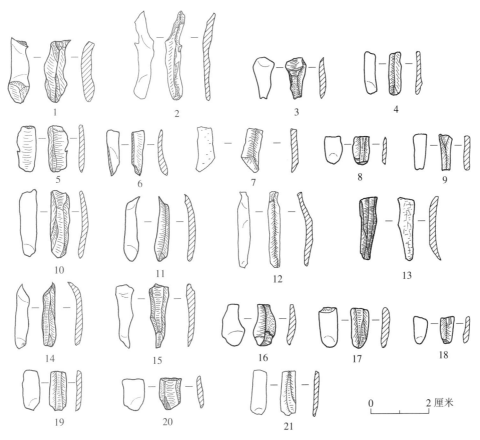

图5-109　第5文化层出土细石叶（9）

1. 2005 I ⑤：68　2. 2008 I ⑤：1810　3. 2005 I ⑤：60　4. 2005 I ⑤：67　5. 2005 I ⑤：65　6. 2005 I ⑤：81　7. 2008
I ⑤：1234　8. 2005 I ⑤：97　9. 2005 I ⑤：74　10. 2005 I ⑤：83　11. 2005 I ⑤：291　12. 2008 I ⑤：3162　13. 2005
I ⑤：395　14. 2005 I ⑤：238　15. 2005 I ⑤：71　16. 2005 I ⑤：512　17. 2005 I ⑤：85　18. 2005 I ⑤：73　19. 2005
I ⑤：88　20. 2005 I ⑤：66　21. 2008 I ⑤：1588

标本 2005 I ⑤：67，玉髓。两侧平行，背有一脊。长 13.5、宽 3.6、厚 1.2 毫米，重 0.09 克（图 5-109，4；图版二一一，4）。

标本 2005 I ⑤：65，燧石。两侧平行，背有一脊。长 14.5、宽 6.1、厚 1 毫米，重 0.1 克（图 5-109，5；图版二一一，5）。

标本 2005 I ⑤：81，石英岩。两侧平行，略有弧度。长 14.8、宽 3.9、厚 1 毫米，重 0.07 克（图 5-109，6；图版二一一，6）。

标本 2008 I ⑤：1234，燧石。两侧平行，略有弧度。长 14、宽 5、厚 2 毫米，重 0.13 克（图 5-109，7；图版二一一，7）。

标本 2005 I ⑤：97，燧石。两侧平行，背有 2 条平行脊。长 8.7、宽 5.5、厚 1 毫米，重 0.07 克（图 5-109，8；图版二一一，8）。

标本 2005 I ⑤：74，燧石。两侧近平行，背有一脊。长 10.9、宽 4.2、厚 1.1 毫米，重 0.06 克（图 5-109，9；图版二一一，9）。

标本 2005 I ⑤：83，燧石。两侧平行，背有 2 条平行脊，略有弧度。长 22、宽 5.9、厚 1.2 毫米，重 0.22 克（图 5-109，10；图版二一一，10）。

标本 2005 Ⅰ⑤:291，燧石。两侧平行，背有一脊，略有弧度。长 21.1、宽 4.5、厚 1.1 毫米，重 0.13 克（图 5 - 109，11；图版二一一，11）。

标本 2008 Ⅰ⑤:3162，燧石。两侧平行，背有一脊，有弧度。长 25、宽 4、厚 2 毫米，重 0.19 克（图 5 - 109，12；图版二一一，12）。

标本 2005 Ⅰ⑤:395，燧石。略有弧度，两侧近平行，背有一脊。长 20.1、宽 5.5、厚 1.9 毫米，重 0.27 克（图 5 - 109，13；图版二一一，13）。

标本 2005 Ⅰ⑤:238，燧石。略有弧度，两侧平行，一端尖锐。长 20.9、宽 4.1、厚 1.8 毫米，重 0.17 克（图 5 - 109，14；图版二一一，14）。

标本 2005 Ⅰ⑤:71，燧石。背有 2 条平行脊，一端尖锐。长 20.7、宽 6.2、厚 1.1 毫米，重 0.17 克（图 5 - 109，15；图版二一一，15）。

标本 2005 Ⅰ⑤:512，燧石。略有弧度，背有一脊。长 13.2、宽 6.9、厚 1.8 毫米，重 0.15 克（图 5 - 109，16；图版二一一，16）。

标本 2005 Ⅰ⑤:85，燧石。两侧平行，背有一脊，一端弧形。长 12.8、宽 6、厚 2.11 毫米，重 0.18 克（图 5 - 109，17；图版二一一，17）。

标本 2005 Ⅰ⑤:73，燧石。背有一脊，两侧平行。长 8、宽 4.1、厚 1 毫米，重 0.05 克（图 5 - 109，18；图版二一一，18）。

标本 2005 Ⅰ⑤:88，燧石。两侧平行，背有 2 条平行脊。长 12.5、宽 4.8、厚 1.2 毫米，重 0.11 克（图 5 - 109，19；图版二一一，19）。

标本 2005 Ⅰ⑤:66，燧石。两侧平行，背有 2 条平行脊。长 10.2、宽 6.9、厚 1 毫米，重 0.11 克（图 5 - 109，20；图版二一一，20）。

标本 2008 Ⅰ⑤:1588，燧石。两侧平行，背有 2 条脊。长 14、宽 5、厚 1 毫米，重 0.13 克（图 5 - 109，21；图版二一一，21）。

标本 2006 Ⅰ⑤:2503，燧石。两侧平行，背有一脊，远端弯曲，尖锐。长 30.6、宽 8.5、厚 4.5 毫米，重 0.88 克（图 5 - 110，1；图版二一二，1）。

标本 2006 Ⅰ⑤:2515，原料为砾石，燧石。两侧平行，背有 2 条平行脊，略有弧度。长 31.2、宽 9、厚 2.3 毫米，重 0.89 克（图 5 - 110，2；图版二一二，2）。

标本 2006 Ⅰ⑤:2665，石英岩。两侧平行，背有一人字形脊，远端尖锐。长 26.4、宽 6、厚 5 毫米，重 0.67 克（图 5 - 110，3；图版二一二，3）。

标本 2006 Ⅰ⑤:4300，燧石。背有一脊，略有弧度，远端尖锐。长 32.2、宽 9.9、厚 4.1 毫米，重 1.07 克（图 5 - 110，4；图版二一二，4）。

标本 2006 Ⅰ⑤:2751，燧石。形态不很规整，背有片疤。长 23.1、宽 8、厚 2.5 毫米，重 0.36 克（图 5 - 110，5；图版二一二，5）。

标本 2006 Ⅰ⑤:2635，燧石。形态不很规整，背有片疤，略有弧度。长 20.6、宽 7.8、厚 2.3 毫米，重 0.33 克（图 5 - 110，6；图版二一二，6）。

标本 2006 Ⅰ⑤:2746，燧石。两侧平行，背有 2 条平行脊，略有弧度。长 20.6、宽 6.4、厚 1.4 毫米，重 0.21 克（图 5 - 110，7；图版二一二，7）。

标本 2006 Ⅰ⑤:2666，燧石。两侧平行，背有 2 条平行脊。长 1.8、宽 4.8、厚 1 毫米，重

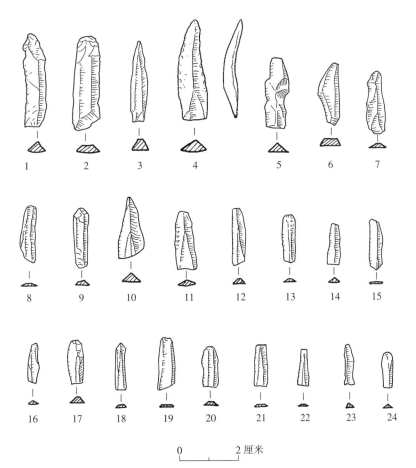

图 5 - 110　第 5 文化层出土细石叶（10）

1. 2006 I ⑤ : 2503　2. 2006 I ⑤ : 2515　3. 2006 I ⑤ : 2665　4. 2006 I ⑤ : 4300　5. 2006 I ⑤ : 2751

6. 2006 I ⑤ : 2635　7. 2006 I ⑤ : 2746　8. 2006 I ⑤ : 2666　9. 2006 I ⑤ : 2710　10. 2006 I ⑤ : 2583

11. 2006 I ⑤ : 2768　12. 2006 I ⑤ : 2693　13. 2006 I ⑤ : 2586　14. 2006 I ⑤ : 2702　15. 2006 I ⑤ : 2602

16. 2006 I ⑤ : 2800　17. 2006 I ⑤ : 2641　18. 2006 I ⑤ : 2696　19. 2006 I ⑤ : 2761　20. 2006 I ⑤ : 2736

21. 2006 I ⑤ : 2809　22. 2006 I ⑤ : 2723　23. 2006 I ⑤ : 2557　24. 2006 I ⑤ : 2442

0.11 克（图 5 - 110，8；图版二一二，8）。

标本 2006 I ⑤ : 2710，燧石。两侧平行，背有一脊，略有弧度。长 19.5、宽 5.2、厚 2 毫米，重 0.23 克（图 5 - 110，9；图版二一二，9）。

标本 2006 I ⑤ : 2583，燧石。形态不很规整，近三角形，远端尖锐，背有棱脊。长 19.8、宽 9.8、厚 2.3 毫米，重 0.37 克（图 5 - 110，10；图版二一二，10）。

标本 2006 I ⑤ : 2768，燧石。两侧平行，背有一人字形脊，远端圆弧。长 19.4、宽 7、厚 17 毫米，重 0.26 克（图 5 - 110，11；图版二一二，11）。

标本 2006 I ⑤ : 2693，燧石。两侧平行，背有人字形棱脊，略有弧度。长 18.5、宽 4.9、厚 1.4 毫米，重 0.13 克（图 5 - 110，12；图版二一二，12）。

标本 2006 I ⑤ : 2586，燧石。两侧平行，背有一脊。长 15.8、宽 4.2、厚 1 毫米，重 0.08 克（图 5 - 110，13；图版二一二，13）。

标本 2006 I ⑤ : 2702，燧石。两侧平行，背有一脊，两端平直。长 13.3、宽 4、厚 1.6 毫米，重 0.07 重（图 5 - 110，14；图版二一二，14）。

标本2006Ⅰ⑤：2602，燧石。两侧近平行，背有一脊。长16.3、宽4.2、厚1.1毫米，重0.06克（图5-110，15；图版二一二，15）。

标本2006Ⅰ⑤：2800，燧石。形态不很规整，背有一脊。长12.6、宽3.7、厚1毫米，重0.03克（图5-110，16；图版二一二，16）。

标本2006Ⅰ⑤：2641，燧石。两侧平行，背有一脊，略有弧度。长20.7、宽5.6、厚1.8毫米，重0.22克（图5-110，17；图版二一二，17）。

标本2006Ⅰ⑤：2696，燧石。两侧平行，背有一脊，远端弯曲。长15.3、宽3.1、厚1毫米，重0.08克（图5-110，18；图版二一二，18）。

标本2006Ⅰ⑤：2761，燧石。两侧平行，背有2条平行脊。长17.2、宽6.2、厚1毫米，重0.12克（图5-110，19；图版二一二，19）。

标本2006Ⅰ⑤：2736，燧石。两侧平行，背有一脊。长13.2、宽5.3、厚1.4毫米，重0.11克（图5-110，20；图版二一二，20）。

标本2006Ⅰ⑤：2809，燧石。两侧平行，背有一脊，两端平直。长13.2、宽4.5、厚1.3毫米，重0.08克（图5-110，21；图版二一二，21）。

标本2006Ⅰ⑤：2723，石英。两侧平直，两端略有收分。长11.9、宽4.2、厚1毫米，重0.04克（图5-110，22；图版二一二，22）。

标本2006Ⅰ⑤：2557，燧石。两侧平行，背有一脊，略有弧度。长12.9、宽3.2、厚1.6毫米，重0.06克（图5-110，23；图版二一二，23）。

标本2006Ⅰ⑤：2442，燧石。两侧平行，背有一脊。长11.7、宽3.7、厚1毫米，重0.04克（图5-110，24；图版二一二，24）。

标本2006Ⅰ⑤：4326，燧石。两侧较平直，背有一脊，略有弧度。长22.3、宽6.5、厚1.4毫米，重0.29克（图5-111，1；图版二一三，1）。

标本2006Ⅰ⑤：4340，燧石。两侧平行，背有2条平行脊，远端尖锐，略有弧度。长20.5、宽5.1、厚1.8毫米，重0.2克（图5-111，2；图版二一三，2）。

标本2006Ⅰ⑤：4333，燧石。背有一脊，略有弧度，远端尖锐。长14.8、宽3.6、厚1.6毫米，重0.1克（图5-111，3；图版二一三，3）。

标本2006Ⅰ⑤：4571，燧石。形态规整，两侧平行，背有人字脊。长17.2、宽6.5、厚1.6毫米，重0.18克（图5-111，4；图版二一三，4）。

标本2006Ⅰ⑤：4618，燧石。两侧近平行，背有一脊，略有弧度。长18.4、宽5.6、厚1.5毫米，重0.17克（图5-111，5；图版二一三，5）。

标本2006Ⅰ⑤：4583，燧石。形态规整，两侧平行，背有2条平行脊。长16.5、宽5、厚1.8毫米，重0.13克（图5-111，6；图版二一三，6）。

标本2006Ⅰ⑤：4316，燧石。两侧平行，背有一脊。长16.2、宽4.8、厚1.1毫米，重0.1克（图5-111，7；图版二一三，7）。

标本2006Ⅰ⑤：4581，燧石。两侧平行，背有一脊，断面呈三角形，远端圆弧。长16.5、宽6.2、厚2.4毫米，重0.28克（图5-111，8；图版二一三，8）。

标本2006Ⅰ⑤：4279，燧石。两侧平行，背有一脊。长10.2、宽5.9、厚1.4毫米，重0.08

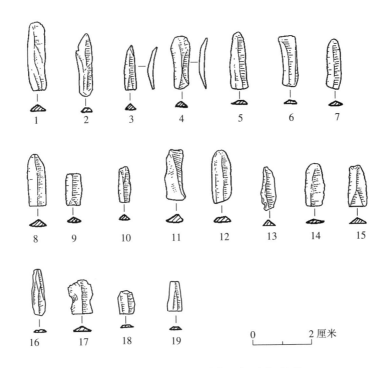

图 5 - 111　第 5 文化层出土细石叶（11）

1. 2006 I ⑤：4326　2. 2006 I ⑤：4340　3. 2006 I ⑤：4333　4. 2006 I ⑤：4571　5. 2006 I ⑤：4618

6. 2006 I ⑤：4583　7. 2006 I ⑤：4316　8. 2006 I ⑤：4581　9. 2006 I ⑤：4279　10. 2006 I ⑤：4297

11. 2006 I ⑤：4623　12. 2006 I ⑤：4627　13. 2006 I ⑤：2817　14. 2006 I ⑤：4676　15. 2006 I ⑤：4319

16. 2006 I ⑤：2663　17. 2006 I ⑤：4301　18. 2006 I ⑤：2725　19. 2006 I ⑤：2722

克（图 5 - 111，9；图版二一三，9）。

标本 2006 I ⑤：4297，燧石。两侧平行，背有一脊。长 11.8、宽 4.2、厚 1.2 毫米，重 0.02 克（图 5 - 111，10；图版二一三，10）。

标本 2006 I ⑤：4623，原料为砾石，燧石。形态不很规整，背面有砾石面。长 16.4、宽 6.23、厚 3 毫米，重 0.25 克（图 5 - 111，11；图版二一三，11）。

标本 2006 I ⑤：4627，燧石。形态规整，背有 2 条平行脊，近端平直，远端圆弧。长 17、宽 6.6、厚 1.5 毫米，重 0.23 克（图 5 - 111，12；图版二一三，12）。

标本 2006 I ⑤：2817，燧石。形态不很规整，背有棱脊。长 14.4、宽 5、厚 1.6 毫米，重 0.12 克（图 5 - 111，13；图版二一三，13）。

标本 2006 I ⑤：4676，玉髓。两侧平行，背有一脊。长 14.3、宽 6.6、厚 2 毫米，重 0.15 克（图 5 - 111，14；图版二一三，14）。

标本 2006 I ⑤：4319，燧石。下端残，背有一脊，两侧平直，略有弧度。长 13.9、宽 6.4、厚 1.9 毫米，重 0.15 克（图 5 - 111，15；图版二一三，15）。

标本 2006 I ⑤：2663，燧石。两侧平直，两端略有收分，背有人字形脊。长 15、宽 4.4、厚 1.1 毫米，重 0.05 克（图 5 - 111，16；图版二一三，16）。

标本 2006 I ⑤：4301，燧石。下端残，背有一脊。长 10.9、宽 8.8、厚 2.1 毫米，重 0.18 克（图 5 - 111，17；图版二一三，17）。

标本 2006 I ⑤：2725，燧石。两侧平行，背有一脊，两端平直。长 8、宽 4.8、厚 1.2 毫米，重 0.03 克（图 5 – 111，18；图版二一三，18）。

标本 2006 I ⑤：2722，燧石。两侧平行，背有一脊，显微镜下未见使用痕迹。长 9.6、宽 4.8、厚 1 毫米，重 0.05 克（图 5 – 111，19；图版二一三，19）。

六　石锤

共发现 12 件，均为天然的河卵石，形态规整，在一端均有因加工石器而产生的小凹坑和白色麻点。

标本 2008 I ⑤：5314，石英岩，原料为砾石。为一平面近三角形的扁平河卵石，尖端拥有因敲击而形成的小麻点。长 69、宽 50、厚 29 毫米，重 176.87 克（图 5 – 112，1；图版二一四，1）。

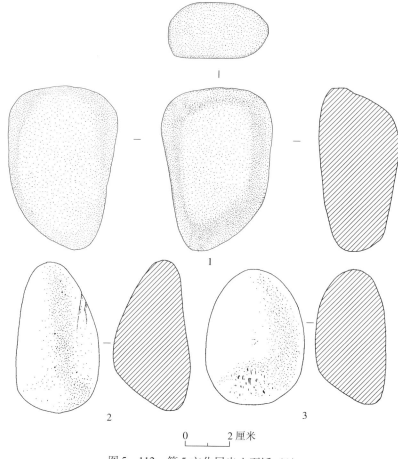

图 5 – 112　第 5 文化层出土石锤（1）

1. 2008 I ⑤：5314　2. 2006 I ⑤：2361　3. 2006 I ⑤：5239

标本 2006 I ⑤：2361，凝灰岩，原料为砾石。一端有白色小麻点。长 66.1、宽 48.2、厚 44.8 毫米，重 111.27 克（图 5 – 112，2；图版二一四，2）。

标本 2006 I ⑤：5239，石英岩。一端有白色小麻点和小凹坑。长 60.2、宽 44.3、厚 32.9 毫米，重 122.03 克（图 5 – 112，3；图版二一四，3）。

标本 2008 I ⑤：683，石英岩，原料为砾石。为一天然河卵石，平面近三角形，尖端部位有因敲击而形成的麻点。长47、宽33、厚20毫米，重42.84克（图5-113，1；图版二一五，1）。

　　标本2008Ⅰ⑤：675，石英岩，原料为砾石。为一天然河卵石，平面近三角形，尖端部位有因敲击而形成的麻点。长34、宽30、厚17毫米，重23.38克（图5-113，2；图版二一五，2）。

　　标本2008Ⅰ⑤：1167，石英岩，原料为砾石。为一天然河卵石，平面近长方形，边缘部位有因敲击而形成的麻点。长44、宽28、厚17毫米，重31.44克（图5-113，3；图版二一五，3）。

　　标本2008Ⅰ⑤：3526，凝灰岩，原料为砾石。一端有因连续敲打而形成的麻点凹坑。长39、宽30、厚28毫米，重47.68克（图5-114，1；图版二一六，2）。

　　标本2005Ⅰ⑤：128，砂岩，原料为砾石。为半块河卵石，一端有因敲击而形成的小凹坑。长53、宽39.1、厚20.3毫米，重56.46克（图5-114，2；图版二一六，1）。

　　标本2005Ⅰ⑤：371，石英岩，原料为砾石。为半块河卵石，一端有因敲击而形成的小片疤。长36.5、宽28.1、厚25.1毫米，重29.22克（图5-115，1；图版二一七，2）。

　　标本2008Ⅰ⑤：5389，凝灰岩，原料为砾石。为一平面近三角形的扁平河卵石，尖端拥有因敲击而形成的小麻点。长66、宽47、厚22毫米，重83.5克（图5-115，2；图版二一七，1）。

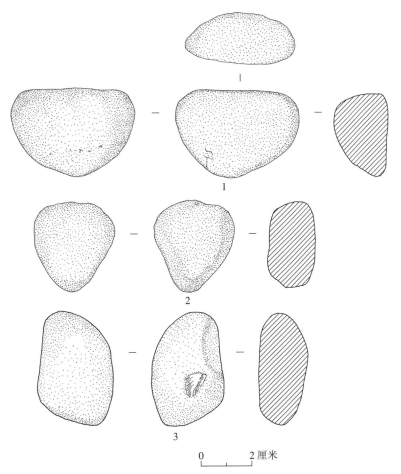

0　　　　2厘米

图5-113　第5文化层出土石锤（2）

1. 2008Ⅰ⑤：683　2. 2008Ⅰ⑤：675　3. 2008Ⅰ⑤：1167

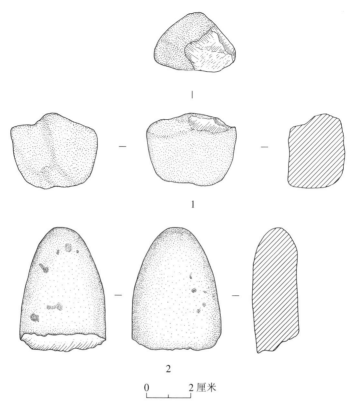

1

2

0   2厘米

图 5-114   第 5 文化层出土石锤（3）

1. 2008 I ⑤：3526   2. 2005 I ⑤：128

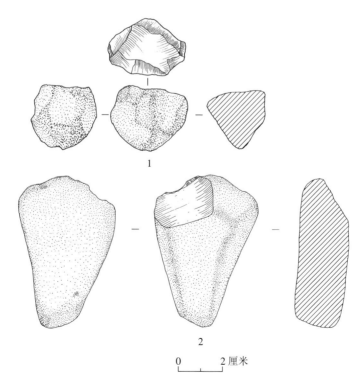

1

2

0   2厘米

图 5-115   第 5 文化层出土石锤（4）

1. 2005 I ⑤：371   2. 2008 I ⑤：5389

第六章　第6文化层

第6文化层的文化堆积主要位于其上部，没有发现遗迹现象，共发现石制品3598件，其中除去部分细石器、细石核、细石叶和磨制石器外，大量的是石块、断块、石片和碎屑。所用石料多采自河滩砾石，主要有燧石、石英、脉石英、页岩、硬质砂岩等。

一　石片

共发现319件，包括完整石片、不完整石片、砸击石片等，部分石片有使用痕迹。

标本2008Ⅰ⑥:881，石英岩，原料为砾石，Ⅱ2类。线形台面，平面近三角形，两侧至远端有片疤。长45、宽37、厚10毫米，重23.01克（图6-1，1；图版二一八，1）。

标本2008Ⅰ⑥:1022，石英岩，原料为砾石，Ⅱ2类。近线形台面，右侧边缘较平直，有崩损。长34、宽16、厚4毫米，重1.91克（图6-1，2；图版二一八，2）。

标本2008Ⅰ⑥:380，石英岩，原料为砾石，Ⅰ3类。台面角72°，台面宽10毫米，形态较规整，大体呈舌形，远端圆弧，有崩损。长35、宽32、厚10、重8.27克（图6-1，3；图版二一八，3）。

标本2008Ⅰ⑥:1894，石英岩，原料为砾石，Ⅱ2类。线形台面，形态较规整，平面近心形，远端弧形边缘有崩损。长33、宽9、厚9毫米，重10.6克（图6-1，4；图版二一八，4）。

标本2008Ⅰ⑥:2520，石英岩，原料为砾石，Ⅱ2类。台面角88°，台面宽6毫米，远端圆弧，有崩损。长38、宽28、厚6毫米，重7.42克（图6-1，5；图版二一八，5）。

标本2008Ⅰ⑥:1880，石英岩，Ⅱ3类。台面角82°，台面宽11毫米，背有片疤，远端圆弧，有崩损。长33、宽28、厚11毫米，重8.64克（图6-1，6；图版二一八，6）。

标本2008Ⅰ⑥:985，石英岩，原料为砾石，Ⅱ2类。台面宽14毫米，远端圆弧，有崩损。长49、宽40、厚14毫米，重28.44克（图6-2，1；图版二一九，1）。

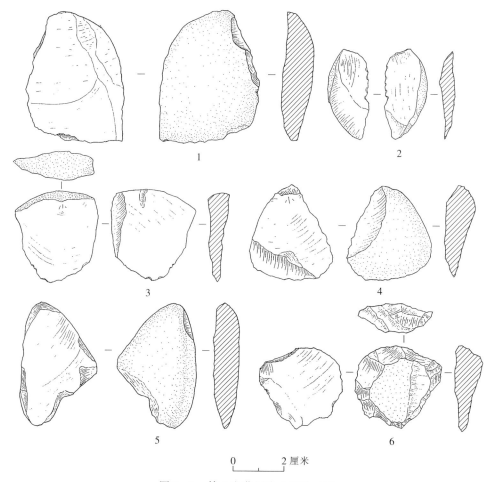

0 ⌐____⌐ 2 厘米

图 6 - 1 第 6 文化层出土石片（1）

1. 2008 Ⅰ⑥：881 2. 2008 Ⅰ⑥：1022 3. 2008 Ⅰ⑥：380 4. 2008 Ⅰ⑥：1894 5. 2008 Ⅰ⑥：2520 6. 2008 Ⅰ⑥：1880

标本 2008 Ⅰ⑥：1176，石英岩，原料为砾石，Ⅱ2 类。台面角 76°，台面宽 8 毫米，形态较为规整，近长方形，右侧边缘有崩损。长 64、宽 40、厚 9 毫米，重 29.98 克（图 6 - 2，2；图版二一九，2）。

标本 2008 Ⅰ⑥：2457，石英岩，原料为砾石，Ⅱ2 类。台面角 82°，台面宽 4 毫米，平面大体呈扇形，远端圆弧，有崩损。长 45、宽 33、厚 12 毫米，重 14.97 克（图 6 - 3，1；图版二二〇，1）。

标本 2008 Ⅰ⑥：1540，石英岩，原料为砾石，Ⅰ3 类。台面角 96°，台面宽 13 毫米，大体呈三角形，远端尖锐。长 39、宽 24、厚 13 毫米，重 8.61 克（图 6 - 3，2；图版二二〇，2）。

标本 2008 Ⅰ⑥：2236，石英岩，Ⅱ3 类。台面角 98°，背有一脊，脊两侧有条形片疤，远端圆弧，有崩损。长 36、宽 30、厚 11 毫米，重 15.15 克（图 6 - 3，3；图版二二〇，3）。

标本 2008 Ⅰ⑥：724，石英岩，原料为砾石，Ⅰ3 类。台面角 102°，台面宽 5 毫米，大体呈半圆形，弧形边缘部分有崩损。长 28、宽 18、厚 5 毫米，重 2.56 克（图 6 - 3，4；图版二二〇，4）。

标本 2008 Ⅰ⑥：950，石英岩，原料为砾石，Ⅱ1 类。线形台面，形态较规整，大体呈椭圆形，远端有崩损。长 44、宽 33、厚 8 毫米，重 14.56 克（图 6 - 3，5；图版二二〇，5）。

标本 2008 Ⅰ⑥：861，燧石，Ⅱ3 类。台面角 102°，台面宽 4 毫米，背有平行分布的条形疤，细石核调整剥片。长 20、宽 13、厚 4 毫米，重 0.91 克（图 6 - 3，6；图版二二〇，6）。

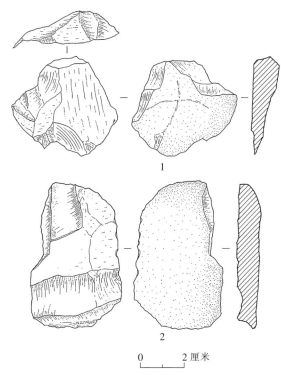

0   2 厘米

图 6 - 2　第 6 文化层出土石片（2）

1. 2008 I ⑥：985　2. 2008 I ⑥：1176

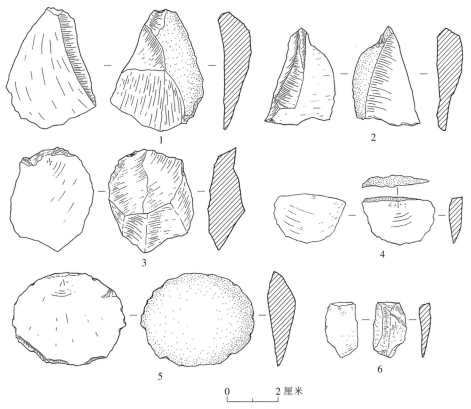

0   2 厘米

图 6 - 3　第 6 文化层出土石片（3）

1. 2008 I ⑥：2457　2. 2008 I ⑥：1540　3. 2008 I ⑥：2236　4. 2008 I ⑥：724　5. 2008 I ⑥：950　6. 2008 I ⑥：861

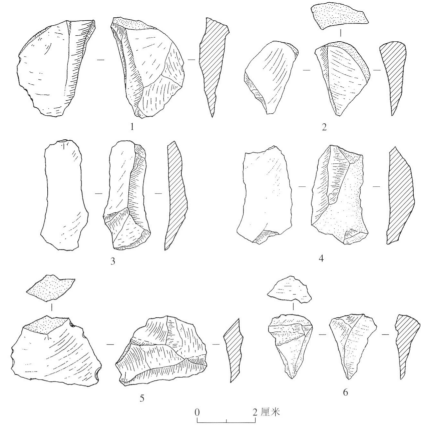

图 6-4　第 6 文化层出土石片（4）

1. 2008Ⅰ⑥：381　2. 2008Ⅰ⑥：2322　3. 2008Ⅰ⑥：310　4. 2008Ⅰ⑥：1226　5. 2008Ⅰ⑥：1776
6. 2008Ⅰ⑥：2203

标本 2008Ⅰ⑥：381，石英岩，原料为砾石，Ⅰ2 类。台面角 96°，台面宽 7 毫米，远端圆弧，有崩损。长 35、宽 20、厚 7 毫米，重 4.49 克（图 6-4，1；图版二二一，1）。

标本 2008Ⅰ⑥：2322，石英岩，原料为砾石，Ⅰ3 类。台面角 68°，台面宽 9 毫米，平面近三角形，近端部分有崩损。长 24、宽 20、厚 9 毫米，重 2.84 克（图 6-4，2；图版二二一，2）。

标本 2008Ⅰ⑥：310，石英岩，Ⅱ3 类。线形台面，背有一脊，略有弧度。长 36、宽 15、厚 4 毫米，重 2.02 克（图 6-4，3；图版二二一，3）。

标本 2008Ⅰ⑥：1226，原料为砾石，燧石。近端残，背有细长的细石叶剥片疤。长 35、宽 16、厚 7 毫米，重 4.68 克（图 6-4，4；图版二二一，4）。

标本 2008Ⅰ⑥：1776，石英岩，原料为砾石，Ⅰ3 类。台面角 116°，台面宽 7 毫米，背有片疤，远端平直，有崩损。长 30、宽 21、厚 7 毫米，重 4.12 克（图 6-4，5；图版二二一，5）。

标本 2008Ⅰ⑥：2203，石英岩，原料为砾石，Ⅰ3 类。台面角 64°，台面宽 5 毫米，平面呈三角形，背有一脊，远端尖锐处有崩损。长 21、宽 15、厚 5 毫米，重 1.2 克（图 6-4，6；图版二二一，6）。

标本 2008Ⅰ⑥：2249，石英岩，Ⅱ3 类。台面角 94°，台面宽 11 毫米，平面呈扇形，远端圆弧，有崩损。长 31、宽 25、厚 11 毫米，重 6.83 克（图 6-5，1；图版二二二，1）。

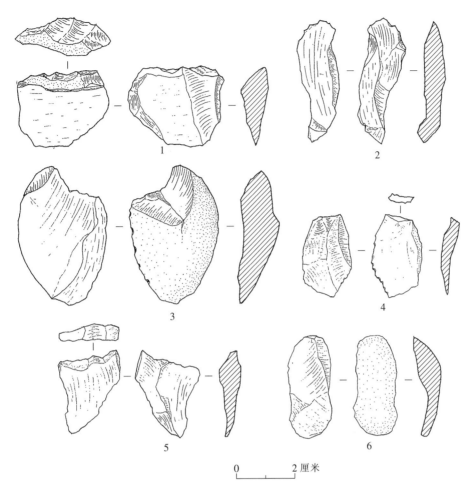

0 _____ 2 厘米

图6-5　第6文化层出土石片（5）

1. 2008 I ⑥:2249　2. 2008 I ⑥:2363　3. 2008 I ⑥:449　4. 2008 I ⑥:1211　5. 2008 I ⑥:2341
6. 2008 I ⑥:406

标本2008 I ⑥:2363，石英岩，Ⅱ3类。线形台面，远端尖锐，有崩损。长40、宽12、厚7毫米，重3.23克（图6-5，2；图版二二二，2）。

标本2008 I ⑥:449，石英岩，原料为砾石。近端残，远端圆弧，有崩损。长44、宽29、厚12毫米，重14.14克（图6-5，3；图版二二二，4）。

标本2008 I ⑥:1211，燧石，Ⅱ3类。台面角108°，台面宽3毫米，背有条形片疤，远端尖突，有崩损。长26、宽16、厚4毫米，重1.7克（图6-5，4；图版二二二，3）。

标本2008 I ⑥:2341，石英岩，Ⅱ3类。台面角78°，台面宽5毫米，背有片疤，远端尖锐，有崩损。长31、宽19、厚5毫米，重1.97克（图6-5，5；图版二二二，5）。

标本2008 I ⑥:406，石英岩，原料为砾石，Ⅰ2类。线形台面，略有弧度，两端圆弧，有崩损。长32、宽14、厚6毫米，重2.39克（图6-5，6；图版二二二，6）。

标本2008 I ⑥:2200，石英岩，原料为砾石，Ⅱ2类。台面角88°，台面宽12毫米，远端圆弧，有崩损。长34、宽20、厚12毫米，重9.16克（图6-6，1；图版二二三，1）。

标本2008 I ⑥:2330，石英岩，原料为砾石，Ⅱ2类。台面角96°，台面宽5毫米，两侧平行，背有片疤，远端圆弧，有崩损。长16、宽16、厚5毫米，重1.23克（图6-6，2；图版二二三，2）。

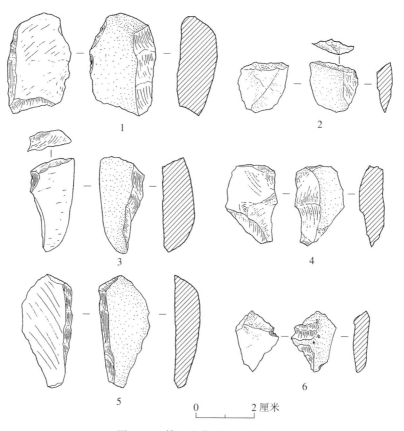

图6-6 第6文化层出土石片（6）

1. 2008 I ⑥:2200　2. 2008 I ⑥:2330　3. 2008 I ⑥:501　4. 2008 I ⑥:1243　5. 2008 I ⑥:2056　6. 2008 I ⑥:15

标本 2008 I ⑥:501，石英岩，原料为砾石，Ⅱ2类。台面角92°，台面宽8毫米，有裂片，远端尖锐，有崩损。长32、宽14、厚10毫米，重5.06克（图6-6，3；图版二二三，3）。

标本 2008 I ⑥:1243，燧石，Ⅱ3类。台面角104°，台面宽8毫米，背有一脊，远端窄且平直，有崩损。长26、宽15、厚6毫米，重2.21克（图6-6，4；图版二二三，5）。

标本 2008 I ⑥:2056，石英岩，原料为砾石，Ⅱ2类。台面角76°，台面宽6毫米，大体呈三角形，两侧平直，远端平齐，有崩损。长36、宽17、厚8毫米，重4.25克（图6-6，5；图版二二三，4）。

标本 2008 I ⑥:15，燧石，原料为砾石，Ⅱ2类。近线形台面，远端尖锐，有连续分布的崩损。长20、宽14、厚6毫米，重1.27克（图6-6，6；图版二二三，6）。

标本 2008 I ⑥:1780，石英岩，原料为砾石，Ⅰ1类。线形台面，形态较规整，大体呈椭圆形，远端有崩损。长28、宽20、厚9毫米，重5.28克（图6-7，1；图版二二四，1）。

标本 2008 I ⑥:661，石英岩，原料为砾石，Ⅱ1类。台面角94°，台面宽6毫米，远端圆弧，有崩损。长22、宽18、厚6毫米，重2.79克（图6-7，2；图版二二四，2）。

标本 2008 I ⑥:263，硅质页岩，Ⅱ3类。台面角108°，台面宽6毫米，背面有条形疤，远端平直，有崩损。长21、宽20、厚6毫米，重2.74克（图6-7，3；图版二二四，3）。

标本 2008 I ⑥:477，石英岩，Ⅱ3类。近端残，平面大体呈三角形，远端有小的崩损。长23、宽16、厚4毫米，重1.74克（图6-7，4；图版二二四，4）。

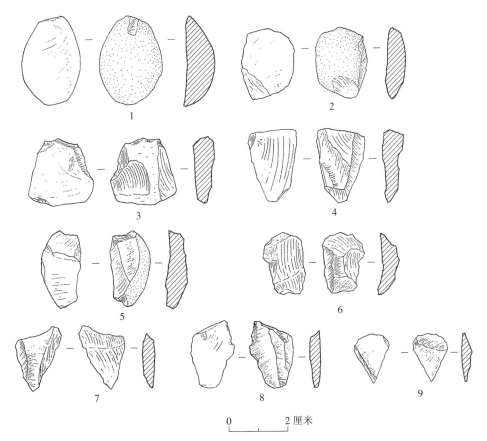

图6－7　第6文化层出土石片（7）

1. 2008 Ⅰ⑥:1780　2. 2008 Ⅰ⑥:661　3. 2008 Ⅰ⑥:263　4. 2008 Ⅰ⑥:477　5. 2008 Ⅰ⑥:115　6. 2008 Ⅰ⑥:2331
7. 2008 Ⅰ⑥:2506　8. 2008 Ⅰ⑥:1865　9. 2008 Ⅰ⑥:1864

标本 2008 Ⅰ⑥:115，石英岩，原料为砾石，Ⅱ2 类。近端残，略有弧度，一侧平直，有崩损。长 24、宽 13、厚 5 毫米，重 1.95 克（图 6－7，5；图版二二四，5）。

标本 2008 Ⅰ⑥:2331，石英岩，Ⅱ3 类。线形台面，远端弯曲，边缘弧形，有崩损。长 19、宽 14、厚 4 毫米，重 1.2 克（图 6－7，6；图版二二四，6）。

标本 2008 Ⅰ⑥:2506，石英岩，Ⅱ3 类。线形台面，平面呈三角形，远端尖锐。长 23、宽 14、厚 3 毫米，重 0.89 克（图 6－7，7；图版二二四，7）。

标本 2008 Ⅰ⑥:1865，燧石，Ⅱ3 类。台面角 110°，台面宽 3 毫米，背有条形疤，远端圆弧。长 22、宽 14、厚 3 毫米，重 0.8 克（图 6－7，8；图版二二四，8）。

标本 2008 Ⅰ⑥:1864，石英岩，Ⅱ3 类。线形台面，形态较规整，呈三角形，尖端两侧有崩损。长 15、宽 12、厚 2 毫米，重 0.33 克（图 6－7，9；图版二二四，9）。

标本 2008 Ⅰ⑥:1756，石英岩，原料为砾石，Ⅰ3 类。台面角 106°，台面宽 6 毫米，背有片疤，形态大体呈三角形，远端尖锐部有崩损。长 31、宽 21、厚 10 毫米，重 6.48 克（图 6－8，1；图版二二五，1）。

标本 2008 Ⅰ⑥:1993，石英岩，Ⅱ3 类。近线形台面，背有一脊，略有弧度，远端圆弧，有崩损。长 45、宽 17、厚 11 毫米，重 6.88 克（图 6－8，2；图版二二五，2）。

标本 2008 Ⅰ⑥:12，硅质页岩，Ⅱ3 类。台面角 98°，台面宽 6 毫米，远端有较大的崩损。

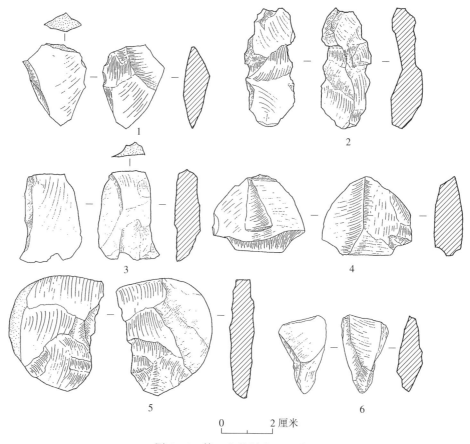

图 6 - 8　第 6 文化层出土石片（8）

1. 2008 I ⑥：1756　2. 2008 I ⑥：1993　3. 2008 I ⑥：12　4. 2008 I ⑥：2416　5. 2008 I ⑥：977　6. 2008 I ⑥：1544

长 33、宽 24、厚 9 毫米，重 6.79 克（图 6 - 8，3；图版二二五，3）。

标本 2008 I ⑥：2416，石英岩，Ⅱ3 类。近端残，背有一脊，远端弯曲，似鸟喙状。长 34、宽 28、厚 9 毫米，重 8.17 克（图 6 - 8，4；图版二二五，6）。

标本 2008 I ⑥：977，石英岩，原料为砾石，Ⅰ2 类。台面角 98°，台面宽 6 毫米，平面呈梯形，远端平直，有崩损。长 42、宽 32、厚 9 毫米，重 16.79 克（图 6 - 8，5；图版二二五，5）。

标本 2008 I ⑥：1544，石英岩，Ⅱ3 类。台面宽 3 毫米，平面大体呈三角形，远端尖突部有崩损。长 29、宽 18、厚 8 毫米，重 3.09 克（图 6 - 8，6；图版二二五，4）。

标本 2008 I ⑥：1052，石英岩，原料为砾石，Ⅱ2 类。线形台面，形态较规整，大体呈心形，远端有崩损。长 30、宽 24、厚 6 毫米，重 4.22 克（图 6 - 9，1；图版二二六，1）。

标本 2008 I ⑥：1001，石英岩，原料为砾石，Ⅱ2 类。线形台面，平面近椭圆形，远端边缘有崩损。长 28、宽 22、厚 6 毫米，重 3.81 克（图 6 - 9，2；图版二二六，2）。

标本 2008 I ⑥：893，石英岩，Ⅱ3 类。线形台面，形态较规整，大体呈心形，远端有崩损。长 37、宽 37、厚 9 毫米，重 10.13 克（图 6 - 9，3；图版二二六，3）。

标本 2008 I ⑥：878，石英岩，Ⅱ3 类。台面角 92°，台面宽 2 毫米，平面呈三角形，背有人字形脊，远端平齐。长 24、宽 9、厚 6 毫米，重 1.08 克（图 6 - 9，4；图版二二六，6）。

标本 2008 I ⑥：1138，硬质凝灰岩，原料为砾石，Ⅰ2 类。线形台面，背有阶梯状片疤，远端尖锐，有崩损。长50、宽30、厚8毫米，重14.13克（图6-9，5；图版二二六，4）。

标本2008 I ⑥：1111，石英岩，Ⅱ3类。台面角75°，台面宽6毫米，背有片疤，略有弧度，远端圆弧。长41、宽20、厚6毫米，重5.15克（图6-9，6；图版二二六，5）。

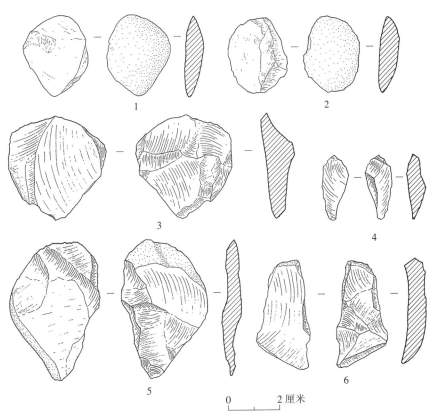

图6-9　第6文化层出土石片（9）

1. 2008 I ⑥：1052　2. 2008 I ⑥：1001　3. 2008 I ⑥：893　4. 2008 I ⑥：878　5. 2008 I ⑥：1138
6. 2008 I ⑥：1111

标本2008 I ⑥：244，石英岩，原料为砾石，Ⅰ2类。台面角116°，台面宽5毫米，背有片疤，远端圆弧，有崩损。长49、宽39、厚13毫米，重21.08克（图6-10，1；图版二二七，1）。

标本2008 I ⑥：1048，石英岩，Ⅱ3类。台面角76°，台面宽2毫米，平面呈三角形，远端平直，有崩损。长29、宽17、厚3毫米，重1.99克（图6-10，2；图版二二七，3）。

标本2008 I ⑥：2335，石英岩，原料为砾石，Ⅱ2类。台面角92°，台面宽7毫米，远端圆弧，有崩损。长35、宽33、厚7毫米，重11.55克（图6-10，3；图版二二七，2）。

标本2008 I ⑥：20，燧石，Ⅱ3类。线形台面，背有一脊，远端较平直，有崩损。长31、宽13、厚5毫米，重2.13克（图6-10，4；图版二二七，4）。

标本2008 I ⑥：2579，石英岩，原料为砾石，Ⅰ2类。线形台面，形态规整，大体呈圆形，边缘有崩损。长31、宽28、厚6毫米，重5.68克（图6-10，5；图版二二七，5）。

标本2008 I ⑥：1129，石英岩，Ⅱ3类。台面角92°，台面宽7毫米，远端较平直，有崩损。长20、宽20、厚7毫米，重2.55克（图6-10，6；图版二二七，6）。

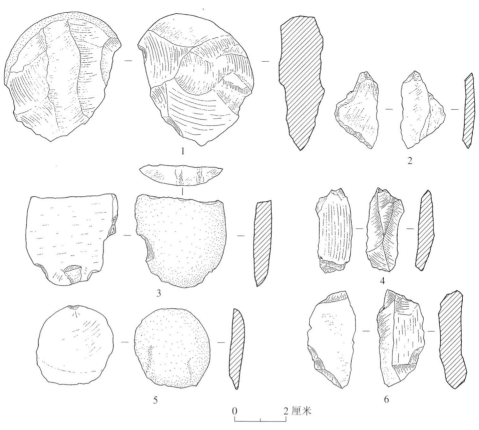

图 6-10　第 6 文化层出土石片（10）

1. 2008 Ⅰ⑥：244　2. 2008 Ⅰ⑥：1048　3. 2008 Ⅰ⑥：2335　4. 2008 Ⅰ⑥：20　5. 2008 Ⅰ⑥：2579　6. 2008 Ⅰ⑥：1129

标本 2008 Ⅰ⑥：2519，石英岩，原料为砾石，Ⅰ3 类。台面角 112°，台面宽 8 毫米，平面大体呈长方形，砸击石片。长 35、宽 31、厚 8 毫米，重 10.19 克（图 6-11，1；图版二二八，1）。

标本 2008 Ⅰ⑥：2326，石英岩，原料为砾石，Ⅰ3 类。台面宽 4 毫米，平面近长方形，远端平直，有崩损。长 21、宽 18、厚 4 毫米，重 2.09 克（图 6-11，2；图版二二八，3）。

标本 2008 Ⅰ⑥：758，石英岩，Ⅱ3 类。台面宽 12 毫米，背有一脊，两侧平直，有崩损。器长 32、宽 29、厚 12 毫米，重 12.82 克（图 6-11，3；图版二二八，2）。

标本 2008 Ⅰ⑥：2338，石英岩，原料为砾石，Ⅰ3 类。台面角 114°，台面宽 8 毫米，形态较规整，大体呈三角形，远端有崩损。长 17、宽 15、厚 8 毫米，重 1.57 克（图 6-11，4；图版二二八，4）。

标本 2008 Ⅰ⑥：2465，石英岩，Ⅱ3 类。线形台面，两侧较平直，远端为尖状，有崩损。长 23、宽 16、厚 5 毫米，重 1.98 克（图 6-11，5；图版二二八，5）。

标本 2008 Ⅰ⑥：1319，石英岩，Ⅱ3 类。线形台面，平面大体呈三角形，背有人字形脊，尖端部分有崩损。长 26、宽 25、厚 8 毫米，重 4.25 克（图 6-11，6；图版二二八，6）。

标本 2008 Ⅰ⑥：897，燧石，Ⅱ3 类。台面角 116°，台面宽 8 毫米，周边有平行分布的条形疤，细石核台面调整剥片。长 26、宽 22、厚 8 毫米，重 5.36 克（图 6-12，1；图版二二九，1）。

标本 2008 Ⅰ⑥：1005，燧石，Ⅱ3 类。台面角 96°，台面宽 6 毫米，远端圆弧，有崩损。长 27、宽 22、厚 7 毫米，重 2.64 克（图 6-12，2；图版二二九，2）。

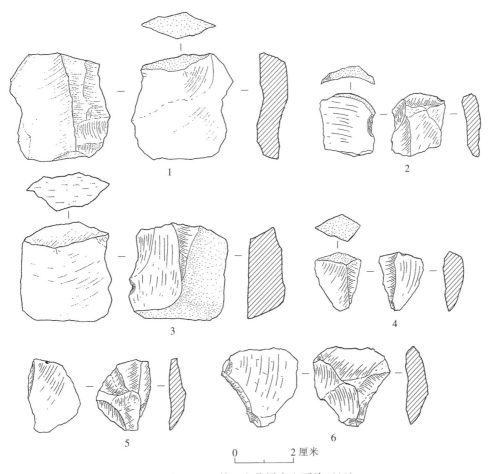

图6-11 第6文化层出土石片（11）

1. 2008 I ⑥：2519　2. 2008 I ⑥：2326　3. 2008 I ⑥：758　4. 2008 I ⑥：2338　5. 2008 I ⑥：2465　6. 2008 I ⑥：1319

标本2008 I ⑥：882，石英岩，原料为砾石，I 2类。台面角87°，台面宽5毫米，背有一脊，左侧边缘有锯齿状崩损。长24、宽15、厚5毫米，重1.95克（图6-12，3；图版二二九，3）。

标本2008 I ⑥：156，燧石，II 3类。线形台面，背有一脊，远端较平直，有崩损。长31、宽13、厚5毫米，重2.13克（图6-12，4；图版二二九，4）。

标本2008 I ⑥：490，石英岩，II 3类。台面角86°，台面宽2毫米，两侧近平行，远端圆弧，有崩损。长18、宽13、厚4毫米，重1.03克（图6-12，5；图版二二九，5）。

标本2008 I ⑥：376，燧石，II 3类。线形台面，背有条形的细石叶剥片疤，细石核调整剥片。长20、宽12、厚5毫米，重1克（图6-12，6；图版二二九，6）。

标本2008 I ⑥：370，燧石，II 3类。线形台面，一侧有细长的细石叶剥片疤，细石核调整剥片。长18、宽16、厚7毫米，重2.11克（图6-12，7；图版二二九，7）。

标本2008 I ⑥：1283，石英岩，II 3类。线形台面，远端尖锐，有崩损。长20、宽9、厚4毫米，重0.49克（图6-12，8；图版二二九，8）。

标本2008 I ⑥：2525，燧石，原料为砾石，I 2类。台面角116°，台面宽4毫米，远端圆弧，有崩损。长20、宽14、厚6毫米，重1.64克（图6-12，9；图版二二九，9）。

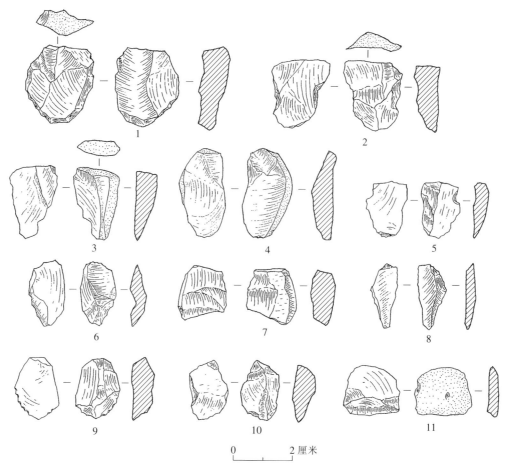

图 6 - 12　第 6 文化层出土石片（12）
1. 2008 Ⅰ⑥:897　2. 2008 Ⅰ⑥:1005　3. 2008 Ⅰ⑥:882　4. 2008 Ⅰ⑥:156　5. 2008 Ⅰ⑥:490　6. 2008 Ⅰ
⑥:376　7. 2008 Ⅰ⑥:370　8. 2008 Ⅰ⑥:1283　9. 2008 Ⅰ⑥:2525　10. 2008 Ⅰ⑥:2006　11. 2008 Ⅰ⑥:498

标本 2008 Ⅰ⑥:2006，燧石，Ⅱ3 类。线形台面，背有一脊，呈龟背状，远端圆弧，有崩损。长 19、宽 12、厚 6 毫米，重 1.29 克（图 6 - 12，10；图版二二九，10）。

标本 2008 Ⅰ⑥:498，石英岩，原料为砾石，Ⅱ2 类。台面宽 4 毫米，两侧近平行，远端圆弧，有崩损。长 18、宽 15、厚 4 毫米，重 1.46 克（图 6 - 12，11；图版二二九，11）。

标本 2008 Ⅰ⑥:247，石英岩，原料为砾石，Ⅱ2 类。平面大体呈方形，两侧平直，有崩损。长 24、宽 25、厚 7 毫米，重 2.25 克（图 6 - 13，1；图版二三〇，1）

标本 2008 Ⅰ⑥:2454，石英岩，原料为砾石，Ⅱ2 类。台面角 106°，台面宽 7 毫米，背有一脊，远端圆弧。长 53、宽 16、厚 7 毫米，重 8.13 克（图 6 - 13，2；图版二三〇，2）。

标本 2008 Ⅰ⑥:905，燧石，Ⅱ1 类。台面宽 12 毫米，远端尖锐。长 26、宽 22、厚 12 毫米，重 3.69 克（图 6 - 13，3；图版二三〇，3）。

标本 2008 Ⅰ⑥:1843，燧石，Ⅱ3 类。线形台面，背有一脊，呈龟背状，远端尖锐，有崩损。长 22、宽 13、厚 5 毫米，重 1.32 克（图 6 - 13，4；图版二三〇，4）。

标本 2008 Ⅰ⑥:703，石英岩，原料为砾石，Ⅱ2 类。台面宽 7 毫米，远端尖锐。长 27、宽 21、厚 7 毫米，重 2.5 克（图 6 - 13，5；图版二三〇，5）。

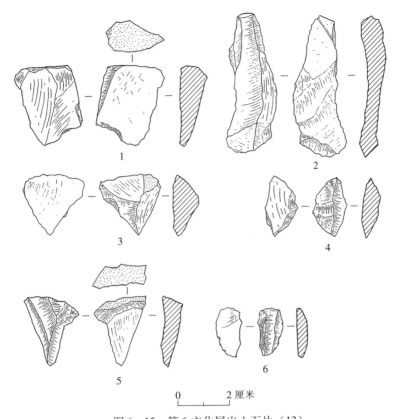

0 ____ 2 厘米

图 6 - 13　第 6 文化层出土石片（13）

1. 2008 I ⑥：247　2. 2008 I ⑥：2454　3. 2008 I ⑥：905　4. 2008 I ⑥：1843　5. 2008 I ⑥：703　6. 2008 I ⑥：294

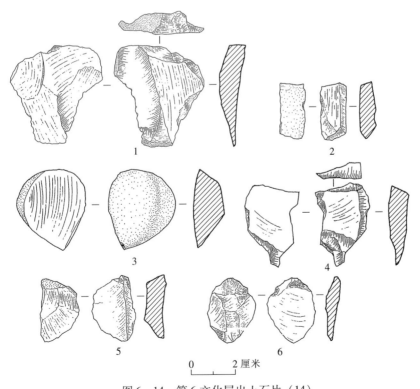

0 ____ 2 厘米

图 6 - 14　第 6 文化层出土石片（14）

1. 2008 I ⑥：2131　2. 2008 I ⑥：2596　3. 2008 I ⑥：2398　4. 2008 I ⑥：2378　5. 2008 I ⑥：1343　6. 2008 I ⑥：451

标本 2008Ⅰ⑥:294，燧石，Ⅱ3 类。线形台面，背有 2 条平行脊，细石核调整剥片，一侧圆弧，有崩损。长 17、宽 9、厚 2 毫米，重 0.44 克（图 6 - 13，6。图版二三〇，6）

标本 2008Ⅰ⑥:2131，石英岩，Ⅱ3 类。近线形台面，远端厚重，背有一脊，平面呈铲形。长 93、宽 78、厚 25 毫米，重 136.26 克（图 6 - 14，1；图版二三一，1）。

标本 2008Ⅰ⑥:2596，石英，原料为砾石，Ⅱ2 类。砸击石片，两侧平直，左侧边缘有崩损。长 23、宽 11、厚 7 毫米，重 2.52 克（图 6 - 14，2；图版二三一，2）。

标本 2008Ⅰ⑥:2398，石英岩，Ⅱ2 类。砾石台面，平面近心形，远端尖锐。长 35、宽 30、厚 14 毫米，重 14.02 克（图 6 - 14，3；图版二三一，3）。

标本 2008Ⅰ⑥:2378，石英岩，原料为砾石，Ⅰ2 类。台面角 92°，台面宽 9 毫米，远端圆弧，有崩损。长 33、宽 25、厚 8 毫米，重 5.18 克（图 6 - 14，4；图版二三一，4）。

标本 2008Ⅰ⑥:1343，石英岩，以砾石为原料，Ⅱ2 类。台面角 76°，台面宽 7 毫米，背有片疤，远端圆弧，有崩损。长 27、宽 19、厚 7 毫米，重 3.81 克（图 6 - 14，5；图版二三一，5）。

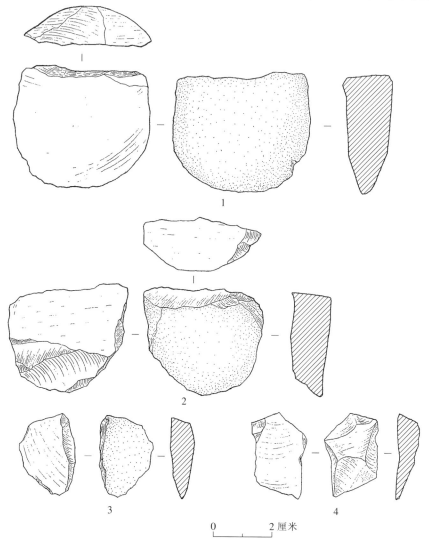

0 _____ 2 厘米

图 6 - 15 第 6 文化层出土石片（15）

1. 2008Ⅰ⑥:2422 2. 2008Ⅰ⑥:821 3. 2008Ⅰ⑥:1006 4. 2008Ⅰ⑥:305

标本 2008 Ⅰ ⑥：451，石英岩，Ⅱ3 类。线形台面，平面大体呈心形，边缘有崩损。长 28、宽 20、厚 6 毫米，重 2.85 克（图 6 – 14，6；图版二三一，6）。

标本 2008 Ⅰ ⑥：2422，石英岩，原料为砾石，Ⅱ1 类。台面角 82°，台面宽 13 毫米，呈半圆形，远端圆弧，有崩损。长 46、宽 39、厚 13 毫米，重 26.81 克（图 6 – 15，1；图版二三二，1）。

标本 2008 Ⅰ ⑥：821，石英岩，原料为砾石，Ⅱ1 类。台面角 74°，台面宽 17 毫米，远端圆弧，有崩损。长 40、宽 31、厚 17 毫米，重 22.42 克（图 6 – 15，2；图版二三二，2）。

标本 2008 Ⅰ ⑥：1006，石英岩，原料为砾石，Ⅱ1 类。台面角 102°，台面宽 7 毫米，远端圆弧，有崩损。长 27、宽 22、厚 7 毫米，重 2.64 克（图 6 – 15，3；图版二三二，3）。

标本 2008 Ⅰ ⑥：305，石英岩，Ⅱ3 类。线形台面，两侧较为平直，有崩损。长 28、宽 17、厚 8 毫米，重 3.73 克（图 6 – 15，4；图版二三二，4）。

二 石核

共发现 22 件，有单台面、双台面、多台面等不同类型，材质有燧石、石英岩、硅质页岩等。

标本 2008 Ⅰ ⑥：1228，石英岩，原料为砾石。单台面，台面角 88°，自然台面，以楔状缘的调整为目的，在一侧进行剥片，楔形细石核预制。长 35、宽 29、厚 29 毫米，重 31.76 克（图 6 – 16，1；图版二三三，1）。

标本 2008 Ⅰ ⑥：241，石英岩，原料为砾石。单台面，台面角 87°，台面大体呈椭圆形，周身剥片，锥形细石核预制。长 41、宽 29、厚 21 毫米，重 22.19 克（图 6 – 16，2；图版二三三，2）。

标本 2008 Ⅰ ⑥：684，石英岩，原料为砾石。单台面，台面角 136°，人工台面，盘状石核。长 87、宽 73、厚 31 毫米，重 252.66 克（图 6 – 16，3；图版二三三，3）。

标本 2008 Ⅰ ⑥：1607，石英岩，原料为砾石。单台面，台面角 72°，人工台面，台面大体呈椭圆形，正面剥片，正反两面有脊，背面脊两侧有片疤，底部已调整出楔状缘的雏形。长 35、宽 23、厚 17 毫米，重 17.13 克（图 6 – 17，1；图版二三四，1）。

标本 2008 Ⅰ ⑥：2024，硬质凝灰岩，原料为砾石。单台面，台面角 86°，人工台面，初始剥片。长 52、宽 35、厚 21 毫米，重 48.24 克（图 6 – 17，2；图版二三四，3）。

标本 2008 Ⅰ ⑥：1471，石英岩，原料为砾石。单台面，台面角 82°，人工台面，正面和左侧剥片，初始剥片。长 50、宽 28、厚 25 毫米，重 36.26 克（图 6 – 17，3；图版二三四，2）。

标本 2008 Ⅰ ⑥：2567，石英岩，原料为砾石。单台面，台面角 118°，自然台面，周身剥片。长 57、宽 38、厚 35 毫米，重 103.91 克（图 6 – 18，1；图版二三五，1）

标本 2008 Ⅰ ⑥：138，石英岩，原料为砾石。单台面，台面角 78°，人工台面，一侧剥片，其余为砾石面，细石核预制。长 48、宽 29、厚 28 毫米，重 39.76 克（图 6 – 18，2；图版二三五，2）。

标本 2008 Ⅰ ⑥：1446，石英岩，原料为砾石。单台面，台面角 44°，自然台面，一侧剥片，初始剥片。长 67、宽 55、厚 39 毫米，重 136.51 克（图 6 – 19，1；图版二三六，1）。

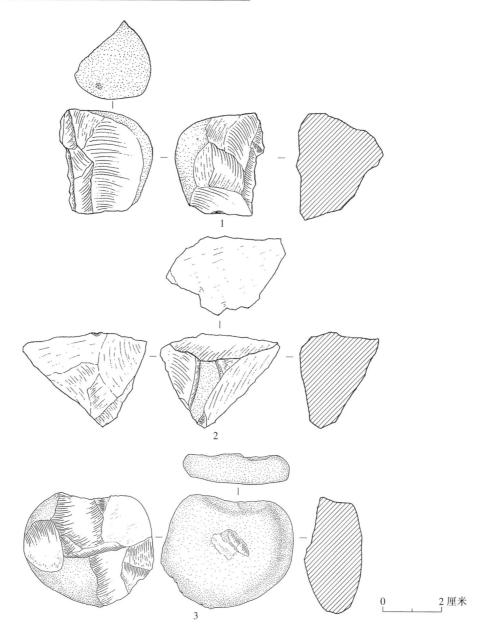

图 6 - 16　第 6 文化层出土石核（1）

1. 2008 I ⑥：1228　2. 2008 I ⑥：241　3. 2008 I ⑥：684

　　标本 2008 I ⑥：2385，石英岩，原料为砾石。单台面，台面有阶梯状修疤，为横向二次加工，以一砾石为毛坯，修整出一台面，预制石核。长 72、宽 44、厚 34 毫米，重 119.62 克（图 6 - 19，2；图版二三六，2）。

　　标本 2008 I ⑥：1175，石英岩，原料为砾石。单台面，台面角 78°，自然台面，正面剥片。长 46、宽 42、厚 27 毫米，重 55.71 克（图 6 - 20，1；图版二三七，1）。

　　标本 2008 I ⑥：2000，石英岩，原料为砾石。单台面，台面角 72°，台面有阶梯状修疤，为横向二次加工，台面呈甲板状，一端两侧剥片，调整出一楔状缘，另一端尚未剥片，兰越技法细石核的预制。长 71、宽 36、厚 25 毫米，重 60.26 克（图 6 - 20，2；图版二三七，2）。

　　标本 2008 I ⑥：914，燧石，原料为砾石。单台面，台面角 72°，台面有阶梯状修疤，为横向

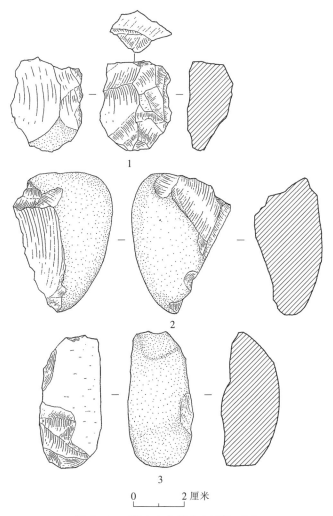

图 6 - 17　第 6 文化层出土石核（2）
1. 2008Ⅰ⑥:1607　2. 2008Ⅰ⑥:2024　3. 2008Ⅰ⑥:1471

二次加工，台面大体呈椭圆形，台面径 24 毫米×22 毫米，台面有修整，正反两面剥片，在底部调整出一楔状缘，楔形细石核预制。长 32、宽 24、厚 22 毫米，重 21.22 克（图 6 - 21，1；图版二三八，1）。

标本 2008Ⅰ⑥:2307，石英岩，原料为砾石。单台面，台面角 64°，自然台面，正面剥片。长 37、宽 35、厚 30 毫米，重 46.8 克（图 6 - 21，2；图版二三八，2）。

标本 2008Ⅰ⑥:945，石英岩，原料为砾石。单台面，台面角 106°，台面大体呈椭圆形，台面径 26 毫米×14 毫米，正面剥片，背面为砾石面。长 35、宽 26、厚 18 毫米，重 18.67 克（图 6 - 22，1；图版二三九，1）。

标本 2008Ⅰ⑥:2334，石英岩，原料为砾石。单台面，台面角 98°，人工台面，正面剥片，背面为砾石面。长 36、宽 35、厚 17 毫米，重 27.16 克（图 6 - 22，2；图版二三九，2）。

标本 2008Ⅰ⑥:2425，石英岩，原料为砾石。单台面，台面角 78°，人工台面，台面略为内凹，正面剥片，背面为砾石面。长 37、宽 29、厚 18 毫米，重 24.02 克（图 6 - 22，3；图版二三九，3）。

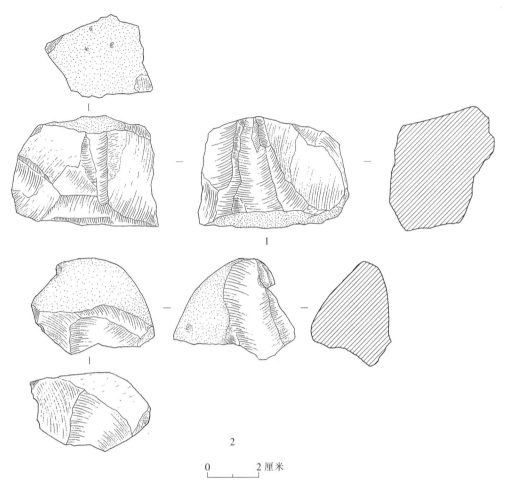

0   2厘米

图6-18 第6文化层出土石核（3）
1.2008 I ⑥：2567   2.2008 I ⑥：138

标本2008 I ⑥：723，石英岩，原料为砾石。单台面，台面有阶梯状修疤，为横向二次加工，以一扁平的砾石为毛坯，修整出一台面，尚未剥片，细石核预制。长38、宽20、厚12毫米，重13.89克（图6-22，4；图版二三九，4）。

标本2005 I ⑥：261，角页岩，原料为砾石。单台面，台面角106°，以一河卵石为毛坯，自然台面，初始剥片。长70.2、宽45、厚42毫米，重171.36克（图6-23，1；图版二四〇，1）。

标本2008 I ⑥：971，石英岩，原料为砾石。单台面，台面角86°，人工台面，一侧初始剥片。长49、宽39、厚22毫米，重37.62克（图6-23，2；图版二四〇，2）。

标本2005 I ⑥：123，燧石，原料为砾石。单台面，台面角102°，以一近三角形的小河卵石为毛坯，自然台面，初始剥片。长21.8、宽32、厚16毫米，重11克（图6-23，3；图版二四〇，3）。

标本2005 I ⑥：250，燧石，原料为砾石。单台面，台面角112°，以一保留有砾石面的断块为毛坯，两侧剥片，锥形细石核的预制。长25、宽18.9、厚15.5毫米，重6.5克（图6-23，4；图版二四〇，4）。

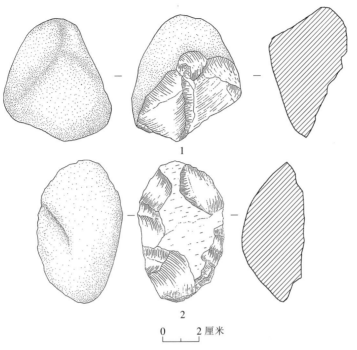

0 ____ 2 厘米

图 6 - 19　第 6 文化层出土石核（4）

1. 2008 I ⑥ : 1446　2. 2008 I ⑥ : 2385

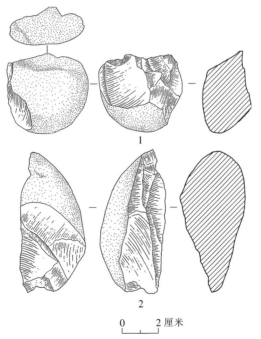

0 ____ 2 厘米

图 6 - 20　第 6 文化层出土石核（5）

1. 2008 I ⑥ : 1175　2. 2008 I ⑥ : 2000

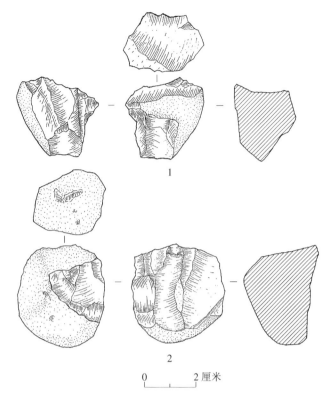

1

2

0   2 厘米

图 6 - 21   第 6 文化层出土石核（6）

1. 2008 Ⅰ ⑥：914   2. 2008 Ⅰ ⑥：2307

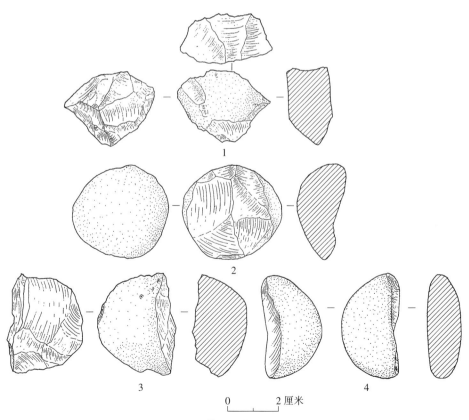

1

2

3   4

0   2 厘米

图 6 - 22   第 6 文化层出土石核（7）

1. 2008 Ⅰ ⑥：945   2. 2008 Ⅰ ⑥：2334   3. 2008 Ⅰ ⑥：2425   4. 2008 Ⅰ ⑥：723

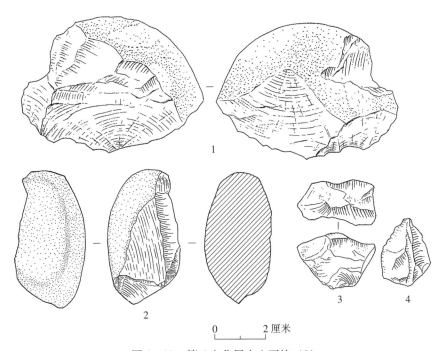

0 ——————— 2厘米

图6-23　第6文化层出土石核（8）
1. 2005 I ⑥：261　2. 2008 I ⑥：971　3. 2005 I ⑥：123　4. 2005 I ⑥：250

三　细石器

种类较为齐全，主要有刮削器、端刮器、尖状器、雕刻器及钻。

1. 刮削器

共发现11件，多以石片为毛坯，正向修整加工，调整出一圆弧形刃或平直刃。依加工调整的刃口数量，可分单边刮削器、两边刮削器和多边刮削器三种。

标本2008 I ⑥：2429，石英岩，以砾石为原料，石片为毛坯，单刃。刃角42°，背面有条形和鱼鳞状修疤，为正向二次加工，边缘平直，以一长石片为毛坯，背面正向加工，在右侧边缘修整出一平直刃。长64、宽34、厚15毫米，重48.42克（图6-24，1；图版二四一，1）。

标本2008 I ⑥：784，石英岩，以石片为毛坯。刃角62°，远端有连续分布的条形和鱼鳞状修疤，为正向二次加工，加工技术为软锤，以一石片为毛坯，远端连续正向修整，调整出一弧形刃。长34、宽26、厚9毫米，重4.26克（图6-24，2；图版二四一，3）。

标本2008 I ⑥：2154，石英，以砾石为原料，石片为毛坯，单刃。刃角48°，右侧有鱼鳞状和条形修疤，为正向二次加工，以一平面近心形的石片为毛坯，在右侧边缘正向修整，调整出一平直刃。长20、宽18、厚6毫米，重2.4克（图6-24，3；图版二四一，4）。

标本2008 I ⑥：995，石英岩，以砾石为原料，石片为毛坯，单刃。刃角42°，右侧有鱼鳞状和条形修疤，为正向二次加工，以一长石片为毛坯，右侧正向修整出一平直刃。长61、宽29、厚9毫米，重18.41克（图6-24，4；图版二四一，2）。

标本2008 I ⑥：583，燧石，以石片为毛坯，单刃。刃角36°，背面有条形和阶梯状修疤，为

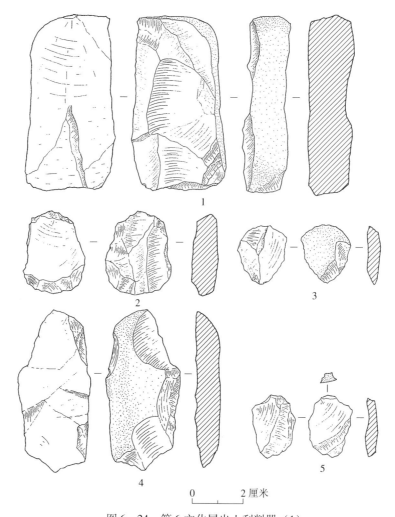

图 6 - 24　第 6 文化层出土刮削器（1）
1. 2008 Ⅰ⑥:2429　2. 2008 Ⅰ⑥:784　3. 2008 Ⅰ⑥:2154　4. 2008 Ⅰ⑥:995　5. 2008 Ⅰ⑥:583

正向二次加工，以一石片为毛坯，在右侧正向修整，调整出一弧形刃。长 23、宽 15、厚 7 毫米，重 1.73 克（图 6 - 24，5；图版二四一，5）。

标本 2008 Ⅰ⑥:2400，石英岩，以砾石为原料，石片为毛坯，单刃。刃角 74°，两侧有条形和阶梯状修疤，远端有连续平行分布的鱼鳞状修疤，为正向二次加工，以一石片为毛坯，两侧正向加工，调整平直，远端正向加工，调整出一弧形刃。长 53、宽 41、厚 16 毫米，重 37.01 克（图 6 - 25，1；图版二四二，1）。

标本 2008 Ⅰ⑥:442，石英岩，以砾石为原料，石片为毛坯，单刃。刃角 48°，远端有连续平行分布的鱼鳞状修疤，为正向二次加工，以一线形台面石片为毛坯，远端正向修整出一弧形刃。长 27、宽 18、厚 5 毫米，重 2.51 克（图 6 - 25，2；图版二四二，2）。

标本 2008 Ⅰ⑥:309，石英岩，以砾石为原料，石片为毛坯，多刃。刃角 56°、72°，两侧和远端有连续分布的鱼鳞状和阶梯状修疤，为正向二次加工，以一平面近长方形的石片为毛坯，在两侧和远端正向修整，调整出平直刃。长 46、宽 33、厚 11 毫米，重 20.03 克（图 6 - 25，3；图版二四二，3）。

标本 2008 Ⅰ⑥:843，石英岩，以砾石为原料，石片为毛坯。刃角 38°，远端边缘有阶梯状和

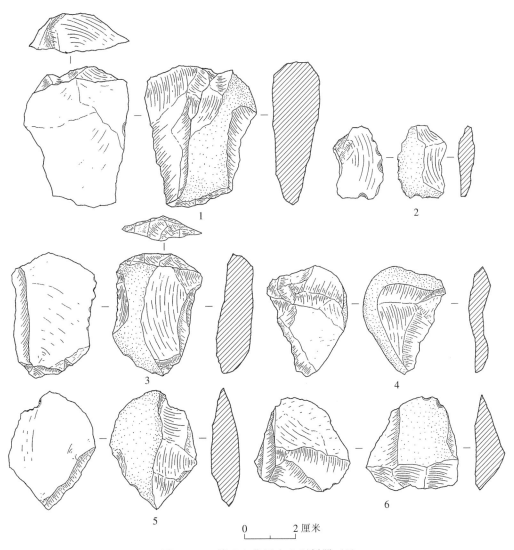

图 6 – 25 第 6 文化层出土刮削器（2）

1. 2008Ⅰ⑥：2400　2. 2008Ⅰ⑥：442　3. 2008Ⅰ⑥：309　4. 2008Ⅰ⑥：843　5. 2008Ⅰ⑥：2022　6. 2008Ⅰ⑥：1956

鱼鳞状修疤，为正反向交互二次加工，以一半圆形的Ⅰ2类石片为毛坯，远端交互修整，调整出一平直刃。长 42、宽 30、厚 10 毫米，重 12.26 克（图 6 – 25，4；图版二四二，4）。

标本 2008Ⅰ⑥：2022，石英岩，以砾石为原料，石片为毛坯，单刃。刃角 38°，背面右侧有条形和鱼鳞状修疤，为反向二次加工，以一线形台面石片为毛坯，右侧反向加工，调整出一弧形刃。长 45、宽 31、厚 11 毫米，重 15 克（图 6 – 25，5；图版二四二，5）。

标本 2008Ⅰ⑥：1956，石英岩，以石片为毛坯，砾石为原料，单刃。刃角 52°，背面有条形和阶梯状修疤，为正向二次加工，平面大体呈三角形，背面正向修整成型，远端正向调整出一弧形刃。长 36、宽 34、厚 11 毫米，重 13.63 克（图 6 – 25，6；图版二四二，6）。

2. 端刮器

共发现 7 件，均由石片制成，是在石片的远端正向修整出一钝厚的弧刃，有的在石片一侧或两侧也做修理。

标本 2008 I ⑥:911，石英岩，以砾石为原料，石片为毛坯。两侧有鱼鳞状修疤，远端有连续平行分布的条形修疤，为正向二次加工，以一台面角 56°的石片为毛坯，两侧正向修整平直，远端连续正向修整，调整出一弧形刃。长 52、宽 39、厚 13 毫米，重 26.68 克（图 6 - 26，1；图版二四三，1）。

标本 2008 I ⑥:199，石英岩，以石片为毛坯。远端有连续平行分布的条形修疤，为正向二次加工，以一台面角 74°的石片为毛坯，在远端连续正向修整，调整出一弧形刃。长 16、宽 13、厚 6毫米，重 1.15 克（图 6 - 26，2；图版二四三，2）。

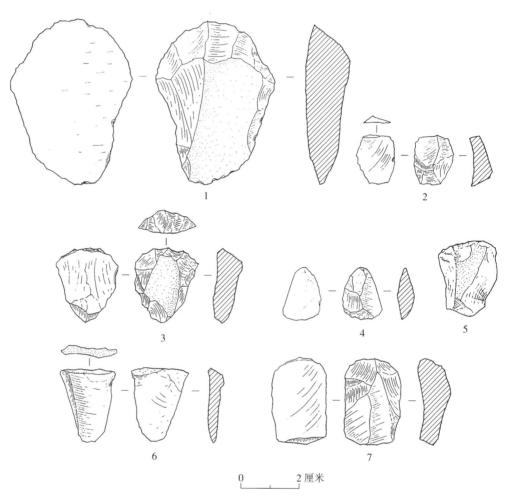

图 6 - 26 第 6 文化层出土端刮器

1. 2008 I ⑥:911 2. 2008 I ⑥:199 3. 2008 I ⑥:91 4. 2008 I ⑥:230 5. 2008 I ⑥:620 6. 2008 I ⑥:353
7. 2008 I ⑥:226

标本 2008 I ⑥:91，燧石，以石片为毛坯。台面角 86°，两侧远端有鱼鳞状和条形修疤，为正向二次加工，加工技术为软锤，两侧正向修整成型，远端正向修整出一弧形刃，平面大体呈心形。长 24、宽 21、厚 7 毫米，重 4.25 克（图 6 - 26，3；图版二四三，4）。

标本 2008 I ⑥:230，燧石，以石片为毛坯。远端有连续平行分布的条形修疤，为正向二次加工，加工技术为软锤，以一台面角 76°的石片为毛坯，远端正向连续修整，调整出一弧形刃。长 17、宽 12、厚 4 毫米，重 0.87 克（图 6 - 26，4；图版二四三，3）。

标本 2008 I ⑥:620，石英岩，以石片为毛坯。远端有连续平行分布的条形修疤，为反向二次加工，边缘平直，以一线形台面石片为毛坯，远端连续反向修整，调整出一平直刃。长 24.2、宽 19.4、厚 5.1 毫米，重 2.85 克（图 6-26，5；图版二四三，5）。

标本 2008 I ⑥:353，石英岩，以石片为毛坯。左侧有条形修疤，远端有鱼鳞状修疤，为正向二次加工，边缘平直，以一石片为毛坯，左侧调整平直，远端修整出一圆弧刃。长 23、宽 19、厚 4 毫米，重 1.35 克（图 6-26，6；图版二四三，6）。

标本 2008 I ⑥:226，燧石，以石片为毛坯。台面角 78°，背面有条形修疤，远端有连续分布的条形和鱼鳞状修疤，为正向二次加工，边缘平直，以一石片为毛坯，背面正向修整去薄，远端正向修整出一弧形刃。长 27、宽 18、厚 8 毫米，重 4.34 克（图 6-26，7；图版二四三，7）。

3. 尖状器

共发现 27 件，多由石片制成，加工修理较好，类型相对稳定，基本上是在石片的两侧经修理相交于一端形成尖刃。

标本 2008 I ⑥:2049，石英岩，以石片为毛坯。两侧有阶梯状修疤，为正向二次加工，以一石片为毛坯，两侧正向加工至远端，调整出一尖。长 67、宽 43、厚 11 毫米，重 14.63 克（图 6-27，1；图版二四四，1）。

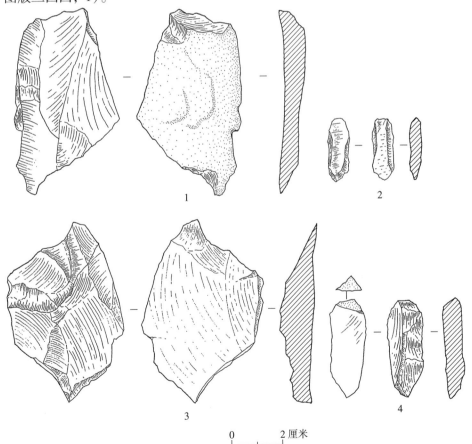

图 6-27　第6文化层出土尖状器（1）

1. 2008 I ⑥:2049　2. 2008 I ⑥:1198　3. 2008 I ⑥:1516　4. 2008 I ⑥:849

标本2008Ⅰ⑥:1198，石英岩，以石片为毛坯。远端有阶梯状修疤，为正向二次加工，以一长石片为毛坯，在远端中部正向修整出一尖。长22、宽8、厚4毫米，重0.96克（图6-27，2；图版二四四，4）。

标本2008Ⅰ⑥:1516，石英岩，以石片为毛坯。正面及两侧有阶梯状修疤和鳞状片疤，为正向二次加工，以一石片为毛坯，正面正向修整去薄，两侧正向加工调整，在远、近两端各修整出一尖。长71、宽46、厚16毫米，重17.36克（图6-27，3；图版二四四，2）。

标本2008Ⅰ⑥:849，石英岩，以石片为毛坯。远端有阶梯状修疤，为正向二次加工，以一长石片为毛坯，远端正向加工，调整出一尖。长36、宽12、厚7毫米，重3.28克（图6-27，4；图版二四四，3）。

标本2008Ⅰ⑥:610，石英岩，以石片为毛坯。背面有条形修疤，为正向二次加工，以一线形台面石片为毛坯，背面正向修整去薄，远端修整出一尖。长44、宽32、厚8毫米，重9.62克（图6-28，1；图版二四五，1）。

标本2008Ⅰ⑥:2592，石英岩，以砾石为原料，石片为毛坯。两侧至远端有鱼鳞状和阶梯状修疤，为正向二次加工，边缘平直，以一石片为毛坯，两侧至远端正向加工，调整至远端形成一尖突，形态规整，呈三角形。长37、宽25、厚4毫米，重4.65克（图6-28，2；图版二四五，2）。

标本2008Ⅰ⑥:2514，石英岩，以砾石为原料，石片为毛坯。两侧至远端有阶梯状和条形修疤，为正向二次加工，边缘平直，平面大体呈三角形，两侧至远端正向调整成形，在远端形成一尖。长36、宽34、厚7毫米，重7.26克（图6-28，3；图版二四五，3）。

标本2008Ⅰ⑥:1392，石英岩，以石片为毛坯。两侧至远端有条形和阶梯状修疤，为正向二次加工，边缘较平直，以一石片为毛坯，两侧至远端正向修整成型，在远端形成一尖。长33、宽29、厚4毫米，重2.83克（图6-28，4；图版二四五，4）。

标本2008Ⅰ⑥:1156，石英岩，以石片为毛坯。两侧至远端有条形和阶梯状修疤，为正向二次加工，背面较平直，以一石片为毛坯，两侧至远端正向修整成型，在远端形成一尖。长41、宽21、厚4毫米，重4.09克（图6-28，5；图版二四五，5）。

标本2008Ⅰ⑥:569，石英岩，以砾石为原料，石片为毛坯。背面有条形修疤，两侧边缘有阶梯状修疤，为正向二次加工，背面正向修整去薄，两侧正向修整平直，至远端形成一尖。长30、宽18、厚5毫米，重2.5克（图6-28，6；图版二四五，6）。

标本2008Ⅰ⑥:1185，硬质凝灰岩，以石片为毛坯。两侧至远端有条形修疤，为正向二次加工，以一石片为毛坯，两侧至远端正向修整成型，在远端形成一尖。长35、宽25、厚10毫米，重8.32克（图6-29，1；图版二四六，1）。

标本2008Ⅰ⑥:644，燧石，以石片为毛坯。两侧有条形和阶梯状修疤，为正向二次加工，两侧正向修整平直，至远端形成一尖。长16、宽8、厚2毫米，重0.31克（图6-29，2；图版二四六，2）。

标本2008Ⅰ⑥:666，石英岩，以石片为毛坯。远端有阶梯状片疤，为正向二次加工，平面呈柱状，以一厚石片为毛坯，远端正向修整，调整出一尖。长38、宽21、厚17毫米，重6.32克（图6-29，3；图版二四六，3）。

标本2008Ⅰ⑥:1943，石英岩，以砾石为原料。远端有鱼鳞状和阶梯状修疤，为正向二次加

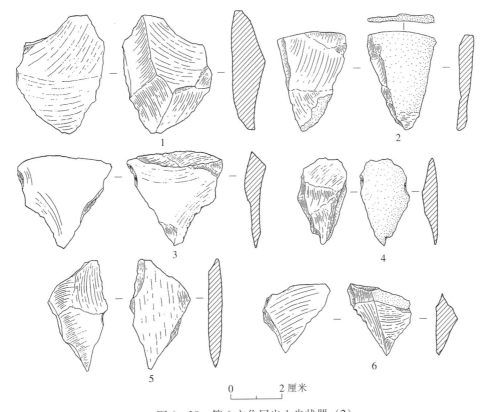

图6－28　第6文化层出土尖状器（2）

1. 2008 Ⅰ⑥:610　2. 2008 Ⅰ⑥:2592　3. 2008 Ⅰ⑥:2514　4. 2008 Ⅰ⑥:1392　5. 2008 Ⅰ⑥:1156　6. 2008 Ⅰ⑥:569

工，以一近三棱状的厚石片为毛坯，两侧至远端正向修整，形成一尖。长29、宽18、厚13毫米，重4.56克（图6－29，4；图版二四六，4）。

标本2008 Ⅰ⑥:1321，石英岩，以石片为毛坯。背面有鱼鳞状和阶梯状修疤，为正向二次加工，边缘呈弧形，以一背有一脊的厚石片为毛坯，背面正向修整成形，远端调整出一尖。长28、宽18、厚12毫米，重4.82克（图6－29，5；图版二四六，5）。

标本2008 Ⅰ⑥:1145，燧石，以砾石为原料，石片为毛坯。背面有条形修疤，两侧有阶梯状修疤，为正向二次加工，背面正向修整去薄，两侧正向修整平直，至远端形成一尖。长17、宽15、厚6毫米，重1.74克（图6－29，6；图版二四六，6）。

标本2008 Ⅰ⑥:2587，燧石，以砾石为原料，石片为毛坯。背面有条形修疤，为正向二次加工，以一平面近心形的石片为毛坯，背面正向修整去薄，在远端形成一尖。长22、宽17、厚6毫米，重1.95克（图6－29，7；图版二四六，7）。

标本2008 Ⅰ⑥:1278，燧石，以砾石为原料，石片为毛坯，两侧至远端有阶梯状和鱼鳞状修疤，为正向二次加工，加工技术为软锤，边缘平直，两侧至远端正向修整平直，在远端形成一尖，平面呈三角形。长30、宽16、厚6毫米，重2.7克（图6－29，8；图版二四六，8）。

标本2008 Ⅰ⑥:1761，燧石，以石片为毛坯。两侧至远端有条形和阶梯状修疤，为正向二次加工，以一小石片为毛坯，两侧至远端正向加工修整，在远端调整出一尖。长21、宽14、厚3毫米，重0.66克（图6－30，1；图版二四七，1）。

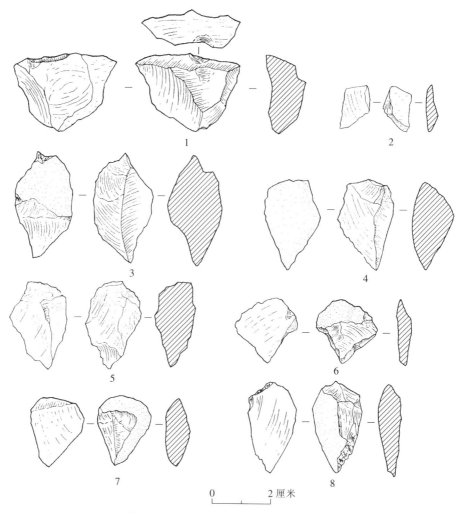

图 6 - 29　第 6 文化层出土尖状器（3）

1. 2008 I ⑥：1185　2. 2008 I ⑥：644　3. 2008 I ⑥：666　4. 2008 I ⑥：1943　5. 2008 I ⑥：1321
6. 2008 I ⑥：1145　7. 2008 I ⑥：2587　8. 2008 I ⑥：1278

标本 2008 I ⑥：1051，石英岩，以石片为毛坯。背面有条形修疤，远端有阶梯状修疤，为反向二次加工，平面大体呈三角形，背面反向修整去薄，远端反向修整，调整出一尖。长 21、宽 16、厚 5 毫米，重 1.2 克（图 6 - 30，2；图版二四七，2）。

标本 2008 I ⑥：596，石英岩，以石片为毛坯。远端有鱼鳞状和阶梯状修疤，为正向二次加工，以一石片为毛坯，远端正向修整，调整出一尖突。长 19、宽 13、厚 6 毫米，重 1.19 克（图 6 - 30，3；图版二四七，3）。

标本 2008 I ⑥：210，石英岩，以石片为毛坯。背面有鱼鳞状和阶梯状修疤，为正向二次加工，平面大体呈心形，背面正向修整成型，远端形成一尖。长 20、宽 16、厚 8 毫米，重 2.56 克（图 6 - 30，4；图版二四七，4）。

标本 2008 I ⑥：1291，以石片为毛坯。近端有方形修疤，远端有阶梯状修疤，为正向二次加工，加工技术为软锤，以一平面近三角形的石片为毛坯，近端正向修整去薄，远端正向调整出一尖。长 16、宽 10、厚 6 毫米，重 0.79 克（图 6 - 30，5；图版二四七，5）。

标本 2008 I ⑥：2493，燧石，以砾石为原料，石片为毛坯。远端有条形和阶梯状修疤，为正向

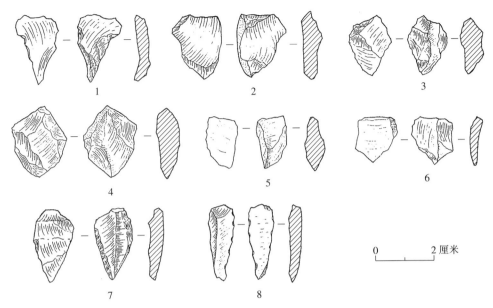

图 6 – 30　第 6 文化层出土尖状器（4）

1. 2008 I ⑥：1761　2. 2008 I ⑥：1051　3. 2008 I ⑥：596　4. 2008 I ⑥：210　5. 2008 I ⑥：1291　6. 2008 I ⑥：2493

7. 2008 I ⑥：240　8. 2008 I ⑥：1760

二次加工，以一石片为毛坯，远端正向修整，调整出一尖。长 15、宽 13、厚 3 毫米，重 0.56 克（图 6 – 30，6；图版二四七，6）。

标本 2008 I ⑥：240，玛瑙，以石片为毛坯。两侧有条形和鱼鳞状修疤，为正向二次加工，加工技术为软锤，两侧至远端正向修整平直，在远端形成一尖，平面呈三角形。长 23、宽 13、厚 5 毫米，重 1.2 克（图 6 – 30，7；图版二四七，7）。

标本 2008 I ⑥：1760，石英岩，以石片为毛坯。远端有阶梯状修疤，为正向二次加工，以一线形台面的长石片为毛坯，远端正向加工，调整出一尖。长 24、宽 7、厚 3 毫米，重 0.59 克（图 6 – 30，8；图版二四七，8）。

4. 雕刻器

共发现 30 件，多由石片制成，基本上是在石片修整成型后的一端打制出一个类似凿子形的刃口。

标本 2008 I ⑥：419，燧石，以石片为毛坯。远端有阶梯状修疤，为正向二次加工，以一石片为毛坯，远端正向修整，调整出一似凿子状的刃。长 52、宽 35、厚 15 毫米，重 18.63 克（图 6 – 31，1；图版二四八，1）。

标本 2008 I ⑥：653，石英岩，以石片为毛坯。两侧至远端有条形和阶梯状修疤，为正向二次加工，以一石片为毛坯，近端正向修整去薄，两侧至远端正向修整，调整出一凿子状的刃。长 30、宽 16、厚 8 毫米，重 4.75 克（图 6 – 31，2；图版二四八，4）。

标本 2008 I ⑥：1606，石英岩，以砾石为原料，石片为毛坯。两侧至远端有条形和鱼鳞状修疤，为正向二次加工，加工技术为软锤，以一石片为毛坯，两侧至远端正向修整成型，在远端调整出一似凿子状的刃。长 38、宽 31、厚 9 毫米，重 8.67 克（图 6 – 31，3；图版二四八，2）。

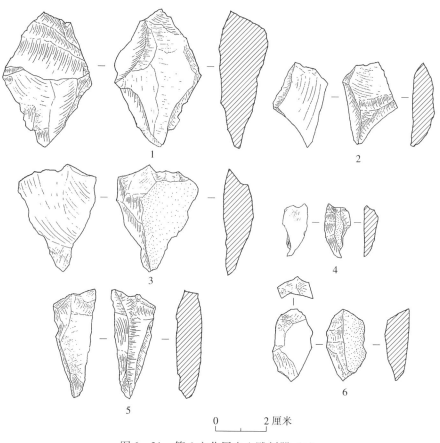

图6-31 第6文化层出土雕刻器（1）

1. 2008Ⅰ⑥:419　2. 2008Ⅰ⑥:653　3. 2008Ⅰ⑥:1606　4. 2008Ⅰ⑥:2008　5. 2008Ⅰ⑥:2174
6. 2008Ⅰ⑥:1649

标本2008Ⅰ⑥:2008，石英岩，以石片为毛坯。远端有阶梯状修疤，为正向二次加工，以一石片为毛坯，远端正向加工，调整出一鸟喙状刃。长20、宽9、厚4毫米，重0.74克（图6-31，4；图版二四八，6）。

标本2008Ⅰ⑥:2174，石英岩，以石片为毛坯。远端有阶梯状修疤，为正向二次加工，以一背有棱脊、大体呈三棱状的石片为毛坯，远端正向修整，调整出一小的平直刃。长40、宽15、厚9毫米，重6.46克（图6-31，5；图版二四八，3）。

标本2008Ⅰ⑥:1649，石英岩，以砾石为原料，石片为毛坯。二次加工部位：两侧至远端，二次加工方向：正向两侧至远端有条形和阶梯状修疤。以一石片为毛坯，两侧至远端正向修整成型，在远端调整出一似凿子状的刃。长26、宽12、厚9毫米，重3.53克（图6-31，6；图版二四八，5）。

标本2008Ⅰ⑥:1631，燧石，以石片为毛坯。背面有鱼鳞状和阶梯状修疤，为正向二次加工，加工技术为软锤，以一石片为毛坯，背面正向修整成型，在远端调整出一似凿子状的刃。长39、宽20、厚10毫米，重7.93克（图6-32，1；图版二四九，1）。

标本2008Ⅰ⑥:349，石英，以砾石为原料，石片为毛坯。远端有阶梯状修疤，为正向二次加工，以一石片为毛坯，远端正向修整，调整出一凿子状的小平直刃。长37、宽28、厚8毫米，重8.48克（图6-32，2；图版二四九，2）。

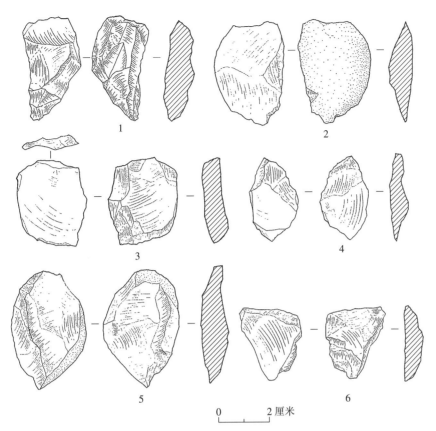

图 6 - 32　第 6 文化层出土雕刻器（2）

1. 2008 Ⅰ⑥：1631　2. 2008 Ⅰ⑥：349　3. 2008 Ⅰ⑥：2542　4. 2008 Ⅰ⑥：1828　5. 2008 Ⅰ⑥：
907 6. 2008 Ⅰ⑥：1456

　　标本 2008 Ⅰ⑥：2542，燧石，以石片为毛坯。右侧边缘至远端有条形和阶梯状修疤，为正向二次加工，以一石片为毛坯，右侧边缘至远端正向修整，在远端调整出一鸟喙状刃。长 34、宽 26、厚 7 毫米，重 7.94 克（图 6 - 32，3；图版二四九，3）。

　　标本 2008 Ⅰ⑥：1828，石英岩，以石片为毛坯。远端有阶梯状和鱼鳞状修疤，为正向二次加工，加工技术为软锤，以一近线形台面的石片为毛坯，远端正向修整，调整出一似鸟喙状的刃。长 30、宽 18、厚 4 毫米，重 2.44 克（图 6 - 32，4；图版二四九，5）。

　　标本 2008 Ⅰ⑥：907，燧石，以石片为毛坯。背面布满鱼鳞状和阶梯状修疤，为正向二次加工，加工技术为软锤，以一石片为毛坯，背面正向修整成型，远端调整出一似鸟喙状的刃。长 44、宽 28、厚 10 毫米，重 14.83 克（图 6 - 32，5；图版二四九，4）。

　　标本 2008 Ⅰ⑥：1456，石英，以石片为毛坯。背面有鱼鳞状和阶梯状修疤，为正向二次加工，加工技术为软锤，以一平面近三角形的石片为毛坯，背面正向修整成型，远端调整出一似凿子状的刃。长 28、宽 22、厚 8 毫米，重 4 克（图 6 - 32，6；图版二四九，6）。

　　标本 2008 Ⅰ⑥：1242，燧石，以砾石为原料，石片为毛坯。背面有条形和鱼鳞状修疤，为正向二次加工，加工技术为软锤，以一背有一脊的厚石片为毛坯，背面正向修整成型，远端调整出一鸟喙状刃。长 64、宽 43、厚 27 毫米，重 37.55 克（图 6 - 33，1；图版二五〇，1）。

　　标本 2008 Ⅰ⑥：3，燧石，以石片为毛坯。远端有条形和阶梯状修疤，为正向二次加工，以一

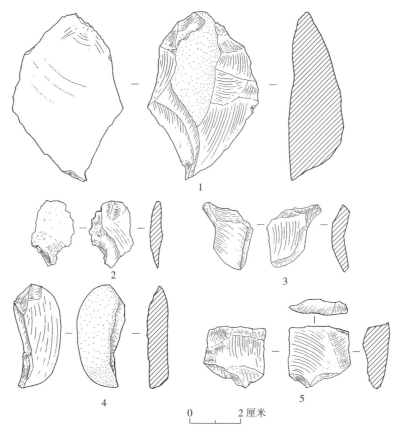

图 6 - 33 第 6 文化层出土雕刻器（3）

1. 2008 I ⑥:1242 2. 2008 I ⑥:3 3. 2008 I ⑥:555 4. 2008 I ⑥:1771 5. 2008 I ⑥:1209

近线形台面的石片为毛坯，远端正向修整，调整出一似鸟喙状的刃。长 25、宽 16、厚 3 毫米，重 1. 15 克（图 6 - 33，2；图版二五〇，3）。

标本 2008 I ⑥:555，燧石，以石片为毛坯。远端有阶梯状修疤，为正向二次加工，以一石片为毛坯，远端正向修整，在一侧调整出一鸟喙状刃。长 28、宽 16、厚 6 毫米，重 2. 46 克（图 6 - 33，3；图版二五〇，4）。

标本 2008 I ⑥:1771，石英岩，以砾石为原料，石片为毛坯。远端有阶梯状修疤，为正向二次加工，以一长石片为毛坯，远端正向加工，调整出一鸟喙状的平直刃。长 38、宽 16、厚 7 毫米，重 5. 72 克（图 6 - 33，4；图版二五〇，2）。

标本 2008 I ⑥:1209，燧石，以石片为毛坯。远端有条形和阶梯状修疤，为正向二次加工，以一长方形石片为毛坯，远端正向加工，在中部偏右侧处修整出一凿子状的刃。长 23、宽 23、厚 7 毫米，重 4. 6 克（图 6 - 33，5；图版二五〇，5）。

标本 2008 I ⑥:2589，石英岩，以砾石为原料，石片为毛坯。两侧至远端有鱼鳞状和阶梯状修疤，为正向二次加工，加工技术为软锤，以一背有一脊的厚石片为毛坯，两侧至远端正向修整，调整出一凿子状的刃。长 43、宽 25、厚 14 毫米，重 10. 32 克（图 6 - 34，1；图版二五一，1）。

标本 2008 I ⑥:1009，石英岩。以一平面大体呈三角形的石片为毛坯，两侧修整平直，远端正向加工，调整出一小的平直刃，有阶梯状片疤。长 38、宽 19、厚 9 毫米，重 4. 92 克（图 6 - 34，2；图版二五一，2）。

标本 2008 I⑥:2134，石英岩，原料为砾石，以石片为毛坯。远端有阶梯状修疤，为正向二次加工，以一近线形台面的长石片为毛坯，远端正向修整，调整出一小的平直刃。长37、宽11、厚10毫米，重3.82克（图6-34，3；图版二五一，3）。

标本 2006 I⑥:4，硅质页岩，以石片为毛坯。远端有条形和阶梯状修疤，以一近长方形石片为毛坯，远端反向修整出一似凿子状的小平直刃。长27、宽16、厚5毫米，重1.81克（图6-34，4；图版二五一，4）。

标本 2008 I⑥:2289，石英岩，以石片为毛坯。远端有阶梯状片疤，为正向二次加工，以一长石片为毛坯，远端正向加工，调整出一小的平直刃。长17、宽9、厚5毫米，重0.63克（图6-34，5；图版二五一，8）。

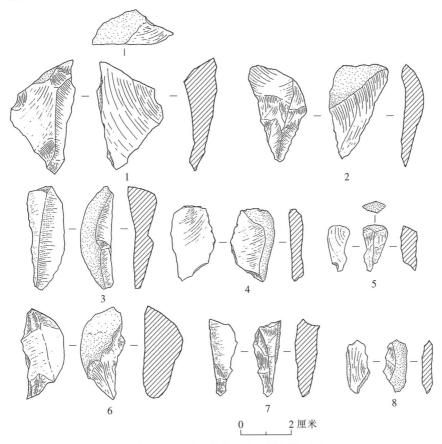

图6-34　第6文化层出土雕刻器（4）

1. 2008 I⑥:2589　2. 2008 I⑥:1009　3. 2008 I⑥:2134　4. 2006 I⑥:4　5. 2008 I⑥:2289

6. 2008 I⑥:1192　7. 2008 I⑥:1347　8. 2008 I⑥:1021

标本 2008 I⑥:1192，石英岩，以石片为毛坯，砾石为原料。远端有阶梯状和鱼鳞状修疤，为正向二次加工，加工技术为软锤，以一厚石片为毛坯，远端正向修整，调整出一鸟喙状刃。长34、宽17、厚14毫米，重7.12克（图6-34，6；图版二五一，5）。

标本 2008 I⑥:1347，石英岩，以砾石为原料，石片为毛坯。远端有鱼鳞状和阶梯状修疤，为正向二次加工，加工技术为软锤，以一长石片为毛坯，远端正向加工，调整出一小的平直刃。长27、宽8、厚7毫米，重2.38克（图6-34，7；图版二五一，6）。

标本 2008 I⑥:1021，石英岩，以砾石为原料，石片为毛坯。远端有条形修疤，为正向二次加工，加工技术为软锤，以一长石片为毛坯。远端正向修整，调整出一小的平直刃。长19、宽8、厚3毫米，重0.5克（图6-34，8；图版二五一，7）。

标本2008Ⅰ⑥：17，硅质页岩，以石片为毛坯。背面有条形和三角形修疤，为正向二次加工，远端有阶梯状修疤，为反向二次加工，加工技术为软锤，平面大体呈桂叶形，背面正向修整成型，远端反向修整出一鸟喙状刃。长32、宽21、厚7毫米，重4.48克（图6-35，1；图版二五二，1）。

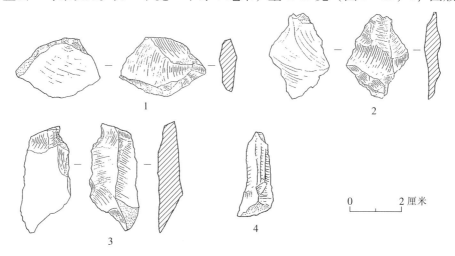

图6-35 第6文化层出土雕刻器（5）
1. 2008Ⅰ⑥：17 2. 2008Ⅰ⑥：1049 3. 2008Ⅰ⑥：1627 4. 2006Ⅰ⑥：248

标本2008Ⅰ⑥：1049，燧石，以石片为毛坯。背面布满条形和鱼鳞状修疤，为正向二次加工，以一石片为毛坯，背面正向修整去薄，远端正向修整出一似凿子状的平直刃。长31、宽20、厚4毫米，重2.19克（图6-35，2；图版二五二，2）。

标本2008Ⅰ⑥：1627，石英岩，以石片为毛坯。远端有阶梯状修疤，为正向二次加工，以一长石片为毛坯，远端正向修整，调整出一鸟喙状刃。长41、宽19、厚8毫米，重6.21克（图6-35，3；图版二五二，3）。

标本2006Ⅰ⑥：248，燧石，以砾石为原料，石片为毛坯。远端有阶梯状修疤，为反向二次加工，以一线形台面、背有一脊的长石片为毛坯，远端反向修整，调整出一小的平直刃。长30.6、宽14、厚4.8毫米，重2.03克（图6-35，4；图版二五二，4）。

5. 钻

共发现6件，多由较厚的石片或细石核改制而成，一般是在修整成型后于远端横向加工，修整出一小的尖突。

标本2008Ⅰ⑥：2440，石英岩，以石片为毛坯。背面有条形和阶梯状修疤，为正向二次加工，以一石片为毛坯，背面正向修整至形态规整，呈龟背状，在一侧调整出一尖突。长36、宽33、厚14毫米，重13.69克（图6-36，1；图版二五三，1）。

标本2008Ⅰ⑥：814，燧石，原料为砾石，以石片为毛坯。远端两侧有阶梯状修疤，为正向二次加工，加工技术为软锤，以一小石片为毛坯，远端正向加工，调整出一个三棱状的小尖突。长13、宽11、厚3毫米，重0.64克（图6-36，2；图版二五三，2）。

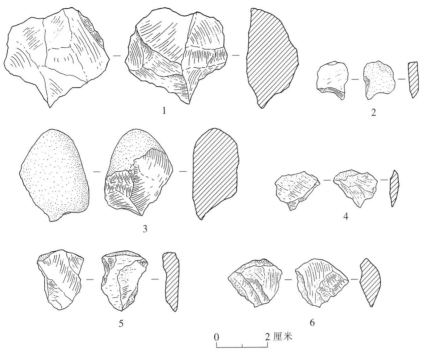

图6-36　第6文化层出土石钻

1. 2008 I ⑥：2440　2. 2008 I ⑥：814　3. 2008 I ⑥：1335　4. 2008 I ⑥：512　5. 2008 I ⑥：2172
6. 2008 I ⑥：1206

标本2008 I ⑥：1335，石英，原料为砾石，以石片为毛坯。远端有连续分布的鱼鳞状修疤，为正向二次加工调整，以一砾石断块为毛坯，远端正向加工，调整出一小的尖突。长32、宽22、厚16毫米，重12.34克（图6-36，3；图版二五三，3）。

标本2008 I ⑥：512，燧石，以石片为毛坯。远端有条形和阶梯状修疤，为正向二次加工，以一小石片为毛坯，远端正向加工，调整出一个三棱状的小尖突。长17、宽13、厚3毫米，重0.64克（图6-36，4；图版二五三，4）。

标本2008 I ⑥：2172，玉髓，原料为砾石，以石片为毛坯。两侧有条形修疤，远端有阶梯状修疤，为正向二次加工，以一石片为毛坯，两侧正向加工，调整平直，远端正向加工，调整出小的尖突。长22、宽17、厚4毫米，重1.68克（图6-36，5；图版二五三，5）。

标本2008 I ⑥：1206，石英岩，以石片为毛坯，原料为砾石。远端有条形和阶梯状修疤，为正向二次加工，以一线形台面、平面近三角形的石片为毛坯，远端正向加工，调整出一小的尖突。长20、宽17、厚7毫米，重1.96克（图6-36，6；图版二五三，6）。

四　细石核

共发现4件，分别为楔形石核和半锥状石核。

标本2008 I ⑥：2437，燧石，以石片为毛坯，楔形。台面角86°，台面有阶梯状修疤，为横向二次加工调整，台面大体呈椭圆形，台面径32毫米×19毫米，台面有修整，在一侧横向修整，调整出一楔状缘，另一侧剥片，有细长的细石叶剥片疤，兰越技法。长33、宽32、厚19毫米，重19.24克（图6-37，1；图版二五四，1）。

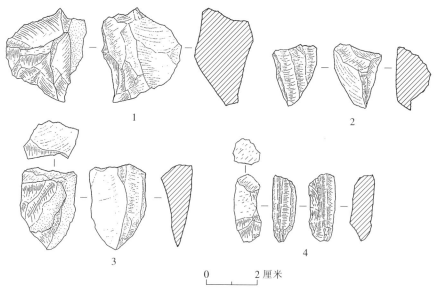

图6-37　第6文化层出土石钻

1. 2008 I ⑥：2437　2. 2008 I ⑥：865　3. 2008 I ⑥：1733　4. 2008 I ⑥：921

标本2008 I ⑥：865，燧石，以石片为毛坯，锥形。台面角86°，台面周边有阶梯状修疤，为横向二次加工调整，台面大体呈三角形，长18、宽14毫米，有修整，向背面倾斜，正面剥片，有细长的细石叶剥片疤。长26、宽18、厚14毫米，重4.44克（图6-37，2；图版二五四，2）。

标本2008 I ⑥：1733，燧石，原料为砾石，半锥形。台面角82°，台面周边有阶梯状修疤，为横向二次加工调整，台面大体呈D形，长18、宽10毫米，台面周边有修整，背面平坦，正面剥片，有细长的细石叶剥片疤。长30、宽22、厚12毫米，重8.19克（图6-37，3；图版二五四，3）。

标本2008 I ⑥：921，燧石，以石片为毛坯，半锥形。台面角68°，台面周边有阶梯状修疤，为横向二次加工调整，台面大体呈圆角三角形，长9、宽7毫米，周边有修整，背有一脊，脊两侧有条形片疤，正面剥片，有细长的细石叶剥片疤。长25、宽9、厚9毫米，重2.79克（图6-37，4；图版二五四，4）。

五　细石叶

共发现22件，形态规整，后平或弯。两侧边缘平行，背面有2条纵脊者，断面呈梯形；背面有一条纵脊者，断面呈三角形。细石叶中完整者很少，绝大多数为残断品，或一头或两头被打断。

标本2008 I ⑥：2500，燧石。两侧近平行，略有弧度，背2条平行脊。长27、宽9、厚3毫米，重0.92克（图6-38，1；图版二五五，1）。

标本2008 I ⑥：207，燧石。形态不很规整，略有弯曲，背有一脊。长23、宽9、厚2毫米，重0.34克（图6-38，2；图版二五五，2）。

标本2008 I ⑥：1958，燧石。两侧平行，背有一脊，远端弯曲。长23、宽8、厚5毫米，重0.56克（图6-38，3；图版二五五，3）。

标本2008 I ⑥：567，燧石。两侧平行，背有一脊，远端尖锐。长17、宽5、厚2毫米，重

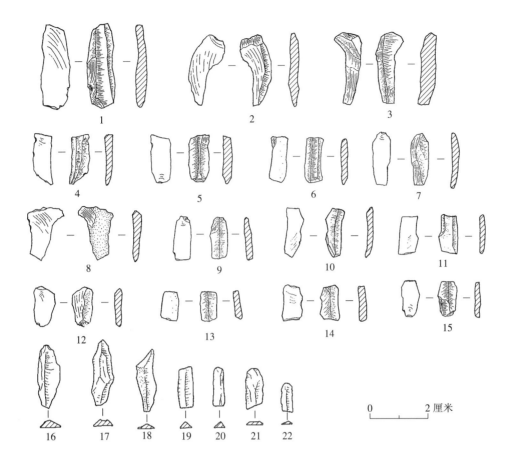

图6-38 第6文化层出土细石叶

1. 2008 Ⅰ⑥：2500 2. 2008 Ⅰ⑥：207 3. 2008 Ⅰ⑥：1958 4. 2008 Ⅰ⑥：567 5. 2008 Ⅰ⑥：647 6. 2008 Ⅰ⑥：899
7. 2008 Ⅰ⑥：1090 8. 2008 Ⅰ⑥：1148 9. 2008 Ⅰ⑥：198 10. 2008 Ⅰ⑥：574 11. 2008 Ⅰ⑥：92 12. 2008 Ⅰ⑥：1568
13. 2008 Ⅰ⑥：1469 14. 2008 Ⅰ⑥：1490 15. 2008 Ⅰ⑥：341 16. 2008 Ⅰ⑥：605 17. 2008 Ⅰ⑥：271 18. 2008 Ⅰ⑥：282
19. 2008 Ⅰ⑥：42 20. 2008 Ⅰ⑥：43 21. 2008 Ⅰ⑥：31 22. 2008 Ⅰ⑥：277

0.14 克（图6-38，4；图版二五五，4）。

标本 2008 Ⅰ⑥：647，玉髓。两侧平行，背有一脊，远端圆弧。长15、宽6、厚2毫米，重0.24 克（图6-38，5；图版二五五，5）。

标本 2008 Ⅰ⑥：899，玉髓。两侧平行，背有2条平行脊。长15、宽5、厚1毫米，重0.14 克（图6-38，6；图版二五五，6）。

标本 2008 Ⅰ⑥：1090，燧石。两侧平行，一端圆弧，略有弧度。长17、宽5、厚1毫米，重0.14 克（图6-38，7；图版二五五，7）。

标本 2008 Ⅰ⑥：1148，燧石，原料为砾石。背面为砾石面，近端较宽，近端以下两侧边平行。长16、宽12、厚2毫米，重0.27 克（图6-38，8；图版二五五，8）。

标本 2008 Ⅰ⑥：198，燧石。两侧平行，背有一脊，远端圆弧。长13、宽5、厚1毫米，重0.11 克（图6-38，9；图版二五五，9）。

标本 2008 Ⅰ⑥：574，燧石。两侧近平行，背有一脊，略有弧度。长16、宽5、厚1毫米，重0.14 克（图6-38，10；图版二五五，10）。

标本 2008 Ⅰ⑥：92，燧石。两侧平行，背有一脊。长12、宽6、厚1毫米，重0.09 克（图6-

38，11；图版二五五，11）。

标本 2008 Ⅰ⑥:1568，燧石。两侧平行，背有一脊。长 13、宽 6、厚 1 毫米，重 0.12 克（图 6 - 38，12；图版二五五，12）。

标本 2008 Ⅰ⑥:1469，燧石。形态规整，两侧平行，背有一脊。长 9、宽 5、厚 1 毫米，重 0.09 克（图 6 - 38，13；图版二五五，13）。

标本 2008 Ⅰ⑥:1490，燧石。两侧平行，背有一脊。长 11、宽 6、厚 2 毫米，重 0.17 克（图 6 - 38，14；图版二五五，14）。

标本 2008 Ⅰ⑥:341，燧石。两侧近平行，背有一脊，略有弧度。长 11、宽 6、厚 1 毫米，重 0.08 克（图 6 - 38，15；图版二五五，15）。

标本 2008 Ⅰ⑥:605，玉髓。形态不很规整，略有弧度，一端尖突，显微镜下未见使用痕迹。长 20.3、宽 7.2、厚 1.8 毫米，重 0.28 克（图 6 - 38，16；图版二五五，16）。

标本 2008 Ⅰ⑥:271，燧石。背有一脊，两端尖锐，略有弧度。长 21.4、宽 7.8、厚 3.5 毫米，重 0.49 克（图 6 - 38，17；图版二五五，17）。

标本 2008 Ⅰ⑥:282，燧石，原料为砾石。形态不很规整，背面保留有砾石面，一端尖锐。长 19.5、宽 5.9、厚 1.6 毫米，重 0.2 克（图 6 - 38，18；图版二五五，18）。

标本 2008 Ⅰ⑥:42，燧石。两侧平行，两端平直，背有一脊。长 13.6、宽 4.6、厚 1.5 毫米，重 0.11 克（图 6 - 38，19；图版二五五，19）。

标本 2008 Ⅰ⑥:43，燧石。两侧平行，两端平直，背有一脊。长 12.6、宽 3.6、厚 1.5 毫米，重 0.09 克（图 6 - 38，20；图版二五五，20）。

标本 2008 Ⅰ⑥:31，燧石。两侧平行，一端圆弧。长 13.3、宽 5.3、厚 1.1 毫米，重 0.1 克（图 6 - 38，21；图版二五五，21）。

标本 2008 Ⅰ⑥:277，燧石。两侧平行，两端平直。长 9.1、宽 3.1、厚 1 毫米，重 0.04 克（图 6 - 38，22；图版二五五，22）。

第七章 石器的微痕观察

微痕分析可以反映某个石制品类型的运动方式和加工材料，更能反映出整个石制品组合所表现的功能和任务。功能特点，比形态特点揭示出的信息更多、更重要。它的理论依据是石器在使用时，其使用部位因力学作用而发生的不可逆转的物理变化会在石器表面留下各种不同的破损、磨耗、光泽等使用痕迹。不同的使用方式，其加工对象使用痕迹的大小、形状、影像等也不尽相同。考古学家通过试验手段了解各种不同类型使用痕迹所形成的因果关系，并以其为依据，与考古学资料进行对比研究，进而判明其使用方法及功能。

在对龙王辿遗址第一地点的出土标本进行显微观察时，我们所选用的金相显微镜为具有内藏照明光源的 OLYMPUS BX60M，倍率为 50、100、200、400、500 倍。具有明场观察与暗场观察两种功能。明场观察为金相显微镜的主要观察方式，来自光源的光线通过物镜垂直或以小角度照射观测标本，经观测标本反射后又经物镜进入目镜，标本便会在明亮的视野中呈现出不同衬度的影像。暗场观察是在明场观察的基础上增加一些光学零件，即在入射光的光程中插入环形挡光板，使得入射光线以极大的倾斜角入射到观测标本上，再以极大的倾斜度反射出来，经过物镜进入目镜，这样明亮的影像便呈现在漆黑的视野上。我们在对龙王辿遗址第一地点出土的石器样品进行微痕观察时均以明场观察为主。

对于各种石材在各种不同使用方式、不同加工对象下所产生不同类型的使用痕迹的试验研究，国际学术界已有了十分成熟的标准体系，特别是燧石、硅质页岩、角页岩等，其使用痕迹的标准体系已十分完备①。在对龙王辿遗址第一地点出土石制品的使用痕迹显微观察的研究中，我们观察的使用痕迹以线状痕和光泽为主。线状痕（striation，stria），亦称条痕，是具有直线形外观的使用痕迹，在判断石器运动方向时能为我们提供最为可靠的依据。光泽（polish），亦称磨光面，是石器因使用而引起的刃部表面纹理的变化。因对光的反射率不同，在具有内藏照明设备的高倍率显微镜下可观察到各种不同的影像。不同的加工对象在石器表面形成的光泽各不相同，本文中光泽

① 王小庆：《石器使用痕迹显微观察的研究》，文物出版社，2008 年。

类型的划分及光泽类型与被加工物的对应关系以日本东北大学文学部考古学研究室使用痕研究小组的成果为参照①。光泽类型与被加工物之间虽没有明确的一一对应关系，但被加工物的不同是造成光泽类型差异最为主要的原因。试验结果表明光泽类型与被加工物的对应关系是（括号内为偶尔出现的情况）：A 型与禾本植物（竹子），B 型与木材、竹子、禾本植物光泽形成的初期（骨头），C 型与沾水的鹿角（骨头），D1 型与骨头、鹿角（木材），D2 型与骨头、鹿角、木材（竹子），E1 型与动物皮、肉类（木材），E2 型与动物皮、肉类，F1 型与干燥的鹿角、骨头、动物皮、肉类、木材，F2 型与各种被加工物光泽形成的初期、动物皮、肉类。

在实际的石器使用过程中，使用方式是十分随意而复杂多样的，但我们进行使用实验时为使实验结果具有可对比性，需要将这些随意、复杂多样的石器使用方式分解为定量化、单一化的模式。根据石器标本在使用实验中与被加工物的位置关系及石器的运动方向等可定义出切、割、锯、刮、削、砍、挖掘 7 种不同的使用方式（表 7 - 1；图 7 - 1）。

表 7 - 1　　　　　　　　　　　　石器使用方式的种类

使用方式	石器的运动方向	与被加工物的位置关系	与被加工物接触的部分
切割	与刃部平行，单方向	刃部与被加工物斜交，呈锐角	刃部全体
刻划	与刃部平行，单方向	刃部与被加工物斜交，呈锐角	刃部的前半部分
锯 1	与刃部平行，单方向	刃部与被加工物平行	刃部全体
锯 2	与刃部平行，双方向	刃部与被加工物平行	刃部全体
刮	与刃部垂直，单方向	石器正面与被加工物近垂直	刃部全体，以正面为主
削	与刃部垂直，单方向	石器正面与被加工物呈 45°以下的锐角	刃部全体，以背面为主
砍	与刃部垂直，双方向	刃部与被加工物大体呈垂直方向	刃部的中心部
挖掘	与刃部垂直，双方向	刃部与被加工物大体呈垂直方向	自刃部至器物中腹部

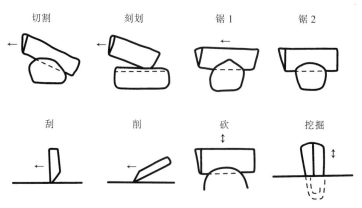

图 7 - 1　石器的使用方式

① 阿子岛香：《石器の使用痕》，16～31 页，ニューサイエンス社，1989 年。

龙王辿遗址第一地点地层堆积自上而下可分为6层，呈西南高东北低的慢斜坡状的堆积。第4、5、6层为旧石器时代晚期文化层，它们在土质、土色上虽有一些细微的差别，但均具有色淡黄、颗粒细、孔隙大、垂直节理发育等特征，是为典型的马兰黄土堆积。在第4、5、6层中，我们均发现了多处因加工石器而形成的石制品集中分布区，包含有大小不等的断块、废片和碎屑等，其中最小的碎屑长、宽为0.2～0.3厘米，表明这里是一处原地埋藏的旧石器时代晚期遗址。从地层堆积情况来看，龙王辿遗址第一地点的旧石器时代晚期文化遗存有年代早晚的区别，但它们在文化面貌上是大体一致的。龙王辿遗址第一地点出土的细石器主要有刮削器、端刮器、尖状器、雕刻器、石锯、石钻等几个类型，其材质以燧石和硅质页岩为主。

龙王辿遗址第一地点出土的细石器和部分形态规整的石片大都经过使用，在20倍的放大镜下，于其刃缘部可以看到不同程度的磨圆和因使用而产生的各种形态的片疤连续分布。细石叶工具也都存有使用痕迹，但在未经过二次加工的细石叶中，能够观察到使用痕迹的不多。在对所有标本进行放大镜的低倍观察后，在不同的器类中我们选择了226件使用痕迹发达的标本在金相显微镜下进行了高倍法的观察，结果见表7-2。以下我们选取不同类型石器、不同使用功能标本的微痕观察结果作一介绍。

表7-2   石制品微痕观察结果   单位：毫米、克

编　号	器名	岩性	器长	器宽	器厚	器重	光泽类型	光泽分布	线状痕	使用对象	使用方式
2005Ⅰ④:542	刮削器	石英岩	16.5	29.5	7.5	3.31	B	刃缘—中腹	与刃缘近垂直	木材	刮削
2006Ⅰ④:8570	刮削器	燧石	23.4	10.1	4.9	1.44	E2	刃缘—中腹	与刃缘近垂直	干皮	刮削
2006Ⅰ④:843	刮削器	硅质页岩	38.5	39.1	6.4	8.44	D、E	刃缘—中腹	与刃缘斜交	新鲜的肉类和骨头	剔割
2006Ⅰ④:1082	刮削器	燧石	20.1	24.1	7	4.56	C	刃缘—中腹	与刃缘斜交	骨头或鹿角	刻划
2006Ⅰ④:7366	刮削器	燧石	21.2	15.6	8.1	3.55	D	刃缘—中腹	与刃缘斜交	骨头	刻划
2006Ⅰ④:1768	刮削器	燧石	17.2	11	6	1.4	D	刃缘—中腹	与刃缘近垂直	骨头	刮削
2006Ⅰ④:2754	刮削器	燧石	15	15.8	8	2.04	B	刃缘—中腹	与刃缘平行	木材	切割
2006Ⅰ④:6087	刮削器	石英岩	47.6	38.2	18.5	34.36	D、E	刃缘—中腹	方向杂乱	新鲜的肉类和骨头	刮削
2006Ⅰ④:8043	刮削器	燧石	27.5	16.9	5.9	2.46	D2、E1	刃缘	与刃缘斜交	新鲜的肉类和骨头	剔割
2006Ⅰ④:1280	刮削器	燧石	23.8	16.3	9.4	4.58	D	刃缘	与刃缘近垂直	骨头	刮削
2006Ⅰ④:790	刮削器	燧石	24.2	17.8	7.6	4.04	D	刃缘—中腹	与刃缘斜交	骨头	刻划
2008Ⅰ④:3665	刮削器	燧石	14.9	18.3	11.9	4.93	D	刃缘	与刃缘近垂直	骨头	刮削
2006Ⅰ④:145	刮削器	燧石	34	31	17	8.48	E1	刃缘	与刃缘平行	动物皮革、肉类	切割

续表 7 - 2

编　号	器名	岩性	器长	器宽	器厚	器重	光泽类型	光泽分布	线状痕	使用对象	使用方式
2006 I ⑤: 5296	刮削器	燧石	35.1	31.2	6.7	10.36	D2	刃缘	与刃缘平行	骨头	切割
2006 I ⑤: 5126	刮削器	燧石	29.8	16.4	9.8	4.52	E2	刃缘—中腹	与刃缘近垂直	动物皮革、肉类	剔割
2006 I ⑤: 1617	刮削器	燧石	11.1	25.2	8.1	1.94	B	刃缘	与刃缘斜交	木材	切割
2006 I ⑤: 1813	刮削器	燧石	29	32.5	12.9	15.96	D、E	刃缘—中腹	与刃缘近垂直	新鲜的肉类和骨头	剔割
2006 I ⑤: 1679	刮削器	燧石	24.8	20.7	8.4	4.68	D	刃缘—中腹	与刃缘平行	骨头	切割
2006 I ⑤: 3207	刮削器	燧石	22	14.1	7.2	2.1	D	刃缘—中腹	与刃缘斜交	骨头	刻划
2006 I ⑤: 3409	刮削器	燧石	28.1	18.7	12.2	5.06	B	刃缘—中腹	与刃缘近垂直	木材	刮削
2006 I ⑤: 620	刮削器	硅质页岩	26	19	7	2.94	B	刃缘—中腹	与刃缘斜交	木材	刻划
2008 I ⑤: 4064	刮削器	燧石	19	17	4	1.52	B	刃缘—中腹	与刃缘近垂直	木材	刮削
2006 I ④: 7911	端刮器	燧石	23.9	17.8	5.1	2.65	B	刃缘—中腹	与刃缘斜交	木材	刻划
2006 I ④: 8350	端刮器	燧石	18.1	15.1	4.1	1.42	D、E	刃缘	与刃缘近垂直	新鲜的肉类和骨头	剔割
2006 I ④: 2875	端刮器	燧石	23.3	14	6.7	2.21	D、E	刃缘—中腹	与刃缘斜交	新鲜的肉类和骨头	剔割
2006 I ④: 7660	端刮器	燧石	17.9	13.1	5.9	1.47	D、E	刃缘—中腹	与刃缘近垂直	新鲜的肉类和骨头	剔割
2006 I ④: 7330	端刮器	燧石	14.5	14.9	3.8	0.98	E	刃缘	与刃缘近垂直	动物皮革、肉类	刮削
2006 I ④: 720	端刮器	石英岩	31	24	4	4.98	B	刃缘	与刃缘斜交	木材	刻划
2006 I ④: 4209	端刮器	石英	25.7	15	7.8	3.14	B	刃缘	与刃缘斜交	木材	刻划
2006 I ④: 7177	端刮器	石英岩	29	18	4	3.31	B	刃缘	与刃缘斜交	木材	刻划
2006 I ④: 8022	端刮器	燧石	16.7	15.6	5.3	1.46	D、E	刃缘—中腹	与刃缘斜交	新鲜的肉类和骨头	剔割
2006 I ④: 7618	端刮器	燧石	30	17.7	8.8	4.6	E	刃缘	与刃缘近垂直	动物皮革、肉类	刮削
2006 I ⑤: 2066	端刮器	燧石	20.1	13.1	4.1	1.31	B	刃缘	与刃缘近垂直	木材	刮削
2006 I ⑤: 3649	端刮器	燧石	22.4	12.2	5	1.34	D	刃缘	方向杂乱	骨头	
2006 I ⑤: 1778	端刮器	燧石	25.3	22.9	4.8	3.11	C	刃缘	与刃缘近垂直	骨头或鹿角	刮削
2006 I ⑤: 1847	端刮器	燧石	15.9	11.2	2.8	0.64	D	刃缘	与刃缘近垂直	骨头	刮削

续表 7－2

编　号	器名	岩性	器长	器宽	器厚	器重	光泽类型	光泽分布	线状痕	使用对象	使用方式
2006 I ⑤：1868	端刮器	燧石	19.8	11	4.4	0.86	D	刃缘—中腹	与刃缘平行	骨头	切割
2006 I ⑤：1582	端刮器	燧石	29.2	18.9	6.3	3.81	D、E	刃缘—中腹	与刃缘平行	新鲜的肉类和骨头	剔割
2006 I ⑤：3457	端刮器	燧石	21.3	12.8	3.1	2.22	C	刃缘	与刃缘近垂直	骨头或鹿角	刮削
2006 I ⑤：3685	端刮器	燧石	18.2	16	9.2	2.73	D、E	刃缘—中腹	与刃缘近垂直	新鲜的肉类和骨头	剔割
2006 I ⑤：5568	端刮器	燧石	16.9	12	4.2	0.75	D	刃缘	与刃缘近垂直	骨头	刮削
2006 I ⑤：5396	端刮器	燧石	31	20	6	5.81	B	刃缘	与刃缘斜交	木材	刻划
2006 I ④：8585	端刮器	燧石	21.2	16.7	5.8	1.84	未见		未见		
2006 I ④：6108	端刮器	燧石	16.1	14.1	6.1	1.46	未见				
2006 I ⑤：4643	端刮器	燧石	21	12.2	7	1.97	未见				
2006 I ⑤：4674	端刮器	燧石	22	16.9	6.4	2.37	未见				
2006 I ⑤：3495	端刮器	燧石	25.2	13.9	9.2	3.44	未见				
2006 I ⑤：584	端刮器	硬质凝灰岩	35.6	17.4	2.9	2.33	未见				
2006 I ⑤：2138	端刮器	燧石	34.9	13.9	7.5	3.52	未见		未见		
2005 I ④：327	尖状器	石英岩	61.8	35.7	14.3	46.03	B	刃缘—中腹	方向杂乱	木材	
2005 I ④：219	尖状器	燧石	23.5	19	5.4	2.6	D	刃缘	方向杂乱	骨头	
2005 I ④：369	尖状器	燧石	21.3	11.4	5.5	1.17	D	刃缘—中腹	方向杂乱	骨头	
2005 I ④：1047	尖状器	石英岩	42.5	36.2	12.1	13.7	D	刃缘	方向杂乱	骨头	
2006 I ④：7574	尖状器	燧石	23.6	12.1	5.2	1.36	E1、E2	刃缘	与刃缘平行	动物皮革、肉类	切割
2006 I ④：70	尖状器	石英岩	39.5	23.8	8.5	9	B	刃缘—中腹	与刃缘平行	木材	切割
2006 I ④：4373	尖状器	燧石	25	11	5	1.35	D1、D2	刃缘—中腹	与刃缘平行	骨角类	切割
2006 I ④：8497	尖状器	燧石	17	16.9	3.5	0.7	C、B	刃缘	与刃缘斜交	木材	刻划
2006 I ④：6976	尖状器	燧石	22.9	16.8	10.5	4.01	D	刃缘	与刃缘平行	骨头	切割
2006 I ⑤：423	尖状器	燧石	27.5	17.6	7.1	3.76	B	刃缘—中腹	与刃缘近垂直	木材	刮削
2005 I ⑤：235	尖状器	燧石	28	16.5	8.9	3.49	D	刃缘—中腹	方向杂乱	骨头	
2006 I ⑤：749	尖状器	燧石	22.9	10	4.1	1.07	E1、E2	刃缘	与刃缘近垂直	动物皮革、肉类	刮削
2006 I ⑤：5417	尖状器	燧石	32.4	23.8	9.8	5.99	D1、D2	刃缘	与刃缘斜交	骨头	刻划
2006 I ⑤：373	尖状器	燧石	24.8	14.7	13.2	5.68	D1、D2	刃缘	与刃缘平行	骨头	切割

续表 7 - 2

编　号	器名	岩性	器长	器宽	器厚	器重	光泽类型	光泽分布	线状痕	使用对象	使用方式
2006 I ⑤：4942	尖状器	燧石	27	13	2	0.74	B	刃缘—中腹	方向杂乱	木材	
2006 I ⑤：4765	尖状器	燧石	25	12	6	1.75	B	刃缘	与刃缘平行	木材	切割
2006 I ④：4052	尖状器	燧石	22.9	14.1	7.8	2.35	未见		未见		
2006 I ⑤：140	尖状器	燧石	18.6	13.7	6.4	1.2	未见		未见		
2005 I ④：417	雕刻器	燧石	28.9	10.6	9.1	2.29	C	刃缘	与刃缘平行	骨头或鹿角	切割
2006 I ④：246	雕刻器	硅质页岩	33.7	24.8	10.5	7.6	D、E	刃缘	与刃缘平行	新鲜的肉类和骨头	剔割
2005 I ④：302	雕刻器	燧石	22.8	19.6	15.3	5.34	D	刃缘	与刃缘平行	骨头	切割
2005 I ④：21	雕刻器	燧石	31.2	9.1	6.1	2.16	D、E	刃缘	与刃缘平行	新鲜的肉类和骨头	剔割
2005 I ④：142	雕刻器	角页岩	35.9	36.4	12.3	12.28	B	刃缘	与刃缘平行	木材	切割
2005 I ④：281	雕刻器	燧石	22.4	19.9	9.8	4.51	D	刃缘	与刃缘斜交	骨头	刻划
2005 I ④：738	雕刻器	石英岩	25.8	13.4	9.2	3.02	B	刃缘—中腹	方向杂乱	木材	
2006 I ④：4195	雕刻器	燧石	33	12	7	3.48	C	刃缘	与刃缘平行	骨头或鹿角	切割
2006 I ④：8251	雕刻器	燧石	26	10.6	5.8	1.7	B	刃缘	与刃缘斜交	木材	刻划
2006 I ④：615	雕刻器	硅质页岩	30	23.2	12.9	5.6	C	刃缘	与刃缘平行	骨头或鹿角	切割
2006 I ④：2034	雕刻器	燧石	21	11	7.6	1.96	D、E	刃缘—中腹	与刃缘平行	新鲜的肉类和骨头	剔割
2006 I ④：4157	雕刻器	燧石	21.7	19.4	13.4	6.71	C	刃缘	与刃缘平行	骨头或鹿角	切割
2006 I ④：650	雕刻器	燧石	23.2	16.7	5.9	2.41	D、E	刃缘	与刃缘平行	新鲜的肉类和骨头	剔割
2006 I ④：296	雕刻器	燧石	23	9.2	3.4	1.2	C	刃缘	与刃缘垂直	骨头或鹿角	刮削
2006 I ④：1935	雕刻器	石英	20.2	11.5	6.4	1.76	C	刃缘	与刃缘平行	骨头或鹿角	切割
2006 I ④：8254	雕刻器	燧石	41.6	13.1	6.7	2.72	D	刃缘	与刃缘斜交	骨头	刻划
2006 I ④：432	雕刻器	燧石	32	18	11	5.7	C、B	刃缘	与刃缘平行	骨角类、木材	切割
2006 I ⑤：1922	雕刻器	燧石	32.8	17.8	4.7	2.66	B	刃缘	与刃缘平行	木材	切割
2006 I ⑤：3681	雕刻器	燧石	37	11.7	5	1.87	C、E	刃缘	与刃缘平行	动物皮革、骨头	切割
2006 I ⑤：5564	雕刻器	硅质页岩	30.2	12	4.8	1.5	B	刃缘	与刃缘平行	木材	切割
2006 I ⑤：4610	雕刻器	燧石	23.2	6.26	5.3	0.74	D	刃缘	与刃缘斜交	骨头	刻划
2006 I ⑤：5	雕刻器	石英岩	61.7	52.8	34.6	94.9	B	刃缘—中腹	与刃缘平行	木材	切割
2006 I ⑤：2998	雕刻器	燧石	33	14.6	3.3	1.45	D	刃缘—中腹	与刃缘近垂直	骨头	刮削

续表7-2

编　号	器名	岩性	器长	器宽	器厚	器重	光泽类型	光泽分布	线状痕	使用对象	使用方式
2006Ⅰ⑤:5466	雕刻器	燧石	22.4	11.2	4.5	0.73	B	刃缘—中腹	与刃缘斜交	木材	刻划
2006Ⅰ⑤:5174	雕刻器	硅质页岩	39.9	21	7	6.44	B	刃缘	与刃缘平行	木材	切割
2006Ⅰ⑤:1821	雕刻器	燧石	31.2	14.1	6.9	3.57	D	刃缘	与刃缘平行	骨头	切割
2006Ⅰ⑤:5437	雕刻器	燧石	21.5	12.4	5	1.47	C	刃缘	与刃缘斜交	骨头或鹿角	刻划
2006Ⅰ⑤:5428	雕刻器	燧石	20.7	15.5	4.8	1.91	D、E	刃缘	与刃缘平行	新鲜的肉类和骨头	剔割
2006Ⅰ⑤:5550	雕刻器	燧石	20	14.1	4.2	0.9	D、E	刃缘	与刃缘斜交	新鲜的肉类和骨头	剔割
2008Ⅰ⑤:5699	雕刻器	燧石	34	22	5	3.77	D	刃缘—中腹	与刃缘近垂直	骨头	刮削
2008Ⅰ④:5437	雕刻器	燧石	40	13	5	2.5	D、E	刃缘	方向杂乱	新鲜的肉类和骨头	剔割
2006Ⅰ⑥:248	雕刻器	燧石	30.6	14	4.8	2.03	C	刃缘	与刃缘斜交	骨头或鹿角	刻划
2006Ⅰ④:3771	雕刻器	石英岩	34	17.8	15	6.49	未见		未见		
2006Ⅰ④:3167	雕刻器	角页岩	43.2	25.1	12.3	14.09	未见		未见		
2006Ⅰ④:732	石锯	硅质页岩	44	23	4	3.34	B	刃缘	与刃缘近垂直	木材	刮削
2005Ⅰ④:122	石钻	燧石	20.7	12.3	6.9	1.31	D	刃缘	方向杂乱	骨头	
2006Ⅰ④:7489	石钻	燧石	23	17	8	3.8	C	刃缘	与刃缘斜交	骨头或鹿角	刻划
2008Ⅰ⑤:4953	石钻	燧石	29	13	5	2.12	C	刃缘	方向杂乱	骨头或鹿角	
2006Ⅰ⑤:4340	细石叶	燧石	20.5	5.1	1.8	0.2	B	刃缘	与刃缘斜交	木材	刻划
2005Ⅰ④:1052	细石叶	燧石	11	6.9	1.1	0.15	D	刃缘	与刃缘斜交	骨头	刻划
2005Ⅰ④:1045	细石叶	燧石	10.3	5.2	1.8	0.11	D、E	刃缘	与刃缘斜交	新鲜的肉类和骨头	剔割
2005Ⅰ④:1062	细石叶	石英	15.1	8.8	3.1	0.52	B	刃缘	与刃缘近垂直	木材	刮削
2005Ⅰ④:1060	细石叶	燧石	20.2	5.3	2	0.21	D、E	刃缘	与刃缘平行	新鲜的肉类和骨头	剔割
2006Ⅰ④:377	细石叶	燧石	17	6	1.1	0.14	C	刃缘	与刃缘近垂直	骨头或鹿角	刮削
2006Ⅰ④:8359	细石叶	燧石	25.4	6.2	2.9	0.36	C	刃缘	与刃缘近垂直	骨头或鹿角	刮削
2006Ⅰ④:249	细石叶	石英	19.6	4.7	2.7	0.29	B	刃缘	与刃缘近垂直	木材	刮削
2006Ⅰ④:259	细石叶	燧石	20	4.2	1.1	0.09	C	刃缘	与刃缘近垂直	骨头或鹿角	刮削
2006Ⅰ④:8261	细石叶	燧石	16.2	8.5	1.6	0.24	B	刃缘	与刃缘近垂直	木材	刮削
2006Ⅰ④:8219	细石叶	燧石	11.4	5.7	1.2	0.04	C	刃缘	与刃缘近垂直	骨头或鹿角	刮削

续表 7 - 2

编 号	器名	岩性	器长	器宽	器厚	器重	光泽类型	光泽分布	线状痕	使用对象	使用方式
2006Ⅰ④:8288	细石叶	燧石	6.6	4.5	1.2	0.03	D	刃缘	与刃缘平行	骨头	切割
2006Ⅰ④:281	细石叶	燧石	18	4.3	1.1	0.1	D	刃缘	与刃缘平行	骨头	切割
2006Ⅰ④:8336	细石叶	燧石	11.9	3.7	2.6	0.08	C	刃缘	与刃缘近垂直	骨头或鹿角	刮削
2006Ⅰ④:382	细石叶	燧石	18.3	6	1.1	0.11	D、E	刃缘	与刃缘平行	新鲜的肉类和骨头	剔割
2006Ⅰ⑤:4300	细石叶	燧石	32.2	9.9	4.1	1.07	D	刃缘	与刃缘平行	骨头	切割
2006Ⅰ⑤:2503	细石叶	燧石	30.6	8.5	4.5	0.88	C	刃缘	与刃缘近垂直	骨头或鹿角	刮削
2006Ⅰ⑤:4339	细石叶	燧石	15.9	5.4	2.1	0.18	C	刃缘	与刃缘近垂直	骨头或鹿角	刮削
2006Ⅰ⑤:3170	细石叶	燧石	8	6.3	1	0.04	D	刃缘	与刃缘近垂直	骨头	刮削
2006Ⅰ⑤:5066	细石叶	硅质页岩	41	16.8	7.6	5.15	D	刃缘	与刃缘近垂直	骨头	刮削
2006Ⅰ⑤:5496	细石叶	燧石	46	13.2	4.1	3.29	D	刃缘	与刃缘近垂直	骨头	刮削
2006Ⅰ⑤:189	细石叶	燧石	26.4	11.3	4	1.05	D	刃缘	与刃缘近垂直	骨头	刮削
2006Ⅰ⑤:127	细石叶	燧石	28.8	10	3.5	1.04	B	刃缘	与刃缘平行	木材	切割
2006Ⅰ⑤:3136	细石叶	燧石	12.9	6	1.3	0.12	D	刃缘	与刃缘近垂直	骨头	刮削
2006Ⅰ⑥:31	细石叶	燧石	13.3	5.3	1.1	0.1	D、E	刃缘	与刃缘近垂直	新鲜的肉类和骨头	刮削
2006Ⅰ⑤:2503	细石叶	燧石	30.6	8.5	4.5	0.88	C	刃缘	与刃缘近垂直	骨头或鹿角	刮削
2006Ⅰ⑥:281	细石叶	燧石	19.5	5.9	1.6	0.2	D	刃缘	与刃缘近垂直	骨头	切割
2006Ⅰ④:361	细石叶	燧石	17	4.5	1.8	0.16	未见		未见		
2006Ⅰ④:216	细石叶	燧石	17.6	5	1	0.12	未见		未见		
2006Ⅰ④:8227	细石叶	石英岩	23.4	6.3	3.5	0.51	未见		未见		
2006Ⅰ④:325	细石叶	燧石	21	5.1	2.7	0.32	未见		未见		
2006Ⅰ④:8316	细石叶	燧石	20.7	4.5	1.8	0.12	未见		未见		
2006Ⅰ④:383	细石叶	燧石	17.5	4	1.8	0.11	未见		未见		
2006Ⅰ④:209	细石叶	燧石	14.3	4.5	1.4	0.07	未见		未见		
2006Ⅰ⑤:4333	细石叶	燧石	14.8	3.6	1.6	0.1	未见		未见		
2006Ⅰ⑤:4326	细石叶	燧石	22.3	6.5	1.4	0.29	未见		未见		
2006Ⅰ⑤:4618	细石叶	燧石	18.4	5.6	1.5	0.17	未见		未见		
2006Ⅰ⑤:2602	细石叶	燧石	16.3	4.2	1.1	0.06	未见		未见		
2006Ⅰ⑤:2746	细石叶	燧石	20.6	6.4	1.4	0.21	未见		未见		
2006Ⅰ⑤:2761	细石叶	燧石	17.2	6.2	1	0.12	未见		未见		

续表 7－2

编　号	器名	岩性	器长	器宽	器厚	器重	光泽类型	光泽分布	线状痕	使用对象	使用方式
2006 I ⑤：2693	细石叶	燧石	18.5	4.9	1.4	0.13	未见		未见		
2006 I ⑤：4581	细石叶	燧石	16.5	6.2	2.4	0.28	未见		未见		
2006 I ⑤：2702	细石叶	燧石	13.3	4	1.6	0.07	未见		未见		
2006 I ⑤：2557	细石叶	燧石	12.9	3.2	1.6	0.06	未见		未见		
2006 I ⑤：2710	细石叶	燧石	19.5	5.2	2	0.23	未见		未见		
2006 I ⑤：4297	细石叶	燧石	11.8	4.2	1.2	0.02	未见		未见		
2006 I ⑤：4279	细石叶	燧石	10.2	5.9	1.4	0.08	未见		未见		
2006 I ⑤：4316	细石叶	燧石	16.2	4.8	1.1	0.1	未见		未见		
2006 I ⑤：4676	细石叶	玉髓	14.3	6.6	2	0.15	未见		未见		
2006 I ⑤：2586	细石叶	燧石	15.8	4.2	1	0.08	未见		未见		
2006 I ⑤：2634	细石叶	燧石	11.8	4	1	0.04	未见		未见		
2006 I ⑤：2442	细石叶	燧石	11.7	3.7	1	0.04	未见		未见		
2006 I ⑤：2722	细石叶	燧石	9.6	4.8	1	0.05	未见		未见		
2006 I ⑤：2736	细石叶	燧石	13.2	5.3	1.4	0.11	未见		未见		
2006 I ⑤：2696	细石叶	燧石	15.3	3.1	1	0.08	未见		未见		
2006 I ⑤：2809	细石叶	燧石	13.2	4.5	1.3	0.08	未见		未见		
2006 I ⑤：2641	细石叶	燧石	20.7	5.6	1.8	0.22	未见		未见		
2006 I ⑤：2665	细石叶	石英	26.4	6	5	0.67	未见		未见		
2006 I ⑤：2768	细石叶	燧石	19.4	7	17	0.26	未见		未见		
2006 I ⑤：2673	细石叶	燧石	12.2	6	1.4	0.17	未见		未见		
2006 I ⑤：4561	细石叶	燧石	12.6	4.3	1.1	0.09	未见		未见		
2006 I ⑤：2663	细石叶	燧石	15	4.4	1.1	0.05	未见		未见		
2006 I ⑤：2817	细石叶	燧石	14.4	5	1.6	0.12	未见		未见		
2006 I ⑤：2635	细石叶	燧石	20.6	7.8	2.3	0.33	未见		未见		
2006 I ⑤：2751	细石叶	燧石	23.1	8	2.5	0.36	未见		未见		
2006 I ⑤：2800	细石叶	燧石	12.6	3.7	1	0.03	未见		未见		
2006 I ⑤：2583	细石叶	燧石	19.8	9.8	2.3	0.37	未见		未见		
2006 I ⑤：4627	细石叶	燧石	17	6.6	1.5	0.23	未见		未见		

续表7-2

编 号	器名	岩性	器长	器宽	器厚	器重	光泽类型	光泽分布	线状痕	使用对象	使用方式
2006 I ⑤:4583	细石叶	燧石	16.5	5	1.8	0.13	未见		未见		
2006 I ⑤:4571	细石叶	燧石	17.2	6.5	1.6	0.18	未见		未见		
2006 I ⑤:4917	细石叶	燧石	64.2	21.9	10.5	16.25	未见		未见		
2006 I ⑥:605	细石叶	玉髓	20.3	7.2	1.8	0.28	未见		未见		
2005 I ④:1038	石片	石英岩	31.2	20.1	5.1	2.69	B	刃缘—中腹	与刃缘平行	木材	切割
2005 I ④:1040	石片	石英岩	29.1	19.2	8.9	5.37	B	刃缘—中腹	与刃缘平行	木材	切割
2005 I ④:1051	石片	石英岩	25.5	17.2	9.1	3.18	B	刃缘—中腹	与刃缘平行	木材	切割
2005 I ④:1044	石片	玉髓	28.2	25.1	9.5	7.89	B	刃缘—中腹	与刃缘平行	木材	切割
2005 I ④:1035	石片	燧石	18	9.8	3.1	0.44	D、E	刃缘	与刃缘近垂直	新鲜的肉类和骨头	剔割
2005 I ④:1036	石片	石英岩	15.1	7.2	2.1	0.25	B	刃缘	与刃缘近垂直	木材	刮削
2005 I ④:423	石片	石英岩	23.6	22.5	9.8	4.12	C	刃缘	与刃缘近垂直	骨头或鹿角	刮削
2006 I ④:88	石片	石英岩	48.5	25	7.3	10	C	刃缘	与刃缘近垂直	骨头或鹿角	刮削
2006 I ④:719	石片	石英	17.04	24.18	7.3	2.76	B	刃缘	与刃缘近垂直	木材	刮削
2006 I ④:4810	石片	石英岩	57.5	29.5	17.9	25.45	B	刃缘	与刃缘近垂直	木材	刮削
2006 I ④:591	石片	石英岩	35.5	30.4	13.7	17.01	B	刃缘—中腹	与刃缘近垂直	木材	刮削
2006 I ④:784	石片	燧石	20.6	27.5	12.9	4.6	B	刃缘	与刃缘近垂直	木材	刮削
2006 I ④:3370	石片	硅质页岩	33.1	32.3	6.6	7.23	B	刃缘—中腹	与刃缘近垂直	木材	刮削
2006 I ④:3519	石片	燧石	19.7	16	5.9	2.45	C	刃缘	与刃缘近垂直	骨头或鹿角	刮削
2006 I ④:2649	石片	石英岩	48.7	44.2	12.4	22.44	B	刃缘—中腹	与刃缘近垂直	木材	刮削
2006 I ④:654	石片	石英岩	25.3	20.1	9.5	5.3	C	刃缘	与刃缘近垂直	骨头或鹿角	刮削
2006 I ④:1828	石片	石英	24.8	17.8	5.9	2.71	B	刃缘—中腹	与刃缘近垂直	木材	刮削
2006 I ⑤:3654	石片	燧石	43.2	17.1	17。2	7.46	B	刃缘—中腹	与刃缘斜交	木材	刻划
2006 I ⑤:2865	石片	燧石	24.5	22.2	11.2	4.24	D、E	刃缘	与刃缘斜交	新鲜的肉类和骨头	剔割
2006 I ⑤:1795	石片	燧石	30.8	14.9	9.3	4.23	D	刃缘—中腹	与刃缘近垂直	骨头	刮削
2006 I ⑤:4305	石片	燧石	20.7	17.3	7.3	2.72	B	刃缘—中腹	与刃缘近垂直	木材	刮削
2006 I ⑤:1904	石片	燧石	21.6	13.8	4.1	1.26	D、E	刃缘	与刃缘斜交	新鲜的肉类和骨头	剔割

续表7－2

编　号	器名	岩性	器长	器宽	器厚	器重	光泽类型	光泽分布	线状痕	使用对象	使用方式
2008 I ⑤:4789	石片	燧石	29	14	5	2.25	D、B	刃缘—中腹	与刃缘斜交	骨头、木材	刻划
2005 I ⑤:1051	石片	燧石	20	14	56	1.33	B	刃缘—中腹	与刃缘近垂直	木材	刮削
2005 I ⑤:255	石片	燧石	20.7	11.8	7	1.37	未见		未见		
2006 I ⑤:2319	石片	玛瑙	29.4	23.7	6.7	4.79	未见		未见		
2006 I ⑤:6943	石片	石英岩	38.9	23	14.8	11.16	未见		未见		
2006 I ⑤:795	石片	燧石	14.8	11.2	3.8	0.43	未见		未见		
2006 I ⑤:2722	石片	燧石	40.2	29.9	8.4	8.56	未见		未见		
2006 I ⑤:3635	石片	石英岩	22.3	34.1	21.2	11.19	未见		未见		
2006 I ⑤:64	石片	石英岩	20	21.8	11.8	5.07	未见		未见		
2006 I ⑤:2037	石片	燧石	26	39.3	14.7	15	未见		未见		
2006 I ⑤:538	石片	石英岩	23.1	24.2	5.2	2.28	未见		未见		
2006 I ⑤:99	石片	燧石	45.3	26.6	5.8	7.18	未见		未见		
2006 I ⑤:2197	石片	燧石	16.6	20	6.8	2.21	未见		未见		
2006 I ⑤:691	石片	燧石	12.9	22.6	7.5	1.83	未见		未见		
2006 I ⑤:6059	石片	硅质岩	35.8	64.7	12.1	25.78	未见		未见		
2006 I ⑤:1952	石片	燧石	22.8	16.4	9.6	3.14	未见		未见		
2006 I ⑤:4304	石片	燧石	22.1	12.2	9.9	2.73	未见		未见		
2006 I ⑤:575	石片	硅质页岩	29	18.5	6.2	4.35	未见		未见		
2006 I ⑤:3171	石片	燧石	13.1	11.2	2.2	0.34	未见		未见		
2006 I ⑤:1540	石片	燧石	26.2	19.8	5.3	3.92	未见		未见		
2006 I ⑤:1560	石片	燧石	28.3	13.8	9.8	3.82	未见		未见		
2006 I ⑤:177	石片	燧石	12.4	20.5	2.9	0.55	未见		未见		
2006 I ⑤:3473	石片	石英岩	39.6	49.7	12.6	27.06	未见		未见		
2006 I ⑤:5256	石片	燧石	37	21	7	3.76	未见		未见		
2006 I ⑤:1459	石片	燧石	39	19	7	5.32	未见		未见		
2006 I ⑥:120	石片	燧石	11.6	26	5.4	2.72	未见		未见		
2008 I ⑥:2236	石片	石英岩	36	30	11	15.15	未见		未见		

一 刮削器

标本 2006 I ④：145（图 7 - 2）①

单边凸刃刮削器。燧石，平面大体呈圆形，长径
34、短径 31、厚 17 毫米，重 8.48 克，刃角 67°。由一
较厚的石片加工而成，在左侧近一半的部分保留有天
然燧石块的外表组织，在另一侧材质较好的部位由面
积较小的一面向另一面正向剥片加工成弧状刃口。

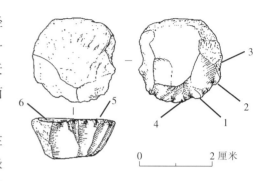

图 7 - 2　单边凸刃刮削器标本（2006 I ④：145）

在 20 倍放大镜下，可见其刃部边缘已有磨圆，在
刃缘部有鱼鳞状的小片疤连续分布，并可见到与刃缘
平行分布的线状痕。在 50 倍的显微镜下，于刃缘部可
看到光泽，在近刃缘处可见到与刃缘平行的线状痕
（图版二五六、二五七）。在 100 倍的显微镜下，于刃缘部可见到特征明显、十分发达的 E1 型光泽
斑块（图版二五八、二五九），其分布范围沿刃缘部向腹部略有延伸，发达程度大致相同。在 200
倍的显微镜下，刃缘部及略向腹部延伸的 E1 型光泽特征更为明确（图版二六〇、二六一），较圆
的小光泽斑块各自独立的分布也清晰可见。在近端至中腹部不见任何使用痕迹。

通过上述观察我们认为单边凸刃刮削器标本 2006 I ④：145 的使用对象为新鲜的动物皮革，使
用方式应为刮削，运动方向与刃部平行。

标本 2006 I ⑤：5296（图 7 - 3）

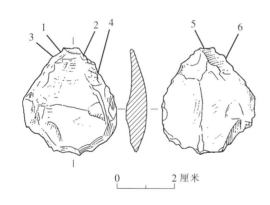

图 7 - 3　单边凸刃刮削器标本（2006 I ⑤：5296）

单边凸刃刮削器。燧石，平面大体呈心形，长径
约 35.1、短径约 31.2、厚 6.7 毫米，重 10.36 克，刃
角 47°。以一厚石片为毛坯，周身及远端正向修整，在
远端形成一圆弧形刃，周身有连续分布的条状修疤，
远端正面有阶梯状修疤。

在 20 倍放大镜下，可见刃部边缘已有十分明显的
磨圆，在刃缘的两侧分布有不连续且不规则的片疤，
相邻接的微小剥离痕的形状及大小等不统一，并可见
到与刃缘平行分布的线状痕。在 100 倍的显微镜下，
于刃缘部可看到光泽呈条状分布，在近刃缘处可见到
与刃缘平行的线状痕（图版二六二）。在顶端刃缘部
可见到特征明显、十分发达的 D2 型光泽斑块（图版二六三），其分布范围沿刃缘部向中腹部略有
延伸，发达程度有所减弱（图版二六四、二六五）。在 200 倍的显微镜下，顶端刃缘部 D2 型光泽
特征更为明确（图版二六六），形成融雪状的阶梯状结构，光泽表面的微坑也清晰可见。但向中腹
部延伸的 D2 型光泽也较为明显（图版二六七）。在近端至中腹部不见任何使用痕迹。

---

① 图中数字所指处为微痕观察时图像所采集的位置。下同。

通过上述观察我们认为单边凸刃刮削器标本 2006 I ⑤：5296 的使用对象为新鲜的动物骨头，使用方式应为刮削，运动方向与刃部平行。

标本 2006 I ⑤：5126（图 7 - 4）

双边刮削器。燧石，平面大体呈圆角长方形，长径约 29.8、短径约 16.4、厚 9.8 毫米，重 4.52 克，刃角 58°。以一背面有一棱脊的长石片为毛坯，自棱脊向左右侧边缘各修整出一弧形刃，正面左右两侧有连续分布的近长方形修疤，两端正面均有阶梯状修疤。

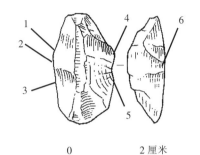

图 7 - 4　双边刮削器标本（2006 I ⑤：5126）

在 20 倍放大镜下，可见刃部边缘磨圆度较高，在刃缘的两侧分布有大小不等的片疤，其中小的微小剥离痕数量较少，排列在一起，多呈鱼鳞状，并可见到与刃缘垂直分布的线状痕。在 50 倍的显微镜下，于刃缘部可看到光泽斑块，在近刃缘处可见到与刃缘垂直分布的线状痕（图版二六八）。在 100 倍的显微镜下，于左右两侧的刃缘部可见到特征明显、十分发达的 E2 型光泽斑块（图版二六九～二七一），其分布范围沿刃缘部向中腹部略有延伸，发达程度大体相同。在 200 倍的显微镜下，顶端刃缘部 E2 型光泽特征更为明确（图版二七二、二七三），光泽表面细微的凹凸也十分明显。

通过上述观察我们认为双边刮削器标本 2006 I ⑤：5126 的使用对象为干皮，使用方式应为切割，运动方向与刃部垂直。

标本 2006 I ④：8570（图 7 - 5）

多边刮削器。燧石，平面大体呈长方形，长约 23.4、宽约 10.1、厚 4.9 毫米，重 1.44 克，刃角 57°。以石片为毛坯，器身正面全体正向修整，在器身周边修整出 4 个平直刃。器身周边有连续分布的鳞状及条形修疤。

在 20 倍放大镜下，可见刃部边缘磨圆度较高，在刃缘的两侧大体呈鱼鳞状分布有微小剥离痕，其中夹杂有大小、形状不定的片疤。此外，可见到与刃缘垂直分布的线状痕。在 50 倍的显微镜下，于刃缘部可看到光泽斑块，在近刃缘处可见到与刃缘垂直分布的线状痕（图版二七四）。在 100 倍的显微镜下，于 4 个刃部两侧的边缘部均可见到特

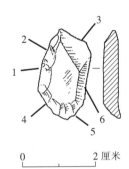

图 7 - 5　多边刮削器标本
（2006 I ④：8570）

征明显、十分发达的 E2 型光泽斑块（图版二七五～二七七），其分布范围沿刃缘部向中腹部略有延伸，发达程度大体相同。在 200 倍的显微镜下，顶端刃缘部 E2 型光泽特征更为明确（图版二七八、二七九），连续分布的圆润光泽斑块较为普遍。

通过上述观察我们认为双边刮削器标本 2006 I ④：8570 的使用对象为干皮，使用方式应为切割，运动方向与刃部垂直。

标本 2006 I ④：8043（图 7 - 6）

多边刮削器。石英岩，平面大体呈长方形，长约 27.5、宽约 16.9、厚 5.9 毫米，重 2.46 克，刃角 54°。以一石片为毛坯，在左右两侧及远端正向修整出平直刃和弧形刃。

图 7 - 6　多边刮削器标本
（2006 I ④：8043）

在20倍放大镜下，可见刃部边缘磨圆度较高，在刃缘的两侧可看到大小、形状不定的片疤。此外，也存有鱼鳞状的微小剥离痕，但数量不多。可见到与刃缘呈锐角相夹的线状痕。在50倍的显微镜下，在刃缘部可看到光泽斑块，在近刃缘处可见到与刃缘呈锐角相夹的线状痕（图版二八〇）。在100倍的显微镜下，于左侧刃部的边缘部可见到特征明显、十分发达的D2型光泽斑块（图版二八一），其分布范围沿刃缘部向中腹部略有延伸，发达程度有所减弱。在其余两个刃缘能够观察到D2、E1型光泽（图版二八二）。在200倍的显微镜下，左侧刃缘部D2型光泽特征更为明确（图版二八三），连续分布的圆润的光泽斑块较为普遍。

通过上述观察我们认为双边刮削器标本2006Ⅰ④：8043的使用对象以新鲜的肉类和骨头为主，使用方式应为剔割，运动方向与刃部斜交。同时，左侧的平直刃使用频率高于其他两刃。

标本2005Ⅰ④：542（图7-7）

多边刮削器。燧石，以石片为毛坯，单刃，长16.5、宽29.5、厚7.5毫米，重3.31克，刃角69°。远端有连续平行分布的条形修疤，为反向二次加工，加工技术为软锤，以一线形台面石片为毛坯，远端反向修整出一弧形刃。

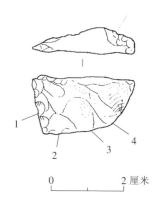

图7-7　多边刮削器标本
（2005Ⅰ④：542）

在20倍放大镜下，可见刃部边缘磨圆度较高，在刃缘的两侧可看到大小、形状不定的片疤。在50倍的显微镜下，于刃缘部可见发达的线状痕和B型光泽带（图版二八四），线状痕的方向大体与刃缘近垂直。在100倍的显微镜下，于左侧和远端的刃缘部可见有特征明显的B型光泽斑块（图版二八五）向中腹部延伸，发达程度大体相同（图版二八六），光泽斑块中可见彗星状小凹坑，方向与线状痕大体相同（图版二八七）。

通过上述观察我们认为多边刮削器标本2005Ⅰ④：542的使用对象应为木材，使用方式应为刮削，运动方向与刃部近垂直。

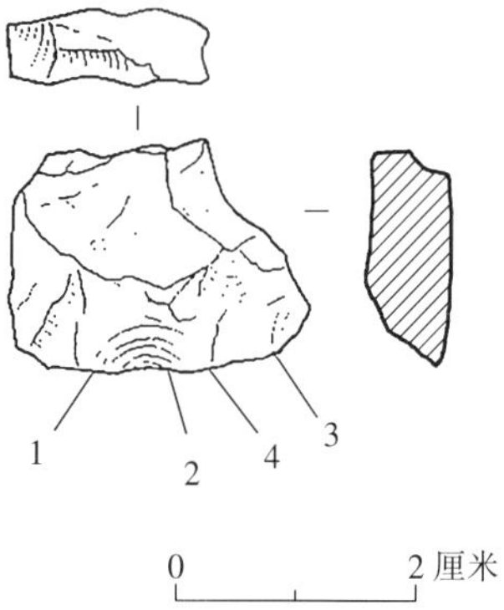

标本2006Ⅰ④：1082（图7-8）

单边刮削器。燧石，以石片为毛坯，单刃，长20.1、宽24.1、厚7毫米，重4.56克，刃角54°。远端有连续平行分布的条形修疤，为正向二次加工，以一近线形台面的石片为毛坯，远端正向修整，调整出一平直刃。

在20倍放大镜下，可见刃部边缘磨圆度较高，在刃缘的两侧可看到大小、形状不定的片疤。在50倍的显微镜下，刃缘部的线状痕明显，多成组平行分布，大体与刃缘近垂直（图版二八八），伴有发达的C型光泽带分布（图版二八九），在100倍的显微镜下，C型光泽斑块特征明显，微孔结构发达（图版二九〇、二九一），光泽带向中腹部略有延伸。

图7-8　单边刮削器标本
（2006Ⅰ④：1082）

通过上述观察我们认为单边刮削器标本2006Ⅰ④：1082的使用对象应为骨角类物质，使用方式应为刻划，运动方向与刃部斜交。

二 端刮器

标本 2006 Ⅰ ④：720 （图 7 - 9）

端刮器。石英岩，平面大体呈长方形，长约 31、宽约 24、厚 4 毫米，重 4.98 克，刃角 31°。以一保留自然台面的石片为毛坯，两侧修整平直，远端修整为圆弧状刃，两侧有长条形修疤，远端有鳞状修疤。

在 20 倍放大镜下，可见刃部边缘磨圆度较高，在刃部的背面，微小剥离痕排列较为规整，剥离痕的表面较为平坦，凹度较浅，微小剥离痕多为横向的连续排列。在末端有较浅的阶梯状微小剥离痕，平面形状多为长方形或梯形。此外，可见到与刃缘呈锐角相夹的线状痕。在 50 倍的显微镜下，于刃缘部可看到具有 B 型特征的光泽斑块，在近刃缘处可见到与刃缘呈锐角相夹的线状痕（图版二九二、二九三）。在 100 倍的显微镜下，于刃缘部可见到特征明显、十分发达的 B 型光泽斑块（图版二九四、二九五），其分布范围沿刃缘部向中腹部略有延伸，发达程度没有变化。在 200 倍的显微镜下，B 型光泽特征更为明确（图版二九六、二九七），光泽斑块自高点开始向低点延伸，光泽表面彗星状的凹坑也清晰可见，彗星尾部的方向与线状痕的分布方向相同，与刃缘部斜向相交。

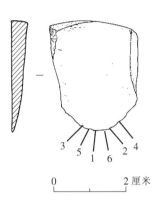

图 7 - 9 端刮器标本
（2006 Ⅰ ④：720）

通过上述观察我们认为端刮器标本 06 Ⅰ ④：720 的使用对象是木材，使用方式应为刮削，运动方向与刃部斜交。

标本 2006 Ⅰ ④：7177 （图 7 - 10）

端刮器。石英岩，平面大体呈长方形，长约 29、宽约 18、厚 4 毫米，重 3.31 克，刃角 42°。以一长石片（砸击石片）为毛坯，两侧修整平直，远端修出圆弧形刃，两侧有条状修疤，远端有小型鳞状修疤。

在 20 倍放大镜下，可见刃部边缘磨圆度较高，在刃部的背面，微小剥离痕呈横向排列，较为规整，剥离痕的表面较为平坦，凹度较浅。在末端有较多的浅阶梯状微小剥离痕，平面形状多为长方形或梯形。此外，可见到与刃缘呈锐角相夹的线状痕。在 50 倍的显微镜下，于刃缘部可看到 B 型光泽斑块呈条状分布，在近刃缘处可见到与刃缘呈锐角相夹的线状痕（图版二九八）。在 100 倍的显微镜下，于刃缘部可见到特征明显、十分发达的 B 型光泽斑块（图版二九九、三〇〇），其分布范围

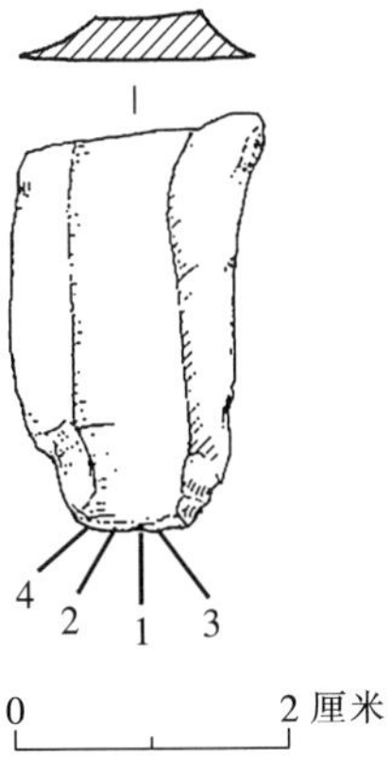

图 7 - 10 端刮器标本
（2006 Ⅰ ④：7177）

沿刃缘部向中腹部略有延伸，发达程度没有变化。在 200 倍的显微镜下，B 型光泽特征更为明确（图版三〇一），圆顶状的光泽斑块互相连接，呈水滴状光泽斑块十分圆润，光泽表面彗星状的凹坑也清晰可见，彗星尾部的方向与线状痕的分布方向相同，与刃缘部斜向相交。

通过上述观察我们认为端刮器标本 2006 Ⅰ ④：7177 的使用对象是木材，使用方式应为刮削，运动方向与刃部斜交。

标本 2006 I ⑤：3685（图 7 - 11）

端刮器。燧石，以石片为毛坯，长 18.2、宽 16、厚 9.2 毫米，重 2.73 克。背面有条形修疤，远端有鱼鳞状修疤，为正向二次加工，以一台面角 82°、平面大体近方形的石片为毛坯，背面正向修整去薄，远端正向修整，调整出一弧形刃。

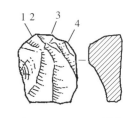

图 7 - 11 端刮器标本
（2006 I ⑤：3685）

在 20 倍放大镜下，可见刃部边缘已有十分明显的磨圆，在刃缘的两侧分布有不连续、不规则的片疤，相邻接的微小剥离痕的形状、大小不一，并可见到与刃缘垂直分布的线状痕。在 50 倍的显微镜下，线状痕清晰可见，多成组平行分布，与刃缘近垂直，并伴有光泽带（图版三〇二）。在 100 倍的显微镜下，于刃缘部可看到发达的 D、E 型光泽带，特征明显（图版三〇三、三〇四）。其分布向中腹部略有延伸，发达程度大体相同（图版三〇五）。

通过上述观察我们认为端刮器标本 2006 I ⑤：3685 的使用对象以新鲜的肉类和骨头为主，使用方式应为剔割，运动方向与刃部近垂直。

标本 2006 I ⑤：3457（图 7 - 12）

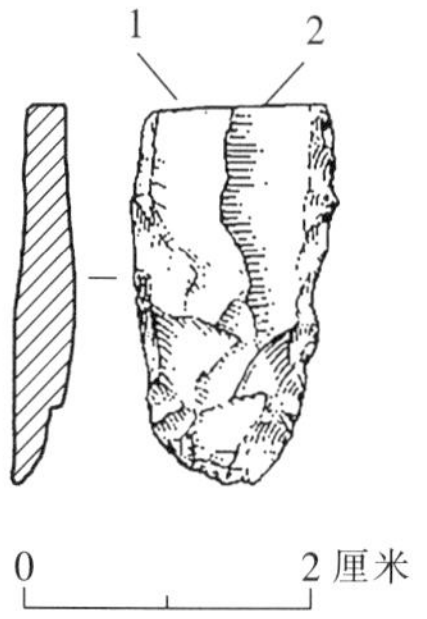

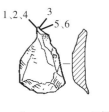

图 7 - 12 端刮器标本
（2006 I ⑤：3457）

燧石，以石片为毛坯，长 21.3、宽 12.8、厚 3.1 毫米，重 2.22 克。器身正面布满鳞状和条形修疤，为正向二次加工，加工技术为软锤，两侧平直，远端圆弧，以一台面角 47°的薄石片为毛坯，器身正面全体正向修整至两侧平直，在远端正向修整出一圆弧形刃。

在 20 倍放大镜下，可见刃部边缘磨圆度较高，在刃缘的两侧可看到大小、形状不定的片疤。在 50 倍的显微镜下，刃缘部的线状痕明显，清晰可见，多与刃缘近垂直（图版三〇六）。在刃缘部可见发达的 C 型光泽带，特征明显，微孔结构发达（图版三〇七），向中腹部略有延伸，发达程度减弱。

通过上述观察我们认为端刮器标本 2006 I ⑤：3457 的使用对象为骨头或鹿角，使用方式为刮削，运动方向与刃部近垂直。

三 尖状器

标本 2006 I ④：8497（图 7 - 13）

尖状器。燧石，平面大体呈等腰三角形，器高约 17、宽约 16.9、厚 3.5 毫米，重 0.7 克，刃角 59°。以一小石片为毛坯，器身周边全体正向修整至大体呈等腰三角形，在远端横向打击，修整出一尖突。器身周边布满近平行状修疤及鳞状疤。

在 20 倍放大镜下，可见尖突部边缘磨圆度较高，有交互剥离状的微小剥离痕存在，它们在刃缘两侧的分布大体相同，有较多的形体较大、有折角的不规则形微小剥离痕连续发生。从刃缘两侧微小剥离痕的接点部垂直观察，大体呈"之"形分布。剥离痕表面弯曲度大，较深。此外，可见到与刃缘呈锐角相夹的线状痕。在 50 倍的显微镜下，于刃缘部可见有 B 型特征

图 7 - 13 尖状器标本
（2006 I ④：8497）

光泽斑块，在近刃缘处可见到与刃缘呈锐角相夹的线状痕（图版三〇八）。在100倍的显微镜下，于刃缘部可见到特征较为明显的 C 型光泽斑块（图版三〇九、三一〇），其分布范围仅限于刃缘部位。在200倍的显微镜下，C 型光泽特征更为明确（图版三一一），光泽分布中、高点处扩展呈一片，低点有残留，光泽斑块不发达，呈网状连接。此外，在尖突部我们还看到了 B 型光泽的存在（图版三一二），光泽斑块自高点开始向低点延伸，光泽表面彗星状的凹坑也清晰可见，彗星尾部的方向与刃缘部斜向相交（图版三一三）。在尖突部以外的器身没有发现任何使用痕迹。

通过上述观察我们认为尖状器标本 2006 Ⅰ ④：8497 的使用对象是骨头或鹿角及木材，使用方式应为切割，运动方向与刃部斜交。

标本 2006 Ⅰ ④：7574（图 7 - 14）

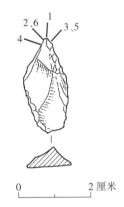

图 7 - 14　尖状器标本
（2006 Ⅰ ④：7574）

尖状器。燧石，平面大体呈三角形，器高约23.6、宽约12.1、厚5.2毫米，重1.36克，刃角64°。以一小石片为毛坯，器身周边全体正向修整至大体呈三角形，自中腹部开始收分陡增，修整出一尖突。器身周边布满近平行状修疤及鳞状疤。

在20倍放大镜下，可见尖突部边缘磨圆度较高，在刃缘的两侧大体呈鱼鳞状的微小剥离痕分布，其中夹杂有大小、形状不定的片疤。此外，可见到与刃缘平行分布的线状痕。在50倍的显微镜下，于刃缘部可看到光泽斑块，在近刃缘处可见到与刃缘呈平行分布的线状痕（图版三一四）。在100倍的显微镜下，于刃缘部可见到特征较为明显的 E1、E2 型光泽斑块（图版三一五 ~三一七），其分布范围仅限于刃缘部。在200倍的显微镜下，这些光泽特征更为明确（图版三一八、三一九），光泽表面细微的凹凸也十分明显。在尖突部以外的器身没有发现任何使用痕迹。

通过上述观察我们认为尖状器标本 2006 Ⅰ ④：7574 的使用对象是动物皮革，使用方式应为切割，运动方向与刃部垂直。

标本 2006 Ⅰ ⑤：5417（图 7 - 15）

尖状器。燧石，平面大体呈三角形，高约32.4、宽约23.8、厚9.8毫米，重5.99克，刃角64°。以一石片为毛坯，沿两侧向远端正向修整出一尖，两侧向远端有连续平行分布的条状修疤。

在20倍放大镜下，可见尖突部边缘磨圆度较高，在刃缘两侧可见有大小、形状不定的片疤，其中夹杂有一些阶梯状的微小剥离痕连续分布。此外，可见到与刃缘斜向相交的线状痕。在50倍的显微镜下，于刃缘部可看到光泽斑块，在近刃缘处可见有与刃缘呈斜向相交的线状痕（图版三二〇）。在100倍的显微镜下，于尖突部的刃缘部可见到特征较为明显的 D1、D2 型光泽斑块（图版三二一），其分布范围由尖突部向中腹部延伸，但发达程度有所减弱（图版三二二、三二三）。在200倍的显微镜下，这些光泽特征更为明确，光泽表面细的微坑和水滴状圆润的光泽斑块清晰可见（图版三二四、三二五）。在中腹部向近端的器身没有发现任何使用痕迹。

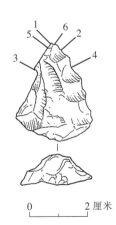

图 7 - 15　尖状器标本
（2006 Ⅰ ⑤：5417）

通过上述观察我们认为尖状器标本 2006 I ⑤:5417 的使用对象是动物骨骼，使用方式应为切割，运动方向与刃部斜向相交。

标本 2006 I ⑤:423（图 7-16）

尖状器。燧石，平面大体呈心形，高约 27.5、宽约 17.6、厚 8.9 毫米，重 3.76 克，刃角 62°。以一小石片为毛坯，器身周边正向加工调整至形制规整，在远端修整出一尖突，器身周边布满细小的鳞状和条形修疤。

在 20 倍放大镜下，可见尖突部边缘磨圆度较高。在刃缘部的背面，微小剥离痕排列较为规整，剥离痕的表面较为平坦，凹度较浅，微小剥离痕多为横向的连续排列。在末端有较浅的阶梯状微小剥离痕，平面形状多为长方形或梯形。此外，可见到与刃缘近垂直方向分布的线状痕。在 50 倍的显微镜下，于刃缘部可见有 B 型光泽斑块呈条状分布，在近刃缘处可见到与刃缘近垂直方向分布的线状痕（图版三二六）。有的 B 型光泽斑块十分发达，在 50 倍的放大倍率下，B 型光泽的特征已一览无遗（图版三二七）。

图 7-16　尖状器标本
（2006 I ⑤:423）

在 100 倍的显微镜下，于尖突部的刃缘部可见到特征十分明显的 B 型光泽斑块（图版三二八~三三〇），其分布仅局限于尖突部。B 型光泽的类型特征十分发达，光泽斑块自高点开始向低点延伸，光泽表面彗星状的凹坑也清晰可见，彗星尾部的方向与线状痕的分布方向相同，与刃缘部呈近垂直方向分布。在 200 倍的显微镜下，这些光泽特征更为明确（图版三三一），光泽表面细的微坑和光泽斑块的内部连接清晰可见。在中腹部向近端的器身没有发现任何使用痕迹。

通过上述观察我们认为尖状器标本 2006 I ⑤:423 的使用对象是木材，使用方式应为切割，运动方向与刃部近垂直。

标本 2006 I ⑤:749（图 7-17）

尖状器。燧石，平面大体呈柳叶形，高约 22.9、宽约 10、厚 4.1 毫米，重 1.07 克，刃角 65°。以一小石片为毛坯，器身周边全体正向修整规整，自中腹部开始增加收分，修整出一尖突。器身周边布满近平行状修疤及鳞状疤。

在 20 倍放大镜下，可见尖突部边缘磨圆度较高，在刃缘的两侧大体呈鱼鳞状的微小剥离痕分布，其中夹杂有大小、形状不定的片疤。此外，可见到与刃缘近垂直方向分布的线状痕。在 50 倍的显微镜下，于刃缘部可见有光泽斑块，在近刃缘处可见到与刃缘呈近垂直分布的线状痕（图版三三二）。在 100 倍的显微镜下，于刃缘部可见到特征较为明显的 E1、E2 型光泽斑块（图版三三三~三三五），其分布范围仅限于刃缘部。在 200 倍的显微镜下，这些光泽特征更为明确（图版三三六、三三七），光泽表面细微的凹凸也十分明显。在尖突部以外的器身没有发现任何使用痕迹。

图 7-17　尖状器标本
（2006 I ⑤:749）

通过上述观察我们认为尖状器标本 2006 I ⑤:749 的使用对象是动物皮革，使用方式应为切割，运动方向与刃部垂直。

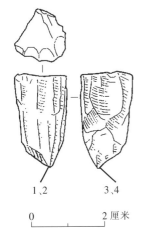

图 7 - 18 尖状器标本
(2006 I ⑤:373)

标本 2006 I ⑤：373（图 7 - 18）

尖状器。燧石，系用一细石核改制而成，高约 24.8、宽约 14.7、厚 13.2 毫米，重 5.68 克，刃角 59°。以一半锥形细石核为毛坯，在远端正向修整剥片，使得半锥形细石核原来的锥尖变得更加薄锐，形成一凌锐的尖突。

在 20 倍放大镜下，可见尖突部边缘磨圆度较高，在刃缘两侧可见有大小、形状不定的片疤，其中夹杂一些阶梯状的微小剥离痕连续分布。此外，可见到与刃缘平行分布的线状痕。在 50 倍的显微镜下，于刃缘部可看到小的光泽斑块，在近刃缘处可见到与刃缘平行分布的线状痕（图版三三八）。在 100 倍的显微镜下，于尖突部的刃缘部可见到特征较为明显的 D1、D2 型光泽斑块（图版三三九、三四〇），其分布仅限于尖突部。在 200 倍的显微镜下，这些光泽特征更为明确（图版三四一），光泽表面细的微坑和水滴状圆润的光泽斑块清晰可见。在尖突部以外的器身没有发现任何使用痕迹。

通过上述观察我们认为尖状器标本 2006 I ⑤：373 的使用对象是动物骨骼，使用方式应为切割，运动方向与刃部平行。

四 雕刻器

标本 2006 I ④：432（图 7 - 19）

雕刻器。燧石，平面大体呈长方形，高约 18、宽约 32、厚 11 毫米，重 5.7 克，刃角 59°。以一石片为毛坯，周边经修整，形态较为规整。器身右上角有一正向加工的凹缺，并经过较为仔细的修理形成一个鸟喙状的凸出，在这一凸处的顶端横向打击，修理出凿子形的刃口，器身全体布满不规则形状的修疤，腹面亦有修疤。

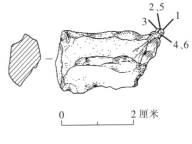

图 7 - 19 雕刻器标本
(2006 I ④:432)

在 20 倍放大镜下，可见尖突部边缘磨圆度较高，在刃缘两侧有交互剥离状的微小剥离痕存在。它们的分布大体相同，有较多的形体较大、在一侧刃缘有折角的不规则形微小剥离痕连续发生。从刃缘两侧微小剥离痕的接点部垂直观察，大体呈"之"形分布。剥离痕表面弯曲度大，较深。此外，可见到与刃缘大体平行分布的线状痕。在 50 倍的显微镜下，于刃缘部可看到呈条状分布的光泽斑块，在近刃缘处可见到与刃缘大体平行分布的线状痕（图版三四二）。在 100 倍的显微镜下，于刃缘部可见到特征较为明显的 C 型光泽斑块（图版三四三、三四四），其分布范围仅限于刃缘部。在 200 倍的显微镜下，C 型光泽特征更为明确（图版三四五），光泽分布中、高点处扩展呈一片，低点有残留，光泽斑块不发达，呈网状连接。此外，在刃缘部还看到了 B 型光泽（图版三四六），光泽斑块自高点开始向低点延伸，光泽表面彗星状的凹坑也清晰可见，彗星尾部的方向与刃缘部斜向相交（图版三四七）。在尖突部以外的器身没有发现任何使用痕迹。

通过上述观察我们认为雕刻器标本 2006 I ④：432 的使用对象是骨头或鹿角及木材，使用方式应为切割，运动方向与刃部大体平行。

标本 2006 I ④：4195（图 7-20）

雕刻器。燧石，平面大体呈长方形，长 33、宽 12、厚 7 毫米，重 3.48 克。以一弯曲度较大的石片为毛坯正向修整至两侧平直，远端尖锐，正面布满连续分布的鳞状和条状修疤。

在 20 倍放大镜下，可见尖突部边缘磨圆度较高，在刃缘两侧可见有大小、形状不定的片疤，其中夹杂一些阶梯状的微小剥离痕连续分布。剥离痕表面弯曲度大，较深。此外，可见到与刃缘大体平行分布的线状痕。在 50 倍的显微镜下，于刃缘部可看到光泽斑块，在近刃缘处可见到与刃缘呈大体平行分布的线状痕（图版三四八）。在 100 倍的显微镜下，于刃缘部可见到特征较为明显的 C 型光泽斑块（图版三四九~三五一），其特征较为明显，光泽分布中、高点处扩展成一片，低点有残留，光泽斑块不发达，呈网状连接。其分布范围仅限于刃缘部，在刃部以外的器身没有发现任何使用痕迹。

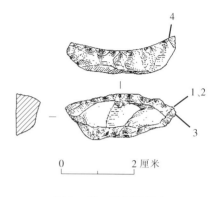

图 7-20　雕刻器标本
（2006 I ④：4195）

通过上述观察我们认为尖状器标本 2006 I ④：4195 的使用对象是骨头或鹿角，使用方式应为切割，运动方向与刃部大体平行。

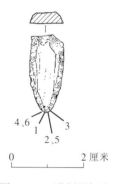

图 7-21　雕刻器标本
（2006 I ④：296）

标本 2006 I ④：296（图 7-21）

雕刻器。燧石，平面大体呈长方形，长 23、宽 9.2、厚 3.4 毫米，重 1.2 克，刃角 62°。以一石片为毛坯，近端及两侧修整平直，从近远端处开始，两侧向内收敛，至远端形成一尖突，然后横向打击修整出类似凿子的平直刃，器身周边布满鳞状及不规则形状的修疤。

在 20 倍放大镜下，可见尖突部边缘磨圆度较高，在刃缘两侧可看到片疤，大小、形状各异，其中夹杂一些连续分布的阶梯状微小剥离痕。剥离痕表面弯曲度大，较深。此外，可见到与刃缘近垂直方向分布的线状痕。在 50 倍的显微镜下，于刃缘部可看到微弱光泽斑块，在近刃缘处可见到与刃缘近垂直方向分布的线状痕（图版三五二）。在 100 倍的显微镜下，于刃缘部可见到特征较为明显的 C 型光泽斑块（图版三五三~三五五），它们均呈条状分布。在 200 倍的显微镜下，其光泽类型特征较为明显（图版三五六、三五七），光泽分布中、高点处扩展成一片，低点有残留，光泽斑块不发达，呈网状连接。其分布范围仅限于刃缘部，在刃部以外的器身没有发现任何使用痕迹。

通过上述观察我们认为尖状器标本 2006 I ④：296 的使用对象是骨头或鹿角，使用方式应为切割，运动方向与刃部近垂直。

五 石锯

标本 2006 Ⅰ④:732（图 7-22）

石锯。硅质页岩，平面大体呈三角形，高 44、宽 23、厚 4 毫米，重 3.34 克。以一长方形石片为毛坯，一侧修整平直，另一侧近端部修整平直，向远端延伸修整为斜直刃，正向加工，修整出连续均匀排列的 4 个锯齿，其两侧有长条形修疤，左侧有鳞状修疤，呈锯齿状。

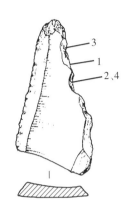

图 7-22 石锯标本
(2006 Ⅰ④:732)

在 20 倍放大镜下，可见锯齿部边缘磨圆度较高。在刃缘部的背面，微小剥离痕排列较为规整，剥离痕的表面较为平坦，凹度较浅，微小剥离痕多为横向的连续排列。在末端有较浅的阶梯状微小剥离痕。平面形状多为长方形或梯形。此外，可见到与刃缘近平行方向分布的线状痕。在 50 倍的显微镜下，于锯齿的刃缘部可见有 B 型光泽斑块呈条状分布，在近刃缘处可见到与刃缘近平行方向分布的线状痕（图版三五八）。在 100 倍的显微镜下，于锯齿的刃缘部可见到特征十分明显的 B 型光泽斑块（图版三五九、三六〇），其分布仅局限于刃缘部。在 200 倍的显微镜下，这些光泽特征更为明确（图版三六一）。B 型光泽的类型特征十分发达，光泽斑块自高点开始向低点延伸，光泽表面彗星状的凹坑也清晰可见，彗星尾部的方向与线状痕的分布方向相同，与刃缘部近垂直方向分布。在中腹部向近端的器身没有发现任何使用痕迹。

通过上述观察我们认为石锯标本 2006 Ⅰ④:732 的使用对象是木材，使用方式应为切割，运动方向与刃部近垂直。

六 石钻

标本 2006 Ⅰ④:7489（图 7-23）

石钻。燧石，高 23、宽 17、厚 8 毫米，重 3.8 克。以一半锥形细石核为毛坯，在远端正向修整出一尖突，远端有连续分布的鳞状修疤。

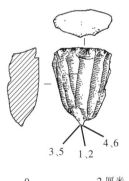

图 7-23 石钻标本
(2006 Ⅰ④:7489)

在 20 倍放大镜下，可见尖突部边缘磨圆度较高，在尖突部的四周可看到大小、形状不定的片疤，其中夹杂一些连续分布的阶梯状微小剥离痕。剥离痕表面弯曲度大，较深。此外，可见到与刃缘斜向相交、大体呈螺旋状的线状痕。在 50 倍的显微镜下，于刃缘部可看到光泽斑块，在近刃缘处可见到与刃缘斜向相交、大体呈螺旋状的线状痕（图版三六二）。在 100 倍的显微镜下，于刃缘部可见到特征较为明显的 C 型光泽斑块（图版三六三～三六五），这些光泽斑块多呈条状分布。在 200 倍的显微镜下，其特征更为明显（图版三六六、三六七），光泽分布中、高点处扩展成一片，低点有残留，光泽斑块不发达，呈网状连接。其分布范围仅限于刃缘部，在刃部以外的器身没有发现任何使用痕迹。

通过上述观察我们认为石钻标本 2006 I ④：7489 的使用对象是骨头或鹿角，使用方式应为钻切，运动方向与刃部大体斜向相交。

七 石片

标本 2005 I ④：1038 （图 7-24）

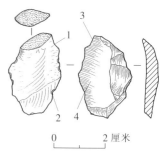

图 7-24 石片标本
（2005 I ④：1038）

石片。石英岩，长 31.2、宽 20.1、厚 5.1 毫米，重 2.69 克，砾石台面，台面角 119°，台面宽 5.1 毫米，两侧较平直，有连续分布的小片疤和崩损。

在 20 倍放大镜下，可见左侧边缘部磨圆度较高。有微小剥离痕连续分布，排列较为规整，剥离痕的表面较为平坦，凹度较浅，微小剥离痕多为横向的连续排列。在末端有较浅的阶梯状微小剥离痕，平面形状多为长方形或梯形。此外，可见到与刃缘近平行分布的线状痕。在 50 倍的显微镜下，左侧边缘部有 B 型光泽斑块分布，较为发达，线状痕可见，多与刃缘近平行（图版三六八）。在 100 倍显微镜下，B 型光泽特征明显，并伴有彗星状的小凹坑，尾部方向与线状痕大体相同（图版三六九、三七〇）。光泽带自刃缘部向中腹部延伸，光泽强度大体相同（图版三七一）。

通过上述观察我们认为石片标本 2005 I ④：1038 的使用对象为木材，使用方式应为切割，运动方向多与刃部近平行，使用部位以左侧刃缘为主。

图 7-25 石片标本
（2006 I ④：88）

标本 2006 I ④：88 （图 7-25）

石片。燧石，长 18.5、宽 4.6、厚 5.5 毫米，重 0.24 克，近线形台面，背有一脊，近端平直，远端尖锐，有崩损。

在 20 倍放大镜下，可见远端尖突部边缘磨圆度较高，在其两侧可看到片疤，大小、形状各异，其中夹杂有一些连续分布的阶梯状微小剥离痕。此外，可见到与刃缘近垂直方向分布的线状痕。在 50 倍的显微镜下，于远端尖突部可见 C 型光泽带和清晰的线状痕（图版三七二），线状痕方向多与刃缘近垂直。在 100 倍的显微镜下，C 型光泽特征更为明显，微孔结构发达（图版三七三）。其分布向中腹部略有延伸，发达程度大体相同，无明显变化。

通过上述观察我们认为石片标本 2006 I ④：88 的使用对象为骨角类，使用方式为刮削，运动方向与刃部近垂直，使用部位以远端为主。

标本 2006 I ④：2865 （图 7-26）

石片。燧石，长 24.5、宽 22.2、厚 11.2 毫米，重 4.24 克，台面角 72°，台面宽 11.2 毫米，边缘有片疤，远端较平直，有崩损。

在 20 倍放大镜下，可见远端边缘已有十分明显的磨圆，在其两侧分布有不连续、不规则的片疤，相邻接的微小剥离痕的形状、大小不一，并可见到与刃缘斜交分布的线状痕。在 50 倍的显微镜下，可见有光泽斑块和与刃部斜交的线状痕（图版三七四）。在 100 倍的显微镜下，D、E 型光泽特征明确（图版三七五），其分布仅限于刃缘部，向中腹部没有延伸。

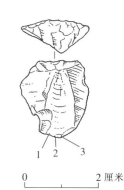

图 7-26 石片标本
（2006 I ④：2865）

通过上述观察我们认为石片标本 2006 Ⅰ ⑤ : 2865 的使用对象以新鲜的肉类和骨头为主，使用方式应为剔割，运动方向与刃部近垂直，使用部位以远端为主。

八　细石叶

标本 2006 Ⅰ ⑤ : 4340（图 7 - 27）

细石叶。燧石，长 20.5、宽 5.1、厚 1.8 毫米，重 0.2 克，两侧平行，背有 2 条平行脊，远端尖锐，略有弧度。

在 20 倍放大镜下，可见左右两侧及尖端磨圆度较高。有微小剥离痕连续分布，排列较为规整，多为横向的连续排列。在末端有较浅的阶梯状微小剥离痕。平面形状多为长方形或梯形。此外，可见到与刃缘近平行方向分布的线状痕。在 50 倍的显微镜下，可见 B 型光泽带和与刃部平行的线状痕（图版三七六）。在 100 倍的显微镜下，B 型光泽特征明显，伴有彗星状的小凹坑，尾部方向与线状痕一致（图版三七七）。

图 7 - 27　细石叶标本（2006 Ⅰ ⑤ : 4340）

通过上述观察我们认为细石叶标本 2006 Ⅰ ④ : 4340 的加工对象为木材，使用方式为切割，运动方向与刃部平行。

图 7 - 28　细石叶标本（2006 Ⅰ ④ : 377）

标本 2006 Ⅰ ④ : 377（图 7 - 28）

细石叶。燧石，长 17、宽 6、厚 1.1 毫米，重 0.14 克，背有片疤，一侧平直，一侧圆弧，一端尖锐。

在 20 倍放大镜下，可见尖端边缘磨圆度较高，在其两侧边缘可看到有大小、形状不定的片疤，其中夹杂一些连续分布的阶梯状微小剥离痕。在 50 倍的显微镜下，可见清晰的线状痕，多成组平行分布，与刃缘近垂直，并伴有光泽斑块（图版三七八）。在 100 倍的显微镜下，C 型光泽特征明显，微孔结构发达（图版三七九）。光泽带向中腹部略有延伸。

通过上述观察，我们认为细石叶标本 2006 Ⅰ ④ : 377 的使用对象应为骨角类，使用方式为刮削，运动方向与刃部近垂直。

标本 2005 Ⅰ ④ : 1060（图 7 - 29）

细石叶。燧石，长 20.2、宽 5.3、厚 2 毫米，重 0.21 克，略有弧度，一端尖锐。

在 20 倍放大镜下，可见两侧边缘略有磨圆，在此可看到大小、形状不定的片疤。此外，也存有鱼鳞状的微小剥离痕，但数量不多，可见到与刃缘呈锐角相夹的线状痕。在 50 倍的显微镜下，于刃缘部可看到光泽斑块，在近刃缘处可见到与刃缘呈锐角相夹的线状痕（图版三八〇）。在 100 倍的显微镜下，于两侧边缘部均可见特征明显、十分发达的 D2、E1 型光泽（图版三八一～三八三）。连续分布的圆润的光泽斑块较为普遍。

图 7 - 29　细石叶标本（2005 Ⅰ ④ : 1060）

通过上述观察我们认为细石叶标本 2005 Ⅰ ④ : 1060 的使用对象为新鲜的动物骨骼和肉类，使用方式为剔割，运动方向与刃部斜交。

九　讨论

通过对上述龙王辿遗址第一地点出土的各类细石器微痕观察的分析可以看出，龙王辿遗址第一地点细石器的使用功能复杂多样，既有维持日常生计的肉类的切割、动物的解体，也有资源开发的皮革加工，骨角质、木质工具的加工等等。同时，每一类工具与使用功能之间没有简单、单纯的对应关系。由于埋藏环境所限，虽然在龙王辿遗址第一地点没有发现骨角质和木质工具，但细石器表面遗留下来的使用痕迹表明，当时这类工具一定是存在的。同时，在龙王辿遗址发现的精美蚌饰品也证明了当时人类所掌握的生产技术体系的高度发达与复杂多样。

这种复杂多变的功能体系与龙王辿遗址第一地点细石器加工技术的特征也是一致的[①]。龙王辿遗址第一地点细石器工业技术最为明显的一个特征就是细石核的强化剥片和节约行为十分突出，反映出石料相对较为紧缺的现象。石制品体型普遍小巧，细石核体型非常小，存在大量的石核断块、小石片以及废片。大量短身圆头刮削器的存在表明对石器的耗竭使用，多数工具直至失去效能方遭废弃。在龙王辿遗址第一地点出土的石片中有一定数量的两极石片，两极打法的存在也说明为了节省原料，可能将某些废弃的工具或小型石料进行强化剥片，以增加可使用的石料数量。由于石料的匮乏，以致人们为了节省原料，不惜投入更多的时间和能量来延长工具的使用寿命。对此我们认为黄河河滩的砾石虽然众多，但适应细石器工业的原料也并非比比皆是，可供人类选择使用的石料还是有限的，这就使得当时的人们对石材的利用尽可能地做到了最大化。龙王辿遗址第一地点出土的细石核种类较多，其细石核的形态和技术特征表现得相当娴熟，且形态多样，并没有固定的形态或标准，这也是应与石材获取的不确定性密切相关的。龙王辿遗址第一地点的细石器类型内部的稳定性与标准化程度不高，二次修理技术应用随意，压制修整与直接打击修整并存，发现的各种细石器工具的类型形态随意性较大，器形不规整，二次修理技术应用随意且灵活，广泛应用于各种石料。这表明在石料紧缺条件的刺激下，细石器工业技术已经发展得较为娴熟，可比较熟练控制操作程序和技巧。此外，龙王辿遗址第一地点石片技术与石叶技术都较为发达，石片石器与细石叶工具共存，均表现出较为成熟的二次加工与修整技术。总之，龙王辿遗址第一地点的石制品组合因原料获取的不确定性所限，技术灵活性高，工具设计的标准化程度不高。对石料的强化利用和节约行为十分突出，表明当地优质石料资源有限。由此，反映出其工具形态具有一定的随意性和灵活性，同时也反映出工匠技艺的高超和娴熟，对工艺的掌握和控制能力比较强。

龙王辿遗址第一地点石器的小型化与非标准化，及在使用功能上的复杂多样均表明在旧石器时代末期向新石器时代过渡阶段，我国的细石器工业逐步呈现出灵活化和强化使用的特点。一般来说石器组合的变异性与人群的流动性成反比，随着人群流动性的降低，定居程度的提升，为了适应小范围有限的资源，石制品的标准化和专门化逐渐降低，而表现出更强的随意性和灵活性。龙王辿遗址石制品组合所体现的工艺特点和使用功能的非固定模式，可能为后来的人类定居并开启全新的生活模式奠定了技术上的基础。

---

①　王小庆：《龙王辿遗址第一地点细石器的观察与研究》，《考古与文物》2014年第6期。

第八章 石磨盘残留物微体植物遗存分析

龙王辿遗址第一地点第四层出土有少量磨制石器。我们对其中一块编号为2005 I ④：1233 的石磨盘的残留物进行了提取，并对残留物里的淀粉粒和植硅体进行了分析。

一 材料与方法

标本2005 I ④：1233，砂岩。长107.9、宽61.2、厚26.1 毫米，重236.44 克。上下两面平坦，边角由于风化而破碎，暴露有断面（图8-1）。由于第一地点文化层堆积物为黄土或者次生黄土，磨盘表面有薄层钙质沉积。

0   2厘米

图 8-1 石磨盘及取样点
a. 使用面 b. 非使用面

一般情况下，利用残留物进行器物功能分析，需采集器物周边沉积物作为控制样品，分析石器残留物的来源；如果没有周边沉积物样品，则以石器非使用面残留物样品作为控制样品。我们没有获得磨盘周边的沉积物样品，因而对磨盘的使用面和非使用面分别取样。取样前，用刷子除去石器表面灰尘，然后在使用面和非使用面选择有凹坑的位置提取残留物，两个面分别取样4个，共8个样品（图8-1）。提取方法简述如下：在取样点滴几滴超纯水，放置几分钟，用大头针刮掉浸水凹坑的残留物，吸入试管，然后经过离心，重液浮选出淀粉；加酸和双氧水，除去残留物中的钙质和有机质，重液浮选出植硅体。对浮选出的淀粉和植硅体制片进行显微镜观察，拍照，分析和鉴定。

二　结果

由于植硅体只存在于植物的茎叶和稃皮，很难在器物残留物中保存，获得的植硅体数量很少，且没有鉴定意义（图8-2a）。

大量存在于植物果实中的淀粉在器物表层很容易保存下来。在磨盘正反两面共提取到60颗淀粉粒，46粒来自磨盘使用面，14粒来自磨盘非使用面。

无论是使用面还是非使用面，除了不能鉴定的4颗淀粉粒以外，其余淀粉粒可以分为A、B组（图8-2b、8-2d）：A组由46颗多面体或者椭球体淀粉粒组成；B组由10颗铁饼状淀粉粒组成。

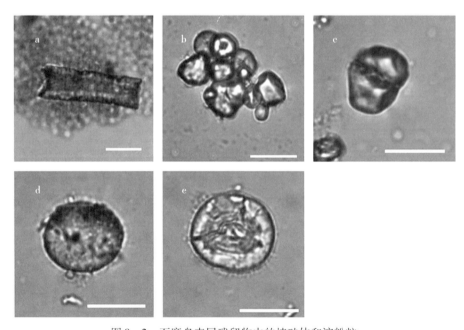

图8-2　石磨盘表层残留物中的植硅体和淀粉粒

a. 植硅体　b. 黍族淀粉粒　c. 受到破坏的黍族淀粉粒　d. 小麦族淀粉粒

e. 受到破坏的小麦族淀粉粒

在我们建立的现代植物淀粉粒形态数据库中，包含了200多种古代和现代常见农作物、经济作物以及野生采集植物的淀粉粒形态数据，多面体夹杂少量的椭球体是禾本科植物淀粉粒出现的常见特征。在我们数据库所包含的42种现代禾本科植物样品中，产出多面体淀粉粒的种类有27种；而这种特征在其他科属植物中并未见到。所以，我们将A组淀粉粒鉴定为禾本科（Poaceae）。

在禾本科中，能达到 A 组某些淀粉粒粒径的，除了高粱（*Sorghum bicolor*），只有狗尾草属（*Setaria*）植物[①]。一般认为高粱的野生种分布和驯化是在非洲，所以，A 组至少包含了禾本科狗尾草属的淀粉粒，但也不排除其他黍族植物（Paniceae）。

禾本科早熟禾亚科小麦族植物的淀粉粒与其他禾本科植物的淀粉粒差异明显。在粒形上，小麦族淀粉粒为双凸镜体；在粒径上，一般禾本科淀粉粒都小于 15 微米，小麦族中很多属，尤其是大麦属（*Hordeum*）、小麦属（*Triticeae*）、山羊草属（*Aegilops*）的淀粉粒通常都在 30 微米左右，冰草属（*Agropyron*）和黑麦属（*Secale*）的一些淀粉粒可以超过 40 微米[②]。龙王辿遗址磨盘残留物中的 B 组淀粉粒，表面特征和粒径完全与现代小麦族淀粉粒一致。

两组淀粉粒中，均包括了大量被明显外力破坏的淀粉粒（图 8 - 2d），没有明显破坏迹象的淀粉粒粒径明显变大。我们的现代模拟实验结果表明，狗尾草属和黍属植物经过研磨后，粒径均可以增大 1.2 倍[③]。龙王辿磨盘上这些遭受破坏的淀粉粒，说明这些植物种子很可能经过了研磨。

三　讨论与结论

龙王辿遗址第一地点磨盘上的淀粉粒组合，反映了距今 26～25ka 时，古人类采集和加工的主要种子植物是黍族和小麦族。其中，来自黍族的淀粉粒含量占到淀粉粒总数的 76% 以上。一般认为，人类对某种植物的驯化过程会经过集中采集、种植，然后驯化三个阶段[④]。在中国北方，粟黍的驯化至少在距今 10ka 已经开始[⑤]。龙王辿磨盘上大量的黍族植物淀粉粒，说明对粟类植物的集中采集过程，同西亚的麦类植物一样，相当长久。

柿子滩 14 地点 3 件磨盘的 10 个样本点，产出了 136 颗淀粉粒，含量最多的是小麦族淀粉粒，其次是食用豆类、黍族、根茎类等[⑥]。龙王辿磨盘上的淀粉粒组合，与柿子滩 14 地点相比，种类较少，这可能与样本数量有关；居于主导地位的植物种类不同，可能与当时的气候背景有关。龙王辿遗址第一地点的年代是介于深海氧同位素 3 段和 2 段，也就是从比较温暖湿润向干冷过渡，而柿子滩遗址 14 地点年代处于末次冰盛期。小麦族属于 C3 植物，在干冷的环境下占主导地位；而黍族所属的 C4 植物，主要分布在热带地区[⑦]。所以，气候变化导致的植被变化可能是采集种类发生变化的根本原因。

① Xiaoyan Yang, Jianping Zhang, Linda Perry, *et al*. 2012. From the modern to the archaeological: starch grains from millets and their relatives. *Journal of Archaeological Sciences* 39, 245 – 257；Xiaoyan Yang, Linda Perry. 2013. Identification of ancient starch grains from the Tribe Triticeae in North China Plain. *Journal of Archaeological Science* 40, 3170 – 3177.

② Xiaoyan Yang, Linda Perry. 2013. Identification of ancient starch grains from the Tribe Triticeae in North China Plain. *Journal of Archaeological Science* 40, 3170 – 3177.

③ 马志坤：《中国北方粟作农业形成过程》，中国科学院大学博士论文，2014 年。

④ Tanno K, Willcox G. 2006. How fast was wild wheat domesticated? *Science* 311: 1886.

⑤ Xiaoyan Yang, Zhiwei Wan, Linda Perry, *et al*. 2012. Early millet use in China. *Proceedings of the National Academy of Sciences of the United States of America* 109, 3726 – 3730；Lu Houyuan, Zhang Jianping, Liu Kam-biu, *et al*. 2009. Earliest domestication of common millet（*Panicum miliaceum*）in East Asia extended to 10, 000 years ago. *Proceedings of the National Academy of Sciences of the United States of America* 106: 7367 – 7372.

⑥ Liu L, Bestel S, Shi J, et al. 2013. Paleolithic human exploitation of plant foods during the last glacial maximum in North China. *Proceedings of the National Academy of Sciences of the United States of America* 110: 5380 – 5385.

⑦ 韩家懋、王国安、刘东生：《C4 植物的出现与全球环境变化》，《地学前缘》2002（9）：233 – 243.

第九章　动物化石研究

第一节　概述

　　本章仅对该遗址出土的动物骨骼中可鉴定属种的标本进行了整理和分析，测量内容主要参考《考古遗址出土动物骨骼测量指南》[①] 一书，另对个别标本测量数据做了补充。鉴定时的对照标本是陕西省考古研究院动物标本室的标本，同时也参考中外文的动物骨骼图谱和论文。该遗址发掘的动物化石均极破碎，风化严重，可鉴定标本分为蚌类和兽类，主要以兽类为主，至少代表4目7科10个属种的24个个体，它们是：

瓣腮纲	Lamellibranchia
真瓣腮目	Eulamellibranchia
蚌科	Unionidae
哺乳纲	Mammalia
啮齿目	Rodentia
仓鼠科	Cricetidae
方氏鼢鼠	*Myospalax fontanieri*
草原鼢鼠	*Myospalax aspalax*
沙鼠	*Meriones* sp.
鼠科	Muridae
奇蹄目	Perissodactyla
马科	Equidae

---

① 安格拉·冯登德里施著，马萧林、侯彦峰译：《考古遗址出土动物骨骼测量指南》，科学出版社，2007年。

野马	*Equus* cf. *przewalskyi*
偶蹄目	Artiodactyla
猪科	Suidae
猪	*Sus* sp.
鹿科	Cervidae
马鹿	*Cervus elaphus*
梅花鹿	*Cervus nippon*
牛科	Bovidae
恰克图转角羚羊	*Spirocerus kiakhtensis*
普氏羚羊	*Gazella przewalskyi*
羚羊	*Gazella* sp.

第二节 分类记述

· 蚌 Unionidae

材料与最小个体数

蚌壳残碎块 4 件（Ⅰ④1：7、Ⅰ⑤11：201、Ⅰ⑤201：4233、Ⅰ⑥12：285）（图版三八四）。全部材料代表的个体数为 1。

由于保存较少且残破，无法做进一步的鉴定。

· 方氏鼢鼠 *Myospalax fontanieri*

材料与最小个体数

属同一个体的残骨架 1 具：保存有残左下门齿 1 枚（Ⅰ⑤14：1719）、带有 i1、m1 – m3 的基本完整的右下颌骨 1 件（Ⅰ⑤14：1723，图版三八五）、缺失远端骨骺的左肱骨 1 件（Ⅰ⑤14：1718）、缺失远端骨骺的右肱骨 1 件（Ⅰ⑤14：1716）、残右坐骨 1 件（Ⅰ⑤14：1726）。

残颅骨 1 件（Ⅰ⑥11：209），带有右 I1 的残颅骨前半段 1 件（Ⅰ⑤24：5381），完整的左右上门齿各 1 枚（Ⅰ⑤24：5403 – 1），残左上门齿 1 枚（Ⅰ⑤13：1172），左上 M1、M2、M3 单牙各 1 枚（Ⅰ⑤13：1170），带有 i1 及 m1 – m2 的基本完整的左下颌骨 1 件（Ⅰ⑤24：5403 – 2），带有 i1 及 m1 – m2 的残右下颌骨 1 件（Ⅰ⑤27：5575），带有 i1 及 m1 – m2 的残右下颌骨 1 件（Ⅰ⑥16：1003），带有 m1 – m3 基本完整的右下颌骨 1 件（Ⅰ⑥18：2136），残右下 i1 前半段 1 件（Ⅰ⑤20：3845），残脊椎骨 1 节（Ⅰ⑤13：1171），残肋骨 1 根（Ⅰ⑤13：1169），缺失远端骨骺的左肱骨 1 件（Ⅰ⑤25：5542），完整的右肱骨 1 件（Ⅰ⑤25：5535），残右髂骨 1 件（Ⅰ⑤13：1178），残左盆骨 1 件（Ⅰ⑤15：1999），完整的左股骨 1 件（Ⅰ⑤25：5536），残右胫骨 1 件（Ⅰ⑤13：1179）。全部材料代表的个体数为 3。

描述与讨论

标本 Ⅰ⑥18：2136 为带有 m1 – m3 基本完整的右下颌骨 1 件（图版三八六），下颌骨粗短。臼齿 m1 – m3 保存完整，从 m1 到 m3 大小依次减小，咀嚼面呈 "ω" 字形，下颌枝起始于 m1 和 m2 之间。颏孔极小，位于 m1 前下方。其他下颌骨均有以上基本特征，测量数据见表 9 – 1。

表 9 – 1 方氏鼢鼠下颌骨测量数据表 单位：毫米

参　数 标　本	i1 宽	齿缺长 （门齿槽后缘 – m1 齿槽前）	m1 – m3 长 （齿槽长）	m1 长 / 宽	m2 长 / 宽	m3 长 / 宽
Ⅰ ⑥18：2136		6.53	12.61	4.36/2.41	4.08/2.58	3.02/2.21
Ⅰ ⑤24：5403 – 2	2.56			4.55/2.81	4.52/2.71	
Ⅰ ⑥16：1003	2.66	6.95		4.67/2.68	4.23/2.65	
Ⅰ ⑤14：1723	2.44		13.1	4.64/3.02	4.29/2.4	4.13/1.88
Ⅰ ⑤27：5575	2.16	7.36		4.15/2.51	3.81/2.29	

标本 Ⅰ ⑤25：5535 为基本完整的右肱骨 1 件（图版三八七），肱骨三角肌粗隆发达。肱骨最大长 GL 为 31.75 毫米，近端最大宽 Bp 为 8.52 毫米，远端最大宽 Bd 为 13.42 毫米。

标本 Ⅰ ⑤15：1999 为残左盆骨 1 件（图版三八八），保存长度为 28.95 毫米，髋臼长 LA 为 5.42 毫米。

标本 Ⅰ ⑤25：5536 为完整的左股骨 1 件（图版三八九），股骨最大长 GL 为 38.24 毫米，近端最大宽 Bp 为 9.94 毫米，远端最大宽 Bd 为 8.08 毫米。

方氏鼢鼠广泛栖息于农田、草原、林区，终生经营地下生活，是农田的主要害鼠之一。

· 草原鼢鼠 *Myospalax aspalax*

材料与最小个体数

完整的左下门齿 1 枚（Ⅰ⑥15：600），完整的右下门齿 1 枚（Ⅰ⑤27：5690），残右下 i1 前半段 1 件（Ⅰ⑤21：4546），带有 i1 及 m1 的左下颌前半段 1 件（Ⅰ⑥8：283），带有 i1 及 m1 – m2 的残右下颌骨 1 件（Ⅰ⑥17：1527），左肩胛骨远段 1 件（Ⅰ⑤27：5715）。全部材料代表的个体数为 2。

描述与讨论

标本 Ⅰ ⑥17：1527 为带有 i1 及 m1 – m2 的残右下颌骨 1 件（图版三九〇），m1 最大，从 m1 到 m3 大小依次减小。m1 内侧有三个内陷角，外侧有两个内陷角，其咀嚼面的最前一叶近似圆形。m2 内外侧各有两个内陷角，其咀嚼面的第 1 叶几乎是横列的。m3 缺失，其他下颌也具有上述特征，测量数据见表 9 – 2。

表 9 – 2 草原鼢鼠下颌骨测量数据表 单位：毫米

参　数 标　本	i1 宽	齿缺长 （门齿槽后缘 – m1 齿槽前）	m1 长 / 宽	m2 长 / 宽
Ⅰ ⑥8：283	1.96	7.18	4.08/2.48	
Ⅰ ⑥17：1527	1.8	6.88	3.99/2.18	3.75/2.53

标本 Ⅰ ⑤27：5715 为左肩胛骨远段 1 件（图版三九一），喙突明显弯向内侧。保留长度 21.23

毫米，肩胛结最大长 GLP 为 6.59 毫米，肩臼长 LG 为 5.46 毫米，肩臼宽 BG 为 3.79 毫米。

方氏鼢鼠和草原鼢鼠在颅骨上有明显的区别，前者为凸颅，后者为平颅。在下颌骨上也有明显的区别，方氏鼢鼠明显大于草原鼢鼠，m3 的区别也更加明显，前者 m3 和 m1 的特征大小接近，后者 m3 明显小于 m1，不到 m1 的 1/2，且构造特征也有明显的区别，m3 没有内陷角，m1 有两个内陷角。

草原鼢鼠主要生活在各种土质较为疏松的草原，也有栖息在田间的，挖洞觅食，有时在夜间也到地面。

· 沙鼠　*Meriones* sp.

材料与最小个体数

左上门齿 1 枚（Ⅰ④10∶5070 − 1），带有 i1 及 m1 − m2 的左下颌骨前半段 1 件（Ⅰ④10∶5070 − 2）。全部材料代表的个体数为 1。

描述与讨论

标本 Ⅰ④10∶5070 − 1 为左上门齿 1 枚，门齿唇面有 1 条纵沟，门齿宽度为 1.1 毫米。

标本 Ⅰ④10∶5070 − 2 为带有 i1 及 m1 − m2 的左下颌骨前半段 1 件（图版三九二）。臼齿呈中央贯通的菱形齿环。m1 最大，长/宽为 2.51/1.62 毫米，咀嚼面分为三个菱形，其内外侧各有 2 个凹角和 3 个凸角，左右几乎对称。m2 的咀嚼面分为两个菱形，呈"8"字形，长/宽为 2.03/1.58 毫米，其内外侧各有 1 个凹角和 2 个凸角。

由于标本保存量太少且缺少对比标本，无法做进一步的属种鉴定。

沙鼠为典型的荒漠及半荒漠种类。

· 鼠科 Muridae

材料与最小个体数

属同一个体的残骨架 1 具（Ⅰ⑥17∶1699），保存有：右残盆骨 1 件，缺失近端骨骺的右股骨远段 1 件，右胫骨近段 1 件。

完整的脊椎骨 2 节（Ⅰ⑤11∶79、Ⅰ⑤11∶81），残左肱骨骨干 1 段（Ⅰ⑤12∶543），左肱骨远段 1 件（Ⅰ⑥5∶65），残左右髂骨各 1 件（Ⅰ⑥17∶1431），残左盆骨 1 件（Ⅰ⑤12∶550），残左股骨远段 1 件（Ⅰ④17∶7627），缺失远端骨骺的左股骨 1 件（Ⅰ⑤13∶1336），缺失远端骨骺的右股骨 1 件（Ⅰ⑤11∶69），残右胫骨骨干 1 段（Ⅰ⑤11∶80）。全部材料代表的个体数为 2。

描述

标本 Ⅰ⑥5∶65 为左肱骨远段 1 件，保留长度 19.90 毫米，远段最大宽 7.34 毫米。

标本 Ⅰ⑤11∶69 为缺失远端骨骺的右股骨 1 件，保留长度 31.34 毫米，近端最大宽 7.23 毫米。骨干最小宽 2.89 毫米。

由于没有头骨和牙齿保存，加之对比标本较少，要进一步鉴定属种确有一定的困难。

· 普氏野马 *Equus* cf. *przewalskyi*

材料与最小个体数

残左下臼齿 1 枚（Ⅰ④7∶3439）。全部材料代表的个体数为 1。

描述

标本 I ④7：3439 为左下臼齿 1 枚（图版三九三），牙冠面花纹比较简单，下颊齿双叶普通马形，下后尖呈末端膨大的棒形，与牙长轴近乎平行，下后附尖为圆三角形，内谷为宽阔的 U 形，标本残，且风化严重无法测量。

·猪（种不定）Sus *sp.*

材料与最小个体数

右肱骨骨干远段残片 1 件（I ④5：2141），第 1 指（趾）节骨远段 1 件（I ④18：8056），完整的第 2 指（趾）节骨 1 件（I ⑤15：4909）。全部材料代表的个体数为 1。

描述与讨论

标本 I ④ 5：2141 为右肱骨骨干远段后侧残片 1 件（图版三九四），保留长度为 85 毫米。

标本 I ⑤15：4909 为完整的第 2 指（趾）节骨 1 件（图版三九五），其大小和形态特征与现代猪相似，最大长 GL 为 25.29 毫米，近端最大宽 Bp 为 16.44 毫米，骨干最小宽 *SD* 为 12.93 毫米，远端最大宽 Bd 为 14.53 毫米。

由于标本数量少且没有关键部位保存，仅鉴定到属。但从数量较少及时代分析，应为野猪（Sus scrofa）。

·鹿科 *Cervidae*

材料与最小个体数

鹿角残块 9 件（I ④8：393、I ④9：669、I ④9：4502、I ④9：4505、I ⑤4：1788、I ⑤4：1923、I ⑤14：4834、I ⑤22：4638、I ⑤14：1503），残角柄及残角干 1 块（I ⑤11：307），残角分枝 1 段（I ⑤12：815），残左上 P4 单牙 1 枚（I ④19：1099-1），残右下 m3 单牙 1 枚（I ④19：1099-2），右肩胛骨远段 1 件（I ⑤17：3007），右肱骨骨干远段残块 1 件（I ④8：3908），完整的右第 4 腕骨 1 件（I ⑤13：1343），残第 2 指（趾）节骨 1 件（I ⑤13：1224）。全部材料代表的个体数为 1。

描述与讨论

标本 I ④8：393 为残角干 1 块，保留最大长度 61.46 毫米。

标本 I ⑤14：1503 为鹿角残段 1 段（图版三九六），保留长度 81 毫米。

标本 I ④8：3908 为中型鹿类的右肱骨骨干远段后侧残块 1 件（图版三九七），保留长度 53.22 毫米。

·马鹿 Cervus elaphus

材料与最小个体数

残分枝角段 1 件（I ⑤13：1289），其上有一明显的切割痕，左下 m3 残单牙 1 枚（I ⑥15：922），左胫骨近端关节面 1 件（I ⑤14：1728）。全部材料代表的个体数为 1。

描述与讨论

标本 I ⑥15：922 为左下 m3 残牙 1 枚（图版三九八），仅保留第一叶和第二叶，缺失第三页，宽 16.66 毫米，齿冠高 31.16 毫米，牙齿内、外表面均粗糙，有鹿皱，第一叶和第二叶之间有小的齿柱，第二叶后有较大的齿柱。

标本Ⅰ⑤14：1728 为左胫骨近端关节面 1 件（图版三九九），保留宽度 72.45 毫米。从大小看，应为马鹿。

·梅花鹿（又名斑鹿）*Cervus nippon*

材料与最小个体数

残左距骨 1 件（Ⅰ⑥18：2256）。全部材料代表的个体数为 1。

描述与讨论

标本Ⅰ⑥18：2256 为左距骨近段外侧残块 1 件（图版四〇〇），保留外侧长度 40.73 毫米，经对比和现在梅花鹿的距骨大小、形态一致。

·恰克图转角羚羊 *Spirocerus kiakhtensis*

材料与最小个体数

残左下 m2、m3 各 1 枚（Ⅰ④19：1099）。全部材料代表的个体数为 1。

描述与讨论

标本Ⅰ④19：1099 为残左下 m2、m3 的单牙各 1 枚（图版四〇一）。齿冠较低，臼齿内壁很光滑，m2 第一叶前有显著的附褶，两叶间有一短的齿柱。m2 长/宽为 27.28/13.13 毫米，m3 残，前后叶均有缺失，宽为 14.18 毫米。

由于标本量少且保存较差，仅 m2 有测量数据，从表 9 - 3 可看出，与我国华北晚更新世的萨拉乌苏①、甘肃庆阳②、丁村③及东北建平④的 m2 数据非常接近，特征也一致。

表 9 - 3　　　　　　　　　恰克图转角羚羊 m2、m3 测量数据及对比　　　　　　　　单位：毫米

参数	标本	本文 Ⅰ④19：1099	庆阳⑤ 63 - 庆 - 191b	庆阳⑤ 63 - 庆 - 191a	庆阳⑤ 63 - 庆 - 191c	丁村 V. 1232	Sjara - osso - gol（Boule et al.，1928）
m2	长	27.28	25.4	25.9			26
m2	宽	13.13	12.9	13.2			13
m3	长				30.9	32	
m3	宽	14.18			14.7	11.5	

由于材料不足，关于其发生、发展和绝灭的过程，至今所知仍显得很不够。但就上述几个遗址的时代来看，龙王辿是保存恰克图转角羚羊化石最晚的一个遗址化石点。

---

① Boule M, Breuil H, Licent E et al. Le Palóolithique de la China（Paleontologie）. *Archives de Institut de Paléontologie Humaine*, Mémoire 4, Paris, 1928. 1~136.

②⑤ 丁梦麟、高福清、安芷生等：《甘肃庆阳更新世晚期哺乳动物化石》，《古脊椎动物与古人类》1965 年第 9 卷第 1 期。

③ 裴文中：《哺乳动物化石的研究》，见裴文中主编《山西襄汾县丁村旧石器时代遗址发掘报告》，科学出版社，1958 年。

④ 周明镇等：《辽宁建平几种更新世晚期哺乳类化石》，《古生物学报》1958 年第 6 卷第 1 期。

· 普氏羚羊 *Gazella przewalskyi*

材料与最小个体数

带有残右角及泪孔的少许额骨 1 件（Ⅰ④2∶263），属同一右下颌骨上的单牙 p2（残）、p3、p4、m1、m2（残）各 1 枚（Ⅰ④18∶8335）。全部材料代表的个体数为 1。

描述与讨论

标本 Ⅰ④ 2∶263 为带有残右角及泪孔的少许额骨 1 件（图版四〇二），角心侧扁，向后微弯，角面布满窄而密集的纵向沟棱，角心横切面椭圆形，风化严重。保留总长度 68.76 毫米，角心仅保留基部一小段，保留长度 27.5 毫米，基部前后最大径 29.3 毫米，基部最大横径 21 毫米。

表 9 – 4　　　　　　　　　　普氏羚羊角心测量数据及对比　　　　　　　　　单位：毫米

标本＼参数	本文 Ⅰ④2∶263	萨拉乌苏流域 V. 4405.1	庆阳								Sjara – osso – gol
			172	007	152	156	168	267	283	259	
角心长（直线测量）					150	158			150	154	123 ~ 150
角心基部周长	85.21		80	86	81	92	80	75	81	79	
角心基部前后最大径	29.3	29	31	34	32	36	32	31	30	32	29 ~ 37
角心最大横径	21	20	21	24	21	25	22	20	21	24	21 ~ 24
扁平度	72	69									62 ~ 75
额前两角间的宽度	18										16 ~ 25

标本 Ⅰ④18∶8335 仅保留几个单牙，其中 p4 的下后点和下前点相连成一内壁，而鹅喉羚 *Gazella subgutturosa* p4 的下后点和下前点不相连。p3、p4 的构造和 1928 年德日进 Fig15A 基本一致。测量数据如下：p3 长/宽为：9.58/5.26；p4 长/宽为：10.84/6.07；m1 长/宽为：13.75/7.92 毫米。

从表 9 – 4 角心的几项测量数据看，龙王辿的化石标本与 1975 年祁国琴[1]、1965 年丁梦麟[2]和 1928 年德日进[3]所记述的 *Gazella przewalskyi* 更接近。牙齿的构造和测量数据也和 *Gazella przewalskyi* 更接近。

---

① 祁国琴：《内蒙古萨拉乌苏河流域第四纪哺乳动物化石》，《古脊椎动物与古人类》1975 年第 13 卷第 4 期。
② 丁梦麟、高福清、安芷生等：《甘肃庆阳更新世晚期哺乳动物化石》《古脊椎动物与古人类》1965 年第 9 卷第 1 期。
③ BouleM，Breuil H，Licent E *et al.* Le Palóolithique de la China（Paleontologie）. *Archives de Institut de Paléontologie Humaine*，Mémoire 4，Paris，1928. 1 – 136.

· 羚羊（种未定）*Gazella* sp.

材料与最小个体数

属同一右上颌骨上的残单牙 P2、P3、P4、M1、M2、M3 各 1 枚（I④9：4907），残左上 P2 单牙 1 枚（I④19：8689），残左上 P4 单牙 1 枚，残右上 P2、M2 单牙各 1 枚（I⑤12：685），残左上 M1 单牙 1 枚（I⑤24：5422），残左上 M2 单牙 1 枚（I⑤24：5372），残右上 P2 单牙 1 枚（I④19：8688），残右上 P3 单牙 1 枚（I⑥18：2316），完整的右上 M2、M3 单牙各 1 枚（I④4：346），残右上 M1 的单牙 2 枚（I⑤27：5707、I⑤14：1375），完整的右上 M2 的单牙 1 枚（I⑤13：1388），残右上 M2 的单牙 1 枚（I⑤14：1399），残右上 M3 的单牙 1 枚（I⑤12：674），属同一左下颌骨上的单牙 m1、m2、m3 各 1 枚（I④8：4005），残左下 m3 单牙 1 枚（I⑤19：3668），残右下 m3 单牙 1 枚（I⑤19：3745），完整的左下门齿 1 枚（I⑤19：3792），完整的右下门齿 1 枚（I⑤1：357），完整的右下 p3、p4 单牙各 1 枚（I④18：7971），残左下 p4、m1、m3 的单牙各 1 枚（I⑤26：5678），基本完整的左下 m1、m2 单牙各 1 枚（I⑤12：699），残右下 m1、m2、m3 单牙各 1 枚（I⑥15：923），残左下 m1 单牙 1 枚（I⑥18：2383），残右下 m1 单牙 2 枚（I⑤21：4508、I⑥18：2139），残左下单牙 m2、m3 各 1 枚（I④9：4768），基本完整的左下 m2 单牙 1 枚（I⑥6：242），残左下 m2 单牙 4 枚（I④18：1090、I④19：8651、I⑤2：1053、I⑥5：179），基本完整的右下 m2 单牙 1 枚（I⑤28：5637），残右下 m2 单牙 6 枚（I⑤16：7466、I⑤9：4321、I⑤21：4499、I⑤22：4583、I⑤22：4905、I⑤23：5171），残右下 m2、m3 单牙各 1 枚（I⑤21：4347），残左下 m3 单牙 5 枚（I④8：374、I④8：4274、I④14：7035、I⑤5：2348、I⑤27：5705），基本完整的右下 m3 的单牙 1 枚（I⑤13：1354），残右下 m3 单牙 3 枚（I④16：7526、I⑤8：3632、I⑥13：346），残牙齿块 222 件（I④8：4001、I④8：4031、I④8：4033、I④8：4034、I④8：4166、I④8：4168、I④8：4200、I④8：4212、I④8：4213、I④8：4276、I④8：4284、I④8：4290、I④8：4301、I④8：4352、I④1：20、I④2：44、I④2：211、I④4：164、I④4：362、I④7：324、I④7：341、I④7：535、I④8：593、I④22：1191、I④23：1224、I④23：1226、I④4：838、I④4：1222、I④4：1332、I④5：1800、I④5：1948、I④5：1949、I④5：2200、I④6：2970、I④7：3246、I④7：3229、I④7：3302、I④7：3404、I④7：3411、I④7：3503、I④7：3742、I④9：4547、I④9：4587、I④9：4588、I④9：4590、I④9：4690、I④9：4834、I④9：4835、I④9：4919、I④10：5050、I④10：5061、I④10：5087、I④10：5121、I④10：5147、I④10：5180、I④10：5292、I④10：5372、I④10：5402、I④10：5485、I④11：5742、I④11：5826、I④11：6006、I④12：6480、I④13：6626、I④13：6668、I④14：6907、I④15：7220、I④16：7318、I④16：7322、I④16：7332、I④16：7405、I④16：7417、I④16：7444、I④16：7450、I④16：7471、I④16：7488、I④16：7502、I④16：7503、I④16：7530、I④17：7663、I④17：7699、I④17：7800、I④17：7801、I④17：7872、I④17：7890、I④18：8268、I④19：8488、I④19：8701、I④19：8747、I④19：877、I⑤1：88、I⑤1：354、I⑤1：358、I⑤2：863、I⑤2：959971、I⑤2：972、I⑤2：1045、I⑤2：1193、I⑤3：1583、I⑤3：1600、I⑤4：1767、I⑤4：1800、I⑤4：1808、I⑤4：1827、I⑤4：1994、I⑤5：2208、I⑥6：2550、I⑤8：3607、I⑤14：4812、I⑤14：4813、I⑤14：4816、I⑤26：5492、I⑤27：5571、I⑤28：5634、I⑤29：5685、I⑥3：88、I⑥5：213、I⑥10：343、I⑤12：705、I⑤12：678、I⑤12：759、I⑤12：853、I⑤12：855、I⑤12：867、I⑤13：970、I⑤13：971、I⑤13：1209、I⑤13：1317、I⑤13：1321、I⑤13：1347、I⑤16：2464、I⑤17：2831、I⑤17：2832、I⑤17：2838、I⑤17：2950、I⑤17：2969、I⑤17：3017、

Ⅰ⑤17：3032、Ⅰ⑤17：3054、Ⅰ⑤18：3323、Ⅰ⑤18：3348、Ⅰ⑤18：3349、Ⅰ⑤18：3371、Ⅰ⑤18：3387、Ⅰ⑤18：3400、Ⅰ⑤18：3404、Ⅰ⑤18：3407、Ⅰ⑤19：3492、Ⅰ⑤19：3493、Ⅰ⑤19：3713、Ⅰ⑤19：3728、Ⅰ⑤19：3764、Ⅰ⑤19：3765、Ⅰ⑤20：3844、Ⅰ⑤20：3847、Ⅰ⑤20：3928、Ⅰ⑤20：3992、Ⅰ⑤20：4021、Ⅰ⑤20：4066、Ⅰ⑤20：4077、Ⅰ⑤20：4107、Ⅰ⑤20：4157）、Ⅰ⑤21：4260、Ⅰ⑤21：4265、Ⅰ⑤21：4322、Ⅰ⑤21：4323、Ⅰ⑤21：4385、Ⅰ⑤21：4417、Ⅰ⑤21：4431、Ⅰ⑤21：4441、Ⅰ⑤21：4446、Ⅰ⑤21：4490、Ⅰ⑤21：4505、Ⅰ⑤22：4517、Ⅰ⑤22：4670、Ⅰ⑤22：4708、Ⅰ⑤22：4794、Ⅰ⑤22：4855、Ⅰ⑤22：4860、Ⅰ⑤22：4912、Ⅰ⑤22：4915、Ⅰ⑤23：5112、Ⅰ⑤23：5137、Ⅰ⑤23：5258、Ⅰ⑤24：5275、Ⅰ⑤24：5382、Ⅰ⑤24：5420、Ⅰ⑤24：5444、Ⅰ⑤24：5454、Ⅰ⑤24：5457、Ⅰ⑤25：5476、Ⅰ⑤25：5502、Ⅰ⑤26：5595、Ⅰ⑤26：5600、Ⅰ⑤27：5691、Ⅰ⑤27：5694、Ⅰ⑤27：5701、Ⅰ⑤27：5706、Ⅰ⑤28：5768、Ⅰ⑤14：1376、Ⅰ⑤14：1400、Ⅰ⑤14：1606、Ⅰ⑤14：1738、Ⅰ⑤14：1807、Ⅰ⑤15：1925、Ⅰ⑤15：1927、Ⅰ⑤15：1998、Ⅰ⑤15：2154、Ⅰ⑤15：2273、Ⅰ⑥11：195、Ⅰ⑥14：463、Ⅰ⑥16：1167、Ⅰ⑥17：1604、Ⅰ⑥18：2157、Ⅰ⑥18：2343、Ⅰ⑥18：2405、Ⅰ⑤11：53、Ⅰ⑤11：337、Ⅰ⑤11：340、Ⅰ⑤11：368、Ⅰ⑤11：373），寰椎残块1件（Ⅰ⑥15：612），左肩胛骨远段7件（Ⅰ⑤24：5390、Ⅰ⑤6：2637、Ⅰ⑤6：2681、Ⅰ⑤12：519、Ⅰ⑤18：3294、Ⅰ⑤20：3923、Ⅰ⑤21：4567），残左肩胛骨中段1件（Ⅰ④11：6030），右肩胛骨远段8件（Ⅰ⑤21：4477、Ⅰ⑤20：4029、Ⅰ⑤12：799、Ⅰ⑤13：1202、Ⅰ⑥14：557、Ⅰ⑥14：2540、Ⅰ⑤3：1571、Ⅰ⑤19：3563），肩胛骨残片1件（Ⅰ④9：4851），左肱骨远段关节面1块（Ⅰ④8：630），残左肱骨远端关节面1件（Ⅰ⑥17：1404）（从远端关节面看接近鹿的），右肱骨远段2件（Ⅰ⑤2：982、Ⅰ⑤4：1974），右肱骨残片1件（Ⅰ⑤21：4507），左尺骨近段残2件（Ⅰ⑤15：2006、Ⅰ⑤27：5704），左掌骨近段1件（Ⅰ⑤11：346），右掌骨残近段1件（Ⅰ⑥14：571），左股骨头1件（Ⅰ⑤22：4733），残左股骨头1件（Ⅰ⑤19：3836），左股骨股骨头及股骨颈1件（Ⅰ⑥17：1779），左股骨远端关节面2件（Ⅰ⑤23：5068、Ⅰ⑤22：4723），右股骨头1件（Ⅰ⑤13：1350），右股骨骨干中部1段（Ⅰ⑤22：4907），残股骨骨干1段（Ⅰ⑤18：3211），残左髌骨1件（Ⅰ⑤21：4269），左胫骨远段2件（Ⅰ⑤17：2955、Ⅰ⑤20：3913），右跖骨近段残段1件（Ⅰ⑤22：4811），右跖骨中部骨干1段（Ⅰ⑤23：4998），掌/跖骨远端一侧关节面1件（Ⅰ⑤25：5512），残左跟骨远段1件（Ⅰ⑤29：5808），残左跟骨近段1件（Ⅰ⑤22：4820），残右跟骨近段2件（Ⅰ⑤22：4824、Ⅰ⑤21：4458），残右跟骨远段1件（Ⅰ⑥18：2507），完整的左距骨1件（Ⅰ⑥18：2244），完整的右距骨1件（Ⅰ④7：3299），基本完整的右距骨1件（Ⅰ⑤25：5581），第1指（趾）节骨远段4件（Ⅰ⑤7：2864、Ⅰ⑤19：3709、Ⅰ⑤22：4683、Ⅰ⑤23：5096），完整的第2指（趾）节骨4件（Ⅰ⑤18：3238、Ⅰ⑤6：2510、Ⅰ⑤6：2518、Ⅰ⑥11：356），完整的第2指（趾）节骨远段3件（Ⅰ⑥14：568、Ⅰ⑥11：354、Ⅰ⑤14：1464），第1指（趾）节骨近段2件（Ⅰ⑤6：2519、Ⅰ⑤26：5484），完整的第3指（趾）节骨1件（Ⅰ⑥18：2129），第3指（趾）节骨远段2件（Ⅰ⑤22：4805、Ⅰ⑥13：390），残指（趾）节骨远段1件（Ⅰ⑤5：2075）。右肩胛骨远段8件，全部材料代表的最小个体数为8。

描述与讨论

标本（Ⅰ④8：4005）的 m1、m2 保存基本完整，其中 m1 长/宽为：16.03/11.59 毫米；m2 长/宽为：17.11/11.31 毫米；m3 未磨蚀，缺失后半叶次点的牙皮。

该遗址中出土了大量羚羊牙齿，但其标本风化严重，保存破碎，仅有以下一件上牙标本和二件下牙标本可以测量。测量数据见表9-5。

表 9 – 5	羚羊臼齿尺寸测量数据表		单位：毫米

标本 测量指标	羚羊		
	Ⅰ④4：346（图版四〇三）	Ⅰ⑤12：699	Ⅰ④8：4005
M2	14.96/14.18		
M3	17.69/12.58		
m1		14.4/7.5	16.03/11.59
m2			17.11/11.31

标本 Ⅰ⑥15：612 为保留有腹侧弓及左右侧块的寰椎残块 1 件（图版四〇四），保留宽度 46.1 毫米，腹侧弓最大长 27.76 毫米。

标本 Ⅰ⑤24：5390 为左肩胛骨远段 1 件（图版四〇五），该遗址共出土肩胛骨 17 件，其特征为肩胛骨结节大而厚且短，喙突钩不如鹿明显，肩胛窝不如鹿的圆，即长略大于宽。测量数据见表 9 – 6。

表 9 – 6	羚羊肩胛骨测量数据表					单位：毫米

标本 测量指标	左					右
	Ⅰ⑤20：3923	Ⅰ⑤24：5390	Ⅰ⑤12：519	Ⅰ⑤6：2637	Ⅰ⑤6：2681	Ⅰ⑥14：2540
肩胛结最大长 GLP	33.82	33.32	34.8	32.62	32.96	32.99
肩臼长 LG	26.07	25.4	28.83	25.8	25.21	23.2
肩臼宽 BG	20.87	23.79	20.77	19.61	20.82	21.56

标本 Ⅰ⑥17：1404 残左肱骨远端关节面 1 件（图版四〇六），内侧髁明显比外侧髁大，从内向外逐渐变小，从远端关节面看接近鹿的。远端滑车关节面保留最大宽度 31.12 毫米。

标本 Ⅰ⑤15：2006 为保留部分尺骨近端关节面的左尺骨残段 1 件，保留长度 33.37 毫米，保留宽度 9.26 毫米。

标本 Ⅰ⑤27：5704 为保留冠状突部分的左尺骨残段 1 件（图版四〇七），保留长度 44.14 毫米，跨过冠状突的最大宽度为 18.62 毫米。

标本 Ⅰ⑤11：346 为左掌骨近段 1 件（图版四〇八），保留长度 41.05 毫米。测量数据见表 9 – 7。

表 9 – 7	羚羊掌骨测量数据表	单位：毫米

标本 项　目	左	右
	Ⅰ⑤11：346	Ⅰ⑥14：571
宽	25.50	24.69
厚	20.05	

标本 I ⑤21：4269 为左髋骨近段 1 件（图版四〇九），保留长度 28.8 毫米，最大长 GL 为 22.51 毫米。

标本 I ⑤20：3913 为左胫骨远段 1 件（图版四一〇），保留长度 43.29 毫米，远端最大宽 Bd 为 28.16 毫米。

标本 I ⑤22：4733 为左股骨头 1 件（图版四一一），股骨头最大厚 DC 为 22.15 毫米。

标本 I ⑤18：3238 为完整的第 2 指（趾）节骨 1 件（图版四一二），最大长 GL 为 24.49 毫米，近端最大宽 Bp 为 11.58 毫米，骨干最小宽 SD 为 8.65 毫米，远端最大宽 Bd 为 11.58 毫米。

标本 I ⑤23：4998 为右跖骨中部骨干 1 段（图版四一三），保留长度 99.38 毫米。

标本 I ⑤29：5808 为左跟骨远段 1 件（图版四一四），保留长度 55.8 毫米。

标本 I ⑥18：2507 为残右跟骨远段 1 件，保留最大长度 69.39 毫米。

标本 I ④7：3299 为完整的右距骨 1 件（图版四一五），骨体长方形，外侧脊明显大于内侧脊。测量数据见表 9 - 8。

表 9 - 8	羚羊距骨测量数据表		单位：毫米
标本 项 目	右		左
	I ④7：3299	I ⑤25：5581	I ⑥18：2244
外半部最大长 GLl	30.65	32.23	
外半部最大厚 Dl	16.43	17.39	17.45
远端最大宽 Bd	18.31		21.2
内半部最大长 GLm	28.63		
内半部最大厚 Dm	16.28		16.93

第三节 讨论

一 动物群组成特点及其有关对比

据初步的测年结果，龙王辿第一地点为距今 26000～18000 年左右，属晚更新世晚期，旧石器时代晚期晚段。动物化石组成以偶蹄类的羚羊亚科动物羚羊为主，其次为鹿科动物和啮齿类（可能为后期侵入的）动物，另有少量的马和猪（表 9 - 9；图 9 - 1）。化石保存主要为单个的牙齿和肢骨残片，总计 4 目 7 科 10 个属种的 24 个个体。其中绝灭中有：恰克图转角羚羊和普氏羚羊，其余为现生种。恰克图转角羚羊和普氏羚羊在甘肃庆阳、内蒙古萨拉乌苏流域、辽宁建平都有发现，时代均为晚更新世。龙王辿遗址是这几个遗址中时代相对最晚的一个点，也表明恰克图转角羚羊和普氏羚羊两种化石可能是在该遗址绝灭的，在之后的全新世再也没有发现这两种动物化石。龙王辿遗址中这 10 个属种的化石除草原鼢鼠和梅花鹿不见于萨拉乌苏动物群外，其余种类在萨拉乌苏动物群中均能找到。

表 9 - 9　　　　　　　　龙王辿遗址第一地点动物骨骼的数量及所代表的最小个体数

动物种类	标本数量	最小个体数
蚌 Unionidae	4	1
方氏鼢鼠 *Myospalax fontanieri*	23	3
草原鼢鼠 *Myospalax aspalax*	6	2
沙鼠　*Meriones* sp.	2	1
鼠科 Muridae	11	2
普氏野马 *Equus* cf. *przewalskyi*	1	1
猪 *Sus* sp.	3	1
鹿科 Cervidae	17	1
马鹿 *Cervus elaphus*	3	1
梅花鹿（又名斑鹿）*Cervus nippon*	1	1
恰克图转角羚羊 *Spirocerus kiakhtensis*	1	1
普氏羚羊 *Gazella przewalskyi*	2	1
羚羊 *Gazella* sp.	336	8
动物总数 13	410	24
属种总数 10	378	20

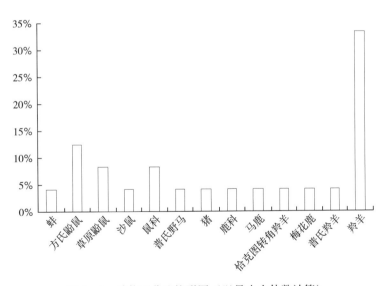

图 9 - 1　动物百分比柱形图（以最小个体数计算）

二　遗骸保存特征与先民行为

该遗址出土的动物化石十分破碎，风化严重，大多为骨片和单个牙齿，牙床仅限小型的啮齿类动物鼢鼠和沙鼠，另有少量的鹿角残块，给动物属种鉴定带来很大的困难。

化石数量很大，常和石器（或石块）共生，发掘者对其进行了科学全面地采集。从碎骨的数量很大可推知当时附近一带动物相当繁盛，人类主要从事狩猎活动，利用石器甚至锋利的骨片（骨制品）对其进行屠宰、加工以获取肉食资源来维持生活。狩猎的对象主要是偶蹄类动物的羚羊和鹿类动物，另有少量的马和猪。大量化石、石器和骨制品的同时发现，证明人类曾长期活动于此。大量碎骨的产生主要是遗址占有者长期敲骨吸髓和制作骨制品所造成的。碎骨的主要来源应属于哺乳类动物的体骨[①]。

三 遗址当时的自然环境

距今 18000 年前后，是旧石器时代向新石器时代过渡的开始时期，也是末次冰期逐渐结束向温暖湿润的冰后期过渡的时期。这时期鹿科动物梅花鹿和马鹿的少量出现表明气候已有变暖的征兆，但仍以大量典型荒漠、半荒漠区域生存的动物羚羊为主，这表明当时的气候仍然以寒冷干燥为主。其中啮齿类沙鼠和鼢鼠的存在也表明当时的气候以寒冷干燥为主。总之，当时遗址周围的环境是以草原为主，草原上有各种各样的羚羊、马、鼢鼠。不远处有一定的疏林、森林存在，其间生活着马鹿、梅花鹿和野猪。沙鼠的存在表明遗址周围个别地方已经出现沙化的现象。蚌壳的存在表明周围有一定的水体存在。

四 骨骼痕迹分析

先民利用石器或骨制品在加工狩猎来的动物时，在其骨骼表面会留下一些加工痕迹。这些标本共计 17 件。其中有切割痕的 16 件，人骨打击疤 1 件。

残骨块上有切割痕的标本 16 件（Ⅰ④1:99、Ⅰ④2:149、Ⅰ④3:D242、Ⅰ④3:273、Ⅰ④3:293、Ⅰ④10:448、Ⅰ④13:6741、Ⅰ⑤5:2071、Ⅰ⑤7:2867、Ⅰ⑥9:326、Ⅰ④6:288、Ⅰ④6:512、Ⅰ④18:1078、Ⅰ④3:934、Ⅰ④10:5014、Ⅰ④5:214）。

其中标本Ⅰ④3:934（图版四一七）为一大中型动物的骨干，在其表面留下长短不等的 2 条平行条痕。其中一条长 54.62、宽 1.11、深 2.51 毫米，横切面为 U 形；另一条长 24.39、宽 0.91 毫米。

标本（Ⅰ⑤24:5276）为羊残胫骨骨干 1 件，其上有明显的人骨打击疤 2 片（图版四一八），一片呈纵向，另一片为横向，两片之间形成一交线。

另有 885 件烧骨，统计结果见表 9 – 10。

表 9 – 10　　　　　　　　　　　　　烧痕数据统计表

单位	数量	标　本
Ⅰ④1	6	Ⅰ④1:2、Ⅰ④1:19、Ⅰ④1:59、Ⅰ④1:97、Ⅰ④1:98、Ⅰ④1:159
Ⅰ④2	8	Ⅰ④2：272、Ⅰ④2：326、Ⅰ④2：359、Ⅰ④2：369、Ⅰ④2：370、Ⅰ④2：371、Ⅰ④2:373、Ⅰ④2:389

---

① 碎骨的研究我们将另文发表。

续表 9－10

单位	数量	标　　本
I④3	7	I④3：525、I④3：630、I④3：661、I④3：762、I④3：774、I④3：786、I④3：787
I④4	18	I④4：135、I④4：815、I④4：816、I④4：823、I④4：835、I④4：839、I④4：894、I④4：1012、I④4：1061、I④4：1078、I④4：1102、I④4：1126、I④4：1164、I④4：1168、I④4：1275、I④4：1276、I④4：1337、I④4：1455
I④5	15	I④5：208、I④5：219、I④5：401、I④5：403、I④5：404、I④5：405、I④5：406、I④5：407、I④5：408、I④5：1540、I④5：1542、I④5：1685、I④5：1691、I④5：1725、I④5：2237
I④6	21	I④6：24、I④6：268、I④6：459、I④6：460、I④6：461、I④6：462、I④6：463、I④6：464、I④6：465、I④6：466、I④6：467、I④6：514、I④6：516、I④6：517、I④6：518、I④6：2393、I④6：2397、I④6：2436、I④6：2685、I④6：2937、I④6：3034
I④7	47	I④7：319、I④7：321、I④7：521、I④7：525、I④7：529、I④7：575、I④7：576、I④7：577、I④7：578、I④7：579、I④7：580、I④7：581、I④7：3204、I④7：3215、I④7：3220、I④7：3223、I④7：32、I④7：3235、I④7：3244、I④7：3251、I④7：3287、I④7：3288、I④7：3295、I④7：3332、I④7：3352、I④7：3379、I④7：3380、I④7：3384、I④7：3391、I④7：3393、I④7：3403、I④7：3400、I④7：3434、I④7：3456、I④7：3474、I④7：3490、I④7：3492、I④7：3499、I④7：3510、I④7：3664、I④7：3673、I④7：3693、I④7：3786、I④7：3803、I④7：3813、I④7：3824、I④7：3843
I④8	14	I④8：3886、I④8：3897、I④8：3995、I④8：4039、I④8：4101、I④8：4020、I④8：4084、I④8：4116、I④8：4130、I④8：4142、I④8：4175、I④8：617、I④8：618、I④8：636
I④9	21	I④9：4394、I④9：4407、I④9：4411、I④9：4412、I④9：4433、I④9：4452、I④9：4457、I④9：4523、I④9：4532、I④9：4546、I④9：4560、I④9：4637、I④9：4663、I④9：4664、I④9：4761、I④9：4762、I④9：4777、I④9：4786、I④9：4793、I④9：4794、I④9：4894
I④10	19	I④10：504、I④10：4951、I④10：4984、I④10：4986、I④10：4994、I④10：4995、I④10：5065、I④10：5069、I④10：5091、I④10：5202、I④10：5284、I④10：5287、I④10：5379、I④10：5418、I④10：5418、I④10：5425、I④10：5513、I④10：5577、I④10：5591
I④11	10	I④11：840、I④11：846、I④11：876、I④11：5700、I④11：5736、I④11：5790、I④11：5953、I④11：5964、I④11：6009、I④11：6107
I④12	17	I④12：885、I④12：888、I④12：889、I④12：624、I④12：6348、I④12：6302、I④12：6304、I④12：6379、I④12：6274、I④12：6394、I④12：6259、I④12：6318、I④12：6513、I④12：6517、I④12：6502、I④12：6525、I④12：6445
I④13	6	I④13：936、I④13：937、I④13：938、I④13：935、I④13：6701、I④13：6702
I④14	4	I④14：6902、I④14：6905、I④14：6988、I④14：7025
I④15	4	I④15：7146、I④15：7190、I④15：7261、I④15：7289
I④16	10	I④16：7321、I④16：7447、I④16：7485、I④16：7508、I④16：7511、I④16：7556、I④16：7575、I④16：7576、I④16：7577、I④16：7606

续表 9 - 10

单位	数量	标　　本
I ④17	12	I ④17：1042、I ④17：1043、I ④17：4996、I ④17：7636、I ④17：7709、I ④17：7736、I ④17：7749、I ④17：7842、I ④17：7865、I ④17：7866、I ④17：7907、I ④17：7915
I ④18	9	I ④18：7980、I ④18：8003、I ④18：8062、I ④18：8064、I ④18：8103、I ④18：8182、I ④18：8185、I ④18：8209、I ④18：8240
I ④19	21	I ④19：8390、I ④19：8397、I ④19：8399、I ④19：8424、I ④19：8440、I ④19：8449、I ④19：8473、I ④19：8474、I ④19：8486、I ④19：8491、I ④19：8535、I ④19：8633、I ④19：8639、I ④19：8654、I ④19：8674、I ④19：8719、I ④19：8730、I ④19：8771、I ④19：8778、I ④19：8779、I ④19：8784
I ④20	1	I ④20：150
I ④21	1	I ④21：1160
I ④22	2	I ④22：1169、I ④22：1170
I ⑤1	22	I⑤1：7、I⑤1：27、I⑤1：48、I⑤1：69、I⑤1：78、I⑤1：83、I⑤1：111、I⑤1：124、I⑤1：147、I⑤1：148、I⑤1：149、I⑤1：150、I⑤1：171、I⑤1：188、I⑤1：195、I⑤1：246、I⑤1：255、I⑤1：266、I⑤1：290、I⑤1：403、I⑤1：404、I⑤1：432
I ⑤2	70	I ⑤2：488、I ⑤2：511、I ⑤2：514、I ⑤2：531、I ⑤2：545、I ⑤2：560、I ⑤2：576、I ⑤2：578、I ⑤2：579、I ⑤2：580、I ⑤2：585、I ⑤2：588、I ⑤2：591、I ⑤2：592、I ⑤2：593、I ⑤2：596、I ⑤2：602、I ⑤2：603、I ⑤2：604、I ⑤2：605、I ⑤2：607、I ⑤2：611、I ⑤2：613、I ⑤2：614、I ⑤2：615、I ⑤2：616、I ⑤2：653、I ⑤2：659、I ⑤2：668、I ⑤2：703、I ⑤2：708、I ⑤2：719、I ⑤2：727、I ⑤2：740、I ⑤2：765、I ⑤2：818、I ⑤2：833、I ⑤2：834、I ⑤2：835、I ⑤2：846、I ⑤2：847、I ⑤2：852、I ⑤2：866、I ⑤2：875、I ⑤2：879、I ⑤2：907、I ⑤2：910、I ⑤2：920、I ⑤2：939、I ⑤2：952、I ⑤2：1023、I ⑤2：1050、I ⑤2：1071、I ⑤2：1100、I ⑤2：1101、I ⑤2：1102、I ⑤2：1104、I ⑤2：1105、I ⑤2：1108、I ⑤2：1124、I ⑤2：1141、I ⑤2：1153、I ⑤2：1163、I ⑤2：1167、I ⑤2：1187、I ⑤2：1237、I ⑤2：1271、I ⑤2：1273、I ⑤2：1274、I ⑤2：1276
I ⑤3	13	I ⑤3：1290、I ⑤3：1291、I ⑤3：1396、I ⑤3：1311、I ⑤3：1439、I ⑤3：1444、I ⑤3：1470、I ⑤3：1485、I ⑤3：1526、I ⑤3：1565、I ⑤3：1591、I ⑤3：1602、I ⑤3：1623
I ⑤4	20	I ⑤4：1641、I ⑤4：1643、I ⑤4：1644、I ⑤4：1645、I ⑤4：1647、I ⑤4：1649、I ⑤4：1673、I ⑤4：1681、I ⑤4：1686、I ⑤4：1693、I ⑤4：1699、I ⑤4：1704、I ⑤4：1709、I ⑤4：1712、I ⑤4：1742、I ⑤4：1752、I ⑤4：1777、I ⑤4：1815、I ⑤4：1836、I ⑤4：1956
I ⑤5	20	I ⑤5：2036、I ⑤5：2044、I ⑤5：2082、I ⑤5：2129、I ⑤5：2143、I ⑤5：2196、I ⑤5：2234、I ⑤5：2240、I ⑤5：2241、I ⑤5：2243、I ⑤5：2249、I ⑤5：2259、I ⑤5：2304、I ⑤5：2309、I ⑤5：2353、I ⑤5：2376、I ⑤5：2381、I ⑤5：2397、I ⑤5：2424、I ⑤5：2428
I ⑤6	17	I ⑤6：2440、I ⑤6：2507、I ⑤6：2549、I ⑤6：2576、I ⑤6：2620、I ⑤6：2661、I ⑤6：2682、I ⑤6：2726、I ⑤6：2728、I ⑤6：2730、I ⑤6：2731、I ⑤6：2737、I ⑤6：2738、I ⑤6：2745、I ⑤6：2775、I ⑤6：2791、I ⑤6：2597
I ⑤7	17	I ⑤7：2827、I ⑤7：2878、I ⑤7：2895、I ⑤7：2897、I ⑤7：2904、I ⑤7：3191、I ⑤7：3192、I ⑤7：3193、I ⑤7：3194、I ⑤7：3195、I ⑤7：3201、I ⑤7：3238、I ⑤7：3276、I ⑤7：3277、I ⑤7：3287、I ⑤7：3289、I ⑤7：3290

续表 9 - 10

单位	数量	标 本
I ⑤8	13	I ⑤8:3306、I ⑤8:3308、I ⑤8:3310、I ⑤8:3363、I ⑤8:3423、I ⑤8:3456、I ⑤8:3471、I ⑤8:3518、I ⑤8:3601、I ⑤8:3617、I ⑤8:3619、I ⑤8:3636、I ⑤8:3969
I ⑤9	1	I ⑤9:4332
I ⑤10	1	I ⑤10:4519
I ⑤11	17	I ⑤11:4559、I ⑤11:4560、I ⑤11:4572、I ⑤11:4592、I ⑤11:4629、I ⑤11:4644、I ⑤11:4646、I ⑤11:4651、I ⑤11:4658、I ⑤11:4660、I ⑤11:4665、I ⑤11:4667、I ⑤11:4672、I ⑤11:4673、I ⑤11:4675、I ⑤11:6096、I ⑤11:6111
I ⑤12	4	I ⑤12:4694、I ⑤12:4698、I ⑤12:4725、I ⑤12:4740
I ⑤13	7	I ⑤13:4752、I ⑤13:4754、I ⑤13:4798、I ⑤13:6569、I ⑤13:6677、I ⑤13:6705、I ⑤13:6706
I ⑤14	5	I ⑤14:4805、I ⑤14:4808、I ⑤14:4832、I ⑤14:4862、I ⑤14:4872
I ⑤15	1	I ⑤15:7121
I ⑤16	5	I ⑤16:4930、I ⑤16:4964、I ⑤16:4972、I ⑤14:6973、I ⑤16:4976
I ⑤17	1	I ⑤17:5001
I ⑤18	10	I ⑤18:5034、I ⑤18:5035、I ⑤18:5051、I ⑤18:5053、I ⑤18:5056、I ⑤18:5064、I ⑤18:5069、I ⑤18:5071、I ⑤18:5073、I ⑤18:8252
I ⑤19	3	I ⑤19:5083、I ⑤19:5097、I ⑤19:5118
I ⑤20	5	I ⑤20:3850、I ⑤20:5128、I ⑤20:5133、I ⑤20:5156、I ⑤20:5167
I ⑤21	3	I ⑤21:5179、I ⑤21:5215、I ⑤21:5222
I ⑤22	6	I ⑤22:5242、I ⑤22:5270、I ⑤22:5281、I ⑤22:5283、I ⑤22:5295、I ⑤22:5298
I ⑤23	11	I ⑤23:5311、I ⑤23:5317、I ⑤23:5318、I ⑤23:5319、I ⑤23:5323、I ⑤23:5324、I ⑤23:5329、I ⑤23:5336、I ⑤23:5349、I ⑤23:5350、I ⑤23:5353
I ⑤24	4	I ⑤24:5364、I ⑤24:5382、I ⑤24:5385、I ⑤24:5410
I ⑤25	2	I ⑤25:5419、I ⑤25:5464
I ⑤26	11	I ⑤26:5479、I ⑤26:5482、I ⑤26:5483、I ⑤26:5486、I ⑤26:5494、I ⑤26:5498、I ⑤26:5499、I ⑤26:5526、I ⑤26:5541、I ⑤26:5557、I ⑤26:5558
I ⑤27	9	I ⑤27:5567、I ⑤27:5569、I ⑤27:5570、I ⑤27:5572、I ⑤27:5576、I ⑤27:5584、I ⑤27:5588、I ⑤27:5607、I ⑤27:5611
I ⑤28	4	I ⑤28:5613、I ⑤28:5626、I ⑤28:5632、I ⑤28:5644
I ⑤29	2	I ⑤29:5667、I ⑤29:5673
I ⑥1	3	I ⑥1:14、I ⑥1:22、I ⑥1:44
I ⑥2	1	I ⑥2:61
I ⑥3	1	I ⑥3:87
I ⑥4	2	I ⑥4:133、I ⑥4:160

续表 9－10

单位	数量	标　　本
Ⅰ⑥6	2	Ⅰ⑥6：230、Ⅰ⑥6：242
Ⅰ⑥7	1	Ⅰ⑥7：252
Ⅰ⑥12	1	Ⅰ⑥12：377
Ⅰ⑥14	1	Ⅰ⑥14：438
Ⅰ⑤11 水平层	23	Ⅰ⑤11：20、Ⅰ⑤11：25、Ⅰ⑤11：29、Ⅰ⑤11：44、Ⅰ⑤11：64、Ⅰ⑤11：65、Ⅰ⑤11：87、 Ⅰ⑤11：127、Ⅰ⑤11：131、Ⅰ⑤11：133、Ⅰ⑤11：134、Ⅰ⑤11：146、Ⅰ⑤11：188、Ⅰ⑤11：191、 Ⅰ⑤11：205、Ⅰ⑤11：264、Ⅰ⑤11：286、Ⅰ⑤11：294、Ⅰ⑤11：326、Ⅰ⑤11：329、Ⅰ⑤11：363、 Ⅰ⑤11：372、Ⅰ⑤11：398
Ⅰ⑤12 水平层	33	Ⅰ⑤12：438、Ⅰ⑤12：440、Ⅰ⑤12：444、Ⅰ⑤12：443、Ⅰ⑤12：445、Ⅰ⑤12：447、Ⅰ⑤12：448、 Ⅰ⑤12：455、Ⅰ⑤12：458、Ⅰ⑤12：459、Ⅰ⑤12：460、Ⅰ⑤12：463、Ⅰ⑤12：465、Ⅰ⑤12：467、 Ⅰ⑤12：468、Ⅰ⑤12：488、Ⅰ⑤12：490、Ⅰ⑤12：495、Ⅰ⑤12：530、Ⅰ⑤12：531、Ⅰ⑤12：625、 Ⅰ⑤12：652、Ⅰ⑤12：654、Ⅰ⑤12：655、Ⅰ⑤12：703、Ⅰ⑤12：752、Ⅰ⑤12：787、Ⅰ⑤12：789、 Ⅰ⑤12：794、Ⅰ⑤12：795、Ⅰ⑤12：859、Ⅰ⑤12：862、Ⅰ⑤12：865
Ⅰ⑤13 水平层	11	Ⅰ⑤13：958、Ⅰ⑤13：959、Ⅰ⑤13：960、Ⅰ⑤13：1021、Ⅰ⑤13：1045、Ⅰ⑤13：1069、 Ⅰ⑤13：1105、Ⅰ⑤13：1109、Ⅰ⑤13：1215、Ⅰ⑤13：1275、Ⅰ⑤13：1324
Ⅰ⑤14 水平层	12	Ⅰ⑤14：1486、Ⅰ⑤14：1617、Ⅰ⑤14：1624、Ⅰ⑤14：1698、Ⅰ⑤14：1741、Ⅰ⑤14：1760、 Ⅰ⑤14：1770、Ⅰ⑤14：1793、Ⅰ⑤14：1832、Ⅰ⑤14：1863、Ⅰ⑤14：1877、Ⅰ⑤14：1884
Ⅰ⑤15 水平层	17	Ⅰ⑤15：1917、Ⅰ⑤15：1995、Ⅰ⑤15：2043、Ⅰ⑤15：2050、Ⅰ⑤15：2061、Ⅰ⑤15：2062、 Ⅰ⑤15：2149、Ⅰ⑤15：2160、Ⅰ⑤15：2161、Ⅰ⑤15：2162、Ⅰ⑤15：2165、Ⅰ⑤15：2166、 Ⅰ⑤15：2168、Ⅰ⑤15：2169、Ⅰ⑤15：2206、Ⅰ⑤15：2218、Ⅰ⑤15：2286
Ⅰ⑤16 水平层	20	Ⅰ⑤16：2376、Ⅰ⑤16：2433、Ⅰ⑤16：2523、Ⅰ⑤16：2531、Ⅰ⑤16：2555、Ⅰ⑤16：2560、 Ⅰ⑤16：2562、Ⅰ⑤16：2565、Ⅰ⑤16：2566、Ⅰ⑤16：2567、Ⅰ⑤16：2568、Ⅰ⑤16：2571、 Ⅰ⑤16：2616、Ⅰ⑤16：2625、Ⅰ⑤16：2665、Ⅰ⑤16：2667、Ⅰ⑤16：2674、Ⅰ⑤16：2677、 Ⅰ⑤16：2678、Ⅰ⑤16：2698
Ⅰ⑤17 水平层	25	Ⅰ⑤17：2708、Ⅰ⑤17：2714、Ⅰ⑤17：2721、Ⅰ⑤17：2828、Ⅰ⑤17：2830、Ⅰ⑤17：2849、 Ⅰ⑤17：2860、Ⅰ⑤17：2872、Ⅰ⑤17：2881、Ⅰ⑤17：2915、Ⅰ⑤17：2938、Ⅰ⑤17：2954、 Ⅰ⑤17：2956、Ⅰ⑤17：2970、Ⅰ⑤17：2972、Ⅰ⑤17：2985、Ⅰ⑤17：2991、Ⅰ⑤17：2994、 Ⅰ⑤17：3015、Ⅰ⑤17：3027、Ⅰ⑤17：3038、Ⅰ⑤17：3048、Ⅰ⑤17：3051、Ⅰ⑤17：3056、 Ⅰ⑤17：3057
Ⅰ⑤18 水平层	31	Ⅰ⑤18：3074、Ⅰ⑤18：3084、Ⅰ⑤18：3085、Ⅰ⑤18：3、Ⅰ⑤18：3090、Ⅰ⑤18：3130、 Ⅰ⑤18：3134、Ⅰ⑤18：3181、Ⅰ⑤18：3186、Ⅰ⑤18：3187、Ⅰ⑤18：3188、Ⅰ⑤18：3234、 Ⅰ⑤18：3279、Ⅰ⑤18：3280、Ⅰ⑤18：3313、Ⅰ⑤18：3314、Ⅰ⑤18：3320、Ⅰ⑤18：3322、 Ⅰ⑤18：3331、Ⅰ⑤18：3340、Ⅰ⑤18：3340、Ⅰ⑤18：3342、Ⅰ⑤18：3346、Ⅰ⑤18：3355、 Ⅰ⑤18：3359、Ⅰ⑤18：3366、Ⅰ⑤18：3368、Ⅰ⑤18：3418、Ⅰ⑤18：3430、Ⅰ⑤18：3433、 Ⅰ⑤18：3456

续表 9－10

单位	数量	标　　本
I ⑤19 水平层	25	I ⑤19：3470、 I ⑤19：3481、 I ⑤19：3482、 I ⑤19：3509、 I ⑤19：3529、 I ⑤19：3538、 I ⑤19：3542、 I ⑤19：3547、 I ⑤19：3566、 I ⑤19：3594、 I ⑤19：3681、 I ⑤19：3684、 I ⑤19：3697、 I ⑤19：3717、 I ⑤19：3723、 I ⑤19：3725、 I ⑤19：3730、 I ⑤19：3735、 I ⑤19：3737、 I ⑤19：3740、 I ⑤19：3755、 I ⑤19：3768、 I ⑤19：3769、 I ⑤19：3796、 I ⑤19：3823
I ⑤20 水平层	17	I ⑤20：3900、 I ⑤20：3929、 I ⑤20：3938、 I ⑤20：3944、 I ⑤20：3954、 I ⑤20：3981、 I ⑤20：4015、 I ⑤20：4012、 I ⑤20：4028、 I ⑤20：4054、 I ⑤20：4056、 I ⑤20：4063、 I ⑤20：4081、 I ⑤20：4099、 I ⑤20：4111、 I ⑤20：4161、 I ⑤20：4220
I ⑤21 水平层	24	I ⑤21：4274、 I ⑤21：4290、 I ⑤21：4294、 I ⑤21：4305、 I ⑤21：4306、 I ⑤21：4311、 I ⑤21：4313、 I ⑤21：4335、 I ⑤21：4348、 I ⑤21：4357、 I ⑤21：4359、 I ⑤21：4364、 I ⑤21：4366、 I ⑤21：4376、 I ⑤21：4415、 I ⑤21：4444、 I ⑤21：4447、 I ⑤21：4452、 I ⑤21：4455、 I ⑤21：4459、 I ⑤21：4465、 I ⑤21：4468、 I ⑤21：4554、 I ⑤21：4566
I ⑤22 水平层	22	I ⑤22：4644、 I ⑤22：4645、 I ⑤22：4650、 I ⑤22：4711、 I ⑤22：4717、 I ⑤22：4719、 I ⑤22：4731、 I ⑤22：4759、 I ⑤22：4760、 I ⑤22：4774、 I ⑤22：4775、 I ⑤22：4779、 I ⑤22：4787、 I ⑤22：4806、 I ⑤22：4807、 I ⑤22：4812、 I ⑤22：4823、 I ⑤22：4852、 I ⑤22：4859、 I ⑤22：4879、 I ⑤22：4904、 I ⑤22：4918
I ⑤23 水平层	16	I ⑤23：4949、 I ⑤23：4987、 I ⑤23：5020、 I ⑤23：5026、 I ⑤23：5035、 I ⑤23：5086、 I ⑤23：5114、 I ⑤23：5148、 I ⑤23：5155、 I ⑤23：5159、 I ⑤23：5166、 I ⑤23：5170、 I ⑤23：5175、 I ⑤23：5183、 I ⑤23：5201、 I ⑤23：5220
I ⑤24 水平层	7	I ⑤24：5298、 I ⑤24：5313、 I ⑤24：5318、 I ⑤24：5343、 I ⑤24：5399、 I ⑤24：5401、 I ⑤24：5412
I ⑤25 水平层	3	I ⑤25：5475、 I ⑤25：5521、 I ⑤25：5568
I ⑤27 水平层	2	I ⑤27：5693、 I ⑤27：5716
I ⑥14 水平层	2	I ⑥14：504、 I ⑥14：532
I ⑥16 水平层	1	I ⑥16：1337
I ⑥17 水平层	5	I ⑥17：1372、 I ⑥17：1499、 I ⑥17：1571、 I ⑥17：1952、 I ⑥17：1989
小计	885	

第十章　石制品研究

第一节　石制品的原料和种类

龙王辿遗址第一地点石制品的原料以燧石和石英岩为主，兼有硅质页岩、角页岩、石英砂岩、泥岩等。

通过对遗址周边地区的考古调查和对这一地区地质材料的分析获知，龙王辿遗址第一地点石制品原料的来源应有两个。近在咫尺的黄河滩砾石是其原料的主要来源。我们在遗址中发现的石制品原料基本上在现在的黄河河滩上仍都能见到。此外，遗址地层的底部为中生代三叠纪基岩，上层为棕红色砂质泥岩，易风化剥落；下层有灰褐色砂岩露出，质地较密，层理结构较为发达。石制品原料中的砂岩、泥岩等原料，即产自此。

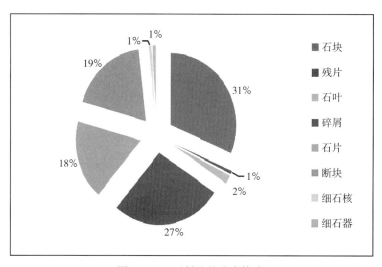

图 10-1　石制品的种类构成

　　龙王辿遗址第一地点出土了3万余件石制品，其种类主要有石块、断块、石片、残片、碎屑、细石叶和细石核、细石器等几大类。从图10-1可以明显地看出，大量存在的石块、断块、石片、残片和碎屑构成了龙王辿遗址第一地点石制品的主体，而作为细石器工业最终产品的细石叶、细石器和细石核仅为石制品总量的5%左右。

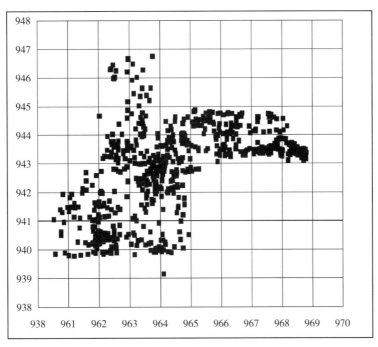

图10-2　龙王辿遗址第一地点2006Ⅰ④10水平层石制品的平面分布

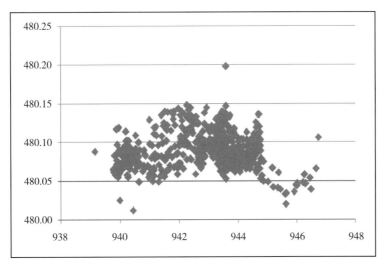

图10-3　龙王辿遗址第一地点2006Ⅰ④10水平层石制品的西壁剖面分布

　　龙王辿遗址第一地点石制品的分布十分密集。在发掘过程中，每一水平层的1平方米（厚5厘米）出土石制品的数量多在50件左右，最密集时达200余件（图10-2、10-3）。如此密集的石制品分布和大量存在的石块、断块、石片、残片及碎屑表明这里应为一处石器加工生产的场所。

　　在考古发掘进行的同时我们对惠洛沟河流域也进行了初步的考古学调查，发现旧石器时代晚期文化堆积地点 19 处。在这一遗址群中，龙王辿遗址第一地点位于惠洛沟河与黄河的交汇处，距离石料来源地的黄河河滩最近，因此可以判定龙王辿遗址第一地点为一处石料采集和石器加工生产的场所。

第二节　细石器生产的类型与技术分析

细石核是了解龙王辿遗址第一地点细石器工艺的重要信息来源。龙王辿遗址第一地点出土的细石核形体均较小，绝大多数台面经过预制修理。结合形状与技术两方面因素分析发现，龙王辿遗址第一地点的细石核主要分为锥形、半锥形、柱形、楔形、船底形等亚类型。

锥形细石核在龙王辿遗址第一地点出土数量最多，它是龙王辿遗址第一地点出土的细石核中最为主要、同时也是最为完整的一种类型（图 10－4，1、4、6、8、12、13、15）。它的核身或圆或扁圆，周身剥片，底部为尖。绝大多数经过台面预制和修整，少数利用合适的自然面（层面或节理面）做台面。修整台面反映出石核工作面迭次剥片、台面反复修整、核体逐渐变短的动态过程。有些锥形石核核身较长，横剖面呈窄长的等腰三角形，俗称铅笔头状石核。有些则核身短，台面大，横剖面近似等边三角形，也有人将其称为漏斗状石核[1]。由于这两种细石核形状近似，我们按出土考古学的类型划分可将其归为一类。但是，以技术类型学或动态类型学[2]的方法观察，它们实质上分别代表了两种不同的剥片技术和剥片意图，前者台面经过预制，周身片疤分布规则且均匀，剥片是采用压制法，能够很好地控制片疤走向和长度，获得狭长形细石叶；后者台面多为自然面或劈裂面，周身片疤短小，

分布略显粗糙，可能采用直接打制法或间接打制法，以生产小石叶或小石片为主。龙王辿遗址第一地点这两种不同技术体系的存在是与石材个体的大小及石材质地的优劣密切相关的。

半锥形细石核在龙王辿遗址第一地点有一定数量的存在，外形似锥形细石核的一半，以弧形宽面为工作面，底部有的呈尖状，有的呈刃缘状（图 10－4，2、7、9）。此类石核以板状石块或厚石片为毛坯，工作面两侧常有横向修理痕迹，使工作面形成上宽下窄的形状。剥片工作面相对的一面（打制平面或节理面），先于剥片工作面形成，并非由锥形石核剖开而成，其台面角多小于 90°，沿一侧剥制细石叶，是一种独具风格的类型。

楔形细石核在龙王辿遗址第一地点也有一定数量的存在。他们一般体积较小，均以燧石块为坯，台面大多经过预制和修整，平面近似梯形（图 10－4，5、10、11、14），总体预制风格单调。部分楔形细石核台面表现出"前高后低"的斜坡，即台面在靠近窄端处向下倾斜降低，从侧面观察，台面有一个折角。这种做法是为了更新有效台面，继续工作面剥片。其楔状缘均为单向修理，楔状缘是楔形细石核的辨别特征，旨在控制石叶及细石叶的走向与长度。在龙王辿遗址第一地点的楔形细石核中，有两面修薄技术的存在。楔形石核依核身宽度可分为宽楔形与窄楔形，这两种类型在龙王辿遗址第一地点都有发现。宽楔形细石核的楔状缘较长，从核身后缘延伸至工作面底

①　陈淳：《中国细石核类型和工艺初探》，《人类学学报》1983 年 4 期。
②　盖培：《阳原石核的动态类型学研究及其工艺思想分析》，《人类学学报》1984 年第 3 期。

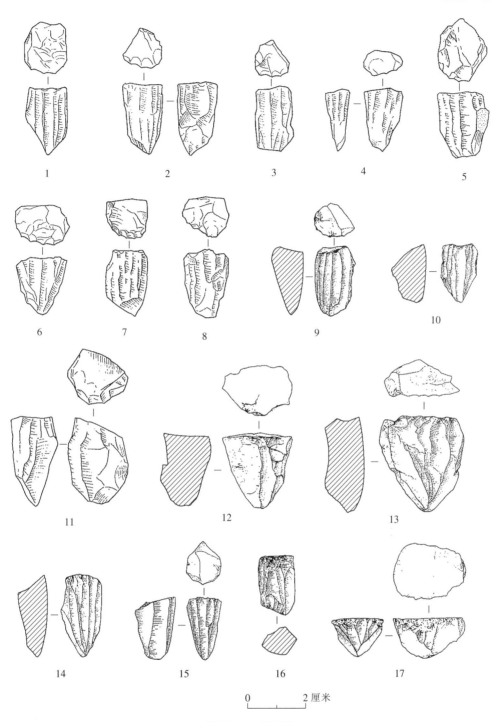

图 10 - 4 细石核

1. 2006 I ④:5495 2. 2006 I ④:373 3. 2006 I ④:3403 4. 2006 I ④:352 5. 2006 I ④:3403
6. 2006 I ④:8711 7. 2006 I ④:4893 8. 2006 I ④:7415 9. 2008 I ④:5446 10. 2008 I ④:4720
11. 2006 I ④:8783 12. 2008 I ⑤:4183 13. 2008 I ⑤:5559 14. 2006 I ④:5439 15. 2008 I ⑤:
5118 16. 2008 I ⑤:4349 17. 2006 I ④:497

端，单向修理多位于底缘，后部基本不修理。窄楔形细石核的底部似锥形底，故楔状缘较短，偏
于核身整体的后半部，单向修理仅出现于后缘。楔形石核的有效剥片面往往位于宽端，窄楔形细
石核的工作面（3～4厘米）远远长于宽楔形细石核的工作面（1.2～2.5厘米）。有研究者认为这

两种亚类型明显是为了生产不同长度的细石叶①。但我们在对龙王辿遗址第一地点的标本进行认真观察后认为，宽、窄楔形细石核可能更多地取决于石核毛坯的形状，是人们对可获石料的适应性改造。

柱形细石核发现的数量很少，双台面，器形相对不规整，高低、粗细等外形差异较大（图10-4，3、16）。如果从一端剥片，将最终形成锥形细石核，如果从两端相对轮番剥制，则可能保持稳定的柱状形态。有研究者认为柱形细石核是由锥形细石核截断尖部，改形而成②。但以龙王辿遗址第一地点的资料来看并非如此。龙王辿遗址第一地点的部分柱形细石核有的以天然砾石面作为台面，台面周边虽经多次修整，但在台面的中心部分仍有一些砾石面残留。柱形细石核的台面虽然都大致呈圆形，经过人工修整，核身上布满两端剥片的细石叶疤痕，但外形的差异却很大，高矮、粗细不均。这固然与剥片的阶段不同有关，但也与选材、预制不够精细有关。

船形细石核（图10-4，17）在龙王辿遗址第一地点发现的很少。其形状与楔形细石核相近，与楔形细石核相比，台面较宽，一般不做修理，为节理面或打制而成。核身由台面向底部修理，从一端或两端剥片，底端为一小平面或钝棱。

龙王辿遗址第一地点细石器出土的数量虽然不是很多，但同样是我们了解其细石器工业技术体系的一个主要渠道。龙王辿遗址第一地点细石器的类型主要有刮削器、端刮器、尖状器和雕刻器及石钻、石锯等。

刮削器，特别是圆头刮削器，是龙王辿遗址第一地点细石器群中的一个主要类型，它们大小、长短、厚薄不同，但都是以石片为坯，将其远端或一边正向加工成凸刃，个别器身的一侧边或两侧边也经过二次加工。多数标本器身较厚，刃部正向加工去薄，背部形成隆凸。其底部的形制多为平底圆头、底部多与刃部等宽，平面形状多为圆形或长方形（图10-5，1、3、4）。另外也有部分刮削器底部为尖底圆头形（图10-5，2），平面形状近三角形，两侧边缘正向修整成平直刃，近端部分为便于使用，也多修整得较为规整。

端刮器在龙王辿遗址第一地点细石器群中也较为普遍，他们多由薄石片正向加工而成，两侧修整平直，远端正向修整出一圆弧形刃口。石片形状较为规整者仅在两侧和远端略加修整即可成型（图10-5，5、6），对于略为厚重的石片则在正面全体正向加工去薄，使之形态规整成型（图10-5，7），这种加工技法已具备了石镞或石矛加工技术的雏形。

尖状器均以石片为毛坯制成，一般是以单面通体修理、单面边缘修理或双面边缘修理最后调整成型，在器物的一端形成一尖突，成为尖状器。根据尖部的位置和器形，分为三棱小尖状器、心形尖状器、长尖形尖状器等几种。三棱小尖状器是较具特征的（图10-5，9），它有些类似迷你型的丁村三棱尖状器，多以厚石片为毛坯，将厚石片从劈裂面两边向背面打击成隆起一脊的两面对称的三棱锐尖，两侧正向加工而成。心形尖状器（图10-5，8）以薄石片为毛坯正向加工而成，尖部位于石片的远端，近端弧状，器身周边均有正向加工调整，使之形制更为规范。长尖形尖状器（图10-5，10）的尖部更加细长，背面较为平缓，不像前者一样隆凸，底端有的呈圆弧状，有的则纵向打去一两片石片，使底部扁平而便于使用，一般为正尖圆扁底，断面近三角形，

---

① 陈淳：《中国细石核类型和工艺初探》，《人类学学报》1983 年第 2 期。
② 王建等：《下川文化——山西下川遗址调查报告》，《考古学报》1978 年第 3 期。

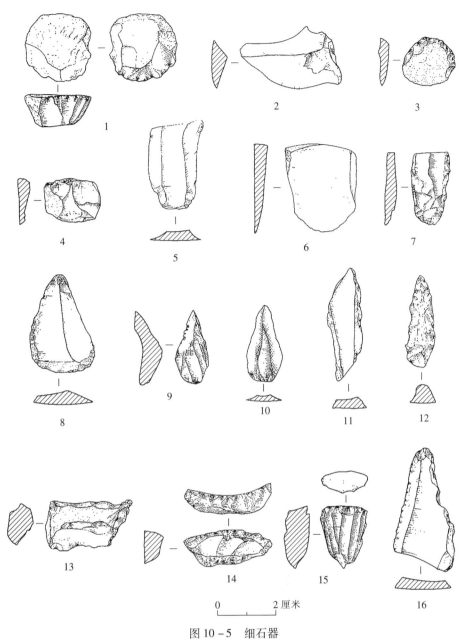

图 10 - 5 细石器

1. 2006 Ⅰ ④：143 2. 2008 Ⅰ ④：5256 3. 2008 Ⅰ ④：4064 4. 2006 Ⅰ ④：3627 5. 2006 Ⅰ ④：7177
6. 2006 Ⅰ ④：720 7. 2006 Ⅰ ⑤：3457 8. 2006 Ⅰ ④：6695 9. 2008 Ⅰ ⑤：4765 10. 2008 Ⅰ ⑤：4942
11. 2008 Ⅰ ⑤：5437 12. 2006 Ⅰ ⑤：21 13. 2006 Ⅰ ④：432 14. 2006 Ⅰ ④：4195 15. 2006 Ⅰ ④：
7489 16. 2006 Ⅰ ④：732

器身两长边正向加工，底部在劈裂面略加加工。龙王辿遗址第一地点出土尖状器的共同特点是，破裂面相对扁平，背部隆凸，有些凸起严重成脊，横截面呈三角形或梯形；边缘正向加工，有些标本背面通体单面加工；底部比较薄，形状有平底、圆底、尖底三种，偶尔修整修薄，可能是为了便于装柄。

雕刻器也有一定数量的存在，绝大部分是用石片为毛坯加工而成的，还有部分雕刻器系由其他类型工具改制而成。它们基本上是在石片修整成型后的一端打制出一个类似凿子形的刃口（图 10 - 5，13、14）。依其形态大体可分为两种不同的类型，一种平面大体呈长方形，周边经修整，形态较为规整。器身右上角有一正向加工的凹缺，并经过较为仔细的修理形成一个鸟喙状的凸出，在这个凸处的顶端横向打击，修理出凿子形的刃口（图10-5，13）。另一种平面大体呈菱形，多以一弯曲度较大的石片为毛坯正向修整至两侧平直，远端尖锐，正面布满连续分布的鳞状和条状修疤。雕刻器在龙王辿遗址第一地点细石器群中是非常有特色的一个类型，他们一般以石片或石叶的背面为雕刻器的正面，腹面为雕刻器的反面。其器轴多为竖直方向，多与石叶的打击轴重合或平行；但对以石片为坯材的雕刻器，其器轴与打击轴有的重合，有的斜交，甚至垂直。其器身边缘多经过一定程度地整形加工。以修边斜刃雕刻器和屋脊形雕刻器为主。龙王辿遗址第一地点雕刻器技术中包含了压剥修理技术、制动技术和多次削尖的技术，各个类型的雕刻器在坯材选择、器身整形和雕刻器刃打制三个阶段都有比较明显的特征，显示出比较固定的打制程序和形制模式。

石钻多以厚石片或细石核为毛坯，以厚石片为毛坯者（图10-5，15）用具是有一定宽度的厚石片，将两侧由劈裂面向背面加工成一个扁尖。与尖相对的一端呈扁宽状，很适于手捏。尖及两侧有明显的崩落掉的碎屑痕迹。以细石核为毛坯者在细石核的远端横向加工调整，使其收缩为一个小的圆形尖突。

石锯的制作较为简单，他们一般是以一长方形石片为毛坯，在其较为平直的一边正向修整，敲击出锯齿（图10-5，16）。

细石叶工具是指以细石叶为毛坯加工而成的细石器，龙王辿遗址第一地点的细石叶工具有细石叶尖状器、细石叶刮削器、细石叶雕刻器等（图10-6）。细石叶工具的出现，可能说明在龙王

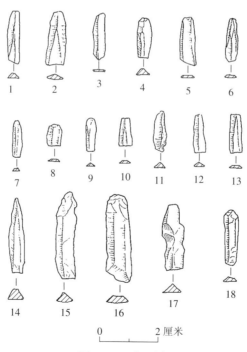

图10-6 细石叶

1. 2006 Ⅰ⑤: 2635　2. 2006 Ⅰ⑤: 2746　3. 2006 Ⅰ⑤: 2710　4. 2006 Ⅰ⑤: 2524　5. 2006 Ⅰ⑤: 2761
6. 2006 Ⅰ⑤: 2603　7. 2006 Ⅰ⑤: 2636　8. 2006 Ⅰ⑤: 2725　9. 2006 Ⅰ⑤: 2641　10. 2006 Ⅰ⑤: 2722
11. 2006 Ⅰ⑤: 2817　12. 2006 Ⅰ⑤: 2442　13. 2006 Ⅰ⑤: 2809　14. 2006 Ⅰ⑤: 2663　15. 2006
Ⅰ⑤: 2503　16. 2006 Ⅰ⑤: 2515　17. 2006 Ⅰ⑤: 2751　18. 2006 Ⅰ④: 2614

迤遗址第一地点细石叶的生产和加工已经成为细石器工业中稳定、独立的产品分支，而且也指示出细石叶并不一定是细石叶工艺的最终产品，二次加工反映出龙王迤遗址第一地点细石器工业的水平不可低估，其软锤工艺、二次调整技术已十分成熟。

第三节　细石器工业技术体系的特征

龙王迤遗址第一地点石制品的材料基本上来源于本地，以燧石和石英岩为主，其次为脉石英、页岩、硬质砂岩等。就质地而言，这里的燧石普遍质地较好，相对致密，颜色多样，有些呈半透明状。

龙王迤遗址第一地点细石器工业技术最为明显的一个特征就是细石核的强化剥片和节约行为十分突出，反映出石料相对紧缺的现象。石制品体型普遍小巧，细石核体型非常小，存在大量的石核断块、小石片以及废片。大量短身圆头刮削器的存在表明对石器的耗竭使用，多数工具直至失去效能方遭废弃。龙王迤遗址第一地点出土的石片中有一定数量的两极石片，两极打法的存在也说明为了节省原料，可能将某些废弃的工具或小型石料进行强化剥片，来增加可使用的石料数量。当时当地可能存在原料比较紧缺的现象，以致工匠为了节省原料，不惜投入更多的时间和能量来延长工具的使用寿命。对此我们认为黄河河滩的砾石虽然众多，但适应细石器工业的原料也并非比比皆是，可供人类选择使用的石料还是有限的，这就使得当时的人们对石材的利用尽可能做到最大化。

龙王迤遗址第一地点出土的细石核种类较多，以锥形和半锥形为主，但楔形、柱形和船形也有发现。绝大多数细石核的台面经过预制，显示了较为成熟的石核预制技术。仅少数细石核以节理面或石片疤为台面。同时存有一些修理台面过程中产生的石核修理石片，体量小，可能是细石核修理后期阶段的产物，通过调整核身或台面来减小台面角，以维持石核的继续利用。细石核本身的生产过程包括核坯打制和石叶剥制两个阶段，涉及单一固定台面、棱锥状剥片面和特定底部三个要素，对核身的预制和修理技术普及到各类细石核。在剥制细石叶的过程中不断修理台面是细石器工业技术成熟的一种体现。龙王迤遗址第一地点细石核的形态和技术特征，表现得相当娴熟，形态多样，并没有固定的形态或标准，这也是应与石材获取的不确定性密切相关的。

龙王迤遗址第一地点的细石器在其类型内部的稳定性和标准化程度不高，二次修理技术应用随意，压制修整与直接打击修整并存，以边缘正向加工为主，少见反向加工，存在单面通体压制与两面器修薄技术。绝大多数石器经过正向修整，包括压制法和直接打击法两种，均为正向加工；无反向加工，二次加工多集中在器物的边缘。存在单面通体压制与两面器修薄技术，多用于尖状器，数量不多，形制较为稳定。琢背技术虽有存在，但并不突出。发现的各种细石器工具的类型形态的随意性较大，成型不规整，例如圆头刮削器，亚式样多，有些端部仅经过些许修理，未形成典型的陡加工。二次修理技术应用随意且灵活，广泛应用于各种石料。可见当时细石器工业技术已经发展得较为娴熟，可比较熟练地控制操作程序和技巧。此外，龙王迤遗址第一地点石片技术与石叶技术都较为发达，石片石器与细石叶工具共存，均表现出较为成熟的二次加工与修整技术。

第四节　讨论

　　通过对上述龙王辿遗址第一地点出土的各类细石器微痕观察的分析可以看出，龙王辿遗址第一地点细石器的使用功能复杂多样，既有维持日常生计的肉类的切割、动物的解体，也有资源开发的皮革加工，骨角质、木质工具的加工等等。虽然在龙王辿遗址第一地点并没有发现骨角质、木质工具，但细石器表面遗留下来的使用痕迹表明，当时这类工具一定是存在的。同时，在龙王辿遗址第一地点发现的精美的蚌饰品也证明了当时人类首次技术体系的高度发达与复杂多样。

　　在出土了众多石制品的同时，我们在龙王辿遗址第一地点还发现了许多与人类生活密切相关的遗迹现象，如共发现用火遗迹 30 余处，其中包含有事先经过预制修整的火坑。另一类石制品集中分布区则较为特殊，在不足 2 平方米的范围内堆放有 300 余件砂岩石块，石块大体呈半圆形，厚约 15 厘米，灰白色，直径多在 3 ~ 8 厘米左右，质地较软，易于风化，似乎经过烧烤。这些石块向西还有一些大小相近的石块，与这些砂岩石块连接呈圆圈状分布。在其西南不足 1 米处和东南约 2 米左右的地点，各有一处烧土遗迹。西南部的烧土遗迹为 2006 Ⅰ ④：S3，平面大体呈圆形，直径为 34 厘米，较为纯净，仅有少许炭粒。东南部的烧土遗迹为 2006 Ⅰ ④：S4。这明显为一处人类的自主行为所形成的堆积。根据非洲的民族志学材料，这极有可能是火裂石，是用来间接烧烤食物的，以避免肉类直接接触火焰而烧焦。这里应该是加工动物及消费食物的区域。如此丰富的遗迹现象，数量巨大、分布密集的石制品，复杂多样、涵盖广泛的石器使用功能都表明，龙王辿遗址第一地点应为一处相对稳定、延续时间较长的以石料采集和石器的初步加工为主要目的的生活场所。

　　综上所述，龙王辿遗址第一地点的石制品组合因原料获取的不确定性所限，技术灵活性高，但工具设计的标准化程度不高。对石料的高度选择、强化利用和节约行为十分突出，表明当地优质石料的获取并非唾手可得。龙王辿遗址第一地点的工具形态具有一定的随意性和灵活性，这也反映出工匠技艺的高超和娴熟，对工艺的掌握和控制能力比较强。龙王辿遗址第一地点石器的小型化与非标准化表明，在旧石器时代末期向新石器时代过渡阶段，我国的细石器工业逐步呈现出灵活化和强化使用的特点。一般来说石器组合变异性与人群的流动性成反比，随着人群流动性的降低和定居程度的提升，为了适应小范围有限的资源，石制品的标准化和专门化逐渐降低，从而表现出更强的随意性和灵活性。龙王辿遗址第一地点石制品组合所体现的工艺特点，可能为后来的人类定居、并开启全新的生活模式奠定了技术上的基础。

第十一章　年代和古环境

龙王辿遗址第一地点位于陕西宜川县壶口镇的黄河阶地上。我们利用光释光（OSL）和放射性碳测年技术对第一地点的沉积物和炭屑进行了年代测定，结合遗址堆积物的沉积特性和遗址的地貌背景重建了遗址的古环境。

第一节　地貌背景和遗址堆积物

一　地貌背景

壶口地区现为黄河壶口瀑布国家地质公园，以壶口瀑布闻名。该区位于黄河中游，在半湿润和半干旱的气候过渡带上，地表覆盖厚层黄土，是典型的黄土高原地区，黄土下面的基岩主要为中生代砂岩和页岩。该区年均降水量为 400～550 毫米，降雨主要出现在夏季，多以暴雨的形式出现。龙王辿遗址位于惠落沟河和黄河汇合处，在壶口瀑布上游约 1.6 千米处。遗址的西侧和南侧为基岩峭壁，北侧和东侧分别是惠落河和黄河。这一地区的黄河阶地不是特别发育，在黄河两岸只发现了一些残留的河流砾石，代表了曾经的黄河河床位置。河谷底部的现代河漫滩几乎没有沉积物覆盖。这些特点反映了该区是强烈的河流下切地区，河流下切形成了峡谷地形。基于野外观察，在遗址区的黄河岸边可分出两级黄河基座阶地（图 11 - 1）。较高级阶地定义为 T2 阶地，其基岩面距现今河床约 25 米，阶地堆积物为 16 米厚的黄土，其间夹有 1.2 米厚的高含砂水流堆积物（砂层），砂层和它的上覆与下伏黄土的光释光年代分别为 ~30、<26 和 ~47 ka。在 ~47 ka 的下伏黄土层发现有石器，在这一级阶地上的遗址发掘点被称为本遗址的第二地点。较低级阶地上（T1 阶地）的基岩面位于现代河床之上约 9 米，阶地沉积物主要由黄土组成，基岩面上可观察到一些分散的砂砾，遗址第一地点就位于本级阶地上，下面将详细介绍其堆积物。

图 11-1 龙王辿遗址第一地点地貌图

a. 卫星图像显示黄河和龙王辿遗址的位置，以及中国黄土高原的景观特征。黄河从北向南流过这一地区

b. 遗址照片（朝南）显示黄河一级阶地上的遗址第一地点和二级阶地上的第二地点

二　遗址堆积物

在第一地点发掘探方的南剖面上，堆积物从上到下可划分为 6 层（图 11 - 2a），近地表的表土层（第 1 层）为 0.30 ~ 0.45 米的松散灰褐色土壤，含大量草本、木本植物根系。第 2 层（0.2 ~ 0.4 米厚）和第 3 层（0.7 ~ 1.3 米厚）分别由松散的伴有石块的灰黄色粉砂和黄褐色粉砂组成，这两层中的部分堆积物可能是从高阶地上掉下来的坡积和/或崩积物。在第 3 层发掘出打制石器、细石器、烧过的骨头和炭屑，第 3 层和其下伏地层（第 4 层）有明显的接触界线（图 11 - 2a）。在第 2 层和第 3 层中发现的近代陶瓷和铁钉以及其堆积物的特性表明这两层受到了近期人类活动的严重干扰。

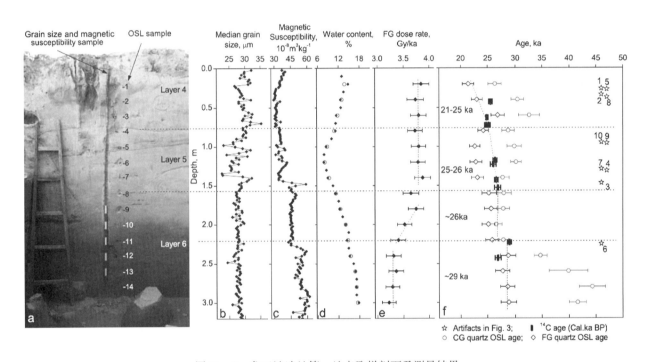

图 11 - 2　龙王辿遗址第一地点取样剖面及测量结果

a. 第一地点南剖面照片显示了地层和粒度、磁化率以及光释光测年样品的位置。光释光底部样品（-15）来自更深的一个探槽，图中没有显示　b. 堆积物中碎屑颗粒的中值粒径　c. 磁化率　d. 含水量　e. 细粒石英的剂量率，以及（f）OSL 和放射性碳日历校正年龄。在（d）中的含水量测量的是钻孔样品（见文本），且空心圆是三个相邻点的平均值

第 4 层（0.8 ~ 1.1 米厚）由致密的浅黄色粉砂组成，没有可辨别的层理，在剖面上该层的顶面界线清楚（图 11 - 2a）。在本章中，我们将该顶面作为第一地点原始堆积物的顶面，并将它的埋藏深度定为 0 米。第 5 层（0.6 ~ 0.9 米厚）由黄色砂质粉砂组成，含有一条灰色粉砂条带（约 10 厘米厚，约 100 厘米长）。第 6 层（1.1 ~ 1.4 米厚）由致密的黄棕色粉砂组成，无层理。第 4 至 6 层的沉积物野外特征如块状结构、疏松和发育完好的垂直节理显示这些堆积物应该是马兰黄土，堆积时经历过流水改造。

第二节 实验方法

一 沉积学

我们采用间隔 2 厘米的高分辨率连续取样来进行粒度分析和磁化率（MS）测量。样品从发掘探方的南剖面采集（图 11 - 2a）。在实验室，先用过氧化氢去除粒度分析样品中的有机质，用稀释的盐酸去除碳酸盐，随后用（NaPO₃）₅溶液来分散颗粒，使用 Malvern Mastersizer 2000 激光粒度分析仪进行粒度测量。在实验室使用 Barington MS2 MS 以 10^5 SI 为单元的分辨率测量风干样品的低频和高频 MS。

二 炭屑样品的 AMS 测量

我们共采取了 10 个炭屑样品在北京大学进行 AMS 测年。BA091131 样品采自烧土中，其他样品都是从沉积物中采集的炭屑碎片（表 11 - 1）。在野外样品采取后，放于塑料袋中并立刻密封。在实验室的实体显微镜下对样品进行筛选，手工挑选相对新鲜和没有蚀变的颗粒进行处理，选中的炭屑颗粒都用超声波清洗器清洗，之后用 AAA 方法（酸 - 碱 - 酸）对样品进行预处理。放射性碳年龄使用 CalPal 程序转换成日历年龄。校准的放射性碳年龄（cal. ka BP）被用来和光释光年龄对比。

表 11 -1　　　　　　　　　　炭屑样品的放射性测年结果　　　　　　　　　　　单位：米

实验室编号	野外编号	层位	深度	方法/材料	^{14}C 年龄, yr BP	校正^{14}C 年龄, Cal yr BP
BA06005	05YHLWC Ⅰ（4）5	4	0.43	AMS/炭屑	21405 ±75	25522 ±332
BA06006	05YHLWC Ⅰ（4）9	4	0.63	AMS/炭屑	20915 ±70	24859 ±274
BA06009	05YHLWC Ⅰ（4）11T0206	4	0.73	AMS/炭屑	20995 ±70	25135 ±363
BA091131	05YHLWC Ⅰ（4）:13	4	0.73	AMS/炭屑	20710 ±60	24710 ±221
BA06008	05YH LWC Ⅰ（5）6T0207	5	1.18	AMS/炭屑	21920 ±80	26318 ±355
BA06007	05YH LWC Ⅰ（5）7T0206	5	1.23	AMS/炭屑	21740 ±115	25993 ±538
BA091132	08YHLWC Ⅰ（5）:15	5	1.43	AMS/炭屑	22105 ±50	26528 ±342
BA091133	08YHLWC Ⅰ（6）:3	5	1.53	AMS/炭屑	22200 ±75	26807 ±546
BA091129	08YHLWC Ⅰ（5）:26	6	2.23	AMS/炭屑	24145 ±55	28927 ±376
BA091130	08YHLWC Ⅰ（6）:14 .	6	2.43	AMS/炭屑	22230 ±55	26842 ±553

注：使用德国科隆大学放射性碳实验室 B. Weninger 的 CalPal v1.5 程序对常规放射性碳年龄进行日历年龄校正。不确定度为 1 个 σ（即 68% 置信区间）。

三　沉积物的光释光测年

我们在 2008 年 10 月对发掘探方南剖面每间隔 20 厘米采取了 14 个光释光样品（图 11 -
2a），在探方的底部采取了第 15 个样品（LWC - OSL15），它距离南剖面约 4 米。所有的光释光
样品都使用长 30 厘米，直径 4 厘米的钢管采集。采样时，钢管被水平敲进剖面；移出后，它们
的两端用铝箔和胶带密封。样品制备在北京大学城市与环境学院光释光测年实验室中的暗室
（该实验室使用弱红光照明）中进行。考虑到管子两头的沉积物可能在取样时曾暴露在阳光下，
因此这部分的样品用来测量 U、Th 和 K。管子内部的物质是未见光的，用来提取石英颗粒进行
光释光测量。用稀释的 HCl 溶解样品中的碳酸盐，用 10% 的 H_2O_2 去除有机质。随后每个样品都
使用稀释的草酸钠溶液进行颗粒间的分散，并在水中按照 Stoke 定律分离出 4 ~ 11 μm 和 >11
μm 两部分。通过在室温下用氟硅酸（H_2SiF_6）浸泡多矿物细粒部分（4 ~ 11μm）3 天来溶解长
石组分，之后加 10% 的 HC 去除前过程中产生的氟化物，最终得到细粒（FG）石英。通过湿筛
法从 >11μm 的部分提出 90 ~ 125 μm 的颗粒，并将筛过的样品在 40% 的 HF 中浸泡 40 分钟，之
后用 HCl 清洗，最终得到粗颗粒（CG，90 ~ 125 μm）石英。石英提取物的红外释光信号显示已
处理后的样品，其中的长石颗粒已被彻底去除了。通过将细颗粒部分放入丙酮中并沉淀在直径
0.97 厘米的铝片上，或使用硅胶做黏合剂将粗颗粒粘在铝片上，这样就可以对化学提纯的石英
进行光释光测量了。对粗颗粒来说，光释光测量使用中片，因为提取的石英数量有限，每个样
品通常只测量了 10 ~ 48 个片子。

使用改进的单片再生剂量法（SAR）测量石英的单片等效剂量（De）。再生 β 剂量包括一个
用来检验光释光信号转移的零剂量，以及一个用来检测灵敏度校正的重复剂量。光释光信号在
125℃ 条件下激发 40 s，检测剂量的预热温度为 160℃。预热坪和剂量恢复实验被用来判断合适的
预热条件。光释光信号强度取衰减曲线中开始的 0.64 s 的信号积分值并减去激发 40 s 中最后的
3.2 s（背景值）的信号积分值的五分之一。通过在生长曲线上插入校正过灵敏度的自然光释光信
号，得到测量片的 De 值。单个 De 值的误差可以根据计数统计来计算，并且仪器的不确定度设定
为 1%。所有的光释光测量、β 辐照和预热处理都在 Risø TL/OSL - 15 光释光自动记录仪上进行，
该仪器装备有一个 $^{90}Sr/^{90}Y$ β 源。光释光测量时使用蓝光（470 ±30 nm）LED 激发。光释光经过
3 个 2.5 毫米 Hoya U - 340（290 ~ 370 nm）滤光器后，通过一个 EMI 9235QA 型光电倍增管放大转
化并记录。

光释光沉积物样品的铀、钍和钾含量是通过中子活化分析（NAA）测量的。该探方发掘
季节为 2005、2006 和 2008 年，采样剖面在采集光释光样品时已暴露在空气中 1 至 36 个月，
靠近剖面表面的沉积物已部分风干，剖面上样品的含水量已经不能代表它们的原地含水量。
为了得到新鲜样品做含水量测量，我们于 2009 年 6 月在距剖面 1 米远的未被发掘的地点，打
了两个 3 米深的钻孔，间隔 10 厘米取样，现场取样后立即放于密封的塑料袋中，在实验室烘
干前后称重测量含水量，不确定度定为 10%。基于 Rees - Jones、Mauz 和 Lai 等对粉砂级石英
α 系数的研究，我们取 0.03 ±0.01 的 a 系数来计算 α 粒子对有效剂量率的贡献。使用修正后
的剂量率转换系数，将元素含量转换成有效的辐射剂量率，其中包括宇宙射线对剂量率的贡

献。需要注意的是在进行宇宙射线剂量率计算时，没有考虑第 1 至 3 层的厚度，因为这些层很可能是最近堆积的。

第三节　实验结果

一　粒度分布和磁化率

图 11 - 2b 显示了发掘区南剖面样品的中值粒径变化。第 4、5 和 6 层堆积物的中值粒径平均值分别为 30.0 ±0.3、28.0 ±0.4 和 27.8 ±0.1 μm，从底部到顶部缓慢增加。从图中也可以看出，中值粒径在第 4 和第 5 层的变化比第 6 层要大。图 11 - 3 显示了用于光释光测年的沉积物样品的粒度分布曲线，所有样品都显示在大约 40 μm 处有一主峰，一些样品在大约 400 μm 处有一个小峰。这些表明，沉积物主要为粉砂，同时一些样品含有粗颗粒。这些粗颗粒中的部分颗粒可能来自更高阶地的砂层或砂质基岩的风化产物。为了比较，图 11 - 3 也给出了遗址第二地点中的典型马兰黄土样品（HK07 - 10）的粒度分布曲线、现代黄河河漫滩粉砂样品粒度分布

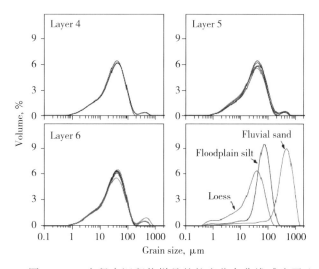

图 11 - 3　光释光沉积物样品的粒度分布曲线［为了比较，给出了第二地点黄土样品（HK07 - 10）、现代河漫滩粉砂样品和黄河河床砂样品的粒度分布曲线］

曲线和黄河河床砂样品的粒度分布曲线。从图中可以看出，光释光样品的粒度分布曲线和典型的马兰黄土样品很相似，而和河流样品不同。

图 11 - 2c 显示了发掘点南剖面的 MS 随深度变化的曲线，在这里，我们只给出低频的测量结果（高频的曲线是相似的）。第 4 层和第 5 层样品的平均 MS 值分别为 33.5 ±0.5 和 38.0 ±0.8 × $10^8 m^3 kg^{-1}$。根据 MS 的值，可以将第 6 层分为上、下两部分，对应的平均 MS 值分别为 46.0 ±0.3 和 55.1 ±0.5 × $10^8 m^3 kg^{-1}$。总体上，MS 值随深度增加而增加，但是在第 4 层和第 5 层内，及第 6 层的上部和下部内，MS 值基本稳定。

二　放射性碳年龄

表 11 - 1 列出了放射性碳测年结果，并示于图 11 - 2f 中。对于第 6 层，深度 2.23 米处的样品（BA091129）大约比深度 2.43 米处的样品（BA091130）要老 2 ka。后者与第 5 层的炭屑样品放射性碳年龄一致。与细颗粒石英样品的光释光年龄（约 29 ka）比较显示，样品 BA091130 的年龄可

能被低估了，我们推测该样品可能被来自地下水中的新碳污染了，并且污染的碳在预处理时没有被清除干净，或者这个样品来自第5层，故我们在做进一步年龄分析时，将这个年龄值剔除。第5层（深1.53~1.18米）的4个炭屑样品的^{14}C年龄几乎相同，平均值为26.4±0.2 ka。第4层（深0.73~0.43米）的4个炭屑样品的^{14}C年龄几乎相同，平均值是25.1±0.2 ka。应该要说明的是火膛炭屑样品（BA091131）和堆积物中的炭屑样品BA06009都来自同样的深度，它们的年龄相同（表11-1），表明堆积物中的炭屑样品是原地的。

三 光释光年龄

1. 含水量和剂量率

两个钻孔同样深度样品的含水量基本相同，图11-2d显示了各深度的平均值，变化在8%~18%，所有样品的平均含水量为12.3±0.5%。含水量从0.2厘米深的15%下降至1.2米深的8%，之后随着深度而增加，直到3米深的18%。页岩基底作为一个不渗透层阻止了排水，导致底部样品含水量增加。图11-2d的空心圆是三个邻近点的平均值，代表和钻孔样品同样深度的OSL样品的长期含水量。表11-2列出了计算得到的含水量和剂量率，第6层样品的剂量率总体上要小于第4层和第5层样品的剂量率（图11-2e）。

2. 光释光特性

使用光释光技术对沉积物测年的精确度在很大程度上取决于测量物质的光释光特性，特别是使用SAR法来确定等效剂量的时候。在这里，我们先对LWC-OSL-10样品中的FG石英和LWC-OSL-06样品的CG石英进行预热坪实验，预热温度为160℃~280℃，每次测量的温度间隔为20℃。每个样品在每个温度至少测量3个片子。图11-4表示了预热温度与单个De值的关系，还有信号转移率和循环比与预热温度的关系。图11-4显示LWC-OSL-10样品至少在160℃~260℃的预热温度范围内（图11-4a），LWC-OSL-06样品在160℃~280℃内（图11-4b），它们的De值和预热温度关系不大。在整个预热温度范围内，循环比接近于1，信号热转移率小于1.34%。这些都表明，在这些预热温度范围内，样品的光释光性质适合用SAR方法测量其De值。

为了进一步验证在SAR方法中的实验条件，我们对测年样品进行了剂量恢复实验。实验时，先在室温下用蓝光对样品照射100 s以去除石英中的自然光释光信号（光释光信号晒退或回零），在2000 s或更长时间以后，再对样品进行100 s的照射，以确保样品中没有剩余的光释光信号。之后在实验室对样品进行β辐照，辐照剂量和样品的自然剂量（De）相当，该实验室辐照剂量就作为未知量，在辐照完成后，放置至少10000 s后，将样品作为"自然样品"，用SAR方法测量该辐照样品，得到"De"的测量值。图11-5a显示LWC-OSL10样品的FG石英的剂量恢复率、循环比和热转移率。在160℃~260℃，每个预热温度的平均剂量恢复率为0.94，并且热转移非常小，循环比接近1。将以上方法应用到所有样品的FG石英（预热温度200℃和220℃），和所有的CG石英（预热温度200℃），结果示于图11-5b上。在这三种条件下平均剂量恢复率分别为0.99±0.01，0.94±0.01和1.01±0.01。这表明当预热温度为200℃时，实验完全复原了给定的人工辐照剂量。相对而言，当预热温度为220℃时，稍微低估了FG石英的

表11-2 沉积物样品的光释光测年结果

实验室内样品号	野外编号	层位	深度 m	颗粒大小 μm	铀, ppm	钍, ppm	钾, %	水含量, %	剂量率 Gy ka^{-1}	测量数	De, Gy	光释光年龄, ka
L1387	LWC-OSL-1	4	0.20	4-11	3.97±0.13	9.97±0.35	1.91±0.04	13.7	3.84±0.16	5	82.10±2.11	21.4±1.1
				90-125					3.27±0.08	10	85.85±3.05	26.3±1.2
L1388	LWC-OSL-2	4	0.40	4-11	3.64±0.12	10.10±0.34	1.88±0.04	12.9	3.73±0.16	5	85.69±1.48	23.0±1.0
				90-125					3.18±0.08	10	96.77±2.93	30.4±1.2
L1389	LWC-OSL-3	4	0.60	4-11	2.98±0.11	10.30±0.34	2.10±0.05	11.7	3.79±0.15	5	101.53±1.95	26.8±1.2
				90-125					3.27±0.08	10	106.88±5.92	32.6±2.0
L1390	LWC-OSL-4	5	0.80	4-11	2.84±0.11	10.50±0.35	2.02±0.04	10.8	3.72±0.14	5	89.97±2.90	24.2±1.0
				90-125					3.21±0.08	10	92.01±2.75	28.7±1.1
L1391	LWC-OSL-5	5	1.00	4-11	2.72±0.11	10.70±0.34	2.03±0.04	8.8	3.79±0.14	5	85.51±1.72	22.6±1.0
				90-125					3.27±0.08	10	97.18±3.64	29.8±1.3
L1392	LWC-OSL-6	5	1.20	4-11	2.65±0.11	10.60±0.34	2.03±0.04	8.1	3.78±0.14	5	86.23±3.38	22.8±1.1
				90-125					3.26±0.08	10	98.15±2.45	30.1±1.0
L1393	LWC-OSL-7	5	1.40	4-11	3.65±0.12	10.10±0.31	1.91±0.04	9.3	3.87±0.16	5	89.42±2.09	23.1±1.1
				90-125					3.30±0.08	10	91.37±3.18	27.7±1.2
L1394	LWC-OSL-8	5	1.60	4-11	2.98±0.10	10.50±0.33	1.92±0.04	11.2	3.64±0.15	5	91.63±3.18	25.2±1.3
				90-125					3.12±0.08	10	86.91±3.41	27.9±1.3
L1395	LWC-OSL-9	6	1.80	4-11	3.05±0.11	10.80±0.32	2.04±0.04	12.5	3.74±0.15	5	95.49±2.43	25.6±1.2
				90-125					3.21±0.08	10	89.17±3.09	27.8±1.2
L1396	LWC-OSL-10	6	2.00	4-11	2.80±0.10	10.60±0.33	1.96±0.04	14.0	3.52±0.14	5	88.18±2.27	25.1±1.2
				90-125					3.03±0.08	10	80.39±2.75	26.5±1.1
L1367	LWC-OSL-11	6	2.20	4-11	2.74±0.10	10.50±0.33	1.88±0.04	14.7	3.40±0.14	5	87.73±1.67	25.8±1.2
				90-125					2.92±0.08	10	81.13±2.21	27.8±1.0
L1398	LWC-OSL-12	6	2.40	4-11	2.68±0.10	10.50±0.32	1.83±0.04	15.4	3.31±0.14	5	94.81±2.59	28.7±1.4
				90-125					2.84±0.08	10	98.48±2.38	34.7±1.2
L1399	LWC-OSL-13	6	2.60	4-11	2.85±0.10	10.20±0.32	1.92±0.04	16.7	3.36±0.14	5	93.23±2.02	27.7±1.3
				90-125					2.89±0.08	10	115.48±9.92	39.9±3.6
L1400	LWC-OSL-14	6	2.80	4-11	2.64±0.10	10.00±0.31	1.94±0.04	17.1	3.29±0.13	5	94.02±1.88	28.6±1.3
				90-125					2.84±0.08	10	125.87±5.80	44.3±2.4
L1401	LWC-OSL-15	6	3.00	4-11	2.58±0.10	10.40±0.31	1.85±0.04	17.4	3.22±0.13	5	92.49±2.20	28.8±1.4
				90-125					2.77±0.08	10	115.24±2.97	41.6±1.6

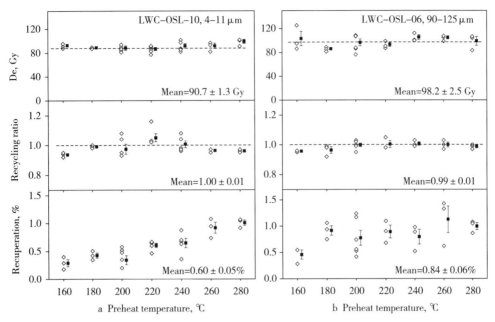

图 11-4　预热实验结果

a. LWC - OSL - 10 样品的细粒石英（4-11 μm）的等效剂量、循环比和热转移与预热温度的关系

b. LWC - OSL - 06 样品粗颗粒石英（90-125 μm）的等效剂量、循环比和热转移与预热温度的关系。每个测量片子的值以空心圆显示，平均值以实心正方形表示，热转移率以零剂量的 OSL 信号占自然 OSL 强度的百分比表示

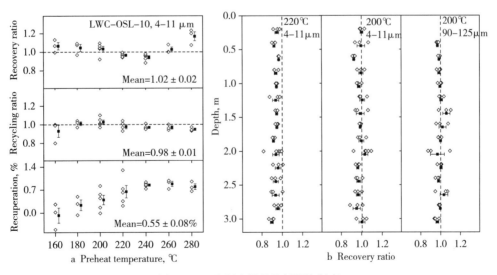

图 11-5　光释光样品的剂量恢复率

a. LWC - OSL - 10 样品细粒石英在使用不同预热温度下的剂量恢复实验结果　b. 使用 200℃ 和 220℃ 的预热温度对所有 15 个样品的细颗粒石英进行剂量恢复实验，使用 200℃ 的预热温度对所有粗颗粒石英进行剂量恢复实验。空心圆代表单个片子的值，实心正方形代表最少 3 个片子的平均值

人工辐照剂量（图 11 - 5b）。在预热温度 200℃和 220℃下得到不同的 FG 石英剂量恢复率说明这些样品的光释光特性对预热温度是敏感的。在 200℃和 220℃预热 10 s 条件下，用 SAR 方法得到的这些样品（FG 石英）的 De 值示于图 11 - 6，大部分样品在预热温度 220℃获得的 De 值要大于那些在 200℃下得到的值（图 11 - 6）。因此，我们使用 200℃的预热温度来测量细粒和粗粒样品的 De 值，并以此来计算样品的埋藏年龄。

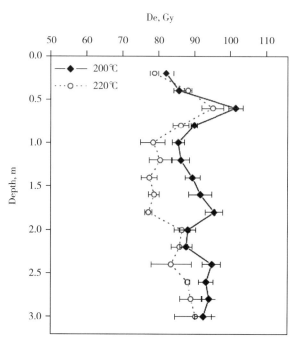

图 11 - 6　在预热温度 200℃和 220℃条件下用 SAR 方法测量得到的细粒石英 De 值，误差棒代表一个标准偏差

3. 光释光年龄

样品的光释光年龄是用剂量率除以等效剂量得到的（表 11 - 2；图 11 - 2f）。FG 石英光释光年龄范围为从 LWC - OSL - 15 样品（3 米深）的 28.8 ± 1.4 ka 到 LWC - OSL - 1 样品（0.2 米深）的 21.4 ± 1.1 ka，这些年龄数据除 LWC - OSL - 3 样品（0.6 米深）外，与地层层序一致。对第 6 层，正如 MS 记录所显示的，样品的光释光年龄可分为两个部分，即下部和上部。在误差范围内每个部分 4 个样品的光释光年龄都是相同的，其下部和上部的平均年龄分别为 28.5 ± 0.3 和 25.4 ± 0.2 ka。在第 5 层，深度 1.0 ~ 1.4 米的 3 个样品的年龄是相同的，它们的平均年龄是 22.8 ± 0.1 ka，这一年龄较其上部（深度 0.8 米）样品 LWC - OSL - 4 年轻。第 4 层的 3 个样品 FG 石英光释光年龄符合正确的地层顺序。样品 CG 石英的光释光年龄从 44.3 ± 2.4 到 26.3 ± 1.2 ka（表 11 - 2），这些 CG 石英光释光年龄并不严格与地层层序相符（图 11 - 2f），并且比相应的 FG 石英的光释光年龄要老，但第 6 层上部中的 4 个样品的粗颗粒和细颗粒的光释光年龄在误差范围内是一致的。

第四节　讨论

一　沉积特性

堆积物的沉积特性有助于我们理解沉积环境的变化和解释光释光测年的结果。粒度分布被广泛用于阐述搬运过程和鉴别沉积环境。黄土的粒度通常以双峰为特征，其分布可指示冬季风的强度。本研究中的光释光样品的粒度分布曲线与典型黄土和河流沉积物的比较说明，龙王辿遗址第一地点的沉积物是风成的，而不是河流成因的，堆积特性的野外特征如垂直节理、块状结构和无水平层理同样支持其风成成因。

沉积物的 MS 反映了它们被地磁场磁化的能力，或者说反映了沉积物中磁性矿物的含量。MS 现已是气候变化指标之一，同时也用来进行区域地层的对比，尤其是中国的黄土地层对比。最近，MS 法同样用于考古地球物理的研究。本遗址中堆积物的 MS 值特性为层内 MS 值变化很小。这表明每层内的堆积物是相对均质的，这一结论也得到了粒度和剂量率的支持（图 11 - 2）。

图 11 - 2f 显示，在第 5 层内和第 6 层上部及下部地层内不同深度样品的 ^{14}C 年龄和光释光年龄各自都一致，说明每一层内的堆积物是均一的。对此最可能的解释是，每层沉积物内的地层完整性被人类活动或土壤扰动作用扰乱过，同一层内沉积物的混合导致 ^{14}C 或光释光年龄并不能准确反映一个样品真正的沉积年龄，但能反映层内所有沉积物的平均年龄。这是因为，如果这些样品是自然堆积的，并且未被沉积后的扰动影响，上层样品将会比下层样品年轻，这可以从洛川遗址的黄土样品光释光年龄上反映出来（图 11 - 7a）。年龄值所反映的层之间的沉积间断，可能是下层中的顶部沉积物被流水侵蚀流失所致。当然，同一层内不同深度样品的年龄相似也可能是快速堆积的结果，但是，图 11 - 7a 所显示的黄土堆积速率似乎并不支持这一观点。

二　细粒和粗粒石英光释光年龄比较

从图 11 - 2f 中可以看出，除了第 6 层上部的样品，其他光释光样品中 CG 石英光释光年龄要老于对应的 FG 石英光释光年龄。深 2.8 米处的 LWC - OSL - 14 样品的粗细石英的光释光年龄相差 15.7 ka，即相差达 55%。正如上面所讨论的，FG 和 CG 石英的释光性质显示它们都适合用 SAR 法进行 De 测量，它们光释光年龄相差这么大是不能用释光性质来解释的，最可能的解释是 FG 和 CG 颗粒由于埋藏前的搬运方式不同，因而在埋藏前它们 OSL 信号的残留量也不同。FG 和 CG 颗粒，可能有不同的来源，堆积物的主要成分为粉砂和细砂，是风成的，光释光信号在埋藏前可能被完全晒退，我们认为 FG 石英的光释光年龄相对粗砂更为可靠，与放射性碳年龄值比较也支持这一观点。一些粗砂可能来自附近的沙丘，粗砂在埋藏前的信号可能没有被完全晒退，因此它们的光释光年龄应该被高估了。另一方面，FG 和 CG 的光释光年龄对比同样说明这些堆积物并不是河流形成的，如果是河流的，粗砂的年龄应该更可靠，因为我们通常

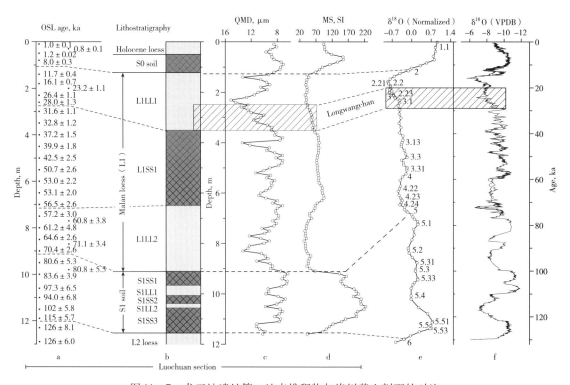

图 11 - 7　龙王辿遗址第一地点堆积物与洛川黄土剖面的对比
a. 光释光年龄　b. 岩性　c. 石英中值粒径　d. 磁化率　e. 氧同位素曲线　f. 洞穴氧同位素记录

认为粗砂比细砂晒退相对更完全。以前的研究也说明，有时选择合适的石英粒径测量，对得到可靠的光释光年龄是非常重要的。

三　放射性碳年龄和光释光年龄对比及年代学

沉积物的光释光年龄是样品最后一次见光到测量时的埋藏时间。在光释光测年中样品的年龄是基于测年样品的 De 值和剂量率。在一些样品中光释光信号于埋藏前并未完全清零，这就会导致年龄被高估，埋藏期间含水量和埋藏深度的变化也会导致剂量率的估计不准确。

放射性碳测年是测量有机体死亡的时间，一般认为炭屑的放射性碳测年较准确。但是，有些沉积物中的炭屑碎片测年可能会由于化学变化或新碳污染而出现问题，特别是对老的如 >25 ka 的样品。有时即使是同一文化层火膛中的不同炭屑样品，测出的放射性碳年龄也会不一致，这说明不同样品可能有不同程度的污染。另一方面，考古遗址点的炭屑可能和人类活动无关，沉积物中通过搬运移过来的炭屑或再沉积的炭屑的年龄是不能反映沉积物的沉积年龄的。以上讨论表明，对比其他独立测年结果来确定遗址炭屑的放射性碳年龄的可靠性是非常重要的。

因为放射性碳和光释光年龄测量是基于不同的物理原理和不同的测年物质，不同的物质可能有不同的来源，因此龙王辿遗址点的放射性碳和光释光年龄是完全独立的。为了避免由于任何一个具体方法的问题而导致测量年龄的不准确性，放射性碳测年和光释光测年方法通常一起应用于考古遗址的测年。在建立一个遗址详细堆积年代的框架前，我们应对所得到的放射性碳年龄和光释光年龄的可靠性进行评估。

图 11－2f 表示校正后放射性碳年龄和 FG 石英光释光年龄在总体上是可以相互比较的，或者说是一致的，它们都与地层序列相同。对于第 6 层，2.43 米深度的炭屑样品 BA091130 与该层下部的 4 个样品 FG 的光释光年龄一致，2.23 米深度的炭屑样品 BA091129 和 FG 的光释光年龄完全一致，表明这一炭屑样品并没有被新碳污染，炭屑年龄反映了它的沉积年龄。[14]C 和光释光测年表明，第 6 层下部堆积的年龄约为距今 29 ka，这一年龄值也应该是 T1 阶地的形成年龄。从第 6 层上部采集的 4 个黄土样品 FG 的光释光年龄较其上覆地层的[14]C 年龄要年轻，表明光释光年龄可能有轻微的低估。基于下覆和上覆层的[14]C 年龄，推测出第 6 层上部堆积的年龄大约为距今 26 ka。第 6 层上部和下部地层的时间跨度大约为 3 ka，可能是由于在距今 29～26 ka 间发生了侵蚀事件，但在野外并没有观察到它们之间的侵蚀面。

在第 5 层，4 个炭屑样品的放射性碳年龄比深度在 1.0～1.4 米的三个黄土样品的 FG 石英光释光年龄要老约 3.6 ka。我们推测这可能是因为三个沉积样品的长期含水量未被准确估计，导致光释光年龄被低估。如图 11－2d 所示，所测三个样品的含水量比这个剖面的其他样品低。例如，当深度 1.2 米的样品 LWC－OSL－6 所测含水量为 8% 时，用该含水量进行校准得到的年龄为 22.8 ± 1.1 ka；如果它的含水量为 17%，其年龄为 25.0 ±1.2 ka。需要说明的是，原地的含水量受采样前的降雨影响，并且长期含水量同样受埋藏期间湿度波动的影响。正如图 11－2b 所示，第 5 层的沉积物粒度有较大的变化，表明该层颗粒间的孔隙比其上覆和下覆的层要多，而粒径的变化反过来影响含水量大小，特别是在样品埋藏历史上气候显著变化的情况下。由于这些原因，我们相信第 5 层的沉积年龄大约为距今 26～25 ka。和其上覆地层年龄相比较，我们推断第 5 层结束沉积的时间应大于距今 25ka，据此推测这一层出土的石铲和磨盘年龄为距今约 25 ka。

第 4 层的[14]C 年龄与黄土样品 FG 的光释光年龄是吻合的（图 11－2f），也与地层顺序一致，但光释光年龄可能更准确地反映了该层堆积物的堆积时间，该层堆积年龄为距今 25～21 ka。

[14]C 和 FG 的光释光年龄表明，第一地点的第 6、5 和 4 层堆积物的堆积时间分别是距今 29～26、26～25、25～21 ka，也就是说，在第一地点人类居住的时间是距今 29～21 ka。

四 古环境

中国黄土高原上的黄土/古土壤序列记录了世界范围和地区的气候及环境变化。洛川黄土/古土壤序列是典型的黄土/古土壤剖面（图 11－7），已被深入研究。龙王辿遗址距离洛川剖面约 100 千米。第一地点的沉积年龄与洛川黄土剖面 L1LL1 黄土单元的下部相同。L1LL1 是马兰黄土（L1）的上部，代表末次冰期的一个极端寒冷、干旱和最强冬季风的时期（图 11－7）。第一地点剖面的 MS 曲线和洛川剖面相同时间段的 MS 曲线相似（图 11－2c 和 11－7d），越到后来冬季风越强。尽管第一地点的堆积物粒度从底到顶部总体上呈增大趋势，但两个剖面的粒度曲线并不完全一致（图 11－2b、11－7c），这可能是因为洛川剖面的粒度曲线是通过石英颗粒测量确定的，并且第一地点的沉积物在沉积后有可能受到了扰动。第 4 和第 5 层有相对较大的粒度变化可能表明这一时期气候有较大的波动。

中国东南的葫芦洞、中南的董哥洞和中部的三宝洞与九仙洞的洞穴堆积物（石笋）的氧同位素曲线指示了中国不同时期季风强度的变化。石笋的 $\delta^{18}O$ 值越大，说明冬季风（冷/干）越强；

越小说明夏季风（暖/湿）越强。图11-7表明，第一地点的堆积物是在氧同位素 MIS3 阶段晚期和 MIS2 阶段早期堆积的，石笋的 $\delta^{18}O$ 值表明在这一时期冬季风较强，夏季风较弱。湿度从约 30 ka 时的中等湿度变化到约 20 ka 时的相当干旱，同时大阳的辐照量也减少了。这些与该遗址点剖面的粒度和 MS 值变化是一致的。在这一时期，黄土高原主要的植被类型是以艾属为主的干旱草原或艾属—藜科为主的沙漠草原，其特征为较强的时空变化。

研究区黄河的基岩河道在约 29 ka 时被废弃，河流下切，形成 T1 阶地，在其上堆积黄土，人类迁居的时间和黄土开始堆积的时间基本一致。将基岩面高出平水期河面的高度（9 米）除以阶地的形成时间（29 ka）得到本阶地形成到目前期间河流的下切速率为约 0.3 m/ka。本阶地沉积物的沉积特性表明，在本阶地形成后它可能很少被黄河河水淹没。这可能与人类活动和快速河床下切速率时期的寒冷和干旱气候相关。这也说明阶地的形成造就了一个适合人类居住的局部环境。

五　结论

^{14}C 和 FG 的光释光年龄表明，第一地点的第 6、5 和 4 层堆积物的堆积时间分别是 2.9 万~ 2.6 万、2.6 万~ 2.5 万、2.5 万~ 2.1 万年前。龙王辿遗址第一地点细石器文化遗存分布于第 6 层的上部和第 5、4 层，因此，我们认为它的绝对年代为 2.6 万~ 2.1 万年前。

第十二章　结语

一

细石器技术的出现是旧石器时代晚期人类对自然环境剧烈变化所做出的适应战略之一，是漫长的旧石器时代人类对石质原料加工利用技术所能达到的最高点，细石器的发现在中国已有近百年的历史[①]。自细石器发现之初，其起源问题即为学术界所关注，20世纪30至40年代，细石器资料的发现仅局限于内蒙古、东北地区和西北地区，受材料所限，学者多认为中国的细石器起源于西伯利亚，由蒙古高原传播至我国[②]。20世纪70年代开始，随着新中国考古事业的蓬勃发展，新材料的不断发现，旧石器时代文化的谱系和年代框架日趋明晰，在大量科学发掘材料支持的基础上，更多的学者认为中国华北地区的细石器文化是本地起源的[③]。

进入21世纪以来，随着对外学术交流的日益频繁，特别是西伯利亚地区25000~23000 a B. P. 细石器文化遗存材料的公布，为细石器起源和传播的研究提供了新的资料，通过对细石器加工技术体系的分析，有学者又重新对中国的细石器技术起源于西伯利亚进行了论证。

由于此前发现的华北地区细石器文化遗存的年代多在距今2万年以内，虽然20世纪70年代发现于山西省襄汾县柴寺村丁家沟口的77：01地点的^{14}C年龄为距今2.6万年左右[④]。但是77：01地点并不是原生遗址，文化遗物以及年代测定标本都经过河流的搬运，所以关于这个地点的年代

---

① 安志敏：《中国细石器发现一百年》，《考古》2000年第5期。
② 裴文中：《中国细石器文化略说》，《中国史前时期之研究》，商务印书馆，1948年。
③ a. 安志敏：《海拉尔的中石器遗存——兼论细石器的起源和传统》，《考古学报》1978年第3期。b. 贾兰坡：《中国细石器的特征和它的传统、起源与分布》，《古脊椎动物与古人类》1978年第16卷第2期。c. 王建、王向前、陈哲英：《下川文化——山西下川遗址调查报告》，《考古学报》1978年第2期。d. 盖培、卫奇：《虎头梁旧石器时代晚期遗址的发现》，《古脊椎动物与古人类》1977年第15卷第4期。
④ 王建等：《丁村旧石器时代遗址群调查发掘简报》，《文物季刊》1994年第3期。

问题曾引起讨论①。山西沁水县下川遗址中发现的细石器文化遗存的[14]C 测年结果最早为 21700 ±
1000 a B. P. ，最晚为 15940 ±900 a B. P. （ 另外 2 个数据为：21090 ±1000 a B. P. ，16400 ±900 a
B. P. ）②。除此之外的大部分华北地区细石器文化遗存的年代都集中于距今 1.8 万~ 1.2 万年前左
右。在此年代框架的基础上，通过对细石器加工技术体系的对比分析，有学者认为中国的细石器
起源于西伯利亚，通过内蒙古、东北地区及朝鲜半岛传播至华北地区③。但是，在这些论述中，对
细石器传播的途径、路线等缺乏相应的说明和材料的支持。虽然水洞沟遗址的材料为解决这一问
题提供了一些线索，但是正如作者所言"水洞沟遗址埋藏着破译东亚地区细石器传统起源的密码，
等待着我们去发掘和研究"④。

20 世纪 70 年代初，在峙峪遗址发现后，贾兰坡先生即提出了华北地区旧石器时代文化"两
大传统"的理论学说，认为华北旧石器时代文化的发展至少有两个系统，一是以大石片砍砸器、
三棱大尖状器为特征的"匼河—丁村系"（"大石片砍砸器— 三棱大尖状器传统"，或"大石器传
统"）；一是以不规则小石片制造的各种刮削器、雕刻器为特征的"周口店第 1 地点—峙峪系"（
"船底形刮削器—雕刻器传统"，或"小石器传统"）。同时他还指出华北地区旧石器时代晚期的细
石器是由"周口店第 1 地点—峙峪系"发展而来，峙峪遗址是最为古老的含有细石器萌芽的遗
址，其绝对年代为距今 28135 ±1330 年⑤。此后，通过对当时所发现的细石器文化遗存的对比分
析，他又进一步提出了东北亚地区的细石器起源于华北地区的学术观点⑥。进入 20 世纪 80 年代以
来，在中国考古学进入黄金时代的大背景下，华北地区细石器遗址的发现也层出不穷，资料日趋
丰富。虽然缺乏明确的年代数据支持，但从文化传统、石器加工技术的发展等方面考察，大多数
学者认为华北地区的细石器是本地起源的⑦。

龙王辿遗址第一地点的测年结果为华北地区细石器为本地起源提供了新的证据，遗物的分布
状况和各种遗迹现象的存在表明，龙王辿遗址第一地点是一处原地埋藏的旧石器时代晚期遗址，
其第 4、5、6 层文化遗物的年代有早晚差别，其形态和加工技术等方面也略有差别，但其总体特
征是一致的。细石核有锥状石核、柱状石核、半锥状石核、楔形石核等几种。细石器主要以各种
类型的刮削器、尖状器和雕刻器为主。从其加工技法、形制特征等方面观察，龙王辿遗址第一地
点的文化内涵具有典型的中国华北细石器工业传统的特征，其原料以燧石和石英为主，在制作技
术上直接法和间接法并用，具有十分成熟的间接打制和压制修整技术。在与龙王辿遗址第一地点
文化内涵大体相同的河北阳原油房遗址也得到了基本一致的测年结果，其光释光测年的结果表明，
油房遗址的年代为 29000 ~ 21000 a B. P. ⑧。这些新的年代数据为华北地区细石器为本地起源提供

① 加藤真二：《中国北部の旧石器文化》，同成社，2000 年。
② 中国社会科学院考古研究所编著：《中国考古学中碳十四年代数据集 1965 —1981 》，文物出版社，1983 年。
③ a. 杜水生：《楔型石核的类型划分与细石器起源》，《 人类学学报 》2004 年第 23（增刊 ）期，211 ~ 222。b. 何锟宇：《关于
细石器技法起源的一点看法》，《四川文物》2008 年第 2 期。c. 朱之勇：《中国细石器相关问题研究评论》，《四川文物》2009
年第 3 期。
④ 高星等：《水洞沟的新年代测定及相关问题的讨论》，《人类学学报》2002 年第 3 期。
⑤ 贾兰坡、盖培、尤玉柱：《 山西峙峪旧石器时代遗址发掘报告》，《考古学报》1972 年第 2 期 。
⑥ 贾兰坡：《中国细石器的特征和它的传统、起源与分布》，《古脊椎动物与古人类》第 16 卷第 2 期，1978 年。
⑦ 王幼平：《中国远古人类文化的源流》，科学出版社，2005 年。
⑧ Xiaomei Nian , Xing Gao a , Fei Xie b , Huijie Mei c , Liping Zhou, 2014. Chronology of the Youfang site and its implications for the
emergenceof microblade technology in North China. *Quaternary International* 347，113 – 121.

了科学、明确的证据，我们有理由相信，华北地区的细石器是在本地区旧石器时代晚期的小石器文化传统中发展孕育而来的。

更新世晚期，受末次冰期的影响，华北地区这一时段的自然环境呈现出阶段性变化特点。北部地区可能在距今 2.7 万~2.3 万年前左右就开始进入最冷期①。这一时期气候环境发生剧烈变化，人类的生存环境变得十分严峻，此前可利用的资源锐减，为维系生存，人类必须开发新的技术，以获取新的资源来维持人类的生存。以龙王辿遗址第一地点为代表的细石器文化遗存应该就是人类在这一时期，为应对自然环境剧烈变化的适应策略的产物。而在其更北的西伯利亚地区，在卡拉—博姆（Kara – Bom）遗址发现有距今 4.2 万年前，与石叶技术共存的细石核和细石叶②，这也同样应是当地人类为适应自然环境变化而采取的适应策略。

二

旧石器时代晚期人类的体质及其文化的发展达到了旧石器时代的最高阶段。伴随着现代人类的出现，石器技术的发展达到了旧石器时代的最高峰。这在华北地区表现得尤为明显。华北地区旧石器技术发展的高峰是细石器技术的出现。细石器技术可能是源于小石器工业传统，随着修理石核等技术的逐渐发展而产生的一种新型石器加工技术。细石器技术是通过修理石核，使用间接或直接打击技术产生细石叶。细石叶被用来加工复合工具，也被用于直接加工各种石器，从而使石器的效率大为提高。加工技术的提高使得出现了一批新型高效的工具如长身端刮器、叶状尖状器、投射及各类复合工具。骨、角器制造业的出现与高度发达是旧石器时代晚期在技术方面的另一突出特点。同时锯、切、削、磨、钻等技术也开始广泛使用，旧石器时代晚期人类的生业形态也发生明显变化。现代人类的出现，原始技术的进步，使得旧石器时代晚期的原始经济发展到高峰。各种高效率的石器和骨、角器的出现，如各类投射工具、复合工具等，都为狩猎经济的发展准备了必要的条件。文化与技术的发展和生业类型的多样化，都给旧石器时代晚期人口的增长创造了条件，使得人类体质的进步与自身寿命的延长得以实现。随着人口的增加以及技术和经济的发展，也促进了社会内部结构的变化。特别是原始技术的提高、适应各种环境能力的增强以及人口的迅速增长，都为一个新的时代——新石器时代的到来准备了充分的条件。因而当更新世冰期结束，全新世到来，环境转为暖湿，以狩猎采集经济为特色的旧石器时代也即随之结束。代之而起的是以农业经济为特色的新石器时代。

旧石器时代向新石器时代的过渡一直是学术界关心和瞩目的重点，其年代处于更新世向全新世转变的重要时期。在这一时期，全球范围内的自然环境发生了剧烈变化，气候明显变暖，最后一次冰期逐渐结束，由寒冷干燥的末次冰期进入温暖湿润的冰后期，人类文化的大变化与自然环境的大变化近乎同时出现。因此，对于更新世至全新世转变时期环境剧变和人类的文化、生活方式、食物获取手段等与环境再适应等问题的探讨已是考古学、人类学、环境学、动物学、植物学

---

① 周昆叔：《华北区第四纪植被演替与气候变化》，《地质科学》1984 年第 2 期。

② 加藤博文：《シベリアにおける細石刃石器群（上）——北方狩猟採集民の適応戦略として》，《旧石器考古学》72 号，2009 年。

等诸多学科共同关注的重大课题。对这一时期人类文化及其与自然环境互动关系的研究也是国际学术界相关各个领域共同关注的重大课题。为推动这一研究领域的进展，我们在 2003、2004 年度调查的基础上于 2005 至 2009 年，对位于陕西省宜川县的龙王辿遗址进行了 7 次发掘，发掘面积 46 平方米，出土石制品、动物骨骼等遗物 3 万余件，并发现了一些与人类生活相关的遗迹。

^{14}C 和 FG 的光释光年龄表明，龙王辿遗址第一地点的第 6、5 和 4 层堆积物的堆积时间分别是 2.9 万~2.6 万、2.6 万~2.5 万、2.5 万~2.1 万年前。龙王辿遗址第一地点细石器文化遗存分布于第 6 层的上部和第 5、4 层，因此，我们认为它的绝对年代为 2.6 万~2.1 万年前。

龙王辿遗址石制品的材料基本上是来源于本地，以礛石和石英岩为主，其次为脉石英、页岩、硬质砂岩等。就质地而言，龙王辿遗址中的礛石普遍质地较好，相对致密，颜色多样，有些呈半透明状。

龙王辿遗址细石器工业技术最为明显的一个特征就是细石核的强化剥片和节约行为十分突出，反映出的现象是石料相对较为紧缺。石制品体型普遍小巧，细石核体型非常小，存在大量的石核断块、小石片以及废片。大量短身圆头刮削器的存在表明对石器的耗竭使用，多数工具直至失去效能方遭废弃。在龙王辿遗址出土的石片中有一定数量的两极石片，两极打法的存在也说明为了节省原料，可能将某些废弃的工具或小型石料进行强化剥片，以此来增加可使用的石料数量。当时当地可能存在石料较为紧缺的现象，以致工匠为了节省原料，不惜投入更多的时间和能量来延长工具的使用寿命。对此我们认为黄河河滩的砾石虽然众多，但适应细石器工业的原料也并非比比皆是，可供人类选择使用的石料还是有限的，这就使得当时的人们对石材的利用尽可能地做到最大化。

龙王辿遗址出土的细石核种类较多，以锥形和半锥形为主，但楔形、柱形和船形也有发现。绝大多数细石核的台面经过预制，显示了较为成熟的石核预制技术。仅少数细石核以节理面或石片疤为台面。同时存有一些修理台面过程中产生的石核修理石片，其体量小，可能是细石核修理后期阶段的产物，通过调整核身或台面来减小台面角，以维持石核的继续利用。细石核本身的生产过程包括核坯打制和石叶剥制两个阶段，涉及单一固定台面、棱锥状剥片面和特定底部三个要素，对核身的预制和修理技术普及到各类细石核。在剥制细石叶的过程中不断修理台面是细石器工业技术成熟的体现。龙王辿遗址的细石核的形态和技术特征，表现得相当娴熟，形态多样，并没有固定的形态或标准，这也应与石材获取的不确定性密切相关。

龙王辿遗址的细石器在其类型内部的稳定性和标准化程度不高，二次修理技术应用随意，压制修整与直接打击修整并存，以边缘正向加工为主，少见反向加工，存在单面通体压制与两面器修薄技术。绝大多数石器经过正向修整，包括压制法和直接打击法两种，均为正向加工，无反向加工，二次加工多集中在器物的边缘。存在单面通体压制与两面器修薄技术，多用于尖状器，数量不多，形制较为稳定。琢背技术虽有存在，但并不突出。发现的各种细石器工具的类型形态随意性较大，成型不规整，例如圆头刮削器，亚式样多，有些端部仅经过些许修理，未形成典型的陡加工。二次修理技术应用随意且灵活，广泛应用于各种石料。可见当时细石器工业技术已经发展得较为娴熟，可比较熟练地控制操作程序和技巧。此外，龙王辿遗址石片技术与石叶技术都较为发达，石片石器与细石叶工具共存，均表现了较为成熟的二次加工与修整技术。

通过对上述龙王辿遗址出土的各类细石器微痕观察的分析我们可以看出，龙王辿遗址细石器的使用功能复杂多样，既有维持日常生计的肉类的切割、动物的解体，也有资源开发的皮革加工、骨角质和木质工具的加工等等。虽然在龙王辿遗址并没有发现骨角质和木质工具，但细石器表面遗留下来的使用痕迹表明，当时这类工具一定是存在的。同时，在龙王辿遗址发现的精美的蚌饰品也证明了当时人类首次技术体系的高度发达与复杂多样。

在龙王辿遗址出土了众多石制品的同时，我们还发现了许多与人类生活密切相关的遗迹现象。在龙王辿遗址共发现用火遗迹 30 余处，其中包含有事先经过预制修整的火坑。如此丰富的遗迹现象，数量巨大、分布密集的石制品，复杂多样、涵盖广泛的石器使用功能都表明，龙王辿遗址应为一处相对稳定、延续时间较长的以石料采集和石器的初步加工为主要目的的生活场所。

综上所述，龙王辿遗址的石制品组合因原料获取的不确定性所限，技术灵活性高，但工具设计的标准化程度不高。对石料的高度选择、强化利用和节约行为十分突出，表明当地优质石料的获取并非唾手可得。龙王辿遗址工具形态具有一定的随意性和灵活性，反映出工匠技艺的高超和娴熟，对工艺的掌握和控制能力比较强。龙王辿遗址石器的小型化与非标准化，表明在旧石器时代末期向新石器时代过渡阶段，我国的细石器工业逐步呈现出灵活化和强化使用的特点。一般来说石器组合的变异性与人群的流动性成反比，随着人群流动性的降低和定居程度的提升，为了适应小范围有限的资源，石制品的标准化和专门化逐渐降低，而表现出更强的随意性和灵活性。龙王辿遗址石制品组合所体现的工艺特点，可能为后来人类的定居，并开启全新的生活模式奠定了技术上的基础。

依据目前发现的材料，虽然龙王辿遗址的文化内涵与目前在华北地区发现的以南庄头、转年、于家沟、东胡林和李家沟等遗址为代表的早期新石器文化的关联性不是十分密切，但是华北地区旧石器时代晚期高度发达的细石器工业技术和更新世末期自然环境的巨变都为华北地区史前人类完成农业的发明、终结旧石器时代、迈入新石器时代的大门创造了必要的条件。

后　记

　　《龙王辿第一地点——旧石器时代遗址发掘报告》是中国社会科学院考古研究所陕西第六工作队与陕西省考古研究院多年合作的结果，北京大学城市环境学院、北京师范大学地理学院、中国科学院地理科学与环境研究所等单位的学者也参与了相关领域的取样、测试分析与研究工作。

　　本报告各章节分工如下：第一章：夏楠（陕西省考古研究院）；第二章：邱维理（北京师范大学地理学院）；绪言、第三、四、五、六、七、十章：王小庆；第八章：杨晓燕（中国科学院地理科学与环境研究所）；第九章：胡松梅、杨苗苗；第十一章：张家富（北京大学城市环境学院）；第十二章：王小庆、尹申平。最后由王小庆统一审校定稿。

　　本报告的器物、遗迹图主要由中国社会科学院考古研究所技师史樸媛完成，中国社会科学院考古研究所技师毕道全、陕西省考古研究院技师刘君辛、陕西文物保护专修学院马勃妮也承担了部分工作。器物照片由陕西省考古研究院张明惠拍摄，遗迹、石器微痕照片由王小庆拍摄。

　　从考古发掘、资料整理到报告编写，中国社会科学院考古研究所王巍研究员、陈星灿研究员两任所长一直给予极大的关注和支持，陈星灿研究员并亲临发掘现场予以指导。陕西省考古研究院焦南峰研究员、王炜林研究员、孙周勇研究员三任院长始终给予本项目最大的支持，为报告能够顺利出版提供了保障。同时国家文物局、陕西省文物局、延安市文化局、宜川县文化局等单位为本项目的进行提供了宽松的环境和良好的工作条件，在此一并表示衷心的感谢。

　　龙王辿遗址第一地点在资料整理和报告编写过程中，先后得到中国社会科学院重点课题（2006）、社科基金（批准号：11BKG002）、中国社会科学院哲学社会科学创新工程（2011～2015）的支持，在此谨表谢忱。

　　陕西省考古研究院原党委书记、副院长尹申平研究员是龙王辿遗址第一地点的最早发现者。在考古发掘、资料整理和报告编写过程中与大家携手共进、协调诸般事务，全力保障各项工作顺利推进，付出了极大的心血。遗憾的是天不假年，现已往他界，我们仅以此报告寄托对他的哀思。

　　最后向所有关心、支持本工作的各位先生致以由衷的谢意。

编　者

The First Locality of Longwangchan Site

Excavation Report of the Late Paleolithic Site

(Abstract)

The First locality of Longwangchan Site is about 580m north of Longwangchan Village, Hukou Town, Yichuan County, Shaanxi Province, and southwest from Yichuan County with a straight – line distance of about 30km. Its geographic coordinates are 36°09 74″ north latitudeand 110°26′312″ east longitude. The site is located on the second terrace of the west bank of the Yellow River, and more specifically, situated on the loess platform of the triangle zone where the Huiluogou River from Gaobai Village, Hukou Town, Yichuan County and the Yellow River meet. The landsurface of the site is 34m higher than the riverbed of the Yellow River, while the altitude is 483m. From 2005 to 2008, the 6th work team of the Institute of Archaeology of Chinese Academy of Social Sciences, together with Shaanxi Provincial Institute of Archaeology, conducted an excavation at the site, withmore than 30, 000 stone artifacts, 4, 000 animal bones and over 20 remains related to human life found.

The stratigraphic accumulation at the First locality of Longwangchan Site can be divided into six layers from top to bottom, which appears as a gentle slope high in the southwest and low in the northeast. The second layer under the surface layer is of modern accumulation. The third layer comprises of slope accumulation reformed after the collapse of the upper loess platform. The forth, fifth and sixth layers are late Paleolithic cultural layers, which manifest accordant cultural features despite of disparity in age. Through ^{14}C dating and photoluminescence dating, their ages are from 26000 to 21000a. B. P.

Raw materials of the stone products found at the First locality of Longwangchan Site are basically from the local area, mainly comprising flint and quartzite. There are various kinds of microlithic cores, mainly conical and semi – conical, while wedge – shaped, cylindrical and boat – shaped ones are also found. Most of the core platforms are prefabricated, showing that the technique of core prefabrication was relatively mature. Microlithic tools mainly include scrapers, end – scrapers, point – endscrapers, gravers, drills, saws, and so on. The stability and standardization within the types are not high, and the application of secondary repair technique is quite random. However, the coexistence of pressing finishing and direct strike finishing techniques shows that the secondary processing and finishing techniques were quite mature. Through micro – scratchobservation and analysis of various microlithic tools, we find that functions of microlithic tools at Longwangchan Site are complex and diverse, which are not only to cut meat and dismember animals for daily livelihood, but also to process leather as well as make bone, horny, and wooden tools for resource development. There is no simple correspondence between the function and the shape of the stone tools.

We also found some remains closely related to human activities at the First Locality of Longwangchan Site. There are more than 30 remains related to fire use, including prefabricated fire pits, and some concentrated distributing areas of stone products. Thus, Longwangchan Site is supposed to be a relatively stable and long – lasting living place with the main purpose of stone collection and preliminary processing of stone tools.

To sum up, limited by the uncertainty of raw material acquisition, combinations of stone products at Longwangchan Site are of high technical flexibility and low standardization in tool design. The high – standard selection, intensive utilization and economical behaviors of stone materials are very prominent, which indicate that local high – quality stone materials were not readily available. Tool types of Longwangchan Site are of randomness and flexibility to some extents, reflecting that the craftsmen were capable of superb skills as well as relatively good ability to master and control the techniques. The miniaturization and non – standardization of stone tools at Longwangchan Site indicate that the microlith industry in China gradually showed the characteristics of flexibility and intensive utilization during the transitionperiod from the late Paleolithic Age to the Neolithic Age. Generally speaking, the variability of stone products combinations is inversely proportional to the mobility of population. As the mobility of population decreases and the degree of settlement increases, the standardization and specialization of stone products gradually decrease in order to adapt to the limited resources in a small area, and thus manifest more randomness and flexibility. The technical characteristics embodied in the stone products combinations of Longwangchan Site may lay a technical foundation for later human settlement and the start of a newlife mode.

图　版

图版一　龙王辿遗址第一地点远景

图版二　龙王辿遗址第一地点近景

图版三　龙王辿遗址第一地点西壁剖面

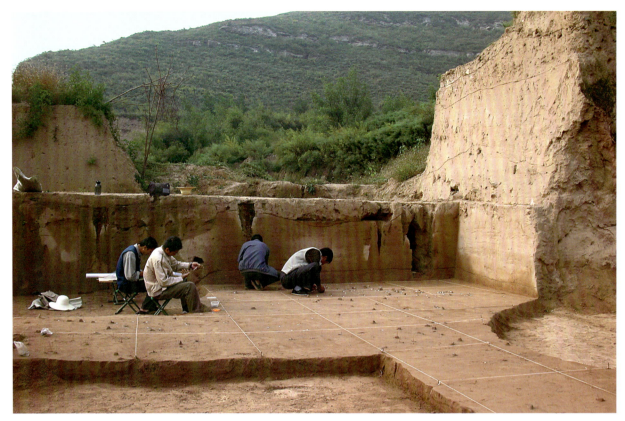

图版四 龙王辿遗址第一地点发掘现场

图版五 龙王辿遗址第一地点发掘采样工作

图版六　2005 I ④:S1

图版七　2006 I ④:S3

图版八　2006Ⅰ④:2平面分布图

图版九　第4文化层出土石片（1）

1. 2005Ⅰ④:903　　2. 2005Ⅰ④:1085　　3. 2005Ⅰ④:902　　4. 2005Ⅰ④:1065　　5. 2005Ⅰ④:1079
6. 2005Ⅰ④:1089

图版一〇　第4文化层出土石片（2）

1. 2005 Ⅰ④：487　　2. 2005 Ⅰ④：7　　3. 2005 Ⅰ④：475　　4. 2005 Ⅰ④：56　　5. 2005 Ⅰ④：478　　6. 2005 Ⅰ④：163

图版一一　第4文化层出土石片（3）

1. 2006 Ⅰ④：5535　　2. 2005 Ⅰ④：992　　3. 2005 Ⅰ④：981　　4. 2005 Ⅰ④：92　　5. 2005 Ⅰ④：24　　6. 2005 Ⅰ④：633

图版一二　第 4 文化层出土石片（4）

1. 2005 Ⅰ④：657　　2. 2005 Ⅰ④：711　　3. 2005 Ⅰ④：679　　4. 2005 Ⅰ④：447　　5. 2005 Ⅰ④：419　　6. 2005 Ⅰ④：756

图版一三　第 4 文化层出土石片（5）

1. 2005 Ⅰ④：759　　2. 2005 Ⅰ④：411　　3. 2005 Ⅰ④：656　　4. 2005 Ⅰ④：728　　5. 2005C Ⅰ④：729　　6. 2005 Ⅰ④：742
7. 2005 Ⅰ④：750

图版一四 第 4 文化层出土石片（6）

1. 2005 Ⅰ④：628　　2. 2005 Ⅰ④：1231　　3. 2005 Ⅰ④：607　　4. 2005 Ⅰ④：602　　5. 2005 Ⅰ④：844　　6. 2005 Ⅰ④：838

图版一五 第 4 文化层出土石片（7）

1. 2005 Ⅰ④：949　　2. 2005 Ⅰ④：924　　3. 2005 Ⅰ④：955　　4. 2005 Ⅰ④：932　　5. 2005 Ⅰ④：1161　　6. 2005 Ⅰ④：959

图版一六　第 4 文化层出土石片（8）

1. 2005 Ⅰ④ : 1165　　2. 2005 Ⅰ④ : 1154　　3. 2005 Ⅰ④ : 1159　　4. 2006 Ⅰ④ : 5616

图版一七　第 4 文化层出土石片（9）

1. 2005 Ⅰ④ : 481　　2. 2005 Ⅰ④ : 507　　3. 2005 Ⅰ④ : 267　　4. 2005 Ⅰ④ : 484　　5. 2005 Ⅰ④ : 262　　6. 2005 Ⅰ④ : 568
7. 2005 Ⅰ④ : 1177　　8. 2005 Ⅰ④ : 1188　　9. 2005 Ⅰ④ : 1184　　10. 2005 Ⅰ④ : 709　　11. 2005 Ⅰ④ : 719

图版一八　第 4 文化层出土石片（10）

1. 2005 Ⅰ④：551　　2. 2005 Ⅰ④：545　　3. 2005 Ⅰ④：1121　　4. 2005 Ⅰ④：829　　5. 2005 Ⅰ④：828　　6. 2005 Ⅰ④：531
7. 2005 Ⅰ④：825　　8. 2005 Ⅰ④：830　　9. 2005 Ⅰ④：1112　　10. 2005 Ⅰ④：1122　　11. 2005 Ⅰ④：1109

图版一九　第 4 文化层出土石片（11）

1. 2005 Ⅰ④：1098　　2. 2005 Ⅰ④：1103　　3. 2005 Ⅰ④：1106　　4. 2005 Ⅰ④：1104　　5. 2005 Ⅰ④：1111　　6. 2005 Ⅰ④：1119

图版二〇　第 4 文化层出土石片（12）

1. 2005 Ⅰ④：863　　2. 2005 Ⅰ④：1006　　3. 2005 Ⅰ④：1019　　4. 2005 Ⅰ④：1013　　5. 2005 Ⅰ④：1003　　6. 2005 Ⅰ④：1001

图版二一　第 4 文化层出土石片（13）

1. 2005 Ⅰ④：986　　2. 2005 Ⅰ④：975　　3. 2005 Ⅰ④：977　　4. 2005 Ⅰ④：983　　5. 2005 Ⅰ④：971　　6. 2005 Ⅰ④：991
7. 2005 Ⅰ④：989

图版二二　第 4 文化层出土石片（14）

1. 2005　Ⅰ④：226　　2. 2005　Ⅰ④：271　　3. 2005　Ⅰ④：1035　　4. 2005　Ⅰ④：1040　　5. 2005　Ⅰ④：1044

图版二三　第 4 文化层出土石片（15）

1. 2005　Ⅰ④：134　　2. 2005　Ⅰ④：199　　3. 2005　Ⅰ④：28　　4. 2005　Ⅰ④：20　　5. 2005　Ⅰ④：1024　　6. 2005　Ⅰ④：1031
7. 2005　Ⅰ④：1030

图版二四　第 4 文化层出土石片（16）

1. 2006 Ⅰ④：7538　　2. 2005 Ⅰ④：1198　　3. 2005 Ⅰ④：1194　　4. 2005 Ⅰ④：97　　5. 2006 Ⅰ④：7247　　6. 2005 Ⅰ④：1209

图版二五　第 4 文化层出土石片（17）

1. 2005 Ⅰ④：1186　　2. 2005 Ⅰ④：1181　　3. 2005 Ⅰ④：767　　4. 2005 Ⅰ④：771　　5. 2005 Ⅰ④：425　　6. 2005 Ⅰ④：816

图版二六　第 4 文化层出土石片（18）

1. 2005 Ⅰ④：802　　2. 2005 Ⅰ④：817　　3. 2005 Ⅰ④：787　　4. 2005 Ⅰ④：780　　5. 2005 Ⅰ④：778　　6. 2005 Ⅰ④：1216
7. 2005 Ⅰ④：426　　8. 2005 Ⅰ④：1215

图版二七　第 4 文化层出土石片（19）

1. 2005 Ⅰ④：1208　　2. 2005 Ⅰ④：138　　3. 2005 Ⅰ④：207　　4. 2005 Ⅰ④：1199　　5. 2005 Ⅰ④：1217　　6. 2005 Ⅰ④：1202
7. 2005 Ⅰ④：1180

图版二八　第 4 文化层出土石片（20）

1. 2005 Ⅰ④：1051　　2. 2005 Ⅰ④：1038　　3. 2005 Ⅰ④：432　　4. 2005 Ⅰ④：1026　　5. 2005 Ⅰ④：296　　6. 2005 Ⅰ④：231

图版二九　第 4 文化层出土石片（21）

1. 2005 Ⅰ④：254　　2. 2005 Ⅰ④：308　　3. 2005 Ⅰ④：239　　4. 2005 Ⅰ④：54　　5. 2005 Ⅰ④：17

图版三〇　第 4 文化层出土石片（22）

1. 2005 Ⅰ④：88　　2. 2005 Ⅰ④：95　　3. 2005 Ⅰ④：80　　4. 2005 Ⅰ④：158　5. 2005 Ⅰ④：68　　6. 2005 Ⅰ④：218
7. 2006 Ⅰ④：3310　　8. 2005 Ⅰ④：98

图版三一　第 4 文化层出土石片（23）

1. 2005 Ⅰ④：335　　2. 2005 Ⅰ④：350　　3. 2005 Ⅰ④：379　　4. 2005 Ⅰ④：390　　5. 2005 Ⅰ④：343　　6. 2005 Ⅰ④：348

图版三二　第 4 文化层出土石片（24）

1. 2005 Ⅰ④：325　　2. 2005 Ⅰ④：445　　3. 2005 Ⅰ④：483　　4. 2005 Ⅰ④：418　　5. 2005 Ⅰ④：502　　6. 2005 Ⅰ④：469
7. 2005 Ⅰ④：428　　8. 2005 Ⅰ④：513

图版三三　第 4 文化层出土石片（25）

1. 2006 Ⅰ④：3337　　2. 2005 Ⅰ④：524　　3. 2005 Ⅰ④：637　　4. 2005 Ⅰ④：512　5. 2005 Ⅰ④：555　　6. 2005 Ⅰ④：526

图版三四　第 4 文化层出土石片（26）

1. 2005 Ⅰ④：639　　2. 2005 Ⅰ④：703　　3. 2005 Ⅰ④：704　　4. 2005 Ⅰ④：715　　5. 2005 Ⅰ④：708　　6. 2005 Ⅰ④：587

图版三五　第 4 文化层出土石片（27）

1. 2005 Ⅰ④：676　　2. 2005 Ⅰ④：862　　3. 2005 Ⅰ④：733　　4. 2005 Ⅰ④：758　　5. 2005 Ⅰ④：747　　6. 2005 Ⅰ④：745
7. 2005 Ⅰ④：786　　8. 2005 Ⅰ④：724　　9. 2005 Ⅰ④：662

图版三六 第4文化层出土石片（28）

1. 2005 Ⅰ④：848　2. 2005 Ⅰ④：854　3. 2005 Ⅰ④：872　4. 2005 Ⅰ④：878　5. 2005 Ⅰ④：871　6. 2005 Ⅰ④：860
7. 2005 Ⅰ④：839　8. 2005 Ⅰ④：831　9. 2005 Ⅰ④：869　10. 2005 Ⅰ④：824　11. 2005 Ⅰ④：843

图版三七 第4文化层出土石片（29）

1. 2005 Ⅰ④：393　2. 2005 Ⅰ④：929　3. 2005 Ⅰ④：904　4. 2005 Ⅰ④：881　5. 2005 Ⅰ④：919　6. 2005 Ⅰ④：894
7. 2005 Ⅰ④：931　8. 2005 Ⅰ④：927　9. 2005 Ⅰ④：950

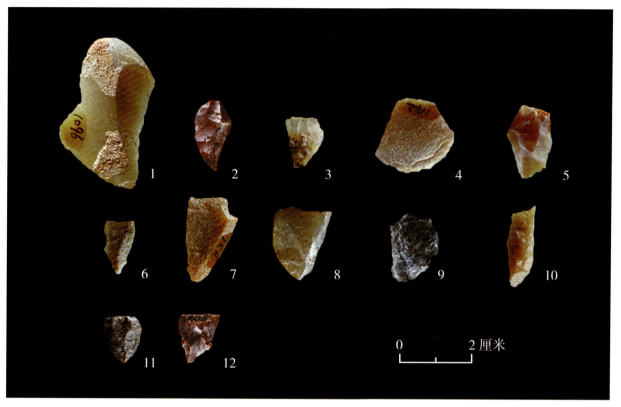

图版三八　第 4 文化层出土石片（30）

1. 2005 Ⅰ④：1096　　2. 2006 Ⅰ④：8611　　3. 2005 Ⅰ④：1235　　4. 2005 Ⅰ④：1142　　5. 2005 Ⅰ④：1156　　6. 2005 Ⅰ④：1092
7. 2005 Ⅰ④：1131　　8. 2005 Ⅰ④：1158　　9. 2006 Ⅰ④：7753　　10. 2006 Ⅰ④：8615　　11. 2006 Ⅰ④：7822　　12. 2006 Ⅰ④：
8328

图版三九　第 4 文化层出土石片（31）

1. 2006 Ⅰ④：4164　　2. 2006 Ⅰ④：5533　　3. 2006 Ⅰ④：4302　　4. 2006 Ⅰ④：5631　　5. 2006 Ⅰ④：6102　　6. 2006 Ⅰ④：6253
7. 2006 Ⅰ④：5182　　8. 2006 Ⅰ④：5458

图版四〇　第 4 文化层出土石片（32）

1. 2006 Ⅰ④：2508　　2. 2006 Ⅰ④：2847　　3. 2006 Ⅰ④：4173　　4. 2006 Ⅰ④：2713　　5. 2006 Ⅰ④：7938　　6. 2006 Ⅰ④：8270
7. 2006 Ⅰ④：2879

图版四一　第 4 文化层出土石片（33）

1. 2006 Ⅰ④：4810　　2. 2006 Ⅰ④：4129　　3. 2006 Ⅰ④：3873　　4. 2006 Ⅰ④：4688　　5. 2006 Ⅰ④：2649　　6. 2006 Ⅰ④：2722
7. 2006 Ⅰ④：2319　　8. 2006 Ⅰ④：6943　　9. 2006 Ⅰ④：5747　　10. 2006 Ⅰ④：1952

图版四二 第 4 文化层出土石片（34）

1. 2005 Ⅰ④：284 　　2. 2006 Ⅰ④：795 　　3. 2006 Ⅰ④：1560 　　4. 2006 Ⅰ④：450 　　5. 2006 Ⅰ④：691 　　6. 2006 Ⅰ④：784
7. 2005 Ⅰ④：167 　　8. 2006 Ⅰ④：99 　　9. 2006 Ⅰ④：64 　　10. 2006 Ⅰ④：575 　　11. 2006 Ⅰ④：88 　　12. 2006 Ⅰ④：654
13. 2006 Ⅰ④：3370 　　14. 2006 Ⅰ④：1828 　　15. 2006 Ⅰ④：255

图版四三 第 4 文化层出土石核（1）（2005 Ⅰ④：234）

图版四四　第 4 文化层出土石核（2）

1. 2005 Ⅰ④：421　　2. 2005 Ⅰ④：129

图版四五　第 4 文化层出土石核（3）

1. 2005 Ⅰ④：26　　2. 2006 Ⅰ④：8721　　3. 2005 Ⅰ④：922　　4. 2005 Ⅰ④：900

图版四六　第 4 文化层出土石核（4）

1. 2005 Ⅰ④：486　　2. 2005 Ⅰ④：156

图版四七　第4文化层出土石核（5）
1. 2005 Ⅰ④：251　　2. 2005 Ⅰ④：1063　　3. 2005 Ⅰ④：1034

图版四八　第4文化层出土石核（6）
1. 2005 Ⅰ④：566　　2. 2005 Ⅰ④：1

图版四九　第4文化层出土石核（7）（2005 Ⅰ④：125）

图版五〇　第 4 文化层出土石核（8）

1. 2006 Ⅰ④：6361　　2. 2005 Ⅰ④：172　　3. 2006 Ⅰ④：1752　　4. 2005 Ⅰ④：660　　5. 2006 Ⅰ④：1444　　6. 2005 Ⅰ④：546
7. 2006 Ⅰ④：6966　　8. 2006 Ⅰ④：6338

图版五一　第 4 文化层出土石核（9）

1. 2006 Ⅰ④：6249　　2. 2006 Ⅰ④：3469　　3. 2005 Ⅰ④：382　　4. 2006 Ⅰ④：5199

图版五二　第4文化层出土刮削器（1）

1. 2005 Ⅰ④:48　　2. 2005 Ⅰ④:874　　3. 2005 Ⅰ④:57　　4. 2005 Ⅰ④:945　　5. 2005 Ⅰ④:968　　6. 2006 Ⅰ④:4959
7. 2006 Ⅰ④:1768　　8. 2006 Ⅰ④:2754　　9. 2006 Ⅰ④:3665

图版五三　第4文化层出土刮削器（2）

1. 2006 Ⅰ④:843　　2. 2006 Ⅰ④:6087　　3. 2006 Ⅰ④:145　　4. 2006 Ⅰ④:1082　　5. 2006 Ⅰ④:8043　　6. 2005 Ⅰ④:542
7. 2006 Ⅰ④:790　　8. 2006 Ⅰ④:7366　　9. 2006 Ⅰ④:1280　　10. 2006 Ⅰ④:8570

图版五四　第 4 文化层出土端刮器（1）

1. 2006 Ⅰ④：7177　　2. 2006 Ⅰ④：720　　3. 2005 Ⅰ④：50　　4. 2005 Ⅰ④：1207　　5. 2005 Ⅰ④：8022　　6. 2005 Ⅰ④：4209
7. 2005 Ⅰ④：7330　　8. 2005 Ⅰ④：438　　9. 2006 Ⅰ④：7635　　10. 2006 Ⅰ④：6108　　11. 2005 Ⅰ④：472

图版五五　第 4 文化层出土端刮器（2）

1. 2006 Ⅰ④：7660　　2. 2006 Ⅰ④：7618　　3. 2006 Ⅰ④：2875　　4. 2006 Ⅰ④：7911　　5. 2006 Ⅰ④：8585

图版五六　第 4 文化层出土尖状器（1）

1. 2005 Ⅰ④：642　　2. 2005 Ⅰ④：399　　3. 2005 Ⅰ④：422　　4. 2005 Ⅰ④：604　　5. 2005 Ⅰ④：553

图版五七　第 4 文化层出土尖状器（2）

1. 2005 Ⅰ④：1047　　2. 2005 Ⅰ④：1189　　3. 2005 Ⅰ④：1171　　4. 2005 Ⅰ④：249　　5. 2005 Ⅰ④：1032　　6. 2005 Ⅰ④：1059

图版五八　第 4 文化层出土尖状器（3）

1. 2005 Ⅰ④：25　　2. 2005 Ⅰ④：46　　3. 2005 Ⅰ④：8　　4. 2005 Ⅰ④：198　　5. 2005 Ⅰ④：76　　6. 2005 Ⅰ④：209

图版五九　第 4 文化层出土尖状器（4）

1. 2005 Ⅰ④：643　　2. 2005 Ⅰ④：620　　3. 2005 Ⅰ④：538　　4. 2005 Ⅰ④：427　　5. 2005 Ⅰ④：495　　6. 2005 Ⅰ④：588
7. 2005 Ⅰ④：137　　8. 2005 Ⅰ④：400

图版六〇　第4文化层出土尖状器（5）

1. 2005 Ⅰ④：944　　　2. 2005 Ⅰ④：1223　　　3. 2005 Ⅰ④：800　　　4. 2005 Ⅰ④：773　　　5. 2005 Ⅰ④：962　　　6. 2005 Ⅰ④：727
7. 2005 Ⅰ④：853　　　8. 2005 Ⅰ④：692

图版六一　第4文化层出土尖状器（6）

1. 2006 Ⅰ④：1071　　　2. 2006 Ⅰ④：70　　　3. 2006 Ⅰ④：7547　　　4. 2005 Ⅰ④：1101　　　5. 2006 Ⅰ④：219　　　6. 2006 Ⅰ④：327
7. 2006 Ⅰ④：4052　　　8. 2006 Ⅰ④：369　　　9. 2006 Ⅰ④：8497　　　10. 2005 Ⅰ④：1100　　　11. 2005 Ⅰ④：1155

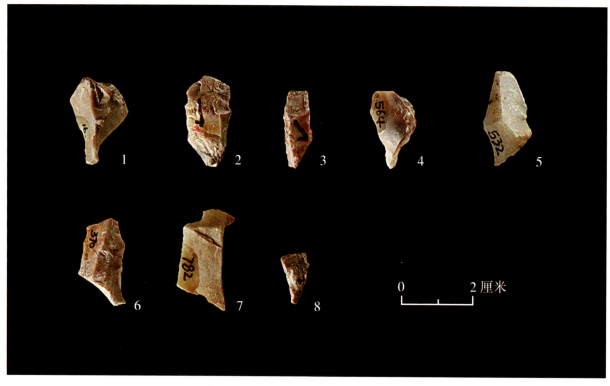

图版六二　第4文化层出土雕刻器（1）

1. 2005 Ⅰ④：16　　2. 2005 Ⅰ④：19　　3. 2005 Ⅰ④：18　　4. 2005 Ⅰ④：564　　5. 2005 Ⅰ④：532　　6. 2005 Ⅰ④：370
7. 2005 Ⅰ④：782　　8. 2005 Ⅰ④：397

图版六三　第4文化层出土雕刻器（2）

1. 2005 Ⅰ④：306　　2. 2005 Ⅰ④：243　　3. 2005 Ⅰ④：152　　4. 2005 Ⅰ④：160　　5. 2005 Ⅰ④：646　　6. 2005 Ⅰ④：605
7. 2005 Ⅰ④：763　　8. 2005 Ⅰ④：684　　9. 2005 Ⅰ④：791　　10. 2005 Ⅰ④：736　　11. 2005 Ⅰ④：126　　12. 2005 Ⅰ④：815

图版六四　第 4 文化层出土雕刻器（3）

1. 2005 Ⅰ④：884　　2. 2005 Ⅰ④：1219　　3. 2005 Ⅰ④：1175　　4. 2005 Ⅰ④：906　　5. 2005 Ⅰ④：915　　6. 2005 Ⅰ④：842

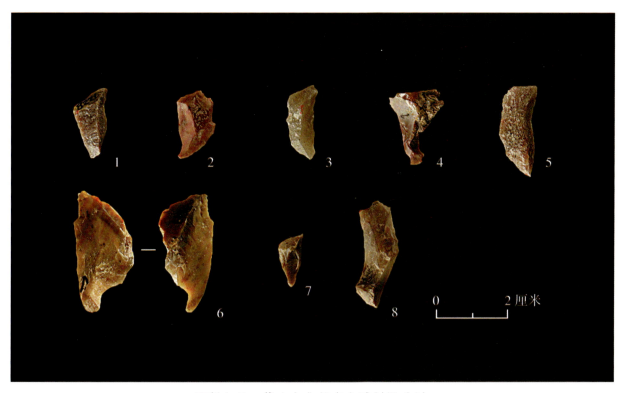

图版六五　第 4 文化层出土雕刻器（4）

1. 2005 Ⅰ④：1228　　2. 2005 Ⅰ④：952　　3. 2005 Ⅰ④：785　　4. 2005 Ⅰ④：1167　　5. 2005 Ⅰ④：1094　　6. 2005 Ⅰ④：505
7. 2005 Ⅰ④：519　　8. 2005 Ⅰ④：436

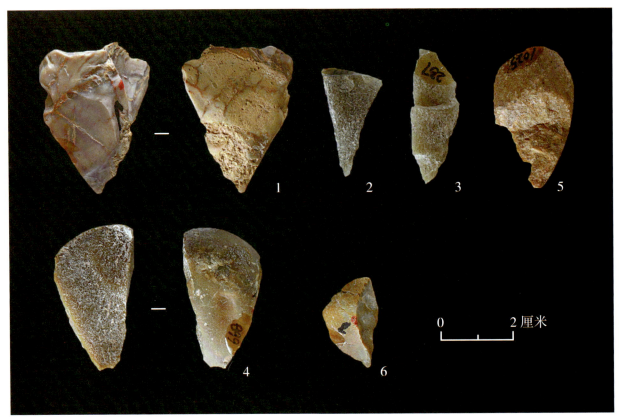

图版六六　第 4 文化层出土雕刻器（5）

1. 2005 Ⅰ④：202　　2. 2005 Ⅰ④：179　　3. 2005 Ⅰ④：237　　4. 2005 Ⅰ④：668　　5. 2005 Ⅰ④：1025　　6. 2005 Ⅰ④：1023

图版六七　第 4 文化层出土雕刻器（6）

1. 2005 Ⅰ④：119　　2. 2005 Ⅰ④：1027　　3. 2005 Ⅰ④：873　　4. 2005 Ⅰ④：866　　5. 2005 Ⅰ④：970　　6. 2005 Ⅰ④：899

图版六八　第 4 文化层出土雕刻器（7）

1. 2005 Ⅰ④：963　　2. 2005 Ⅰ④：5707　　3. 2005 Ⅰ④：7059　　4. 2005 Ⅰ④：77　　5. 2005 Ⅰ④：8686　　6. 2005 Ⅰ④：8428
7. 2005 Ⅰ④：594

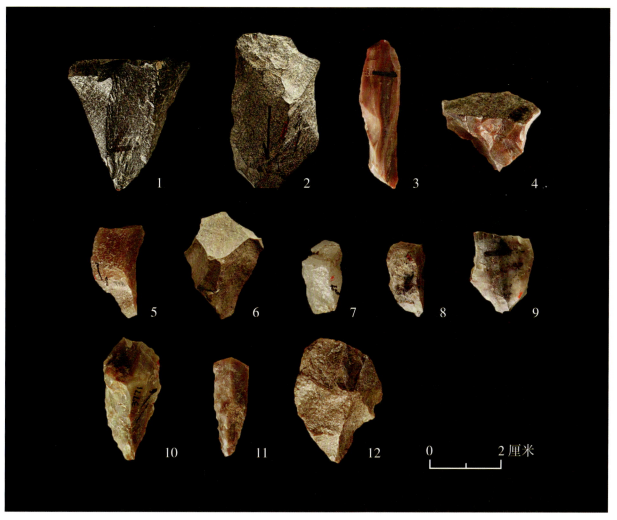

图版六九　第 4 文化层出土雕刻器（8）

1. 2005 Ⅰ④：142　　2. 2006 Ⅰ④：3167　　3. 2006 Ⅰ④：8254　　4. 2006 Ⅰ④：4157　　5. 2005 Ⅰ④：738　　6. 2006 Ⅰ④：615
7. 2006 Ⅰ④：1935　　8. 2006 Ⅰ④：2034　　9. 2005 Ⅰ④：281　　10. 2006 Ⅰ④：3771　　11. 2006 Ⅰ④：8251　　12. 2005 Ⅰ④：
246

图版七〇　第 4 文化层出土雕刻器（9）

1. 2005 Ⅰ④：21　　2. 2006 Ⅰ④：296　　3. 2006 Ⅰ④：432　　4. 2006 Ⅰ④：650

图版七一　第 4 文化层出土石钻（1）

1. 2005 Ⅰ④：490　　2. 2005 Ⅰ④：1091　　3. 2005 Ⅰ④：1190　　4. 2005 Ⅰ④：1203　　5. 2005 Ⅰ④：779　　6. 2005 Ⅰ④：1229
7. 2005 Ⅰ④：1185　　8. 2005 Ⅰ④：4148　　9. 2005 Ⅰ④：917　　10. 2005 Ⅰ④：122　　11. 2006 Ⅰ④：7489

图版七二　第 4 文化层出土石钻（2）

1. 2005 Ⅰ④：627　　2. 2005 Ⅰ④：737　　3. 2005 Ⅰ④：845　　4. 2005 Ⅰ④：702　　5. 2005 Ⅰ④：672　　6. 2005 Ⅰ④：768
7. 2005 Ⅰ④：783　　8. 2005 Ⅰ④：821　　9. 2005 Ⅰ④：696

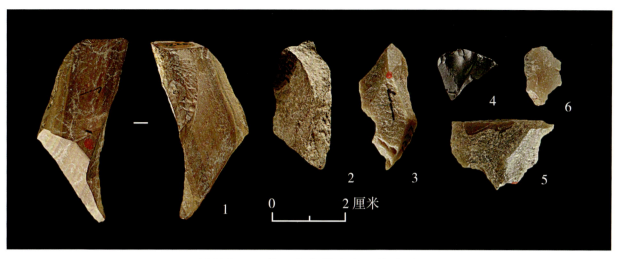

图版七三　第 4 文化层出土石钻（3）

1. 2005Ⅰ④：1120　　2. 2005Ⅰ④：946　　3. 2005Ⅰ④：1237　　4. 2005Ⅰ④：996　　5. 2005Ⅰ④：987　　6. 2005Ⅰ④：1002

图版七四　第 4 文化层出土石钻（4）

1. 2005Ⅰ④：803　　2. 2005Ⅰ④：313　　3. 2005Ⅰ④：4　　4. 2005Ⅰ④：291　　5. 2005Ⅰ④：227　　6. 2005Ⅰ④：470
7. 2005Ⅰ④：613

图版七五　第 4 文化层出土石锯（2006Ⅰ④：732）

图版七六 第 4 文化层出土细石核（1）

1. 2005 Ⅰ④：856　　2. 2005 Ⅰ④：1123　　3. 2005 Ⅰ④：1017　　4. 2005 Ⅰ④：1005　　5. 2005 Ⅰ④：266　　6. 2005 Ⅰ④：11

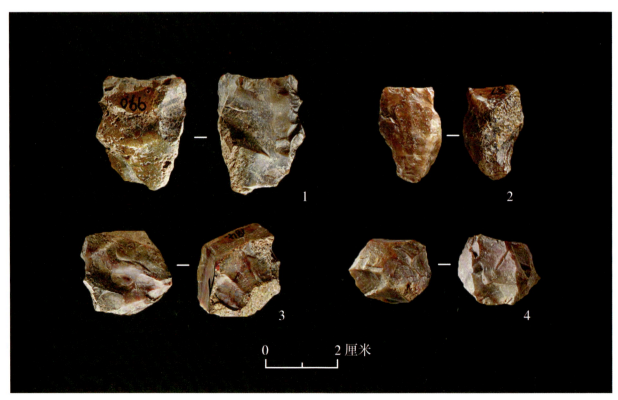

图版七七 第 4 文化层出土细石核（2）

1. 2005 Ⅰ④：990　　2. 2005 Ⅰ④：87　　3. 2005 Ⅰ④：184　　4. 2005 Ⅰ④：818

图版七八　第 4 文化层出土细石核（3）（2006 Ⅰ④：6279）

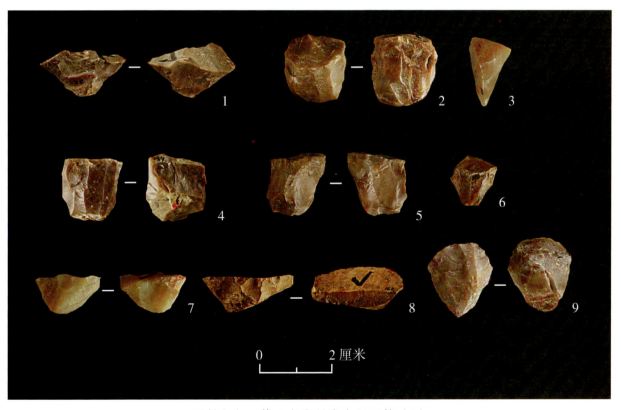

图版七九　第 4 文化层出土细石核（4）

1. 2005 Ⅰ④：22　　2. 2005 Ⅰ④：183　　3. 2005 Ⅰ④：52　　4. 2005 Ⅰ④：139　　5. 2005 Ⅰ④：222　　6. 2005 Ⅰ④：27
7. 2005 Ⅰ④：155　　8. 2005 Ⅰ④：162　　9. 2005 Ⅰ④：29

图版八〇　第 4 文化层出土细石核（5）

1. 2005 Ⅰ④：257　　2. 2005 Ⅰ④：453　　3. 2006 Ⅰ④：2516　　4. 2006 Ⅰ④：2204　　5. 2005 Ⅰ④：1222　　6. 2005 Ⅰ④：396
7. 2006 Ⅰ④：5980　　8. 2006 Ⅰ④：3778　　9. 2006 Ⅰ④：7278

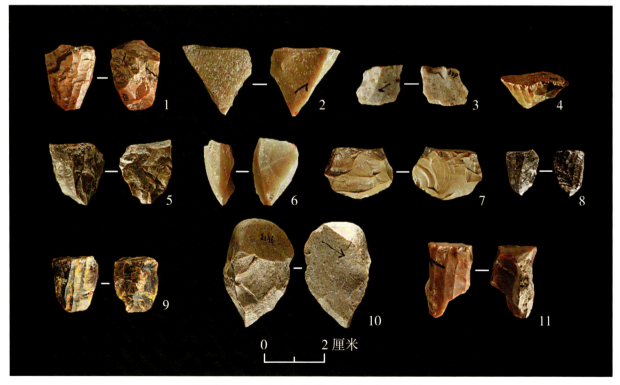

图版八一　第 4 文化层出土细石核（6）

1. 2005 Ⅰ④：1221　　2. 2005 Ⅰ④：528　　3. 2005 Ⅰ④：539　　4. 2005 Ⅰ④：548　　5. 2005 Ⅰ④：697　　6. 2005 Ⅰ④：746
7. 2005 Ⅰ④：527　　8. 2006 Ⅰ④：2124　　9. 2006 Ⅰ④：200　　10. 2006 Ⅰ④：2136　　11. 2006 Ⅰ④：7232

图版八二　第4文化层出土细石核（7）

1. 2006 I ④：6546　　2. 2006 I ④：3940　　3. 2006 I ④：8710　　4. 2006 I ④：7896　　5. 2006 I ④：8183　　6. 2006 I ④：7540
7. 2006 I ④：3292　　8. 2006 I ④：4441　　9. 2006 I ④：4163　　10. 2006 I ④：2234　　11. 2006 I ④：2820　　12. 2006 I ④：
2332　　13. 2006 I ④：3448　　14. 2006 I ④：3289

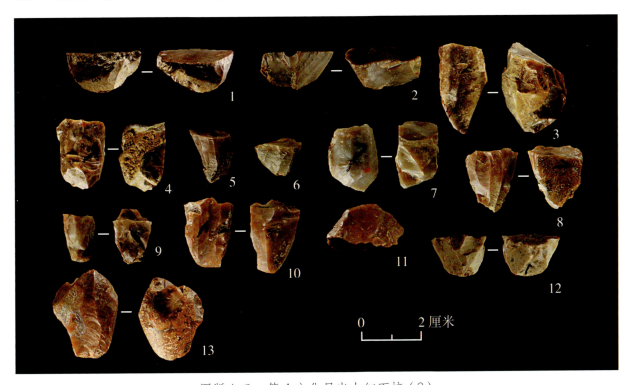

图版八三　第4文化层出土细石核（8）

1. 2006 I ④：497　　2. 2006 I ④：6461　　3. 2006 I ④：8783　　4. 2006 I ④：8521　　5. 2006 I ④：1899　　6. 2006 I ④：1964
7. 2006 I ④：4893　　8. 2006 I ④：8711　　9. 2006 I ④：4156　　10. 2006 I ④：7415　　11. 2006 I ④：1214　　12. 2006 I ④：
1779　　13. 2006 I ④：4321

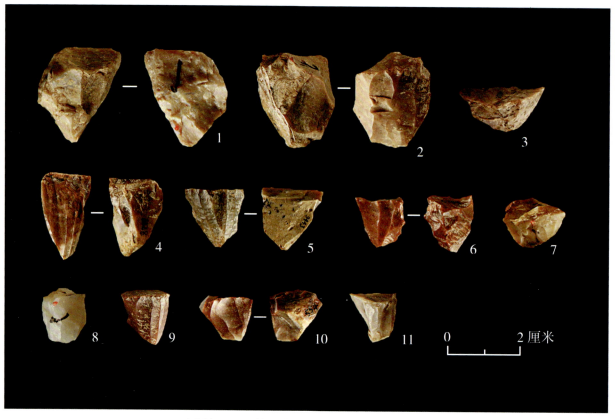

图版八四　第4文化层出土细石核（9）

1. 2006 Ⅰ④：1372　　2. 2006 Ⅰ④：5460　　3. 2006 Ⅰ④：4885　　4. 2006 Ⅰ④：8212　　5. 2006 Ⅰ④：3443　　6. 2006 Ⅰ④：6743
7. 2006 Ⅰ④：1705　　8. 2006 Ⅰ④：237　　9. 2006 Ⅰ④：2337　　10. 2006 Ⅰ④：544　　11. 2006 Ⅰ④：3848

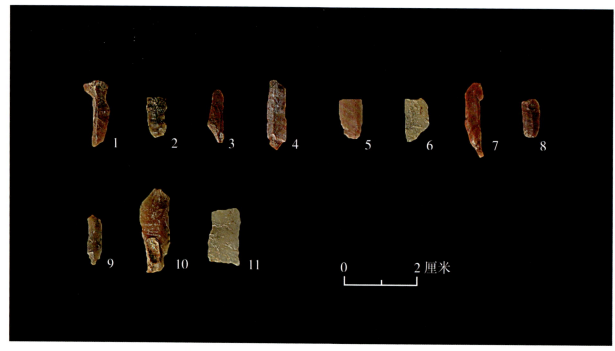

图版八五　第4文化层出土细石叶（1）

1. 2005 Ⅰ④：1022　　2. 2005 Ⅰ④：910　　3. 2005 Ⅰ④：913　　4. 2005 Ⅰ④：1054　　5. 2005 Ⅰ④：1052　　6. 2005 Ⅰ④：834
7. 2005 Ⅰ④：1060　　8. 2005 Ⅰ④：1045　　9. 2005 Ⅰ④：585　　10. 2005 Ⅰ④：833　　11. 2005 Ⅰ④：1062

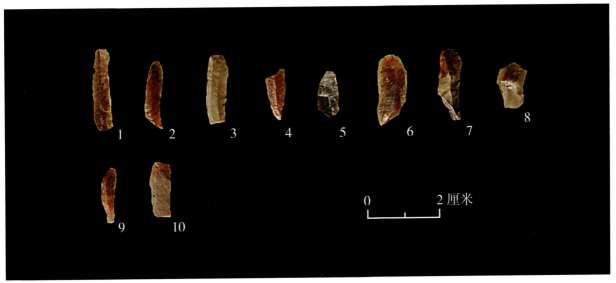

图版八六　第4文化层出土细石叶（2）

1. 2005 Ⅰ④：998　　2. 2005 Ⅰ④：988　　3. 2005 Ⅰ④：954　　4. 2005 Ⅰ④：960　　5. 2005 Ⅰ④：942　　6. 2005 Ⅰ④：429
7. 2005 Ⅰ④：197　　8. 2005 Ⅰ④：765　　9. 2005 Ⅰ④：855　　10. 2005 Ⅰ④：1157

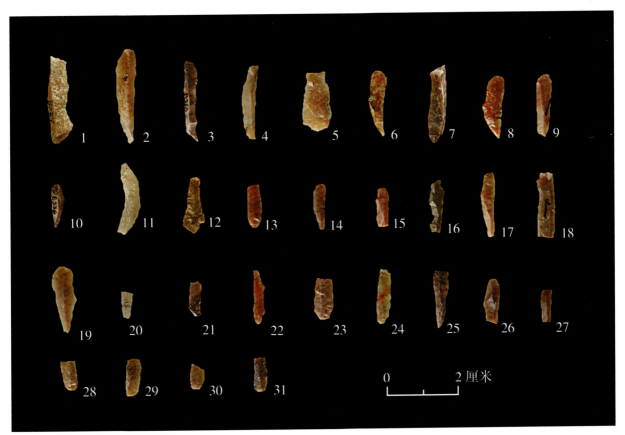

图版八七　第4文化层出土细石叶（3）

1. 2006 Ⅰ④：8227　　2. 2006 Ⅰ④：8359　　3. 2006 Ⅰ④：8316　　4. 2006 Ⅰ④：259　　5. 2006 Ⅰ④：8261　　6. 2006 Ⅰ④：281
7. 2006 Ⅰ④：325　　8. 2006 Ⅰ④：377　　9. 2006 Ⅰ④：361　　10. 2006 Ⅰ④：8336　　11. 2006 Ⅰ④：249　　12. 2006 Ⅰ④：372
13. 2006 Ⅰ④：384　　14. 2006 Ⅰ④：328　　15. 2006 Ⅰ④：374　　16. 2006 Ⅰ④：209　　17. 2006 Ⅰ④：383　　18. 2006 Ⅰ④：
216　　19. 2006 Ⅰ④：382　　20. 2006 Ⅰ④：311　　21. 2006 Ⅰ④：8331　　22. 2006 Ⅰ④：312　　23. 2006 Ⅰ④：8219　　24.
2006 Ⅰ④：8343　　25. 2006 Ⅰ④：8322　　26. 2006 Ⅰ④：8323　　27. 2006 Ⅰ④：8327　　28. 2006 Ⅰ④：303　　29. 2006 Ⅰ④：
288　　30. 2006 Ⅰ④：8288　　31. 2006 Ⅰ④：8298

图版八八　第 4 文化层出土石锤（1）

1. 2005 Ⅰ④：329　　2. 2006 Ⅰ④：7498

图版八九　第 4 文化层出土石锤（2）

（2005 Ⅰ④：145）

图版九〇　第 4 文化层出土石锤（3）

1. 2005 Ⅰ④：342　　2. 2006 Ⅰ④：7008　　3. 2006 Ⅰ④：1981
4. 2006 Ⅰ④：989

图版九一　第 4 文化层出土砺石（1）

（2005 Ⅰ④：437）

图版九二　第 4 文化层出土砺石（2）

（2005 Ⅰ④：328）

图版九三　第 4 文化层出土砺石（3）
（2005 Ⅰ④：359）

图版九六　第 4 文化层出土石磨盘
（2005 Ⅰ④：1168）

图版九四　第 4 文化层出土磨制石器
（2005 Ⅰ④：1126）

图版九七　第 4 文化层出土蚌器（1）
（2006 Ⅰ④：3861）

图版九五　第 4 文化层出土磨制石器局部
（2005 Ⅰ④：1126）

图版九八　第 4 文化层出土蚌器（2）
（2006 Ⅰ④：3861）

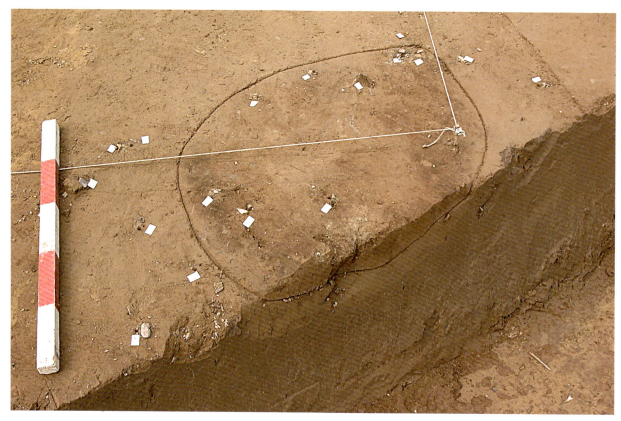

图版九九　2006 I⑤:S4

图版一〇〇　2008 I⑤12平面分布

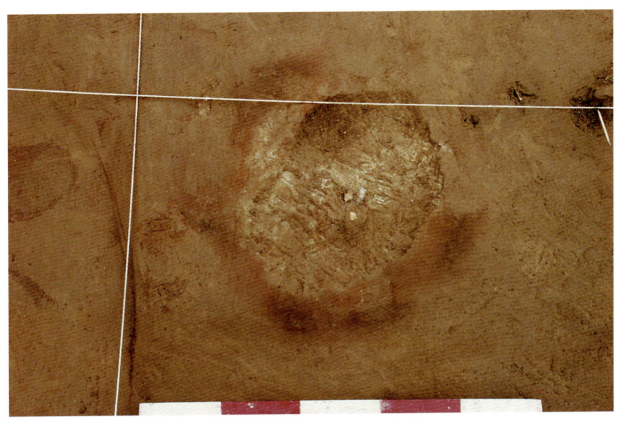

图版一〇一 2008 I ⑤：S4（清理前）

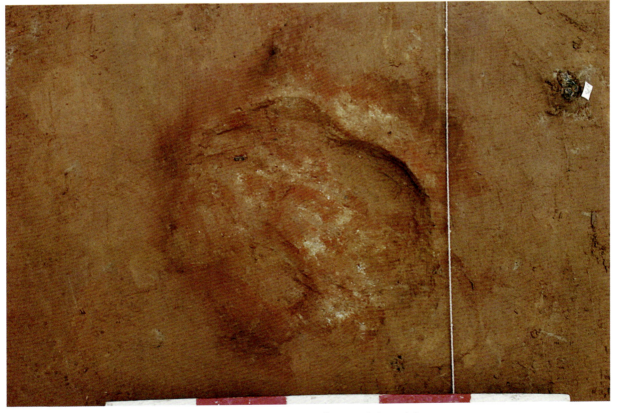

图版一〇二 2008 I ⑤：S4（清理后）

图版一〇三　2008 Ⅰ⑤：S4 坑壁

图版一〇四　第 5 文化层的石砧及周边的石制品

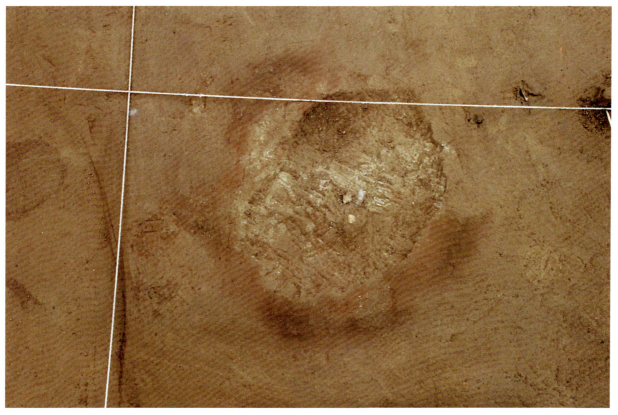

图版一〇五　第5文化层的石制品集中分布区

图版一〇六　第5文化层出土石片（1）

1. 2005 Ⅰ⑤：130　　2. 2005 Ⅰ⑤：125　　3. 2005 Ⅰ⑤：123　　4. 2005 Ⅰ⑤：137　　5. 2005 Ⅰ⑤：110　　6. 2005 Ⅰ⑤：168
7. 2005 Ⅰ⑤：166　　8. 2005 Ⅰ⑤：115　　9. 2005 Ⅰ⑤：143

图版一○七　第5文化层出土石片（2）

1. 2005 I ⑤：534　　2. 2005 I ⑤：539　　3. 2005 I ⑤：533　　4. 2005 I ⑤：104　　5. 2005 I ⑤：101　　6. 2005 I ⑤：80
7. 2005 I ⑤：89

图版一○八　第5文化层出土石片（3）

1. 2005 I ⑤：330　　2. 2005 I ⑤：61　　3. 2005 I ⑤：207　　4. 2005 I ⑤：328　　5. 2005 I ⑤：63　　6. 2005 I ⑤：318
7. 2005 I ⑤：313　　8. 2005 I ⑤：335　　9. 2005 I ⑤：327　　10. 2005 I ⑤：316　　11. 2005 I ⑤：221　　12. 2005 I ⑤：
211　　13. 2005 I ⑤：351　　14. 2005 I ⑤：30　　15. 2005 I ⑤：14　　16. 2005 I ⑤：54　　17. 2005 I ⑤：45

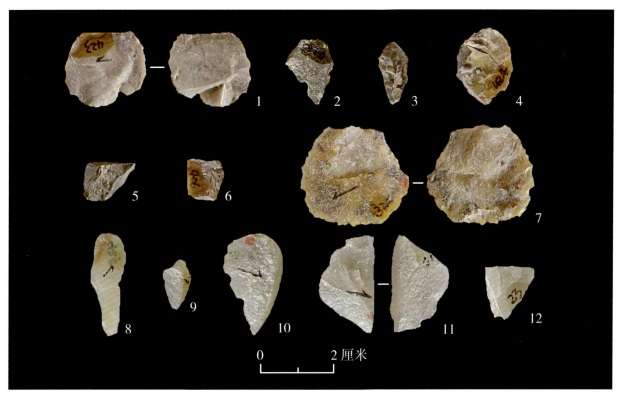

图版一〇九 第 5 文化层出土石片（4）

1. 2005 I⑤:423 2. 2005 I⑤:412 3. 2005 I⑤:433 4. 2005 I⑤:424 5. 2005 I⑤:410 6. 2005 I⑤:406
7. 2005 I⑤:32 8. 2005 I⑤:425 9. 2005 I⑤:1 10. 2005 I⑤:17 11. 2005 I⑤:13 12. 2005 I⑤:23

图版一一〇 第 5 文化层出土石片（5）

1. 2005 I⑤:57 2. 2005 I⑤:50 3. 2005 I⑤:286 4. 2005 I⑤:16 5. 2005 I⑤:3 6. 2005 I⑤:53
7. 2005 I⑤:33 8. 2005 I⑤:276 9. 2005 I⑤:311 10. 2005 I⑤:273 11. 2005 I⑤:298 12. 2005
I⑤:47

图版一一一　第5文化层出土石片（6）

1. 2005 Ⅰ⑤：287　　2. 2005 Ⅰ⑤：240　　3. 2005 Ⅰ⑤：280　　4. 2005 Ⅰ⑤：284　　5. 2005 Ⅰ⑤：310　　6. 2005 Ⅰ⑤：353
7. 2005 Ⅰ⑤：375　　8. 2005 Ⅰ⑤：394　　9. 2005 Ⅰ⑤：363　　10. 2005 Ⅰ⑤：531　　11. 2005 Ⅰ⑤：527　　12. 2005 Ⅰ⑤：494

图版一一二　第5文化层出土石片（7）

1. 2005 Ⅰ⑤：389　　2. 2005 Ⅰ⑤：387

图版——三　第5文化层出土石片（8）

1. 2005 Ⅰ⑤∶507　　2. 2005 Ⅰ⑤∶500　　3. 2005 Ⅰ⑤∶511　　4. 2005 Ⅰ⑤∶447　　5. 2005 Ⅰ⑤∶528　　6. 2005 Ⅰ⑤∶501

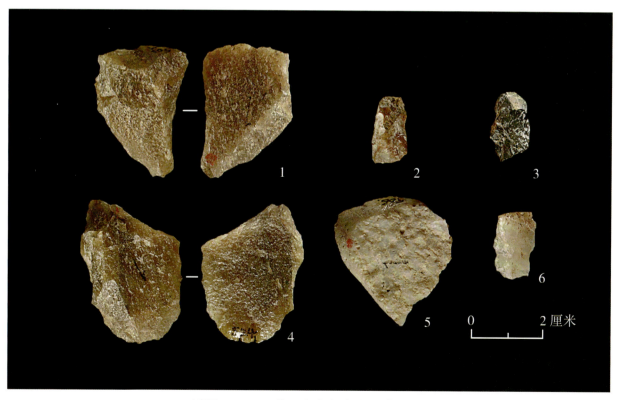

图版——四　第5文化层出土石片（9）

1. 2005 Ⅰ⑤∶503　　2. 2005 Ⅰ⑤∶488　　3. 2005 Ⅰ⑤∶484　　4. 2005 Ⅰ⑤∶524　　5. 2005 Ⅰ⑤∶506　　6. 2005 Ⅰ⑤∶453

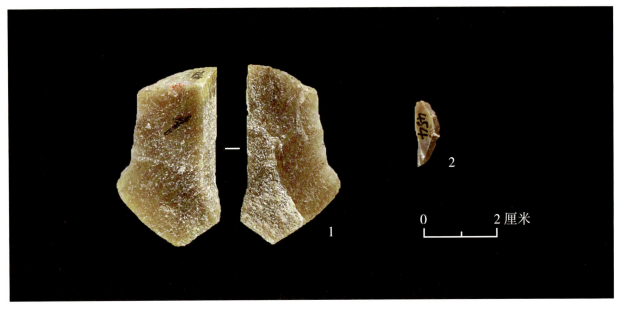

图版一一五　第5文化层出土石片（10）

1. 2005 I ⑤：472　　2. 2005 I ⑤：454

图版一一六　第5文化层出土石片（11）

1. 2005 I ⑤：217　　2. 2005 I ⑤：171　　3. 2005 I ⑤：229　　4. 2005 I ⑤：228　　5. 2005 I ⑤：216　　6. 2005 I ⑤：397

图版一一七　第5文化层出土石片（12）

1. 2005 Ⅰ⑤：367　　2. 2005 Ⅰ⑤：379　　3. 2005 Ⅰ⑤：364　　4. 2005 Ⅰ⑤：365　　5. 2005 Ⅰ⑤：358　　6. 2005 Ⅰ⑤：359
7. 2005 Ⅰ⑤：392　　8. 2005 Ⅰ⑤：422　　9. 2005 Ⅰ⑤：428　　10. 2005 Ⅰ⑤：416　　11. 2005 Ⅰ⑤：435　　12. 2005 Ⅰ⑤：86

图版一一八　第5文化层出土石片（13）

1. 2005 Ⅰ⑤：414　　2. 2005 Ⅰ⑤：432　　3. 2005 Ⅰ⑤：443　　4. 2005 Ⅰ⑤：415　　5. 2005 Ⅰ⑤：418　　6. 2005 Ⅰ⑤：405

图版一一九　第5文化层出土石片（14）

1. 2005 Ⅰ⑤：241　　2. 2005 Ⅰ⑤：308　　3. 2005 Ⅰ⑤：352　　4. 2005 Ⅰ⑤：333　　5. 2005 Ⅰ⑤：332　　6. 2005 Ⅰ⑤：251
7. 2005 Ⅰ⑤：72　　8. 2005 Ⅰ⑤：62　　9. 2005 Ⅰ⑤：87　　10. 2005 Ⅰ⑤：91

图版一二〇　第5文化层出土石片（15）

1. 2005 Ⅰ⑤：344　　2. 2005 Ⅰ⑤：346　　3. 2005 Ⅰ⑤：322　　4. 2006 Ⅰ⑤：2961　　5. 2006 Ⅰ⑤：1394　　6. 2006 Ⅰ⑤：1530
7. 2006 Ⅰ⑤：3275

图版一二一　第 5 文化层出土石片（16）

1. 2005 I ⑤ : 178　　2. 2006 I ⑤ : 2931　　3. 2006 I ⑤ : 1491　　4. 2006 I ⑤ : 2872　　5. 2006 I ⑤ : 2866

图版一二二　第 5 文化层出土石片（17）

1. 2006 I ⑤ : 1535　　2. 2006 I ⑤ : 841　　3. 2006 I ⑤ : 530　　4. 2006 I ⑤ : 5635　　5. 2006 I ⑤ : 610　　6. 2006 I ⑤ : 698
7. 2006 I ⑤ : 5016　　8. 2006 I ⑤ : 5592

图版一二三　第5文化层出土石片（18）

1. 2006　I ⑤：5367　　2. 2006　I ⑤：5147　　3. 2006　I ⑤：4926　　4. 2006　I ⑤：2117　　5. 2006　I ⑤：4819　　6. 2006　I ⑤：4857
7. 2006　I ⑤：2069　　8. 2006　I ⑤：2147　　9. 2006　I ⑤：2599

图版一二四　第5文化层出土石片（19）

1. 2006　I ⑤：2683　　2. 2006　I ⑤：1557　　3. 2006　I ⑤：2650　　4. 2006　I ⑤：2301　　5. 2006　I ⑤：1760　　6. 2006　I ⑤：2427

图版一二五　第 5 文化层出土石片（20）

1. 2006 Ⅰ⑤：1820　　2. 2006 Ⅰ⑤：1342　　3. 2006 Ⅰ⑤：4997　　4. 2006 Ⅰ⑤：1818　　5. 2006 Ⅰ⑤：1524　　6. 2006 Ⅰ⑤：5631
7. 2006 Ⅰ⑤：4912

图版一二六　第 5 文化层出土石片（21）

1. 2006 Ⅰ⑤：4854　　2. 2006 Ⅰ⑤：4617　　3. 2006 Ⅰ⑤：4614　　4. 2006 Ⅰ⑤：4648　　5. 2006 Ⅰ⑤：4311　　6. 2006 Ⅰ⑤：4341

图版一二七　第5文化层出土石片（22）

1. 2006 Ⅰ⑤：4331　　2. 2006 Ⅰ⑤：4636　　3. 2006 Ⅰ⑤：4639　　4. 2006 Ⅰ⑤：3499　　5. 2006 Ⅰ⑤：4272
6. 2006 Ⅰ⑤：3415　　7. 2006 Ⅰ⑤：4670　　8. 2006 Ⅰ⑤：4807　　9. 2006 Ⅰ⑤：5450

图版一二八　第5文化层出土石片（23）

1. 2008 Ⅰ⑤：5162　　2. 2008 Ⅰ⑤：75　　3. 2008 Ⅰ⑤：139　　4. 2008 Ⅰ⑤：5609　　5. 2008 Ⅰ⑤：5588
6. 2008 Ⅰ⑤：221　　7. 2008 Ⅰ⑤：1072　　8. 2008 Ⅰ⑤：83

图版一二九　第 5 文化层出土石片（24）

1. 2008 Ⅰ⑤：1051　　2. 2008 Ⅰ⑤：1128　　3. 2008 Ⅰ⑤：2104　　4. 2008 Ⅰ⑤：1095　　5. 2008 Ⅰ⑤：981　　6. 2008 Ⅰ⑤：2219
7. 2008 Ⅰ⑤：1149　　8. 2008 Ⅰ⑤：950　　9. 2008 Ⅰ⑤：2288　　10. 2008 Ⅰ⑤：1053　　11. 2008 Ⅰ⑤：2277　　12. 2008 Ⅰ⑤：
2360　　13. 2008 Ⅰ⑤：2282

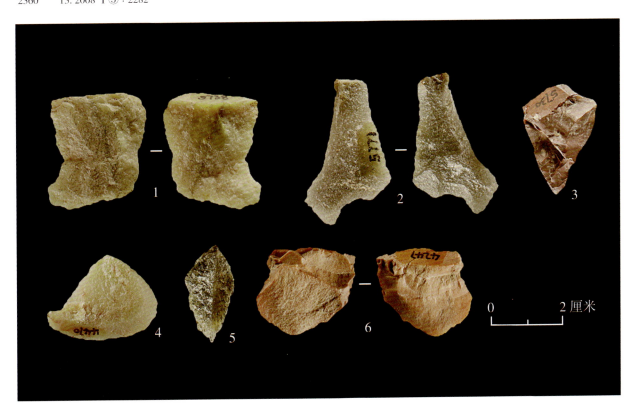

图版一三〇　第 5 文化层出土石片（25）

1. 2008 Ⅰ⑤：5738　　2. 2008 Ⅰ⑤：5771　　3. 2008 Ⅰ⑤：5730　　4. 2008 Ⅰ⑤：4470　　5. 2008 Ⅰ⑤：5689　　6. 2008 Ⅰ⑤：4247

图版一三一　第5文化层出土石片（26）

1. 2008 Ⅰ⑤：56　　2. 2008 Ⅰ⑤：4076　　3. 2008 Ⅰ⑤：1913　　4. 2008 Ⅰ⑤：861　　5. 2008 Ⅰ⑤：120

图版一三二　第5文化层出土石片（27）

1. 2008 Ⅰ⑤：3856　　2. 2008 Ⅰ⑤：4948　　3. 2008 Ⅰ⑤：5027　　4. 2008 Ⅰ⑤：2081　　5. 2008 Ⅰ⑤：2089　　6. 2008 Ⅰ⑤：1631
7. 2008 Ⅰ⑤：5091　　8. 2008 Ⅰ⑤：2090

图版一三三　第 5 文化层出土石片（28）

1. 2008 Ⅰ⑤：5017　2. 2008 Ⅰ⑤：5080　3. 2008 Ⅰ⑤：5013　4. 2008 Ⅰ⑤：5583　5. 2008 Ⅰ⑤：5560　6. 2008 Ⅰ⑤：5563　7. 2008 Ⅰ⑤：5496　8. 2008 Ⅰ⑤：2988　9. 2008 Ⅰ⑤：2785　10. 2008 Ⅰ⑤：4102

图版一三四　第 5 文化层出土石片（29）

1. 2008 Ⅰ⑤：2894　2. 2008 Ⅰ⑤：4070　3. 2008 Ⅰ⑤：3016　4. 2008 Ⅰ⑤：4086　5. 2008 Ⅰ⑤：4697　6. 2008 Ⅰ⑤：4610　7. 2008 Ⅰ⑤：4666　8. 2008 Ⅰ⑤：4891　9. 2008 Ⅰ⑤：4828　10. 2008 Ⅰ⑤：4751　11. 2008 Ⅰ⑤：4684　12. 2008 Ⅰ⑤：4709

图版一三五　第5文化层出土石片（30）

1. 2008 Ⅰ⑤：520　　2. 2008 Ⅰ⑤：607　　3. 2008 Ⅰ⑤：708　　4. 2008 Ⅰ⑤：2463　　5. 2008 Ⅰ⑤：3602　　6. 2008 Ⅰ⑤：3495
7. 2008 Ⅰ⑤：4903　　8. 2008 Ⅰ⑤：4864　　9. 2008 Ⅰ⑤：2462

图版一三六　第5文化层出土石片（31）

1. 2008 Ⅰ⑤：4747　　2. 2008 Ⅰ⑤：4741　　3. 2008 Ⅰ⑤：4675　　4. 2008 Ⅰ⑤：4702　　5. 2008 Ⅰ⑤：1797　　6. 2008 Ⅰ⑤：4597

图版一三七　第 5 文化层出土石片（32）

1. 2008 Ⅰ⑤：1459　　2. 2008 Ⅰ⑤：1454　　3. 2008 Ⅰ⑤：1575　　4. 2008 Ⅰ⑤：1979　5. 2008 Ⅰ⑤：3457　　6. 2008 Ⅰ⑤：3304

图版一三八　第 5 文化层出土石片（33）

1. 2008 Ⅰ⑤：3113　　2. 2008 Ⅰ⑤：3363　　3. 2008 Ⅰ⑤：3111　　4. 2008 Ⅰ⑤：3372　　5. 2008 Ⅰ⑤：3307　　6. 2008 Ⅰ⑤：3258
7. 2008 Ⅰ⑤：3312

图版一三九　第5文化层出土石片（34）

1. 2008 Ⅰ⑤：3562　　2. 2008 Ⅰ⑤：5438　　3. 2008 Ⅰ⑤：5352　　4. 2008 Ⅰ⑤：3669　　5. 2008 Ⅰ⑤：5311　　6. 2008 Ⅰ⑤：5371
7. 2008 Ⅰ⑤：1378　　8. 2008 Ⅰ⑤：5286　　9. 2008 Ⅰ⑤：1405　　10. 2008 Ⅰ⑤：1437

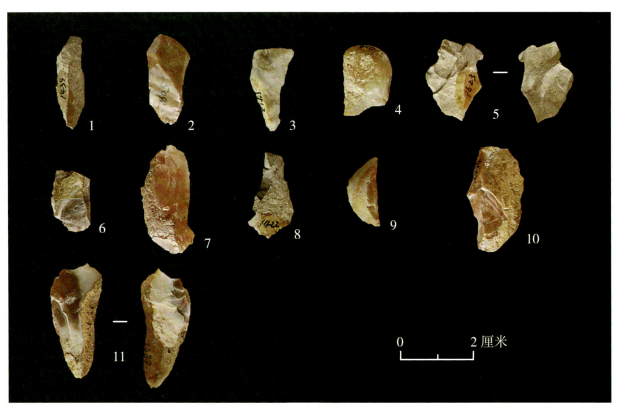

图版一四〇　第5文化层出土石片（35）

1. 2008 Ⅰ⑤：1439　　2. 2008 Ⅰ⑤：1605　　3. 2008 Ⅰ⑤：1412　　4. 2008 Ⅰ⑤：1409　　5. 2008 Ⅰ⑤：1623　　6. 2008 Ⅰ⑤：1595
7. 2008 Ⅰ⑤：1495　　8. 2008 Ⅰ⑤：1422　　9. 2008 Ⅰ⑤：1428　　10. 2008 Ⅰ⑤：1474　　11. 2008 Ⅰ⑤：1387

图版一四一　第5文化层出土石片（36）

1. 2008 I ⑤：713　　2. 2008 I ⑤：679　　3. 2005 I ⑤：493　　4. 2008 I ⑤：489　　5. 2008 I ⑤：1327　　6. 2008 I ⑤：891

图版一四二　第5文化层出土石片（37）

1. 2008 I ⑤：820　　2. 2008 I ⑤：2094　　3. 2008 I ⑤：2402　　4. 2008 I ⑤：2412　　5. 2008 I ⑤：5027　　6. 2008 I ⑤：5140
7. 2008 I ⑤：5113　　8. 2008 I ⑤：5053　　9. 2008 I ⑤：5001

图版一四三　第 5 文化层出土石片（38）

1. 2008 Ⅰ⑤：5387　　2. 2008 Ⅰ⑤：5445　　3. 2008 Ⅰ⑤：5284　　4. 2008 Ⅰ⑤：4462　　5. 2008 Ⅰ⑤：4439　　6. 2008 Ⅰ⑤：4482
7. 2008 Ⅰ⑤：4244　　8. 2008 Ⅰ⑤：4268　　9. 2008 Ⅰ⑤：4473　　10. 2008 Ⅰ⑤：4263　　11. 2008 Ⅰ⑤：4303　　12. 2008 Ⅰ⑤：4369

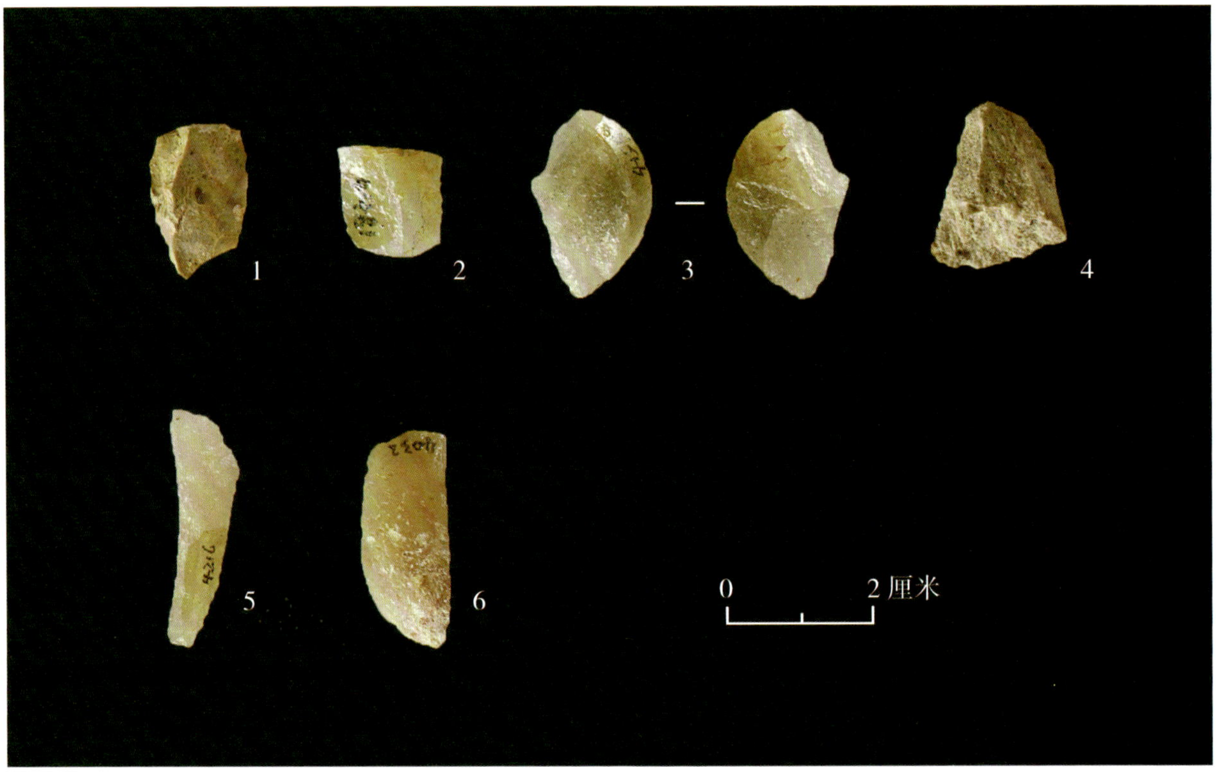

图版一四四　第 5 文化层出土石片（39）

1. 2008 Ⅰ⑤：4108　　2. 2008 Ⅰ⑤：4481　　3. 2008 Ⅰ⑤：4155　　4. 2008 Ⅰ⑤：4067　　5. 2008 Ⅰ⑤：4216　　6. 2008 Ⅰ⑤：4032

图版一四五　第5文化层出土石片（40）

1. 2005 Ⅰ⑤：282　　2. 2005 Ⅰ⑤：242　　3. 2005 Ⅰ⑤：342　　4. 2005 Ⅰ⑤：348　5. 2005 Ⅰ⑤：485　　6. 2005 Ⅰ⑤：420
7. 2005 Ⅰ⑤：474　　8. 2005 Ⅰ⑤：349

图版一四六　第5文化层出土石片（41）

1. 2005 Ⅰ⑤：254　　2. 2006 Ⅰ⑤：4835　　3. 2006 Ⅰ⑤：4873　　4. 2006 Ⅰ⑤：5138　　5. 2006 Ⅰ⑤：5054　　6. 2006 Ⅰ⑤：5638
7. 2006 Ⅰ⑤：2779　　8. 2006 Ⅰ⑤：3704　　9. 2006 Ⅰ⑤：3619

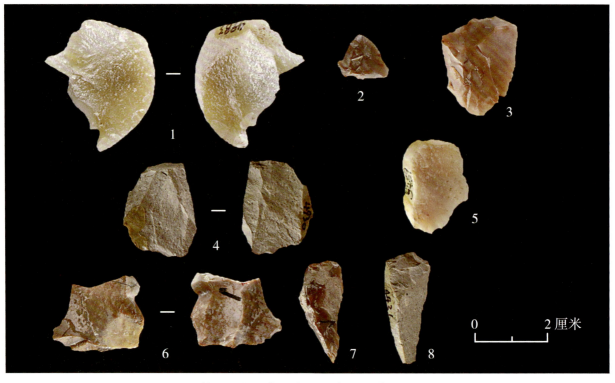

图版一四七　第5文化层出土石片（42）

1. 2008 I ⑤：4083　　2. 2006 I ⑤：1411　　3. 2008 I ⑤：5843　　4. 2008 I ⑤：4930　　5. 2008 I ⑤：5054　　6. 2008 I ⑤：3751
7. 2006 I ⑤：1724　　8. 2008 I ⑤：4431

图版一四八　第5文化层出土石片（43）

1. 2008 I ⑤：2794　　2. 2008 I ⑤：2932　　3. 2008 I ⑤：2852　　4. 2008 I ⑤：2959　　5. 2008 I ⑤：2171　　6. 2008 I ⑤：3966
7. 2008 I ⑤：2453　　8. 2008 I ⑤：3656　　9. 2008 I ⑤：996　　10. 2008 I ⑤：3743

图版一四九　第 5 文化层出土石片（44）

1. 2008 Ⅰ⑤：1457　　2. 2008 Ⅰ⑤：3108　　3. 2006 Ⅰ⑤：3339　　4. 2008 Ⅰ⑤：357　　5. 2008 Ⅰ⑤：4059　　6. 2008 Ⅰ⑤：3094
7. 2008 Ⅰ⑤：3252　　8. 2008 Ⅰ⑤：2092

图版一五〇　第 5 文化层出土石片（45）

1. 2008 Ⅰ⑤：4406　　2. 2008 Ⅰ⑤：2197　　3. 2008 Ⅰ⑤：4500　　4. 2008 Ⅰ⑤：2241　　5. 2008 Ⅰ⑤：4280　　6. 2008 Ⅰ⑤：5759

图版一五一　第 5 文化层出土石片（46）

1. 2006 Ⅰ⑤：1540　　2. 2006 Ⅰ⑤：2865　　3. 2006 Ⅰ⑤：1795　　4. 2008 Ⅰ⑤：4789　　5. 2006 Ⅰ⑤：1560　　6. 2006 Ⅰ⑤：2932
7. 2006 Ⅰ⑤：3473　　8. 2006 Ⅰ⑤：3654　　9. 2006 Ⅰ⑤：3171　　10. 2006 Ⅰ⑤：1904　　11. 2006 Ⅰ⑤：4305　　12. 2006 Ⅰ⑤：
177　13. 2008 Ⅰ⑤：5256

图版一五二　第 5 文化层出土石片（47）

1. 2008 Ⅰ⑤：2960　　2. 2008 Ⅰ⑤：5657　　3. 2008 Ⅰ⑤：1024　　4. 2008 Ⅰ⑤：154　　5. 2008 Ⅰ⑤：1252

图版一五三　第 5 文化层出土石核（1）

1. 2006 Ⅰ⑤：5618　　2. 2006 Ⅰ⑤：5011

图版一五四　第 5 文化层出土石核（2）

1. 2006 Ⅰ⑤：4337　　2. 2006 Ⅰ⑤：4277　　3. 2006 Ⅰ⑤：130　　4. 2006 Ⅰ⑤：42　　5. 2006 Ⅰ⑤：6722

图版一五五　第5文化层出土石核（3）

1. 2006 Ⅰ⑤：2990　　2. 2006 Ⅰ⑤：299　　3. 2006 Ⅰ⑤：787　　4. 2005 Ⅰ⑤：40　　5. 2006 Ⅰ⑤：429

图版一五六　第5文化层出土石核（4）

1. 2008 Ⅰ⑤：1806　　2. 2008 Ⅰ⑤：894　　3. 2008 Ⅰ⑤：702

图版一五七　第5文化层出土石核（5）
1. 2008 Ⅰ⑤：1518　　2. 2008 Ⅰ⑤：1708

图版一五八　第5文化层出土石核（6）
1. 2008 Ⅰ⑤：3970　　2. 2008 Ⅰ⑤：3854　　3. 2008 Ⅰ⑤：5199

图版一五九　第5文化层出土石核（7）
1. 2008 Ⅰ⑤：5449　　2. 2008 Ⅰ⑤：5436

图版一六〇　第 5 文化层出土石核（8）（2008 Ⅰ⑤：4660）

图版一六一　第 5 文化层出土石核（9）

1. 2008 Ⅰ⑤：4588　　2. 2008 Ⅰ⑤：1079

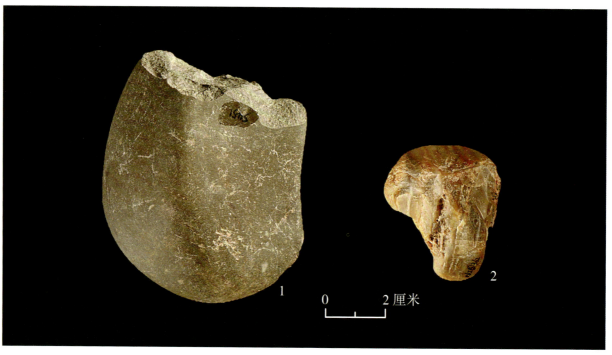

图版一六二　第 5 文化层出土石核（10）

1. 2008 Ⅰ⑤：5451　　2. 2008 Ⅰ⑤：362

图版一六三　第 5 文化层出土石核（11）

1. 2006 Ⅰ⑤：2551　　2. 2006 Ⅰ⑤：462　　3. 2006 Ⅰ⑤：2798　　4. 2008 Ⅰ⑤：5630　　5. 2006 Ⅰ⑤：1584　　6. 2006 Ⅰ⑤：4842
7. 2006 Ⅰ⑤：4943

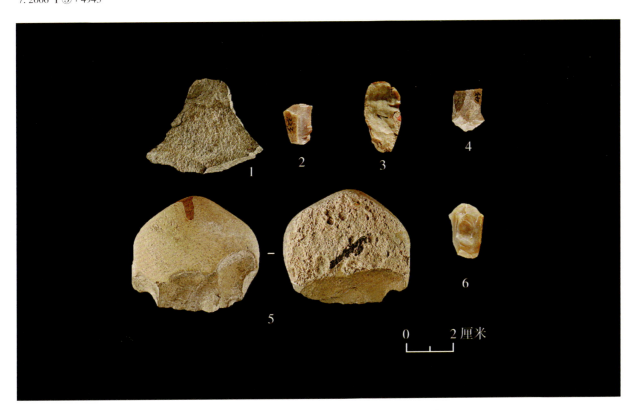

图版一六四　第 5 文化层出土刮削器（1）

1. 2005 Ⅰ⑤：126　　2. 2005 Ⅰ⑤：323　　3. 2005 Ⅰ⑤：227　　4. 2005 Ⅰ⑤：43　　5. 2008 Ⅰ⑤：3067　　6. 2008 Ⅰ⑤：5472

图版一六五　第 5 文化层出土刮削器（2）

1. 2008 Ⅰ⑤：1803　　2. 2008 Ⅰ⑤：3556　　3. 2008 Ⅰ⑤：3442　　4. 2008 Ⅰ⑤：5287　　5. 2008 Ⅰ⑤：1314
6. 2008 Ⅰ⑤：620　　7. 2008 Ⅰ⑤：597

图版一六六　第 5 文化层出土刮削器（3）

1. 2008 Ⅰ⑤：254　　2. 2008 Ⅰ⑤：1976　　3. 2008 Ⅰ⑤：5620　　4. 2008 Ⅰ⑤：4095　　5. 2008 Ⅰ⑤：4492

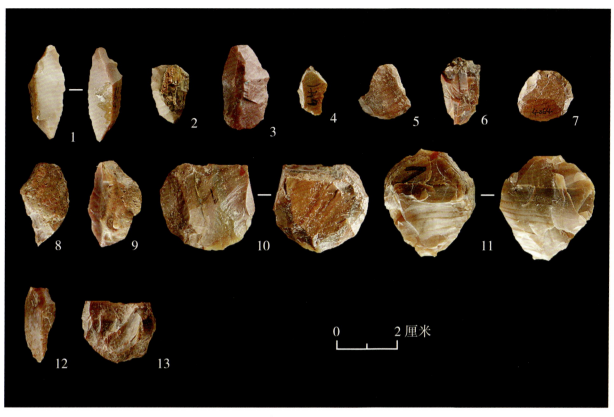

图版一六七　第5文化层出土刮削器（4）

1. 2006 I ⑤：265　　2. 2006 I ⑤：479　　3. 2006 I ⑤：5126　　4. 2008 I ⑤：641　　5. 2006 I ⑤：1188　　6. 2006 I ⑤：3207
7. 2008 I ⑤：4064　　8. 2006 I ⑤：423　　9. 2006 I ⑤：3409　　10. 2006 I ⑤：1813　　11. 2006 I ⑤：5296　　12. 2006 I ⑤：
1617　　13. 2006 I ⑤：1679

图版一六八　第5文化层出土端刮器（1）

1. 2006 I ⑤：1952　　2. 2008 I ⑤：2447　　3. 2008 I ⑤：2741　　4. 2005 I ⑤：482　　5. 2005 I ⑤：427　　6. 2005 I ⑤：391
7. 2006 I ⑤：904　　8. 2005 I ⑤：421　　9. 2008 I ⑤：2719　　10. 2008 I ⑤：2732　　11. 2005 I ⑤：407

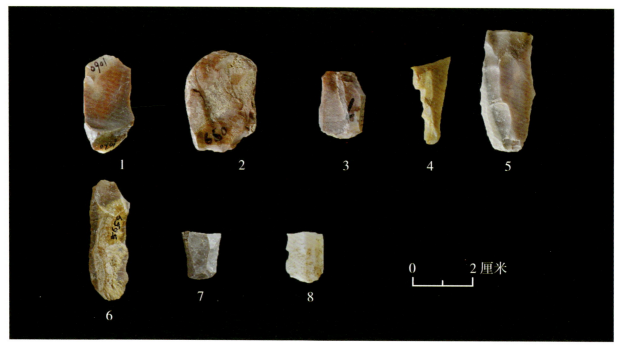

图版一六九　第5文化层出土端刮器（2）

1. 2008 Ⅰ⑤：1060　　2. 2008 Ⅰ⑤：660　　3. 2008 Ⅰ⑤：142　　4. 2008 Ⅰ⑤：3316　　5. 2008 Ⅰ⑤：4075　　6. 2008 Ⅰ⑤：5659
7. 2008 Ⅰ⑤：4046　　8. 2008 Ⅰ⑤：3317

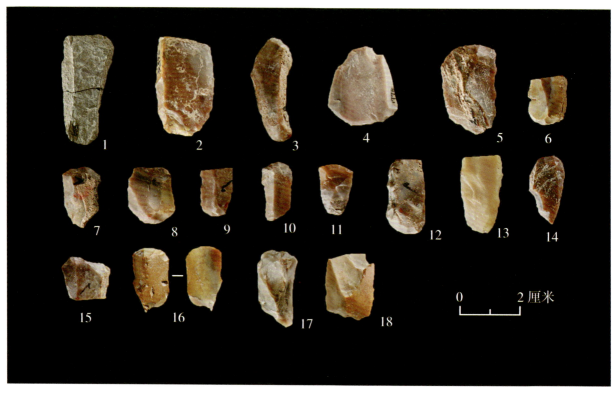

图版一七〇　第5文化层出土端刮器（3）

1. 2006 Ⅰ⑤：584　　2. 2008 Ⅰ⑤：5396　　3. 2006 Ⅰ⑤：2138　　4. 2006 Ⅰ⑤：1778　　5. 2006 Ⅰ⑤：1582　　6. 2006 Ⅰ⑤：2038
7. 2006 Ⅰ⑤：2066　　8. 2006 Ⅰ⑤：3685　　9. 2006 Ⅰ⑤：1847　　10. 2006 Ⅰ⑤：1868　　11. 2006 Ⅰ⑤：5568　　12. 2006 Ⅰ⑤：2502　　13. 2006 Ⅰ⑤：3457　　14. 2006 Ⅰ⑤：3649　　15. 2006 Ⅰ⑤：1304　　16. 2006 Ⅰ⑤：4643　　17. 2006 Ⅰ⑤：3459　　18. 2006 Ⅰ⑤：4674

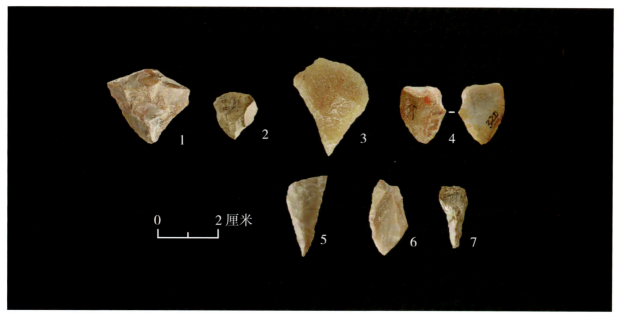

图版一七一　第 5 文化层出土尖状器（1）

1. 2005 Ⅰ⑤：303　　2. 2005 Ⅰ⑤：368　　3. 2005 Ⅰ⑤：305　　4. 2005 Ⅰ⑤：320　　5. 2008 Ⅰ⑤：4425　　6. 2005 Ⅰ⑤：357
7. 2005 Ⅰ⑤：529

图版一七二　第 5 文化层出土尖状器（2）

1. 2005 Ⅰ⑤：29　　2. 2005 Ⅰ⑤：77　　3. 2005 Ⅰ⑤：5　　4. 2005 Ⅰ⑤：10　　5. 2005 Ⅰ⑤：232　　6. 2006 Ⅰ⑤：3587
7. 2006 Ⅰ⑤：2150　　8. 2006 Ⅰ⑤：1606

图版一七三　第 5 文化层出土尖状器（3）

1. 2008 Ⅰ⑤：3600　　2. 2008 Ⅰ⑤：4565　　3. 2008 Ⅰ⑤：4093　　4. 2006 Ⅰ⑤：1478　　5. 2008 Ⅰ⑤：5116　　6. 2008 Ⅰ⑤：5348

图版一七四　第 5 文化层出土尖状器（4）

1. 2008 Ⅰ⑤：4680　　2. 2008 Ⅰ⑤：1682　　3. 2008 Ⅰ⑤：4803　　4. 2008 Ⅰ⑤：1527　　5. 2008 Ⅰ⑤：1511　　6. 2008 Ⅰ⑤：1425
7. 2008 Ⅰ⑤：1618

图版一七五　第 5 文化层出土尖状器（5）

1. 2008 Ⅰ⑤：911　　2. 2008 Ⅰ⑤：2800　　3. 2005 Ⅰ⑤：312　　4. 2008 Ⅰ⑤：1969　　5. 2008 Ⅰ⑤：2420

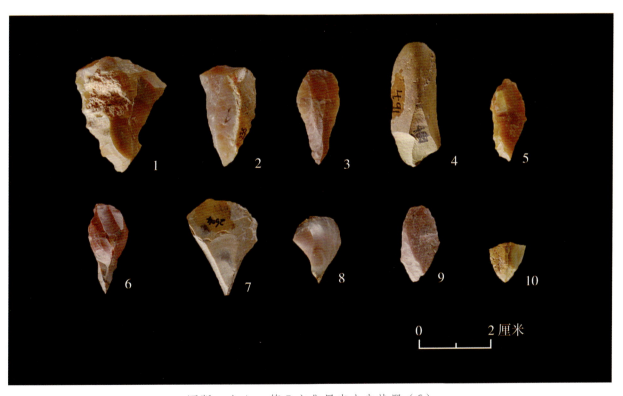

图版一七六　第 5 文化层出土尖状器（6）

1. 2006 Ⅰ⑤：5417　　2. 2005 Ⅰ⑤：235　　3. 2008 Ⅰ⑤：4942　　4. 2006 Ⅰ⑤：491　　5. 2006 Ⅰ⑤：749　　6. 2008 Ⅰ⑤：4765
7. 2008 Ⅰ⑤：2604　　8. 2006 Ⅰ⑤：140　　9. 2006 Ⅰ⑤：2656　　10. 2006 Ⅰ⑤：1200

图版一七七 第 5 文化层出土雕刻器（1）

1. 2005 Ⅰ⑤：164　　2. 2005 Ⅰ⑤：384　　3. 2005 Ⅰ⑤：378　　4. 2005 Ⅰ⑤：122　　5. 2005 Ⅰ⑤：314　　6. 2005 Ⅰ⑤：64
7. 2005 Ⅰ⑤：121　　8. 2005 Ⅰ⑤：538

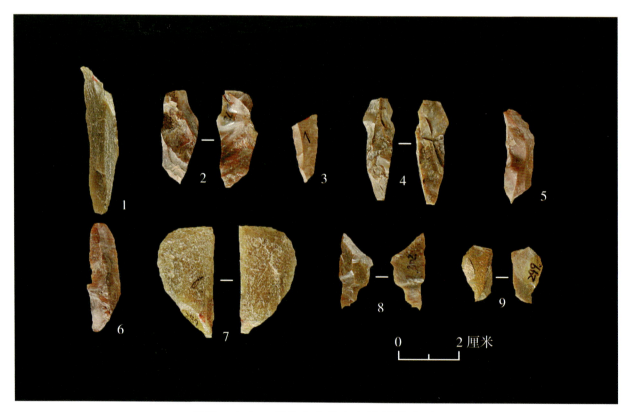

图版一七八 第 5 文化层出土雕刻器（2）

1. 2005 Ⅰ⑤：261　　2. 2005 Ⅰ⑤：372　　3. 2005 Ⅰ⑤：354　　4. 2005 Ⅰ⑤：385　　5. 2005 Ⅰ⑤：331　　6. 2005 Ⅰ⑤：274
7. 2005 Ⅰ⑤：289　　8. 2005 Ⅰ⑤：302　　9. 2005 Ⅰ⑤：299

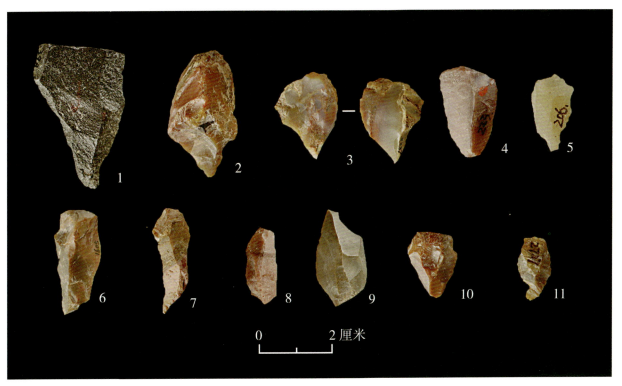

图版一七九 第5文化层出土雕刻器（3）

1. 2006 Ⅰ⑤：398　　2. 2006 Ⅰ⑤：2091　　3. 2006 Ⅰ⑤：3337　　4. 2005 Ⅰ⑤：223　　5. 2005 Ⅰ⑤：206　　6. 2006 Ⅰ⑤：1605
7. 2005 Ⅰ⑤：210　　8. 2006 Ⅰ⑤：2697　　9. 2008 Ⅰ⑤：5036　　10. 2008 Ⅰ⑤：4927　　11. 2008 Ⅰ⑤：2727

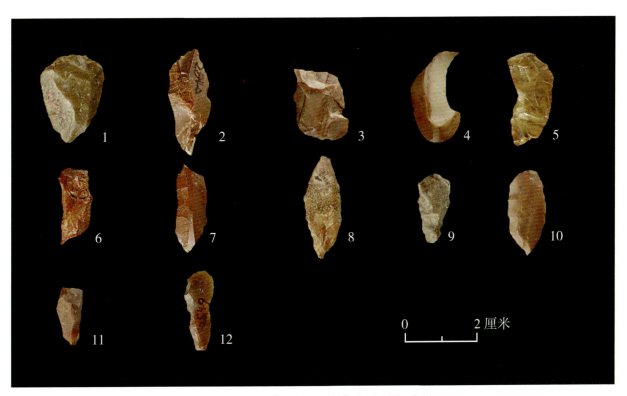

图版一八〇 第5文化层出土雕刻器（4）

1. 2008 Ⅰ⑤：2811　　2. 2008 Ⅰ⑤：2840　　3. 2008 Ⅰ⑤：2805　　4. 2008 Ⅰ⑤：3060　　5. 2005 Ⅰ⑤：4888　　6. 2008 Ⅰ⑤：4221
7. 2008 Ⅰ⑤：4085　　8. 2008 Ⅰ⑤：837　　9. 2008 Ⅰ⑤：4833　　10. 2008 Ⅰ⑤：850　　11. 2008 Ⅰ⑤：3990　　12. 2008 Ⅰ⑤：2549

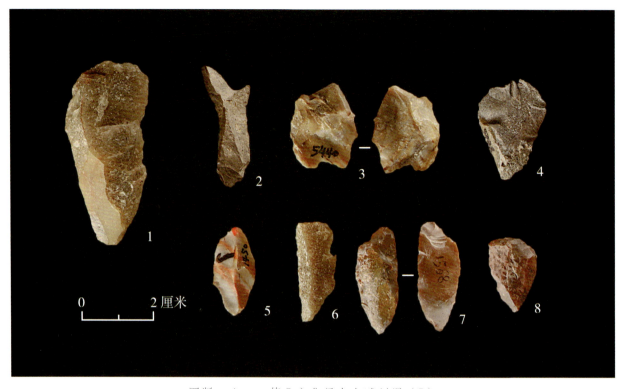

图版一八一　第5文化层出土雕刻器（5）

1. 2008 I ⑤：4696　　2. 2008 I ⑤：5237　　3. 2008 I ⑤：5440　　4. 2008 I ⑤：5448　　5. 2008 I ⑤：1450　　6. 2008 I ⑤：5272
7. 2008 I ⑤：1568　　8. 2008 I ⑤：729

图版一八二　第5文化层出土雕刻器（6）

1. 2008 I ⑤：2682　　2. 2008 I ⑤：401　　3. 2008 I ⑤：4797　　4. 2008 I ⑤：4485　　5. 2008 I ⑤：4373　　6. 2008 I ⑤：3203
7. 2008 I ⑤：2171　　8. 2008 I ⑤：813　　9. 2008 I ⑤：2030　　10. 2008 I ⑤：564

图版一八三　第5文化层出土雕刻器（7）

1. 2008 Ⅰ⑤：5621　　2. 2008 Ⅰ⑤：1078　　3. 2008 Ⅰ⑤：1308　　4. 2008 Ⅰ⑤：1346　　5. 2008 Ⅰ⑤：240　　6. 2008 Ⅰ⑤：5818
7. 2008 Ⅰ⑤：1819　　8. 2008 Ⅰ⑤：93　　9. 2008 Ⅰ⑤：1107　　10. 2008 Ⅰ⑤：1300

图版一八四　第5文化层出土雕刻器（8）

1. 2006 Ⅰ⑤：5699　　2. 2005 Ⅰ⑤：1922　　3. 2005 Ⅰ⑤：2998　　4. 2005 Ⅰ⑤：3681　　5. 2005 Ⅰ⑤：5437　　6. 2005 Ⅰ⑤：4610
7. 2005 Ⅰ⑤：5174　　8. 2005 Ⅰ⑤：5550　　9. 2006 Ⅰ⑤：5437　　10. 2005 Ⅰ⑤：5466　　11. 2005 Ⅰ⑤：1821　　12. 2006 Ⅰ⑤：1140

图版一八五　第 5 文化层出土雕刻器（9）

1. 2006 Ⅰ⑤：1173　　2. 2006 Ⅰ⑤：990　　3. 2006 Ⅰ⑤：1064

图版一八六　第 5 文化层出土石钻（1）

1. 2005 Ⅰ⑤：522　　2. 2005 Ⅰ⑤：360　　3. 2005 Ⅰ⑤：272　　4. 2005 Ⅰ⑤：245　　5. 2005 Ⅰ⑤：28　　6. 2005 Ⅰ⑤：58
7. 2005 Ⅰ⑤：144　　8. 2005 Ⅰ⑤：69

图版一八七　第 5 文化层出土石钻（2）

1. 2006 Ⅰ⑤：2060　　2. 2006 Ⅰ⑤：1608　　3. 2006 Ⅰ⑤：3472　　4. 2006 Ⅰ⑤：2045　　5. 2006 Ⅰ⑤：2179　　6. 2006 Ⅰ⑤：3675

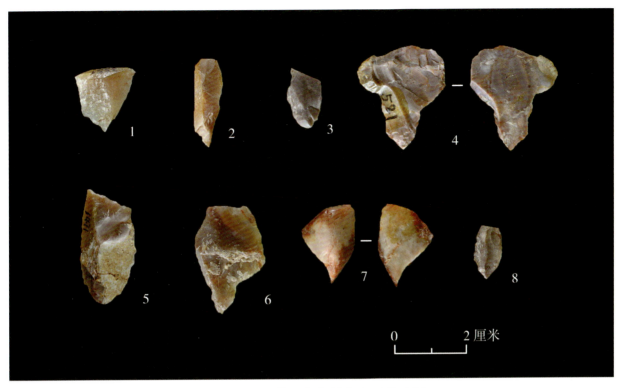

图版一八八 第5文化层出土石钻（3）

1. 2008 Ⅰ⑤: 3551　　2. 2008 Ⅰ⑤: 3325　　3. 2006 Ⅰ⑤: 2401　　4. 2005 Ⅰ⑤: 581　　5. 2008 Ⅰ⑤: 1471　　6. 2008 Ⅰ⑤: 709
7. 2008 Ⅰ⑤: 1258　　8. 2008 Ⅰ⑤: 1587

图版一八九 第5文化层出土石钻（4）

1. 2008 Ⅰ⑤: 2601　　2. 2008 Ⅰ⑤: 4589　　3. 2008 Ⅰ⑤: 4953　　4. 2008 Ⅰ⑤: 222

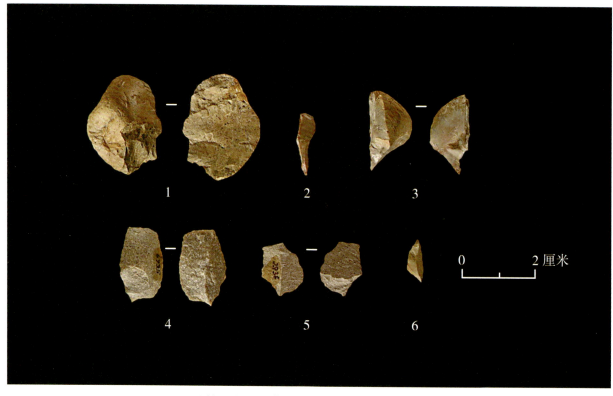

图版一九〇　第 5 文化层出土石钻（5）

1. 2008 Ⅰ⑤：3494　　2. 2008 Ⅰ⑤：2237　　3. 2008 Ⅰ⑤：1952　　4. 2008 Ⅰ⑤：5569　　5. 2008 Ⅰ⑤：2936　　6. 2008 Ⅰ⑤：1859

图版一九一　第 5 文化层出土细石核（1）

1. 2008 Ⅰ⑤：1057　　2. 2008 Ⅰ⑤：582　　3. 2008 Ⅰ⑤：2588　　4. 2008 Ⅰ⑤：857　　5. 2008 Ⅰ⑤：3284

图版一九二　第 5 文化层出土细石核（2）

1. 2008 Ⅰ⑤：1341　　2. 2008 Ⅰ⑤：5231　　3. 2008 Ⅰ⑤：1206　　4. 2008 Ⅰ⑤：826　　5. 2008 Ⅰ⑤：1695　　6. 2008 Ⅰ⑤：1517

图版一九三　第 5 文化层出土细石核（3）

1. 2008 Ⅰ⑤：5059　　2. 2008 Ⅰ⑤：1840　　3. 2008 Ⅰ⑤：4090

图版一九四　第5文化层出土细石核（4）

1. 2008 Ⅰ⑤：1546　　2. 2008 Ⅰ⑤：932　　3. 2008 Ⅰ⑤：1122　　4. 2008 Ⅰ⑤：1660　　5. 2008 Ⅰ⑤：1665　　6. 2008 Ⅰ⑤：1862

图版一九五　第5文化层出土细石核（5）

1. 2008 Ⅰ⑤：1659　　2. 2008 Ⅰ⑤：3007　　3. 2008 Ⅰ⑤：1767　　4. 2008 Ⅰ⑤：5589　　5. 2008 Ⅰ⑤：2996　　6. 2008 Ⅰ⑤：3035

图版一九六　第5文化层出土细石核（6）

1. 2008 I ⑤：2968　　2. 2008 I ⑤：5008　　3. 2008 I ⑤：4411　　4. 2008 I ⑤：325　　5. 2008 I ⑤：585　　6. 2008 I ⑤：2280

图版一九七　第5文化层出土细石核（7）

1. 2008 I ⑤：431　　2. 2008 I ⑤：5111

图版一九八　第 5 文化层出土细石核（8）

1. 2008 I ⑤：2452　　2. 2008 I ⑤：4403　　3. 2008 I ⑤：3682　　4. 2008 I ⑤：3997　　5. 2008 I ⑤：1972　　6. 2008 I ⑤：2163

图版一九九　第 5 文化层出土细石核（9）

1. 2008 I ⑤：994　　2. 2008 I ⑤：2235　　3. 2008 I ⑤：2346　　4. 2008 I ⑤：2281　　5. 2008 I ⑤：2065　　6. 2008 I ⑤：2287

图版二〇〇　第5文化层出土细石核（10）

1. 2005 Ⅰ⑤：105　　2. 2005 Ⅰ⑤：383　　3. 2005 Ⅰ⑤：541　　4. 2005 Ⅰ⑤：361　　5. 2005 Ⅰ⑤：388　　6. 2005 Ⅰ⑤：295
7. 2006 Ⅰ⑤：241　　8. 2006 Ⅰ⑤：440　　9. 2006 Ⅰ⑤：1113　　10. 2006 Ⅰ⑤：373　　11. 2005 Ⅰ⑤：329　　12. 2006 Ⅰ⑤：1326

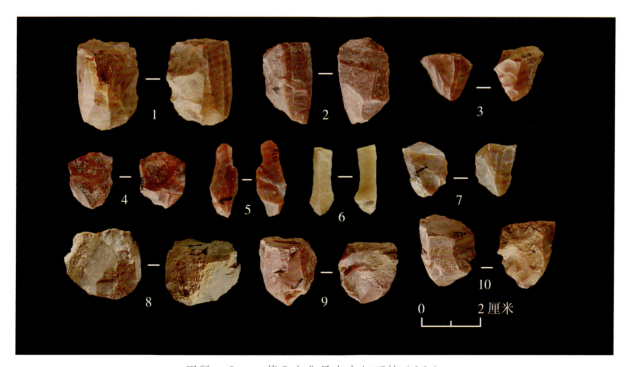

图版二〇一　第5文化层出土细石核（11）

1. 2006 Ⅰ⑤：2951　　2. 2006 Ⅰ⑤：4652　　3. 2006 Ⅰ⑤：1618　　4. 2006 Ⅰ⑤：3674　　5. 2006 Ⅰ⑤：1378　　6. 2006 Ⅰ⑤：4837
7. 2006 Ⅰ⑤：1879　　8. 2006 Ⅰ⑤：1948　　9. 2006 Ⅰ⑤：2230　　10. 2006 Ⅰ⑤：1770

图版二〇二　第5文化层出土细石核（12）

1. 2006 I⑤：4908　　2. 2006 I⑤：2888　　3. 2008 I⑤：5118　　4. 2008 I⑤：4720　　5. 2006 I⑤：2918　　6. 2006 I⑤：2868
7. 2006 I⑤：4273　　8. 2008 I⑤：4349　　9. 2008 I⑤：5439　　10. 2008 I⑤：5446

图版二〇三　第5文化层出土细石叶（1）

1. 2005 I⑤：413　　2. 2005 I⑤：326　　3. 2005 I⑤：343　　4. 2005 I⑤：350　　5. 2005 I⑤：270　　6. 2005 I⑤：265
7. 2005 I⑤：267　　8. 2005 I⑤：283　　9. 2005 I⑤：226　　10. 2005 I⑤：431　　11. 2005 I⑤：429　　12. 2005 I⑤：231
13. 2005 I⑤：334　　14. 2005 I⑤：493　　15. 2005 I⑤：513　　16. 2005 I⑤：480　　17. 2005 I⑤：505　　18. 2005 I⑤：483　　19. 2005 I⑤：478　　20. 2005 I⑤：490

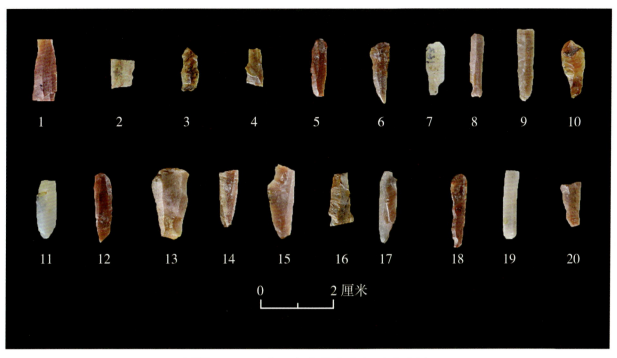

图版二〇四　第5文化层出土细石叶（2）

1. 2005 Ⅰ⑤：532　　2. 2005 Ⅰ⑤：477　　3. 2005 Ⅰ⑤：51　　4. 2005 Ⅰ⑤：109　　5. 2005 Ⅰ⑤：38　　6. 2005 Ⅰ⑤：145
7. 2005 Ⅰ⑤：163　　8. 2008 Ⅰ⑤：2175　　9. 2005 Ⅰ⑤：49　　10. 2005 Ⅰ⑤：112　　11. 2005 Ⅰ⑤：162　　12. 2005 Ⅰ⑤：
309　13. 2005 Ⅰ⑤：279　　14. 2005 Ⅰ⑤：381　　15. 2005 Ⅰ⑤：133　　16. 2005 Ⅰ⑤：509　　17. 2008 Ⅰ⑤：2158　　18.
2005 Ⅰ⑤：520　　19. 2008 Ⅰ⑤：2348　　20. 2005 Ⅰ⑤：355

图版二〇五　第5文化层出土细石叶（3）

1. 2008 Ⅰ⑤：3506　　2. 2008 Ⅰ⑤：3505　　3. 2008 Ⅰ⑤：3706　　4. 2008 Ⅰ⑤：2203　　5. 2008 Ⅰ⑤：3572　　6. 2008 Ⅰ⑤：2579
7. 2008 Ⅰ⑤：2352　　8. 2008 Ⅰ⑤：2683　　9. 2008 Ⅰ⑤：2572　　10. 2008 Ⅰ⑤：2295　　11. 2008 Ⅰ⑤：2673　　12. 2008 Ⅰ⑤：
626

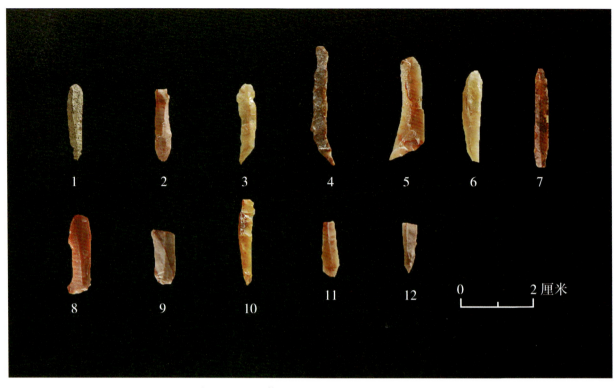

图版二〇六　第5文化层出土细石叶（4）

1. 2008 Ⅰ⑤：5060　　2. 2008 Ⅰ⑤：3023　　3. 2008 Ⅰ⑤：3247　　4. 2008 Ⅰ⑤：2925　　5. 2008 Ⅰ⑤：3362　　6. 2008 Ⅰ⑤：3276
7. 2008 Ⅰ⑤：2826　　8. 2008 Ⅰ⑤：3080　　9. 2008 Ⅰ⑤：636　　10. 2008 Ⅰ⑤：807　　11. 2008 Ⅰ⑤：624　　12. 2008 Ⅰ⑤：864

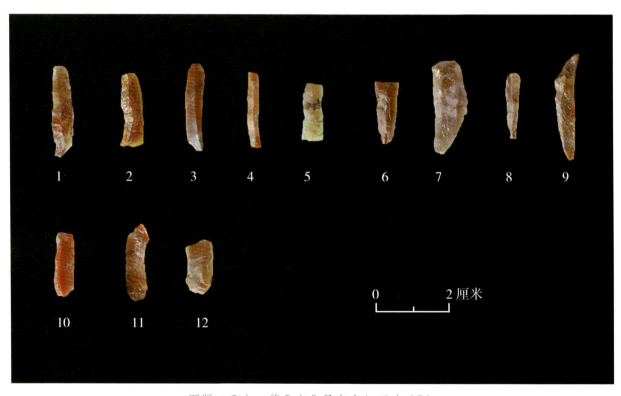

图版二〇七　第5文化层出土细石叶（5）

1. 2008 Ⅰ⑤：734　　2. 2008 Ⅰ⑤：576　　3. 2008 Ⅰ⑤：618　　4. 2008 Ⅰ⑤：496　　5. 2008 Ⅰ⑤：513　　6. 2008 Ⅰ⑤：4229
7. 2008 Ⅰ⑤：4124　　8. 2008 Ⅰ⑤：878　　9. 2008 Ⅰ⑤：283　　10. 2008 Ⅰ⑤：199　　11. 20058 Ⅰ⑤：155　　12. 2008 Ⅰ⑤：151

图版二〇八　第5文化层出土细石叶（6）

1. 2008 I ⑤：399　　2. 2008 I ⑤：5205　　3. 2008 I ⑤：112　　4. 2008 I ⑤：5090　　5. 2008 I ⑤：5363　　6. 2008 I ⑤：4961　7. 2008 I ⑤：4293　　8. 2008 I ⑤：5305　　9. 2008 I ⑤：299　　10. 2008 I ⑤：5024　　11. 2008 I ⑤：4440　　12. 2008 I ⑤：4643　　13. 2008 I ⑤：300　　14. 2008 I ⑤：5402　　15. 2008 I ⑤：107

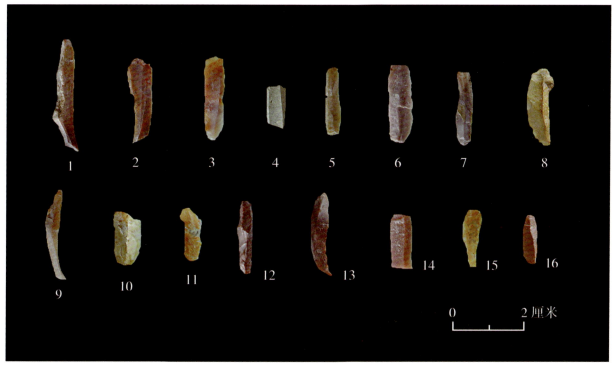

图版二〇九　第5文化层出土细石叶（7）

1. 2008 I ⑤：4822　　2. 2008 I ⑤：4679　　3. 2008 I ⑤：4616　　4. 2008 I ⑤：4840　　5. 2008 I ⑤：2351　　6. 2008 I ⑤：4809　7. 2008 I ⑤：3893　　8. 2008 I ⑤：2877　　9. 2008 I ⑤：3291　　10. 2008 I ⑤：3299　　11. 2008 I ⑤：3135　　12. 2008 I ⑤：3180　　13. 2008 I ⑤：3902　　14. 2008 I ⑤：3930　　15. 2008 I ⑤：2979　　16. 2008 I ⑤：4727

图版二一〇　第5文化层出土细石叶（8）

1. 2008 Ⅰ⑤：1712　　2. 2008 Ⅰ⑤：1833　　3. 2008 Ⅰ⑤：3981　　4. 2008 Ⅰ⑤：1773　　5. 2008 Ⅰ⑤：1786　　6. 2008 Ⅰ⑤：1526
7. 2008 Ⅰ⑤：1451　　8. 2008 Ⅰ⑤：1560　　9. 2008 Ⅰ⑤：1220　　10. 2008 Ⅰ⑤：1814　　11. 2008 Ⅰ⑤：1856　　12. 2008 Ⅰ⑤：
1112　　13. 2008 Ⅰ⑤：3025　　14. 2008 Ⅰ⑤：1479　　15. 2005 Ⅰ⑤：515　　16. 2008 Ⅰ⑤：1068　　17. 2008 Ⅰ⑤：2442　　18.
2008 Ⅰ⑤：3567

图版二一一　第5文化层出土细石叶（9）

1. 2005 Ⅰ⑤：68　　2. 2008 Ⅰ⑤：1810　　3. 2005 Ⅰ⑤：60　　4. 2008 Ⅰ⑤：67　　5. 2005 Ⅰ⑤：65　　6. 2005 Ⅰ⑤：81
7. 2008 Ⅰ⑤：1234　　8. 2005 Ⅰ⑤：97　　9. 2005 Ⅰ⑤：74　　10. 2005 Ⅰ⑤：83　　11. 2005 Ⅰ⑤：291　　12. 2008 Ⅰ⑤：
3162　　13. 2005 Ⅰ⑤：395　　14. 2005 Ⅰ⑤：238　　15. 2005 Ⅰ⑤：71　　16. 2005 Ⅰ⑤：512　　17. 2005 Ⅰ⑤：85　　18.
2005 Ⅰ⑤：73　　19. 2005 Ⅰ⑤：88　　20. 2005 Ⅰ⑤：66　　21. 2008 Ⅰ⑤：1588

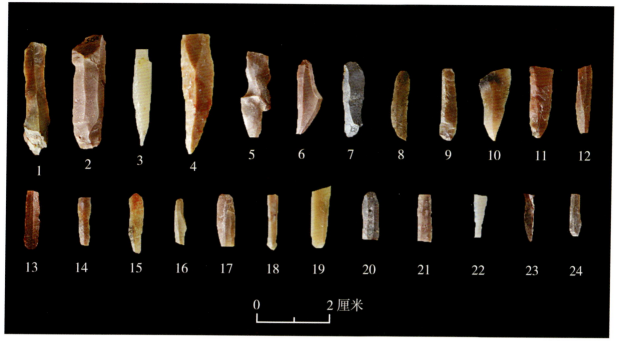

图版二一二　第5文化层出土细石叶（10）

1. 2006 Ⅰ⑤：2503　　2. 2006 Ⅰ⑤：2515　　3. 2006 Ⅰ⑤：2665　　4. 2006 Ⅰ⑤：4300　　5. 2006 Ⅰ⑤：2751　　6. 2006 Ⅰ⑤：2635
7. 2006 Ⅰ⑤：2746　　8. 2006 Ⅰ⑤：2666　　9. 2006 Ⅰ⑤：2710　　10. 2006 Ⅰ⑤：2583　　11. 2006 Ⅰ⑤：2768　　12. 2006 Ⅰ⑤：
2693　13. 2006 Ⅰ⑤：2586　　14. 2006 Ⅰ⑤：2702　　15. 2006 Ⅰ⑤：2602　　16. 2006 Ⅰ⑤：2800　　17. 2006 Ⅰ⑤：2641　18.
2006 Ⅰ⑤：2696　19. 2006 Ⅰ⑤：2761　　20. 2006 Ⅰ⑤：2736　　21. 2006 Ⅰ⑤：2809　　22. 2006 Ⅰ⑤：2723　　23. 2006 Ⅰ⑤：
2557　24. 2006 Ⅰ⑤：2442

图版二一三　第5文化层出土细石叶（11）

1. 2006 Ⅰ⑤：4326　　2. 2006 Ⅰ⑤：4340　　3. 2006 Ⅰ⑤：4333　　4. 2006 Ⅰ⑤：4571　　5. 2006 Ⅰ⑤：4618　　6. 2006 Ⅰ⑤：4583
7. 2006 Ⅰ⑤：4316　　8. 2006 Ⅰ⑤：4581　　9. 2006 Ⅰ⑤：4279　　10. 2006 Ⅰ⑤：4297　　11. 2006 Ⅰ⑤：4623　　12. 2006 Ⅰ⑤：
4627　13. 2006 Ⅰ⑤：2817　　14. 2006 Ⅰ⑤：4676　　15. 2006 Ⅰ⑤：4319　　16. 2006 Ⅰ⑤：2663　　17. 2006 Ⅰ⑤：4301　18.
2006 Ⅰ⑤：2725　19. 2006 Ⅰ⑤：2722

图版二一四　第5文化层出土石锤（1）

1. 2008 Ⅰ⑤：5314　　2. 2006 Ⅰ⑤：2361　　3. 2006 Ⅰ⑤：5239

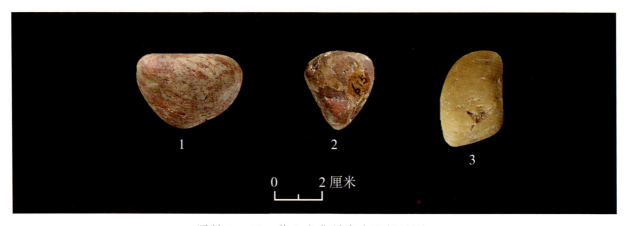

图版二一五　第5文化层出土石锤（2）

1. 2008 Ⅰ⑤：683　　2. 2008 Ⅰ⑤：675　　3. 2008 Ⅰ⑤：1167

图版二一六　第5文化层出土石锤（3）

1. 2005 Ⅰ⑤：128　　2. 2008 Ⅰ⑤：3526

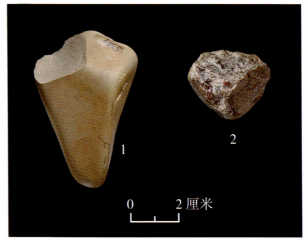

图版二一七　第5文化层出土石锤（4）

1. 2008 Ⅰ⑤：5389　　2. 2005 Ⅰ⑤：371

图版二一八　第 6 文化层出土石片（1）

1. 2008 Ⅰ⑥:881　　2. 2008 Ⅰ⑥:1022　　3. 2008 Ⅰ⑥:380　　4. 2008 Ⅰ⑥:1894　　5. 2008 Ⅰ⑥:2520　　6. 2008 Ⅰ⑥:1880

图版二一九　第 6 文化层出土石片（2）

1. 2008 Ⅰ⑥:985　　2. 2008 Ⅰ⑥:1176

图版二二〇　第 6 文化层出土石片（3）

1. 2008 Ⅰ⑥：2457　　2. 2008 Ⅰ⑥：1540　　3. 2008 Ⅰ⑥：2236　　4. 2008 Ⅰ⑥：724　　5. 2008 Ⅰ⑥：950　　6. 2008 Ⅰ⑥：861

图版二二一　第 6 文化层出土石片（4）

1. 2008 Ⅰ⑥：381　　2. 2008 Ⅰ⑥：2322　　3. 2008 Ⅰ⑥：310　　4. 2008 Ⅰ⑥：1226　　5. 2008 Ⅰ⑥：1776　　6. 2008 Ⅰ⑥：2203

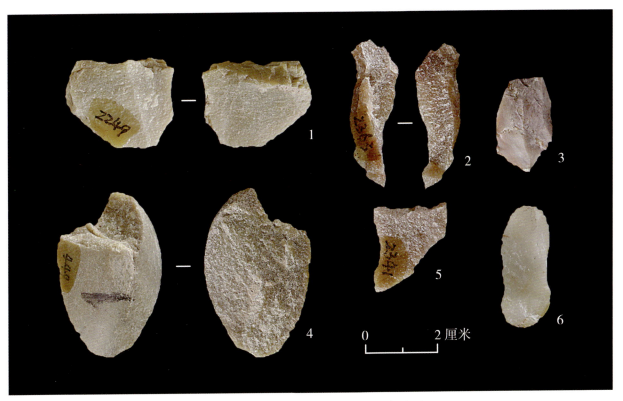

图版二二二 第6文化层出土石片（5）

1. 2008 Ⅰ⑥：2249 2. 2008 Ⅰ⑥：2363 3. 2008 Ⅰ⑥：1211 4. 2008 Ⅰ⑥：449 5. 2008 Ⅰ⑥：2341 6. 2008 Ⅰ⑥：406

图版二二三 第6文化层出土石片（6）

1. 2008 Ⅰ⑥：2200 2. 2008 Ⅰ⑥：2330 3. 2008 Ⅰ⑥：501 4. 2008 Ⅰ⑥：2056 5. 2008 Ⅰ⑥：1243 6. 2008 Ⅰ⑥：15

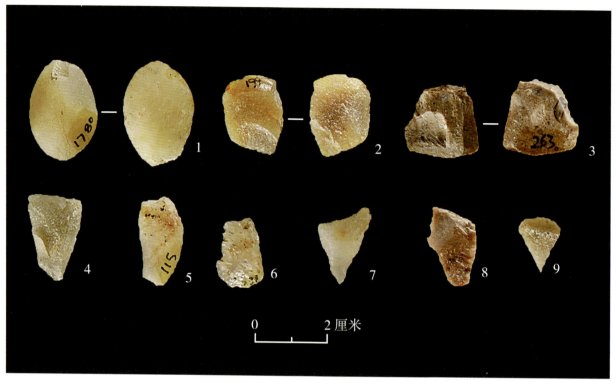

图版二二四　第6文化层出土石片（7）

1. 2008 Ⅰ⑥：1780　　2. 2008 Ⅰ⑥：661　　3. 2008 Ⅰ⑥：263　　4. 2008 Ⅰ⑥：477　　5. 2008 Ⅰ⑥：115　　6. 2008 Ⅰ⑥：2331
7. 2008 Ⅰ⑥：2506　　8. 2008 Ⅰ⑥：1865　　9. 2008 Ⅰ⑥：1864

图版二二五　第6文化层出土石片（8）

1. 2008 Ⅰ⑥：1756　　2. 2008 Ⅰ⑥：1993　　3. 2008 Ⅰ⑥：12　　4. 2008 Ⅰ⑥：1544　　5. 2008 Ⅰ⑥：977　　6. 2008 Ⅰ⑥：2416

图版二二六　第6文化层出土石片（9）

1. 2008 Ⅰ⑥：1052　　2. 2008 Ⅰ⑥：1001　　3. 2008 Ⅰ⑥：893　　4. 2008 Ⅰ⑥：1138　　5. 2008 Ⅰ⑥：1111　　6. 2008 Ⅰ⑥：878

图版二二七　第6文化层出土石片（10）

1. 2008 Ⅰ⑥：244　　2. 2008 Ⅰ⑥：2335　　3. 2008 Ⅰ⑥：1048　　4. 2008 Ⅰ⑥：20　　5. 2008 Ⅰ⑥：2579　　6. 2008 Ⅰ⑥：1129

图版二二八　第6文化层出土石片（11）

1. 2008 Ⅰ⑥：2519　　2. 2008 Ⅰ⑥：758　　3. 2008 Ⅰ⑥：2326　　4. 2008 Ⅰ⑥：2338　　5. 2008 Ⅰ⑥：2465　　6. 2008 Ⅰ⑥：1319

图版二二九　第6文化层出土石片（12）

1. 2008 Ⅰ⑥：897　　2. 2008 Ⅰ⑥：1005　　3. 2008 Ⅰ⑥：882　　4. 2008 Ⅰ⑥：156　　5. 2008 Ⅰ⑥：490　　6. 2008 Ⅰ⑥：376
7. 2008 Ⅰ⑥：370　　8. 2008 Ⅰ⑥：1283　　9. 2008 Ⅰ⑥：2525　　10. 2008 Ⅰ⑥：2006　　11. 2008 Ⅰ⑥：498

图版二三〇　第6文化层出土石片（13）

1. 2008 Ⅰ⑥：247　　2. 2008 Ⅰ⑥：2454　　3. 2008 Ⅰ⑥：905　　4. 2008 Ⅰ⑥：1843　　5. 2008 Ⅰ⑥：703　　6. 2008 Ⅰ⑥：294

图版二三一　第6文化层出土石片（14）

1. 2008 Ⅰ⑥：2131　　2. 2008 Ⅰ⑥：2596　　3. 2008 Ⅰ⑥：2398　　4. 2008 Ⅰ⑥：2378　　5. 2008 Ⅰ⑥：1343　　6. 2008 Ⅰ⑥：451

图版二三二　第 6 文化层出土石片（15）

1. 2008 Ⅰ⑥：2422　　2. 2008 Ⅰ⑥：821　　3. 2008 Ⅰ⑥：1006　　4. 2008 Ⅰ⑥：305

图版二三三　第 6 文化层出土石核（1）

1. 2008 Ⅰ⑥：1228　　2. 2008 Ⅰ⑥：241　　3. 2008 Ⅰ⑥：684

图版二三四　第 6 文化层出土石核（2）

1. 2008 Ⅰ⑥：1607　　2. 2008 Ⅰ⑥：1471　　3. 2008 Ⅰ⑥：2024

图版二三五　第 6 文化层出土石核（3）

1. 2008 Ⅰ⑥：2567　　2. 2008 Ⅰ⑥：138

图版二三六　第 6 文化层出土石核（4）

1. 2008 Ⅰ⑥：1446　　2. 2008 Ⅰ⑥：2385

图版二三七　第 6 文化层出土石核（5）

1. 2008 Ⅰ⑥：1175　　2. 2008 Ⅰ⑥：2000

图版二三八　第 6 文化层出土石核（6）

1. 2008 Ⅰ⑥：914　　2. 2008 Ⅰ⑥：2307

图版二三九　第 6 文化层出土石核（7）

1. 2008 Ⅰ⑥：945　　2. 2008 Ⅰ⑥：2334　　3. 2008 Ⅰ⑥：2425　　4. 2008 Ⅰ⑥：723

图版二四〇　第 6 文化层出土石核（8）

1. 2005 Ⅰ⑥：261　　2. 2008 Ⅰ⑥：971　　3. 2005 Ⅰ⑥：123　　4. 2005 Ⅰ⑥：250

图版二四一　第 6 文化层出土刮削器（1）

1. 2008 Ⅰ ⑥：2429　　2. 2008 Ⅰ ⑥：995　　3. 2008 Ⅰ ⑥：784　　4. 2008 Ⅰ ⑥：2154　　5. 2008 Ⅰ ⑥：583

图版二四二　第 6 文化层出土刮削器（2）

1. 2008 Ⅰ ⑥：2400　　2. 2008 Ⅰ ⑥：442　　3. 2008 Ⅰ ⑥：309　　4. 2008 Ⅰ ⑥：843　　5. 2008 Ⅰ ⑥：2022　　6. 2008 Ⅰ ⑥：1956

图版二四三　第6文化层出土端刮器

1. 2008 I⑥：911　　　2. 2008 I⑥：199　　　3. 2008 I⑥：230　　　4. 2008 I⑥：91　　　5. 2008 I⑥：620　　　6. 2008 I⑥：353
7. 2008 I⑥：226

图版二四四　第6文化层出土尖状器（1）

1. 2008 I⑥：2049　　　2. 2008 I⑥：1516　　　3. 2008 I⑥：849　　　4. 2008 I⑥：1198

图版二四五　第 6 文化层出土尖状器（2）

1. 2008Ⅰ⑥：610　　2. 2008Ⅰ⑥：2592　　3. 2008Ⅰ⑥：2514　　4. 2008Ⅰ⑥：1392　　5. 2008Ⅰ⑥：1156　　6. 2008Ⅰ⑥：569

图版二四六　第 6 文化层出土尖状器（3）

1. 2008Ⅰ⑥：1185　　2. 2008Ⅰ⑥：644　　3. 2008Ⅰ⑥：666　　4. 2008Ⅰ⑥：1943　　5. 2008Ⅰ⑥：1321　　6. 2008Ⅰ⑥：1145
7. 2008Ⅰ⑥：2587　　8. 2008Ⅰ⑥：1278

图版二四七　第 6 文化层出土尖状器（4）

1. 2008　Ⅰ⑥：1761　　2. 2008　Ⅰ⑥：1051　　3. 2008　Ⅰ⑥：596　　4. 2008　Ⅰ⑥：210　　5. 2008　Ⅰ⑥：1291　　6. 2008　Ⅰ⑥：2493
7. 2008　Ⅰ⑥：240　　8. 2008　Ⅰ⑥：1760

图版二四八　第 6 文化层出土雕刻器（1）

1. 2008　Ⅰ⑥：419　　2. 2008　Ⅰ⑥：1606　　3. 2008　Ⅰ⑥：2174　　4. 2008　Ⅰ⑥：653　　5. 2008　Ⅰ⑥：1649　　6. 2008　Ⅰ⑥：2008

图版二四九　第6文化层出土雕刻器（2）

1. 2008 Ⅰ⑥：1631　　2. 2008 Ⅰ⑥：349　　3. 2008 Ⅰ⑥：2542　　4. 2008 Ⅰ⑥：907　　5. 2008 Ⅰ⑥：1828　　6. 2008 Ⅰ⑥：1456

图版二五〇　第6文化层出土雕刻器（3）

1. 2008 Ⅰ⑥：1242　　2. 2008 Ⅰ⑥：1771　　3. 2008 Ⅰ⑥：3　　4. 2008 Ⅰ⑥：555　　5. 2008 Ⅰ⑥：1209

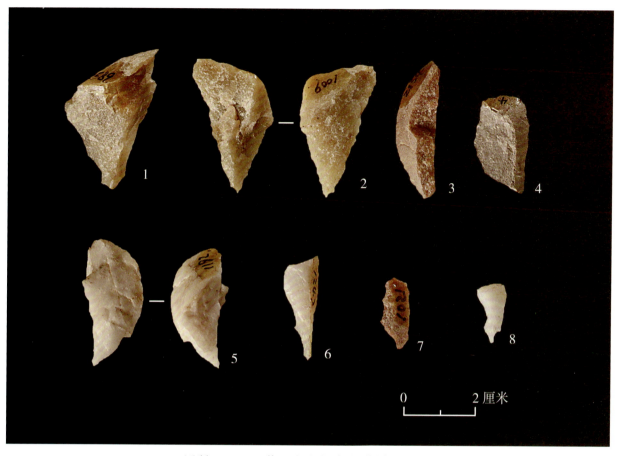

图版二五一 第 6 文化层出土雕刻器（4）

1. 2008 I ⑥ : 2589　2. 2008 I ⑥ : 1009　3. 2008 I ⑥ : 2134　4. 2008 I ⑥ : 4　5. 2008 I ⑥ : 1192　6. 2008 I ⑥ : 1347
7. 2008 I ⑥ : 1021　8. 2008 I ⑥ : 2289

图版二五二 第 6 文化层出土雕刻器（5）

1. 2008 I ⑥ : 17　2. 2008 I ⑥ : 1049　3. 2008 I ⑥ : 1627　4. 2008 I ⑥ : 248

图版二五三　第6文化层出土石钻

1. 2008 Ⅰ⑥: 2440　　2. 2008 Ⅰ⑥: 814　　3. 2008 Ⅰ⑥: 1335　　4. 2008 Ⅰ⑥: 512　　5. 2008 Ⅰ⑥: 2172　　6. 2008 Ⅰ⑥: 1206

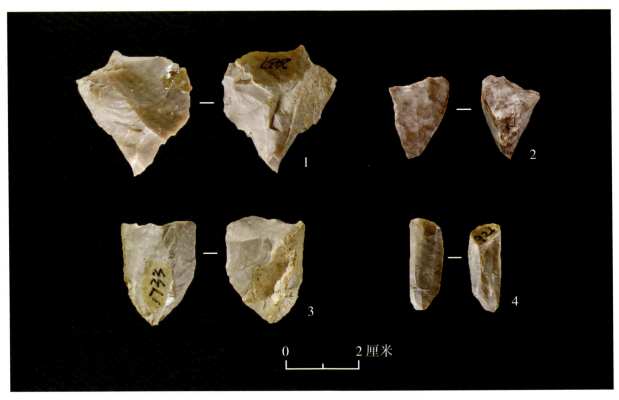

图版二五四　第6文化层出土细石核

1. 2008 Ⅰ⑥: 2437　　2. 2008 Ⅰ⑥: 865　　3. 2008 Ⅰ⑥: 1733　　4. 2008 Ⅰ⑥: 921

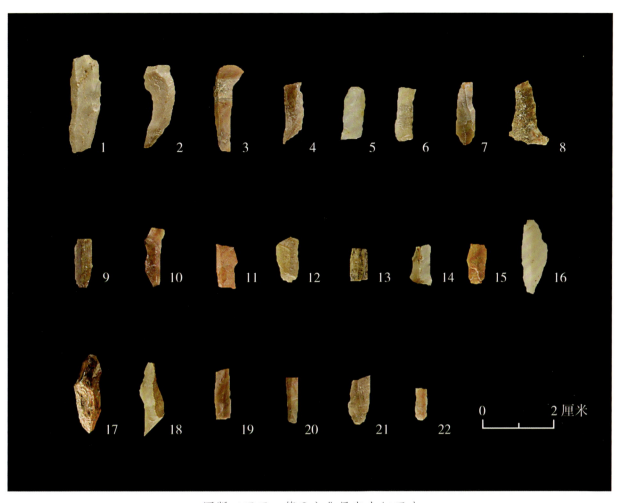

图版二五五　第6文化层出土细石叶

1. 2008 Ⅰ⑥：2500　2. 2008 Ⅰ⑥：207　3. 2008 Ⅰ⑥：1958　4. 2008 Ⅰ⑥：567　5. 2008 Ⅰ⑥：647　6. 2008 Ⅰ⑥：899　7. 2008 Ⅰ⑥：1090　8. 2008 Ⅰ⑥：1148　9. 2008 Ⅰ⑥：198　10. 2008 Ⅰ⑥：574　11. 2008 Ⅰ⑥：92　12. 2008 Ⅰ⑥：1568　13. 2008 Ⅰ⑥：1469　14. 2008 Ⅰ⑥：1490　15. 2008 Ⅰ⑥：341　16. 2008 Ⅰ⑥：605　17. 2008 Ⅰ⑥：271　18. 2008 Ⅰ⑥：282　19. 2008 Ⅰ⑥：42　20. 2008 Ⅰ⑥：43　21. 2008 Ⅰ⑥：31　22. 2008 Ⅰ⑥：277

图版二五六　单边凸刃刮削器（2006Ⅰ④∶145-1）

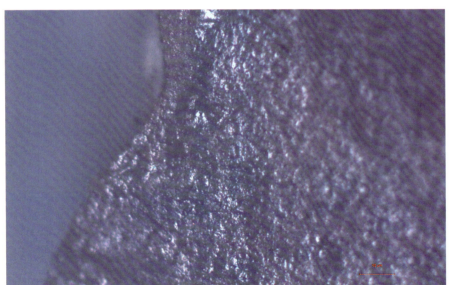

图版二五七　单边凸刃刮削器（2006Ⅰ④∶145-2）

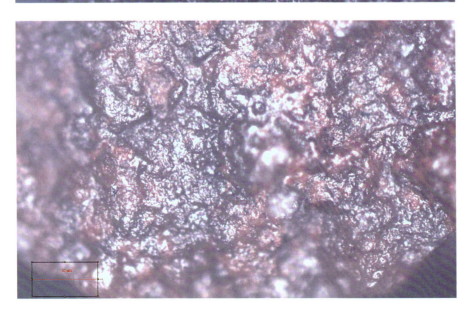

图版二五八　单边凸刃刮削器（2006Ⅰ④∶145-3）

图版二五九 单边凸刃刮
削器（2006Ⅰ④：145-4）

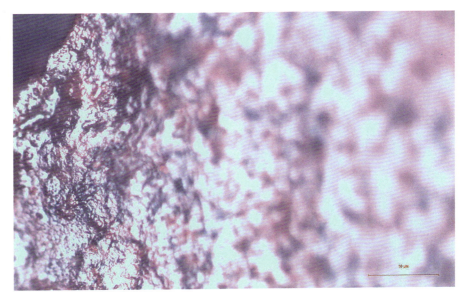

图版二六○ 单边凸刃刮
削器（2006Ⅰ④：145-5）

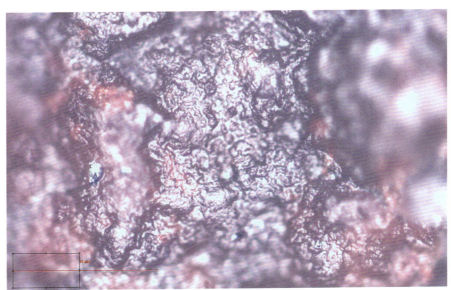

图版二六一 单边凸刃刮
削器（2006Ⅰ④：145-6）

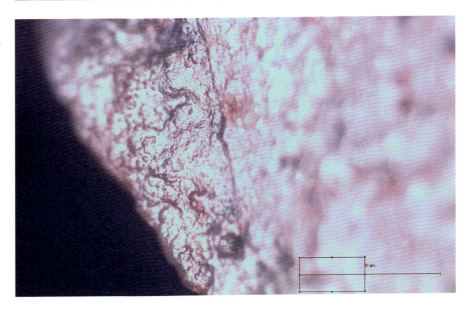

图版二六二　单边凸刃刮削器（2006Ⅰ⑤:5296-1）

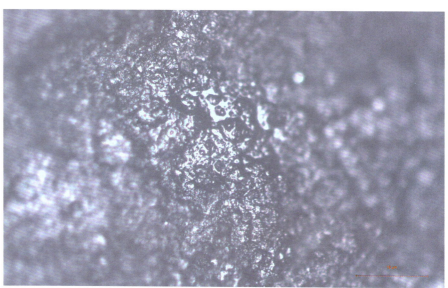

图版二六三　单边凸刃刮削器（2006Ⅰ⑤:5296-2）

图版二六四　单边凸刃刮削器（2006Ⅰ⑤:5296-3）

图版二六五　单边凸刃刮
削器（2006Ⅰ⑤：5296-4）

图版二六六　单边凸刃刮
削器（2006Ⅰ⑤：5296-5）

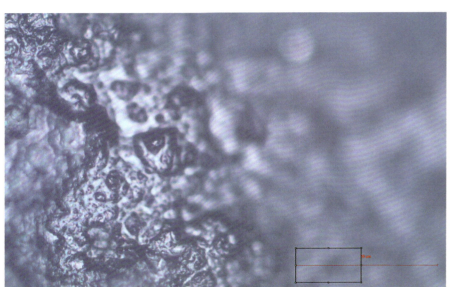

图版二六七　单边凸刃刮
削器（2006Ⅰ⑤：5296-6）

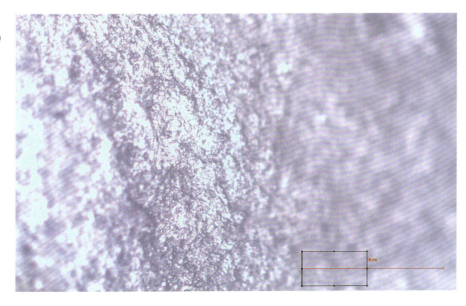

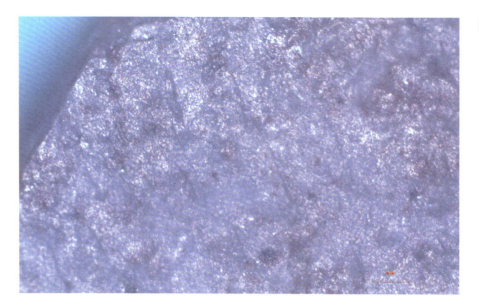

图版二六八　双边刮削器
（2006Ⅰ⑤：5126-1）

图版二六九　双边刮削器
（2006Ⅰ⑤：5126-2）

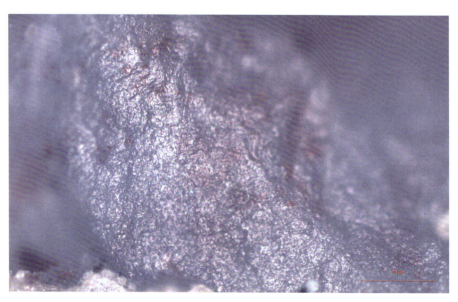

图版二七〇　双边刮削器
（2006Ⅰ⑤：5126-3）

图版二七一　双边刮削器
（2006Ⅰ⑤：5126-4）

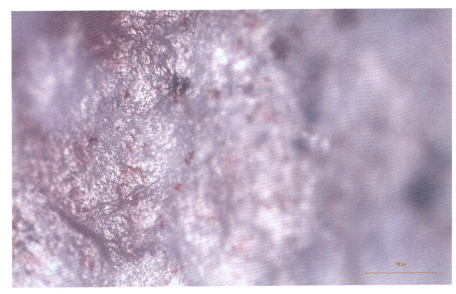

图版二七二　双边刮削器
（2006Ⅰ⑤：5126-5）

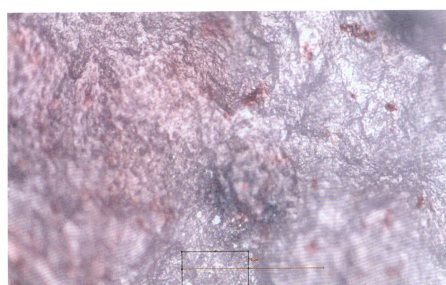

图版二七三　双边刮削器
（2006Ⅰ⑤：5126-6）

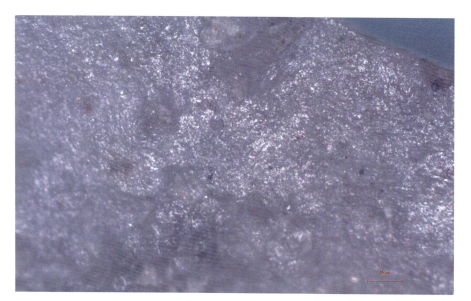

图版二七四　多边刮削器
（2006Ⅰ④：8570-1）

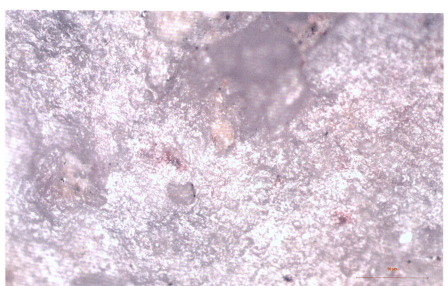

图版二七五　多边刮削器
（2006Ⅰ④：8570-2）

图版二七六　多边刮削器
（2006Ⅰ④：8570-3）

图版二七七　多边刮削器
（2006Ⅰ④：8570-4）

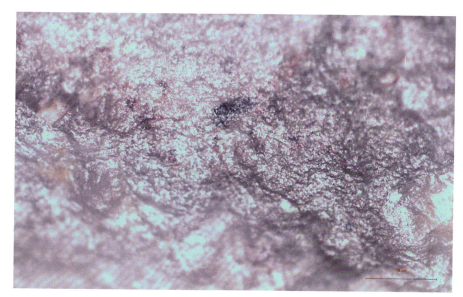

图版二七八　多边刮削器
（2006Ⅰ④：8570-5）

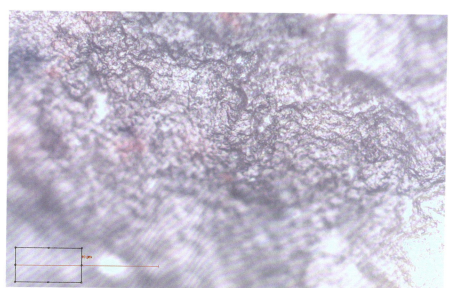

图版二七九　多边刮削器
（2006Ⅰ④：8570-6）

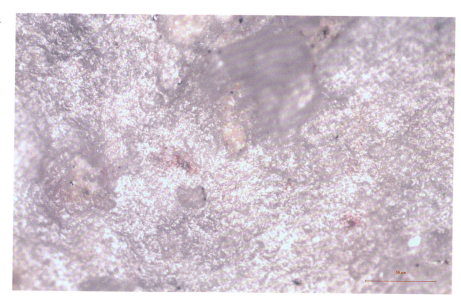

图版二八○　多边刮削器
（2006 Ⅰ④：8043-1）

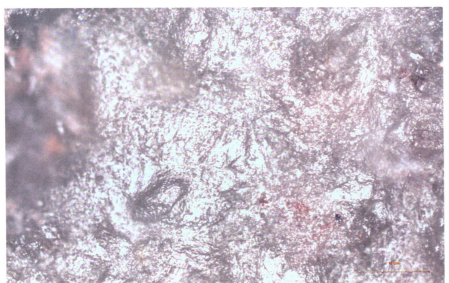

图版二八一　多边刮削器
（2006 Ⅰ④：8043-2）

图版二八二　多边刮削器
（2006 Ⅰ④：8043-3）

图版二八三　多边刮削器
（2006 I ④：8043-4）

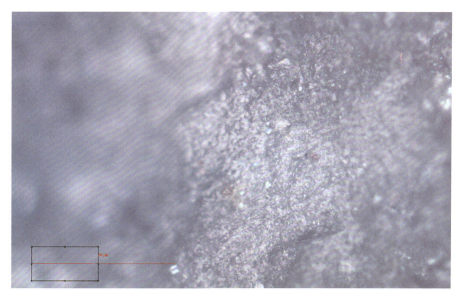

图版二八四　多边刮削器
（2005 I ④：542-1）

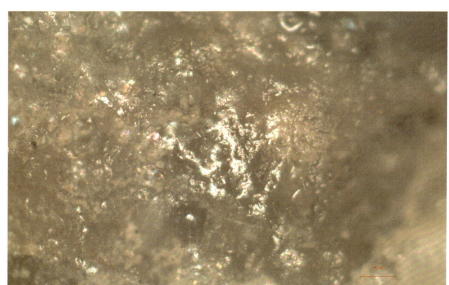

图版二八五　多边刮削器
（2005 I ④：542-2）

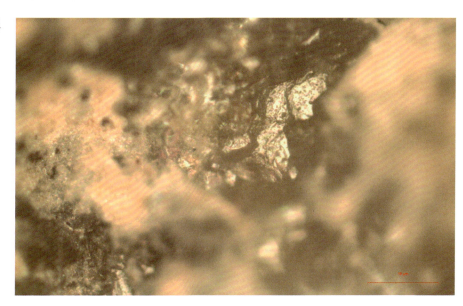

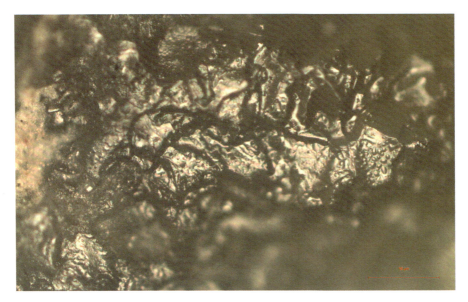

图版二八六 多边刮削器
（2005Ⅰ④:542-3）

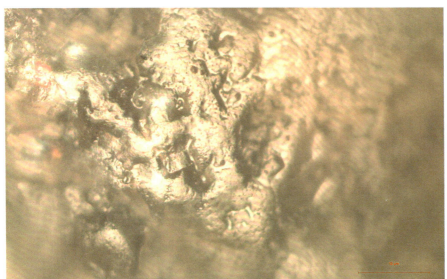

图版二八七 多边刮削器
（2005Ⅰ④:542-4）

图版二八八 单边刮削器
（2006Ⅰ④:1082-1）

图版二八九 单边刮削器
（2006Ⅰ④：1082-2）

图版二九〇 单边刮削器
（2006Ⅰ④：1082-3）

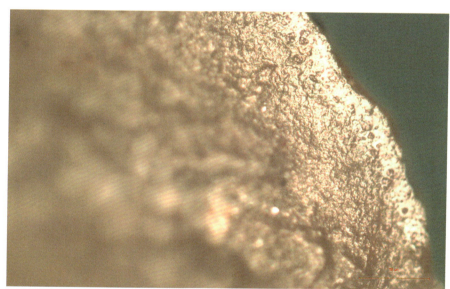

图版二九一 单边刮削器
（2006Ⅰ④：1082-4）

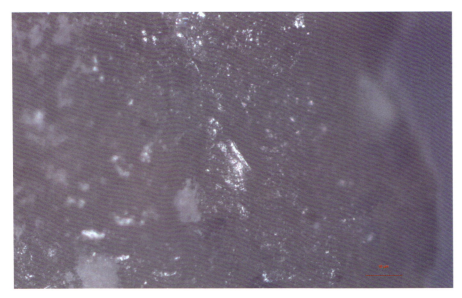

图版二九二　端刮器
（2006 I④：720-1）

图版二九三　端刮器
（2006 I④：720-2）

图版二九四　端刮器
（2006 I④：720-3）

图版二九五　端刮器
（2006Ⅰ④：720-4）

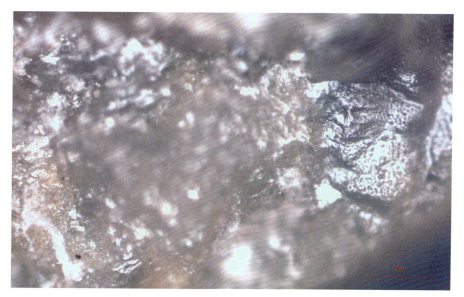

图版二九六　端刮器
（2006Ⅰ④：720-5）

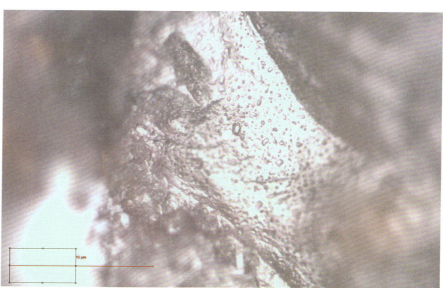

图版二九七　端刮器
（2006Ⅰ④：720-6）

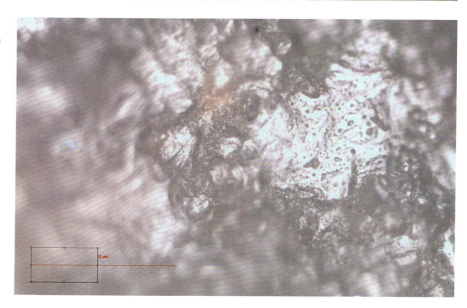

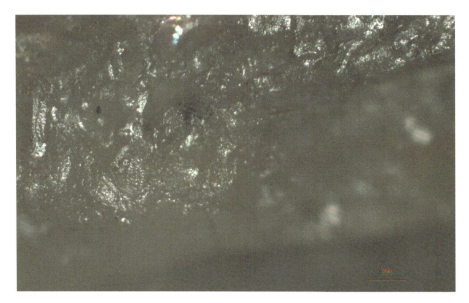

图版二九八　端刮器
（2006Ⅰ④：7177-1）

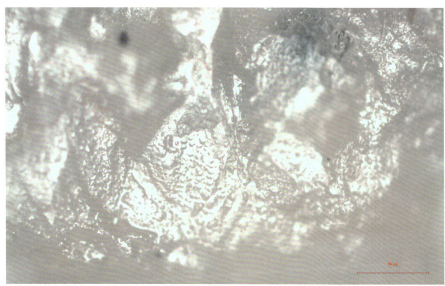

图版二九九　端刮器
（2006Ⅰ④：7177-2）

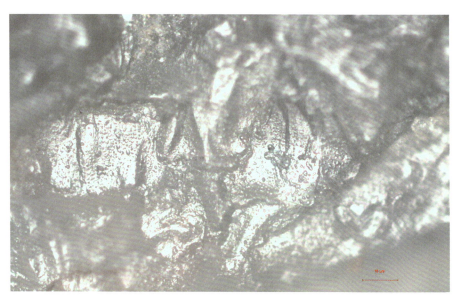

图版三〇〇　端刮器
（2006Ⅰ④：7177-3）

图版三〇一 端刮器
（2006 I④:7177-4）

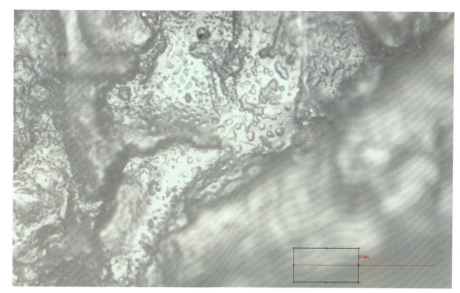

图版三〇二 端刮器
（2006 I⑤:3685-1）

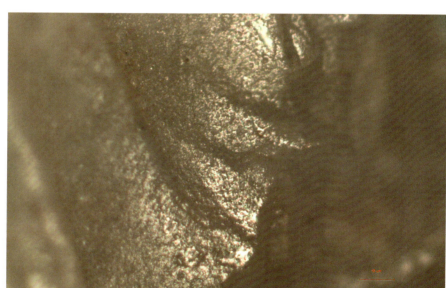

图版三〇三 端刮器
（2006 I⑤:3685-2）

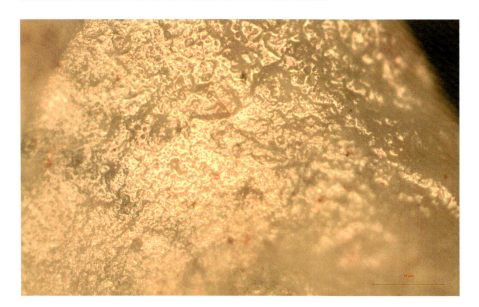

图版三〇四　端刮器
（2006Ⅰ⑤：3685-3）

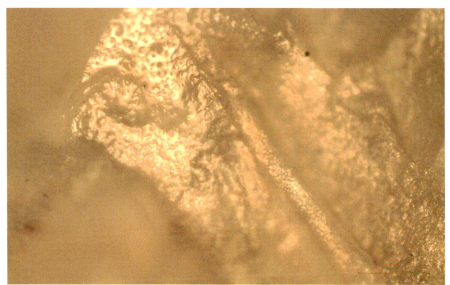

图版三〇五　端刮器
（2006Ⅰ⑤：3685-4）

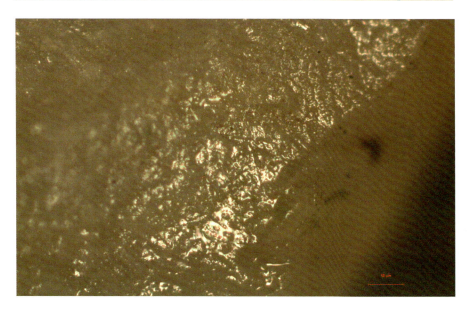

图版三〇六　端刮器
（2006Ⅰ⑤：3457-1）

图版三〇七　端刮器
（2006Ⅰ⑤：3457-2）

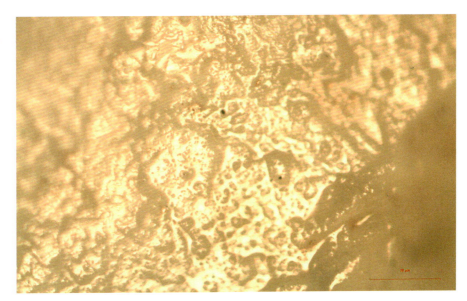

图版三〇八　尖状器
（2006Ⅰ④：8497-1）

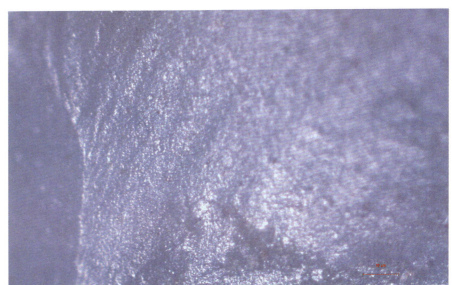

图版三〇九　尖状器
（2006Ⅰ④：8497-2）

图版三一〇　尖状器
（2006 I ④：8497-3）

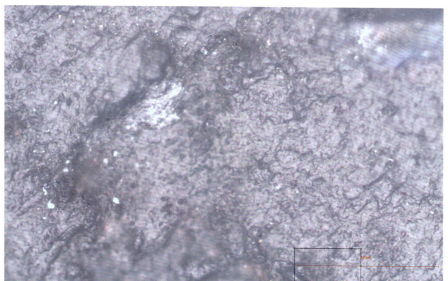

图版三一一　尖状器
（2006 I ④：8497-4）

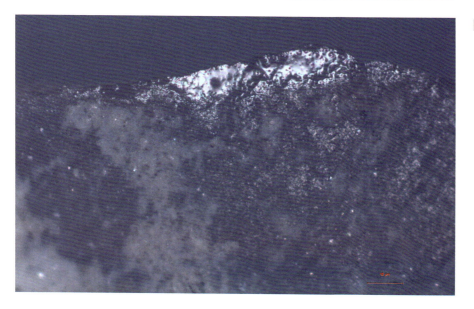

图版三一二　尖状器
（2006 I ④：8497-5）

图版三一三 尖状器
（2006 Ⅰ④：8497-6）

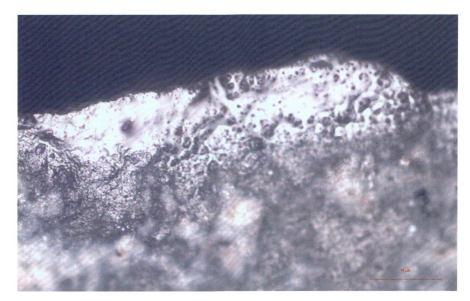

图版三一四 尖状器
（2006 Ⅰ④：7574-1）

图版三一五 尖状器
（2006 Ⅰ④：7574-2）

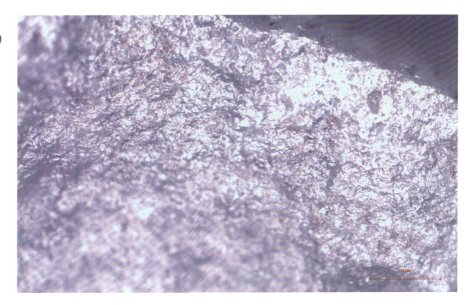

图版三一六　尖状器
（2006Ⅰ④：7574-3）

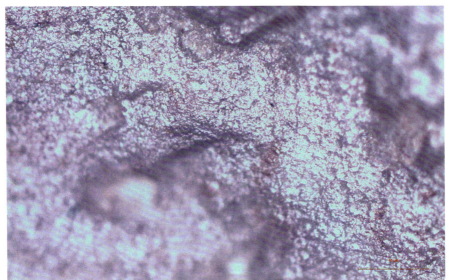

图版三一七　尖状器
（2006Ⅰ④：7574-4）

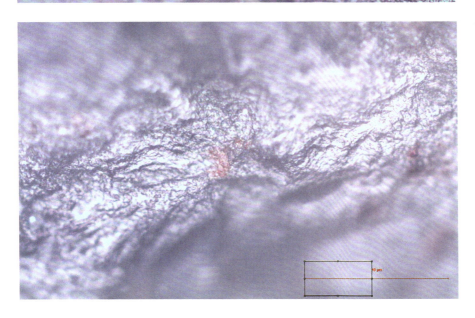

图版三一八　尖状器
（2006Ⅰ④：7574-5）

图版三一九　尖状器
（2006Ⅰ④:7574-6）

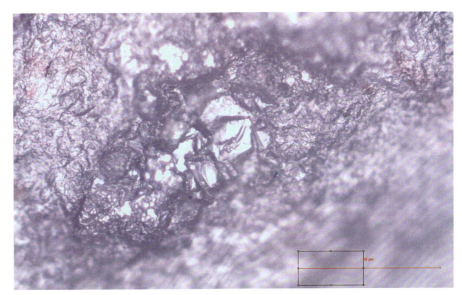

图版三二〇　尖状器
（2006Ⅰ⑤:5417-1）

图版三二一　尖状器
（2006Ⅰ⑤:5417-2）

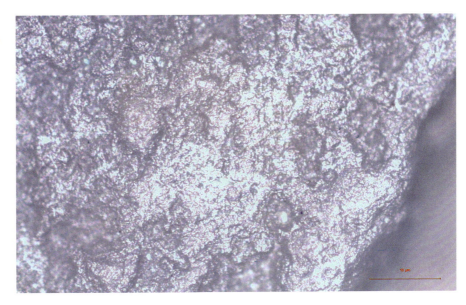

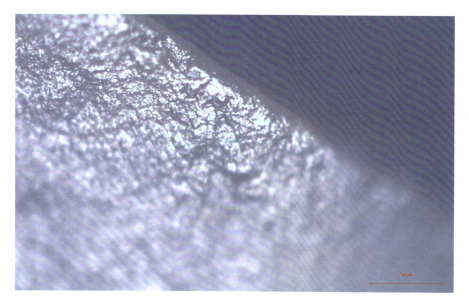

图版三二二　尖状器
（2006Ⅰ⑤：5417-3）

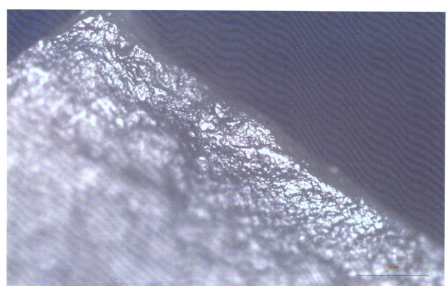

图版三二三　尖状器
（2006Ⅰ⑤：5417-4）

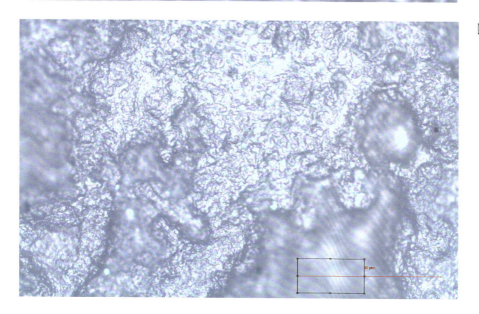

图版三二四　尖状器
（2006Ⅰ⑤：5417-5）

图版三二五　尖状器
（2006Ⅰ⑤：5417-6）

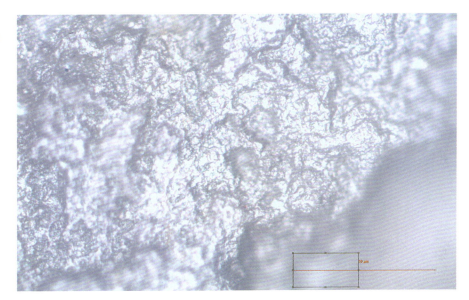

图版三二六　尖状器
（2006Ⅰ⑤：423-1）

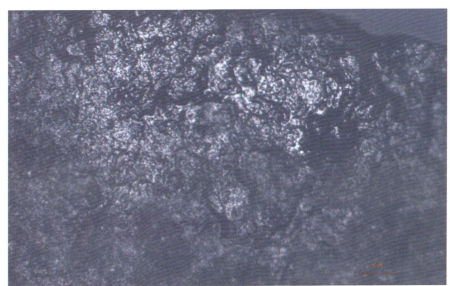

图版三二七　尖状器
（2006Ⅰ⑤：423-2）

图版三二八　尖状器
（2006Ⅰ⑤：423-3）

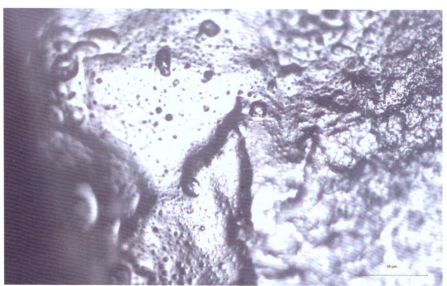

图版三二九　尖状器
（2006Ⅰ⑤：423-4）

图版三三〇　尖状器
（2006Ⅰ⑤：423-5）

图版三三一 尖状器
（2006 I ⑤：423-6）

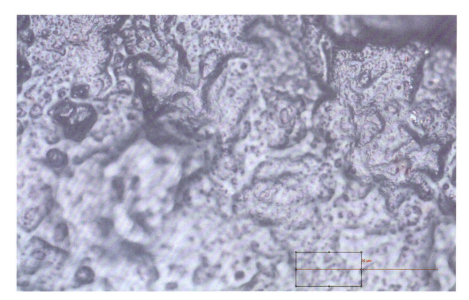

图版三三二 尖状器
（2006 I ⑤：749-1）

图版三三三 尖状器
（2006 I ⑤：749-2）

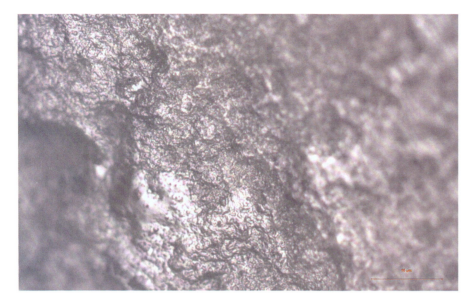

图版三三四　尖状器
（2006 I ⑤：749-3）

图版三三五　尖状器
（2006 I ⑤：749-4）

图版三三六　尖状器
（2006 I ⑤：749-5）

图版三三七　尖状器
（ 2006 Ⅰ⑤：749–6 ）

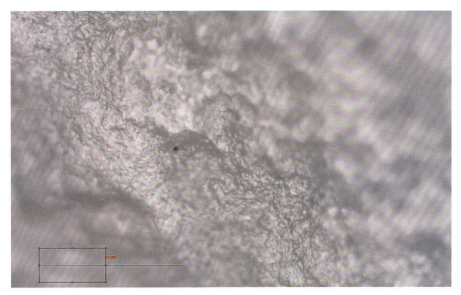

图版三三八　尖状器
（ 2006 Ⅰ⑤：373–1 ）

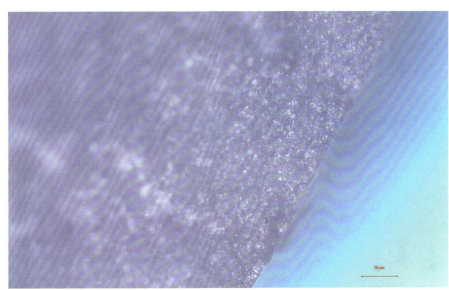

图版三三九　尖状器
（ 2006 Ⅰ⑤：373–2 ）

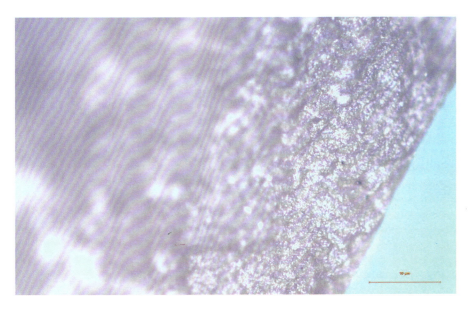

图版三四〇　尖状器
（2006 I ⑤：373-3）

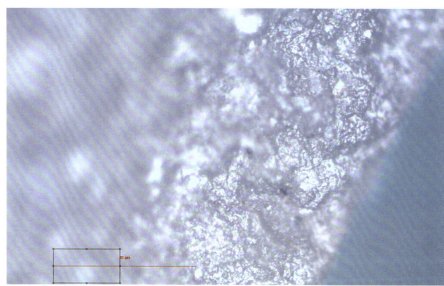

图版三四一　尖状器
（2006 I ⑤：373-4）

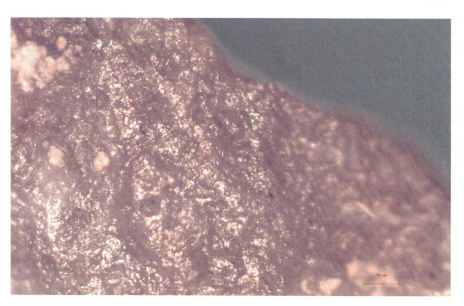

图版三四二　雕刻器
（2006 I ④：432-1）

图版三四三 雕刻器
（2006 Ⅰ④：432-2）

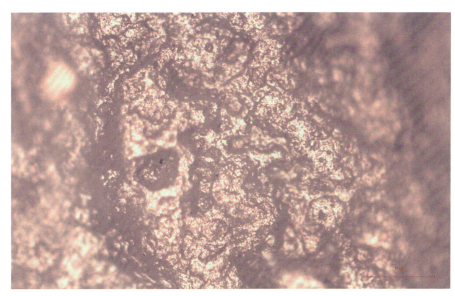

图版三四四 雕刻器
（2006 Ⅰ④：432-3）

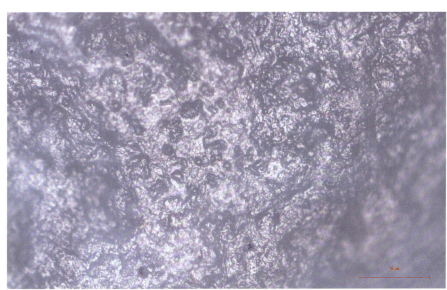

图版三四五 雕刻器
（2006 Ⅰ④：432-4）

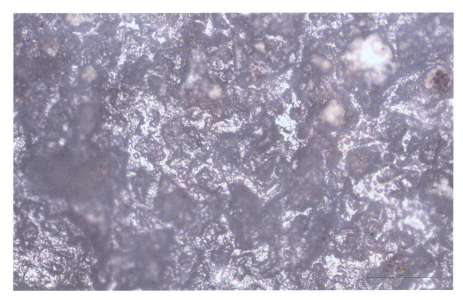

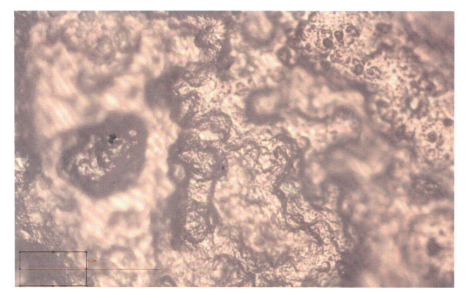

图版三四六　雕刻器
（2006 I④：432-5）

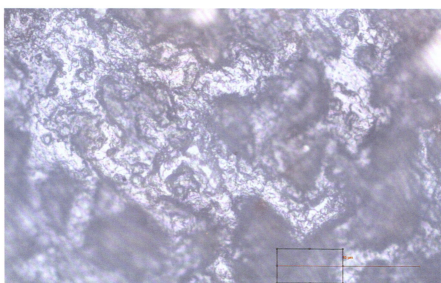

图版三四七　雕刻器
（2006 I④：432-6）

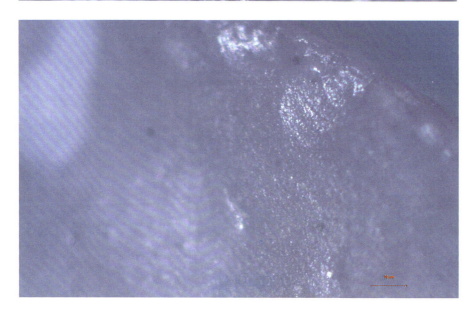

图版三四八　雕刻器
（2006 I④：4195-1）

图版三四九 雕刻器
（2006 I④:4195-2）

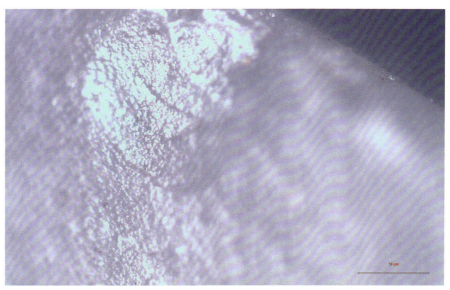

图版三五〇 雕刻器
（2006 I④:4195-3）

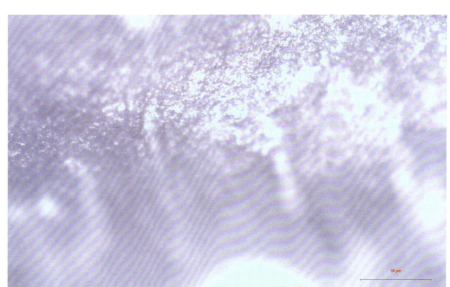

图版三五一 雕刻器
（2006 I④:4195-4）

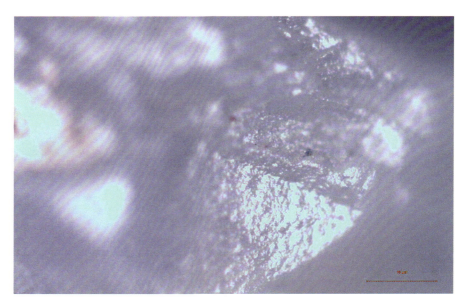

图版三五二　雕刻器
（2006 I④：296-1）

图版三五三　雕刻器
（2006 I④：296-2）

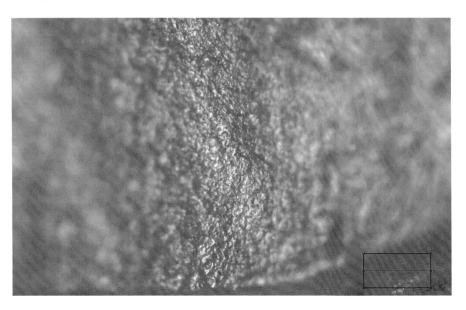

图版三五四　雕刻器
（2006 I④：296-3）

图版三五五 雕刻器
（2006 I④：296-4）

图版三五六 雕刻器
（2006 I④：296-5）

图版三五七 雕刻器
（2006 I④：296-6）

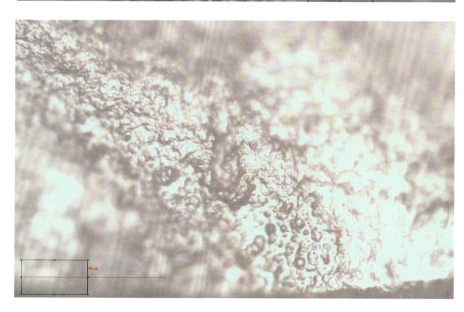

图版三五八　石锯
（2006Ⅰ④：732-1）

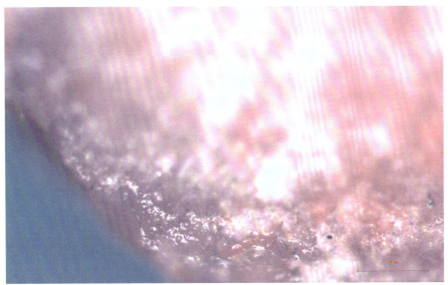

图版三五九　石锯
（2006Ⅰ④：732-2）

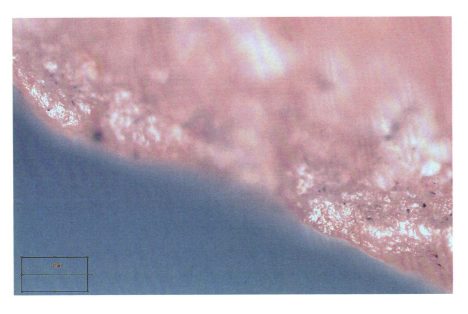

图版三六〇　石锯
（2006Ⅰ④：732-3）

图版三六一　石锯
（2006 I④：732-4）

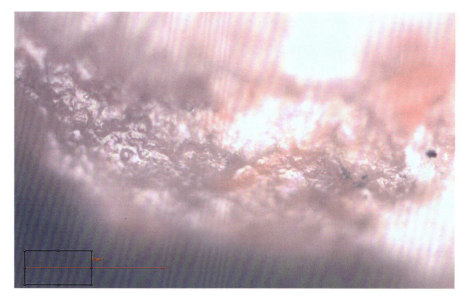

图版三六二　石钻
（2006 I④：7489-1）

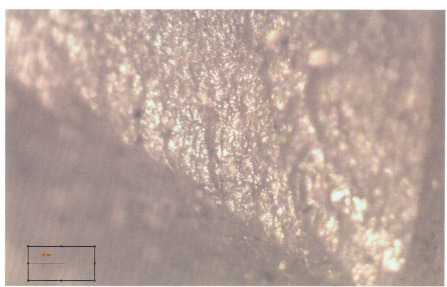

图版三六三　石钻
（2006 I④：7489-2）

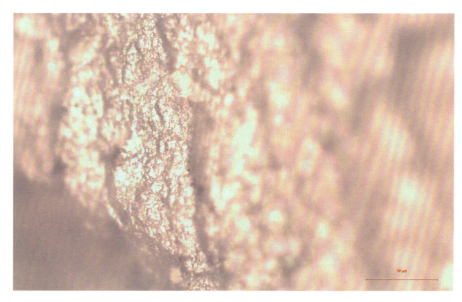

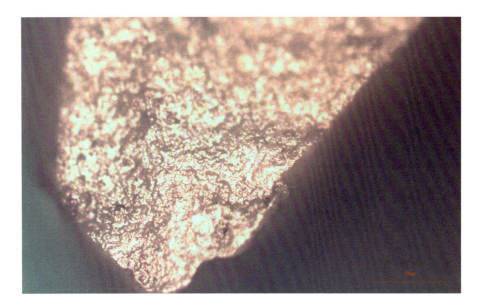

图版三六四　石钻
（2006Ⅰ④：7489-3）

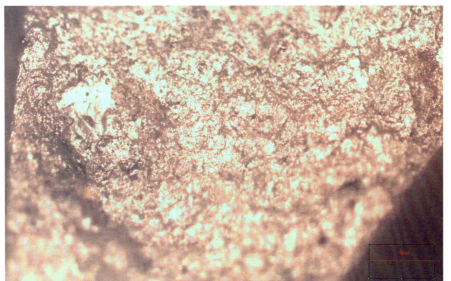

图版三六五　石钻
（2006Ⅰ④：7489-4）

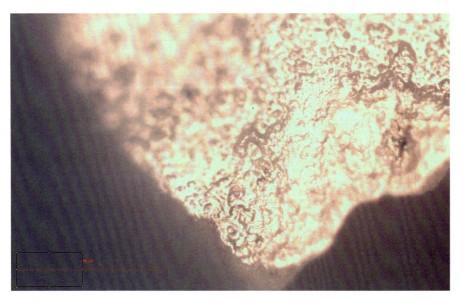

图版三六六　石钻
（2006Ⅰ④：7489-5）

图版三六七　石钻
（2006Ⅰ④：7489-6）

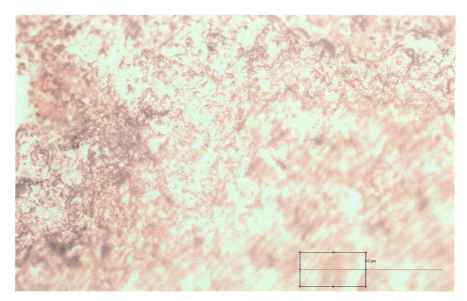

图版三六八　石片
（2005Ⅰ④：1038-1）

图版三六九　石片
（2005Ⅰ④：1038-2）

图版三七〇　石片
（2005 I ④ : 1038-3）

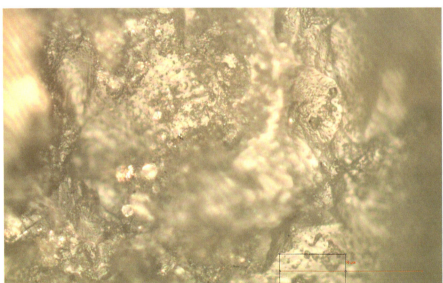

图版三七一　石片
（2005 I ④ : 1038-4）

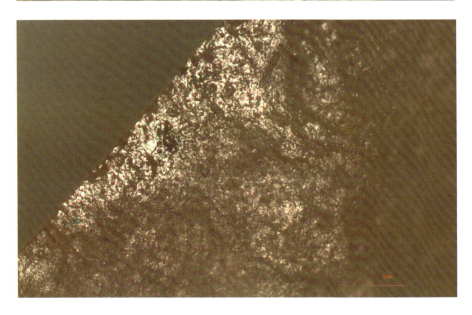

图版三七二　石片
（2006 I ④ : 88-1）

图版三七三 石片
（2006Ⅰ④：88-2）

图版三七四 石片
（2006Ⅰ⑤：2865-1）

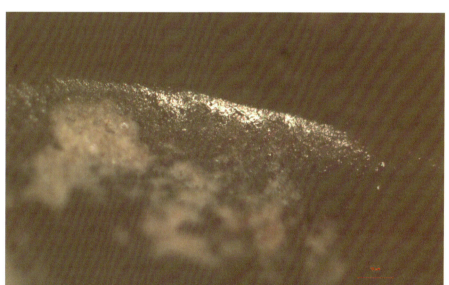

图版三七五 石片
（2006Ⅰ⑤：2865-2）

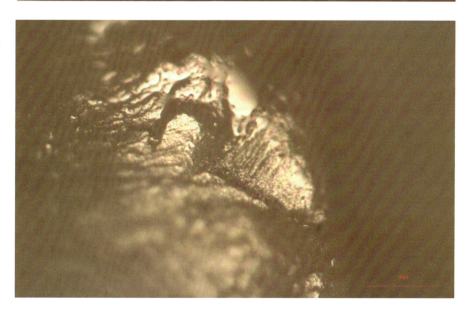

图版三七六　细石叶
（2006 I ⑤：4340-1）

图版三七七　细石叶
（2006 I ⑤：4340-2）

图版三七八　细石叶
（2006 I ④：377-1）

图版三七九　细石叶
（2006 Ⅰ④：377-2）

图版三八〇　细石叶
（2005 Ⅰ④：1060-1）

图版三八一　细石叶
（2005 Ⅰ④：1060-2）

图版三八二　细石叶
（2005Ⅰ④：1060-3）

图版三八三　细石叶
（2005Ⅰ④：1060-4）

图版三八四　蚌壳残块（Ⅰ⑥12：285）

图版三八五　方氏鼢鼠右下颌骨（Ⅰ⑤14：1723）
嚼、唇面视

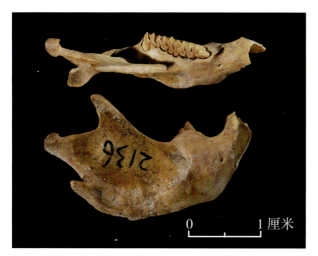

图版三八六　方氏鼢鼠右下颌骨（Ⅰ⑥18：2136）
嚼、唇面视

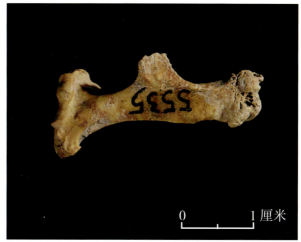

图版三八七　方氏鼢鼠右肱骨（Ⅰ⑤25：5535)
前视

图版三八八　方氏鼢鼠残左盆骨（Ⅰ⑤15：1999）
外视

图版三八九　方氏鼢鼠左股骨（Ⅰ⑤25：5536）后、
前视

图版三九〇　草原鼢鼠右下颌骨（Ⅰ⑥17：1527）
嚼面视

图版三九一　草原鼢鼠左肩胛骨（Ⅰ⑤27：5715）
外、内视

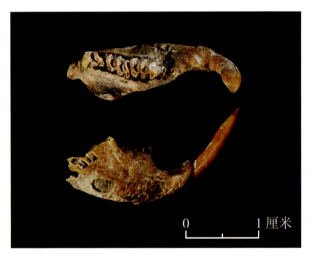

图版三九二　沙鼠下颌骨（Ⅰ④10：5070-2）嚼、
唇面视

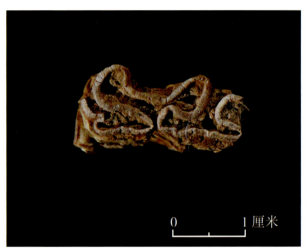

图版三九三　普氏野马左下白齿（Ⅰ④7：3439）
嚼面视

图版三九四　猪右肱骨骨干远段残片（Ⅰ④5：2141）
后视

图版三九五　猪第2指（趾）节骨（Ⅰ⑤15：4909）
前视

图版三九七　中型鹿类右肱骨远段骨干后侧残块
（Ⅰ④8：3908）后视

图版三九六　鹿角残段（Ⅰ⑤14：1503）

图版三九九　马鹿左胫骨近端关节面（Ⅰ⑤14：1728）
顶视

图版三九八　马鹿左下m3（Ⅰ⑥15：922）唇面视

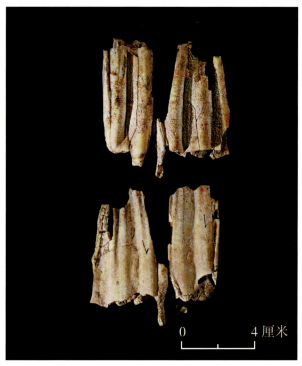

图版四○○　梅花鹿左距骨（Ⅰ⑥18：2256）后视

图版四○一　恰克图转角羚羊左下m2、m3
（Ⅰ④19：1099）唇、舌面视

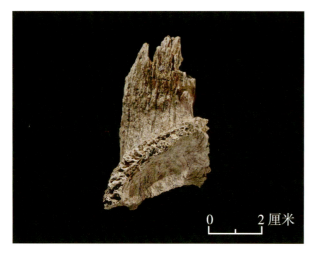

图版四〇二 普氏羚羊额骨（Ⅰ④2：263）内侧视

图版四〇三 羚羊右上 M2、M3（Ⅰ④4：346）嚼、唇面视

图版四〇四 羚羊寰椎（Ⅰ⑥15：612）腹视

图版四〇五 羚羊左肩胛骨远段（Ⅰ⑤24：5390）外视

图版四〇六 羚羊左肱骨远端关节面（Ⅰ⑥17：1404）远端视

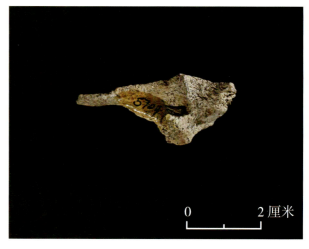

图版四〇七 羚羊左尺骨残段（Ⅰ⑤27：5704）前视

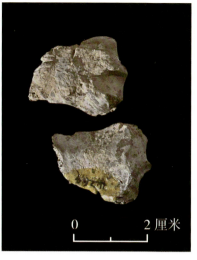

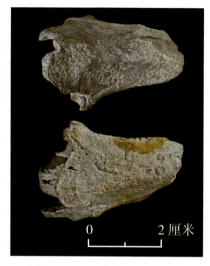

图版四〇八 羚羊左掌骨近段
（Ⅰ⑤11：346）前、后视

图版四〇九 羚羊左髋骨近段
（Ⅰ⑤21：4269）前、后视

图版四一〇 羚羊左胫骨远段
（Ⅰ⑤20：3913）前、后视

图版四一一 羚羊左股骨头（Ⅰ⑤22：4733）前视

图版四一二 羚羊第2指（趾）节骨（Ⅰ⑤18：3238）
后视

图版四一三 羚羊右跖骨中部骨干（Ⅰ⑤23：4998）
前视

图版四一四 羚羊左跟骨远段（Ⅰ⑤29：5808）
背视

图版四一五 羚羊右距骨（Ⅰ④7：3299）后、前视

图版四一六　马鹿角干（Ⅰ⑤13：1289）上的切痕

图版四一七　骨干残段（Ⅰ④3：934）上的切割痕

图版四一八　羊胫骨骨干（Ⅰ⑤24：5276）上的人骨打击疤